刑事判例研究

〔14〕

刑事判例研究會 編

博 英 社

머 리 말

「형사판례연구」 제14권이 출간된 것을 회원 여러분과 함께 축하합니다. 「형사판례연구」는 형사판례연구회가 발족한 이래 단 한 해도 거르지 않고 출간되어 이제 그 질에서는 물론이고 양적인 측면에서도 감히 우리나라 형사판례평석의 전범이라고 해도 지나치지 않을 것으로 생각합니다. 본서가 우리나라 형사실무와 형사법학의 발전에 기여한 공로는 모두 회원 여러분의 그 동안의 노력에서 비롯된 것입니다.

본서에 실린 논문들은 법조 실무에 종사하시는 판사·검사·변호사와 형법교수들이 공동으로 연구하고 토론하여 맺은 열매로서 그야말로 끊임없는 노력과 진지함이 없이는 불가능한 결실이라고 봅니다. 이번에 출간된 「형사판례연구」 제14권은 2005년 3월부터 2006년 2월까지 1년간 형사판례연구회에서 발표된 형법 및 형사소송법 관련 논문 17편을 수록하였습니다. 그리고 오영근 교수님의 특별기고문으로 2005년도 형법판례 회고가 수록되어 있습니다.

끝으로 지난 1년 동안 학문적 진지함과 열정으로 형사판례연구회에 참여하여 발표하고 토론해 주신 회원 여러분께 깊이 감사드립니다. 그리고 형사판례연구회에 대한 지원을 아끼지 않으신 한국형사정책연구원의 전임 이재상 원장님과 이태훈 원장님, 그리고 김동건·김진환 전임 회장님께도 감사의 말씀을 드립니다. 아울러 이 책이 출판될 수 있도록 적극 협력해 주신 박영사의 안종만 회장님, 형사판례연구회의 운영을 맡아 수고해 주신 김태명 교수님, 한국형사정책연구원의 황태정 연구원 등 실무진 여러분께도 감사드립니다.

2006년 8월

형사판례연구회 회장 **박 상 기**

目　次

착수미수와 실행미수의 구별

정 현 미*

[대상판결] 대법원 1999. 4. 13. 선고 99도640 판결

[판결요지]

범죄의 실행행위에 착수하고 그 범죄가 완수되기 전에 자기의 자유로운 의사에 따라 범죄의 실행행위를 중지한 경우에 그 중지가 일반사회통념상 범죄를 완수함에 장애가 되는 사정에 의한 것이 아니라면 이는 중지미수에 해당한다고 할 것이지만, 피고인이 피해자를 살해하려고 그의 목 부위와 왼쪽 가슴 부위를 칼로 수 회 찔렀으나 피해자의 가슴 부위에서 많은 피가 흘러나오는 것을 발견하고 겁을 먹고 그만두는 바람에 미수에 그친 것이라면, 위와 같은 경우 많은 피가 흘러나오는 것에 놀라거나 두려움을 느끼는 것은 일반사회통념상 범죄를 완수함에 장애가 되는 사정에 해당한다고 보아야 할 것이므로, 이를 자의에 의한 중지미수라고 볼 수 없다.

[사건개요]

피고인 甲은 피해자 乙이 경영하는 주점에 출입하면서 乙과 성관계를 가지게 된 것을 기화로 수차례에 걸쳐 乙에게 폭력을 행사하여 오던 중 1998. 5. 25. 오후에 위 주점에 찾아갔으나 이러한 폭력행사에 지친 乙이 더 이상 甲을 만나지 않으려고 주점의 출입문을 열어 주지 않자 이에 앙심을 품고서 칼날길이 약 5㎝ 가량의 칼을 등산복 안에 숨긴 채 같은 날 19:30경 주점의 종업원인 丙이 주점의 출입문을 열고 들어가는 순간 丙을 따라 주점에 들어

* 이화여자대학교 법과대학 교수.

간 다음, 그 안에 있던 乙에게 자신을 용서하여 달라고 말하였으나 乙이 말로만 잘못했다고 하지 말라는 취지로 대답을 하자 이에 격분하여, 주점의 간판불을 끄고 전화선 코드를 뽑아버린 후 소지하고 있던 칼로 乙의 목 부위와 가슴 부위를 수 회 찌르고, 丙이 피고인 甲을 만류하자 丙에게 "너도 칼로 찔러버리기 전에 저 구석에 가 있어. 너도 죽고 싶으냐. 나오면 죽여 버리겠다"라고 말하여 丙으로 하여금 피고인을 만류하지 못하게 한 다음, 계속하여 위 칼로 乙의 머리 부위를 향하여 내리찍었으나 乙이 이를 피하는 바람에 맞지 아니하자 乙에게 "밤새도록 너를 죽이려고 칼을 갈았다. 오늘은 너도 죽고 나도 죽고 종업원 丙도 죽고 3명이 다 죽는다"라고 말하면서 등산화를 신은 발로 乙의 허벅지와 발을 걷어차다가 乙의 가슴 부위에서 많은 피가 흘러내리는 것을 발견하고는 겁을 먹고 폭력행사를 그만두었다. 이로 인하여 乙은 약 3주간의 치료를 요하는 다발성 경부 및 흉부자상을 입었다. 피고인 甲은 1995. 8. 30. 서울 고등법원에서 강간치상죄 등으로 징역 2년 6월, 집행유예 4년을 선고받아 그 유예기간중에 이 사건 각 범행을 저질렀고, 특히 1998. 3. 25. 피해자 乙을 상해하여 수사기관에서 조사를 받고 폭력행위등처벌에관한법률위반죄로 약식명령이 청구되어 재판을 받고 있는 중에 다시 이 건의 범죄를 저질렀다.

〔연　　구〕

Ⅰ. 문제의 제기

대상판결에서는 중지미수의 인정여부에 초점이 있고 중지의 자의성이 인정되지 않는다는 이유로 살인의 중지미수를 부정하고 있다. 그러나 이 경우 중지의 자의성을 인정할 수 있는가에 대해서도 논란이 있을 수 있고, 자의적 중지미수를 인정할 수 있다는 견해도 있다. 그런데 중지미수의 자의성을 인정하더라도 착수미수가 아니라 실행미수라면 결과방지행위가 없는 한 중지미수는 인정되지 않는다. 그렇다면 살해의 고의로 칼로 목 부위와 가슴 부위를 수 회 찌르고도 계속 폭행을 가하다 가슴 부위에서 피가 많이 흘러내리자 겁을 먹고 폭력행사를 그만 둔 경우에 착수미수인가, 실행미수인가의 구별이 선행되어야 한다. 만약 행위자가 상대방이 죽을 때까지 행위하려고 의도하였다가 그만두었다면 행위계획설에 의하면 착수미수가 된다. 그러나 중지시 피가 많이 나는 것을 보고 이 정도로 죽을 것 같다는 생각에 그만두었다면 전체고찰설에 의하면 실행미수이며, 중지미수가 인정되기 위해서는 결과방지행위라는 성립요건이 필요하다. 결국 어디에 기준을 두고 판단할 것인가에 따라 착수미수인가 실행미수인가가 결정된다.

물론 대상판례는 중지의 자의성 인정 여부에 초점을 두고 검토하여 자의성을 부정하였기 때문에 착수미수인가 실행미수인가를 검토하지 않았고, 그러한 이유로 양자의 구별에 전제되어야 할 사실관계도 명백히 드러나 있지 않다. 그런 점에서 이 판결을 대상판례로 착수미수와 실행미수의 구별을 검토하는 것은 어려운 점이 있지만, 본 연구에서는 대상판결이 자의성을 부정한 점에 대한 비판적인 시각을 갖고 자의성이 인정될 수 있다는 입장에서 출발하여 자의성이 인정된다면 나아가 그것으로 중지미수가 성립할 것인가를 검토하려고 한다. 착수미수인가, 실행미수인가에 따라 형벌의 필요적 감면의 적용여부가 결정될 수 있으므로 그 구별은 형사실무적으로도 중요한 실제적 의미를 갖는다. 그런데 지금까지 중지미수와 관련된 대법원판례를 보면, 착수미수와 실행미수의 구별을 문제삼은 경우는 찾아볼 수 없었다. 실행미수의 경우 자의성 인정만으로 중지미수가 성립되지 않았음에도 판례에서 실행미수가 아닌가에 대한 검토가 없었다는 것은 지금까지 착수미수와 실행미수의 구별문제에 관심이 없었던 것이 아닌가도 의심된다. 그런데 이 판례의 경우, 즉 행위자가 살해하겠다는 의도를 가지고 수 회의 행위를 거듭하다 그만둔 경우 자의성을 인정한다면 실행미수로 볼 여지가 없지 않다는 판단에서 이 판결사안에 비추어 착수미수와 실행미수를 한번 검토해 보려고 한다.

Ⅱ. 중지미수의 법적 성격 및 자의성판단

1. 중지미수의 법적 성격의 검토

다른 미수에 비해 필요적 감면이라는 혜택을 주는 중지미수의 법적 성격에 대해서는 형사정책설, 법률설, 결합설, 보상설, 형벌목적설 등 다양한 견해가 주장되고 있다.

우리 학설 중 형사정책설은 대체로 중지미수의 특혜근거에 대한 '황금의 다리이론'(die Lehre von der goldenen Brücke)으로 소개되고 있다. 형사정책설은 중지범에게 특별한 법적 효과가 인정되는 이유를 범죄인에게 황금의 다리를 제공하기 위함에 있다고 본다.[1] '황금의 다리이론'은 독일형법에서 중지미수를 이미 범죄에 착수한 행위자에게 후퇴할 수 있도록 '황금의 다리'로서 제공된 것이라는 형사정책에 근거한 이론으로서 과거에 주장되었다.[2] 우리 형법은 독일 형법만큼 중지미수에 대해 특혜를 주고 있지 않지만, 다른 미수에 비하면 필요적 감면이라는 특혜를 제공하고 있으므로 우리 형법에서도 '황금다리이론'을 끌어들여 중지미수의 성격을 설명하는 것은 가능하다. 그러나 중지미수를 처벌하지 않는 독일 형법의 경우와 달리 우리 형법에서 중지미수는 필요적 감면사유에 지나지 않으므로 그 정도로 이미 시작된 범행을 다시 포기하도록 유도할 형사정책적 효과를 기대할 수 있겠는가라는 의문을 가질 수 있다.[3] 더구나 중지미수의 특혜가 현실적으로 범행중지에 어느 정도 기여하는가도 알 수 없다. 그러한 이유로 일찍이 독일에서는 중지미수의 특혜가 실제로 행위자의 중지결심에 결정적인 영향을 미칠 정도는 아니라고 보아 이 이론에 대해서는 현실성이 결여된 주장이라는 비판이 가해졌다.[4] 그러므로 중지미수의 형의 감면근거를 형사정책적 과제에서만 도출하는 설명은 지나치게 일면적이라고 할 수 있다.

중지미수의 필요적 감면을 위법성소멸이나 위법성감소로 설명하는

1) 신동운, 형법총론, 2001, 459면.

2) Liszt, Lehrbuch des deutschen Strafrechts, 24. Aufl., 1922, S. 210; RGSt 6, 342; 39, 39; 73, 60.

3) 이재상, 형법총론, 2006, 369면; 김종원, "중지미수범," 고시계, 1967. 9, 106면; 성시탁, "중지범," 고시계, 1975. 3, 106면; 이형국, "중지미수," 고시연구 1981. 9, 146면.

4) Bockelmann, Wann ist der Rücktritt vom Versuch freillig?, NJW 1955, 1420; Vogler, LK, §24, Rn. 9; Jescheck/Weigend, Lehrbuch des Strafrechts, AT, 5. Aufl., 1996, S. 540; Stratenwerth, AT, Rn. 705.

법률설은 실행행위에 착수함으로써 미수범으로 이미 확정된 행위의 불법의 양과 질이 사후적인 자의성이라는 주관적 요건에 의해 감소 또는 소멸할 수 없으므로 이론적 타당성이 없다. 책임소멸이나 책임감소로 설명하는 법률설에 대해서는 책임소멸의 경우 범죄가 성립하지 않아 무죄가 되어야 하는데 유죄판결의 일종인 형의 면제를 하도록 하고 있으므로 우리 형법의 체계와 맞지 않으며 중지에 의해 책임이 조정될 수는 있어도 조각되지 않는다는 비판을 면할 수 없다.[5)]

결합설은 대체로 법률설 중 책임감소설과 형사정책설, 보상설 또는 형벌목적설을 결합하여 중지미수의 형의 감면근거를 설명하는 입장이다.[6)] 이렇게 몇 가지 학설을 결합하여 설명하는 이유는 우리 형법이 중지미수의 경우 형의 면제 또는 감경이라는 두 가지의 법효과를 두고 있어 중지로 인한 책임감소만으로는 형의 면제까지 설명하기 어렵다고 보기 때문이다. 그러나 형의 감경을 설명하기 위해 반드시 책임감소설과 결합해야 하는지는 의문이다. 형의 감경의 경우는 책임의 감소가, 형면제의 경우는 형사정책적 고려만 근거가 된다고 할 수는 없다. 예컨대 보상설로 설명하는 경우 중지미수의 형의 감면을 범행의 중지에 대한 보상으로 볼 수 있으며, 형벌목적설로 설명하는 경우에도 형벌목적에 따라 중지미수의 형을 면제하거나 감경할 수 있다. 따라서 형의 감면의 근거는 어느 학설에 의하든 통일적으로 설명할 수 있으므로 반드시 두 가지의 법효과로 인해 몇 가지 학설을 결합해서 설명해야 하는 것은 아니다.[7)]

보상설은 중지미수의 경우 행위자가 행위를 중지하거나 결과발생을 방지하여 법의 세계로 돌아온 것이므로 그것을 가상히 여겨 특별히

---

5) 이재상, 형법총론, 370면; 배종대, 형법총론, 2005, 523면.

6) 성시탁, 위 논문, 110면; 이형국, 형법총론, 1997, 286면; 진계호, 형법총론, 1996, 504면; 임웅, 형법총론, 1999, 318면과 김성돈, 형법총론, 2006, 488면에서는 책임감소·소멸설과 형사정책설의 결합, 오영근, 형법총론, 2005, 503면은 위법성감소설과 책임감소설 및 형사정책설의 결합으로 중지미수의 관대한 취급의 근거를 설명한다.

7) 이재상, 형법총론, 372면; 유인모, "중지미수의 법적 성격," 김종원 교수 화갑기념논문집, 374면 이하 참조.

형을 감면하도록 보상(은사)을 베푸는 것으로 설명한다.[8] 그런데 보상설을 취하는 입장에서는 중지미수의 본질을 보상으로 보면서 대체로 다시 보상의 근거를 책임감소, 형벌목적의 소멸 또는 형사정책에서 찾음으로써 책임감소설이나 형벌목적설을 끌어들이고 있다. 그 결과 보상설은 형벌목적설 및 형사정책설을 내용적으로 포괄하는 것으로 이해하는 듯하며, 중지미수의 본질을 설명하는 데 보상설, 형벌목적설, 형사정책설이 모두 마찬가지로 타당하다는 결론에 이르기도 한다.[9] 그러나 자의적으로 범행을 중단한 행위자는 보상받아야 한다는 보상설의 입장은 단순한 법효과를 설명한 것에 지나지 않으며, 중지미수의 본질에 대한 설명으로 적절치 않다는 비판을 가할 수 있다.[10] 중지자의 공적이 칭찬받을 가치가 있기 때문에 보상한다는 주장은 중지미수의 본질과 관련한 구체적인 대답이 될 수 없다. 그 결과 보상설은 보상의 구체적 내용을 책임감소나 형벌목적 등에서 다시 구할 수밖에 없었다. 그러나 예컨대 보상의 내용을 형벌목적에서 찾는다면 결국 형벌목적설과 동일하게 되며 학설의 독자성은 상실된다. 또한 보상설은 중지의 자의성에 중점을 두고 미수행위를 통하여 놓이게 된 유책성이 중지를 통해 보상되는 것처럼 여기나 이는 순수한 주관적 미수설을 기초로만 타당하며, 그런 종류의 보상의 근거는 형사정책적으로도 확신할 수 없는 근거이다.[11]

중지미수의 특별취급에 대한 설명과 관련하여 다양한 학설이 주장되고 있으나 중지미수의 특별취급의 근거는 결국 미수의 가벌성에 대한 결정적 근거가 반대로 작용한다는 관점에서 모색할 수 있다. 미수처벌근거에 대한 견해는 다양하지만 주관설과 객관설의 절충적 입장이

8) 이재상, 형법총론, 371면 이하; 정성근/박광민, 형법총론, 2001, 396면. 손해목, 형법총론, 1996, 871면; 이형국, 형법총론, 286면 이하; 박상기, 형법총론, 2004, 349면.

9) 이재상, 형법총론, 373면; 정성근/박광민, 형법총론, 396면; 박상기, 형법총론, 349면.

10) Heintschel-Heinegg, Versuch und Rücktritt, Eine kritische Bestandsaufnahme, ZStW 109(1997), 40; Roxin, Strafrecht, AT, 3. Aufl., S. 271; Rudolphi, SK, § 24, Rn. 3.

11) Eser, in: Schönke/Schröder, StGB, § 24, Rn. 2.

타당하다고 본다면, 행위자가 자신의 행위를 통해 범죄적 의도를 법적대적 성향을 표출하였고(주관적 요소), 사회 전반에 대하여 법질서에 대한 일반인의 신뢰를 무너뜨리는 부정적인 영향을 미쳤기(객관적 요소) 때문에 처벌한다고 할 수 있다. 그렇다면 미수의 일종인 중지미수를 처벌하지 않거나 감경처벌하는 근거도 이 두 가지 요소가 결여된 데서 찾을 수 있을 것이다. 즉 중지미수의 경우에는 자의에 의한 중지행위라는 사후행위를 통해 주관적 측면에서 범죄의사가 현저히 약화되었고, 객관적 측면에서 볼 때에는 상실된 법질서의 회복을 꾀하였다는 점에서 과형의 필요성이 소멸 내지 감소된다고 볼 수 있다. 그런 점에서 중지미수의 형의 감면의 근거를 형벌목적의 감소 내지 소멸에 있다고 보는 형벌목적설이 미수범 이론 전체를 통일되게 설명하는 것으로 타당하다.[12] 즉 중지미수는 그 처벌이 특별예방이나 일반예방의 목적에 비추어 볼 때 불필요하거나 그 필요성이 감소되므로 특별히 취급된다고 볼 수 있다. 형벌목적설은 독일에서 중지미수의 불가벌성에 대한 논거로서 연방대법원에 의해 처음 주장되고 록신에 의해 발전되어 현재 다수설의 지위를 차지하고 있는데,[13] 우리나라에서도 최근 유력한 학설로 지지받고 있다.

자의로 법의 세계에 돌아온 경우에는 일반에 대한 위해와 상실된 법질서의 회복이라는 형벌의 일반예방적 목적에 비추어 볼 때 나쁜 본보기가 되지 않기 때문에 형벌의 필요성이 없고, 형벌을 통해 범죄자를 교화하고 재범을 방지케 한다는 특별예방적 목적에 비추어 볼 때도 자의에 의한 중지행위를 통해 범죄실행의사가 현저히 약화되었고 행위자의 위험성도 사후적으로 현저히 감소되었기 때문에 과형의 필요성이 감소 내지 소멸된다는 것이다.[14] 범행을 중지하거나 결과를 방지한 행

12) 손동권, 형법총론, 2001, 356면; 김성천/김형준, 형법총론, 1998, 431면; 김일수/서보학, 형법총론, 535면; 유인모, 위 논문, 369면 이하.

13) BGHSt 9, 48; 14, 75, 80; Roxin, Strafrecht, AT, 3. Aufl., S. 270; Rudolphi, SK, § 24, Rn. 4; Schmidhäuser, Strafrecht, AT, 11/68; Eser, in: Schönke/Schröder, StGB, § 24, Rn. 2; Baumann/Weber/Misch, AT, § 27, Rn. 8.

14) Roxin, Strafrecht, AT, 3. Aufl., S. 270.

위에 대해 일반예방과 특별예방에 비추어 형벌의 필요성과 적정성을 검토하는 것은 양형의 기초가 될 것이다.

2. 중지미수의 자의성 판단

중지미수가 성립하기 위해서는 먼저 주관적 요소로서 자의성을 필요로 한다. 중지미수는 범인이 자의로 범죄를 완성하지 않은 경우이며, 자의성이 중지미수와 장애미수를 구별하는 기준이 된다. 자의성을 어떻게 판단하느냐에 대해서는 견해가 대립되고 있다.

객관설, 주관설, 프랑크공식 등이 주장되고 있으나 자의성을 객관적 혹은 주관적인 일면적 기준에 의해 판단하려고 한 점에서 자의성의 범위가 지나치게 확대되거나 협소하게 되는 난점이 있다. 우리 다수설은 행위상황이라는 객관적 측면과 행위자의 의사를 모두 고려하는 절충설의 입장에서 자의성을 이해하고 있는바,[15] 절충설이 자의성을 판단하는 데 가장 적절하다고 생각된다. 즉 일반사회관념상 범죄수행에 장애가 될 만한 사유가 없음에도 불구하고 자기의사에 의하여 중지한 경우에는 자의성이 인정되며, 범인의 의사와 관계없이 사태를 현저히 불리하게 만든 장애사유로 타율적으로 중지한 때는 장애미수가 된다. 판례도 "자의에 의한 중지 중에서도 일반사회통념상 장애에 의한 미수라고 보여지는 경우를 제외하는 것을 중지미수"라고 하여 원칙적으로 절충설의 입장에 서 있다고 할 수 있다.[16]

---

15) 이재상, 형법총론, 354면; 김종원, 형법총론, 8인 공저, 297면; 이형국, 형법총론, 289면; 정성근/박광민, 형법총론, 383면; 진계호, 형법총론, 337면; 박상기, 형법총론, 338면; 배종대, 형법총론, 507면; 임웅, 형법총론, 306면; 이정원, 형법총론, 269면; 김성돈, 형법총론, 470면.

16) 대법원 1985. 11. 12. 선고 85도2002 판결: "중지미수라 함은 범죄의 실행행위에 착수하고 그 범죄가 완수되기 전에 자기의 자유로운 의사에 따라 범죄의 실행행위를 중지하는 것으로서 장애미수와 대칭되는 개념이나 중지미수와 장애미수를 구분하는 데 있어서는 범죄의 미수가 자의에 의한 중지이냐 또는 어떤 장애에 의한 미수이냐에 따라 가려야 하고 특히 자의에 의한 중지 중에서도 일반사회통념상 장애에 의한 미수라고 보여지는 경우를 제외한 것을 중지미수라고 풀이함이 일반이다." 같은 취지: 대법원 1997. 6. 13. 선고 97도957 판결; 대법원 1993. 10. 12. 선고 93도1851 판결 등.

대상판결에서도 "자기의 자유로운 의사에 따라 범죄의 실행행위를 중지한 경우에 그 중지가 일반사회통념상 범죄를 완수함에 장애가 되는 사정에 의한 것이 아니라면 이는 중지미수에 해당한다고 할 것이지만"이라고 하여 절충설에 따른 입장을 분명히 하고 있다. 다만 절충설에 따라 판단하면서도 칼로 찌르자 많은 피가 흘러나와 겁을 먹고 그만둔 사안에서, "많은 피가 흘러나오는 것에 놀라거나 두려움을 느끼는 것은 일반사회통념상 범죄를 완수함에 장애가 되는 사정에 해당한다고 보아야 할 것이므로, 이를 자의에 의한 중지미수라고 볼 수 없다"고 하여 자의성을 부정하고 있다. 그러나 본 대상판결에서 절충설을 따르면서 자의성을 부정하는 것이 타당한지, 피가 흘러나오는 것을 보고 겁이 나서 중지한 경우가 과연 외부적 장애에 의한 범행의 중단으로 볼 수 있는지 의문스럽다.

범행 후 겁이 나서 중지한 경우 자의성을 부정한 또 다른 판례를 보면, 대법원 1997. 6. 13. 선고 97도957 판결에서 "피고인이 장롱 안에 있는 옷가지에 불을 놓아 건물을 소훼하려 하였으나 불길이 치솟는 것을 보고 겁이 나서 물을 부어 불을 끈 것이라면, 위와 같은 경우 치솟는 불길에 놀라거나 자신의 신체안전에 대한 위해 또는 범행 발각시의 처벌 등에 두려움을 느끼는 것은 일반사회통념상 범죄를 완수함에 장애가 되는 사정에 해당한다고 보아야 할 것이므로, 이를 자의에 의한 중지미수라고는 볼 수 없다"고 한다. 이 판례에서도 피고인 자신이 불을 놓아 불길이 치솟자 보고 겁이 나서 불을 끈 경우인데 사회통념상 외부적 장애사유로 보고 있다. 그러나 범죄실현과정에서 대부분의 행위자는 겁을 먹거나 두려움을 갖기 마련이며, 의사의 추진력이 마비될 정도가 아니라면 외부적 강제상황으로 볼 수 없다. 불이 붙은 것을 보고 겁이 나서 중지한 것은 행위자의 내부적 사정에 의한 것으로 자율적 동기라고 할 수 있다.[17] 대상판례의 경우 살인을 시도하여 피가 나는

17) 하태훈, "중지미수의 성립요건," 형사판례연구, 제 7 권, 60면 이하: 97도957 판결에 대해 자율적 중지이므로 중지미수의 자의성을 인정해야 한다는 비판 참조. 이재상, "1999년의 형사판례 회고," 형사판례연구, 제 8 권, 577면 이하; 오영근, "1990년

것도 방화행위로 불이 솟는 것처럼 범행에 필수적으로 수반되는 상태로 그로 인해 겁을 먹은 것은 사회통념상 외부적 장애가 될 수 없으며, 오히려 행위자의 주관적 사정이라고 할 수 있어 자의에 의한 중지미수를 인정함이 타당하다고 생각한다.[18)]

Ⅲ. 착수미수와 실행미수의 구별에 대한 학설

착수미수란 범죄실행에 착수하였으나 실행행위 자체를 종료하지 못한 경우이며, 실행미수란 실행행위는 종료하였으나 결과가 발생하지 아니한 경우이다. 착수미수는 자신의 범행계획을 포기하여 더 이상의 행위를 하지 않음으로써 결과가 발생하지 않아 중지미수가 되지만, 착수미수의 경우에는 결과방지행위가 있어야 중지미수가 된다는 점에 차이가 있다. 양자는 결과발생에 필요한 행위를 다하였는가, 즉 실행행위를 종료하였는가에 따라 구분되므로 착수미수를 미종료미수, 실행미수를 종료미수라고 하거나,[19)] 실행미수와 결과미수로 구별하기도 한다.[20)] 우리 형법 제26조에서는 착수미수와 실행미수라는 용어를 사용하고 있지 않지만 "범인이 자의로 실행에 착수한 행위를 중지하거나 그 행위로 인한 결과의 발생을 방지한 때에는 형을 감경 또는 면제한다"고 규정하고 있어 실행에 착수한 행위를 중지한 경우를 착수미수, 결과발생을 방지한 경우를 실행미수로 구분하고 있다고 할 수 있다. 양자의 구분은 중지미수에서 성립요건을 논하는 데 중요한 기준이 되므로 학설에서도 일반적으로 구별하여 다루고 있다. 그러나 어떤 기준에 따라 착

대의 형사판례," 형사판례연구, 제 9 권, 10면 이하에서도 97도957 판결의 사안에 대해 자율적 결단에 의한 중지를 인정함. 이 사안은 실행미수이므로 결과방지가 필요하였고, 피고인은 불은 껐으므로 중지미수가 성립된다.

18) 오영근, "1990년대의 형사판례," 형사판례연구, 제 9 권, 12면에서 대상판례인 99도640 판결에 대해서도 자의에 의한 중지를 인정해야 한다고 비판. 그에 반해 이재상, "1999년의 형사판례 회고," 형사판례연구, 제 8 권, 577면 이하에서는 동 판결의 사안에 대해서는 공포 때문에 범죄의 수행이 불가능했다고 보아 중지미수를 인정하지 않은 대법원의 태도를 지지함.

19) 최우찬, "중지미수," 고시연구, 1992. 2, 45면.

20) 박상기, 형법총론, 355면.

수미수와 실행미수를 구별해야 하는가에 대해서는 다양한 견해가 대립되고 있어 아래에서 그것을 중심으로 검토하려고 한다.

1. 객 관 설

객관적으로 결과발생의 가능성이 있는 행위가 있으면 실행행위가 종료한다고 보는 견해이다. 객관적인 결과발생이 존재하지 않는 경우에는 단순한 부작위에 의한 중지가 가능하지만, 객관적으로 결과발생의 가능성이 있는 행위가 있는 이상 행위자가 지금까지의 행위로는 결과발생이 가능하다는 것을 알았는지에 상관없이 실행행위는 종료되었다고 한다. 즉 중지행위의 시점에서 객관적 결과발생 가능성이 있다면 실행미수로서 행위자는 인과과정을 차단하는 방지행위에 의해서 기수결과의 발생을 저지함으로써만 합법성으로 회귀하는 의사를 표현할 수 있다고 한다.[21] 이 견해는 전체적 고찰설이나 개별적 고찰설의 문제점이 행위자의 표상에 의해서만 구별하려는 데 있다고 지적하고 오직 객관적 기준에 의해서만 구별하려는 특성이 있다. 독일에서 거의 지지가 없는 소수 견해이며, 현재 우리나라에서는 이 견해를 취하는 학자는 없다. 이 견해에 대해서는 결과가 발생하였으면 물론 기수의 책임을 져야 하지만 결과발생방지 행위 없이도 결과가 발생하지 않은 이상 객관적으로 결과발생 가능성이 있어도 착수미수의 중지를 인정할 여지가 있다는 비판을 가할 수 있다.

2. 주 관 설

우리 학설에서는 대체로 주관설로만 분류되지만, 독일에서는 착수미수와 실행미수의 구별을 위해서는 행위의 실현정도에 대한 행위자의 표상이 결정적이라고 보는 입장도 내용상 수정을 거치며 몇 가지 입장으로 전개되어 왔다. 그러나 그 견해들이 주관적 출발점에 서 있는 점

21) Borchart/Hellmann, Die Abgrenzung der Versuchsstadien anhand der Erfolgstauglichkeit, GA 1982, 437.

에서는 공통되므로 주관설로 묶어 설명하였다.

(1) 행위계획설

행위계획설(Tatplantheorie)은 착수시 행위자의 표상에 근거하여 행위자가 계획된 모든 행위를 수행했다면 미수는 종료된 반면, 행위자의 계획이 실행을 계속하도록 되어 있다면 객관적으로 결과발생의 가능성이 있는 행위가 종료하여도 실행은 종료되었다고 볼 수 없다는 입장이다. 행위시 행위자의 표상에 근거하는 소위 '계획기준'은 독일 BGHSt 31, 170에 의한 입장변경이 있기까지 독일연방법원의 전통적 태도였다.[22)]

이 입장에서는 행위자가 행위수행의 시작시점에 어떤 행위를 필요한 것으로 여기고 구성요건적 불법결과를 야기하고 실현하려고 하였는가에 중점을 두게 된다. 다만 행위자가 처음부터 유일한 혹은 특정한 다수의 실행행위에 한정하지 않고 행위시에 분명한 행위계획을 가지고 있지 않은 경우나 확실한 범행계획을 인정할 수 없는 경우에는 마지막 행위의 종료시점에 행위자의 표상을 기준으로 판단하게 된다. 예컨대 행위자가 살해의도로 2개의 행위를 시도하여 그만둔 경우에 첫번째 행위만으로 살해하려는 계획이었다면 이미 첫번째 행위로써 실행미수가 되지만, 확실한 범행계획이 없었던 경우라면 2개의 실행행위가 아니라 단지 실행수단만 변경한 하나의 실행행위로 보아 착수미수가 된다고 한다.[23)] 물론 이 경우에도 행위자가 이미 행해진 행위나 그에게 아직

---

22) BGHSt 10, 129; BGHSt 14, 75; BGHSt 22, 176: 甲은 의붓딸 乙을 살해하기 위해 수건으로 감싼 공구로 乙의 뒷머리를 1회 강타하였고 乙은 쓰러져 기절하였다. 甲은 처음에는 乙이 죽었으리라 생각하였으나 곧 기절한 상태라는 것을 알게 되었음에도 더 이상 가격하지 않았다. 이 사건에서 독일연방법원은 甲이 확실한 범행계획에 근거했는지에 대한 사실규명이 불충분하다는 것을 이유로 사건을 파기환송하였다.

23) BGHSt 10, 129: 甲은 별거중인 처 乙과 甲의 자동차 안에서 화해를 위한 대화를 했지만 오히려 관계가 더 악화되어 분노가 치밀자 옆에 있던 소주병으로 乙을 살해하기 위해 머리를 강타하였다. 그러나 소주병으로 가격하는 것만으로 살인의도가 이루어지지 않았고 甲은 자동차 안이라는 좁은 공간에서 치명적 강타가 불가능하다고 생각하여 소주병을 옆에 팽개치고 乙이 의식을 잃을 때까지 목을 조르기 시작하였다. 그러다가 약간의 시간이 흐른 뒤 甲은 乙이 정신이 깨어 도주할 수 있

가능한 계속적 행위가 결과발생에 적합하지 않다고 판단하면 실패한 미수이며, 그가 지금까지 한 행위가 결과야기에 충분하다고 판단하면 실행미수가 된다고 한다.

그러나 이 견해에 대해서는 중지미수의 여부가 우연성에 좌우되며, 처음부터 행위경과의 모든 가능성을 다 계산에 넣는 위험한 행위자가 유리하게 될 수 있다는 비판이 가해진다.[24] 예컨대 행위자가 계획된 100발 중 99발이 실패가 된 후에 자의로 마지막 한 발을 포기한 경우에는 착수미수가 되지만 행위자가 자신의 피해자가 첫 한발에 죽을 것으로 확신하였지만 실패한 후에 계속적 발사를 중단한 경우에는 실행미수가 되어 결과방지행위가 없는 한 중지미수가 인정되지 않을 수 있다. 그리고 범죄인이 행위계획이 없었다는 의도적 진술로 수 개의 행위를 시도하고도 착수미수의 중지미수로서 혜택을 누릴 수 있는 문제가 있다.[25] 그 밖에 착수시의 행위계획에만 의존하여 판단하는 경우 개개

도록 자동차 문을 열고 밖으로 나가버렸고, 乙은 정신이 들어 자동차를 빠져나갔다. 독일연방법원은 2개의 실행행위가 법률적으로 별개의 행위로 판단해야 할 독자적 실행행위인지 하나의 실행행위인지가 중요하다고 보았다. 만약 甲이 처음부터 소주병의 가격만으로 살해하려 하였다면 2개의 실행행위가 인정되어 실행미수가 인정될 것이나 이러한 사실을 인정할 만한 구체적인 甲의 범행계획을 인정할 수 없었다. 그리고 대부분의 경우에 사람을 살해하려고 결심한 자는 그의 목적만을 추구하기 때문에 목표에 이르게 하는 필수적인 개별행위나 횟수에 관한 일정한 생각을 염두에 두고 있지 않다고 보았다. 따라서 목을 조르는 甲의 행위는 처음부터 갖고 있던 살해의사에 의한 하나의 살해행위, 즉 단지 실행수단만 변경한 하나의 실행행위라고 판단하여 甲이 목 조르는 행위를 중지한 이상 착수미수의 중지가 성립한다고 판단하였다.

BGHSt 12, 75: 甲은 부부싸움 끝에 처 乙의 왼쪽 복부를 등산용 칼로 7㎝의 깊이로 찔렀다 뽑았다. 乙은 사람 살리라고 외치면서 甲이 들고 있던 칼을 빼앗아 밖으로 도망하였다. 이 때 甲은 아무런 저항 없이 칼을 빼앗겼고, 甲은 乙이 큰 상처를 입었으며 사망하리라는 생각으로 공포에 떨면서 경찰이 집에 들이닥칠 때까지 집에 머물러 있었다. 乙은 병원에서 치료를 받고 2주 후에 퇴원하였다. 독일연방법원은 甲이 최초의 확실한 범행계획에 근거했는가가 여기서 결정적이지만, 甲에게는 이러한 범행계획이 없었다고 판단하였다. 甲이 乙로부터 이무런 저항을 하지 않고 칼을 빼앗겼다는 것은 중지시점에서 甲의 표상에 따라 종료하지 않은 실행행위를 중지하였다고 보아 착수미수의 중지미수를 인정하였다.

24) Rudolphi, SK, § 24, Rn. 12a; Otto, Fehlgeschlagener Versuch und Rücktritt, GA 1967, 144; Eser, in: Schönke/Schröder StGB, § 24, Rn. 17.

25) Vogler, LK, § 24, Rn. 53.

의 행위상황에 따라 수정되고 구체화되어 가는 행위고의의 실체를 제대로 파악할 수 없는 문제도 있다. 실행행위 전 혹은 착수시에 의도된 행위고의는 종국적인 것이 아니고 실현의사로 구성되고 전체적인 행위진행과정에서 나타나기 때문이다.

(2) 전체고찰설

전체고찰설(Gesamtbetrachtungslehre)에 의하면 행위자가 착수시에 어떤 표상을 가지고 있었는가와 무관하게 최종행위 후에 구성요건적 결과의 발생을 타당하게 혹은 착오로 가능하다고 인정한 경우에는 실행미수이고, 그에 반하여 행위자가 이 시점에 타당하게 혹은 착오로 결과의 발생이 지금까지의 행위를 근거로 가능하지 않지만 아직 계속적 행위를 통하여 야기될 수 있다면 착수미수라고 한다.[26] 전체고찰설은 행위계획설에서 계획시점(Planhorizont)을 따를 때 나타나는 불합리성을 수정하기 위해 중지시점(Rücktrittshorizont)으로 판단기준을 변경한 것이다. 독일연방법원은 BGHSt 31, 170 판결 이후 전체고찰설의 입장을 취하고 있다.[27]

행위계획설은 행위자가 1개의 개별행위로 목적을 달성하려고 계획한 경우 그 행위로 인해 결과가 발생하지 않더라도 실행미수라고 본다. 그러나 전체고찰설에 의하면 행위자가 중지시점에서 자신의 지금까지의 행위로는 아직 결과를 야기시키지 않는다고 확신하거나 적어도 그

26) Otto, GA 1967, 148; Roxin, Über den Rücktritt vom unbeendeten Versuch, Heinitz-FS, 1972, S. 276; Dreher, JR 1969, 106f.; Rudolphi, SK, §24, Rn. 15; Dreher/Tröndle, StGB, §24, Rn. 4; Jescheck/Weigend, Lehrbuch des Strafrechts, S. 541f.

27) BGHSt 31, 170: 甲은 자신과 이혼하려는 처 乙을 살해하기 위해 갑자기 한 통의 휘발유를 끼얹고 성냥으로 불을 붙이려고 하였다. 그러나 성냥을 켜는 순간 乙이 달려들어 甲과 乙은 뒤엉켜 싸움이 벌어지고 乙은 정원으로 도망쳤다. 甲은 乙을 뒤쫓아 가서 쓰러뜨리고 의식을 잃을 때까지 목을 졸랐다. 甲은 乙이 의식을 잃자 살인의도를 포기하고 놓아주었다. 독일연방법원은 이 사건에서 甲이 행한 두 가지의 행위는 법률적으로 독립된 2개의 살인미수행위가 아니라 전체행위에서 지속적인 살인고의와 관련된 단순한 부분행위이며, 행위자가 착수할 실행행위를 자의로 중지했는가는 행위자가 처음부터 확실한 범행계획을 가지고 있었는가와는 관련이 없고, 오직 중지시점에 최초 범행수단이 실패하였음을 알고도 범행의 완성을 위한 다른 수단을 자의로 포기하였다면 착수미수가 된다고 보았다.

것을 기대하고 있었던 경우에는, 결과발생이 기대되는 행위의 속행을 그만두면 가령 1회의 행위로 목적을 달성하고자 의도하고 있었더라도 착수미수의 중지가 된다고 한다.[28)]

일정한 목표를 향한 수 개의 실행행위가 있는 경우, 예컨대 살해의 고의로써 먼저 가격을 하다가 목을 조르는 경우에는 전체고찰설에 의하면 두 개의 행위를 분리된 행위로 파악하여 이미 첫번째의 행위에서 독립적인 실패된 종료미수로 볼 것인가, 혹은 미종료된 개별행위들을 단일의 행위복합으로 볼 것인가에 따라 판단이 달라진다. 전체고찰설의 내용은 학자마다 다소 차이를 보이지만, 대체적인 견해는 일정한 목표를 향한 수 개의 실행행위가 있는 경우 다수의 행위에 자연적 행위단일성(natürliche Handlungseinheit)을 인정할 수 있다면 다수의 행위를 전체적으로 아직 종료하지 않은 미수(착수미수)라고 보아 중지미수의 가능성을 넓게 인정하는 입장을 취하고 있다.[29)] 그 경우 행위계획이 불명확하고 불확정적이라면 중지시점에서 행위자가 실현된 부분행위를 종료했을 때 결과발생이 이미 가능하다고 여기면 실행미수이고, 계속적 행위가 필요하고 가능하다고 여긴다면 착수미수로서 단순한 계속적 실행의 포기만으로 중지미수가 성립한다고 본다. 만약 행위자가 개별적 행위의 개수를 명확하게 생각하지 않았다고 한다면 수 개의 행위가 일정한 목표를 향한 단일행위로 인정되어 착수미수의 가능성은 더 커지게 된다. 전체고찰설의 경우 결과적으로 이렇게 중지미수의 인정에 아주 우호적인 태도를 취하기 때문에 행위자에게 유리하게 될 수 있다.

전체고찰설에서는 행위자의 의사를 기준으로 판단하는 결과 중지미수의 한계획정의 조작가능성이 있다는 비판이 가해지고 있다. 또한

28) Dreher, JR 1969, 106f.

29) Otto, GA 1967, 149; Roxin, Heinitz-FS, 1972, S. 269; Dreher, JR 1969, 106f.; Krauss, JuS 1981, 884; Puppe, NStZ 1986, 16; Blei, Strafrecht Ⅰ, AT, 18. Aufl., S. 238f.; Jescheck, Lehrbuch des Strafrechts, S. 489; Rudolphi, SK, §24, Rn. 15; Maurach/Goessel/Zief, AT. S. 43; Schmidhaeuser, AT, S. 368.

전체고찰설도 행위계획설과 마찬가지로 자기의 목적을 추구하기 위해서 계속적으로 새로운 수단을 강구하는 행위자에게 더욱 유리하게 된다는 문제를 내포하고 있다. 특히 중지범을 필요적 형면제의 사유로 규정하고 있는 독일형법에서는 이미 가벌적 범죄행위를 개시한 자에게 형면제의 범위를 지나치게 확대하는 것은 정의의 관점에서 타당하지 않다고 한다. 또한 자연적 행위일체라는 개념은 죄수론에서도 논란이 있는 부분이므로 미수행위의 종료에 적용하는 것에 대해서 방법론적인 문제점을 지적하기도 한다.[30)]

우리 학설은 행위계획설과 전체고찰설을 묶어서 주관설로 설명하고 있고, 주관설의 입장을 취하는 학자들은 내용상 대체로 중지시 행위자의 의사에 의해 착수미수와 실행미수를 구별하려는 전체고찰설을 지지하고 있다.[31)] 주관설에 의하면 착수미수란 행위자가 범죄의 완성을 위하여 필요한 모든 행위를 다하지 않는다고 믿었을 때이고, 실행미수는 그의 계획에 의하면 범죄의 완성을 위한 모든 조치가 끝났을 때를 말한다고 한다. 실행행위가 종료되었느냐는 행위자의 주관과 범죄계획을 떠나서 판단할 수 없으므로 중지시 행위자의 주관을 기준으로 착수미수인가 실행미수인가를 판단해야 한다고 본다.[32)] 그리고 중지범의 형을 감면하는 근거가 행위자가 합법성의 세계로 돌아온 데 대한 보상적 성격을 지니고 있기 때문에 착수미수와 실행미수를 구분하는 기준으로 범행진행상황에 대한 행위자의 생각을 기준으로 하는 주관설이 타당하다고 설명하기도 한다.[33)]

주관설에 대해서는 실행의 착수시기와 중지시기에 행위자의 의사가 얼마든지 변경될 수 있다는 점을 간과하는 단점이 있으며,[34)] 객관적 요소를 고려하지 않고 주관적 요소만으로 행위의 의미를 파악하려는

30) Vogler, LK, § 24, Rn. 63.

31) 이재상, 형법총론, 379면; 이형국, 형법총론, 290면; 박상기, 형법총론, 356면; 이정원, 형법총론, 273면; 김성천/김형준, 형법총론, 442면.

32) 이재상, 형법총론, 379면.

33) 박상기, 형법총론, 356면.

34) 배종대, 형법총론, 448면.

데 주관설의 가장 큰 문제점이 있다는 비판이 가해진다.[35)]

(3) 개별행위설

개별행위설(Einzelaktstheorie)은 행위자가 자신의 표상에 따라 결과발생가능성을 갖는 하나의 행위를 실행했을 경우에는 그 시점에서 이미 종료미수가 된다는 견해를 말한다.[36)] 만일 행위자가 중지시에 결과발생을 위해서 보충적인 행위가 필요하다고 여기면 착수미수 단계에 있으므로 단순한 행위중지로 중지미수가 성립되지만, 개별행위가 결과발생을 가져올 수 있다고 판단하면 실행미수단계에 있다고 본다. 이 학설에 의하면 행위자에 의한 개별행위의 평가가 기준이 되며, 전체계획 내지 속행가능성의 확실성의 정도는 기준이 되지 않는다. 따라서 첫번째 실행행위의 실패 후의 계속적인 공격가능성 내지 공격의 반복은 고려되지 않는다. 예컨대 행위자가 1발을 발사하여 상대방을 살해하려고 하였지만 그것이 빗나간 경우 아직 4발이 장전되어 있다는 것을 알았더라도 그 미수행위는 종료한 것이 된다. 그런 점에서 중지미수의 가능성이 지나치게 제한되는 문제가 있다. 개별행위설도 행위자가 개별행위에 의해 실행하려는 결과야기에 대한 표상을 근거로 착수미수와 실행미수를 구별하므로 행위 전 행위자의 주관을 판단기준으로 삼고 있다는 점에서 주관설이라고 할 수 있다.

3. 절 충 설

절충설은 행위자의 의사와 행위 당시의 객관적 사정을 모두 고려하여 결과발생에 필요한 행위가 끝났으면 실행행위가 종료되었다고 한다.[37)] 절충설의 논거로는 실행의 착수시기에 대하여 절충설의 입장을

---

35) 오영근, 형법총론, 509면.

36) Baumann/Weber, Strafrecht, AT, 9. Aufl., S. 489; Geilen, JZ 1972, 337f.; Backmann, JuS 1981, 340f.; Eser, in: Schönke/Schröder, StGB, § 24, Rn. 19f.; Lackner, StGB, § 24 Rn. 6.

37) 성성근/박광민, 형법총론, 401면; 김일수/서보학, 형법총론, 540면; 배종대, 형법총론, 531면; 임웅, 형법총론, 361면; 안동준, 형법총론(1998), 192면; 오영근, 형법총론, 510면; 진계호, 형법총론, 509면; 신양균, "판례에 나타난 중지미수," 고시연

취하면 실행행위의 종료시기에 대해서도 절충적 입장을 취하는 것이 논리적이라거나,[38] 실행행위 자체가 이미 주관적 범죄의사의 객관적 표현을 의미하는 주관·객관의 절충적 양태이므로 미종료미수와 종료미수의 구별에도 절충설의 입장이 타당하다는 것을 들고 있다.[39]

절충설 중에는 행위자의 범행계획과 상관없이 계속된 행위가 단일행위라면 착수미수이고, 새로운 범행이면 실행미수로서 결과발생의 방지가 있어야 중지미수가 성립한다고 보는 견해도 있다.[40] 예컨대 이미 실행한 행위가 권총사격인데 남은 것도 동일한 기회에서의 권총사격인 경우에는 착수미수의 상태이지만, 이미 실행한 것이 독약투입인데 남은 행위가 권총사격인 경우에는 단순한 중지만으로 중지미수가 될 수 있는 착수미수는 될 수 없다고 한다.[41]

그러나 이에 대해서는 착수미수와 실행미수를 죄수론의 기준에 의해 구별하는 것은 타당하다고 할 수 없다는 비판이 가해진다.[42] 수개의 행위를 죄수론상 한 개의 행위로 평가하게 하는 기준이 실행행위의 착수미수와 실행미수의 여부를 판단하는 기준이 될 수 있는지 의문이다.[43]

4. 학설의 검토

중지미수의 형을 감면하는 근거는 행위자가 합법성의 세계에 돌아온 데 대한 보상적 성격을 지니고 있기 때문에, 행위자가 범죄를 수행하여 결과발생을 위한 행위를 다했다고 믿었다면 결과방지행위만이 형감면의 보상을 받을 만한 자율적 중지의 표현이라고 할 수 있다. 만약

구, 1998. 5, 69면.

38) 배종대, 형법총론, 531면; 오영근, 형법총론, 510면.

39) 김일수/서보학, 형법총론, 540면.

40) 배종대, 형법총론, 531면; 손동권, "중지범에 관한 연구," 박양빈 교수 화갑기념논문집, 254면.

41) 손동권, "중지범에 관한 연구," 박양빈 교수 화갑기념논문집, 254면.

42) 이재상, 형법총론, 379면.

43) 김성돈, "중지미수범의 성립요건," 고시연구, 2004. 5, 273면.

행위자가 주관적으로 결과발생을 위한 행위를 다했다고 생각하면서도 결과방지조치를 취하지 않은 채 그대로 있었다면, 다행히 결과가 발생하지 않았다 하더라도 자의로 법의 세계에 돌아온 범행중지의 표지는 결여되어 있다. 그런 점에서 착수미수의 중지와 실행미수의 중지를 구별하여 후자의 경우 결과방지행위를 요구하는 것은 중지미수에서 중요한 의미를 지니며, 중지미수에서 착수미수와 실행미수의 구분은 범행진행상황에 대한 행위자의 생각을 배제하고는 판단할 수 없는 이유가 된다. 그러므로 착수미수와 실행미수의 구별에 관한 객관설은 받아들일 수 없으며, 행위자의 주관을 기준으로 착수미수인가 실행미수인가를 판단하는 주관설이 타당하다.

주관설 중에도 행위계획설은 착수시의 행위자의 행위계획에 따라 판단하므로 처음부터 행위경과의 모든 가능성을 다 계산에 넣어 많은 계획을 세운 행위자가 유리하게 되는 문제점이 있고, 착수시 행위자의 행위계획에 따라 판단하려고 하지만 행위자가 명확한 계획을 가지고 있지 않은 경우에는 실행의 중단시를 기준으로 평가한다고 함으로써 통일적 기준을 결하고 있다. 그러므로 범행의 중지시점을 기준으로 하여 행위자의 주관을 기준으로 판단하는 전체고찰설이 타당하다. 즉 행위자가 마지막 실행행위를 마친 후에 결과발생의 가능성을 믿은 경우에는 실행미수인 반면, 행위자가 이제까지의 자신의 행위를 결과발생에 불충분한 것으로 여기고 다른 방법에 따라 범행계속의 가능성을 믿은 경우에는 착수미수에 해당한다고 보아야 한다.

개별행위설은 전체계획이나 속행가능성의 확실성의 정도를 배제하고 개별행위의 평가를 기준으로 하여 행위자가 자신의 표상에 따라 결과발생가능성을 갖는 하나의 행위를 실행했을 경우에는 그 시점에서 이미 실행미수가 된다고 보는데 결론적으로 객관설에 근접한다. 개별행위설은 전체고찰설에 대해 중지미수의 적용이 지나치게 확대된다는 것을 비판하지만, 그 견해 자체는 반대로 결과발생이 가능한 개별행위가 있으면 대부분 실행미수로 봄으로써 중지미수를 인정하는 범위를 지나치게 좁힌다는 문제가 있다. 중지미수를 벌하지 않는 독일 형법의 경우에는 개별행위설처럼 중지미수를 엄격하게 해석하는 데 의미를 찾을 수도 있지만, 중지미수를 필요적 감면사유로 하고 있는 우리 형법에서는 중지미수의 인정을 제한하기 위해 굳이 개별행위설을 주장할 이유가 없다고 보인다.44)

절충설은 실행의 착수시기를 주관적·객관설에 의해 결정했다면 실행의 종료시기도 주관적·객관설에 의해 결정해야 논리일관성이 있다고 하지만, 양자는 다른 관점에서 파악해야 하므로 수긍하기 어렵다. 실행의 착수시기에 관한 주관적·객관설은 판단의 본질적 기준은 구성요건의 실현에 대한 직접적 위험이지만, 여기에 해당하느냐의 여부는 주관적 기준, 즉 개별적 행위계획에 의해 결정된다고 본다. 그러므로 실행의 착수가 있는가는 행위자의 범죄의사 내지 범죄계획에 의할 때 직접 구성요건의 실현을 위한 행위가 있었는가의 문제이므로 객관적 요소를 주관적 요소에 의해 판단한다는 의미가 된다. 결국 실행의 착수에서 객관적 요소란 구성요건실현을 위한 행위 자체 혹은 그 행위로 인한 위험으로서 판단의 객체이므로 그것이 전제가 될 수밖에 없기 때문에 주관적·객관설이라는 절충설로 표현하는 것에 불과하다. 실행의 착수에서도 결국 주관적 표준에 의해 판단된다. 다른 한편 착수미수와 실행미수의 구별에서는 이미 실행에 착수된 행위를 전제로 실행행위 종료여부를 판단하므로 실행의 착수에서 말하는 객관적 요소는 판단대상이 되고, 그것을 재차 판단기준으로 보지 않고 중지시점에 행위자의 의사로써 판단한다는 주관설로 설명하게 된다. 그렇다면 실행의 착수시기와 실행행위 종료여부는 결국 진행되는 객관적으로 실현되는 구성요건적 행위를 착수에서 종료에 이르기까지 행위자의 주관과 범행계획을 떠나서는 판단할 수 없다는 점에서는 공통적이라고 할 수 있다. 그러므로 실행의 착수시기와 실행미수 여부 판단문제를 반드시 결부시켜야 하는 것은 아니지만, 전자의 경우 통설적 입장인 주관적·객관설을 취

44) 이정원, "중지미수의 제문제," 박양빈 교수 화갑기념논문집, 417면 참조.

하더라도 착수미수와 실행미수의 구별문제에서 주관설로 취하는 것은 내용적인 면에서는 논리일관성이 없다고 할 수 없다.

실행미수 여부는 주관적 요소에 의해 판단함이 타당하지만, 그럼에도 불구하고 실행의 착수시기판단에 대한 절충설을 실행행위의 종료시점의 판단에 적용해 본다면 행위자의 범행계획에 따라 객관적으로 결과발생에 필요한 행위를 함으로써 실행행위의 종료가 인정되는데, 예컨대 치사량 미달의 독약으로 사람을 살해하려는 자는 독약에 의해 피해자가 구토하는 것을 지켜보고 더 이상의 아무런 행동을 취하지 않아도 착수미수의 중지가 된다는 결론은 부당하다.[45] 그 밖에 주관설에 대해서는 실행의 착수시기와 중지시기에 행위자의 의사가 얼마든지 변경될 수 있다는 점을 간과하는 단점이 있다고 하나, 전체고찰설을 취하는 경우 단점을 극복할 수 있다.

Ⅳ. 착수미수의 중지와 실행미수의 중시

1. 착수미수의 중지

착수미수의 경우에는 객관적으로 실행행위의 계속을 포기하는 부작위만으로 중지미수가 성립한다. 주관적 요건으로 행위자는 행위의 속행가능성을 인식해야 한다. 계속적 실행이 불가능한 경우라도 행위자가 그것이 가능하다고 오인한 때는 중지미수가 인정된다. 행위계속의 포기란 이미 행하여진 구체적 착수행위를 계속하지 않는 것을 의미하며, 전체로서의 범죄의 종국적 포기까지 요구할 필요는 없을 것이다. 착수중지와 함께 발생되지 않을 것을 요하며, 결과가 발생하면 기수가 성립한다.

2. 실행미수의 중지

실행미수의 경우에는 주관적으로 결과발생 가능성을 인식하고, 객관적으로 단순히 행위의 계속을 포기하는 것으로 족하지 않고 결과발

45) 이정원, “중지미수의 제문제,” 박양빈 교수 화갑기념논문집, 411면.

생을 방지하는 적극적 행위를 할 것을 요한다. 결과방지행위는 인과의 진행을 의식적·의욕적으로 중단하기 위한 행위여야 하며, 결과발생을 방지하는 데 객관적으로 상당한 행위여야 한다. 방지행위에 의해 현실적으로 결과가 발생되지 아니하여야 한다. 방지행위에도 불구하고 결과가 발생하면 기수에 이른 것이며, 중지미수는 성립할 여지가 없다. 그리고 결과불발생과 방지행위 사이에는 인과관계가 있어야 한다.

Ⅴ. 결론: 대상판례의 경우 착수미수와 실행미수

대상판결의 경우 항소이유의 요지를 보면 피고인은 범행 당시에 피해자를 칼로 찌르고 발로 걷어찬 일은 있지만 피해자를 살해할 의사가 없어 살인미수죄로 의율한 것은 사실오인의 위법이 있다고 하지만, 원심은 살인의 의사가 있다고 보아 항고를 기각하였고, 이에 피고인은 범행을 자의로 중단하였으므로 중지미수에 해당된다고 상고하였지만 대법원은 상고도 기각하여 살인죄의 장애미수를 인정하고 있다.

그러나 대상판결의 경우에는 행위자에게 살인의 미필적 고의를 전제로 보더라도 범행 중지가 외부적 장애요소가 아닌 피고인의 자의적 중단으로 중지미수를 인정함이 타당하지 않나 생각된다. 피고인이 살인의도로 피해자에게 폭력행위를 가하다 피가 많이 나는 것을 발견하고 범행을 그쳤기 때문에 피가 많이 나는 상황을 판례는 일응 외부적 장애사유로 보는 듯하지만, 그것은 외부에서 개입된 장애사유가 아니라 자신의 범행이 진행되는 상황에 지나지 않는다. 예컨대 행위자가 살인의 고의로 피해자의 목을 조르는 중 피해자의 얼굴이 창백해지며 서서히 의식을 잃어가는 것을 막상 직면하자 겁이 나서 목 조르는 것을 그만둔 경우를 가정한다면, 피해자의 얼굴이 창백해지고 의식을 잃어가는 모습을 외부적 장애사유라고 할 수 없을 것이다. 혹 대상판결의 경우에는 범행시 피해자가 피를 외부로 흘렸기 때문에 외부적 장애사유로 본 것이 아닌가라는 의문이 들지만 외부적 장애사유라는 기준은 행위자가 범행 자체를 중단하게 할 만한 범행 이외의 다른 개입상황을 말한다고 보아야 한다. 그러나 이 사안에서 피해자가 피를 흘린 것은 살인행위로 인한 범행 자체에 따른 결과에 불과하다. 또 다른 관점에서 보아 만약 피해자에게서 피가 적게 나오는 상황이지만 행위자가 계속적 행위를 그만둔 경우를 가정한다면 판례가 중지미수를 인정하지 않았겠는가도 생각해 볼 수 있지만, 단지 출혈량의 정도가 외부적 장애여부를 결정짓는다고 할 수 없을 것이다. 오히려 이 사안에서는 피고인이 피해자가 피를 많이 흘리는 것을 보고 겁이 나서 범행을 그만두었다고 하므로 많은 출혈과 그로 인한 겁이 연결되어 범행을 중지한 전체상황에 따른 행위자의 주관적 측면에 초점이 모아진다. 결국 겁이 나서 그만둔 경우를 자의적 중단이라고 할 수 있느냐의 문제로 돌아간다고 할 것이다. 만약 피를 보고 겁을 먹은 것이 계속적 행위를 수행하는 데 자율적 의사결정을 방해할 정도의 공포라고 한다면 자의적 중지라고 할 수 없겠지만, 이 사안에서는 피고인이 공포로 인해 행위를 계속할 수 없었던 경우는 아니라고 생각된다. 2심에서 피고인이 제기한 살인의 고의가 전혀 없었다는 —기각되었지만— 항소이유에 미루어 보면, 행위자가 격분하여 상대방을 칼로 찌르고 발로 차고 하다가 의외로 피가 많이 나온 것을 보고 피해자가 정말 죽을지도 모른다는 생각에 겁이 나서 그만두었을 수 있다. 그러므로 살인을 시도하여 칼로 찔러 피가 많이 나는 것은 방화행위로 불길이 솟는 것처럼 범행에 필수적으로 수반되는 상태로 그로 인해 겁을 먹은 것은 사회통념상 외부적 장애가 될 수 없으며, 오히려 행위자의 주관적 사정이라고 할 수 있어 자의에 의한 중지미수를 인정함이 타당하다.

대상판례에서는 중지미수의 주관적 요건이 자의성을 인정하지 않았기 때문에 객관적 성립요건에 대한 계속적인 검토는 없었지만 중지미수를 인정할 경우 이 사안에 의할 때 착수미수인가 실행미수인가를 각 학설에 비추어 살펴볼 수 있다. 원심판결에 나타난 사실관계만으로 판단하는 데는 한계가 있지만, 그 사실을 기초로 보면 행위자는 살인의 고의로 수 개의 행위를 연속적으로 목, 가슴을 칼로 수 회 찌르고 계속하여 머리 부위도 칼로 내리찍었으나 피해자가 피하여 맞지 않았고 다시 등산화를 신은 발로 피해자의 허벅지와 발을 걷어차다 가슴 부위에서 많은 피가 흘러내리는 것을 보고 폭력행사를 그만두었다. 객관설에 의하면 수행된 행위에 의해 객관적으로 사망의 결과발생의 가능성이 인정되므로 실행미수가 인정된다고 할 수 있다. 개별행위설에 의하면 피고인이 행한 개별적 폭력행위 자체가 사망의 결과발생을 가져올 수 있다고 보는가에 달려 있다. 이 사안에서는 착수시 행위자의 행위계획이 어떠했는가가 확실하지 않으며, 구별시점을 착수시로 보는 점에서 행위계획설에 의한 판단은 적절하지 않다. 전체고찰설에 의하면 피고인이 폭력행사를 그만둘 때 지금까지의 행위로는 피해자가 죽을 것 같지 않지만 행위의 속행가능성을 인식하였다면 착수미수이며, 사망의 결과발생이 가능하다고 인정하였다면 실행미수로서 결과방지를 위한 적극적 행위를 요한다. 절충설은 행위자의 의사와 행위 당시의 객관적 사정을 종합하여 결과발생에 필요한 행위가 끝났으면 실행행위가 종료된다고 해석하는바, 객관적 사정을 계속된 행위가 단일행위인가 새로운 범행인가를 말한다는 견해에 의하면 사안에서 계속되는 행위인 폭력행위는 단일행위라고 할 수 있어 착수미수라는 결론이 나온다.

중지미수와 관련된 우리 판례를 보면 자의성을 엄격하게 해석하여 중지미수를 인정하는 범위가 협소해진다. 지금까지 중지미수에서 착수미수와 실행미수를 구별하는 판례는 없었지만 판례의 그러한 태도에 비추어 보면 행위자의 표상에 따른 착수미수를 인정하는 것도 주저할 것 같다. 중지미수의 경우 자의성과 실행행위의 종료는 행위자의 주관적 인식사실을 기초로 판단하는 문제이므로 행위자에게 유리할 수 있는 행위자의 주관적 측면을 부정해 버린다면 중지미수를 인정할 여지는 거의 없을 것이다. 행위자가 자의적으로 범행을 중지한 표상이 드러난다면 중지미수를 인정하고, 양형은 필요적 감면의 범위에서 탄력적으로 결정하는 것이 중지미수의 본질에 상응하며 형사정책적으로 피해자 보호에도 기여할 것이다.

상습범의 죄수와 기판력이 미치는 범위

朴 光 玟*

[대상판결] 대법원 2004. 9. 16. 선고 2001도3206 전원합의체 판결

[사건개요]

1. 피고인 甲은 피해자 乙로부터 신공항 구조물공사 동업자금 등 명목으로 850만원 상당의 금원을 편취하였다는 단순사기죄의 공소사실로 기소되어 1998. 3. 6. 벌금 500만원의 유죄판결(인천지법 부천지원 선고 97고단1587 판결)을 선고받아 그 판결은 확정되었다. 그런데 피고인 甲은 이미 판결이 확정된 위 단순사기사건의 사실심 선고 전인 1996. 12. 30.부터 1998. 1. 17.까지 사이에 피해자 丙 등으로부터 신공항구조물공사 동업자금, 공사현장 식당경비와 운영권 명목, 또는 토지분양대금 명목 등으로 합계 1억 원 남짓의 금원을 편취하였다는 상습사기죄의 공소사실로 다시 기소되었다.

2. 원심(서울지법 2001. 5. 25. 선고 2000노10709, 2001노1003 판결)은 이미 판결이 확정된 범죄사실(단순사기죄의 범죄사실)과 위 공소사실(판결확정 전에 범한 상습사기죄의 범죄사실) 부분은 "그 범행의 동기, 수단 및 방법이 유사하고 2년여 기간 동안에 반복하여 행하여진 점 등에 비추어 각 사기 범행은 모두 피고인 甲의 사기 습벽의 발현에 의하여 저질러진 범행이라고 할 것이어서 다 같이 포괄일죄인 상습사기죄에 해당하므로 위 확정판결의 기판력이 그와 포괄일죄의 관계에 있는 위 공소사실 부분에 대하여도 미친다"고 판단하여 위 공소사실 부분에 대한 제1심의 면소판결을 유지하고 검사의 항소를 기각하였다.

3. 검사가 위 항소기각판결에 대하여 상고를 제기하였는데, 대법원은 원심판결을 파기하고 사건을 서울중앙지방법원 합의부(원심법원)로 환송하였다.

---

* 성균관대학교 법과대학 교수, 법학박사.

[대법원 판결요지]

[1] [다수의견][1] 상습범이라 함은 어느 기본적 구성요건에 해당하는 행위를 한 자가 그 범죄행위를 반복하여 저지르는 습벽 즉 상습성이라는 행위자적 속성을 갖추었다고 인정되는 경우에 이를 가중처벌사유로 삼고 있는 범죄유형을 가리킨다. 그리고 이러한 상습성을 갖춘 자가 여러 개의 죄를 반복하여 저지른 경우에는 각 죄를 별죄로 보아 경합범으로 처단할 것이 아니라 그 모두를 포괄하여 상습범이라고 하는 하나의 죄로 처단하는 것이 상습범의 본질 또는 상습범 가중처벌규정의 입법취지에 부합한다는 점은 일찍부터 대법원이 견지하여 온 견해이다(대법원 1978. 2. 14. 선고 77도3564 전원합의체 판결 등 다수).

[대법관 이용우의 별개의견] 원래 '상습성'이란 '행위자의 속성'이라는 점에는 학설·판례상 이론이 없고 다수의견도 이를 받아들이고 있는바, 이는 곧 단 한번 저질러진 범행이라도 그것이 상습성의 발현에 의한 것이라면 상습범이 된다는 것이어서 상습범이 성립하기 위하여는 반드시 수 개의 범행이 반복될 것을 그 구성요건요소로 하거나 예정하고 있는 것은 아니므로 상습성이 발현된 수 개의 범행이 있는 경우에 각개의 범행 상호간에 보호법익이나 행위의 태양과 방법, 의사의 단일 또는 갱신 여부, 시간적·장소적 근접성 등 일반의 포괄일죄 인정의 기준이 되는 요소들을 전혀 고려함이 없이 오로지 '상습성'이라는 하나의 표지만으로 곧 모든 범행을 하나로 묶어 포괄하여 일죄라고 할 수는 없으므로 수 개의 상습사기 범행은 원칙으로 수 개의 죄로 보아야 한다.

[2] [다수의견] ① 상습범으로서 포괄적 일죄의 관계에 있는 여러 개의 범죄사실 중 일부에 대하여 유죄판결이 확정된 경우에, 그 확정판결의 사실심판결 선고 전에 저질러진 나머지 범죄에 대하여 새로이 공소가 제기되었다면 그 새로운 공소는 확정판결이 있었던 사건과 동일

1) 대법원장 최종영(재판장), 조무제, 변재승, 유지담, 배기원, 강신욱, 이강국, 박재윤, 고현철, 김용담 등 10인.

한 사건에 대하여 다시 제기된 데 해당하므로 이에 대하여는 판결로써 면소의 선고를 하여야 하는 것인바(형사소송법 제326조 제1호),

② 다만 이러한 법리가 적용되기 위해서는 전의 확정판결에서 당해 피고인이 상습범으로 기소되어 처단되었을 것을 필요로 하는 것이고, 상습범 아닌 기본 구성요건의 범죄로 처단되는 데 그친 경우에는, 가사 뒤에 기소된 사건에서 비로소 드러났거나 새로 저질러진 범죄사실과 전의 판결에서 이미 유죄로 확정된 범죄사실 등을 종합하여 비로소 그 모두가 상습범으로서의 포괄적 일죄에 해당하는 것으로 판단된다 하더라도 뒤늦게 앞서의 확정판결을 상습범의 일부에 대한 확정판결이라고 보아 그 기판력이 그 사실심판결 선고 전의 나머지 범죄에 미친다고 보아서는 아니 된다.

③ 확정판결의 기판력이 미치는 범위를 정함에 있어서는 그 확정된 사건 자체의 범죄사실과 죄명을 기준으로 하는 것이 원칙이고 비상습범으로 기소되어 판결이 확정된 이상, 그 사건의 범죄사실이 상습범 아닌 기본 구성요건의 범죄라는 점에 관하여 이미 기판력이 발생하였다고 보아야 할 것이며, 뒤에 드러난 다른 범죄사실이나 그 밖의 사정을 부가하여 전의 확정판결의 효력을 검사의 기소내용보다 무거운 범죄유형인 상습범에 대한 판결로 바꾸어 적용하는 것은 형사소송의 기본원칙에 비추어 적절하지 않기 때문이다.

④ 그러므로 과거에 이와 다르게, 상습범으로서 포괄일죄 관계에 있는 죄 중 일부에 대하여 유죄의 확정판결이 있고, 그 나머지 부분 즉 확정판결의 사실심 선고 전에 저질러진 범행이 나중에 기소된 경우에, 그 확정판결의 죄명이 상습범이었는지 여부를 고려하지 아니하고, 단지 확정판결이 있었던 죄와 새로 기소된 죄 사이에 상습범인 관계가 인정된다는 이유만으로 확정판결의 기판력이 새로 기소된 죄에 미친다고 판시하였던 대법원의 판결들(대법원 1978. 2. 14. 선고 77도3564 전원합의체 판결, 2002. 10. 25. 선고 2002노1736 판결 등 다수)은 이 판결의 견해와 어긋나는 범위 내에서 이를 모두 변경하기로 한다.

[대법관 윤재식의 반대의견] 포괄일죄인 상습사기죄의 일부에 관하여 유죄의 확정판결이 있더라도 단순사기죄로 처벌된 것인가, 상습사기죄로 처벌된 것인가에 따라 기판력이 미치는 범위가 달라진다고 하는 다수의견에는 다음과 같은 이유로 찬성할 수 없는바, 첫째 다수의견은 공소불가분의 원칙을 규정하고 있는 형사소송법 제247조 제2항과 일사부재리의 원칙을 규정하고 있는 헌법 제13조 제1항 후단 및 형사소송법 제326조 제1호에 반하는 것으로 다수의견이 기존에 확립된 판례를 변경하는 것은 법령의 해석·적용에 관하여 선택할 수 있는 여러 견해 중 하나를 선택하는 차원의 범위를 넘어선 것이고, 둘째 후에 공소제기된 사건에 관하여 확정판결이 있었는지 여부는 그 사건의 공소사실의 전부 또는 일부에 대하여 이미 판결이 있었는지 여부의 문제이고, 이는 전의 확정판결의 죄명이나 판단내용에 의하여 좌우되는 것이 아니므로 이론상으로도 전의 확정판결에서 단순사기죄로 판단한 것의 구속력을 인정할 여지는 없고, 단순사기죄의 확정판결에 그와 같은 내용적 확정력을 인정할 법령상의 근거 역시 찾아볼 수 없으며, 셋째 다수의견이 기판력이 미치는 범위를 기본적으로 공소장 기재 사실을 한도로 하는 것은 소인개념을 채택하고 있지 아니하는 현행법상으로는 무리한 해석이다.

[참조판례] 대법원 1978. 2. 14. 선고 77도3564 전원합의체 판결

1. 사건개요

피고인 갑은 1971. 5. 3. 범한 절도범행으로 인하여 특수절도죄의 공소사실로 기소되어 1971. 7. 30. 유죄선고(징역 1년 6월)를 받고 그 판결이 확정되어 1972. 11. 20. 그 집행을 종료한 사실이 있다. 그런데 피고인 갑은 이미 판결이 확정된 위 특수절도사건의 사실심 선고 전인 1970. 12. 24. 범한 절도범행으로 인하여 야간주거침입절도죄의 공소사실로 다시 기소되었다.

2. 소송경과

원심(서울형사지법 1977. 10. 19. 선고 77노5109 판결)은 1971. 5. 3.의 절도범행(특수절도)과 1970. 12. 24.의 절도범행(야간주거침입절도)이 사실상 모두 피고인 갑의 '절도습벽의 발로'로 인정하면서도, "법원은 검사의 기소범위 내에서 판단하여야 할 것이므로 검사가 위 1971. 7. 30. 선고된 특수절도죄의 공소사실을 단순특수절도죄로 기소하여 법원이 같은 죄로 유죄인정을 하고 그 판결이 확정된 이상 그 확정 판결을 받은 범죄사실과 본건 야간주거침입절도의 공소사실과는 실체적 경합범 관계에 있다고 할 것이며 위 특수절도죄에 대한 확정판결의 기판력이 본건 공소사실에까지 미친다고는 볼 수 없다"고 판단하여 야간주거침입절도죄에 대하여 유죄의 선고를 하였다. 피고인이 상고를 제기하자, 대법원은 원심판결을 파기하고 사건을 서울형사지방법원 합의부(원심법원)으로 환송하였다.

3. 대법원 판결요지

[다수의견][2] 확정판결을 받은 1971. 5. 3.자 특수절도범행과 이 사건으로 기소된 1970. 12. 24.자 야간주거침입절도범행이 다 같이 피고인의 절도습벽에서 이루어졌다고 한다면 위 두 범죄는 실체법상 일죄인 상습특수절도의 포괄일죄의 관계에 있으므로 위 특수절도죄에 대한 확정 판결의 기판력은 야간주거침입절도죄로 기소된 공소사실에 대하여도 미치게 되는 것이라고 할 것이므로 본건 범죄사실에 대하여는 면소의 판결을 하여야 할 것인바, 원심이 … 위 양 범행을 실체적 경합범으로 처단하여 … 본건 공소사실에 대하여 유죄의 선고를 하였음은 심리를 다하지 아니하고 포괄일죄에 있어서의 심판의 범위와 기판력의 범위에 관한 법리를 오해함으로써 법률적용을 잘못하여 판결에 영향을 미친 위법을 저질렀다 할 것이다.

---

2) 대법원 판사 민복기(재판장), 주재황, 한환진, 안병수, 김윤행, 이일규, 강안희, 김용철, 정태원 등 9인.

[반대의견][3] (1) 아무리 위의 두 범죄가 모두 절도습벽의 발로로 인정된다 할지언정 기소관인 검사가 위의 후자의 범죄를 (단순)야간주거침입절도죄로 기소하고, 또한 전자의 범죄를 (단순)특수절도죄로 기소한 이상 심판자인 법원은 기소범위를 넘어서서 그보다 중한 죄로 다스릴 수 없는 것이 형사소송법의 원칙이라고 생각된다. 다수의견은 이 원칙에 부딪칠 염려가 있다.

(2) 다수의견에 따라서 이 사건을 환송받은 원심이 위의 두 범죄를 모두 상습으로 이루어진 것이라고 단정하게 되면 후자인 이 사건에서 기소된 범죄에 대하여는 면소판결을 하여야 될 것이다. 그렇다면 이미 전자의 범죄에 관하여 재판을 받을 때에 상습아닌 단순특수절도 죄로 양형되었기 때문에 상습의 죄의 경우보다 가벼운 형을 선고받았을 것인데도 불구하고, 이번에는 후자의 범죄에 대하여 면소의 은전을 받을 것이므로 필경 피고인은 상습의 범행을 저지르고서도 계속하여 후대를 받는 기이한 결과가 된다.

(3) 다수의견의 근본취지에는 상습범관계에 있는 전후의 두 범죄를 검사가 함부로 하나하나 쪼개서 실체적 경합관계에 있는 것으로 기소한다면 피고인에게 불리하다는 생각이 그 밑바닥에 깔려 있는 것으로 짐작된다. 그러나 실지양형면에 있어서 하나의 상습죄로 중하게 한번 처단하는 경우나 이것을 실체적 경합관계라 하여 복수의 주문이 선고되었을 때 이것을 합하는 경우나 그다지 큰 차이는 없을 것이요, 더욱이 이 복수의 판결이 동시에 집행될 경우에 있어서는 형법 제39조 제2항, 제38조에 의하여 집행과정에서 적절히 조절되어 그 실질에 있어서는 중하게 상습죄로 한번 처벌받은 경우와 다를 바가 없을 것이다.

3) 대법원 판사 이영섭, 김영세, 민문기, 양병호, 임항준, 라길조, 유태흥 등 7인.

〔연　　구〕

I. 머 리 말

상습범이 범한 여러 개의 범죄사실 중 일부에 대하여 유죄판결이 확정된 후 그 확정판결의 사실심판결 선고 전에 저질러진 나머지 범죄에 대하여 새로이 공소가 제기된 경우, 수소법원은 과연 그 새로운 공소사실에 대하여 면소판결(면소판결설)을 하여야 하는가 유·무죄의 실체판결(실체판결설)을 하여야 하는가?[4] 이 문제는 실체적 정의의 요청에 따르느냐 법적 안정성을 중시하느냐라는 근본적인 문제뿐만 아니라, 형사소송법상 공소불가분의 원칙과 관련한 공소제기의 효력 범위의 문제, 공판심리의 범위와 관련한 법원의 심판대상이 무엇인가의 문제, 공소장변경의 한계개념인 동일성의 판단기준 및 확정판결의 기판력의 효력범위 등이 서로 얽혀 있기 때문에 결코 쉬운 문제가 아니다. 이러한 사정을 극명하게 보여 주듯이, 그 동안 내법원 판례도 면소판결설과 실체판결설 사이에서 엎치락 뒤치락을 거듭하였다.[5]

그런데 2004년에 선고된 대상판례의 다수의견은 종래와 같이 상습범을 실체법상 일죄인 포괄일죄로 보면서, 확정판결에 의한 기판력의 효력도 그 확정판결의 사실심 선고 전에 저질러진 나머지 범죄에 대하여도 미치므로 이에 대하여 새로운 공소가 제기되었더라도 면소판결을 선고해야 한다고 한다. 다만 상습범에 있어서 이러한 법리가 적용되기 위해서는 전의 확정판결에서 당해 피고인이 상습범으로 기소되어 처단

4) 면소판결설과 실체판결설이라는 용어는 심희기 교수(심희기, "상습범의 일부범죄사실에 대하여 유죄판결이 확정된 후 그 확정판결의 사실심판결 선고 전에 수행된 다른 범죄에 대하여 새로이 공소가 제기된 때의 수소법원의 처리방법: 면소판결의 가부," 고시연구 2004. 12, 304면 이하)가 명명한 것인데, 편의상 이를 따르기로 한다.

5) 1968년 판결(대판 1968. 11. 26, 68도1423)은 실체판결설이었으나, 1970년 판결(대판 1970. 3. 24, 70도156)은 면소판결설을 따랐는데, 1978년 전원합의체 판결(참조판례)에서는 면소판결설이 다수의견(9:7)을 점하였다. 그러나 2004년 전원합의체 판결에서는 1978년 전원합의체 판결과는 달리 실체판결설이 압도적 다수(10:1:1)를 차지하였다.

되어야만 하며,[6] 상습범 아닌 기본 구성요건(단순사기죄)의 범죄로 처단되는 데 그친 경우에는 그 확정판결에 의한 기판력의 효력은 그 유죄판결이 선고되기 이전에 행하여진 범죄사실(상습사기죄)에 미치지 아니하므로 수소법원은 면소판결을 선고하여서는 아니 되며 유·무죄의 실체판결을 선고하여야 한다고 한다. 이와 같이 대상판례의 다수의견은 상습범의 죄수에 관해서는 기존판례의 일관된 입장에 따라 포괄일죄를 고수하고 있지만, 기판력의 객관적 효력이 미치는 범위에 관해서는 1978년에 선고된 참조판례의 다수의견(면소판결설)과는 정반대의 결론(실체판결설)을 내리고 있다.

이 논문은 대상판결의 다수의견이 법이론적으로 어떠한 문제점을 갖고 있는가에 주안점을 두고 있다. 다만 논의를 축약하기 위해 먼저, 실체법적으로 상습범이 일죄인가 수죄인가를 살펴본다. 그리고 상습범이 실체법상 일죄의 한 유형인 포괄일죄라고 하면 소송법상 상습범의 일부범죄에 대한 기판력(일사부재리의 효력)은 어디까지 미치는 것이 바람직할 것이냐를 살펴본다.

Ⅱ. 상습범의 죄수

1. 문제의 소재

상습범이라 함은 어느 기본적 구성요건에 해당하는 행위를 한 자가 그 범죄행위를 반복하여 저지르는 습벽, 즉 '상습성'이라는 행위자적 속성을 갖추었다고 인정되는 경우에 이를 가중처벌 사유로 삼고 있는 범죄유형을 가리킨다. 이러한 상습범이 실체법상 일죄인가 수죄인가에 따라

---

6) 따라서 포괄일죄의 관계에 놓여 있는 범죄사실 중에서 확정된 전소의 공소사실이 상습사기였고 전소의 사실심 선고 전에 범한 후소의 공소사실이 상습사기 또는 단순사기일 경우에는 당연히 면소판결을 받으므로 여기에서는 언급하지 않는다. 또한 포괄일죄로 평가받는 상습범의 범죄사실에 대한 공판심리중에 그 범죄사실과 동일한 습벽의 발현에 의한 것으로 인정되는 범죄사실이 추가로 발견된 경우(대판 2000. 3. 10, 99도2744 등)의 처리방안도 대상판례와는 성질을 달리하므로 생략한다. 이에 관해서는 박광민, "포괄일죄의 일부에 대한 추가기소와 확정판결에 의한 전후사건의 분리," 형사판례연구 [11], 2003, 254면 이하 참조.

그 소송법상의 효과는 판이하기 때문에 상습범의 죄수관계를 우선적으로 확정할 필요가 있다. 주지하는 바와 같이 우리나라의 판례[7]는 일관되게 상습범을 실체법상 일죄의 한 유형인 포괄일죄로 보아왔으며, 대상판결의 다수의견도 이 점에서는 변화가 없다. 학계의 다수의견[8]도 상습범을 영업범・직업범과 함께 집합범의 한 종류로 파악하고, 집합범의 특성인 "다수의 동종의 행위가 동일한 의사의 경향에 따라 반복될 것"을 전제로 포괄일죄로 인정하고 있다. 그러나 최근에는 상습범은 일죄가 아니라 수죄라는 견해[9]가 유력하게 제기되고 있으며, 대상판결의 별개의견도 이러한 경향을 반영하고 있다. 여기에서는 상습범을 수죄로 보는 논거와 그 비판을 통하여 상습범은 그 본질상 일죄라는 것을 확인하고자 한다.

2. 상습범 수죄설의 논거

상습범을 수죄로 보는 견해는 상습범을 일죄로 보는 견해의 비판에서 출발하여 다음과 같은 논거를 제시한다. 첫째, 상습범을 일죄로 평가하는 가장 본질적인 요소는 반복된 행위를 통하여 획득된 행위자의 범죄인적 습벽인 '상습성'이라는 개념이지만, '상습성'이란 '행위의 속성'이 아니라 '행위자의 속성'이므로 개별적인 행위들을 하나의 행위로 통합하는 기능을 하지 못한다고 한다.[10] 다시 말하여 '상습성'은 '행

7) 대판 1961. 5. 10, 4194형상111; 대판 1966. 6. 28, 66도693; 대판 1978. 2. 14, 77도3564(전원합의체); 대판 1983. 10. 11, 82도402; 대판 1990. 4. 24, 90도653 등.

8) 유기천, 개정 형법학(총론강의), 1984, 315면; 황산덕, 형법총론(제7전정판), 1983, 299면; 정성근/박광민, 형법총론(제3판), 2006, 624면; 김일수, 새로쓴 형법총론(제8판), 2000, 671면; 임웅, 형법총론(개정판), 2002, 565면; 배종대, 형법총론(제7판), 2004, 668면; 신동운, 형법총론, 2001, 686면; 손동권, 형법총론, 2004, 568면; 오영근, 형법총론, 780면 등. 다만, 박상기, 형법총론(제5판), 2002, 484면에서는 영업범과 집합범은 경합범으로 보나, 상습범은 법규정에 의하여 포괄일죄로 볼 수밖에 없다고 한다.

9) 이형국, 형법총론연구Ⅱ, 1986, 724면; 이재상, 형법총론(제4판), 1999, 509면; 안동준, 형법총론, 1998, 317면; 김성돈, "상습범의 죄수," 법조 2002・2(Vol.545), 137면 이하 등. 독일에서도 영업범에 관한 1938년의 RGSt 72, 164 판결이래 이러한 경향이 현저하게 나타나 학계의 다수의견을 점하게 되었다. 이에 관하여는 김성돈, 앞의 논문, 146면 이하 참조.

10) 김성돈, 앞의 논문, 146면.

위자의 속성'이어서 상습범이 성립하기 위하여는 반드시 수 개의 범행이 반복될 것을 그 구성요건요소로 하거나 예정하고 있는 것은 아니므로 포괄일죄 인정의 기준이 되는 다른 요소들을 전혀 고려함이 없이 오로지 '상습성'이라는 하나의 표지만으로 곧 모든 범행을 하나로 묶어 포괄하여 일죄라고 할 수는 없다는 것이다.[11] 더 나아가 상습성판단을 함에 있어 행위자가 행한 다른 동종의 행위들은 상습성판단을 위한 객관적 징표 내지 추론근거에 불과한 것이라고 한다.

둘째, 상습범과 영업범 등 집합범을 포괄일죄로 취급하면 특수한 범죄에너지를 가진 범죄자에게 부당한 특혜를 주게 되므로 이를 경합범으로 해야 한다고 한다.[12] 이 논거에서 "범죄자에게 부당한 특혜를 주게 되는 것"은 주로 소송법상 기판력의 효력과 관련하여 생긴다. 즉, 실체법상 일죄는 소송법적으로도 일죄이므로 상습범의 일부에 대한 유죄판결이 확정된 후에 공소제기된 범죄사실이 포괄일죄의 주요부분에 해당되는 경우에도 기판력의 효력 때문에 수소법원은 포괄일죄의 나머지 범죄사실에 대하여 면소판결을 하여야 하므로 범죄자에게 부당한 특혜를 주게 되며, 실체적 정의에 반한 결과를 초래하게 된다고 한다.[13]

3. 상습범 수죄설의 논거에 대한 비판

첫째, 상습범의 본질인 상습성이 개별적인 행위들을 하나의 행위로 통합하는 기능을 하지 못한다는 비판에 대하여는 다음과 같은 재비판이 가능하다. 상습범의 본질인 '상습성'은 '행위의 속성'이 아니라 '행위자의 속성'이며, 상습범이 성립하기 위해서는 반드시 수 개의 범행이 반복될 것을 그 구성요건요소로 하거나 예정하고 있는 것은 아니라는 지적은 타당하다. 그러나 '상습성'이라는 '행위자의 속성'이 개별적인 행

11) 대상판결의 별개의견.

12) 이재상, 앞의 책, 509면.

13) 특히 검찰 실무상 이러한 폐해를 '살인면허, 폭력면허, 도박면허의 부여'라는 용어를 쓰면서까지 강조한 견해는 성시웅, "상습범은 일죄인가," 법률신문 2004. 8. 23.자 참조.

위들을 하나의 행위로 통합하는 연결고리 역할을 하여 각 개별행위들을 '사회적 · 법적 의미'에서 하나의 행위로 평가[14)]할 수 있다면 충분히 포괄일죄가 될 수 있다. 영업범이나 상습범과 같은 집합범을 협의의 포괄일죄와 구별하여 '광의의 포괄일죄'라고 하는 이유도 당해 구성요건이 설정한 행위정형 이외의 다른 공통적 특성,[15)] 즉 '영업성'이나 '상습성'이라는 표지가 일정한 위범한 행위자의 생활태도를 객관화시키는 개개의 행위들을 통합하는 기능을 갖고 있기 때문이다.[16)]

그런데 여기서 문제는 행위자의 위법한 생활영위의 태도라든지 상습성이라고 하는 표지에 대한 인식의 객관성이 보장되지 않기 때문에 이것만으로는 개별행위가 일죄가 되기 위한 필요요건에 불과하고, 포괄일죄의 일죄성 인정을 위한 다른 일반적 요건을 갖추어야 충분하다고 할 수 있는 점이다.[17)] 상습범에 있어서 이러한 요건으로 들 수 있는 것은 행위자의 '단일한 고의'라는 구성요건의 주관적 요소이다. 이 요건은 접속범과 집합범 등 시간적으로 계속되는 성질을 가진 모든 포괄일죄의 일죄성 인정범위를 공통으로 제한하는 요건이라고 할 수 있다. 여기서 행위자의 '단일한 고의'라는 구성요건의 주관적 요소는 행위자의 계획을 기초로 하여 일련의 계속된 행위의 전체가 하나의 행위로 평가될 수 있으면 인정된다고 할 수 있다.[18)] 요컨대 상습범의 죄수를 결정함에 있어서는 문제된 사안의 행위자체만을 정태적으로 판단할 것이 아니라,

---

14) 이와 같이 형법상 죄수결정은 행위를 기준으로 하되, 여기의 '행위'는 자연적 의미의 행위가 아니라 '사회적 · 법적 의미의 행위'로 파악하는 견해를 "사회적 · 법적 행위표준설"이라 한다(정성근, 신판 형법총론, 1998, 637면; 임웅, 앞의 책, 549면).

15) 이와 달리 수뢰죄(형법 제129조 제1항)와 같은 '협의의 포괄일죄'는 당해 구성요건에 내재하는 특성 때문에 수 개의 행위가 하나의 죄로 포괄되는 범죄유형이다(신동운, 앞의 책, 685면).

16) 김일수/서보학, 앞의 책, 689면.

17) 행위자의 생활영위책임을 강조하는 김일수 교수도 "상습범의 구성요건을 구체적 사안에 적용함에는 —存在論的으로는 행위단일성이 인정될 수 없지만 間主觀的 認識論的 觀點에서 행위단일성을 인정할 수 있는— 연속범에서 제시된 일죄가 되기 위한 요건들이 구비되었는가가 검토되어야 한다"(김일수, 형법학원론, 1988, 1107면)고 한다.

18) 박광민, 앞의 논문, 268면 이하 참조.

구성요건과 행위간의 해석학적 상호작용 속에서 동태적으로 판단하는 것이 필요하다.

이에 대하여 생활영위책임이 개별행위책임을 강화하고 따라서 형벌을 가중하는 효과를 나타낼 수 있지만 이것은 어디까지나 양형상의 문제이고, 이를 넘어서서 죄수를 결정함에 있어서 효과를 발휘하기에 충분하지 못하다는 비판도 제기된다.[19] 그러나 이러한 비판은 특히 우리 형법상에서 상습범은 이론적인 산물이 아니라 법규정(대표적으로 형법 제246조 제2항의 상습도박죄)에 의하여 포괄일죄로 인정된 범죄라는 것[20]을 간과하고 있으므로 타당하지 않다.[21]

둘째, 상습범을 포괄일죄로 취급하면 범죄자에게 부당한 특혜를 주게 된다는 비판에 대하여는 다음과 같은 재비판이 가능하다. 형법각칙상 상습범 조항은 이미 가중된 형벌을 규정하고 있고, 여기에 다시 특정범죄가중처벌등에관한법률(제5조의4, 제5조의5)과 특정강력범죄의처벌등에관한특례법(제3조) 등에 의해 또 가중되고 있으며, 상습범이 누범에 해당하는 경우에는 상습범가중 외에 누범가중도 하므로 상습범에 대해서는 부당한 특혜라고 할 수 없다.[22]

셋째, 기판력의 효력 때문에 여죄에 대해서 면소판결을 하게 되어 실체적 정의에 반하는 결과를 초래한다는 비판에 대해서는 다음과 같은 재비판이 가능하다. 만약 면소판결을 하지 않게 되면, 실무편의상 상습

19) Maurach/Gössel/Zipf, AT, Bd. 2, §56Ⅲ, Rn. 54; 김성돈, 앞의 논문, 149면.

20) 백형구 변호사는 현행법상 상습범은 법률상 일죄(포괄일죄)이나 실질적으로 수죄에 해당한다고 한다(백형구, "포괄일죄와 일사부재리의 효력," 법률신문 2004. 10. 7.).

21) 독일에서 집합범의 일죄성을 인정하는 견해도 "영업범이나 상습범의 경우 행위자의 생활영위책임을 강조하면서 하나의 범죄적 생활영위란 어떤 생활사태에 뿌리를 두는 것으로서 결코 이론적인 창조물이 아니라 법률의 규정에 명백하게 인정되어 있다"고 주장한다(Welzel, Das Deutsche Strafrecht, 11. Aufl., S. 231; Eb. Schmidt, Zum Begriff der Sammelstraftat, JZ 52, 136ff.).

22) 정성근/박광민, 앞의 책, 625면; 배종대, 앞의 책, 668면. 2005. 8. 4. 폐지된 사회보호법에서는 다시 재범의 위험성이 있는 때에는 보호감호처분(동법 제5조)도 부과되었다. 이와 같이 재범의 위험성이 있는 상습범과 상습범에 누범가중까지 하는 것은 과잉처벌금지 원칙에 반하므로, 특별예방의 관점에서 입법적으로 조정할 필요가 있다.

범관계에 있는 전후의 두 범죄를 함부로 하나하나 쪼개서 실체적 경합관계에 있는 것으로 기소할 수 있게 되므로 오히려 법적 안정성을 해치게 되고 피고인에게 엄청난 불이익을 초래하게 되는 또 다른 문제점을 야기시키게 된다는 것을 간과하고 있다.[23] 따라서 이러한 모순점은 대상판결의 반대의견이 지적하는 바와 같이 검사의 폭넓고 신중한 수사와 법원의 엄격하고 신중한 판단으로 상당부분 시정될 것으로 본다.

4. 소 결

대상판결의 별개의견은 상습범을 수죄로 보는 주된 이유로 위의 상습범 수죄설의 첫째 논거를 들고 있으나, 앞에서 검토한 바와 같이 '상습성'이라는 '행위자의 속성'이 개별적인 행위들을 하나의 행위로 통합하는 연결고리 역할을 하여 각 개별행위들을 하나의 행위로 평가할 수 있기 때문에 포괄일죄가 된다고 본다. 또한 대상판결의 별개의견은 "상습범 가중처벌규정의 입법취지는 상습성 있는 자의 범행은 위험성과 해악성이 더 크므로 이를 더 무겁게 처벌하려는 데에 있을 뿐이지 이에 더하여 '포괄하여 하나의 죄로' 처벌하려고 하는 데에 있는 것이 아니고, 이를 더 무겁게 처벌하기 위하여는 수죄로 보아 경합범가중까지 할 수 있어야 하는 것이다"라고 한다. 그러나 상습범 가중처벌의 입법취지가 이와 같이 오로지 상습범을 더 무겁게 처벌하려는 데 있을 뿐이라고 보는 것은 오히려 상습범의 입법취지를 편면적으로만 파악하는 우를 범하는 것이며 형법의 기본원리 중의 하나인 책임주의원칙에도 어긋나는 것이다.[24]

---

23) 대상판례의 반대의견도 이를 강조하여 "특히 검사가 부주의로 포괄일죄의 관계에 있는 범행 중 일부만을 단순범으로 공소제기하거나 검사가 상습범으로 공소제기하였음에도 전소에서 법원이 단순범으로 잘못 인정한 경우를 상정해 보면, 법원 및 검사의 부주의로 인한 위험을 피고인에게 전가하는 것이 되어 도저히 찬성하기 어렵다"고 한다. 이에 대하여 "검사가 포괄일죄의 일부만을 공소제기하는 주된 원인은 피고인이 범죄사실을 은폐하기 때문"이라며 다수의견을 지지하는 견해도 있다(백형구, 앞의 논문).

24) 상습범의 법정형이 비상습범의 법정형보다 가중되는 것은 책임주의원칙에 어긋난다는 비판은 박정근, "상습범의 가중법정형폐지의 정당성," 김종원교수 화갑기념

요컨대, 상습범을 포괄일죄로 처단하는 것은 상습범의 본질 또는 상습범가중처벌의 입법취지에 부합한다는 상습범의 죄수에 관한 대상판결의 다수의견은 기본적으로 타당하다.

Ⅲ. 상습범과 기판력이 미치는 범위

1. 문제의 소재

공소불가분의 원칙에 의하여 범죄사실의 일부에 대한 공소는 그 전부에 대하여 효력이 미치므로(형소법 제247조 제2항), 실체법상 일죄인 포괄일죄의 일부에 대하여 공소가 제기되면 공소제기의 효력은 포괄일죄의 전부에 대하여 미친다. 그리고 법원의 심판대상에 관한 이원설의 입장을 전제로 하면 공소제기의 효력범위와 마찬가지로 기판력의 객관적 범위도 법원의 현실적 심판의 대상인 당해 공소사실은 물론이고 그 공소사실과 단일하고 동일한 관계에 있는 사실의 전부(잠재적 심판범위)에 미친다.[25] 여기서 공소사실의 동일성 판단기준에 관한 다수설·판례인 기본적 사실동일설에 의하면 포괄일죄를 이루는 일련의 범죄사실들은 동일성이 인정된다. 따라서 앞에서 검토한 바와 같이 포괄일죄의 한 유형인 상습범의 일부에 대하여 유죄판결이 확정되었다면, 그 확정판결의 사실심판결 선고 전에 저질러진 나머지 범죄에 대한 새로운 공소제기는 면소판결을 하여야 한다. 그런데 대상판결의 다수의견은 이러한 법리를 확인하고 있음에도 불구하고, 전의 확정판결이 상습범 아닌 기본 구성요건(단순사기죄)의 범죄로 처벌된 것인가 상습범(상습사기죄)으로 처벌된 것인가에 따라 기판력이 미치는 범위가 달라진다고 한다.

논문집, 1991, 521면 이하 참조. 한편 1991. 11. 23.의 형법개정시안에서는 상습범의 가중법정형을 전면적으로 폐지하기로 한 것은 중요한 시사점을 준다.

25) 이는 우리나라의 다수설이며 일관된 판례의 입장이다. 정영석/이형국, 형사소송법(전정판), 1996, 268면; 백형구, 신체계 형사소송법, 1998, 219면; 이재상, 형사소송법(제6판), 2002, 358면; 신양균, 형사소송법, 2000, 443면; 임동규, 형사소송법(제2판), 2003, 322면; 대판 1959. 6. 26, 4292형상36; 대판 1983. 11. 8, 82도2119; 대판 1989. 2. 14, 85도1435 등 참조.

만약 다수의견이 이러한 결론을 도출하는 전제로 상습범을 별개의 견과 같이 수 개의 죄로 보거나, 법원의 심판대상에 관한 이론 중에서 다수설과 판례가 견지하고 있는 이원설의 입장을 변경하거나, 공소사실의 동일성 판단기준에 관한 다수설·판례의 입장인 기본적 사실동일설을 따르지 않는다면 이론적 모순점이 없게 된다. 그러나 다수의견은 여전히 상습범을 포괄일죄로 보고 있으며, 법원의 심판대상에 관한 이원설의 입장이나 공소사실의 동일성 판단기준에 관한 기본적 사실동일설을 변경하는 설시를 하고 있지 않다.[26] 그렇다면 단순사기죄와 상습사기죄는 동일성이 없어서 법원의 잠재적 심판의 대상이 아닌지가 문제되므로 이하에서 이를 검토해 보고자 한다.

2. 공소사실의 동일성 판단기준

공소사실의 동일성이란 소송의 발전에 따른 시간적 전후동일성을 말한다. 다시 말하여 시간의 경과에 따라 발생하는 사실관계의 증감변경에도 불구하고 전후의 범죄사실이 그 동질성을 유지하는가의 문제이다.[27] 그런데 전후의 범죄사실이 어느 정도 동일하면 동일성을 인정할 수 있는가에 대하여는 기본적 사실동일설, 죄질동일설, 구성요건공통설, 소인공통설 등의 견해가 대립하고 있다. 여기서는 각 학설들의 주장내용과 문제점들을 일일이 열거할 여유가 없으므로 우리나라의 다수설과 판례의 입장인 기본적 사실동일설의 내용과 타당성을 검토하기로 한다.

기본적 사실동일설은 공소사실을 그 기초가 되는 사회적 사실로 환원하여 그러한 사실간에 다소 차이가 있더라도 기본적인 점에서 동일하면 동일성을 인정해야 한다는 견해이다.[28] 따라서 범죄의 일시·장

26) 전술한 [대법관 윤재식의 반대의견]은 대판 1979. 1. 30, 78도3062; 대판 1990. 3. 9, 89도1046; 대판 1984. 10. 10, 83도1790; 대판 2003. 7. 11, 2002도2642; 대판 1998. 8. 21, 98도749 등의 예를 들며 이 점을 분명히 밝히고 있다.

27) 공소사실의 동일성은 공소제기의 효력과 공소장변경의 한계를 정하는 기준이 될 뿐만 아니라 기판력의 효력범위를 정한다는 점에서 매우 중요한 의미를 갖고 있다.

28) 정영석/이형국, 앞의 책, 272면; 이재상, 형사소송법, 389면; 신동운, 형사소송법,

소·방법 등이 다소 다르다 할지라도 기본적인 점에서 동일하면 공소사실의 동일성이 인정된다고 한다. 이 견해는 범죄사실의 동일성을 自然的·前法律的 관점에서 파악하므로 공소사실의 규범적 성격을 무시하고, 사실관계의 기본적인 점과 지엽적인 것의 판단기준이 여전히 모호하여 동일성의 범위를 지나치게 확대한다는 비판[29]을 받고 있다.

판례는 초창기부터 일관되게 이 입장을 견지하면서 동일성 판단의 모호성을 보완하는 기준으로 밀접관계와 택일관계를 제시하였다.[30] 즉 공소사실이 시간적·장소적으로 밀접한 관계에 있거나(밀접관계), 그것이 양립할 수 없는 관계(택일관계, 비양립관계)에 있는 때에는 기본적 사실이 동일하다고 한다. 그런데 최근 대법원은 기본적 사실관계의 동일성을 판단함에 있어서는 그 사실의 동일성이 갖는 기능을 염두에 두면서 규범적 요소도 함께 고려하여야 한다는 수정된 입장을 보이고 있다.[31] 이에 의하면 "공소사실이나 범죄사실의 동일성은 형사소송법상의 개념이므로 이것이 형사소송절차에서 가지는 의의나 소송법적 기능을 고려하여야 할 것이고, 따라서 두 죄의 기본적 사실관계가 동일한가의 여부는 그 규범적 요소를 전적으로 배제한 채 순수하게 사회적·전법률적인 관점에서만 파악할 수는 없고, 그 자연적·사회적 사실관계나 피고인의 행위가 동일한 것인가 외에 그 규범적 요소도 기본적 사실관계 동일성의 실질적 내용의 일부를 이루는 것이라고 보는 것이 상당하다"[32]고 한다.

생각건대 공소사실의 동일성은 기본적으로 一事不再理의 原則을 천명하고 있는 헌법 제13조 제 1 항 후단의 '동일한 범죄'의 해석문제에

1993, 539면; 신양균, 앞의 책, 457면 등.

29) 김기두, 형사소송법, 109면.

30) 대판 1967. 3. 7, 66도1749; 대판 1998. 8. 21, 98도749; 대판 1999. 5. 14, 98도1438; 대판 1998. 6. 26, 97도3297.

31) 대판 1994. 3. 22, 93도2080(전원합의체); 대판 1996. 6. 28, 95도1270; 대판 2002. 3. 29, 2002도587; 대판 2003. 7. 11, 2002도2642. 그러나 이러한 입장의 변화는 모든 사건에 대하여 일관하여 적용되지 않고, 주로 죄질에 현저한 차이가 있는 경우에만 규범적 요소를 고려하고 있는 경향이라고 한다(신양균, 앞의 책, 456면).

32) 대판 1994. 3. 22, 93도2080(전원합의체); 임동규, 앞의 책, 325면.

서 출발하는 것이 바람직하다.[33] 따라서 일정한 사실이 기본권 보장의 주체인 사회 일반인의 관점, 즉 일반적인 생활경험에 따를 때 공소사실과 동일하다고 볼 수 있는가가 중요한 기준이 된다. 이러한 관점에서 공소사실의 동일성은 기본적 사실동일설에 따라 해결하는 것이 타당하다고 본다. 문제는 기본적 사실동일설이 가지는 단점, 즉 규범적 요소를 고려하지 않는다는 점과 판단기준이 모호하여 동일성의 범위를 지나치게 확대한다는 점을 어떻게 해소하느냐이다. 먼저, 동일성의 범위에 관하여는 동일성의 범위를 넓게 잡으면 공소장변경의 허용범위가 넓어져 피고인의 방어권행사에 지장을 초래하지만, 반면에 기판력의 범위도 동시에 넓어져 유죄판결이 확정된 피고인에게는 동일한 범죄로 인하여 처벌받지 않을 범위 역시 넓어지게 되는 양면성을 갖고 있다. 둘째, 규범적 요소를 무시한다는 점에 관하여는 刑法上 罪數의 개념을 이용하여 해결할 수 있다. 즉, 규범적 요소는 일반적인 생활경험이 가지는 추상적이고 유동적인 성격(사실관계의 기본적인 점과 지엽적인 것의 판단기준이 모호한 점)을 구체화하기 위한 판단기준으로 필요하지만, 그것은 사실상 분리할 수 없고 서로 중첩되어 있는 모든 사건들을 법적인 관점에서 동일한 것으로 평가하는 기준을 의미하고 이러한 기준을 정형화된 형태로 제시하고 있는 것이 바로 형법상 죄수의 개념이라고 할 수 있기 때문이다.[34]

따라서 공소사실과 새로운 범죄사실 사이에 行爲單一性이 인정되면 그 범죄사실들은 소송법상으로도 하나의 사건이다. 또한 공소사실과 새로운 범죄사실 사이에 行爲多數性이 인정되더라도, ① 포괄일죄나 과형상일죄의 관계가 성립하거나, ② 실체적 경합관계가 성립하더라도 연결효과에 의한 상상적 경합이 인정되거나, ③ 목적과 수단의 관계에 있는 경우에는 소송법상 하나의 사건, 즉 공소사실의 동일성을 인정할 수 있다.

---

33) 배종대/이상돈, 형사소송법(제 5 판), 2004, 432면; 신양균, 앞의 책, 457면.

34) 배종대/이상돈, 앞의 책, 433면; 신양균, 앞의 책, 457면. 또한 기본적 사실동일설에서 말하는 '사실'을 형법의 행위론에서 말하는 '행위'와 같은 뜻이라는 이재상 교수(이재상, 앞의 책, 389면)의 견해도 동일하다고 볼 수 있다.

3. 사안에의 적용

대상판결의 사안에서도 단순사기죄와 상습사기죄는 그 모두가 상습범으로서 포괄일죄가 성립하므로 기본적 사실동일설에 따라 소송법상으로도 하나의 사건으로 보아 뒤에 공소가 제기된 상습사기죄에 대하여 면소판결을 하여야 하는 것이 이론적으로 타당하다.

여기서 최근 대법원 판결의 경향인 수정된 기본적 사실동일설에 따라 대상판결의 사안을 검토해 보자. 수정된 기본적 사실동일설은 공소사실의 동일성을 판단함에 있어 그 사실의 기초가 되는 사회적인 사실관계를 기본으로 하되 규범적 요소도 함께 고려하는 입장이다. 규범적 요소를 판단함에 있어서는 피침해법익과 죄질 및 결과반가치의 동일여부가 중요한 기준이 된다.[35] 대상판결의 사안에서 단순사기죄와 상습사기죄는 범죄의 일시·장소 및 피해자가 다르며 공소사실은 양립가능하다. 그러나 양립가능한 두 개의 범죄사실은 피침해법익이 동일하며, 피해자의 재산권을 침해하는 범죄인 점에서 죄질에 있어서도 현저한 차이가 없고, 범행의 동기·수단 및 방법이 유사하여 일정한 내적 관련성을 가지고 있으므로 동일성이 있다고 보아야 한다.

그럼에도 불구하고 다수의견이 '실체적 정의'를 앞세워 단순사기죄의 확정판결의 효력은 포괄일죄의 관계에 있는 상습사기죄에 미치지 않는다고 하는 것은 '피고인의 법적 지위의 안정성'을 해치게 되어 타당하지 않다.[36]

또한 다수의견의 이러한 결론은 확정판결의 기판력이 미치는 범위를 "전에 확정된 사건 자체의 범죄사실과 죄명"을 기준으로 하는 것으

---

35) 임동규, 앞의 책, 326면.

36) 대상판결의 반대의견도 "다수의견에 의하면, 단순범의 확정판결의 기판력은 언제나 포괄일죄를 구성하는 확정판결 전의 범행에 미치지 아니하는 결과가 되어, 예를 들면, 사기의 습벽을 가진 자에 대하여 상습사기죄, 상습사기죄, 단순사기죄, 상습사기죄의 각 판결이 확정된 다음, 후에 위 단순사기죄의 범행과 포괄일죄의 관계에 있는 범행에 대하여 검사가 별도로 공소를 제기하는 경우, 법원이 공소제기된 부분이 판결이 확정된 부분과 포괄하여 상습사기의 일죄 관계에 있다는 판단을 할 수 없게 되어 다시 처벌할 수 있게 되는바, 이는 피고인의 법적 안정성을 확보하기 위하여 일사부재리의 원칙을 선언하고 있는 헌법정신에도 어긋난다"고 밝히고 있다.

로서, 법원의 심판대상을 검사가 공소장에 구체적으로 특정한 범죄사실인 訴因에 국한시키는 소인대상설의 주장과 일치한다. 그러나 이는 검사에게 심판대상에 대한 일종의 처분권을 인정하게 되며,[37] 日本과 달리 訴因槪念을 채택하고 있지 않은 우리 현행법상으로는 무리한 해석이라고 아니할 수 없다.[38]

Ⅳ. 맺 음 말

대상판결의 다수의견, 반대의견 및 별개의견은 각각 상습범의 죄수와 기판력이 미치는 범위에 관하여 학계와 실무계 모두에게 중요한 화두를 던지고 있다. 먼저 다수의견은 상습범의 죄수를 종래 학계의 다수의견이며 판례의 일관된 입장인 포괄일죄설을 견지하고 있으면서도 기판력이 미치는 범위에 관해서는 종래의 견해를 변경하여 실체판결설을 따르고 있다. 이는 기본적으로 실질적 정의의 요청에 부응하려는 대법원 판사 다수의 결단이며 정책저 핀딘이라고 본다. 다만 이론적으로는 반대의견이 심각하게 지적하는 바와 같이 이미 확립되어 있는 공소불가분의 원칙, 일사부재리의 원칙 및 공소사실의 동일성에 관한 판단기준 등에 많은 모순과 혼란을 초래하고 있다. 실무계는 당연히 다수의견을 따라가겠지만, 위와 같은 이론적 모순점을 인식하여 검사는 피고인의 결정적인 귀책사유가 없는 한 상습범을 실체적 경합관계로 있는 것으로 기소하는 것을 자제하고, 법원은 보다 신중한 판단을 통하여 피고인의 인권과 이익이 침해되지 않도록 노력할 것이 요망된다. 또한 학계에서도 다수의견을 지지하려면, 반대의견이 지적한 바와 같이 상습범의 일부범행에 관한 확정판결이 있더라도 "그 확정판결의 현실적 심판대상이었던 범행보다 본질적이고 중요한 핵심영역에 해당하여 그 부분에 대하여까지 기판력이 미치도록 하는 것은 형사사법의 정의와 형평에 현저하게 반하는 때" 등과 같은 공소사실의 동일성이 인정되더라도 상

37) 신동운, 앞의 책, 256면.

38) 대상판결의 반대의견도 이 점을 분명히 밝히고 있다.

습범의 기판력이 미치는 범위를 제한하는 보다 정교한 이론을 발굴해야 할 것이다.

한편 별개의견은 상습범의 죄수를 수죄로 보는 것이 상습범의 본질에 부합하며 소송법적으로도 쉽게 문제를 해결할 수 있다는 최근 학계의 일부 흐름을 받아들인 것으로서 큰 의의가 있다고 본다. 앞에서도 밝힌 바와 같이 필자는 상습범을 우리 법이 인정하는 포괄일죄로 보지만, 이 별개의견을 도화선으로 하여 향후 상습범의 죄수에 관한 보다 깊고 체계적인 연구가 진행되기를 기대하며, 향후 형법개정 작업시 이 부분도 심도 있게 검토되기를 바란다.

낙태와 살인
— 대법원 2005. 4. 15. 선고 2003도2780 판결 —

전 지 연*

[대상판결] 대법원 2005. 4. 15. 선고 2003도2780 판결

Ⅰ. 사실관계

피고인은 산부인과 의사로서,

1. 피고인 운영의 XX산부인과에서, 석○○(23세)이 건강에 아무런 이상이 없고 태아도 유전적 질환 등이 없어 정상이라는 사실을 알면서도 그녀로부터 낙태시술을 하여 줄 것을 의뢰받고 이를 승낙한 다음, 자궁경부팽창확대제인 라미나리아를 자궁 경부에 삽입하고 자궁수축제인 나라돌을 주사하여 자궁 경부를 확장하는 등으로 분만을 유도하여, 그녀로 하여금 임신 28주의 태아를 모체 밖으로 배출시켜 낙태하게 한 후, 낙태된 아이가 울음을 터뜨리자 미리 준비하여 두었던 용량 미상의 염화칼륨이 든 주사기를 아이의 심장에 꽂는 방법으로 염화칼륨을 주입하여 그 무렵 심장 박동을 멈추게 하여 석○○의 아이를 살해하고,

2. 영리의 목적으로 피고인이 개설한 XX산부인과 인터넷 홈페이지의 상담 게시판을 통해 임신 5개월이 된 장○○(17세)가 낙태 상담을 하자 그녀에게 지금도 수술이 가능하니 내일이라도 빨리 병원으로 오라고 답변하면서 피고인의 출신 대학, 해외연수 대학 명칭 등 경력과 XX산부인과의 병원 명칭, 위치, 전화번호를 기재하여 그녀를 피고인이 운영하는 산부인과의원으로 오도록 유인한 것을 비롯하여, 약 33회에 걸쳐 낙태를 원하는 장○○ 등을 상대로 낙태 상담을 하면서 XX산부인과로 낙태하러 오라고 유인하고,

3. 위 XX산부인과에서, 미성년자인 정○○(19세)로부터 낙태시술을 하여

* 연세대학교 법과대학 교수.

줄 것을 의뢰받고 이를 승낙한 다음 자궁경부팽창확대제인 라미나리아를 자궁 경부에 삽입하여 자궁 경부를 확장하는 등으로 낙태시술을 하여 그녀로 하여금 임신 28주의 태아를 모체 밖으로 배출시켜 낙태하게 한 것을 비롯하여, 별지 범죄일람표 기재와 같이 정○○ 등 57명으로부터 낙태를 촉탁받아 이들로 하여금 낙태하게 하였다.

Ⅱ. 소송의 경과

1. 제 1 심법원은 이러한 사실관계를 확인하고 피고인의 유죄를 인정, 피고인을 징역 3년 및 자격정지 3년에 각 처하였다.

2. 제 1 심법원의 판결에 대하여 피고인과 검사 모두 항소하였으며,

(1) 피고인은

1) 제 1 의 범행 당시 피고인은 유도분만 방식의 낙태시술을 통하여 분만된 석○○의 태아에게 염화칼륨을 주입하기는 하였으나, 위 **태아는 임신 26-28주의 조산아로서 생존할 확률이 극히 낮았으므로 낙태를 완성한다는 생각으로 하였을 뿐 살인의 범의로 위 태아에게 염화칼륨을 주입한 것은 아니며,**

2) 제 2 의 범행(영리목적 환자유인)에 관하여 피고인이 인터넷 홈페이지를 운영하면서 의료상담을 하였으나, 환자들을 도와주기 위하여 무료로 상담하였을 뿐 영리를 목적으로 하지 않았고, 더구나 상담을 통하여 피고인이 운영하는 XX산부인과가 알려지게 된 것은 상담에 의하여 반사적으로 나타난 결과에 불과하고, 낙태를 권유하거나 병원으로 오도록 유인한 사실은 없으며,

3) 제 3 의 각 범행(업무상 촉탁낙태) 중 일부에 관하여 별지 범죄일람표 기재 중 제 2 번 정○○의 태아는 기형의 가능성이 있었고, 같은 표 기재 제22번 김○○의 태아는 내장기형이 있어서 보호자의 동의를 받았고, 같은 표 기재 제49번 전○○의 태아는 선천성 심장기형이 있어서 보호자의 동의를 받았으므로, 그 각 **낙태행위는 모자보건법상 허용되는 경우였으며,**

4) 피고인에 대한 여러 가지 정상을 참작할 때 원심의 양형이 너무 무겁다고 주장하며 항소하였다

(2) 검사는 피고인은 낙태죄를 넘어 살인죄까지 저지르고도 개전의 정을 찾아볼 수 없는 점 등에 비추어 제 1 심 판결의 형량은 너무 가벼워서 부당하다는 취지로 항소하였다.

3. 제 2 심 법원은

(1) 제 1 의 범행 부분과 관련하여 피고인의 낙태행위는 태아가 모체로부터 배출됨으로써 완성되었다 할 것이어서, 비록 위와 같은 경우 **피해자가 정상적으로 생존할 확률이 적다고 할지라도, 피해자의 상태에 대한 확인이나 최소한의 적절한 의료행위 없이 적극적으로 피해자에게 약물을 주입한 피고인에게는 살아서 태어난 피해자를 살해하려는 범의가 있었다고 넉넉히 인정할 수 있고,** 이를 단순히 낙태를 완성하기 위한 행위라고 볼 수는 없으므로, 위 항소논지는 이유 없다고 하였으며,

(2) 제 2 의 범행과 관련한 부분은 생략함

(3) 제 3 의 범행 중 일부 부분과 관련하여 모자보건법 제28조는 "이 법의 규정에 의한 인공임신중절수술을 받은 자와 수술을 행한 자는 형법 제269조 제 1 항, 제 2 항 및 동법 제270조 제 1 항의 규정에 불구하고 처벌하지 아니한다"고 규정하고 있고, 같은 법 제14조 제 1 항은 의사가 본인과 배우자의 동의를 얻어 인공임신중절수술을 할 수 있는 허용한계를 규정하면서 그 제 5 호에서 "임신의 지속이 보건의학적 이유로 모체의 건강을 심히 해하고 있거나 해할 우려가 있는 경우"를 규정하고 있는바, **피고인이 주장하는 바와 같이 각 태아에게 내장, 심장 등에 기형이 있는 경우를 의미한다 할지라도, 그 사실만으로는 그 각 낙태시술이 위 모자보건법 제14조 제 1 항 제 5 호에서 규정한 임신중절수술을 허용한 경우에 해당한다고 보기 어려워서, 피고인의 낙대시술 행위가 위 조항에 의하여 위법성이 조각된다고 볼 수 없으므로,** 이 부분 항소논지는 이유 없다고 하였다.

Ⅲ. 대법원 판결

[판결요지]

[1] 낙태죄는 태아를 자연분만기에 앞서서 인위적으로 모체 밖으로 배출하거나 모체 안에서 살해함으로써 성립하고, 그 결과 태아가 사망하였는지 여부는 낙태죄의 성립에 영향이 없다.

[2] 산부인과 의사인 피고인이 약물에 의한 유도분만의 방법으로 낙태시술을 하였으나 태아가 살아서 미숙아 상태로 출생하자 그 미숙아에게 염화칼륨을 주입하여 사망하게 한 사안에서, 염화칼륨 주입행위를 낙태를 완성하기 위한 행위에 불과한 것으로 볼 수 없고, 살아서 출생한 미숙아가 정상적으로 생존할 확률이 적다고 하더라도 그 상태에 대한 확인이나 최소한의 의료행위도 없이 적극적으로 염화칼륨을 주입하여 미숙아를 사망에 이르게 하였다면 피고인에게는 미숙아를 살해하려는 범의가 인정된다고 한 원심의 판단을 수긍한 사례.

[3] 인공임신중절수술이 허용되는 경우의 하나인 모자보건법 제14조 제1항 제5호 소정의 '임신의 지속이 보건의학적 이유로 모체의 건강을 심히 해하고 있거나 해할 우려가 있는 경우'라 함은 임신의 지속이 모체의 생명과 건강에 심각한 위험을 초래하게 되어 모체의 생명과 건강만이라도 구하기 위하여 인공임신중절수술이 부득이하다고 인정되는 경우를 말한다.

[4] 구 의료법(2002. 3. 30. 법률 제6686호로 개정되기 전의 것) 제25조 제3항 소정의 '유인'이라 함은 기망 또는 유혹을 수단으로 환자로 하여금 특정 의료기관 또는 의료인과 치료위임계약을 체결하도록 유도하는 행위를 말하는 것으로서, 의료인 또는 의료기관 개설자의 환자 유인행위도 환자 또는 행위자에게 금품이 제공되거나 의료시장의 질서를 근본적으로 해하는 등의 특별한 사정이 있는 경우에는 같은 법 제25조 제3항의 유인행위에 해당한다고 할 것이고, "의료의 적정을 기하고 국

민의 건강을 보호 증진한다"는 의료법의 제정 목적(같은 법 제1조)에 비추어 보면, 합법적인 의료행위를 하면서 환자를 유인할 목적으로 금품을 제공하는 경우는 물론, 법(法)이 금지하고 있어 의료인으로서는 마땅히 거부하여야 할 의료행위를 해 주겠다고 제의하거나 약속함으로써 환자를 유혹하여 치료위임계약을 체결하도록 유도하는 경우도 같은 법 제25조 제3항의 유인행위에 해당한다고 보아야 한다.

[5] 산부인과 의사인 피고인이 자신이 개설한 인터넷 홈페이지의 상담게시판을 이용하여 낙태 관련 상담을 하면서 합법적인 인공임신중절수술이 허용되는 경우가 아님에도 낙태시술을 해 줄 수 있다고 약속하면서 자신의 병원을 방문하도록 권유하고 안내한 행위가 구 의료법(2002. 3. 30. 법률 제6686호로 개정되기 전의 것) 제25조 제3항에 정한 '유인'에 해당한다고 볼 수 있다고 한 사례.

[참조조문]

[1] 형법 제270조 제1항/[2] 형법 제250조 제1항, 제270조 제1항/[3] 모자보건법 제14조 제1항 제5호/[4] 구 의료법(2002. 3. 30. 법률 제6686호로 개정되기 전의 것) 제1조, 제25조 제3항/[5] 구 의료법(2002. 3. 30. 법률 제6686호로 개정되기 전의 것) 제25조 제3항

[참조판례]

[3] 대법원 1985. 6. 11. 선고 84도1958 판결(공1985, 1025)/[4] 대법원 2004. 10. 27. 선고 2004도5724 판결(공2004하, 1977)

[주　　문]

원심판결을 파기하고, 사건을 서울고등법원에 환송한다. 피고인의 상고를 기각한다.

[이 유]

1. 피고인의 상고에 대한 판단

가. 원심은, 그 채용 증거들을 종합하여 산부인과 의사인 피고인이 임신 28주 상태인 공소외 1에 대하여 약물에 의한 유도분만의 방법으로 낙태시술을 하였으나, 태아가 살아서 미숙아 상태로 출생하자 그 미숙아에게 염화칼륨을 주입하여 사망하게 한 사실을 인정한 후, 낙태죄는 태아를 자연분만기에 앞서서 인위적으로 모체 밖으로 배출하거나 모체 안에서 살해함으로써 성립하고, 그 결과 태아가 사망하였는지 여부는 낙태죄의 성립에 영향이 없는 것이므로, 피고인이 살아서 출생한 미숙아에게 염화칼륨을 주입한 것을 낙태를 완성하기 위한 행위에 불과한 것으로 볼 수 없고, 살아서 출생한 미숙아가 정상적으로 생존할 확률이 적다고 하더라도 그 상태에 대한 확인이나 최소한의 의료행위도 없이 적극적으로 염화칼륨을 주입하여 미숙아를 사망에 이르게 한 피고인에게는 미숙아를 살해하려는 범의도 있었던 것으로 보아야 한다고 판단하였다.

기록에 비추어 살펴보면, 원심의 위와 같은 증거의 취사선택과 사실인정 및 판단은 정당한 것으로 수긍할 수 있고, 거기에 상고이유로 주장하는 바와 같은 채증법칙 위반으로 인한 사실오인이나 살인의 범의에 관한 법리를 오해한 위법이 없다.

나. 인공임신중절수술이 허용되는 경우의 하나인 모자보건법 제14조 제1항 제5호 소정의 '임신의 지속이 보건의학적 이유로 모체의 건강을 심히 해하고 있거나 해할 우려가 있는 경우'라 함은 임신의 지속이 모체의 생명과 건강에 심각한 위험을 초래하게 되어 모체의 생명과 건강만이라도 구하기 위하여 인공임신중절수술이 부득이하다고 인정되는 경우를 말하는 것이다(대법원 1985. 6. 11. 선고 84도1958 판결 참조).

위와 같은 법리에 비추어 볼 때, 원심이 공소외 2에 대한 진료기록부에 태아에 관하여 'Anomaly'라고, 공소외 3에 대한 진료기록부에 태아에 관하여 'bowel'이라고, 공소외 4에 대한 진료기록부에 태아에 관하여 'C.H.D.'라고 각 기재가 되어 있고, 그 의미가 피고인의 주장과 같이 태아의 내장, 심장 등에 이상이 있는 경우를 의미한다고 하더라도, 그와 같은 사유만으로는 모자보건법 제14조 제1항 제5호 소정의 사유가 있는 것으로 보기 어렵다고 판단한 것은 정당한 것으로 수긍할 수 있고, 거기에 상고이유로 주장하는 바와 같은 모자보건법 제14조 제1항 제5호에 관한 해석적용을 잘못한 위법이 없다.

또한, 원심의 위와 같은 판단이 모자보건법 제14조 제1항 제5호 소정의 위법성조각 사유에 관하여 실질적 입증책임이 피고인에게 있음을 전제로 한 것이라고 볼 수도 없으므로, 이 점에 관한 상고이유의 주장도 이유 없다.

한편, 공소외 2, 공소외 3, 공소외 4에 대한 낙태시술행위는 사회상규에 위배되지 아니하는 정당한 행위라는 주장은 상고심에서의 새로운 주장으로서 적법한 상고이유가 될 수 없을 뿐만 아니라, 기록에 의하여 살펴보면, 피고인의 공소외 2 등에 대한 낙태시술행위를 사회상규에 위배되지 아니하는 정당한 행위로 보기도 어렵다.

2. 검사의 상고에 대한 판단

가. 원심은, 피고인이 인터넷 홈페이지를 통하여 그에 접속한 사람들에게 의료상담을 하여 주면서 그 화면에 피고인의 경력과 병원의 명칭·위치·전화번호를 나타나게 하고, 낙태수술을 할 수 있다는 취지로 답변한 사실은 인정되나, 이는 의료상담을 하면서 그에 따른 낙태수술에 관한 답변을 한 것뿐이어서 피고인이 영리를 목적으로 환자를 유인한 것으로 보기에 부족하다고 하여, 이 부분 공소사실에 대하여 무죄를 선고하였다.

나. 그러나 구 의료법(2002. 3. 30. 법 제6686호로 개정되기 전의 것, 이하 같다) 제25조 제3항 소정의 '유인'이라 함은 기망 또는 유혹을 수

단으로 환자로 하여금 특정 의료기관 또는 의료인과 치료위임계약을 체결하도록 유도하는 행위를 말하는 것으로서, 의료인 또는 의료기관 개설자의 환자 유인행위도 환자 또는 행위자에게 금품이 제공되거나 의료시장의 질서를 근본적으로 해하는 등의 특별한 사정이 있는 경우에는 같은 법 제25조 제 3 항의 유인행위에 해당한다고 할 것이고(대법원 2004. 10. 27. 선고 2004도5724 판결 참조), "의료의 적정을 기하여 국민의 건강을 보호 증진한다"는 의료법의 제정 목적(같은 법 제 1 조)에 비추어 보면, 합법적인 의료행위를 하면서 환자를 유인할 목적으로 금품을 제공하는 경우는 물론, 법(法)이 금지하고 있어 의료인으로서는 마땅히 거부하여야 할 의료행위를 해 주겠다고 제의하거나 약속함으로써 환자를 유혹하여 치료위임계약을 체결하도록 유도하는 경우도 같은 법 제25조 제 3 항의 유인행위에 해당한다고 보아야 할 것이다.

기록에 비추어 살피건대, 피고인은 자신이 개설한 (명칭 생략)과 인터넷 홈페이지의 상담게시판을 이용하여 낙태상담을 하거나 낙태수술 후의 후유증 등에 관하여 상담하면서 모자보건법상 임신중절수술이 허용되는 경우가 아님에도 낙태시술을 해 줄 수 있으니 빨리 피고인의 병원을 방문하도록 권유하고, 그 화면으로 피고인의 경력과 병원의 위치, 명칭, 전화번호 등을 알려 준 사실을 인정할 수 있는바, 피고인이 법률상 낙태가 허용되는 경우에 해당하는지 여부와 수술의 위험성과 후유증 등에 관하여는 설명하거나 알리지 아니한 채 합법적인 인공임신중절수술이 허용되는 경우가 아님에도 낙태시술을 해 줄 수 있다고 약속하면서 빨리 피고인의 병원을 방문하도록 권유하고 안내한 행위는 의료정보의 제공과 그 상담을 위한 것이라기보다는 위와 같은 약속과 권유 및 안내를 통하여 낙태수술 등을 위한 의료계약 체결을 유인한 것이라고 보아야 할 것이다.

그렇다면 원심은 피고인의 인터넷 홈페이지 게시판의 구체적인 질문과 답변의 내용을 좀더 자세히 심리하여 위법한 의료행위의 시술을 확언함으로써 환자를 유인한 부분이 있는지 가려 내었어야 할 것임에도, 이를 구체적으로 심리·판단하지 않은 채, 막연히 의료상담을 한 것에 불과하다거나 단순한 허위 또는 과장광고에 해당한다고 단정하고서 이 부분 공소사실에 대하여 무죄를 선고한 원심판결에는 의료법 제25조 제3항에 관하여 법리를 오해한 나머지 심리를 다하지 아니하여 판결에 영향을 미친 위법이 있다 할 것이다.

3. 결 론

그러므로 원심 판시 중 의료법위반 부분에 대한 검사의 상고는 이유 있고, 살인과 업무상촉탁낙태죄 부분에 대한 피고인의 상고는 이유 없다 할 것인바, 판시 각 부분은 모두 형법 제37조 전단의 경합범 관계에 있으므로, 원심판결을 전부 파기하여 원심법원에 환송하고, 피고인의 상고는 기각하기로 하여 관여 대법관의 일치된 의견으로 주문과 같이 판결한다.

대법관 유지담(재판장) 배기원 이강국(주심) 김용담

Ⅳ. 그 이후 소송의 경과

환송법원은 원심 판결을 파기하고,

(1) 낙태죄는 태아를 자연분만기에 앞서서 인위적으로 모체 밖으로 배출하거나, 모체 안에서 살해함으로써 성립하고, 그 결과 태아가 사망하였는지 여부는 낙태죄의 성립에 영향이 없다 할 것이므로, 피고인이 살아서 출생한 미숙아에게 염화칼륨을 주입한 것을 낙태를 완성하기 위한 행위에 불과한 것으로 볼 수 없고, 살아서 출생한 미숙아가 정상적으로 생존할 확률이 적다고 하더라도 그 상태에 대한 확인이나 최소한의 의료행위도 없이 적극적으로 염화칼륨을 주입하여 미숙아를 사망에 이르게 한 피고인에게는 미숙아를 살해하려는 범의도 있었던 것으로 보아야 할 것이며,

(2) 피고인이 주장하는 바와 같이 각 태아에게 내장, 심장 등에 기

형이 있는 경우를 의미한다 하더라도, 그와 같은 사유만으로는 모자보건법 제14조 제1항 제5호 소정의 사유가 있는 것으로 보기 어렵다 할 것이므로 촉탁낙태죄는 성립한다고 볼 것이며,

(3) 의료법위반의 점에 대하여 피고인이 법률상 낙태가 허용되는 경우에 해당하는지 여부와 수술의 위험성과 후유증 등에 관하여는 설명하거나 알리지 아니한 채 합법적인 인공임신중절수술이 허용되는 경우가 아님에도 낙태시술을 해 줄 수 있다고 약속하면서 빨리 피고인의 병원을 방문하도록 권유하고 안내한 행위는 의료정보의 제공과 그 상담을 위한 것이라기보다는 위와 같은 약속과 권유 및 안내를 통하여 낙태수술 등을 위한 의료계약 체결을 유인한 것이라고 보아야 하는 것으로 판단하였다.

이에 대하여 피고인은 다시 상고하여 현재 이 사건은 대법원에 계속중이다.1)

[참조판례 1] 대법원 1985. 6. 11. 선고 84도1958 판결

[사실관계]

피고인은 임산부가 배가 아프고 출혈이 있다고 호소하자 소량의 질 출혈이 있음을 확인한 후(위 피고인은 산모의 밑으로 피가 조금 비쳤다고 한다) 태반조기 박리현상이 있는 것으로 진단하고 위 산모는 그 밖에 달리 건강에 아무런 이상이 없었고 위 상태로는 산모의 생명에 직접적인 위험이 없음을 알면서도 산모로부터 **경제적 사정이 있어서 낙태하여야 한다는 촉탁**이 있자 즉시 낙태에 착수하여 일차 시술을 한 후 다음날 질 확장기계 및 약물을 사용하여 낙태시술을 마치고 체중 2,200그램, 신장 43센티미터의 태아를 모체 밖으로 배출시켰다.

[판결요지]

[1] 생략

---

1) 대법원의 사건번호는 2005도7473이다.

[2] 인간의 생명은 잉태된 때부터 시작되는 것이고 회임된 태아는 새로운 존재와 인격의 근원으로서 존엄과 가치를 지니므로 그 자신이 이를 인식하고 있던지 또 스스로를 방어할 수 있는지에 관계없이 침해되지 않도록 보호되어야 한다 함이 헌법 아래에서 국민일반이 지니는 건전한 도의적 감정과 합치되는 바이므로 비록 모자보건법이 특별한 의학적, 우생학적 또는 윤리적 적응이 인정되는 경우에 임산부와 배우자의 동의 아래 인공임신중절수술을 허용하고 있다 하더라도 이로써 **의사가 부녀의 촉탁 또는 승낙을 받으면 일체의 낙태행위가 정상적인 행위이고 형법 제270조 제1항 소정의 업무상촉탁낙태죄에 의한 처벌을 무가치하게 하였다고 할 수는 없으며 임산부의 촉탁이 있으면 의사로서 낙태를 거절하는 것이 보통의 경우 도저히 기대할 수 없게 되었다고 할 수도 없다.**

[3] 모자보건법 제8조 제1항 제5호 소정의 인공임신중절수술 허용한계인 임신의 지속이 보건의학적 이유로 모체의 건강을 심히 해하고 있거나 해할 우려가 있는 경우라 함은 임신의 지속이 모체의 생명과 건강에 심각한 위험을 초래하게 되어 모체의 생명과 건강만이라도 구하기 위하여는 인공임신중절수술이 부득이하다고 인정되는 경우를 말하며 이러한 **판단은 치료행위에 임하는 의사의 건전하고도 신중한 판단에 위임되어 있다.**

[4] 생략

[참조판례 2] 대법원 1976. 7. 13. 선고 75도1205 판결

[판결요지]

임신의 지속이 모체의 건강을 해칠 우려가 현저할뿐더러 **기형아 내지 불구아를 출산할 가능성마저도 없지 않다는 판단하에 부득이 취하게 된 산부인과 의사의 낙태 수술행위는 정당행위 내지 긴급피난에 해당되어 위법성이 없는 경우**에 해당된다.

〔연　　구〕

Ⅰ. 서　　론

낙태는 현재 다른 범죄에 비하여 암수가 가장 많은 범죄일 것으로 보여지며, 낙태의 실행과 그에 대한 실제적인 처벌 사이에 가장 편차가 큰, 즉 위법성조각이나 기타 사유로 불처벌되는 경우가 가장 많은 범죄이기도 하다. 또한 낙태를 어떠한 범위에서 어떻게 처벌할 것인가의 문제는 형법의 개정시마다 항상 논란이 되며, 그 사회가 가지고 있는 태아에 대한 생명관이나 여성의 자기결정권 그리고 기타 사회문화적 요인이 복합적으로 낙태죄의 규정에 반영되고 있다고 보여진다. 따라서 거의 대부분의 나라가 원칙적으로 낙태를 금지하기는 하나, 어느 정도의 범위에서 이를 허용할 것인가에 대하여 다양한 입장이 존재하고 있다.[2] 우리의 경우도 낙태죄에 대한 개정문제들에 다양한 논의들이 존재한다. 일부에서는 우리의 낙태죄의 규정은 사실상 낙태를 무제한으로 허용하고 있다고 할 수 있는 정도로 해석하기도 하며,[3] 이와 반대로 일부에서는 낙태의 허용범위가 현실적으로 너무 예외적인 경우에 해당하여 대부분의 낙태는 불법낙태에 해당한다는 지적이다.[4]

본고에서 낙태죄에 대한 일반적 논의들을 모두 기술하는 것은 불가

---

2) 낙태를 허용하는 각국의 입법형식은 대체로 기간해결방식, 적응해결방식, 상담해결방식(결합방식)의 3가지로 나누어져 있다. 기간해결방식은 일정기간 내에 낙태를 하는 것을 허용하는 입법형식이며, 보통 자유로이 낙태를 할 수 있는 기간을 임신 12주 이내로 하고 있다. 적응해결방식은 낙태를 범죄로 규정하면서 일정한 적응사유가 있는 경우 예외적으로 낙태를 허용하는 입법형식을 말한다. 상담해결방식은 임산부를 위한 조언과 도움을 제공할 수 있는 일정한 상담을 필요적으로 거친 뒤 임산부 자신의 자기결정에 따라 낙태를 허용하는 방식으로 현재 독일이 이 제도를 채택하고 있다(독일형법 제218조 이하).

3) 형법은 낙태를 금지하고 있으나, 특별법인 모자보건법은 이에 대한 정당화사유를 광범위하게 인정하고 있고, 더구나 해당 정당화사유의 내용은 의사에 의한 거의 모든 낙태를 사실상 합법화하는 역할을 수행한다고 보고 있다(배종대, 형법각론, 152면 이하).

4) 정현미, "낙태죄와 관련한 입법론," 형사법연구 제22호(2004 겨울호), 688면.

능하고, 필요하지도 않을 것으로 보인다. 낙태죄의 논점들 중에서 대상판결과 직접적으로 관련을 가지는 해석론에 기초하여 몇 가지 부분에서 입법론을 제시하는 선에서 그 논의의 범위를 국한하기로 한다. 먼저 낙태죄와 관련하여 낙태죄가 무엇을 보호하는가의 문제를 다루며, 이에 대하여 학설상 논의되는 태아의 신체나 임산부의 생명과 신체도 보호법익이 될 수 있는지, 더 나아가 국가의 출산정책이나 성풍속 등도 보호법익이 될 수 있는지를 검토한다(Ⅱ). 그리고 낙태죄의 보호법익에 대하여 보호의 정도는 어느 정도인가의 문제를 다루며, 이러한 보호정도의 해결을 통해 낙태의 개념을 정의할 수 있을 것이다(Ⅲ). 낙태는 되어가는 인간인 태아에 대한 살해를 포함하는 것이므로 태아의 종기는 사람의 시기에 해당한다. 따라서 언제 낙태와 살인이 구별되며 그 시기는 언제인가의 문제가 발생한다(Ⅳ). 특히 이러한 문제는 자연분만기 이전에 태아를 조기출산하는 경우 이를 형사법적으로 어떻게 해결할 것인가의 문제를 내포하고 있으며, 이는 의료기술과 의약품의 발달로 인해 그 중요성이 점차 증대하고 있다고 보여진다(Ⅴ). 또한 낙태가 허용되는 경우로 모자보건법에 여러 가지 적응사유가 인정되고 있으며, 그 가운데 보건의학적인 적응사유의 의미와 대상판결에서의 이에 대한 판단을 검토하고, 기타 입법화되지 않았으나 적응사유로 인정되어야 한다고 주장되는 몇 가지 적응사유를 부수적으로 분석하여 보고자 한다(Ⅵ). 그리고 끝으로 대상판결에 대한 종합적인 검토를 하며 글을 맺고자 한다(Ⅶ).

Ⅱ. 낙태죄의 보호법익

낙태죄의 보호법익이 무엇인가에 대하여는 다양한 견해의 대립이 있다. 태아의 생명이라는 견해,[5] 태아의 생명을 주된 보호법익으로 보고 부수적으로 임부의 생명, 신체를 보호한다는 견해,[6] 태아의 생명과

5) SK-Rudolphi, BT, 6. Aufl., 2000, §218 Rn.25. 이에 따르면 태아의 생명만이 독자적 보호법익이고 모체의 생명, 신체의 안전은 독자적 보호법익이 아니라 단지 반사적 이익에 불과하다고 본다.

6) 김일수/서보학, 형법각론, 46면; 박상기, 형법각론, 80면; 배종대, 형법각론, 150

신체의 안전을 주된 보호법익으로 보고 부수적으로 임부의 생명, 신체를 보호한다는 견해[7] 등이 있다.

낙태죄에 임부의 동의가 존재하는 경우에도 그 성립에 장애가 없다는 점에서 보면 낙태죄가 태아의 생명을 보호한다는 점에는 의문이 없다. 이것은 법에 의한 생명의 보호가 인간이 되어가는 과정에 있는 생명인 태아에게도 적용되는 것을 의미한다. 여기서 더 나아가 태아의 생명 이외에 다른 법익도 낙태죄의 보호대상이 되는가에 대하여 이하에서 보호법익으로 주장되어지는 개별적인 내용들에 대하여 검토하여 보기로 한다.

(1) 태아의 신체도 보호법익이 되는가?

태아의 생명만을 보호법익으로 보는 경우에는 태아의 생명에 추상적 위험 조차 초래하지 않는 시기에 태아를 모체 밖으로 배출시키는 행위는 낙태죄가 될 수 없기 때문이라는 것이다.[8] 따라서 낙태죄의 보호법익은 태아의 생명뿐만 아니라 태아의 신체의 안전도 보호법익이 된다는 것이다.

그러나 태아의 신체의 건강을 침해하였으나 치유되어 정상적으로 출산된 경우까지 낙태로 볼 수는 없다.[9] 또한 태아의 신체에 대한 침해가 일어난 경우 현행법상 태아의 상해죄나 과실치상죄는 인정되지 않기 때문에 태아의 신체나 그 안전을 보호법익으로 인정하기는 곤란하다.[10]

(2) 임산부의 의사결정의 자유도 보호법익이 되는가?

낙태를 처벌할 것인가와 어느 범위에서 처벌할 것인가의 문제를 다룸에 있어서는 태아의 생명과 임부의 의사결정의 자유가 충돌한다. 이러한 두 보호법익 사이의 충돌에서 어느 법익을 더 보호할 것인가에

면; 임웅, 형법각론, 94면.

7) 오영근, 형법각론, 116면.

8) 오영근, 형법각론, 116면.

9) 이형국, 형법각론연구 I, 148면.

10) 김일수/서보학, 형법각론, 46면.

따라 다양한 낙태 관련규정들이 입법화된다. 예컨대 기간해결방안은 임부의 의사결정이 강조된 입장이며, 적응해결방안은 태아의 생명이 강조되는 입법방식이다. 따라서 입법론적으로 임부의 의사결정의 자유가 보호법익으로 고려될 수 있다는 점에는 의문이 없다.

문제는 현행 형법의 입장에서도 해석론으로 낙태죄의 보호법익으로 임부의 의사결정의 자유가 고려될 수 있는가이다. 낙태죄 가운데 자기낙태죄나 동의낙태죄의 경우에는 태아의 생명만이 보호법익이 된다고 보여진다. 더 나아가 부동의낙태죄의 경우에는 태아의 생명이 주된 보호법익이지만 임부의 의사결정의 자유도 부차적으로 보호법익이 되는 것처럼 보여진다. 그러나 부동의낙태죄 역시 태아의 생명을 보호법익으로 하고, 낙태의 과정에서 불가피하게 수반되는 임부의 신체에 대한 침해여부에 대해 동의를 얻지 못한 것으로 인해 무겁게 처벌되는 것에 불과한 것이다.

(3) 임산부의 생명이나 신체도 보호법익이 되는가?

임부의 생명이나 신체도 보호법익이 된다는 견해는 이것만이 보호법익이라는 입장은 아니다. 오히려 태아의 생명이 보호법익이고, 부수적 또는 부차적으로 임부의 생명이나 신체도 보호법익이 된다는 입장이다. 임부의 생명, 신체가 보호법익이 되는 것은 현행법이 임부의 승낙유무에 따라 형의 경중을 두고 있으며(형법 제270조 제2항), 낙태치사상(제270조 제3항)을 별도로 무겁게 처벌하고 있기 때문이라는 것이다.[11)]

그러나 낙태치사상죄가 무겁게 처벌되는 것은 낙태로 인하여 부녀에게 상해나 사망을 입혔기 때문에 무겁게 처벌되는 것이지 낙태죄 자체의 부차적 보호법익이 임부의 생명, 신체이기 때문은 아니라고 보인다. 예컨대 체포감금죄에서 그 보호법익이 개인의 신체활동의 자유 또는 개인의 신체 이전의 자유라고 인정되며, 체포감금치사상죄의 조문이 존재한다는 이유로 체포감금죄의 보호법익에 개인의 생명이나 생리적 기능이 부차적 보호법익이 된다고 볼 수는 없다. 따라서 낙태죄의 보호

11) 배종대, 형법각론, 150-151면.

법익은 오직 태아의 생명이며, 임부의 생명이나 신체는 그에 수반되는 의미밖에 없다.[12]

(4) 보호법익으로서 인구정책적 이익

낙태죄의 보호법익을 국가의 인구정책적 이익을 주장하는 견해도 있다. 우리 형법의 제정과정에서 장래의 인구증가를 막기 위해 낙태죄를 폐지하자는 주장이나, 인구의 증가필요성이 존재하므로 낙태죄를 존속시키며 이를 엄격히 적용하여야 한다는 주장들이 이 입장과 상응하는 것으로 이해된다.[13] 또한 중국의 경우에는 '한 가정 한 자녀'라는 이와 같은 국가의 인구정책적 목표에 따라 낙태를 비범죄화하였다.[14]

그러나 낙태죄를 통하여 적정한 인구수를 확보하려는 정책은 전체주의적 발상을 형법에 도입하는 위험을 내포하고 있으며, 국가의 인구정책적 목표를 낙태죄의 보호법익에 포함시키는 것은 문제가 있다. 인구정책적 관심은 역사적 해석방법에 입각할 때 낙태죄의 보호법익으로 다소간 의미를 가질지 모르나 현재의 법적용자에게는 의미가 객관적으로 이해되어야 한다. 또한 인구정책적 관점은 시대와 장소에 따라 유동적이어서 낙태죄의 운용에서 법적 안정성을 해칠 가능성이 농후하다.[15]

Ⅲ. 낙태의 개념 — 침해범인가 위험범인가

대상판결은 낙태를 "태아를 자연분만기에 앞서서 인위적으로 모체 밖으로 배출하거나 모체 안에서 살해함으로써 성립"하는 것으로 정의하고 있다.[16] 그러나 사실 낙태를 어떻게 개념정의할 것인가의 문제는

---

12) 동일한 취지로 김형준/김성천, 형법각론, 57면; 박상기, 형법각론, 86면; 이정원, 형법각론, 110면; 정현미, 전게논문, 697면 참조.

13) 한국형사정책연구원, 형법제정자료집, 453면 이하 참조.

14) 정현미, 전게논문, 699면 주 33).

15) Schönke/Schröder/Eser, StGB, 26. Aufl., 2001, vor §218 Rn. 9; Tröndle/Fischer, StGB, 51. Aufl., 2003, vor §218 Rn. 2; 정현미 전게논문, 700면.

16) 원칙적으로 낙태와 인공임신중절수술은 구별된다. 인공임신중절수술은 태아가 모체 밖에서는 생명을 유지할 수 없는 시기에 태아와 그 부속물을 인공적으로 모체 밖으로 배출시키는 수술(모자보건법 제 2 조 제 6 호)을 말하며, 낙태는 태아가 모체 밖에서 생명을 유지할 수 있는 시기에 행해질 수도 있다. 따라서 낙태가 인공임신

낙태죄의 보호법익인 태아의 생명에 대해 어느 정도의 보호가 요청되는가에 따라 달라질 수 있다. 즉 낙태죄를 침해범으로 보는 입장에 따르면 낙태는 태아를 살해하는 것으로 이해할 수 있다(침해범설). 이에 반해 위험범으로 보는 입장에서는 낙태를 자연분만기 이전에 인공적으로 모체에서 배출하는 행위와 모체 내에서 태아를 살해하는 행위로 파악할 수 있다(위험범설). 따라서 태아를 모체에서 배출하여 살해하면 침해범설은 낙태미수(불처벌)와 살인죄의 상상적 경합(독일 통설)을 인정하게 되며, (추상적) 위험범설은 낙태기수와 살인죄의 실체적 경합을, (구체적) 위험범설은 모체로부터 배출된 태아의 생명이나 건강에 아무런 이상 없을 경우에는 낙태미수와 살인죄의 실체적 경합을 인정하게 된다.

(1) 낙태를 침해범으로 이해하는 입장에 따르면 낙태는 자연분만기 이전에 태아를 모체 밖으로 배출하는 것을 의미하며, 태아의 생명에 위험을 주지 않고 모체의 건강을 위하여 조기출산케 하는 경우에도 낙태죄의 구성요건에 해당하는 부당한 결과를 초래한다는 것이다. 따라서 낙태는 단순히 모체 밖으로 배출하는 것으로 부족하고 이를 살해하는 것이라는 입장이다.[17)]

그러나 낙태죄는 태아의 생명을 보호법익으로 하며, 자연분만기 이전에 태아를 모체 밖으로 배출하는 경우야말로 특별한 경우가 아닌 한 태아의 생명을 위태롭게 하는 것이다. 여기서 만일 모체의 건강을 위해 태아를 미리 배출하는 경우에는 해당 행위야말로 낙태죄의 구성요건에 해당하지만 위법성의 조각여부가 문제되는 전형적인 경우라고 볼 것이다.

(2) 낙태죄를 구체적 위험범으로 이해하는 입장에서는 낙태는 태아를 자연분만기에 앞서서 인위적으로 모체 밖으로 배출하거나 태아를 모체 안에서 살해하는 것을 말한다. 다만 태아의 생명이나 신체에 대해

중절수술보다는 광의의 개념이다.

17) 김성천/김형준, 형법각론 58면; 이재상, 형법각론, 5/1; 정현미, 전게논문, 692면.

어떤 침해도 수반하지 않는 인공출산은 낙태개념에 포함되지 않는다는 것이다.[18] 그러나 이를 구체적 위험범으로 보아야 할 실정법적 근거는 없다고 할 것이다.[19]

(3) 언어의 용법상 낙태란 개념은 반드시 태아의 사망을 내포하는 것은 아니라고 보며, 형행 형법이 낙태미수를 처벌하는 규정을 두지 않은 점을 고려하여 태아의 생명을 보다 더 두텁게 보호하기 위하여 태아의 생명을 침해하는 행위가 아니라 태아의 생명을 위태화하는 행위도 낙태로 처벌하는 것이 목적론적 해석에 합치한다고 보여진다.[20]

Ⅳ. 낙태와 살인의 구별

낙태죄의 행위객체는 태아이며, 살인죄의 행위객체는 사람이다. 그러나 이러한 행위객체의 구별은 단편적인 것이 아니며, 생명의 단계적인 성장과정에서의 단계에 대한 평가에 지나지 아니한다. 따라서 살인죄에서의 사람의 시기는 낙태죄에서의 태아의 종기를 의미하는 것이다. 언제부터 이러한 사람으로 볼 것인가에 대하여 사람의 시기는 일반적으로 태아가 출생하는 시점에 태아는 사람이 된다.

낙태죄의 행위객체인 태아로 인정되는 시점은 수정된 시점이 아니라 자궁에 착상한 시점(수정 후 늦어도 13일까지)부터 태아이다. 착상 전의 수정란은 태아가 아니므로 수정된 난자를 착상하기 전에 인공적으로 배출하는 것은 낙태가 아니라 피임의 한 방법으로 이해한다. 또한 보호대상이 되는 태아는 살아 있는 태아를 의미한다. 따라서 이미 사망한 태아에 대하여는 낙태죄가 성립하지 않는다. 이와 같이 출생하기 이전의 단계에 있는 태아는 살인죄의 객체가 되지 못하고 낙태죄의 객체로서 보호될 따름이다. 또한 태아는 사람에 비하여 상대적으로 그 보호

---

18) 배종대, 형법각론, 150면; 이영란, "낙태죄 입법정책에 관한 소고," 형사법연구, 16호(2001 겨울), 342면.

19) 오영근, 형법각론, 116면.

20) 김일수/서보학, 형법각론, 46면; 박상기, 형법각론, 81면; 오영근, 형법각론, 116면; 임웅, 형법각론, 94면.

가 철저하지 못하다. 예컨대 모체 내의 태아를 과실로 치사케 한 경우에 과실치사죄가 성립하지 않을 뿐만 아니라 형법상 과실낙태의 처벌 규정도 없다. 또한 모체 내의 태아를 고의로 상해한 태아상해도 형법상 처벌받지 않는다.

문제되는 경우는 모체 내의 태아에 대하여 고의 또는 과실로 손상을 가한 결과 상해를 입은 태아가 출생하여 사람이 된 경우라든가 손상으로 말미암아 출생한 후 사망한 경우에, 태아에 대한 죄로서가 아니라 사람에 대한 죄로서 생명, 신체에 대한 범죄가 성립하겠는가이다. 이에 대하여 부분적으로 이를 긍정하는 견해도 있으나, 태아에 대하여 가하여진 고의를 후에 출생한 사람에 대한 고의로 인정하는 것은 적절하지 못하다.[21] 중요한 것은 행위시점에 행위객체가 태아인가 사람인가의 문제이다. 따라서 사람의 시기를 확정하는 문제는 그 초점이 사람과 태아의 한계를 분명히 함에 있으며, 그 구별실이은 형법적 보호의 차이에 있다고 하겠다.[22]

뇌사상태에 빠진 임부의 살아 있는 태아도 본죄의 객체가 되는가에 대하여 논란이 있으나, 이 경우에는 낙태죄는 성립하지 않는 것으로 본다. 즉 낙태죄의 태아는 살아 있는 임산부의 태아만을 대상으로 한다.[23]

임산부는 수태한 지 대략 9달(270일) 만에 출산에 들어간다. 그러나 출산에 있어서 구체적으로 언제부터 사람이 출생한 것으로 보느냐 하는 시기의 확정에 관하여는 다양한 학설이 존재하고 있으나 판례와 통설의 입장은 진통설(또는 분만개시설)을 취하고 있다. 진통설은 규칙적인 진통을 동반하면서 태아가 태반으로부터 분리되기 시작한 시점을 사람의 시기로 보는데, 우리나라와 독일의 통설, 판례이다.[24] 그런데 이

21) 동일한 취지로 임웅, 형법각론, 13면. 유추적용금지의 원칙에 반한다는 주장은 김일수/서보학, 형법각론, 50면 참조.

22) 임웅, 형법각론, 13면 참조.

23) 소위 Erlanger Baby Fall.

24) 대판 1982. 10. 12, 81도2621; 박상기, 형법각론(제 6 판), 19면; 임웅, 형법각론, 15면; Schönke/Schröder/Eser, StGB, vor § 211 Rn. 13; Tröndle/Fischer, StGB,

학설에서 말하는 진통은 출산과 무관한 단순한 진통을 의미하는 것은 아니고 분만의 개시를 뜻하는 진통에 국한된다는 점(진통이라는 용어는 분만을 알리는 자궁구의 열림 이전 단계인 사전진통까지도 포함), 제251조의 분만중 또는 분만 직후의 영아라는 명문규정으로부터 형법은 분만이 개시된 이상 사람으로 취급하고 있다는 점, 인공분만에서는 진통설에서 말하는 진통이 없을 수도 있다는 점 등을 고려하여, 진통설보다는 분만개시설이라는 명칭이 보다 더 적합하다.

분만개시설에 따라 분만을 개시하기 위한 진통을 시작하거나 제왕절개술을 하는 경우에는 제왕절개수술을 하는 의사가 자궁을 절개한 시점에 태아는 사람이 된다. 그리고 이 시점 이후에 살아 있는 사람인 이상 생존능력의 유무는 불문한다. 또한 출산된 아이가 기형아나 빈사상태의 경우에도 살인죄의 객체가 된다.[25)]

결론적으로 낙태가 되는가 살인이 되는가는 분만개시설의 입장에 따라 자연분만의 경우에는 분만을 위한 진통을 개시하는 시점 이후에 제왕절개를 하는 경우에는 시술을 위한 자궁의 절개 시점 이후에 생명에 대한 침해가 존재하는 경우에 살인죄가 인정되며, 그 이전에 행해진 생명침해는 낙태에 해당한다.

Ⅴ. 조기분만의 경우

전술한 자연분만이 아닌 조기분만의 경우 이에 대한 처벌을 어떻게 할 것인가의 문제는 앞서 언급하였던 낙태죄를 침해범으로 보는가와 위험범으로 보는가, 나아가 이를 추상적 위험범으로 보는가 구체적 위험범으로 보는가에 따라 달리 대답되어질 수 있다.

즉 자연분만기 이전에 태아를 모체 밖으로 배출한 경우 태아가 생

---

vor § 211 Rn. 2; BGHSt 10, 5; 31, 348, 355; 32, 194.

25) 오늘날에는 출산의료기술의 발달로 임신 22주 만에 출산된 아이도 생존이 가능하게 되었다. 따라서 적어도 임신 22주 이후의 생존능력 있는 태아의 낙태는 낙태죄의 규율대상이 아니라 살인죄의 규율대상이 된다는 주장도 있으나, 이에 대한 입법적인 조치가 선행되지 아니하는 한에는 이를 살인으로 보기는 곤란한다(김일수/서보학, 형법각론, 49면 참조).

존가능하면 이 경우 구체적 위험범의 입장에서는 낙태미수(불처벌)이며, 추상적 위험범으로 보면 낙태기수에 해당한다.

그러나 인공적인 조기분만으로 태아가 생존가능성이 없어져 사망하는 경우에는 낙태죄만 성립한다.[26] 따라서 산모로부터 낙태를 부탁받은 산부인과 의사가 낙태시술을 마치고 체중 2.2Kg, 신장 43Cm의 살아있는 태아를 모체 밖으로 배출시켜 사망한 사건에서 의사에게 업무상 낙태죄를 인정한 대법원의 [참조판례 2]는 정당한 것이다.[27]

이에 반해 낙태행위로 인하여 조기분만된 태아가 생존하였으며 계속 생존가능함에도 불구하고 이를 다시 살해하는 경우에는 낙태죄와 살인죄(혹은 영아살해죄)의 경합범이 성립된다.[28] 그러나 낙태죄를 침해범으로 보는 견해는 낙태죄와 살인죄의 상상적 경합을 인정한다.[29] 따라서 낙태행위로 인하여 분만시 사망한 태아를 생존한 것으로 오인하고 다시 살해를 시도한 경우에는 낙태죄와 살인죄(영아살해)의 불능미수가 성립한다.

Ⅵ. 위법성조각사유로서 적응사유—보건의학적 이유를 중심으로

1. 적응사유로서 보건의학적 이유

모자보건법은 임신의 지속이 보건의학적 이유로 모체의 건강을 심히 해하고 있거나 해할 우려가 있는 경우를 합법적 인공임신중절의 적응사유로 규정하고 있다(동법 제14조 제1항 제5호). 여기서 "모체의 건강을 심히 해하거나 해할 우려가 있는 경우"란 생명의 위험이 있는 경우만이 아니라 신체적·정신적 건강악화를 포함한다.

이와 같은 보건의학적 적응사유에서 "모체의 건강"이 매우 넓은

26) BGHSt 10, 5; 13, 24; 31, 252.
27) 대판 1985. 6. 11, 84도1958.
28) 김일수/서보학, 형법각론, 46면; 박상기, 형법각론, 87면; 배종대, 형법각론, 163면; BGHSt 10, 291; 31, 352.
29) 이재상, 형법각론, 5/11.

개념이고, 모체의 신체적 건강에 대한 일반적 위험으로 확대해석될 위험을 안고 있다. 특히 모체의 건강을 해할 경우뿐만 아니라 "해할 우려"라는 규정은 그 위험성을 더욱 증가시키고 있다. 따라서 보건의학적 적응사유를 구체적 사건에 적용하는 경우에는 모체의 건강에 대한 침해나 침해우려에 대하여 엄격한 심사가 요구되어 진다. 그러므로 이 조항을 해석할 때에는 임부의 건강개념을 지나치게 확장해서는 곤란하고, 모체의 건강을 심히 해할 정도에 이르러야 하며 모체의 건강에 가해지는 위험은 구체적인 것이어야 한다. 인공임신중절수술은 모체의 건강을 구하기 위한 최후수단성을 가지므로 막연한 추측을 넘어 구체적인 근거를 가지고 있어야 하기 때문이다. 구체적으로 임신의 지속이 보건의학적 이유로 모체의 건강을 심히 해하고 있거나 해할 우려가 있는 경우에 대한 판단은 치료행위에 임하는 의사의 건전하고도 신중한 판단에 위임되어 있는 것으로 해석한다.[30)]

여기서 더 나아가 일부 견해에서는 모체의 생명이 위협받는 상황으로 제한하고 생명에 지장이 없는 신체에 대한 위험은 제외해야 하는 것으로 비판하고 있다.[31)] 그러나 모체의 생명에 대한 위험으로만 국한하는 것은 입법론으로는 몰라도 해석론으로는 위법성조각사유에 대한 명시적 해석에 반하는 행위자에게 불리한 해석이므로 죄형법정주의 어긋난다고 볼 수 있다.

대상판결에서 대법원은 수차례의 낙태행위 가운데 일부 낙태시술의 경우 " … 피고인의 주장과 같이 태아의 내장, 심장 등에 이상이 있는 경우를 의미한다고 하더라도, 그와 같은 사유만으로는 모자보건법 제14조 제1항 제5호 소정의 사유가 있는 것으로 보기 어렵다"라고 판단한 것은 정당한 것으로 보인다. 왜냐하면 태아에 대한 신체적 이상이 곧바로 산모의 건강을 해하거나 해할 우려로 이어지는 보건의학적 적응사유로 인정될 수는 없기 때문이다.

---

30) 참조판례 1(대판 1985. 6. 11, 84도1958).

31) 배종대, 형법각론, 157면.

그러나 태아가 내장이나 심장에 이상이 있는 경우에는 낙태시술의 정당화 가능성은 여전히 남아 있다. 왜냐하면 모자보건법은 제14조 제1항 제1호에 본인 또는 배우자가 대통령령이 정하는 우생학적 또는 유전학적 정신장애나 신체질환이 있는 경우 우생학적 적응사유를 인정하고 있다. 이와 같은 우생학적 정당화사유는 유전 또는 특수사정에 의하여 저능아나 기형아 또는 정상적인 생육을 기대할 수 없는 아이의 출산이 확실한 것으로 판단되는 경우 낙태가 허용될 수 있다는 것을 의미한다.[32] 그리고 태아의 손상은 신체적인 것뿐만 아니라 정신적 손상도 포함하며, '특수사정'은 임신중의 잘못된 약물복용, X선 촬영, 질병 등을 예로 들기도 한다. 따라서 일부 낙태시술에서 대법원이 인정한 것처럼 태아에게 신체적 장애가 있었던 경우에는 보건의학적 적응사유가 아니라 우생학적 적응사유를 인정하여 낙태죄의 성립을 부정하여야 하며, 이러한 입장은 이미 [참조판례 2]에서도 부분적으로 언급되어 있다. 따라서 이 범위 내에서 대법원의 판결은 정당하지 못한 것으로 보인다.

2. 보건의학적 적응사유와 시간적 한계

모자보건법시행령은 인공임신중절수술이 가능한 시기를 임신한 날로부터 28주 이내로 제한하고 있다(동 시행령 제15조 제1항). 이것은 인공임신중절수술이 태아가 모체 밖에서 생명을 유지할 수 없는 시기

32) 일부 견해에서는 엄격하게 보면 우생학적 정당화사유는 헌법 제10조가 전제하는 생명존엄에 위반되는 것으로 보고 있다. 즉 생명보호의 문제는 생명의 질을 문제삼지 않으며, 살인죄의 객체에 저능아나 기형아도 당연히 포함되기 때문에 태아의 생명에 대해서도 같은 원칙이 적용되어야 하므로 우생학적 정당화사유는 태아의 생명의 질에 따른 차별화를 하는 것이므로 허용될 수 없다는 것이다(배종대, 형법각론, 154면). 그러나 사람의 생명과 사람이 되어가는 생명을 둘 모두 생명이라는 이유로 동일한 정도로 보호하여야 한다는 주장에는 동의할 수 없다. 사람이 되어가는 생명을 전혀 보호하지 않는다면 이는 생명에 대한 근본적인 침해에 해당하지만 이를 어느 범위 내에서 보호할 것인가는 입법정책적인 문제에 속한다. 왜냐하면 생명이라는 이유로 차별화하지 않는다면 낙태와 살인죄를 구별할 필요가 없으며, 그 정당화사유 또한 구별되어질 수 없다. 따라서 낙태의 정당화사유가 따로 존재할 수 없으며 일반 살인죄에서의 일반적 정당화사유만이 타당할 것이다.

에 행해질 것을 예정하고 있는 것이다. 그러나 임신 28주가 과연 태아가 모체 밖에서 생명을 유지할 수 없는 시기인가가 문제된다. 전문가들의 견해로는 임신 28주에 이르면 독자적인 생명체로서 모체 밖에서 생육할 수 있는 상태에 이르게 되고, 의술의 발달로 생존가능성의 시기는 점점 앞당겨지고 있으므로 28주를 기준으로 하는 것은 어떤 타당한 근거가 있다고 보기 어렵다는 점이다. 모자보건법에 규정되어 있는 여러 적응사유 가운데 그 경중을 묻지 않고 일률적으로 28주의 기간을 적용하는 것은 문제가 있다.[33] 따라서 각 적응사유별로 허용기간의 장단을 재조정하여야 할 것으로 보이며, 예컨대 보건의학적 사유에 기한 합법적 인공임신중절수술은 분만개시 직전까지 인정하는 것이 타당하다고 주장되기도 한다.[34]

3. 사회적 적응사유의 인정여부

현재 모자보건법은 낙태가 허용되는 다양한 적응사유를 규정하고 있으나 사회적 적응사유에 의한 낙태의 허용은 인정하고 있지 아니한다. 산모 등이 출생한 신생아를 양육할 가능성이나 기대가 절망적인 때와 같은 경우에는 사회적 적응사유를 인정하여 낙태를 허용하자는 주장으로, 예컨대 청소년에 의한 임신이 대표적인 예가 될 것이며, 기타 임부나 그 가족의 경제적 사정을 여기에 포함시켜 이해할 수도 있을 것이다.[35]

이와 같은 사회적 이유에 의한 적응사유를 인정할 것인가의 여부에 대하여 의견이 첨예하게 대립하고 있다.

(1) 사회적 적응사유를 긍정하는 입장에서는 아이를 출산하고 양육하기 어려운 부득이한 사회적 사정이 있는 경우에 국가가 낙태로 희생될 아이를 위하여 거대한 보육시설을 운영하지 않는 한 부담은 결국

33) 신동운, "형법개정과 관련하여 본 낙태죄 및 간통죄에 관한 연구," 한국형사정책연구원, 1991, 125-126면.

34) 신동운, 전게논문, 108면.

35) 이재상, 형법각론, 5/11.

아이를 낳고 기르게 될 임산부 자신에게 돌아가므로 적어도 적응방식을 취하는 경우에는 사회적 적응을 배제하고서는 해결점을 찾기 어려우므로 이를 인정해야 한다는 것이다.[36]

(2) 사회적 적응사유를 부정하는 입장은 사회적 적응을 인정하는 것은 (임산부 및 가족의) 생명의 질을 위해서 (태아의) 생명을 희생시키는 것이므로 허용될 수 없다고 하는 견해이다.[37] 국가는 생명보호를 위한 필요한 모든 조치를 취하여야 하며, 국민의 세금은 가장 먼저 이러한 목적에 사용하여야 한다. 여기서 국가의 미흡한 복지정책을 사회적 적응사유로 해소하려는 것은 받아들이기 곤란한 입법정책이라는 점이다.[38]

Ⅶ. 대상판결에 대한 종합적 검토

대상판결은 명시적으로 낙태죄의 보호법익이 무엇인가에 대하여는 명시적으로 언급하지 아니하고 있다. 그러나 낙태에 대한 개념이나 낙태죄의 설명 중에 수차례에 걸쳐 태아의 생명을 언급하고 있으므로 태아의 생명이 그 보호법익이 된다는 점은 긍정하고 있는 것으로 보인다. 여기서 더 나아가 다수설에 따르면 임부의 생명이나 신체, 임부의 의사결정권 등이 낙태죄의 부차적인 보호법익이 된다. 그러나 필자는 이에 동의하지 않으며 부차적인 보호법익으로 보여지는 것은 낙태죄에 대한 보호법익이 아닌 낙태와 관련한 다른 범죄의 보호법익에 불과한 것이며, 낙태죄의 보호법익은 태아의 생명에 국한된다.

태아의 생명에 대한 보호정도와 관련하여 대법원은 낙태죄는 태아를 자연분만기에 앞서서 인위적으로 모체 밖으로 배출하거나 모체 안에서 살해함으로써 성립하고, 그 결과 태아가 사망하였는지 여부는 낙태죄의 성립에 영향이 없는 것으로 판단하고 있다. 이러한 점에서 판례의 태도는 필자와 다수설이 취하고 있는 추상적 위험범실과 일치한다.

36) 이영란, 전게논문, 347면; 정현미, 전게논문, 703면.
37) 김일수/서보학, 형법각론, 52면.
38) 비슷한 취지로 배종대, 형법각론, 154면.

그 결과 대상판결에서 태아에 대한 유도분만을 통하여 모체 밖으로 배출한 후 아직 살아 있는 아이를 주사기로 약물을 주입하여 살해한 행위는 낙태기수와 살인죄의 경합에 해당한다.

낙태와 살인과의 구별은 행위객체에 의하여 결정되며 사람의 시기는 태아의 종기를 의미한다. 따라서 낙태는 수정란이 자궁에 착상 한 이후부터 분만을 위한 진통이 시작되기 직전까지의 시점에 태아에 대한 생명을 위태롭게 하는 경우에 성립하며, 살인은 분만개시 이후부터 성립한다. 이것은 자연분만의 경우뿐만 아니라 조기출산의 경우에도 태아를 모체 밖으로 밀어내는 한에는 낙태에 해당하며, 이후 조기출산한 아이가 살아 있는 경우에 이를 죽이면 동일하게 살인죄에 해당된다.

낙태가 허용되는 경우와 관련하여 모자보건법 제14조 제 1 항 제 5 호 소정의 '임신의 지속이 보건의학적 이유로 모체의 건강을 심히 해하고 있거나 해할 우려가 있는 경우'라 함은 임신의 지속이 모체의 생명과 건강에 심각한 위험을 초래하게 되어 모체의 생명과 건강만이라도 구하기 위하여 인공임신중절수술이 부득이하다고 인정되는 경우를 말한다. 따라서 대상판결에서 일부 낙태시술의 경우 태아에게 내장이나 심장 등에 이상이 있는 경우를 의미한다고 하더라도, 그와 같은 사유만으로는 산모의 건강을 해하거나 해할 우려로 이어지는 보건의학적 적응사유로 인정할 수 없다고 본 것은 정당하다. 그러나 이와 같은 경우에는 우생학적 정당화사유가 인정될 수 있다는 점에서 정당화사유를 부정한 대상판결은 적절하지 못한 것으로 보인다.

강간죄의 구성요건으로서의 폭행·협박의 정도

윤 승 은*

[대상판결] 대법원 2005. 7. 28. 선고 2005도3071 판결 강간치상

Ⅰ. 판결요지

강간죄가 성립하기 위한 가해자의 폭행·협박이 있었는지 여부는 그 폭행·협박의 내용과 정도는 물론 유형력을 행사하게 된 경위, 피해자와의 관계, 성교 당시와 그 후의 정황 등 모든 사정을 종합하여 피해자가 성교 당시 처하였던 구체적인 상황을 기준으로 판단하여야 하며, 사후적으로 보아 피해자가 성교 이전에 범행 현장을 벗어날 수 있었다거나 피해자가 사력을 다하여 반항하지 않았다는 사정만으로 가해자의 폭행·협박이 피해자의 항거를 현저히 곤란하게 할 정도에 이르지 않았다고 섣불리 단정하여서는 안 된다.

Ⅱ. 사안의 개요

1. 공소사실의 요지

피고인은 2003. 2. 10. 06:00경 피고인이 운영하는 전주시 소재 ○○○노래방에서 영업도중 찾아온 친구 및 보도방에서 불러온 피해자(여, 22세)와 어울려 술을 마시던 중 친구가 돌아가자 피해자를 강간하기로 마음먹고, 시간이 다 되었다면서 돌아가려는 피해자의 팔을 잡아끌어 막은 후 소파에 밀어 붙이고, 피해자가 "사람 살려"라고 소리를 지르는 등 저항하자 양손으로 피해자를 잡아 눕히고 배 위에 올라타서 양손으로 양어깨를 눌러 반항을 억압한 다

---

* 법원행정처 사법정책실 판사.

음, 피해자의 바지와 팬티를 벗긴 후 1회 간음하여 피해자를 강간하고, 이로 인하여 피해자로 하여금 약 5일간의 치료를 요하는 외음부찰과상 등을 입게 하였다.

2. 제 1 심 판결(전주지방법원 2005. 3. 18. 선고 2003고합128 판결)

무죄 선고

공소사실에 부합하는 유력한 증거들을 다음과 같은 이유로 배척

① 피해자의 원심법정에서의 진술과 수사기관에서의 각 진술

* 성교 전후의 여러 가지 정황

당시 노래방의 각 방실 출입문에는 시정장치 자체가 없고 외부로 통하는 출입문도 잠그지 않은 상태였음에도, 피고인이 화장실에 다녀오겠다면서 방 밖으로 나간 사이에 피해자는 그대로 위 시드니실에 머물러 있었고 보도방 사장에게 전화로 상황을 알리거나 위 시드니실 밖으로 벗어나려고 시도를 하였다는 아무런 흔적이 없다.

* 피고인이 피해자에게 가한 폭행과 협박의 정도 및 횟수

피고인이 피해자와 성교하는 과정에서 어깨를 누르는 정도의 물리력을 행사한 바는 있으나 그 외에 피해자를 때리거나 위협적인 말로 협박하지는 않았던 것으로 보인다(피해자도 경찰 및 법정에서 피고인이 욕설을 1번 하는 외에 폭행은 없었고, 피고인이 어떤 욕설을 하였는지는 기억이 없다고 진술하고 있다).

* 피해자의 옷이 벗겨진 경위

피해자는 경찰 및 검찰에서는 '피고인이 피해자의 양 어깨를 눌러 일어나지 못하게 하고 바지와 팬티를 한꺼번에 벗겼다'는 취지로 진술하다가, 이 법정에서는 검사의 주신문에 대하여 '양손으로 소파로 밀어붙인 것은 기억나는데 피고인이 옷을 어떻게 벗겼는지는 순식간에 일어난 일이라 기억이 안난다'고 진술하고, 이어서 변호인의 반대신문에 대하여는 '피고인이 위에서 몸으로 피해자를 누르고 있으면서 양손으로 피해자의 바지를 벗겼다'는 취지로 진술하여 그 진술에 일관성이 없고,

한편 피고인이 피해자의 바지를 벗길 당시 피해자가 바지를 끝까지 잡고 저항했다고 진술하고 있는데, 피해자가 바지를 잡고 저항하는 상황에서 피고인이 몸으로 피해자를 누르고 있는 상태로 피해자의 바지를 한꺼번에 벗긴다는 것이 납득하기 어렵다.

* 성교 지속시간

당시 피고인과 피해자는 약 10분 이상 성관계를 가졌었는데, 피해자의 주장대로 피고인이 계속해서 양손이나, 몸으로 피해자의 어깨 부분을 강하게 누른 상태여서 피해자가 반항해도 소용이 없을 정도였다면, 피해자의 어깨부위 등에 멍이 드는 등 상당한 정도의 상해를 입었을 만한데, 피해자의 얼굴과 목 부위 피부가 붉게 되기는 했지만, 상처는 없었다.

* 피해자의 위기 모면 가능성

당시 피해자가 몸을 일으켜 그 장소에서 탈출하려고 하거나 소리를 질러 구조를 요청하는 등 적극적으로 반항한 흔적을 찾아볼 수 없다(참고인들이 노래방 출입문에 들어선 시점에도 피고인이 피해자와 성교를 하고 있던 도중이었는데, 참고인들의 경찰, 검찰에서의 각 진술에 의하더라도 룸 쪽에서 우는 소리가 들렸다고 진술하고 있을 뿐, 피해자가 적극적으로 반항하는 과정에서 생길 수 있는 비명소리 등을 들었다고 진술하고 있지는 않다).

* 성교 중단 후 피해자의 태도

참고인들이 이 사건 노래방에 들어와서 성관계 행위가 중단되었는데, 피해자는 참고인들에게 곧바로 구조를 요청하면서 피고인으로부터 강간을 당하였다고 말하지 않았다.

→ 피해자의 진술을 그대로 믿기 어렵거나, 이로써 피고인이 피해자와 성교를 할 당시 피해자의 의사에 반하는 정도에서 더 나아가 피해자에게 힝거를 불가능하게 하거나 현저히 곤란하게 할 정도의 폭행 또는 협박을 가하였다고 인정하기에는 부족하다.

② 참고인의 각 진술

모두 위 성교 후의 정황에 관한 것이거나 피해자로부터 전해들은 것에 불과하여 믿을 수 없거나 이들만으로 위 공소사실을 인정하기에 부족하다.

③ 수사보고(피해자에 대한 진료기록부와 확인서회보)

기재된 증상들은 이 사건 성행위에 의하여 발생한 것으로 단정할 수 없다.

3. 제 2 심 판결(광주고등법원 2005. 4. 28. 선고 2005노94 판결)

무죄 선고

이유: 제 1 심 판결과 같다.

4. 대법원의 파기이유

피해자는 이른바 노래방 도우미로서, "피고인 운영의 노래방에 와서 피고인 및 그 일행들의 유흥을 돋우는 일을 하다가 피고인의 일행들이 먼저 귀가한 후 1시간 더 연장하자는 피고인의 요청에 따라 피고인과 단둘이 노래방에 있던 중, 피해자가 울면서 하지 말라고 하고 '사람 살려'라고 소리를 지르는 등 반항하였음에도, 피고인이 피해자를 소파에 밀어붙이고 양쪽 어깨를 눌러 일어나지 못하게 하는 등으로 피해자의 반항을 억압하고는 피고인의 성기를 피해자의 음부에 삽입하였다"고 <u>일관되게 진술</u>하고 있는바, 위와 같은 피해자의 진술은 피고인이 강간범의를 확정적으로 드러내기 이전에 피해자가 노래방에서 벗어날 기회가 있었다거나 옷이 벗겨진 구체적인 경위를 기억하지 못한다는 것만으로 쉽사리 배척할 수 있는 내용이 아닐 뿐만 아니라, 참고인들은 "이 사건 후 노래방에 갔더니 <u>피해자가 울면서 옷을 입고 있었고</u>, 그 후 피고인은 '술 한 잔 먹고 실수를 하였다, 미안하다'고 하면서 피해자에게 그녀가 요구하는 금원의 일부를 지급할 의사를 표시하기도 하였다"고 진술하여 피해자 진술의 신빙성을 뒷받침하고 있다. 그렇다면 이 사건 공소사실에 부합하는 피해자의 진술은 신빙성이 있고, 그에 의하여 인정되는 사실을 위의 법리에 비추어 살펴보면 피해자가 당시 피고인과 단둘이 노래방 안에 있었던 점을 고려할 때 피고인의 폭행으로 인하여 피해자는 항거하기 현저히 곤란한 상태에 이르렀던 것으로 봄이 상당하다.

또한, 비록 피해자의 외음부찰과상, 외음부습진이 일반적으로는 강간행위 이외의 원인에 의하여서도 생길 수 있는 것이기는 하지만, 피해자의 진술에 의하면 이 사건 발생 후 너무 아파서 잠을 자지 못하여 이 사건 당일 바로 치료를 받은 결과 외음부찰과상 등으로 진단되었다는 것이고, 다른 원인에 의하여 발생한 것이라고 의심할 만한 자료도 없는 이상, 피해자의 외음부찰과상 등은 이 사건 범행으로 인하여 입은 것이라고 할 것이다.

5. 환송 후 판결(광주고등법원 2006. 2. 7. 선고 2005노273 판결)

유죄: 징역 2년 6월에 집행유예 3년 선고

이유: 대법원 파기사유와 같고, 양형이유로는 피해자와 합의된 점, 벌금 외의 전과 없고 상해의 정도가 가벼운 점 등을 들어 법정형 하한(5년)을 작량감경

Ⅲ. 해 설

1. 강간죄를 구성함에 있어서 '강간'의 의미

형법 제297조는 강간이라는 죄명하에 "폭행 또는 협박으로 부녀를 강간한 자"를 3년 이상의 유기징역에 처하도록 규정하고 있다. 여기서 "폭행 또는 협박으로 간음한 자"라고 표현하지 아니하고 "강간한 자"라고 표현한 것에 유념해 보기로 한다.

사전적 의미에서의 "강간"은 '남성이 여성의 동의 없이 직접적인 폭력이나 폭력을 가하겠다는 위협을 통해 여성과 성교를 갖는 행위', '폭행 · 협박, 그 밖의 불법 수단으로 부녀의 몸을 뺏는 일'이라고 풀이

되며, 유사한 개념으로 강음(强淫), 겁간(刦姦), 겁탈 등의 표현을 들고 있고, 그에 반하는 개념으로 '화간'이라는 표현을 들고 있다. 한편, "간음"이라 함은 남녀의 성교행위를 의미하는 것으로 풀이하고 있다.

형법 제32장 '강간과 추행의 죄' 편에 규정되어 있는 조항들을 보면, 강간과 추행, 간음의 개념을 구별하고 있음을 알 수 있다. 제297조 강간죄에서는 "강간"한 자를 처벌한다고 규정하고 있고, 제298조 강제추행죄에서는 폭행 또는 협박으로 사람에 대하여 "추행"을 한 자를 처벌하고 있으며, 제299조 준강간죄에서는 사람의 심신상실 또는 항거불능의 상태를 이용하여 "간음"을 한 자를 처벌한다고 하고 있다.

그런데, 강간죄를 풀이하는 형법 교과서에서는 강간죄의 행위인 강간이라 함은 "폭행 또는 협박으로 부녀를 간음하는 것,[1]" 또는 "폭행·협박에 의하여 상대방의 반항을 곤란하게 하고 부녀를 간음하는 것[2]"이라고 설명하고 있다.

여기에서 강간죄의 행위태양인 '강간'행위의 개념 안에 이미 간음의 정도를 넘어선, 강제로 간음한다는 의미가 내포되어 있음을 알 수 있고 그와 연계하여 강간죄를 구성하고 있는, 강간행위의 수단으로 규정한 "폭행 또는 협박"의 정도를 풀이하여야 할 것으로 보인다.

2. 강간죄에 있어서 폭행·협박의 정도

(1) 일 반 론

형법상 폭행·협박이 구성요소로 들어가 있는 범죄로는 폭행·협박이 행위태양 그 자체로 규정되어 있는 제260조의 폭행죄와 제283조의 협박죄, 제136조의 공무집행방해죄, 제115조의 소요죄가 있고, 폭행·협박이 행위태양(강간, 강요, 강취)의 수단으로 규정되어 있는 제297조, 298조의 강간죄, 강제추행죄 등과 제324조, 제325조의 강요죄, 점유강취죄 등 및 제333조의 강도죄 등을 들 수 있는데, 종래 학자들은 폭행·

1) 백형구, 형법각론 개정판, 2002, 319면.
2) 이재상, 형법각론 제 4 판, 2001, 156면.

협박의 정도를 4단계 정도로 나누어 ① 모든 종류의 유형력을 의미하는 최광의(소요죄), ② 사람에 대한 직 · 간접적인 유형력의 행사를 의미하는 광의(공무집행방해죄, 강요죄), ③ 사람의 신체에 대한 직 · 간접적인 유형력의 행사를 의미하는 협의(폭행죄), 그리고 마지막 단계로 ④ 상대방의 반항을 억압할 정도의 유형력의 행사를 의미하는 최협의(강간죄, 강도죄)로 구별해 왔다.

그 중 강간죄에 있어서의 폭행 · 협박의 정도에 대하여는 우리나라 대부분의 형법각론 교과서에는 피해자의 항거를 불능하게 하거나 현저히 곤란하게 할 정도의 것이어야 하며, 이는 최협의의 정도로 이해하되 강도죄에서의 폭행이나 협박과 동일한 수준의 것일 필요는 없다고도 한다.

대법원 판례도 기본적으로는 위 학설과 같은 입장에 서 있되, 그 폭행 · 협박이 피해자의 항거를 불가능하게 하거나 현저히 곤란하게 할 정도의 것이었는지 여부는 그 폭행 · 협박의 내용과 정도, 유형력을 행사하게 된 경위, 피해자와의 관계, 성교 당시와 그 후의 정황 등 모든 사정을 종합하여 판단하여야 한다고 하고 있어, 결국 위와 같은 요소들에 대한 사실인정을 통하여 강간죄의 성립을 인정할 만한 폭행 · 협박이었는지를 판단하게 하고 있다.

그러나, 대개 피고인과 피해자만이 있는 자리에서 발생하기 쉬운 강간죄의 특성상 피해자의 반항을 억압할 정도의 폭행 · 협박이 있었는지를 입증하기 위한 증거로는 당해 피고인과 피해자의 진술 외에는 제 3 자의 전문진술이 있거나 사후의 정황증거에 불과한 것들뿐이어서 증거가치의 측면에서 그리 큰 비중을 차지하지 못하고, 결국 당해 피고인과 피해자의 엇갈린 진술 가운데 누구의 말이 더 신빙성이 있느냐는 판단에 따라 강간죄를 구성할 만한 폭행 · 협박이 있었는지를 따지게 된다.

(2) 강제추행죄의 구성요소인 폭행 · 협박의 정도와 비교

강간죄와 같은 유형으로 규정되어 있는 강제추행죄에 있어서의 폭행 · 협박의 정도에 대하여 대법원은 "반드시 상대방의 의사를 억압할 정도의 것임을 요하지 않고 상대방의 의사에 반하는 유형력의 행사가 있는 이상 그 힘의 대소강약을 불문한다"[3]고 설시하고 있다. 강간죄와 강제추행죄에 있어서 똑같은 용어로 표현된 구성요소인 "폭행 또는 협박으로"라는 문구에 대하여 위에서 본 바와 같이 서로 다르게 해석되는 이유로는, ① 강간죄에 비하여 강제추행죄의 법정형으로 벌금형이 규정되어 있는 점에 비추어 강제추행죄를 구성하는 폭행·협박의 정도는 강간죄의 폭행·협박과 일반 폭행·협박죄에 있어서의 폭행·협박 사이의 중간 정도에 해당한다[4]고 보거나, ② 강제추행은 폭행·협박으로써 저항을 곤란하게 한 뒤에 추행행위를 하는 경우뿐 아니라 폭행행위 자체가 추행행위라고 인정되는 경우도 포함하게 되므로, 강제추행에서의 폭행·협박은 강간죄에서의 폭행·협박에 비하여 상대방의 임의성을 잃게 할 정도에 이르면 족하다[5]고 설명하기도 하고, ③ 추행행위의 특성상 극히 짧은 시간 내에 종료될 수 있어 피해자가 인식하지 못하는 사이에 실행될 수 있는 점을 고려하여 상대방의 의사에 반하는 정도의 유형력의 행사만으로도 족하다[6]고 설명하기도 한다.

(3) 위력에 의한 간음죄의 구성요소인 '위력'과 비교

형법 제302조는 "미성년자 또는 심신미약자에 대하여 위계 또는 위력으로써 간음 또는 추행을 한 자"를 5년 이하의 징역에 처하도록, 제303조는 "업무, 고용 기타 관계로 인하여 자기의 보호 또는 감독을 받는 부녀에 대하여 위계 또는 위력으로써 간음한 자"를 5년 이하의 징역 또는 1,500만 원 이하의 벌금에 처하도록 규정하고 있는바, 여기서 "위력"이라 함은 사람의 자유의사를 제압할 만한 세력을 뜻하는 것으로 폭행·협박은 물론이고 행위자의 지위나 권세도 포함된다고 한다.[7]

그런데, 위와 같이 '위력'을 구성요소로 삼고 있는 성범죄는 그 요

---

3) 대법원 2002. 4. 26. 선고 2001도2417 판결 등 참고.
4) 서일교, 형법각론(1982), 82면.
5) 강구진, 형법각론(1983), 172면 등.
6) 편집대표 이회창, 주석 형법(Ⅳ) 각칙(Ⅱ), 516면; 박상기, 형법각론(2000), 156면 등.
7) 편집대표 이회창, 주석 형법(Ⅳ) 각칙(Ⅱ), 529면.

건상 피해자가 되는 대상이 강간죄와 같이 일반적인 개념으로서의 '부녀'가 아니라 제한적인 개념으로서의 '미성년자'나 '심신미약자', '업무, 고용 기타 관계로 인하여 자기의 보호 또는 감독을 받는 부녀'로 한정하고 있어, 현재와 같은 형법 규정 해석에 의하면 반항을 현저하게 곤란하게 할 정도에는 이르지 못하나 '위력'에는 해당할 정도의 폭행으로 위와 같은 특별한 관계에 해당하지 않는 일반 부녀를 억지로 간음한 경우는 화간이라 할 수도 없으면서 강간죄로도 처벌할 수 없게 되는 공백지역이 생겨나게 되고, 그로 인하여 강간죄로 고소한 피해자가 오히려 무고죄로 입건[8)]될 수 있는 가능성도 생기게 된다.

(4) 대법원 판례에 나타난 사례

1) 강간죄를 구성할 정도의 폭행·협박에 대한 입증이 부족하다고 본 판례

대법원 2004. 6. 25. 선고 2004도2611 판결

피해자와 피고인의 진술에 의하여 인정되는 피고인이 피해자를 간음하게 된 경위, 피고인과 피해자의 관계, 간음 당시의 정황 및 그 이후 피고인과 피해자의 행적 등 모든 사정을 종합하여 보면, 피고인은 피해자의 의사에 반하는 정도의 유형력을 행사하여 피해자를 간음한 것으로 볼 여지는 있으나, 더 나아가 그 유형력의 행사로 인하여 피해자가 반항을 못하거나 반항을 현저하게 곤란하게 할 정도에까지 이르렀다는 점에 대하여는 합리적인 의심이 없을 정도로 증명이 되었다고 보기는 어렵다.

→ 이 사안은 인터넷채팅을 통하여 알게 된 14세 소녀를 자정쯤 비디오방에서 만나 강제로 바지를 벗긴 후 강간하고 그날 새벽까지 PC방에서 게임을 하다가 피고인을 따라와 피고인의 숙직실에서 자는

8) 대법원 2004. 2. 13. 선고 2003도6367 판결(직장상사를 강제추행 및 강간미수로 고소한 여자를 무고죄로 기소한 사안에서, 제1심에서는 직장상사인 남자가 추행 등에 대해 자인했다가 번복하는 등 진술이 일관되지 못한 점 등을 이유로 무고죄로 기소된 여자에 대해 무죄가 선고되었는데, 항소심에서 유죄로 인정하면서 벌금형을 선고하였던 것을 대법원에서 무죄의 취지로 파기환송한 사안); 대법원 2004. 4. 16. 선고 2004도408 판결 등 참조.

소녀를 다시 강간했다는 내용이다.

기록상 피해자는 자신이 피고인을 믿고 따라왔는데 피고인이 짐승처럼 그런 행동을 하니 엄청 놀라 강하게 반항하였으나 피고인이 힘으로 꼼짝 못하게 하고 눕힌 후 바지를 강제로 벗기고 강간하였다고 진술하였고, 피고인은 자신이 강간할 당시 위험한 물건이나 흉기로 위협하거나 폭행하지는 않았으나 너무 흥분하여 위협하듯이 인상만 썼다고 진술하였다.

피고인의 진술 중 강간죄를 인정하기에는 합리적인 의심이 없을 정도로 증명되었다고 볼 수 없다며 대법원에서 인용한 부분은, "피고인이 피해자의 가슴을 만지자 피해자가 '하지 마라'고 하면서 <u>손을 뿌리쳤으나</u>, 피고인이 '야, 우리 하자'고 말하였더니 <u>피해자가 아무 말 없이 소파에 기대어 누워 있어</u> 피고인이 피해자의 위로 올라간 뒤 강제적으로 바지를 벗기려고 하자 피해자가 너무 놀라 피고인을 밀치며 비디오를 계속 보라고 하였으나 욕정을 참지 못하고 피해자를 꼼짝 못하게 한 뒤 강제적으로 피해자의 바지를 벗기고 강간을 하였다. 회사 숙직실에 온 뒤에도 피해자가 누워 있는 모습을 보고 피해자에게 다가가 '하자'고 하였더니 <u>아무런 대답을 하지 않아</u> 팬티바람으로 자고 있던 피해자에게 다가가 옷을 벗고 위로 올라가 강제로 성관계를 맺었다. <u>그 후 함께 지내다가</u> 1. 20. 오후에 택시를 태워 피해자를 집으로 보내주었다"는 부분으로 보인다.

이에 대한 위와 같은 대법원 판결 이후 환송심에서는 '위력에 의한 간음죄(형법 제302조)'로 공소장이 변경되어 집행유예의 유죄가 인정되었다.

그러나 개인적으로는, 위 사안에서 "피해자를 꼼짝 못하게 한 뒤 강제로 바지를 벗기고," "강제로 성관계를 맺었다"는 피고인의 자백성 진술과 그를 뒷받침하는 피해자의 진술로는 반항을 현저하게 곤란하게 할 정도의 유형력이 있었다고 인정하기 부족한 것인지, 이미 강간의 상황이 종료한 후 즉시 신고하거나 도망치지 않고 함께 지냈다는 사후의 사정이 이미 종료한 강간죄의 성부를 좌우할 사정이 되는지에 대하여는 본고 대상판결의 취지에 비추어 의문스럽게 생각한다.

2) 폭행·협박의 정도를 완화해 인정한 판례

대법원 2004. 8. 20. 선고 2004도3164 판결

만 19세 여성으로 미군에 입대한 지 6개월 만에 첫 외국여행지인 한국에 오게 된 피해자(미국여성)는 한국 지리를 모르고 가진 돈도 없어 누구의 도움 없이는 근무처인 군산 공군기지에 갈 수가 없었던 몹시 당황한 상황에서, 피고인이 무료로 군산 공군기지까지 태워 준다며 피고인의 차량 좌우측 뒷면에 "ARMY CAB"이라고 쓰인 것을 보여 주고 미군전용콜택시라며 같은 미 공군 군인이니 안심하고 데려다 준다고 하여 피해자가 별다른 의심 없이 피고인의 콜밴 택시에 타게 된 사실, 피고인은 위 콜밴을 운전하고 가다가 피해자가 하차할 여유를 주지도 않고 갑자기 이 사건 호텔 주차장에 차를 세우면서 섹스를 하자고 하였고, 이에 피해자는 "큰일 났구나"라고 생각하면서 극도의 공포심을 가지게 된 사실, 피해자는 당시 한국에 처음 왔고 호텔입실을 거부하는 행동을 취하면 피고인이 때릴 것 같았으며 말도 통하지 않는 타국에서 어떻게 될지 모른다는 위험한 생각에서 아무런 반항이나 말을 하지 못하고 피고인을 따라간 사실, 피해자는 호텔로비 데스크에 영어를 말하는 직원에게 구조를 요청하려고 피고인에게 차에서 가방을 가져오라고 하였는데 뜻대로 되지 않았고, 호텔직원과 피고인이 같은 한국사람이기 때문에 무슨 말을 해도 도움을 줄 수 있을 거라는 확신이 서지 않았기 때문에 아무런 말도 할 수가 없었던 사실, 또한 피해자는 호텔로비에서도 도망갈 생각을 하였지만 자신이 어디에 있는지도 몰랐고 피고인이 한국 사람이어서 그 지역을 잘 알고 있어

쉽게 찾을 수 있고 해치게 될 수 있을 거라고 생각하고 포기한 사실, 피고인이 호텔방에서 피해자에게 키스를 할 때 피해자는 머리를 옆으로 돌리고 흔들었지만 피고인은 피해자 얼굴 옆을 붙잡고 계속 키스를 하였고, 피고인이 피해자의 손을 위로 올리게 하고는 옷을 벗길 당시 피해자는 양팔에 힘을 주고 몸을 비트는 행동을 한 사실, 피고인이 성행위 당시 피해자에게 겁을 주거나 위협적인 행동을 취하지는 않았으나 피해자는 혼자서 그 방을 나가면 더 큰 일을 당할 수 있다는 생각과 타국에서 이런 일을 당한다고 생각하니 너무 겁이 나서 그 행위가 빨리 끝나기를 바랬으며 그 순간은 지옥과 같은 생각이 들어 모든 것을 포기하고 피고인이 하는 행동대로 따라 하게 된 사실, 피해자는 학교에서 배운 대로 범죄증거를 확보하기 위해 몸도 씻지 않고 피고인의 눈을 피해 피와 정액을 닦은 수건과 피고인이 사용한 칫솔 및 피고인이 피운 담배꽁초를 화장지에 싸서 증거물로 피해자의 가방에 몰래 넣어 두었고, 다음날 아침 공항 내 미군연락소를 통하여 강간피해사실을 즉시 신고하였으며 위와 같은 증거물을 미 공군 특수수사대에 제시한 사실 등을 인정할 수 있는바, 이와 같이 피고인이 피해자를 자신의 택시로 유인한 후 피해자의 의사에 반하여 피해자를 태운 택시를 위 호텔로 운전하여 가 피해자로 하여금 극도의 공포심을 일으키게 한 다음 피해자를 위 호텔방에 데려 들어가 간음을 하게 된 경위, 피해자의 나이와 처해 있던 상황, 피해시간, 피고인과 피해자와의 관계, 성교 당시의 상황 등 제반 사정을 종합하여 보면, 피고인은 피해자의 의사에 반하여 피해자의 반항을 억압하거나 현저하게 곤란하게 할 정도의 유형력을 행사하여 피해자를 간음하기에 이르렀다고 보기에 충분하다고 보아, 피고인에 대해 무죄를 선고한 원심을 파기하고 환송하였다.

→ 이 사안은 인천국제공항에서 주로 미군 등을 상대로 택시영업을 하는 콜밴 운전사인 피고인이 야간에 인천국제공항 유에스오

(U.S.O.) 데스크 부근 버스 승강장에서, 주한 미 공군 소속인 피해자(여, 19세)가 그 시경 한국에 도착한 후 부임지인 군산 공군기지로 가는 버스를 놓치고 당황한 상태에 있는 것을, 군산기지까지 태워다 주겠다고 거짓말을 하고 이를 믿은 피해자를 콜밴에 태워 공항 부근에 있는 호텔로 운전하여 간 다음, 위와 같이 처음으로 한국에 도착한데다가 낯선 숙소에 도착하여 겁에 질려 있는 상태인 피해자를 데리고 위 호텔 객실로 함께 들어간 후, 언어소통이 제대로 되지 않는 피해자에게 갑자기 키스를 하고 상의를 벗겨 가슴을 만지고, 이에 피해자가 화장실로 피한 뒤 다시 나오자 피해자의 하의 및 속옷을 강제로 벗기고 피해자의 양팔을 붙잡고 침대 위에 눕히고, 몸을 비틀면서 저항하는 피해자를 몸으로 누르는 등 피해자의 반항을 억압한 후 1회 성교하여 피해자를 강간했다는 사안이다.

대법원의 위 파기환송 판결 전 원심(서울고등법원 2004. 5. 13. 선고 2004노65 판결)에서는, ① 피고인이 호텔 주차장에서 성교를 제의하였을 때 피해자가 명시적으로 거부하지 아니하고 아무 말도 하지 아니하였던 점, ② 호텔 프런트에는 영어를 구사하는 직원이 있었으나 피해자가 전혀 구원을 요청하지 아니하였던 점, ③ 피고인이 피해자에게 키스를 하고 스웨터와 브래지어를 벗기자 양팔에 힘을 주고 몸을 비틀거나 고개를 돌리기만 하였을 뿐인 점, ④ 성교 후 피고인이 식사를 하러 가자고 하였으나 피해자가 거절하자 피고인 혼자 식사하기 위하여 호텔방을 나갔을 때에도 피해자가 호텔 프런트 등에 신고하거나 호텔방을 벗어나지 아니하고 그대로 방에 있었고, 성교 후 이른 아침에 피고인이 자신의 콜밴 택시에 피해자를 태워 다시 인천공항 U.S.O.까지 데려다 준 점 등 위와 같은 사실관계에 나타난 피고인이 피해자와 함께 위 호텔에 들어간 전후의 정황, 피고인이 이 사건 성교 당시 피해자에게 행사한 유형력이나 행한 발언의 내용과 정도, 성교 당시의 정황 등 제반 사정을 종합하면, 피고인은 이 사건 당시 피해자의 의사에 반하는 정도의 유형력을 행사하여 피해자를 간음한 것에 불과할 뿐, 피해자의 항거를 불능하게 하거나 현저히 곤란하게 할 정도의 폭행 또는 협박이 있었다고 보기 부족하다는 이유로 피고인에 대하여 무죄를 선고하였었다.

위 환송 전 원심은 앞서 본 대법원의 2004도2611 판결과 같은 기준에 따라, 피해자의 의사에 반하는 정도의 유형력은 있었어도 항거를 현저히 곤란하게 할 정도의 폭행은 없었다고 보았던 것으로 보이나, 대법원에서도 피고인이 피해자에게 겁을 주거나 위협적인 행동을 취하지는 않았다는 사실인정을 그대로 유지하면서도 환송 전 원심과 다른 결론을 내리게 된 데에는, 피해자가 외국인이라는 점이 크게 작용한 게 아닌가 생각된다.

또한 위 대법원 판결은 강간죄에 있어서 폭행 또는 협박의 정도가 피해자의 항거를 불능하게 하거나 현저히 곤란하게 할 정도의 것이어야 한다는 원칙에 대해서는 변함이 없으나, 그 폭행 또는 협박이 피해자의 항거를 불능하게 하거나 현저히 곤란하게 할 정도의 것이었는지 여부는 유형력을 행사한 당해 폭행 및 협박의 내용과 정도는 물론이고 유형력을 행사하게 된 경위, 피해자와의 관계, 범행 당시의 정황 등 제반 사정을 종합하여 판단하여야 한다는 측면을 살핌에 있어, 객관적인 폭행·협박의 내용과 정도보다는 항거를 할 수 없었던 피해자의 주관적 사정에 더 비중을 두고 본 것이 아닌가 생각된다.

3. 대상판결에서의 폭행·협박의 정도

대상판결에 있어서의 폭행·협박의 정도를 논함에 있어서는 피해자의 진술에 대한 신빙성 판단 등을 포함한 사실인정이 전제되어야 하는데, 본고에서는 대법원의 판단에 따른 사실인정을 전제로 폭행·협박의 정도를 살피기로 한다.

(1) 객관적 폭행 · 협박의 정도

피고인이 피해자의 어깨를 누르고 욕 한 번 한 정도의 물리력 외에 때리는 등의 행위는 없었다고 보이고, 그와 같은 정도라면 폭행 · 협박 그 자체만으로는 반항을 현저하게 곤란하게 할 정도의 폭행 · 협박이 있었다고 인정하기 어려울 것이다. 그 정도의 폭행 · 협박은 위력에 의한 간음죄의 구성요소인 '위력', 또는 강제추행죄의 구성요소로서의 폭행 · 협박 정도인 '상대방의 임의성을 잃게 할 정도'에 해당한다고 볼 수 있을 것이다.

(2) 피해자의 반항 정도

피고인과 단둘이 있던 노래방에서 범죄사실과 같은 상황이 발생하게 되자, 피해자가 ① 울면서 하지 말라고 했고, ② '사람 살려'라고 소리를 질렀으며, ③ 피고인이 벗기려는 바지를 잡고 저항했다는 정도를 인정할 수 있을 뿐, 나아가 탈출을 시도하려 했다든가 피고인으로부터 벗어나기 위하여 격렬한 몸싸움을 한 정도는 아니었던 것으로 보인다.

(3) 상황 종료 후의 피해자의 태도

제3자인 증인들이 피해자가 있던 노래방에 들어갔을 때 피해자가 울면서 옷을 입고 있었을 뿐, 곧바로 구조요청을 하거나 강간당했다는 말을 하지는 않았다.

(4) 종　　합

대법원 판례가 제시하고 있는 강간죄에 있어서의 폭행 · 협박의 정도를 판단하는 기준은 유형력을 행사하게 된 경위, 그러한 폭행 · 협박이 피해자에게 미친 심리적 · 육체적인 영향, 피해자와의 관계, 성교 당시와 그 후의 정황 등 모든 사정을 종합하여 살피도록 되어 있고, 그렇게 설시한 뜻은 비록 폭행 · 협박 자체의 정도가 그것만 놓고 보았을 때에는 피해자의 반항을 현저히 곤란하게 할 정도에 이르지 않는 비교적 가벼운 것이라 하더라도, 당시의 정황, 가해자와 피해자의 나이, 신체적 조건, 완력의 차이 등에 비추어 그 폭행 · 협박이 피해자에게 강한 심리적 · 육체적 영향을 미쳐 실제로 피해자의 항거를 불가능하게 하거나 현저히 곤란하게 하였다면 이를 참작하여 강간죄의 성립을 판단하여야 한다는 의미라 할 것이다.

그와 같은 기준에 비추어 볼 때, 대상판결에 있어서의 폭행·협박 그 자체는 강간죄에서 요구되는 소위 최협의의 폭행·협박에 이를 정도는 아니지만, 당시 상황이 노래방이라는 좁은 공간에서 노래방 주인인 피고인과 보도방 종업원인 피해자 단 둘이 있었을 뿐이고, 피고인은 피해자보다 10년 이상 나이가 많은 데다 보도방 종업원인 피해자로서는 피고인이 불러줘야 자신의 소득이 생기는 관계에 있었던 사정 등이, 피해자에게 필사적인 항거를 하지 못하게 하는 강한 심리적 영향을 미쳤을 것으로 보이고, 그와 같은 피해자의 주관적 사정하에서라면 피해자가 보인 저항 이상의 저항을 기대하기 곤란하다고 인정할 수 있을 것이다.

따라서, 저항의 정도가 격렬하지 않았다든가, 상황 종료 후 피해자의 태도가 적극적이지 않았다는 등의 사정만으로 강간죄를 구성할 정도의 폭행·협박이 없었다고 단정해서는 안 될 것이다.

Ⅳ. 의 견

1. 폭행·협박이라는 용어의 통일된 해석

형법상 '폭행·협박'이라는 용어 외에, 같은 용어가 여러 죄명에 걸쳐 사용되면서 사용되는 죄명에 따라 같은 용어가 뜻하는 내용 내지 범위가 최협의부터 최광의까지 다르게 해석되는 또 다른 용어가 있는지 발표자는 찾지 못했고, 위와 같이 폭행·협박을 그때그때 다르게 해석하는 것은 죄형법정주의를 엄격하게 적용해야 할 형벌법규의 해석원칙에도 맞지 않는 입장이 아닌가 생각한다.

우리 형법상 강간죄는 규정상 "폭행·협박으로 강간"함으로써 성립한다고 되어 있어 폭행·협박을 일반적인 폭행·협박죄에서 의미하는 정도로 해석하더라도 그 뒤에 있는 "강간"이라는 행위의 해석상 '강제로', '저항을 억압할 정도의'라는 뜻이 포함되어 있으므로, 굳이 강간행위의 수단으로 쓰인 "폭행 · 협박"의 개념을 다른 죄에 사용된 폭행 · 협박과 달리 더 좁게(반항을 현저히 곤란하게 할 정도) 보아야 한다고 해석할 필요는 없다고 본다.

2. 기존 재판관행의 탈피 및 사각지역까지 아우를 해석의 필요성

'피해자의 반항을 불가능하게 하거나 현저히 곤란하게 할 정도'의 폭행 · 협박인지에 대한 판단을 객관적으로 한다는 것이 그 동안은 폭행 · 협박 그 자체를 놓고 보았을 때 일반인이 그 피해상황에 처했더라도 반항을 할 수 없거나 반항이 현저히 곤란할 정도여야 한다고 보아왔던 것으로 보인다.

그러나, 강간의 피해상황에 처한 피해자가 일반인 내지 평균인일 때 어느 정도의 폭행 · 협박이 있으면 어떤 식으로 저항하여야 한다는 stereo type을 설정하기 어려운 것이 현실이고, 그러하다면, 각각의 피해자가 강간 상태에 처하게 된 구체적 상황과 피해자 개개인의 특수한 back ground에서 그 피해자가 보인 반응 내지 저항의 정도가 더 이상 나아갈 수 없었을 것이라는 상당성을 인정할 수 있는 한, 최협의보다 약한 정도의 폭행 · 협박이 있었다 하더라도 강간죄의 성립을 인정하여야 할 것이라는 생각에서 대상판결과 같은 대법원 판례가 나오고 있는 것으로 평가할 수 있을 것 같다.

그런데, 위와 같은 입장을 유지한다면, 강간죄로 기소한 검찰의 입장에서는 최협의에 이를 정도의 폭행 · 협박이 인정되지 않을 경우 피해자의 반항을 불가능하게 하거나 현저히 곤란하게 할 정도의 폭행 · 협박이 있었음을 입증하기 위하여 피해자의 주관적인 사정까지 공판절차에 드러내려 할 것이고, 결국, 유죄를 입증하려는 검찰과 무죄를 선고받으려는 피고인측 변호인의 공판과정이 피고인의 행위에 초점을 맞추기 보다는 피해자의 과거사부터 다 이끌어 내려는 상황이 되어 피해자를 단죄하는 것처럼 보일 우려가 크다.

따라서, 강간죄의 구성요소인 “폭행·협박”을 최협의로 보지 않고 협의 내지 광의의 폭행 정도로 해석한다면, 비교적 약한 폭행·협박에 해당하는 소위 “위력”에 의한 강간까지 처벌할 수 있게 되어 강간죄의 성립요건을 지나치게 좁게 본다는 비판에서도 벗어날 수 있을 것이라고 본다.

준강도죄의 기수 및 미수의 판단기준*

이 천 현**

[대상판결] 대법원 2004. 11. 18. 선고 2004도5074 선원합의체 판결

[사실관계]

피고인 甲은 공소외인 乙과 합동하여 양주를 절취할 목적으로 장소를 물색하던 중, 2003. 12. 9. 06:30경 부산 부산진구 부전2동 소재 5층 건물 중 2층의 피해자 A가 운영하는 주점에 이르러, 乙은 1층과 2층 계단 사이에서 피고인 甲과 무전기로 연락을 취하면서 망을 보고, 피고인 甲은 위 주점의 잠금장치를 뜯고 침입하여 위 주점 내 진열장에 있던 양주 45병 시가 1,622,000원 상당을 미리 준비한 바구니 3개에 담고 있던 중, 계단에서 서성거리고 있던 乙을 수상히 여기고 위 주점 종업원 피해자 B가 주점으로 돌아오려는 소리를 듣고서 양주를 그대로 둔 채 출입문을 열고 나오다가 피해자 B가 피고인 甲을 붙잡자, 체포를 면탈할 목적으로 피고인의 목을 잡고 있던 피해자 B의 오른손을 깨무는 등 폭행하였다.

피고인 甲은 "준강도" 혐의로 기소되었으나, 원심(부산고법 2004. 7. 28. 선고 2004노309 판결)은 피해자의 오른손을 깨무는 등 폭행한 사실을 인정한 다음, 피고인을 "준강도미수죄"로 의율 · 처단하였다(1 · 2심: 징역 1년 6월). 이에 검찰은 '준강도죄'의 성립을 주장하며 상고하였고, 대법원은 원심의 위와 같은 판단은 정당하고, 거기에 상고이유의 주장과 같은 법리오해의 위법이 없다고 하여 상고를 기각하였다.

---

* 이 글은 2005년 8월 1일 제161회 형사판례연구회에서 발표한 내용을 수정 · 보완한 것임.

** 한국형사정책연구원 연구위원, 법학박사.

[판결요지]

[다수의견] 형법 제335조에서 절도가 재물의 탈환을 항거하거나 체포를 면탈하거나 죄적을 인멸할 목적으로 폭행 또는 협박을 가한 때에 준강도로서 강도죄의 예에 따라 처벌하는 취지는, 강도죄와 준강도죄의 구성요건인 재물탈취와 폭행·협박 사이에 시간적 순서상 전후의 차이가 있을 뿐 실질적으로 위법성이 같다고 보기 때문이다.

그러므로 피해자에 대한 폭행·협박을 수단으로 하여 재물을 탈취하고자 하였으나 그 목적을 이루지 못한 자가 강도미수죄로 처벌되는 것과 마찬가지로, 절도미수범인이 폭행·협박을 가한 경우에도 강도미수에 준하여 처벌하는 것이 합리적이라 할 것이다. 만일 강도죄에 있어서는 재물을 강취하여야 기수가 됨에도 불구하고 준강도의 경우에는 폭행·협박을 기준으로 기수와 미수를 결정하게 되면 재물을 절취하지 못한 채 폭행·협박만 가한 경우에도 준강도죄의 기수로 처벌받게 됨으로써 강도미수죄와의 불균형이 초래된다.

위와 같은 준강도죄의 입법 취지, 강도죄와의 균형 등을 종합적으로 고려해 보면, 준강도죄의 기수 여부는 절도행위의 기수 여부를 기준으로 하여 판단하여야 한다고 봄이 상당하다.

[별개의견] 폭행·협박행위를 기준으로 하여 준강도죄의 미수범을 인정하는 외에 절취행위가 미수에 그친 경우에도 이를 준강도죄의 미수범이라고 보아 강도죄의 미수범과 사이의 균형을 유지함이 상당하다.

[반대의견] 강도죄와 준강도죄는 그 취지와 본질을 달리한다고 보아야 하며, 준강도죄의 주체는 절도이고 여기에는 기수는 물론 형법상 처벌규정이 있는 미수도 포함되는 것이지만, 준강도죄의 기수·미수의 구별은 구성요건적 행위인 폭행 또는 협박이 종료되었는가 하는 점에 따라 결정된다고 해석하는 것이 법규정의 문언 및 미수론의 법리에 부합한다.

〔연　구〕

Ⅰ. 들어가며

준강도죄(제335조)는 절도가 재물의 탈환을 항거하거나 체포를 면탈하거나 죄적을 인멸할 목적으로 폭행 또는 협박을 가하는 범죄를 말한다. 입법례에 따라서는 '사후강도죄'(일본) 또는 '강도적 절도'(räuberischer Diebstahl, 독일)라고도 한다.

준강도죄, 특히 준강도죄의 미수와 관련하여서는 1995년 개정 형법 이전에는 2가지 문제가 논의되어 왔다. 즉, ① 1995년 이전에는 준강도죄의 미수범을 처벌하는 규정이 없었기 때문에 준강도죄의 미수범을 처벌할 것인가 하는 문제와 ② 준강도죄의 미수범을 처벌할 경우 무엇을 기준으로 준강도죄의 미수 및 기수를 정할 것인지에 대해 견해가 대립하여 왔다.

그러나, 1995년 형법개정시 ―준강도죄에 관하여 미수범 처벌규정을 준용하지 않았던 개정 전 형법의 미비를 보완하기 위하여― 준강도죄의 미수범 처벌규정(제342조)이 신설됨으로써, 본죄의 미수범이 처벌된다는 점에는 더 이상 논란의 여지가 없게 되었다. 반면, 준강도죄의 미수·기수의 구별기준에 관하여는 명확한 기준이 설정되지 않아 현재 학설이 여전히 대립하고 있는 상황이다.

본 [대상판결]은 준강도죄의 미수·기수의 구별기준에 대한 종래의 대법원의 견해(폭행·협박기준설)를 변경하면서 그 기준을 명확히 하였다는 점에서 의미가 있다. 즉, 본 [대상판결] 중의 다수의견(재판관 9명)은 '절취행위기준설'을 따르면서 "이와 달리 절도미수범이 체포를 면탈하기 위해 폭행을 가한 경우 준강도의 미수로 볼 수 없다고 한 종전 대법원 1964. 11. 20. 선고 64도504 판결, 1969. 10. 23. 선고 69도1353 판결 등은 … 변경하기로 한다"라고 하여 입장변경을 분명히 하였다. 또한, 이 [대상판결]은 우리나라 대법원이 "준강도미수"를 인정한 최초 판결이라는 점에서도 그 의의를 찾아볼 수 있다.

[표 1] 대법원 2004. 11. 18. 선고 2004도5074 전원합의체 판결(요약)

	다수의견(9명)	별개의견(3명)	반대의견(1명)
입법취지(준강도죄의 본질)	■ 강도죄와는 실질적으로 위법성이 동일 ■ 양자의 구성요건인 탈취행위와 폭행·협박 사이엔 시간적 순서상 전후의 차이만 있을 뿐임	■ 다수의견과 동일 ■ 다만, 준강도죄의 구성요건적 행위(=폭행·협박)에 중점 - 행위주체: 절도범인(미수범 포함) - 구성요건적 행위: 폭행 또는 협박	■ 강도죄와는 입법취지와 본질을 달리함(준강도죄는 독립된 범죄유형) ① 강도죄와 불법내용이 동일한 부분: 재물탈환 항거를 목적으로 한 폭행·협박 ② 강도죄와 그 동일성이 없는 부분: 체포면탈이나 죄적인멸 목적으로 한 폭행·협박
강도죄와의 균형	■ 절도행위 기수여부 기준 ① 강도미수 = 폭행·협박(○)→재물탈취(×) ② 준강도미수 = 재물탈취(×)→폭행·협박(○) ※ 폭행·협박을 기준으로 하면, 위의 ②의 경우 준강도죄의 기수가 되어 ①과의 불균형 초래	-	■ 다수의견 ②의 경우에도, - 사람의 반항을 억압할 정도의 폭행·협박이 있는 경우에는, 이를 기수로 벌한다고 해서 반드시 불합리한 것은 아님 - 양형단계에서 참작하면 족함 ※ 불균형은 입법론으로 전개해야 함 - 준강도의 법정형 하향조정 - 절도미수를 준강도 주체에서 제외
미수범(§25①)과의 관계	-	■ 제25조①과의 관계상, 절도범이 일반적·객관적으로 보아 사람의 반항을 억압할 정도의 폭행 또는 협박을 개시하기는 하였으나 그 행위를 종료하지 못하였거나 또는 그로 인한 결과가 발생하지 아니한 때에는 준강도죄 미수	■ 별개의견과 동일한 논리
학설과의 관계	절취행위기준설	종합설	폭행·협박기준설

반면 반대의견(재판관 1명)은 준강도죄의 구성요건행위인 폭행·협박행위의 종료 여부에 따라 전체 준강도죄의 기수·미수를 구별해야 한다고 하여 종래 판례 입장인 '폭행·협박기준설'을 주장하고 있다. 그리고 별개의견(재판관 3명)은 절취행위의 기수 여부와 폭행·협박행위의 기수 여부를 모두 고려하여 판단해야 한다는 입장에서 '종합설'을 따르고 있다.[1)] 이러한 [대상판결]의 대법원의 견해를 요약하면 위의 [표 1]과 같다.

그러나, 본 [대상판결]은 '절취행위기준설'로의 입장변경에 대한 논거로서 준강도죄의 입법취지 및 강도죄와의 형의 균형을 들고 있지만, 이 밖에도 다양한 관점에서의 논증이 가능하다는 점에서 보다 깊이 있는 논증이 이루어지지 않아 문제가 있다고 생각된다.

따라서 이 글에서는 준강도죄의 기수 및 미수 판단기준에 관한 우리나라의 학실 논의상황(Ⅱ)과 외국의 논의상황(Ⅲ)을 살펴보고, 어떠한 견해가 타당한지를 다양한 관점에서 살펴보고(Ⅳ) 판례에 대한 논평을 하기로 한다(Ⅴ).

Ⅱ. 준강도죄의 기수 및 미수 판단기준에 관한 학설

현재 우리나라에서는 준강도죄의 기수 및 미수 판단기준에 관하여 절취행위기준설, 폭행·협박기준설 및 종합설이 대립하고 있다.

1. 절취행위기준설

이 견해는 재물절취의 기수·미수 여부에 따라 구별해야 한다는 견해로서 폭행·협박이 행사되었다 할지라도 절도가 미수이면 준강도도 미수가 된다고 한다.[2)]

---

1) 동 [대상판결]에 대한 평석은 또한 서보학, "절도가 미수인 경우 준강도의 기수·미수 여부," 법률신문, 제3318호(2004-11-29)에서도 볼 수 있다.

2) 이재상, 형법각론, 2004, 박영사, 307면; 김일수/서보학, 형법각론, 박영사, 2003, 325면; 정성근/박광민, 형법각론, 삼지원, 2002, 312면; 진계호, (신고)형법각론, 대왕사, 1988, 327면; 정영석, 형법각론, 법문사, 1983, 341면; 김종원, 형법각론(상), 법문사, 1971, 202면.

주된 이유로는 ① 강도죄는 재산권과 자유권을 보호법익으로 하는 죄이나 재산죄에 그 본질이 있고, 따라서 ② 준강도도 재산범인 이상 강도와 마찬가지로 재물성취의 성부에 따라 기수·미수를 구별해야 하고, ③ 만약 폭행·협박을 기준으로 삼게 되면 절도의 미수범이 폭행·협박을 한 경우 준강도의 기수로서 강도죄의 기수에 준해 처벌받게 되는 반면, 강도범이 폭행·협박을 하였으나 재물의 강취에 성공하지 못한 경우에는 강도죄의 미수로 처벌을 받게 되어 형의 불균형이 생기며, ④ 준강도죄에 있어서의 폭행이나 협박은 상대방의 반항을 억압하는 수단으로서 일반적 객관적으로 가능하다고 인정하는 정도의 것이면 되고 반드시 현실적으로 반항을 억압하였음을 필요로 하는 것은 아니다[3]는 점을 든다.

2. 폭행·협박기준설

이 견해는 폭행·협박의 기수·미수 여부에 따라 결정해야 한다는 견해로서 그 동안의 판례 입장이기도 하다.[4] 즉, 절도가 기수이더라도 폭행·협박이 기수에 이르지 못하면(예를 들어 절도가 상대방의 반항을 억압하기에 충분한 폭행·협박을 가였음에도 불구하고 상대방이 현실적으로는 반항을 억압당하지 않은 경우) 준강도의 미수가 성립한다고 한다.[5]

그 논거로는 ① 준강도는 강도죄와 행위구조가 다르고, ② 본죄의 구성요건행위가 폭행·협박이기 때문에 기수·미수의 기준도 당연히

3) 대법원 1981. 3. 24. 선고 81도409 판결.

4) 대법원 1964. 11. 20. 선고 64도504 판결; 대법원 1969. 10. 23. 선고 69도1353 판결; 대법원 1968. 4. 23. 선고 68도334 판결 등 참조.

5) 박상기, 형법각론, 박영사, 2004, 291면; 배종대, 형법각론, 홍문사, 2003, 401-402면; 백형구, 형법각론, 청림출판, 2002, 160면; 강구진, 형법강의—각론Ⅰ, 박영사, 1983, 308면; 김성천/김형준, 형법각론, 동현출판사, 2000, 414면; 유기천, 형법각론(상), 일조각, 1982, 211면; 변종필, "준강도죄의 범행주체," 비교형사법연구, 제3권 제2호(2001/12), 428면 이하. 또한, '절취행위기준설'에서 제기하고 있는, 즉 강도미수가 준강도기수로 처벌받는 문제는 강도죄와 준강도죄의 행위구조가 다른 데서 오는 당연한 귀결이라고 한다(배종대, 앞의 책, 402면).

폭행·협박에서 찾아야 하며, ③ '절취행위기준설'을 취하게 되면 절도의 미수단계에서 폭행·협박을 한 경우 항상 준강도의 미수만 성립하게 되어 부당하다는 점을 든다.

[참고판례]

① 대법원 1964. 11. 20. 선고 64도504 판결

절도미수범도 절도임이 틀림없고 따라서 형법 제335조에서 말하는 절도가 체포를 면탈하기 위하여 폭행을 한 때라 함은 절도미수범의 그와 같은 경우에도 해당한다 할 것이요, 이러한 경우에 준강도미수로 볼 수는 없다 할 것인바, 피고인은 절도미수로 도망가던 중 피해자 집 대문에서 피해자에게 붙들리자 체포를 면탈할 목적으로 양손으로 피해자의 안면 및 후두부 등을 수회 구타하고 엎치락 뒤치락 하는 등 폭행을 가하여 피해자에게 전치 3주일을 요하는 전신타박상 및 좌족지 피부탈락창 등 상해를 가한 것이라고 1심 판결이 인정하고 있는 바이니 1심이 피고인에 대하여 형법 제337조 및 제335조를 적용하였음은 적법하다.

② 대법원 1964. 11. 24. 선고 64도50 판결

절도미수범도 절도임이 틀림없고 따라서 형법 제335조에서 말하는 절도가 체포를 면탈하기 위하여 폭행을 한 때라 함은 절도미수범의 그와 같은 경우에도 해당한다 할 것이요, 이러한 경우에 준강도미수로 볼 수는 없다 할 것이다. 본건에서 피고인이 절도미수로 도망가던 중 피해자에게 붙들리자 체포를 면탈할 목적으로 피해자에게 폭행을 가하여 상해를 입혔음이 인정되는 이상, 원심이 그 소위에 대하여 형법 제337조, 제335조를 적용하였음은 적법하다.

③ 대법원 1968. 4. 23. 선고 68도334 판결

피고인이 절도의 목적으로 타인이 경영하는 자동차수리공장의 담

을 넘으려다가 방법대원에게 발각되어 추격을 받자 체포를 면탈할 양으로 수권으로 동인의 안면을 1회 강타하여 지면에 전도케 하는 등 폭행을 가한 경우 피고인은 주거침입과 절도의 결합범인 야간 주거침입절도행위에 착수하였다 할 것이고 따라서 피고인이 체포를 면탈할 목적으로 폭행을 가한 이상 준강도죄가 성립한다 할 것이다.

④ 대법원 1969. 10. 23. 선고 69도1353 판결(준강도상습야간주거침입절도)

절도미수라 하여도 준강도로서 형법 제335조의 적용이 있을 경우에는 형법 제342조를 적용하지 아니한다.

※ 이상의 판례는 본 [대상판결] 및 형법교과서에서 준강도죄의 미수에 관한 대법원의 '폭행·협박 기준설'을 설명하면서 언급되는 것들이다. 그러나 ①과 ②는 폭행을 가하여 상해를 입힌 경우이다. 즉, (준)강도치상의 경우에는 절취행위의 기수 및 미수를 요하지 않기 때문에, ①과 ②가 상해를 초래하지 않은 폭행·협박을 가한 경우까지도 절도의 미수로서 준강도죄의 미수를 인정하는 취지로 보기는 어렵다.

3. 종 합 설

이 견해는 준강도죄의 기수가 되기 위해서는 폭행·협박도 기수가 되어야 하고 절도도 기수가 되어야 한다고 한다. 폭행·협박이 기수이더라도 절도가 미수이거나 절도가 기수라도 폭행·협박이 미수인 경우에는 준강도죄의 미수가 된다는 것이다. 따라서 절도의 기수범이 폭행·협박하여 상대방의 반항이 억압된 경우에만 준강도의 기수가 성립하게 된다.[6)]

6) 오영근, 형법각론, 대명출판사, 2002, 425면; 임웅, 형법각론, 법문사, 2003, 324면; 이정원, 형법각론, 법지사, 2003, 373면; 이형국, 형법각론연구(Ⅰ), 법문사, 1997, 430면.

그 근거로는, ① 강도기수죄가 성립하기 위해서는 폭행·협박에 의해 항거불가능상태를 초래하고 재물을 강취해야 하는 것처럼 준강도에도 동일한 원리가 적용되어야 하고(준강도죄는 강도죄보다 불법의 정도가 약함에도 불구하고 강도죄로 처벌되므로, 준강도죄의 성립요건은 강도죄의 성립요건보다 완화되어서는 안 된다), ② 준강도죄는 절취행위와 폭행·협박이 결합되어 있는 범죄이기 때문에 절취행위의 기수·미수와 폭행·협박의 기수·미수 양자를 모두 기준으로 삼아 판단해야 한다고 한다.

Ⅲ. 일본 및 독일에서의 논의

1. 일 본

제238조(사후 강도) 절도가 재물의 탈환을 항거하거나 체포를 면탈하거나 죄적을 인멸하기 위해서 폭행 또는 협박을 가한 때에는 강도로서 논한다.

제243조(미수죄) 제235조 내지 제236조 및 제238조 내지 제241조의 죄의 미수는 벌한다.

일본의 사후강도죄(준강도죄) 규정인 일본 형법 제238조는 우리나라와 완전히 동일한 구성요건으로 구성되어 있다. 따라서, 준강도죄의 기수 및 미수의 판단기준에 대한 논의도 우리나라와 다소 유사하게 전개되고 있다.

(1) 제 1 설(통설·판례)

사후강도죄의 기수·미수는 선행하는 절도의 기수·미수에 의해 결정된다고 하는 견해로, 일본의 통설·판례의 입장이다.[7] 본죄가 강도

7) 藤木英雄, 刑法講義各論, 弘文堂, 2003, 298면; 団藤重光, 刑法要綱各論(第 3 版), 創文社, 1990, 592면; 福田 平, 新版刑法各論, 有斐閣, 2002, 267면; 前田雅英, 刑法各論講義, 東京大學出版會, 1999, 231면; 最判 昭和 24年 7月 9日, 刑集 3巻 8号 1188면 등.

죄와 그 본질이 동일하다는 것을 그 이유로 한다.

따라서, 본죄의 미수가 성립하기 위해서는 절도에 착수할 필요가 있으며, 착수전에 발각되어 폭행·협박을 가하여도 제243조가 적용되지 않는다.[8] 또한, 탈환방지 목적의 경우에는 본죄의 미수범 성립은 불가능하며, 체포면탈과 죄적인멸 목적의 경우에만 절도가 미수가 될 때에 본죄의 미수가 인정되게 된다.

(2) 제 2 설

절도가 미수로 될 경우를 본죄의 미수로 인정하는 점에서는 통설과 견해를 같이하지만, 절도가 기수에 이른 경우에도 폭행·협박에 의해 최종적으로는 재물이 탈환되어 버린 경우에는 역시 본죄의 미수가 성립한다는 견해이다.[9] 본죄는 재산범이며 절도의 연장선상에서 재물의 확보를 목적으로 행해지는 것이 기본적 유형이고, 제243조의 탈환방지 유형에 있어서도 미수를 예정하고 있기 때문이라고 한다.[10]

물론, 재물을 취득하였다 할지라도 피해자의 반항을 억압시키지 못한 경우(폭행·협박미수)에도 —강도죄와의 관계상— 준강도죄의 미수범이 성립한다고 한다.[11]

(3) 제 3 설

이 견해는 —강도치사상죄(제240조)의 성립과의 관계를 고려하여— 폭행·협박이 이루어지면 절도가 미수로 끝난 경우에도 준강도죄의 기수로 해석하는 견해이다. 즉, 준강도죄의 미수를 폭행·협박 자체의 미수로 파악하는 입장이다.[12]

---

8) 東京高判 昭和 24年 12月 10日, 高刑 2卷 3号 292면.

9) 植松 正, 刑法概論Ⅱ 各論, 勁草書房, 1975, 394면; 曾根威彦, 刑法各論, 弘文堂, 2003, 138면; 香川達夫, 刑法講義各論, 436면.

10) 西田典之, 刑法各論, 2003, 弘文堂, 177면.

11) 中山硏一, 刑法各論, 成文堂, 1984, 250-251면.

12) 大場茂馬, 刑法各論 上卷, 信山社出版, 1997, 437면; 江藤 孝, "事後强盜罪," 藤木英雄他 編, 刑法の争点(新版), 1987, 266면.

2. 독 일

> 第252条(강도적 절도: räuberischer Diebstahl) 절도의 현행범으로 발각된 자가 절취한 물건의 점유를 유지할 목적으로 사람에 대하여 폭행을 가하거나 신체 또는 생명에 대한 현재의 위험을 고지한 협박을 가한 경우에는 이를 강도에 준하여 처벌한다.

독일형법 제252조는 "절도의 현행범으로 발각된 자"가 "절취한 물건의 점유를 유지할 목적"으로 폭행·협박을 행사한 경우만을 규정하고 있다. 따라서, 해석상 준강도죄의 주체는 항상 절도의 기수범임을 전제로 하기 때문에 폭행·협박에 의하여 기수와 미수가 결정된다는 데에는 의문이 없다.[13] 강도적 절도의 성립을 위하여 요구되는 목적은 "절취한 물건의 점유를 유지할 목적"뿐이라는 점에서도 우리나라와 차이가 있다.

Ⅳ. 준강도죄의 기수 및 미수기준에 대한 논증

1. 준강도죄의 성격과 관련하여

(1) 견해 대립과 논리적 귀결

1) 견해의 대립

준강도죄의 성격에 관하여는 신분범설과 비신분범설(결합범설)이 대립하고 있다.[14]

신분범설[15]은 본 죄의 주체가 절도범으로 한정되어 있기 때문에 신분범으로 보아야 한다고 하는 반면, 비신분범설(결합범설)[16]은 본 죄

---

13) München Kommentar zum StGB, 2003, § 252 Rdnr 5, 18.

14) 준강도죄의 성격에 관한 상세한 논증과 이러한 성격 논의의 실익에 대하여는 한상훈, "결합범의 구조와 신분범과의 관계 —준강도죄와 강도강간죄를 중심으로," 법조, 제580호(2005/1), 96면 이하를 참조 바람.

15) 김일수, 한국형법 Ⅲ [각론 상], 1997, 박영사, 596면; 박상기, 앞의 책, 288면; 이정원, 앞의 책, 367면; 진계호, 앞의 책, 322면.

16) 오영근, 앞의 책, 420면; 임웅, 앞의 책, 319면; 배종대, 앞의 책, 394면; 백형구, 앞의 책, 160면; 정성근/박광민, 앞의 책, 307면; 한상훈, 앞의 논문, 96면 이하.

가 문언상 행위의 주체를 절도범으로 한정하고 있기는 하지만, 본 죄의 절도는 '실질적으로'(절도와 폭행 · 협박이 1개의 구성요건으로 결합되어 있는) 결합범의 한 내용을 이루고 있으므로 신분범에서의 신분과 동일한 의미로 해석할 것은 아니라고 한다.

2) 논리적 귀결

비신분범설(결합범설)을 따르면, 절도행위도 준강도죄의 실행행위의 일부이므로 '절취행위기준설' 또는 '결합설'과 결부될 수 있다. 절도 및 폭행 · 협박행위 전체가 실행행위일 뿐만 아니라 사후강도죄의 실행의 착수시기는 행위 구조상 선행할 수밖에 없는 "절도의 실행행위 착수시"이기 때문이다. 반면, 신분범설을 따르면, '절도'는 실행행위 전제가 되는 행위주체에 관한 요건이 되기 때문에 이를 기준으로 준강도죄의 기수 · 미수를 결정하는 것은 부당하게 된다. 따라서 '폭행 · 협박기준설'과 결부될 수 있다. 다시 말해서, 폭행 · 협박행위만이 준강도죄의 실행행위이고, 이에 따라 준강도죄의 실행의 착수시기는 "폭행 · 협박의 실행행위 착수시"이기 때문이다.

일본에서는 논의 양상이 이와는 다르다. 즉, 일본의 학설과 판례는 준강도를 신분범으로 보고 있고, 더 나아가 이러한 견해는 부진정신분범설과 진정신분범설로 나누어진다. 부진정신분범설은 ① 사후강도죄는 폭행 · 협박을 하는 자가 '절도'라는 신분을 가짐으로써 가중되는 것이며, ② 폭행 · 협박이라는 실행행위는 절도라는 신분이 없어도 폭행 · 협박죄로 의율이 가능하다고 한다. 이 설은 논리필연적으로 준강도죄의 본질을 폭행 · 협박 가중유형이라고 볼 수밖에 없다. 반면, 진정신분범설(일본의 통설 · 판례)은 ① 사후강도죄는 '절도'라는 신분을 가져야 구성되는 진정신분범으로써, ② 동죄는 재산범이기 때문에 동 죄를 폭행 · 협박이라는 사람의 신체 · 자유에 대한 범죄를 기본범으로 이해하는 부진정신분범으로 보는 것은 부당하다고 한다. 이처럼 일본의 통설 · 판례가 준강도죄를 (진정)신분범으로 보면서도 '절취행위기준설'을 취하는 이유는—아마도—본 죄가 비록 신분범이기는 하지만 본죄의 본질은 강도죄와 같이 기본적으로는 재산범으로서 '강도죄의 특수유형'으로 파악하고 있을 뿐만 아니라 본죄의 표제가 "(절도)사후강도"로 규정되어 있기 때문으로 생각된다.

(2) 대상판결에 대한 판단

본 [대상판결]의 다수의견은 이에 대한 언급이 없다.

그러나, 반대의견(대법관 유지담)은—명확히 준강도죄의 신분범성을 논증하고 있지는 않지만—'폭행·협박기준설'을 취하는 근거로 "(준강도죄의) 구성요건적 행위는 … 폭행 또는 협박을 가하는 것"이라고 밝히고 있는 것은 준강도죄의 성격에 대한 이해를 바탕으로 한 주장이라고 할 수 있을 것이다.

반면, 별개의견(대법관 윤재식 등)도 "(준강도죄의) 구성요건적 행위는 폭행 또는 협박이라고 보아야 할 것이다"라고 하면서도 '종합설'을 취하고 있다. 이는 준강도죄의 성격을 반대의견과 동일하게 이해하면서도, "강도죄의 미수범과의 사이에 형의 균형"을 유지하여야 한다(다수의견의 견해 일부 동조)는 것을 그 이유로 하고 있다. 반대의견은 준강도죄에 대한 "이론적 성격 + 형사정책적 고려" 양자를 다 고려할 것이라고 할 수 있을 것이다.

(3) 판 단

형법상 신분이란 사회생활상의 지위라고 할 수 있고, 절도는 사회생활상의 지위라고 할 수는 없으므로 본 죄를 신분범이라고 할 수 없을 것이다. 만약, 준강도죄를 신분범으로 이해하게 되면, 모든 결합범의 형태는 신분범이 되어야 할 것이다. 결합범에 있어서의 선행행위를 범죄의 전제가 되는 범인의 속성인 신분과 혼동한 것이라고 할 수 있을 것이다. 따라서 준강도죄의 성격은 신분범이 아닌 결합범으로 보는 것이 타당하다고 생각된다.

따라서, '절취행위기준설' 또는 '종합설'이 보다 타당하다고 할 수 있을 것이다.

2. 준강도죄의 본질과 관련하여

(1) 견해 대립과 논리적 귀결

1) 견해 대립

준강도죄의 본질에 관하여는 ① 강도죄의 특수유형이라는 견해, ② 강도죄가 아니라 절도죄의 가중유형이라는 견해, ③ 절도죄나 강도죄의 가중유형이 아니라 독립된 범죄(독립된 구성요건)라는 견해가 대립하고 있다.

강도죄의 특수유형이라는 견해(①)는, 통상의 강도죄에 있어서는 폭행・협박이 먼저 행해지고 재물취득이 뒤따르는 구조를 취하고 있으나, 준강도죄에 있어서는 먼저 재물을 취득하고 그 후에 폭행・협박이 행해진다는 차이가 있을 뿐 재물취득(절도)과 폭행・협박 사이의 근접성이 요구되고 또 폭행・협박의 정도가 단순강도죄와 동일하다는 점에서, 준강도죄의 성격을 강도죄의 특수유형으로 파악하여야 한다고 한다.[17)]

준강도죄가 절도죄의 가중유형이라는 견해(②)는, 준강도는 절도가 폭행・협박을 행사하는 것이므로, 결국 이것은 강도와 동시할 수 있을 만한 실질적 위법성을 가지고 있다는 사실에 착안하여 절도를 가중처벌하는 것이라고 본다. 따라서, "폭행・협박을 사용하여 재물을 탈취할 범의하에 먼저 재물을 탈취하고 다음에 피해자에게 폭행을 가하여 그 탈취를 확보한 경우"는 물론, 절도에 착수한 후 발각되었기 때문에 피해자에게 폭행・협박을 수단으로 하여 그 반항을 억압하고 재물탈취의 목적을 수행한 경우도 강도죄가 구성되는 것이지 준강도죄가 아니라고 설명한다.[18)]

준강도죄가 절도죄나 강도죄의 가중유형이 아니라 독립된 범죄(독립된 구성요건)이라는 견해(③)는, 강도죄가 재물을 강취하기 위하여 폭행・협박을 하는 경우인 데 반하여 준강도죄는 재물을 절취하거나 이

17) 오영근, 앞의 책, 420면; 임웅, 앞의 책, 320면; 김종원, 앞의 책, 210면; 문채규, "준강도죄의 법적 성격과 주체," 비교형사법연구, 제 6 권 제 2 호(2004/12), 87면.

18) 강구진, 앞의 책, 303면, 305-306면.

에 착수한 자가 일정한 목적을 위하여 폭행·협박을 함으로써 성립하는 점에서 그 결합형식에서 상호 구별되고, 이러한 의미에서 준강도죄는 강도죄의 가중적 구성요건이 아니라—양자의 행위구조의 유사성으로 인하여—그 사회적 위험성 때문에 강도죄와 같이 처벌되는 것에 불과한 독립된 범죄라고 한다.[19)]

강도죄의 특수유형이라는 견해(①)와 독립된 범죄라는 견해(③)는—기본적으로는—준강도죄가 재물취득과 폭행·협박이 결합되어 있다는 점에서 그 불법내용을 강도죄와 같이 평가할 수 있다[20)]고 보는 점에서 유사한 견해라고 할 수 있을 것이다. 그러나, 전자는 준강도죄를 둘러싼 해석상의 문제도 강도죄에 준하여 해결하여야 한다고 보는 반면, 후자는 그 심사는 강도죄와는 무관하게 이루어져야 한다고 보는 점에서 그 차이가 있다고 생각된다.[21)]

2) **논리적 귀결**

준강도죄를 강도죄의 특수유형으로 보는 견해(①)에 따르면, 강도죄는 재물의 취득에 의해 기수가 되기 때문에 이와 그 본질을 같이하는 준강도죄도 재물탈취를 기준으로 기수·미수를 판단하여야 한다는 '절취행위기준설' 또는 '종합설'과 결부된다.

반면, 독립된 범죄라는 견해(③)에 따르면, 준강도죄의 폭행·협박은 강도처럼 재물강취를 위한 수단이 되는 것이 아니라 단지 가벌성을 증가시키는 요인이 될 뿐이고, 따라서 형사정책적으로 준강도규정은 미수상태의 절도가 체포면탈 또는 증거인멸을 위해서 행하는 폭행·협박의 경우에도 적용될 수 있어야 한다고 보기 때문에 '폭행·협박기준설'과 결부된다고 보아야 할 것이다.[22)]

---

19) 이재상, 앞의 책, 304면; 김일수/서보학, 앞의 책, 319면; 배종대, 앞의 책, 397면; 정성근/박광민, 앞의 책, 307면.

20) 대법원 1973. 11. 13. 선고 73도1553 판결; 헌법재판소 1997. 8. 21. 선고 96헌바9 결정 참조.

21) 임웅, 앞의 책, 320면; 배종대, 앞의 책, 397면 참조.

22) 배종대, 앞의 책, 402면 참조. '절취행위기준설'을 취하면 이런 경우 언제나 준강도미수밖에 되지 않기 때문이라고 한다.

또한, 준강도죄가 절도죄의 가중유형이라는 견해(②)에 따르면, 준강도는 절도(기수이건 미수이건 상관없이)가 폭행·협박이 이루어진 경우에 비로소 강도죄와 동시할 수 있는 실질적 위법성이 생겨 가중처벌하는 것으로 보기 때문에, 폭행·협박을 기준으로 그것이 미수이면 준강도 미수가 된다는 '폭행·협박기준설'과 결부된다.[23)]

(2) 대상판결에 대한 판단

다수의견은 "(준강도가) 강도죄의 예에 따라 처벌하는 취지는, 강도죄와 준강도죄의 구성요건인 재물탈취와 폭행·협박 사이에 시간적 순서상 전후의 차이가 있을 뿐 실질적으로 위법성이 같다고 보기 때문이다"라고 하여 '절취행위기준설'을 취한 것은 준강도죄의 본질을 강도죄의 특수유형이라는 이해한 것으로 볼 수 있다. 별개의견도 이와 동일한 관점에서 이해하고 있다.

반면, 반대의견(대법관 유지담)이 "형법 제335조의 준강도죄는 그 행위의 위험성으로 인하여 형사정책상 강도죄와 같이 처벌하는 독립된 범죄로서, 강도죄와 불법내용의 동일성을 인정할 수 있는 재물탈환항거를 목적으로 하는 폭행·협박 외에 그 동일성을 인정할 수 없는 체포면탈이나 죄적인멸을 목적으로 하는 폭행·협박을 포함하는 것이므로 강도죄와 준강도죄는 그 취지와 본질을 달리한다고 보아야 한다"고 하면서 '폭행·협박기준설'을 취하는 것은 준강도죄의 본질을 독립된 범죄라고 이해한 것이다.

(3) 판　　단

준강도죄의 성격에서 살펴본 바와 같이, 준강도죄는 절도죄와 폭행·협박죄의 결합범이지만—형법 제335조의 표제인 '준강도'라는 표현에 나타난 바와 같이—이를 형법이 강도죄로 간주하는 것이므로, 강도죄의 특수유형으로 보고 준강도죄를 둘러싼 해석상의 문제도 강도죄와 준하여 해결하는 것이 타당하다고 생각된다.

따라서, '절취행위기준설' 또는 '종합설'이 보다 타당하다고 할 수

---

23) 강구진, 앞의 책, 308면.

있을 것이다.

3. 준강도치사상(상해)죄와 관련하여

준강도치사상(상해)죄는 절도가 미수에 그친 경우에도 폭행·협박에 의해 치사상의 결과가 발생하는 경우 준강도치사상(상해)죄의 기수가 된다(통설·판례).[24]

이와 같은 통설 및 판례의 견해를 전제로 한다면, 준강도치사상(상해)죄 성립과의 균형상 '폭행·협박기순설'이 일응 타당하다고 할 수 있을 것이다.

그러나, 준강도치사상(상해)죄는 기본적으로 사람의 생명·신체의 보호에 중점을 둔 범죄유형임에 반하여, 준강도죄는 본래 강도죄와 동일하게 재산범이라는 점에서 양자는 상호 그 본질을 달리한다. 따라서 양자를 동일한 맥락에서 파악하는 것은 타당하다고 할 수 없을 것이다.

또한—기수시기에 대한 논의와 관련하여—강도죄와 강도치사상죄의 해석과 병렬적으로 볼 경우 위와 같은 해석은 부당하다고 하겠다.

4. 준강도의 3가지 '목적'과 관련하여

(1) 의미와 논리적 귀결

1) 의　미

준강도죄는 일정한 목적, 즉 ① 재물탈환 항거목적, ② 체포면탈목적, 또는 ③ 죄적인멸 목적을 가지고 폭행·협박을 가함으로써 성립되는 목적범이다.

"재물탈환의 항거"란 탈취한 재물을 피해자측으로부터 탈환 당하지 않기 위해 대항하는 것으로서, 일단 절도가 재물을 자기의 배타적 지배하에 옮긴 뒤 피해자의 탈환을 항거하는 것을 말한다.[25]

"체포의 면탈"이란, 체포당하는 것을 방지하는 것으로 자기뿐만 아

24) 대법원 2001. 10. 23. 선고 2001도4142, 2001감도100 판결; 대법원 1990. 2. 27. 선고 89도2532 판결; 대법원 1984. 1. 24. 선고 83도3043 판결 등.

25) 대법원 2003. 7. 25. 선고 2003도2316 판결.

니라 공범자의 체포를 면탈케 하는 경우도 포함한다.[26)]

그리고 "죄적인멸"이란, 모든 인적·물적 증거를 인멸하거나 죄증을 무효로 하는 것이다. "체포의 면탈"과 "죄적인멸"은 "재물탈환의 항거"와는 달리 재물에 대한 지배를 취득할 필요는 없다.

이러한 목적을 가지고 폭행·협박을 한 이상 그 목적의 달성 여부는 본죄의 성립에 영향을 미치지 아니하며, 이에 따라 기수와 미수가 결정되는 것도 아니다.

2) 논리적 귀결

절도범인이 의도하는 이러한 3가지 목적은 그 종류에 따라 각각 다른 특성을 가지고 있다고도 말할 수 있을 것이다. 즉, 재물탈환항거의 목적으로 폭행·협박을 가한 경우에는 재산범죄로서의 특성이 강하고, 체포면탈이나 증거인멸의 목적인 경우에는 폭력범죄로서의 특성이 강하다고도 할 수 있을 것이다.[27)]

이러한 맥락에서 준강도죄의 '목적'요소를 세분하여, 재물탈환항거의 목적으로 폭행·협박을 가한 경우만이 강도죄와 동시할 수 있다고 하고, 그 밖의 체포면탈과 죄적인멸 목적은 이례적인 것이라는 견해가 있다. 이에 따라, 재물탈환항거의 목적만이 특별한 주관적 불법요소이고, 체포면탈이나 죄적인멸의 목적은 심정적 동기로서 특별한 책임표지에 불과한 것으로 파악하여 준강도죄의 행위의 주체는 절도 기수범으로 하여야 한다고 한다.[28)] 이러한 논리에 따른다면, 준강도의 기수 및 미수 판단기준은—그 논리구성에는 다소 차이가 있지만 결국—'폭행·협박기준설'로 귀결될 수밖에 없다.[29)]

---

26) 대법원 1991. 11. 26. 선고 91도2267 판결; 대법원 2001. 10. 23. 선고 2001도4142 등 참조.

27) 물론 이것은 논란의 여지가 많다. 재물탈환항거의 목적으로 폭행·협박한 경우에도 폭력범죄로서의 성질을 부정할 수 없고, 체포면탈이나 증거인멸의 목적인 경우에도 재산범죄로서의 성질을 부정할 수 없기 때문이다(이정원, 앞의 책, 367면 이하 참조).

28) 김일수, 앞의 책(한국형법 Ⅲ), 596면 이하.

29) 김일수, 앞의 책, 601면. 따라서 절도의 미수가 재물의 탈환을 항거하려고 폭행·협박하였다면 이것은 구조상 강취행위와 다를 바 없어 강도죄의 미수가 성립될 뿐

(2) 대상판결에 대한 판단

[대상판결]의 반대의견(대법관 유지담)이 "준강도죄는 … 강도죄와 불법내용의 동일성을 인정할 수 있는 재물탈환항거를 목적으로 하는 폭행·협박 외에 그 동일성을 인정할 수 없는 체포면탈이나 죄적인멸을 목적으로 하는 폭행·협박을 포함하는 것"이라고 하면서 "강도죄와 준강도죄는 그 취지와 본질을 달리한다" 하여 '폭행·협박기준설'을 취하는 것은, 준강도죄의 '목적'요소를 세분하여 이해하는 것이라 할 수 있다.

(3) 판　　단

목적요소를 세분화하여 논리를 전개하고 있는 '폭행·협박기준설과'은 다음과 같은 문제가 있다.

즉, '폭행·협박기준설' 가운데, 재물탈환항거의 목적만을 특별한 주관적 불법요소로 보는 견해는 우리 형법 제335조가 재물탈환항거와 체포면탈·죄적인멸을 동일한 차원에서 초과주관적인 구성요건인 목적으로 규정하고 있다는 점에서 타당하다고 할 수 없고, 또한 [대상판결]의 반대의견은 재물탈환항거의 목적만이 강도죄와 유사하다고 하여 형법 제335조 전체를 강도죄와 별개의 독립된 범죄유형으로 파악하는 것은 그 논리적 일관성이 없다는 점에서 부당하다고 판단된다.

5. 폭행·협박의 정도에 대한 판례입장과 관련하여

(1) 판례의 입장

대법원은 준강도죄에 대하여는, 준강도죄가 재물취득과 폭행·협박이 결합되어 있다는 점에서 그 불법내용을 강도죄와 같이 평가할 수 있다고 한다.[30] 이에 따라 준강도에 있어서 폭행·협박은 "일반강도죄와의 균형상 사람의 반항을 억압할 정도의 것임을 요하므로, 일반적·객

이고, 반면 절도의 미수가 단지 체포면탈·죄적인멸 목적으로 폭행·협박한 경우에는 절도미수와 폭행·협박죄의 경합범이 된다고 한다(동, 602면).

30) 대법원 1973. 11. 13. 선고 73도1553 판결; 헌법재판소 1997. 8. 21. 선고 96헌바9 결정 참조.

관적으로 체포 또는 재물탈환을 하려는 자의 체포의사나 탈환의사를 제압할 정도라고 인정될 만한 폭행·협박이 있어야 한다"[31]고 하고 있다.

그러나, 또한 "준강도죄에 있어서의 폭행이나 협박은 상대방의 반항을 억압하는 수단으로서 일반적·객관적으로 가능하다고 인정하는 정도의 것이면 되고 반드시 현실적으로 반항을 억압하였음을 필요로 하는 것은 아니다"[32]고 하고 있다.

이러한 맥락에서 준강도죄의 성립을 인정한 사례들을 보면 다음과 같다.

1) 준강도죄의 성립을 인정한 사례

〈사례 1〉

피고인이 절도의 목적으로 타인이 경영하는 자동차수리공장의 담을 넘으려다가 방범대원에게 발각되어 추격을 받자 체포를 면탈할 양으로 수권으로 동인의 안면을 1회 강타하여 지면에 전도케 하는 등 폭행을 가한 경우 피고인은 주거침입과 절도의 결합범인 야간주거침입절도행위에 착수하였다 할 것이고 따라서 피고인이 체포를 면탈할 목적으로 폭행을 가한 이상 준강도죄가 성립한다 할 것이다.[33]

〈사례 2〉

오토바이를 끌고 가다가 추격하여 온 피해자에게 멱살을 잡히게 되자 체포를 면탈할 목적으로 피해자의 얼굴을 주먹으로 때리고, 놓아주지 아니하면 죽여버리겠다고 협박한 경우에는 그 같은 폭행·협박은 피해자의 반항을 억압하기 위한 수단으로써 일반적·객관적으로 가능하다고 인정되는 정도의 폭행·협박에 해당한다고 볼 수 있으므로 준강도죄를 구성한다.[34]

〈사례 3〉

순경이 체포하려 하므로 체포당하지 않으려고 그 포승을 문다는

31) 대법원 1990. 4. 24. 선고 90도193 판결.
32) 대법원 1981. 3. 24. 선고 81도409 판결.
33) 대법원 1968. 4. 23. 선고 68도334 판결.
34) 대법원 1983. 3. 8. 선고 82도2838 판결.

것이 손가락을 문 사실이 있고 도주하려다가 붙잡히게 되자 뿌리칠 때 손이 순경의 흉부에 맞은 사안[35)]

〈사례 4〉

피고인이 절도의 현장에서 발각되어 도주하다가 추격하여 온 피해자에 대하여 체포를 면할 목적으로 소지하고 있던 손전지로 피해자의 오른손을 구타한 행위[36)]

〈사례 5〉

피고인이 점유자 또는 소유자의 승낙 없이 물건을 갖고 나오다 경비원에게 발각되어 동인이 절도범인 체포사실을 파출소에 신고전화하려는데 피고인이 잘해 보자며 대들면서 폭행을 가한 경우에는, 설사 그 같은 행위가 피고인이 사장도 잘 안다 하며 전화확인을 하자는 제의를 경비원이 거부하면서 내일이나 모레 와서 확인한 후에 가져가라 하자 피고인이 자기의 것이니 무조건 달라고 시비한 끝에 저질러진 것이라 하여도, 그곳이 체포현장이었고 주위 사람에게 도주를 방지케 부탁한 상태 아래 일어난 것이라면 준강도 행위에 해당한다.[37)]

〈사례 6〉

절도가 체포를 면탈할 목적으로 상대방의 왼쪽 손바닥을 1회 입으로 깨물어 동인에게 전치 1주일을 요하는 좌측 수장교상을 입힌 경우에는 이는 상대방의 체포의 공격력을 억압할 수 있을 정도의 폭행이라 할 것이다.[38)]

2) 강도죄를 부정한 사례

준강도죄의 성립과의 비교를 위하여 강도죄를 부정한 사례를 보면 다음과 같다.

〈사례 7〉

피고인이 이건 두 번의 범행시 비록 칼을 내보이기는 하였으나 범

35) 대법원 1959. 11. 6. 선고 4292형상438 판결.
36) 대법원 1966. 9. 20. 선고 66도1108 판결.
37) 대법원 1984. 7. 24. 선고 84도1167 판결.
38) 대법원 1967. 9. 19. 선고 67도1015 판결.

행시간과 장소 및 불과 일이백원정도의 잔돈만을 소지하고 있는 15, 6세 정도의 소년만을 대상자로 선정 범행한 점, 피해자가 피고인에게 "내 돈을 돌려 주어"라고 요구했고 피고인이 피해자에게 시계를 벗어 달라고 했으나 시계는 안 주었다는 취지의 진술이 있는 점 등의 사정으로 보아 그의 협박의 정도가 피해자 등의 반항을 억압함에 족한 협박이라고 볼 수 없는 경우에는 피고인을 강도죄로 처단할 수 없다.[39]

〈사례 8〉

피고인들 일행 4명이 피해자를 체포하여 승합차에 감금한 상태에서 경찰관을 사칭하면서 기소중지 상태의 피해자에 대하여 '경찰서로 가자', '돈을 갚지 않으면 풀어줄 수 없다' 또는 '돈을 더 주지 않으면 가만 두지 않겠다'는 등의 협박을 하였다는 정도만으로는, 공갈죄에 있어서의 폭행과 협박에 해당함은 별론으로 하더라도, 사회통념상 객관적으로 상대방의 반항을 억압하거나 항거불능케 할 정도에 이르렀다고 볼 수는 없다.[40]

(2) 판　　단

"준강도에 있어서 폭행·협박은 일반 강도죄와의 균형상 사람의 반항을 억압할 정도의 것임을 요한다"고 하는 대법원의 해석은 논의의 여지가 없다. 이에 따른다면, 결국 일반강도죄에 있어서 재물강취를 위한 반항을 억압하는 데 필요한 폭행·협박의 정도와, 준강도죄에 있어서 체포의사 등을 억압하는 데 필요한 폭행·협박의 정도가 동일한 것으로 해석되어야 한다.

그러나, 이상의 〈사례〉에서 살펴본 바와 같이 대법원이 인정하는 일반 강도죄의 폭행·협박과 준강도죄의 폭행·협박의 정도에는 차이가 있다. 예를 들어 〈사례 7〉과 〈사례 8〉에서의 폭행·협박은 〈사례 1〉이하에서의 폭행·협박보다도 그 정도가 중함에도 불구하고—공갈죄는 별론으로 하고—강도죄가 인정될 수 없다고 하고 그보다 더 약한 〈사

39) 대법원 1976. 8. 24. 선고 76도1932 판결.

40) 대법원 2001. 3. 23. 선고 2001도359 판결.

례 1〉 이하에 대하여는 준강도죄를 인정하고 있다.[41]

요컨대, 준강도죄와 관련한 대법원 판례의 경향을 보면, 절도가 상대방을 폭행·협박하는 경우 폭행·협박의 개념을 넓게 인정하는 경향에 있을 뿐만 아니라, 더 나아가 준강도의 기수 및 미수 판단기준을 '폭행·협박기준설'에 근거하고 있어 거의 모든 경우에 준강도의 성립(또는 준강도 치상)을 인정(기수)하고 있다. 이에 따라 —이 [대상판결]을 제외하고— 지금까지 "준강도 미수죄"를 인정한 대법원 판례는 1건도 없었다.

이처럼 준강도에 있어서의 폭행·협박의 개념을 넓게 인정하는 판례의 입장을 고려한다면, '폭행·협박기준설'은 타당하다고 할 수는 없을 것이다.

V. 결론: 판례에 대한 논평

1. '절취행위기준설' 또는 '종합설'의 우위성

(1) 이상의 논의에서 살펴본 바와 같이 준강도죄의 성격, 본질, 준강도치사상(상해)죄와의 관계, 준강도죄의 목적과의 관계, 준강도죄에 있어서의 폭행·협박의 정도에 대한 대법원의 입장 등을 고려해 볼 때 '절취행위기준설' 또는 '종합설'이 보다 우월한 견해라고 판단된다.

즉, ① 준강도죄는 절도행위와 폭행·협박행위의 결합범이기 때문에 '폭행·협박행위'만을 실행행위로 보아 이것만을 기준으로 준강도의 기수·미수 여부를 판단할 수 없고, ② 준강도는 강도와 불법적 유사성을 갖는 재산범죄의 속성을 본질로 하는 하기 때문에 재물취득의 성부를 기수·미수판단에 있어서 반드시 고려하여야 하며, ③ 준강도치사상(상해)죄 성립과의 균형상 폭행·협박을 기준으로 하여야 한다는 견해는 준강도치사상(상해)죄와 준강도죄의 본질적 이질성으로 인해 이를 인정할 수 없고, ④ 목적요소 세분화를 전제로 한 해석론(폭행·협박기

41) 이와 관련한 상세한 사례분석은 문형보, "준강도를 위한 시론," 법조, 통권 제575호(2004/8), 205면 이하 참조.

준설)은 현행 우리 형법 규정상 인정하기 어려우며, ⑤ 준강도죄에 있어서 폭행·협박의 개념을 넓게 인정하는 대법원의 경향에 따르면, '폭행·협박기준설'에 입각할 경우에는 준강도미수는 인정될 여지가 전혀 없기 때문에 타당하지 않다.

(2) 준강도죄의 강도죄와의 형의 균형을 맞추기 위해서도 ―[대상판결]의 다수의견과 같이― 재물취득의 성부는 반드시 고려되어야 한다. 강도의 경우 재물취득에 성공하지 못하면 미수로 처벌됨에 반해, 강도에 준해 처벌되는 준강도는 재물의 취득에 실패했음에도 불구하고 기수로 처벌된다면 형의 불균형이 발생하기 때문이다.

이에 대해 [대상판결]의 반대의견은 "형의 … 불균형이 인정되는 경우라도 이는 양형의 단계에서 해결할 성질의 것이고, 양형의 단계에서 해결할 수 없는 불균형이 있다면 이는 준강도의 법정형을 낮추거나, 절도미수를 준강도의 주체에서 제외함으로써 준강도의 주체를 절도 기수에 한정하는 등 입법적으로 해결하여야 할 문제라고 할"것이라고 한다. 그러나, ① 본 [대상판결]을 '폭행·협박기준설'에 입각하여 해석한다면, 피고인에게는 준강도'기수'의 죄책이 인정되는데 이것을―준강도 '미수'와 비교하여― 어떻게 영형단계에서 고려할 수 있는지 또는 고려해야 하는지 의문이고(정상참작?), ② 준강도는 절도행위와 폭행·협박행위가 결합되어 있다는 점에서 강도죄에 준하는 불법의 정도를 얼마든지 인정할 수 있기 때문에, 준강도의 법정형을 낮추거나 절도미수를 준강도의 주체에서 제외하여야 한다는 주장은 타당하다고 할 수 없으며, ③ (다수의견이나 별개의견과 같은) 형법 제335조의 해석론 전개가 법규정의 문리해석상 불가능하다고 할 수 있는 근거를 찾아보기 어렵다.

(3) '폭행·협박기준설'은 '절취행위기준설'을 취하게 되면 절도의 미수단계에서 폭행·협박을 한 경우 항상 준강도의 미수만 성립하게 되어 부당하다는 점을 들고 있다. 그러나, 왜 이 경우가 부당하지 의문이다.

2. '종합설'의 타당성

(1) 준강도죄는 절도행위와 폭행·협박행위가 결합되어 있는 범죄이기 때문에 '폭행·협박행위' 또는 '절취행위' 어느 하나만을 실행행위로 보아 이것만을 기준으로 준강도의 기수·미수 여부를 판단할 수 없다.

(2) 준강도죄의 본질상(강도죄의 특수유형), 강도기수죄가 성립하기 위해서는 폭행·협박에 의해 항거불가능상태를 초래하고 재물을 강취해야 하는 것처럼 준강도에도 동일한 원리가 적용되어야 한다. 준강도죄가 그 태양에 있어서 재물탈취의 수단으로서 폭행 또는 협박을 가하는 강도죄와 같이 보여질 수 있는 실질적 위법성을 지니게 됨에 비추어 이를 강도의 예에 의하여 무겁게 처벌하기 위한 규정이라는 점[42]을 고려한다면 준강도죄의 성립요건은 강도죄의 성립요건보다 완화되어서는 안 되기 때문이다.

(3) '절취행위기준설'에 의한다면, 절도범이 일단 재물을 취득한 후에 그 탈환에 항거하기 위하여 폭행·협박을 행사한 경우에만 준강도죄의 기수가 되기 때문에, 재물탈환 항거의 경우에는 미수는 사실상 존재할 수 없게 된다. 이것은 형법 제342조(미수범 처벌규정)가 이 경우의 미수를 배제하고 있지 않은 이상 체포면탈·죄적인멸 목적의 경우와 통일적 해석을 어렵게 하는 것으로 타당하지 않다.

(4) 우리나라 대법원이 "준강도죄에 있어서의 폭행이나 협박은 상대방의 반항을 억압하는 수단으로서 일반적·객관적으로 가능하다고 인정하는 정도의 것이면 되고 반드시 현실적으로 반항을 억압하였음을 필요로 하는 것은 아니다"[43]고 하는 판례의 입장에 근거하여, 준강도에서는 절도범인에 의한 고강도의 폭행·협박이 있으면 구성요건 행위자체는 항상 기수가 되고 사실상 기수·미수의 구별문제는 발생하지 않으며, 따라서 폭행·협박은 준강도의 기수·미수를 구별하는 기준으로서는 아무 의미가 없다는 견해가 있다.[44]

---

42) 대법원 1973. 11. 13. 선고 73도1553 전원합의체 판결 참조.

43) 대법원 1981. 3. 24. 선고 81도409 판결 등.

44) 김일수/서보학, 앞의 책, 325면.

물론, [대법원 1981. 3. 24. 선고 81도409 판결] 등에 입각한다면, 이러한 해석은 그 타당성이 인정될 수 있을 것이다. '종합설'에서 말하는 바와 같은 즉 객관적으로 보아 피해자의 반항을 억압할 정도의 폭행 또는 협박이 있었음에도 불구하고 피해자가 반항의사가 전혀 억압된 바 없이 단지 귀찮은 생각에서 또는 연민의 정에서 재물을 교부한 경우에도 기수가 되어 버리기 때문이다.

그러나, 대법원은 강도죄(및 공갈죄) 성립에 있어서 폭행·협박의 정도에 대하여는 엄격히 해석하고 있음에도 불구하고, 준강죄에 있어서는 폭행·협박의 정도를 지나치게 넓게 해석하는 것은 문제가 있다. 이는 앞에서 살펴본 준강도의 본질(강도죄의 특수유형)과 맞지 않는 해석이라 할 수 있을 것이다. 본 [대상판결]의 다수의견이 준강도가 "강도죄의 예에 따라 처벌하는 취지는, 강도죄와 준강도죄의 구성요건인 재물탈취와 폭행·협박 사이에 시간적 순서상 전후의 차이가 있을 뿐 실질적으로 위법성이 같다"고 명확히 한 이상, [대법원 1981. 3. 24. 선고 81도409 판결] 등도 더 이상 그 정당성을 인정하기 어려울 것이다.

3. 결 어

이상에서와 살펴본 바와 같이, 본 [대상판결]의 다수의견은, —기본적으로는 발전적 방향으로의 판례변경으로 평가할 수 있지만— 구체적이고 명확한 논증 없이 단순히 준강도죄의 입법취지 및 형의 불균형만을 이유 들어 '절취행위기준설'을 취한 것은 문제라 할 수 있을 것이다.

준강도죄의 성격, 본질, 준강도죄의 목적과의 관계, 형의 불균형 해소 등을 고려해 볼 때 본 [대상판결]의 "별개의견"이 보다 타당한 결론이라고 생각된다. 이후 준강도죄에 있어서의 폭행·협박의 정도를 넓게 인정하는 대법원의 입장도 변화가 있어야 할 것이다.

사기죄에 관한 대법원판례의 소극적 기망행위와 관련한 몇 가지 문제점*

김 성 룡**

[대상판결 1] 대법원 2004. 5. 27. 선고 2003도4531 판결[1]

[사실관계]

매도인 최○○을 대리한 피고인이 2001. 7. 17. 매수인 서△△을 대리한 피해자와 사이에 서울 관악구 봉천11동 1707-1 은천아파트 1단지 102동 1004호에 관하여 매매대금 88,269,000원으로 정하여 매매계약을 체결하고, 계약금으로 1,000만 원을 지급받았으므로, 피해자가 피고인에게 지급하여야 할 잔금이 78,269,000원인 사실 및 피고인이 피해자로부터 그 잔금을 지급받음에 있어 5,000만 원권 자기앞수표 1장, 1,000만 원권 자기앞수표 3장(농협중앙회 발행, 수표번호 바가 49796125, 49796126, 49796127)을 받았고, 그 외에 피해자로부터 500만 원권 자기앞수표 1장(농협중앙회 발행, 수표번호 바가49796129)을 은천아파트 207동 201호의 중개수수료 명목으로 별도로 받았다는 사실을 인정하였다.

(대법원의 사실확정)

기록 중의 증거들과 대조하여 본즉, 피해자가 착오로 1,000만 원권 자기앞수표 1장을 피고인에게 덧붙여 교부하여 피고인이 이를 교부받았다는 원심의 사실인정 부분은 수긍할 수 있다. 그러나 원심이 거기서 더 나아가 피고인은 이 사건 잔금을 교부받을 당시 피해자가 1,000만 원권 자기앞수표 1장을

---

* 본 평석은 제158회(2005. 5. 2.) 형사판례연구회에서 발표된 원고("부작위를 통한 기망")의 일부를 발췌·축약한 것임.

** 경북대학교 법과대학 법학부 조교수, 법학박사.

1) 공보 2004. 7. 1.(205), 1117.

착오로 보태어 함께 교부한다는 사정을 알면서도 이를 말없이 받았다고 단정한 것은 수긍되지 않는다. 원심이 들고 있는 사정들이 피해자가 피고인에게 착오로 매매잔금 중에 1,000만 원권 자기앞수표 1장을 더 넣은 채 함께 교부하였다는 점을 인정할 수 있는 근거는 될 수 있어도 그 사정만으로 피고인이 피해자가 잔금으로 주는 것을 교부받기 전에 또는 교부받으면서 피해자가 1,000만 원권 자기앞수표 1장을 더 보탠 채 함께 교부한다는 사정을 알았거나 또는 알면서 받았다고 볼 수는 없다고 할 것이고, 또한, 기록상 이를 인정할 만한 다른 자료도 보이지 않는다. 그럼에도 원심이 피해자가 1,000만 원권 자기앞수표 1장을 더 보탠 채 교부한다는 사정을 피고인이 알면서 교부받았다고 단정한 데에는 필요한 심리를 다하지 아니하여 채증법칙을 위배하였거나 부작위에 의한 사기죄와 점유이탈물횡령죄에 관한 법리를 오해한 잘못이 있다 할 것이고 이는 판결 결과에 영향을 미쳤다 할 것인바, 같은 취지의 상고이유의 주장은 정당하기에 이 법원은 그 주장을 받아들인다.

[판결요지]

사기죄의 요건으로서의 기망은 널리 재산상의 거래관계에 있어 서로 지켜야할 신의와 성실의 의무를 저버리는 것으로 모든 적극적 또는 소극적 행위를 말하는 것이고, 그 중 소극적 행위로서의 **부작위에 의한 기망은 법률상 고지의무 있는 자가 일정한 사실에 관하여 상대방이 착오에 빠져 있음을 알면서도 그 사실을 고지하지 아니함을 말하는 것으로서, 일반거래의 경험칙상 상대방이 그 사실을 알았다면 당해 법률행위를 하지 않았을 것이 명백한 경우**에는 **신의칙에 비추어 그 사실을 고지할 법률상 의무가 인정**된다 할 것인바(대법원 2000. 1. 28. 선고 99도2882 판결 참조), 피해자가 피고인에게 **매매잔금을 지급함에 있어 착오에 빠져 지급해야 할 금액을 초과하여 돈을 교부하는 경우, 피고인이 사실대로 고지하였다면 피해자가 그와 같이 초과하여 교부하지 아니하였을 것임은 경험칙상 명백**하므로, 피고인이 매매잔금을 교부받기 전 또는 교부받던 중에 그 사실을 알게 되었을 경우에는 특별한 사정이 없는 한 피고인으로서는 피해자에게 사실대로 고지하여 피해자의 그 착오를 제거하여야 할 **신의칙상 의무**를 지므로 그 의무를 이행하지 아니하고 피해자가 건네주는 돈을 그대로 수령한 경우에는 사기죄에 해당할 것이지만, 그 사실을 미리 알지 못하고 **매매잔금을 건네주고 받는 행위를 끝마친 후에야 비로소 알게 되었을 경우**에는 주고 받는 행위는 이미 종료되어 버린 후이므로 피해자의 착오상태를 제거하기 위하여 그 사실을 고지하여야 할 법률상의 불이행은 더 이상 그 초과된 금액 편취의 수단으로서의 의미는 없으므로, 교부하는 돈을 그대로 받은 그 행위는 **점유이탈물횡령죄가 될 수 있음은 별론으로 하고 사기죄를 구성할 수는 없다**고 할 것이다.

[대상판결 2] 대법원 2000. 1. 28. 선고 99도2884 판결[2)]

[사실관계 및 판결요지]

피고인은 피해자들에게 그 시술 등의 전체가 아들 낳기에 필요한 것처럼 사실과 달리 설명하거나 위 병원에 내원할 때에 이미 피고인으로부터 어떠한 시술을 받으면 아들을 낳을 수 있을 것이라는 착오에 빠져 있는 피해자들에게 사실대로 설명하지 아니한 채 마치 그 시술 등의 전체가 아들 낳기에 필요한 것처럼 시술 등을 행하고 피해자들로부터 의료수가 및 약값의 명목으로 금원을 수령하였다는 것이므로, 설사 피고인이 피해자들에게 아들을 갖기 위하여 부부관계를 할 시기와 그 전에 취하여야 할 조치 등에 관하여 피해자들에게 설명한 내용이 의학상 허위라고 단정할 수 없는 부분이 포함되어 있다 하더라도, 피고인이 직접 피해자들에게 그 시술 등의 전체가 아들 낳기에 필요한 것처럼 **거짓말을 한 경우**에 이러한 피고인의 행위가 피해자들로 하여금 그 시술 등의 효과와 원리에 관하여 **착오에 빠뜨려** 피고인으로부터 아들 낳기 시술을 받도록 하는 것으로서 기망행위에 해당함은 물론이고[**제1행위**], **위 병원에 내원할 당시 이미 착오에 빠져 있는 피해자들의 경우에도 만일 피고인이 사실대로 고지하였다면 그들이 피고인으로부터 그와 같은 시술을 받지 아니하였을 것임은 경험칙상 명백하므로,** 이와 같은 경우 피고인으로서는 그들에게 위 시술의 효과와 원리에 관하여 사실대로 고지하여야 할 **법률상 의무**가 있다고 할 것임에도 불구하고, 피해자들이 **착오에 빠져 있음을 알면서도 이를 고지하지 아니한 채** 마치 위와 같은 시술행위 전체가 아들을 낳을

---

2) 공보 2000. 3. 15.(102), 636.

수 있도록 하는 시술인 것처럼 가장하여 같은 시술을 한 것은 고지할 사실을 **묵비함으로써** 피해자들을 기망한 행위에 해당한다고 보아야 할 것인바[**제2 행위**], 결국 피고인이 피해자들에게 행한 시술과 처방의 전체가 마치 아들 낳기 시술인 것처럼 가장하여 의료수가 및 약값 등의 명목으로 금원을 교부받은 이상 이는 사기죄에 해당한다고 할 것이고, 위와 같은 시술에 앞서 피해자들로부터 시술 결과 아들을 낳지 못하여도 하등 이의를 제기하지 않는다는 내용의 시술서약서를 받았다고 하더라도 이는 기망행위의 수단에 불과하여 사기죄의 성립에 아무런 영향이 없다고 할 것이다.

[대상판결 3] 대법원 2004. 4. 9. 선고 2003도7828 판결[3)]

[사실관계]

이 사건 공소사실의 요지는, "피고인은 씨엔지코리아 금융컨설팅이라는 상호로 사채업을 하는 자로서 공소외 1과 공모하여, 2002. 4. 19.경 신용대출 희망자인 공소외 2로부터 금 500만 원의 대출을 의뢰받고 사실은 위 공소외 2가 자동차의 실제 구입자가 아니어서 자동차할부금융의 대상이 되지 아니함에도 그가 실제로 대우 레조자동차를 할부로 구입하는 것처럼 그 명의의 대출신청서 등 관련 서류를 작성한 다음 그 사실을 아는 공소외 1에게 교부하고, 공소외 1은 이를 할부금융회사인 피해자 삼성캐피탈 주식회사 해운대지점에 제출하여 공소외 2가 실제로 자동차를 할부구입하는 것으로 믿은 위 회사로부터 자동차할부금융 대출금으로 1,000만 원을 교부받아 편취한 것을 비롯하여 같은 해 9. 6.까지 6회에 걸쳐 공소외 2 내지 5명의로 피해자 삼성캐피탈 주식회사, 서울보증보험 주식회사, 현대캐피탈 주식회사로부터 할부대출금 명목으로 총 55,400,000원을 대출받아 이를 편취하였다"라고 함에 있고, 이에 대하여 원심은, 이 사건 대출금이 곧바로 자동차회사에 입금됨으로써 자동차들이 이 사건 대출자들 명의로 실제 출고되었고, 할부금융회사 등도 자체기준에 따른 심사 결과 하자가 없는 이 사건 대출자들을 채무자로 하여 신용대출을 해 주었으며, 현재 4명의 대출자들이 그들 명의의 예금통장에서 자동이체 방법으로 대출원리금을 전액 납부하였거나 비교적 장기간에 걸쳐 여러 차례 납부하였으므로, 피고인이 위 공소사실 기재와 같이 할부금융회사를 기망하여 대출금을 편취하였다고 보기 어렵고, 달리 이를 인정할 증거가 없다는 이유로 무죄를 선고하였다.

---

3) 공보 2004. 5. 15.(2002), 844.

(대법원이 부각시키고 있는 사실관계)… 할부금융회사로부터 대출의뢰인들 명의로 자동차할부금융대출을 받아 그 대출금으로 자동차 대금을 지급한 다음(자동차 대금은 할부금융회사가 할부금융대출금으로 자동차판매회사에게 직접 지급함) 자동차판매회사로부터 **자동차를 인수하여 대출의뢰인들 명의로 등록한 후 즉시 처분하여 그 대금으로 대출의뢰인들에게 금원을 융통해 주거나 자신이 지출한 비용을 회수하는 방법으로 사채업을 영위해 온 사실**을 인정할 수 있는데, 대출의뢰인들은 당초부터 금원을 융통하려는 의사만 있었을 뿐, 할부금융대출의 방법으로 자동차를 구입할 의사는 전혀 없었고(수사기록 15면 내지 25면, 43면 내지 48면, 83면 내지 88면, 111면 내지 115면), 피고인도 대출의뢰인들이 할부금융대출의 방법으로 자동차를 구입할 의사가 전혀 없음을 알면서도 대출의뢰인들 명의로 자동차할부금융대출을 신청하여 그 대출금으로 자동차 대금을 지급한 후 자동차를 인수하여 즉시 중고시장에 매각하여 자금을 마련함으로써, 외형상으로는 할부금융의 방법으로 자동차를 구입하는 형식을 취하기는 하였으나 실제로는 자동차할부금융대출을 단지 자금융통을 위한 수단으로 이용한 것에 불과한 사실(수사기록 238면 내지 247면), 한편, **할부금융회사는 자동차할부금융 신청인이 할부금융대출의 방법으로 자동차를 구입할 의사 없이 단지 자금을 융통할 목적으로 할부금융대출신청을 하는 것을 안다면 할부금융대출을 실시하지 않으며(수사기록 6면 내지 12면), 피고인도 그러한 사정을 알고 있었던 사실**(수사기록 238면 내지 247면)을 인정할 수 있다.

[판결요지]

사정이 위와 같다면, 할부금융회사로서는 피고인이 할부금융의 방법으로 대출의뢰인들 명의로 자동차를 구입하여 보유할 의사 없이 단지 자동차할부금융대출의 형식을 빌려 자금을 융통하려는 의도로 할부금융대출을 신청하였다는 사정을 알았더라면 할부금융대출을 실시하지 않았을 것이므로, 피고인으로서는 **신의성실의 원칙상 사전에 할부금융회사에게 자동차를 구입하여 보유할 의사 없이 자동차할부금융대출의 방법으로 자금을 융통하려는 사정을 고지할 의무가 있다 할 것이고,** 그럼에도 불구하고 이를 고지하지 아니한 채 대출의뢰인들 명의로 자동차할부금융을 신청하여 그 대출금을 지급하도록 한 행위는 **고지할 사**

실을 묵비함으로써 거래상대방인 할부금융회사를 기망한 것이 되어 사기죄를 구성한다고 볼 것이고, 이 사건 대출금이 곧바로 자동차판매회사에 입금됨으로써 자동차들이 이 사건 대출의뢰인들 명의로 실제 출고되었고, 할부금융회사가 자체 기준에 따른 심사 결과 하자가 없다고 판단하여 대출의뢰인들을 채무자로 하여 신용대출을 해 주었다는 점은 피고인의 기망행위에 대한 범의를 인정하는 데에 아무런 지장이 없다.

[대상판결 4] 대법원 1996. 7. 30. 선고 96도1081 판결[4)]

[판결요지]

사기죄의 요건으로서의 기망은 널리 재산상의 거래관계에 있어 서로 지켜야 할 신의와 성실의 의무를 저버리는 모든 적극적 또는 소극적 행위를 말하는 것인바, 거래의 상대방이 일정한 사정에 관한 고지를 받았더라면 당해 거래에 임하지 아니하였을 것임이 경험칙상 명백한 경우 그 거래로 인하여 재물을 수취하는 자에게는 신의성실의 원칙상 사전에 상대방에게 그와 같은 사정을 고지할 의무가 있다고 할 것이므로 이를 고지하지 아니한 것은 고지할 사실을 묵비함으로써 상대방을 기망한 것이 되어 사기죄를 구성한다고 할 것이다(당원 1987. 10. 13. 선고 86도1912 판결 참조).

기록에 의하여 살펴보면 원심이 판시와 같은 사실을 인정한 다음, 그 인정사실에 의하면 피고인과 피해자 사이의 이 사건 계약은 독일 스테팩사의 제품을 전제로 하였고 이스라엘의 메이트로닉스사가 만든 돌핀제품과 독일 스테팩사가 만든 돌핀제품은 일부 부품에 약간의 차이가 있음은 인정되나 적어도 어떤 물품의 국내의 독점판매계약을 하는 피해자로서는 **이미 다른 회사가 같은 용도와 성능을 가진 이름도 같은 제품을 국내에 판매하고 있는 것을 알았다**면 설사 그 제품의 원

4) 공보 1996. 9. 15.(18), 2756.

산지와 일부 부품이 틀리더라도 위와 같은 독점판매계약을 체결할 리가 없다고 보는 것이 경험칙상 명백하다고 할 것이고 더군다나 피고인이 이미 동일한 내용의 계약을 한정수와 체결하였다가 삼일상사 등에서 위 돌핀제품을 훨씬 싼 가격으로 수입·판매함으로써 독점판매권이 보장되지 아니하였다는 이유로 형사고소까지 당한 사실이 있다면 피고인으로서는 피해자와 이 사건 계약을 체결함에 있어서 이를 신의칙상 고지할 의무가 있다고 하여 피고인에 대한 사기의 범죄사실을 인정한 것은 정당하고, 거기에 상고이유로 주장하는 바와 같은 사실오인, 법리오해 등의 위법이 있다고 할 수 없다. 논지는 모두 이유 없다.

[대상판결 5] 대법원 2004. 1. 15. 선고 2001도1429 판결[5)]

[사실관계]

피고인이 원심공동피고인 1, 원심공동피고인 2, 원심공동피고인 3 등과 공모하여, 관광여행사로 하여금 고령의 노인들을 무료로 온천관광을 시켜 주겠다고 모집하여 피고인 경영의 삼원농산으로 유치해 오도록 하고, 위 원심공동피고인 1, 원심공동피고인 2가 삼원농산의 이른바 강의실에서 의약에 관한 전문지식이 없음에도 그 분야의 전문가나 의사인 양 행세하면서 삼원농산이 오리, 하명, 누에, 동충하초, 녹용 등 여러가지 재료를 혼합하여 제조·가공한 '녹동달오리골드'라는 제품이 당뇨병, 관절염, 신경통 등의 성인병 치료에 특별한 효능이 있는 좋은 약이라는 **허위의 강의식 선전·광고행위를 하여 이에 속은 위 노인들로 하여금** 위 제품을 고가에 구입하도록 한 것은 그 사술의 정도가 사회적으로 용인될 수 있는 상술의 정도를 넘은 것이어서 사기죄의 기망행위를 구성한다고 하지 않을 수 없다.

[판결요지]

일반적으로 상품의 선전·광고에 있어 다소의 과장, 허위가 수반되는 것은 그것이 일반 상거래의 관행과 신의칙에 비추어 시인될 수 있는 한 기망성이 결여된다고 하겠으나 거래에 있어서 중요한 사항에 관

5) 공보 2004. 2. 15.(196), 368.

하여 구체적 사실을 거래상의 신의성실의 의무에 비추어 비난받을 정도의 방법으로 허위로 고지한 경우에는 과장, 허위광고의 한계를 넘어 사기죄의 기망행위에 해당한다(대법원 1992. 9. 14. 선고 91도2994 판결, 1993. 8. 13. 선고 92다52665 판결, 2002. 2. 5. 선고 2001도5789 판결 등 참조).

[대상판결 6] 대법원 1998. 12. 8. 선고 98도3263 판결[6)]

[판결요지]

사기죄의 요건으로서의 기망은 널리 재산상의 거래관계에 있어 서로 지켜야 할 신의와 성실의 의무를 저버리는 모든 적극적 또는 소극적 행위를 말하는 것이고, 이러한 소극적 행위로서의 부작위에 의한 기망은 **법률상 고지의무 있는 자가** 일정한 사실에 관하여 **상대방이 착오에 빠져 있음을 알면서도** 이를 고지하지 아니함을 말하는 것으로서, **일반거래의 경험칙상** 상대방이 그 사실을 알았더라면 당해 법률행위를 하지 않았을 것이 명백한 경우에는 **신의칙에 비추어** 그 사실을 **고지할 법률상 의무**가 인정되는 것이다(대법원 1997. 9. 26. 선고 96도2531 판결, 1996. 7. 30. 선고 96도1081 판결, 1984. 9. 25. 선고 84도882 판결 등 참조).

피해자가 이 사건 임대차계약 당시 임차할 여관건물에 관하여 법원의 경매개시결정에 따른 경매절차가 이미 진행중인 사실을 알았더라면 그 건물에 관한 임대차계약을 체결하지 않았을 것임이 명백한 이상, 피고인은 신의칙상 피해자에게 이를 고지할 의무가 있다 할 것이고, 피해자 스스로 그 건물에 관한 등기부를 확인 또는 열람하는 것이 가능하다고 하여 결론을 달리 할 것은 아니다.

6) 공보 1999. 1. 15.(74), 179.

[대상판결 7] 대법원 1992. 3. 10. 선고 91도2746 판결[7)]

[판결요지]

사기죄는 다른 사람을 기망하여 그로 인한 하자 있는 의사에 터잡아 재물의 교부를 받거나 재산상의 이득을 취득함으로써 성립되고, 사기죄의 요건으로서의 기망은 널리 재산적 거래관계에 있어서 서로 지켜야 할 신의와 성실의 의무를 저버리는 적극적·소극적 행위를 말하며, 어떤 행위가 다른 사람을 **착오에 빠지게 한 기망 행위**에 해당하는가의 여부는 거래의 상황, 상대방의 지식, 경험, 직업 등 행위 당시의 구체적 사정을 고려하여 일반적·객관적으로 결정하지 않으면 안 된다고 할 것이다(당원 1988. 3. 8. 선고 87도1872 판결, 1988. 6. 28. 선고 88도740 판결 각 참조).

그런데 이 사건에서 피고인은 동일한 부동산을 피해자 황○○과 함께 매수하면서 매도인인 제1심 공동피고인과 공모하여, 사실은 그 부동산의 평당 매수단가를 위 황○○보다 싸게 매수하면서도 위 황○○에게는 자신이 마치 황○○과 같은 값으로 매수하는 것처럼 말하며 **위 피해자를 착오에 빠뜨려** 그 부동산을 비싼 값에 매수케 하고, 그 매매차액을 분배, 교부받았다는 것이므로 이는 사기죄의 구성요건인 기망행위에 해당한다고 할 것이고, 위 피해자가 만일 동일한 부동산을 피고인과 함께 매수하면서 **피고인의 평당 매수단가보다 비싸게 매수한다는 사실을 사전에 알았더라면 그 매매계약에 임하지 않았으리라는 점은 경험법칙상 쉽게 추측할 수 있다** 하겠으므로, 피고인의 위 기망 행위와 피해자의 매수행위 사이에 인과관계가 있다고 보아야 한다.

7) 공보 1992. 5. 1.(919), 1338.

[관련 민사판결]

[1] 대법원 1999. 4. 23. 선고 98다45546 판결

[판결요지]

의사표시는 법률행위의 내용의 중요부분에 착오가 있는 때에는 취소할 수 있고, 의사표시의 동기에 착오가 있는 경우에는 당사자 사이에 그 동기를 의사표시의 내용으로 삼았을 때에 한하여 의사표시의 내용의 착오가 되어 취소할 수 있는 것이며, **법률행위의 중요부분의 착오라 함은 표의자가 그러한 착오가 없었더라면, 그 의사표시를 하지 않으리라고 생각될 정도로 중요한** 것이어야 하고, 보통 일반인도 표의자의 처지에 섰더라면 그러한 의사표시를 하지 않았으리라고 생각될 정도로 중요한 것이어야 한다.

[2] 대법원 2000. 5. 12. 선고 2000다12259 판결

[판결요지]

동기의 착오가 법률행위의 중요부분의 착오에 해당함을 이유로 표의자가 법률행위를 취소하려면 그 동기를 당해 의사표시의 내용으로 삼을 것을 상대방에게 표시하고 의사표시의 해석상 법률행위의 내용으로 되어 있다고 인정되면 충분하고 당사자들 사이에 별도로 그 동기를 의사표시의 내용으로 삼기로 하는 합의까지 이루어질 필요는 없지만, 그 법률행위의 내용의 착오는 보통 일반인이 표의자의 입장에 섰더라면 그와 같은 의사표시를 하지 아니하였으리라고 여겨질 정도로 그 착오가 중요한 부분에 관한 것이어야 한다.

착오에 의한 의사표시에서 취소할 수 없는 표의자의 '중대한 과실'이라 함은 표의자의 직업, 행위의 종류, 목적 등에 비추어 보통 요구되

는 주의를 현저히 결여하는 것을 의미한다.[8)]

〔평 석〕

Ⅰ. 평석의 범위

본 평석은 사기죄의 기망행위와 관련한 몇몇의 대법원판례와 민법상의 법률행위의 취소사유로서의 '동기의 착오'에 관한 판례를 대상으로 대법원이 즐겨 사용하는 소위 '적극적·소극적 (기망)행위'의 개념표지들을 확인해 보고(Ⅱ), 최근까지의 국내·외의 학설들의 개념사용과 비교해 보면서(Ⅲ), 대법원의 판결요지에서 등장하는 '소극적 기망'·'부작위에 의한 기망'이 무엇을 의미하는 것이며, 그 요건에 대한 대법원의 입장은 과연 적정한 해석에 기초한 것인지를 검토해 보고자 한다(Ⅳ). 나아가 소위 '잔진사기'로 불리는 사안들에서도 부작위에 의한 사기죄의 성립이 가능한 것으로 보고 있는 대법원의 입장은 설득력이 있는지도 고찰해 보기로 한다(Ⅴ).

Ⅱ. 대법원의 판례에 따른 소극적 기망의 유형과 요건

위에서 언급된 [**대상판결** 1] 내지 [**대상판결** 7] 그리고 관련 민사판결 [1], [2]를 종합적으로 분석하면 다음과 같은 내용이 도출된다.

1. 사기죄의 기망행위로서 적극적 기망행위

대법원은 반복적으로 사기죄의 요건으로서의 기망은 '재산상의 거래관계에 있어서 서로 지켜야 할 신의와 성실의 의무를 저버리는 것으로서 모든 적극적 또는 소극적 행위를 말하는 것'이라고 정의하고 있다([**대상판결** 1], [**대상판결** 4], [**대상판결** 6] 및 [**대상판결** 7]). 이러한 분류하에서 적극적 기망행위가 무엇인지에 대해서는 분명한 개념징의를 찾아볼 수 없지만, '거짓말을 한 경우'([**대상판결** 2]의 **제1행위**), '착오

8) 같은 취지의 대법원 1998. 2. 10. 선고 97다44737 판결.

에 빠뜨려'([대상판결 2]의 제1행위 및 [대상판결 7]), '허위의 광고식 선전·허위로 고지'([대상판결 5]), '…것처럼 말하여 …착오에 빠뜨려'([대상판결 7])라는 문구를 사용하는 것으로 보아, 소위 '명시적인 기망행위' 내지는 '특히 언어를 통한 (직접적인) 기망행위'를 적극적인 기망행위로 보고 있는 듯하다.

2. 소극적 기망행위의 유형

나아가 소극적 (기망)행위를 언급하고 있는 판례를 분석해 보면, '고지할 의무'가 공통적으로 등장한다([대상판결 1], [대상판결 2]의 제2행위, [대상판결 3], [대상판결 4] 및 [대상판결 6]). 달리 말해 소극적 기망행위는 '고지의무'를 위반한 '묵비' 내지 '말하지 않음'으로 특징지워지고 있다.

한편 '고지의무'를 언급하는 판례들을 그 유형별로 분석해 보면, 피해자가 '착오에 빠져 있음을 알면서도'라는 문구와 '법률상 고지의무 있는 자'라는 문구가 동시에 제시되는 사안은 부작위에 의한 기망으로 보고 있는 듯하고([대상판결 1], [대상판결 2]의 제2행위 및 [대상판결 6]), 기타의 경우에는 '고지의무'를 내세우면서도, '법률상'의 고지의무라고는 하지 않음으로써, 부작위는 아닌 그 무엇으로 소극적인 기망을 인정하고 있다.

나아가 부작위에 의한 기망으로 설시하고 있는 사안과 단순히 고지의무위반만을 언급하고 있는 사안에서 공통적으로 '묵비함으로써 피해자들을 기망한 행위'([대상판결 2]의 제2행위, [대상판결 3] 및 [대상판결 4])라는 표현을 사용하여, 결국 묵비가 착오를 야기하였다는 것을 나타내고 있는 듯하다. 그럼에도 부작위는 피기망자가 이미 착오에 빠져 있다는 것을 전제함으로써, 양자 간의 묵비는 동일하지 않은 것으로 보고 있는 것으로 여겨진다. 굳이 구별한다면 단순한 고지의무위반이 문제되는 경우는 피해자가 이미 착오에 빠져 있지 않았다는 것이고, 부작위에 의한 기망의 경우에는 이미 피기망자가 착오에 빠져 있다는 차이에 주목하고 있는 것으로 보인다.

잠정적으로 대법원은 소극적 기망은 (신의칙에 따른) 고지의무위반으로 보고 있고, 부작위에 의한 기망이란 이러한 소극적 기망의 한 유형이면서도 추가적으로 행위자가 착오에 빠져 있어야 한다는 요건과 고지의무도 '법률'상 고지하여야 할 의무여야 한다고 정의하고 있다는 것을 알 수 있다.

3. 신의성실의 원칙위반과 사기죄

무엇보다 눈에 띄는 것은 위에서 언급한 모든 유형의 (기망)행위가 사기죄의 성립요건인 기망행위가 될 수 있는가를 판단하는 기준으로 '신의성실의 원칙'이 등장하고 있고, 그러한 신의칙에 따른 고지의무의 발생여부는 다시 민법상의 법률행위의 취소가 가능한 중요한 '동기착오'에서 사용되는 '일반거래의 경험칙상 상대방이 그 사실을 알았다면 당해 법률행위를 하지 않았을 것이 명백한 경우'라는 잣대를 사용하고 있다는 점이다.[9)]

좀 더 구체적으로 보면, 우선 판례가 적극적 기망(학설의 구별에 따를 때 명시적 기망)으로 판단한 것으로 보이는 사안(**[대상판결 5]**와 **[대상판결 7]**)에서도 '거래상의 신의성실의 의무에 비추어 비난받을 정도의 방법으로 허위의 고지를 한 경우'라거나, '…한 사실을 사전에 알았더라면 그 매매계약에 임하지 않았으리라는 것은 경험칙상 쉽게 추측할 수 있고'라고 하여, 기망의 여부를 결정하는 기준으로 '동기의 착오'와 '신의성실(의 의무)'이 제시되고 있다.

부작위에 의한 기망이 아니면서 소극적 기망으로 분류한 것으로 보이는 사안(**[대상판결 3]**과 **[대상판결 4]**)에서도 '피해자가 …한 사실을 알았더라면 그러한 법률(처분)행위를 하지 않았을 것이 명백하므로, 신의성실의 원칙상 고지의무가 발생'한다는 구조로 역시 동일하게 '신

9) 일본의 경우에도 사기죄의 기망행위는 법률행위를 무효에 이르게 할 정도까지는 요구하지 않고, 취소사유가 되는 정도로 족하다고 보고 있다(대표적으로 內田文昭, 刑法各論, 第3版, 1997, 307頁 및 그곳에 언급된 문헌참조).

의성실'을 등장시키고 있다.

부작위로 분류된 사안([대상판결 1], [대상판결 2]의 제2행위 및 [대상판결 6])에서도 우선 '상대방이 착오에 빠져 있고, 일반경험칙상 …한 사실을 알았더라면 그 법률행위를 하지 않았을 것이 명백한 경우에, 신의칙에 의해 그 사실을 고지할 법률상의 의무가 발생'한다는 것이다. 이상의 분석을 보기 쉽게 정리하면 다음과 같다.

[표 1] 대법원의 기망행위의 구별 및 요건

<table>
<tr><th>기망
유형</th><th>작위/
부작위</th><th>기망여부의
판단기준</th><th>고지의무여부</th><th>피기망자의
사전착오</th></tr>
<tr><td>적극적</td><td>작위
(명시적)</td><td>신의성실위반
(동기의 착오)</td><td>X</td><td>X</td></tr>
<tr><td rowspan="2">소극적</td><td>?</td><td>신의성실위반
(동기의 착오)</td><td>신의칙에 따른
고지의무</td><td>X</td></tr>
<tr><td>부작위</td><td>신의성실위반
(동기의 착오)</td><td>신의칙에 따른
법률상 고지의무</td><td>사전착오요구</td></tr>
</table>

[표 2] 판례의 적극적 · 소극적 (기망)행위의 구조

<table>
<tr><th colspan="2"></th><th>인과관계의 구조</th></tr>
<tr><td colspan="2">적극적 기망</td><td>(신의칙위반의) 허위의 고지(거짓말 함)
→ (중요한 동기의) 착오에 빠짐</td></tr>
<tr><td rowspan="2">소극적
기망</td><td>?</td><td>(신의칙위반의) 고지의무 위반(묵비·말하지 않음)
→ (중요한 동기의) 착오에 빠짐</td></tr>
<tr><td>부작위에 의한
기망</td><td>피기망자가 (중요한 동기의) 착오에 빠져 있음
→ (신의칙위반의) 법률상(보증인의) 고지의무위반
(묵비)
→ (중요한 동기의) 착오에서 벗어나지 못함</td></tr>
</table>

4. 소 결

필자의 판단에 따를 때, 대법원의 매끄럽지 못한 표현의 일부를 이해하기 쉽게 고쳐 읽는다면, 판례에서 나타난 기망행위와 관련한 구조는 위의 도표에서 요약한 것과 같이 이해될 수 있을 것이다. 즉 대법원의 입장에 따르면 신의칙과 동기의 착오는 사기죄 성립의 핵심표지이며, 종국적으로 어떠한 행태(작위·부작위, 적극적·소극적 기망행위를 불문하고)이건 간에 피기망자의 의사결정에서 중요한 동기의 착오를 유발한, (계약상의) 신의칙에 위반한 행위는 사기죄의 기망행위에 해당할 수 있다는 것이다.

적극적 기망행위에 있어서 신의칙은, 기망자의 행위가 법적인 거래관계에서 수완 혹은 뛰어난 상술일 뿐인지 아니면 비난받을 정도의 신의칙 위반으로 기망이 될 것인지를 결정하는 기준이 되고, 결국 피기망자에게 중요한 동기의 착오를 유발한 행위는 사기죄의 기망행위라는 결론에 이르고 있다. 단지 그 기망의 방식이 다른 유형의 기망행위와는 달리 허위의 사실을 명시적(특히 언어를 통해)으로 고지하여 착오에 빠뜨리는 적극적·직접적 방법이라는 점이다.

소극적 (기망)행위는 기망자가 피해자에게 중요한 동기의 착오를 유발할 수 있는 중요한 사실을 고지하여야 함에도 이를 고지하지 않은 경우에, 결국 신의칙상 고지의무를 위반한 것이 되어 기망행위가 된다는 것이다. 명시적·적극적·직접적으로 허위사실을 고지하지는 않았지만, 진정한 사실을 고지하지 않음으로써 피해자가 착오에 이르렀다는 면에 중점을 두어, 결국 신의칙에 근거한 고지의무의 불이행으로 보고 있는 것이다. 특히 여기서 판례는 학설상 통용되는 '묵시적 기망'행위에 있어서의 행동·문서적인 행위라는[10] 측면에는 별다른 관심을 보이지 않고 있다는 점이다.

---

10) [대상판결 3]에서의 자동차할부금융신청행위(문서제출 혹은 거동), [대상판결 4]에서의 독점판매계약행위(문서를 통한 계약체결행위 혹은 거동)에서 정상적인 자동차할부금융신청임을 문서제출 및 행동으로 보여 주고 있고, 독점판매계약임을 정상적인 계약으로 보이는 행동으로 나타내고 있는 것이다.

나아가 부작위에 의한 기망으로 분류한 사안에서는 보증인의 작위의무, 즉 고지의무가 법률상의 의무라고 하면서도, 종국적으로는 그러한 법률상의 고지의무가 신의칙에 근거한 의무라고 하여 결국은 신의칙에 의한 고지의무라는 점에서는 위에서 언급한 소극적 기망과 다를 바가 없는 구조를 보이고 있다. 그렇다면 부작위를 특징지우는 것은 피해자가 이미 착오에 빠져 있다는 점과, 이러한 고지의무가 소극적 기망행위에서와는 달리 (어떠한 근거에서인지는 일단 차치하고) 법적인 고지의무라는 점에 있다.

결론적으로 본질적인 의문은 동일한 신의칙에 기반을 두고 있으면서도 단순한 고지의무와 법률상의 고지의무가 어떠한 차이를 가지는 것인지, 신의칙위반이 기망의 행태구별에 도대체 어떠한 의미를 가지는 것인지, 양 고지의무의 구별이 올바른 것인지, 동일한 사법상의 계약이면서도 어떠한 경우에는 법률상의 고지의무가 문제되고 또 다른 경우에는 단순한 고지의무가 문제되는 이유가 무엇인지 분명하지 않다는 것이다. 그 가능한 배경을 찾아보기 위해 우선 기망의 유형과 관련한 해석학적 논의를 따라가 보기로 한다.

Ⅲ. 해석학적 논의에 있어서 기망의 유형과 요건

아래에서는 판례가 적극적 기망의 유형으로 분류하고 있는 것으로 보이는 작위에 의한 명시적 기망행위에 대한 검토는 생략하고, 작위에 의한 묵시적 기망행위와 부작위에 의한 기망행위에 대한 학설을 간략하게 개관해 보기로 한다.[11)]

1. 묵시적 기망행위

(1) 형법에서의 용어사용

국내 학설상 묵시적 기망이라는 개념의 내포를 간략하게 정리하면,

---

11) 상세는 김성룡, "묵시적 기망·부작위를 통한 기망 및 부작위의 상응성," 형사법연구 제23호(2005), 22면 이하 참조.

'행동에 의한 기망으로 행위자의 전체행동으로부터 특정사실의 존재 혹은 부존재를 추론할 수 있을 때', 즉 '행동자체가 하나의 설명가치(Erklärungswert)를 가지는 경우' 혹은 '행동이 의사표시적 의미를 나타내는' 경우로, 이러한 묵시적 기망이 있었는가에 관한 판단은 '거래관행 내지 사회통념'에 따른다는 것이다.[12] 적극적으로 허위의 사실이나 가치판단을 주장하지는 않지만 상대방을 착오에 빠뜨릴 수 있는 '언어, 문서, 동작 등에 의한 기망행위'라고 정의되기도 한다.[13] 최근에는 묵시적 기망을 '간접적 기망', '결정적 기망'·'결론적 기망' 등으로 표현하는 견해도 발견되나, 그 내용은 아래에서 살펴볼 독일의 소위 '추론을 가능케 하는 기망'을 뜻하는 것으로 보인다.[14]

결과적으로 다수의 용어사용에 따르면 묵시적 기망은 판단의 자료가 되는 사실에 대한 명시적·언어적 언급 없이 이루어지는 다양한 유형의 설명가치를 가지는 언어·행동 등으로 피해자를 기망하는 것이라는 의미이다.

(2) 민법에서의 용어사용

법률행위에서의 의사표현의 일반원칙 및 인간의 행태와 관련한 일반적인 거래관행의 기준을 제시하고 있는 민법에서는, 의사표시의 방식을 명시적·묵시적 의사표시(표시행위)로 나누고,[15] 명시적 표시행위는 표의자의 효과의사가 언어나 문자 등에 의해 분명히 표현된 경우[16] 혹은 단순히 의사내용이 명백하게 표현되는 행위라고도 한다.[17] 묵시적

12) 박상기, 형법각론, 제 6 판(2005), 307면; 김일수/서보학, 새로쓴 형법각론, 제 6 판(2004), 418면(은연중의 행동으로 허위의 외관을 나타내는 경우); 정성근/박광민, 형법각론(2002), 334면; 이재상, 형법각론, 제 5 판(2004), 327면; 배종대, 형법각론, 제 5 판(2004), 415면; 임웅, 형법각론, 개정판(2003), 348면; 이정원, 형법각론, 증보판(2002), 389면.

13) 오영근, 형법각론(2002), 457면.

14) 한정환, 앞의 논문, 335면 이하, 특히 338면.

15) 김준호, 민법강의, 신정 4 판(2003), 253면; 김형배, 민법학강의, 제 2 판(2001), 90면.

16) 김준호, 앞의 책, 253면.

17) 김형배, 앞의 책, 90면.

의사표시(표시행위)는 통상적으로 '거동에 의한 의사표시', '다른 행위에 내포되어 행해지는 추단적인 의사표시', '법률행위의 제반사정에 비추어 의사표시가 있었다고 인정되는 경우'라고 하여, 머리를 끄덕이거나, 손을 들거나, 슈퍼에서 물건을 바구니에 담는 등의 이른바 추단적 행위, 즉 그 행위로부터 어떤 의사를 추측케 하는 행위에 의해서 표시되는 경우라고 한다.[18] 이러한 묵시적 의사표시는 거동에 의한 표시, 추단된 의사표시(포함적 의사표시) 및 침묵으로 가능하다고 하기도 하며, 묵시적 의사표시를 침묵이나 추단적 행위에 의한 의사표시로 병렬시키기도 한다.[19] 결국 거동, 침묵, 언어사용을 불문하고 그 행동이 어떠한 의사표시를 함유하고 있는 경우를 '추단된 의사표시' 내지 '추단적 행위에 의한 의사표시'라고 부르고 있다고 볼 수 있을 것이다. 판례가 소극적 기망 중 부작위가 아닌 행태에 대해서 비록 고지의무위반을 전면에 내세우고 있지만, 해당 사안에서는 행위자의 행위(대출신청서제출, 매매계약의 체결 등)가[20] 모종의 추론을 가능케 하고 있다는 것은 형사·민사 학설상 이와 같은 묵시적 기망이라는 개념의 내포를 함유하고 있다는 것을 암시하고 있는 것이다.

(3) 비교법적 검토

1) 일 본

일본에서는 묵시적인 기망이라는 용어가 통용되지는 않는다. 일본에서의 지배적인 견해는 사기죄의 구성요건적 행위로서 기망을 직접적 또는 간접적(제 3 자를 개입시킨)[21] 그리고 사실을 고지할 법률상의 의무를 진 자가 그의 의무를 이행하지 않음으로써 상대방이 이미 착오에 빠져 있는 상태를 계속적으로 유지시켜 그를 이용하는 부작위에 의한 기망으로 구별하고 있다.[22] 이러한 개념정의에 따라 국내 학설에서의

18) 김형배, 앞의 책, 90면; 김준호, 앞의 책, 253-254면.

19) 김준호, 앞의 책, 254면; 김형배, 앞의 책, 90-91면.

20) 계약서의 문구가 이미 허위사실을 고지하는 내용으로 구성되어 있다면 명시적 기망행위로 분류될 수 있다.

21) 대표적으로 内田文昭, 前揭書, 307頁.

22) 大塚 仁, 刑法要論[各論] 第6版, 成文堂, 1993, 139頁 以下; 内田文昭, 刑法各論,

묵시적 기망을 일본의 언어관용으로 이해한다면, 직접적 및 간접적 기망의 한 유형에 속하며, 언어를 수단으로 하는지 동작을 수단으로 하는지를 묻지 않고, (대상 사실에 대한) 명시적인 언어표현을 통한 기망이 아닌 언어나 행동을 통한 기망이라고 할 수 있을 것이다.[23] 판례의 소극적 기망도 학설상의 묵시적 기망과 같이 이러한 직접적 또는 간접적 기망이라는 유형에 속하는 한 형태라고 추정할 수 있을 것이다.

2) 독 일

독일에서는 '명시적 기망' 혹은 '분명한 언어표현을 통한 기망'(die ausdrückliche Täuschung), '추론을 가능케 하는 기망'(die konkludente Täuschung durch schlüssiges Verhalten)[24] 그리고 '부작위에 의한 기망'(die Täuschung durch Unterlassen)으로 구별하고 있다. 특히 '추론을 가능케 하는 기망'이란 보다 구체적으로는 '묵시적인 설명을 통해 추론을 가능케 하는 기망'(die konkludente Täuschung durch die stillschweigende Erklärung)으로 풀어 쓰기도 한다. 이 점에서 묵시적 설명 내지 설명가치라는 표지를 사용하는 국내의 다수견해와 동일하다고 볼 수 있다. 결국 독일 및 국내의 다수설은 추론을 가능케 하는 '설명가치'가 있는 (작위로서의) 묵비와 (부작위로서의) 단순한 묵비를 개념적으로는 분명히 구별하고 있는 것으로 보인다.

第3版, 青林書院, 1996, 307頁; 川端 博, 通說 刑法各論, 三省堂, 1993, 158頁 以下; 板倉 宏, 刑法各論, 勁草書房, 2004, 126頁; 大谷 實, 刑法講義, 各論, 第4版, 1990, 成文堂, 242頁.

23) 최근에는 직접적·간접적인 기망행위 내지 적극적인 작위·간접적인 작위에 의한 기망행위로 용어사용을 바꾸어 보자는 제안이 있으나[류화진, "부작위에 의한 사기죄 인정에 관한 비판적 고찰," 부산대학교 법학연구소, 법학연구, 총권 52권(2003), 316면], 일본의 용어사용이나, 국내의 지배설이 기망행위의 수단은 "명시적, 묵시적, 작위, 부작위, 직접, 간접적임을 묻지 않는다"고 하고 있는 점 등에서, '묵시적' 기망을 '간접적인·간접적 작위에 의한 기망'으로 표현하는 것은 적절한 것으로 보이지 않는다.

24) Konkludent를 '결정적'[유용봉, "홈뱅킹상 전자자금이체와 사기죄의 성부," 한·독사회과학논총, 제12권 2호(2002), 123-124면], '추론유도적'(류화진, 앞의 논문, 316면) 또는 '결론적'[한정환, "사기죄에서의 기망과 재산상의 이익취득," 형사법연구, 제12권(1999), 334면]이라고 번역하기도 한다.

(4) 소　　결

국내와 독일의 다수설적인 입장에 따른 '묵시적 기망' 내지 '추론을 가능케 하는 기망'을 '말하는 침묵' 내지는 '대화하는 침묵'(beredetes Schweigen)[25]으로도 표현하듯이, 그 속에는 '말한다'는 것과 '침묵한다'는 것이 혼재되어 있다는 점에서부터 이미 묵시적 기망으로서의 '묵비·말하지 않음'과 부작위로서의 '묵비·고지하지 않음'의 구별은 어렵다는 것을 알 수 있다. 즉 동전의 양면과 같은 구조를 보인다는 것이다.

무엇보다 판례의 용어사용과 대비하여 눈에 띄는 것은, 학설상의 용어사용에 있어서 묵시적 기망은 작위의 형태로 받아들여지고 있고, 고지의무 등은 문제가 되지 않으며, 명시적인 기망행위가 아니라 어떠한 언어나 행동이 가지고 있는 설명가치 내지는 무언가를 추단할 수 있게 하는 행위를 통해 이루어진다는 것이다. 그렇다면 판례의 소극적 기망의 유형 중 부작위가 아닌 유형은 명시적 기망에 속하거나 아니면 묵시적 기망의 다른 표현으로 볼 수밖에 없을 것이라는 잠정적인 결론이 도출된다. 판례의 소극적 기망의 내용을 조금 더 명확하게 해 보기 위해 부작위에 의한 기망 및 묵시적 기망과 부작위에 의한 기망의 구별에 관한 학설적인 논의를 비교법적으로 검토해 보기로 한다.

2. 부작위에 의한 기망

(1) 형법해석학에서 부작위범의 전제조건

판례와 학설은 부작위에 의한 사기죄를 인정한다.[26] 특히 학설에 따르면 사기죄에 있어서 부작위범이 성립되기 위해서는 보증인적 지위·의무가 필요하며, 학설에 따라서는 작위와의 상응성도 당연히 요구된다고 본다.[27] 즉 부작위에 의한 기망이 성립되려면 상대방의 착오를

25) Ellmer, Betrug und Opfermitverantwortung, Berlin, 1986, S. 101.

26) 박상기, 형법각론, 310면은 부작위를 통한 사기죄의 성립을 부인하는 독일의 학설을 소개하고 있으나, 국내에서의 주장자는 발견되지 않는다.

27) 한정환, 앞의 논문, 341면; 정성근/박광민, 형법각론, 334면; 이정원, 형법각론, 361면; 박상기, 형법각론, 311면; 배종대, 형법각론, 417면; 이재상, 형법각론, 330면; 오영근, 형법각론, 456면; 김일수/서보학, 형법각론, 421-422면.

방지해야 할 보증인지위와 의무, 즉 고지의무가 있어야 하며, 나아가 작위의 기망과 동 가치성이 인정되어야 한다는 것이 지배적인 입장이다.[28] 피기망자가 스스로 착오에 빠져 있어야 하는지에 대해서는 학설의 대립이 있으나,[29] 판례와 달리 학설의 지배적인 견해는 이미 착오에 빠져 있을 것을 요건으로 하지 않는 것으로 보인다. 즉 착오에 빠지는 것을 저지하지 않는 것도 보증인의 부작위로 부작위에 의한 기망이라는 것이다. 물론 이러한 착오에 빠지게 하는 것이 보증인의 부작위에 의한 것이 아니어야 함은 당연한 요구이다.

보증인지위의 발생근거와 관련해서는, 법률 내지 계약의 명시적 규정 및 특별한 신뢰관계를 기초로 한 신의칙 또는 고지의무가 계약상 의사결정의 중요사항에 속한다고 볼 수 있는 경우[30] 및 선행행위를 들고 있다.[31] 학자에 따라서는 실질설의 구별기준에 따라 특별한 법익보호를 위한 특별한 보호의무나 특별한 위험원에 의한 책임의무를 일반적인 기준으로 제시하기도 한다.[32] 여하튼 신의성실의 원칙을 보증인지위의 발생근거로 무제한적으로 인정하지는 않는 것이 학설의 지배적인 입장이다. 아래에서는 특히 부작위범이 성립하기 위해서는 피기망자가 이미 착오에 빠져 있어야 하는가에 대한 판례와 학설의 대립 및 묵시적 기망에도 고지의무가 필요한 것인가에 대한 견해대립을 이해하기 위해 간략한 비교법적 검토를 해 보기로 한다.

28) 배종대, 형법각론, 416면; 정성근/박광민, 형법각론, 334-336면; 이재상, 형법각론, 329-331면; 오영근, 형법각론, 458면.

29) 이미 착오에 빠져 있어야 한다는 입장으로는 김일수/서보학, 형법각론, 420면.

30) 박상기, 형법각론, 312면; 배종대, 형법각론, 417-418면; 정성근/박광민, 형법각론, 336면; 이재상, 형법각론, 331면: 신의성실의 제한기준으로 독일연방대법원의 기준인 중대한 손실, 계약의 본질성 및 상대방의 무경험성 등을 제시하면서, 신의성실이 보증인지위의 발생근거가 되기 위해서는 특별한 신뢰관계가 기준이 된다는 제한을 가하고 있다.

31) 김일수/서보학, 형법각론, 421면.

32) 이정원, 형법각론, 393면.

(2) 비교법적 검토

1) 부작위에 의한 기망의 성립범위에 대한 확장 및 제한시도

국내의 논의현황에 비추어 조금 더 구체적인 논의를 펴고 있는 독일의 관련논의 중 대표적인 몇 가지 견해만을 간략하게 살펴보자. 우선 복켈만(Bockelmann)에 따르면 부작위를 통한 사기는 단지 행위자가 착오의 발생을 방지하지 않은 경우에만 가능하다는 입장이다. 즉 국내의 판례와 학설의 일부 입장과는 오히려 반대이다. 특히 그의 입장은 작위와 부작위의 상응성을 염두에 둔 것으로 보이며, 작위범의 기망행위와 행위자가 이미 발생한 착오를 단지 제거하지 않았다는 것은 서로 상응할 수가 없으므로 부작위의 기망이란 단지 부작위에 의해 착오가 발생한 경우로 한정하여 제한해야 한다는 것이다.[33] 무언가 단순한 부작위보다는 모종의 것을 추가적으로 요구하겠다는 의미일 것이다. 이러한 입장에 대해 특히 잠손(Samson)은 이미 발생한 착오를 제거하지 않는 것도 결국은 보호법익이 침해되기 이전상태를 방치(재산상 손해를 방지하지 않음)하는 것으로서 (작위와 상응한) 부작위에 의한 사기가 된다는 반론을 펴고 있다.[34]

부작위범의 성립범위를 보다 제한하려는 또 다른 입장으로는, 부작위에 의한 사기가 성립하기 위해서도 그 부작위가 설명가치(Erklärungswert)를 가져야만 한다는 주장도 발견된다.[35] 이에 따르면 결국 보증인의 고지의무와 그 보증인의 부작위가 어떠한 설명가치를 가져야 한다는 이중의 요구가 부과되는 것이다.

요약하자면 부작위범의 성립범위를 줄여보기 위한 위와 같은 시도들은 결과적으로 보증인의 부작위가 어떠한 설명가치를 가지거나, 그

---

33) Bockelmann, Zur Problematik der Beteiligung an vermeintlich vorsätzlich rechtswidrigen Taten, FS für Eb. Schmidt, 1973, S. 437.

34) SK-Samson, 20. Lfg.(September 1986), § 263, Rn. 42.

35) Herzberg, Die Unterlassung im Strafrecht und das Garantenprinzip, S. 74ff. 이외에도 부작위를 통한 사기죄의 성립을 부인하는 대표적인 견해로는 Naucke, Zur Lehre vom strafbaren Betrug, 1964, S. 106ff., 214; H. Mayer, Strafrecht AT., 1953, S. 152.

부작위 자체가 착오를 야기하는 경우라고 하여, 이미 착오에 빠진 자의 착오를 제거하지 않음만으로는 작위와 상응한 부작위가 될 수 없다는 것이다. 부작위가 착오를 야기하였다는 구조로 마치 작위범과 같은 인과성을 요구하는 것이다. 결과적으로 이러한 입장에 따른다면 묵시적 기망과 부작위의 구별이 모호해진다는 것을 쉽게 알 수 있다.

대법원이나 학설이 부작위에 의한 사기를 인정하기 위해서 피기망자가 이미 착오에 빠져 있을 것을 요구하는 것, 학설의 경우에 착오에 빠지는 것을 저지하지 않는 경우도 포함시키고 있으나 이러한 사안도 결국은 보증인의 부작위에 의해 착오가 발생하는 것은 아니라는 점에서 위와 같은 독일의 일부학설과는 다른 입장임을 알 수 있다.

2) **설명가치설과 위험영역설**

위에서 간략하게 살펴본 것과 같이, 국내에서는 설명가치(Erklärungswerte)를[36] 가진 전체행위를 통해 기망하는 경우를 묵시적 기망이라고 보고, 보증인의 고지의무불이행을 통한 기망을 부작위에 의한 기망으로 구별하는 것이 지배적인 견해이다. 이에 따르면 설명가치는 사회통념 또는 거래의 관행에 의해 결정된다.[37] 독일에서도 최근까지의 논의를 분석해 보면[38] 종래와 같이 설명가치를 가진 전체행위를 통해

36) 박상기, 형법각론, 307면; 이정원, 형법각론, 390면; 김일수/서보학, 형법각론, 420면; 임웅, 형법각론, 348면; 이재상, 형법각론, 327면; 정성근/박광민, 형법각론, 334면; 배종대, 형법각론, 415면.

37) 이에 반해 소수설은 묵시적 기망이란 사기죄의 규범의 취지와 목적에 따라 합목적적으로 해석하고, 사실관계 이외에 기망행위에 관한 규범의 의미와 목적에 따른 해석기준으로서 거래당사자간의 위험부담영역을 고려해야 한다는 소위 위험영역(Risikobereich)이론을 받아들이고자 한다(한정환, 앞의 논문, 341면). 아래에서 살펴보듯이 이러한 소수설은 단지 설명가치설에서 출발하면서도 묵시적 기망·사기죄의 성립범위를 줄여 보자는 시도로 보인다.

38) 명시적 기망과 묵시적(추론을 가능케 하는) 기망을 어떻게 구별할 것인가와 관련해서는 이러한 구별필요성을 부인하고 단지 작위에 의한 기망만을 인정하는 견해(Kühne, Geschäftstüchtigkeit oder Betrug?, 1978, S. 15ff.; Lampe, Kreditbetrug, 9ff.; SK-Samson/Günther, 37. Lfg.(Juni 1996), § 263, Rn. 25ff., 37f.), 명시적인 기망을 확장하여 상황들로부터 허위의 사실주장이 추론되는 경우까지도 명시적 기망에 포함시키는 견해(묵시적인 기망의 조건으로 고지의무를 인정하는 경우), 부작위에 의한 기망 등 피해자학적인 관점하에서 기망행위를 제한해야 한다는 견해(Graul, Wider die Zweckverfehlungslehre beim Vermögensschaden, FS für Brandner, S.

기망이 인정되는 소위 '추론을 가능케 하는 기망'과 보증인의 고지의무 위반으로 특징지워지는 '부작위에 의한 기망'을 구별하는 견해가 지배적인 다수를 차지하고 있다.

이에 따르면 작위를 통한 (명시 및 묵시적) 기망의 사례들은 행위자의 행위에 하나의 설명가치가 인정되고 그로부터 비진실 내지 허위의 주장이 도출된다는 것을 전제한다. 행위의 설명가치는 그 행위에 담겨 있는 설명내용과 함께 일반적인 해석규칙에 따라 결정된다. 달리 말하면 우선적으로 하나의 표현의 객관적인 의미가 확정되어질 것이고, 나아가 타인이 해당 사례의 구체적인 상황에서 그리고 행위자와의 관계에 따라서 무엇을 그 행동(설명)의 의미로 이해할 수 있는지가 고려되어야 한다는 것이다. 결국 해당 법률행위적인 거래교통의 관행이나 현실이 행위자의 그 행위 또는 설명을 어떻게 이해하는지 혹은 이해할 수 있는가가 관건이 되는 것이다.[39] 따라서 모든 사례에 있어서 가장 먼저 행위자의 전체행위로부터 하나의 허위의 설명이 도출될 수 있는가라는 물음이 핵심이며, 행위자가 그 비진실을 단어 혹은 말로 표현하였는지 또는 다른 방법으로 표현하였는지는 이차적인 의미라는 것이 분명해진다.[40] 나아가 행위의 설명가치는 단순히 그 당시의 상황만으로도 도출될 수 있으며, 나아가 외적인 상황의 단순한 창출 또는 변경도 경우에 따라서는 그것이 타인의 생각(Vorstellungsbild)을 착오에 이르도록 영향을 미친다면 설명가치를 가질 수 있는 것이다. 그 예로는 만약 행위자가 백화점에서 정상가격표를 낮은 가격표로 바꿔 붙인 경우가 이에 해당할 수 있다. 즉 이러한 행위로 행위자는 이 가격표는 주인이 붙인 가격표시와 같다는 것을 설명하고 있는 것이다.[41] 나아가 언어적

---

801), 기망은 단지 피해자의 진실요구에 위반되는 경우만으로 이미 충족된다는 견해(Kindhäuser, Täuschung und Wahrheitsanspruch beim Betrug, ZStW 103, 398; ders., Betrug als vertypte mittelbare Täterschaft, FS für Bemmann, S. 339, 353) 등이 개별적으로 주장되고 있다.

39) S/S-Cramer, § 263, Rn. 12, 14f.

40) S/S-Cramer, § 263, Rn. 12.

41) S/S-Cramer, § 263, Rn. 12; OLG Hamm NJW 1968, S. 1895; OLG Düsseldorf

으로 진실인 사실을 주장하는 것도 때에 따라서는 기망이 될 수 있다.[42] 결론적으로 독일의 판례와 지배적인 견해에 따르면 묵시적 기망이란 경우에 따라서는 명시적인 진실한 사실의 주장을 하였다고 하더라도, 그것을 포함한 행위자의 전체적인 행위가 피기망자로 하여금 잘못된 표상을 가지게 할 수 있는 경우, 즉 설명가치를 가질 수 있는 경우도 포함하게 되는 것이다.[43]

통설과 달리 락크너(Lackner)는[44] 설명가치는 묵시적 기망을 부작위를 통한 기망과 구별하는 결정적인 기준이 될 수 없고, 고지의무의 침해도 묵시적 기망과 부작위에 공통된다고 한다.[45] 묵시적 기망을 부

NJW 1982, 2268.

42) 최근사례로 BGHSt 47, 1 = NStZ 2001, 430(이에 대해서는 NStZ 2001, 526참조)과 같이 BGHSt wistra 2001, 386에서는 하나의 진실한 사실주장도 사기죄에서 의미하는 구성요건적 기망행위가 될 수 있으며, 예를 들면 행위자가 자신의 사실주장이 착오를 야기할 수 있는 적성(Eignung)을 계획적으로 이용하여, 외적으로는 거래교통에 아주 적합한 행동을 수단으로 의사표시수령자의 손해를 입히고 이익을 취할 목적을 추구하는, 즉 착오의 발생 내지는 야기가 단순한 결과가 아니라 그 행위의 목적인 경우에는 진실주장도 기망이 될 수 있다는 결론을 내리고 있다. 구체적인 사안은 예를 들면 피고인들이 신문의 부고면에 나와 있는 사망한 자의 유족들에게 편지를 보내면서 지로계좌와 수취인, 입금인 등의 이름까지 다 기재된 용지를 함께 보내어, 이를 보는 유족들은 당연히 신문기사에 난 부고의 게재료인 줄 알고 금원을 지급하게 되지만, 사실은 그 지로용지의 뒷면에는 이미 게재된 부고기사의 게재료가 아니라 장래의 인터넷신문에 기재하는 계약의 청약임을 표시한 문구를 아주 작게 기재해 넣어, 사실상으로 어떠한 허위의 주장이나 기망이 있었다고는 볼 수 없는 사안이었다(이에 대해서는 Geisler, Anmerkung BGH NStZ 2002, 86; Achenbach, Aus der 2001/2002 veröffentlichten Rechtsprechung zum Wirtschaftsstrafrecht, NStZ 2002, 523.). 이러한 진실인 사실주장으로도 사기죄가 성립될 수 있다는 입장으로 특히 Schröder, Betrug durch Behauptung wahrer Tatsachen?, FS für Peters 1974, S. 153ff.; Geisler, Betrug-Täuschungshandlung durch Verwendung von Rechnungsmerkmalen im Angebotsschreiben, NStZ 2002, 86ff. 특히 진실인 사실주장을 통한 기망 내지 사기와 관련해서, 한국형법의 경우 '사람을 기망하여'라는 문구를 사용함으로써 독일의 '허위의 사실을'이라는 문구와는 차이가 있다는 점은 주목할 만하다.

43) 이러한 판단은 결국 개별사례에 합당한 해결책의 종합(Kasuistik)이 될 수밖에 없다. 더 이상의 상세한 구체화는 불가능하다는 입장이 많다(Maass, Die Abgrenzung von Tun und Unterlassen, GA 1984, 284).

44) 이에 대한 소개는 이미 박상기, 형법각론, 307면.

45) LK-Lackner, aaO., Rn. 28ff.; SK-Samson/Günther, aaO., Rn. 36ff.; Tiedemann, Der Vergleichsbetrug, FS für Klug, S. 407, Volk, Nötigung durch Drohung mit

작위에 의한 기망과 구별하게 하는 것은 단지 피기망자가 행위자의 행위로부터 그가 의무합치적으로 행위하는 것으로 신뢰하여 잘못된 결론을 도출하였는지(묵시적 기망), 아니면 피기망자가 잘못된 표상을 이미 가지고 있었거나 (행위자의 행위가 아닌) 다른 어떠한 것으로부터 잘못된 결론을 도출했는지에 따라 구별된다는 것이다. 쉽게 표현하면 피기망자의 착오가 기망자의 행위에 의해 야기된 경우가 (묵시적) 작위의 기망이며, 기망자의 행위와 무관하게 착오가 일어난 경우에 이를 방치하면 부작위가 된다는 것이다.

나아가 사기죄 성립이 가능한 묵시적 기망이 인정될 것인가 하는 것은 특정 행위의 설명가치나 동시에 설명된 것의 내용에 따라 바로 결정되는 것이 아니고, 소위 개별거래에 있어서 특징적인 거래당사자간의 위험분배의 원칙을 고려해야 한다는 것이다. 안타깝게도 이러한 소위 '착오위험의 분배'(Verteilung des Irrtumsrisikos)에 관한 기준은 구체적으로 제시되지 못하고 있으나,[46] 결국 (규범)법적인 기준이 미리 정해질 수 있는 것이 아니라 거래관행에 따르는 것으로 개별사안에 따라 달리 볼 수밖에 없다는 의미가 될 것이다(대법원의 신의칙을 생각해 볼 수 있다). 하지만 지배적인 견해인 설명가치설에 따를 경우에도 실제적으로 그 설명가치의 내용을 확정함에 있어서 각각 상이한 거래상황에 있어서 당사자들 사이의 위험의 분배(Risikoverteilung)가 본질적인 잣대가 되는 것임을 부인할 수 없고, 단지 락크너의 경우에는 이러한 위험분배를 유일한 기준으로 삼고자 하는 점에서 차이를 가질 뿐이라는 반론도 있다.[47]

락크너의 입장에 대해서는 우선 왜 사기죄에 있어서의 행위유형이 피해자의 표상에 의해 좌우되는 것인가라는 반론이 제기될 수 있다. 즉

Unterlassen, JuS 1981, 881f. 이러한 지적은 이미 Maass, Die Abgrenzung von Tun und Unterlassen, GA 1984, S. 266.

46) SK-Samson/Günther, 37. Lfg., 5. Aufl.(Juni 1996), § 263 Rn. 37; Maass, aaO., S. 266-267; LK-Lackner, § 263 Rn. 29. 개별사안에서 Lackner의 이러한 위험분배의 결론에 대해서는 Rn. 34-37, 42, 43, 44, 46-50 등 참조.

47) S/S-Cramer, § 263 Rn. 14.

이미 피해자가 착오를 했는가 혹은 착오가 비로소 발생했는가 등이 왜 작위와 부작위의 구별에 중요한가 하는 물음이다.[48] 나아가 왜 묵시적 기망에 있어서도 고지의무가 필요한가 하는 것이다. 그것은 달리 말해 부작위범에 요구되는 고지의무가 왜 작위범에도 요구되는가 하는 지적이다.[49] 이러한 지적은 구체적인 상황에서 착오의 위험부담(=고지의무, 신의칙)을 누구에게 돌리는 것이 올바른 것인가라는 판단에서는 묵시적 기망과 부작위에 의한 기망을 구분하지 않는 락크너에게는 순환논증으로 비춰질 뿐이며, 이를 비판하는 관점에서는 락크너의 이론은 작위와 부작위의 한계를 무너뜨리는 수용하기 힘든 이론일 것임은 자명하다.

쉽게 표현하다면 피기망자가 착오에 빠질 경우에 위험부담을 지고 있는 자(착오에 대해 책임을 져야 할 자)가 피해자가 아니라면 행위자(기망자)는 모두 고지의무를 지게 되는 것이고, 기망자의 행위가 작위의 묵시적 기망으로 분류될 것인지, 부작위에 의한 기망으로 분류될 것인지는 피기망자의 착오가 행위자의 행위에 의해 야기되었는지의 여부에 달려 있다는 것이다. 이러한 입장은 특히 판례가 묵시적 기망으로 분류될 수 있는 사안에서 신의칙에 따른 고지의무를 등장시키는 것이나, 부작위에 의한 기망에서 행위자가 착오에 빠져 있을 것을 요구하는 점에서 내용적으로 거의 동일하다.

특히 이러한 입장이 주장하는 고지의무라는 것은 결과적으로 피기망자가 행위자의 행위를 통해 착오를 일으킨 경우에 그 착오는 행위자가 책임을 져야 한다는 위험분배의 원칙의 다른 표현이다. 묵시적 기망행위에서의 위험부담을 표현하는 고지의무는 착오의 발생원인인 작위라는 이면을 가지고 있으나 부작위범에서의 위험부담을 표현하는 고지의무는 그 이면이 없다는 차이가 있다. 즉 인과적으로 착오를 유발한 행위자의 행위가 존재하였는가의 여부에 따라 구별되는 것이다. 이는 결국 신의칙이라는 표지가 작위의 기망과 부작위의 기망에서 이떠한

48) 특히 Maass, aaO., S. 267.

49) 특히 Maass, aaO., S. 267.

의미를 가지는가의 차이를 반영하고 있는 것이다.

(3) 소 결

이상과 같은 비교법적 논의에서 알 수 있듯이 대법원이 소극적 기망의 유형 중 부작위가 아님에도 고지의무를 요구하는 유형은 락크너의 위험영역이론에서 주장된 것과 같이 행위자의 설명가치 있는 행동을 통해 피기망자의 착오가 발생하고, 그 착오의 책임을 피기망자가 아닌 행위자가 져야 하는 경우와 일치한다. 즉 작위의 기망이면서도 고지의무가 언급될 수 있는 것은 위험영역이론에 따를 때 묵시적 기망을 의미하는 것이다. 한편 학설이 부작위에 의한 기망의 유형에 피기망자가 착오에 빠지는 것을 막지 않는 경우도 포함시키고 있는 것은 부작위범은 종국적으로 자신의 행위가 아닌 다른 원인으로 인해 피보증인이 착오에 빠져 재산적 처분행위를 하는 것을 막지 않음에 가벌성의 근거가 있는 만큼, 이미 피기망자가 착오에 빠져 있었는지, 착오에 빠지려 하고 있는지는 구별의 실익이 없다는 점에서 보다 타당한 것으로 보인다.

Ⅳ. 판례의 이해

1. 소극적 기망의 유형과 내용

대상판결에서 언급되는 소극적 기망은 적극적·명시적으로 허위 또는 비진실을 고지하여 피기망자를 착오에 빠지게 하는 행위를 제외한 모든 유형의 기망행위를 의미하는 것으로 파악된다. 나아가 소극적 기망행위 중에서 부작위로 분류되지 않으면서 고지의무를 언급하고 있는 유형은 학설상 묵시적 기망과 동일한 것으로 볼 수 있고, 여기서의 고지의무는 부작위범을 특징지우는 작위의무로서의 고지의무가 아니라, 사실상 사기죄의 성립요소인 기망이 성립될 수 있는가, 나아가 피해자의 착오에 대해 행위자가 형법상의 사기죄의 책임을 져야 할 것인가의 문제를 표현하는 소위 위험분배의 기준에 따를 때 기망자가 책임을 부담해야 함을 달리 표현한 것으로 볼 수 있다. 이렇게 볼 때 판례가 명시적·적극적 기망행위에서도 신의칙을 등장시키고, 묵시적 기망의 형태에서도 신의칙에 근거한 고지의무를 등장시키는 것을 동시에 조화적으로 이해할 수 있다. 달리 말해 작위범에 있어서 신의칙은 기망행위가 되는가의 여부를 결정하는 기준으로 작용하고 있는 것이다. 유독 묵시적 기망의 유형에서 고지의무를 언급하는 것은 사기죄로 처벌되지 않기 위해서는 자신의 행위가 보여 주는 추론을 가능케 하는 기능을 저지하기 위해 진실한 사실을 알려야 하고, 그렇지 않은 경우에는 사기죄의 책임을 진다는 뜻이다. 이를 달리 표현하면 '그러한 추단적인 기능을 가진 묵시적 기망행위를 하지 말아야 한다'는 다른 표현에 불과한 것이다.

나아가 부작위범의 형태에서 등장하는 고지의무는 다수설적인 설명가치설에 따를 경우에는 묵시적 기망과 구별되는 부작위범에서만 나타나는 보증인의 고유한 작위의무를 표현하는 것이 되지만, 위험분배설에 따를 경우에는 묵시적 기망과 구별하는 표지가 아니라, 동일하게 착오에 이르게 된 책임을 누가 지는가의 문제와 관련된다. 이러한 위험분배설에 따른다면 대법원의 판례에서처럼 (묵시적 기망으로서의) 작위와 부작위에 동일하게 신의칙에 근거한 (법적인) 고지의무가 등장될 수 있는 것이다.

하지만 위험분배설에 따른다고 하더라도 부작위범에 있어서의 고지의무는 부작위범에 있어서 핵심적인 작위(고지)의무를 표현하는 것임에 반해, 작위인 묵시적 기망에 있어서의 고지의무는 그 이면에 작위의 기망행위가 동시에 존재하고 있다는 점에서 동일한 사상(事象)에 대한 다른 표현에 지나지 않는 것이다. 작위범에 있어서의 신의칙은 행위자의 작위에 의해서 침해되는 것(금지규범)이나, 부작위범에 있어서의 신의칙은 행위자의 부작위에 의해서 침해되는 것(요구규범)이라고 한다면, 묵시적 기망에 고지의무를 등장시키는 것은 형법의 기본적인 구조를 혼돈케 하는 바람직하지 못한 표현으로 보인다.

판례가 피기망자가 이미 착오에 빠져 있을 것을 요건으로 하고 있는 것과 학설이 이외에도 착오에 빠지는 것을 방지하지 않은 것을 부작위범의 요건으로 설정한 것은 위에서 소개한 위험분배설의 전형적인 요건과 일치한다. 이에 따르면 부작위범은 자신의 행위로 인해 피기망자의 착오가 발생하지 않았지만 착오를 제거 내지 방지해야 할 법적인 의무를 부담하는 지위를 가진다는 것이고, 결과적으로 후자의 사안도 종국적으로는 전자의 경우로 발전해 갈 것임을 부정할 수 없다면 실질적으로 판례와 학설의 차이는 존재하지 않는다고 할 수 있을 것이다.

2. 대상판결의 분석

위와 같이 파악한다면, **[대상판결 1]**은 부작위에 의한 기망으로 이미 착오에 빠진 피기망자의 착오를 제거하지 않은 부작위가 문제되고, 기망자는 매매계약에 근거한 신의칙에서 도출되는 민법상의 보증인 지위·의무, 즉 법적인 고지의무를 부담하게 되는 것으로 읽을 수 있다.[50] **[대상판결 2]의 제 1 행위**는 신의칙에 위반한(=형법상 가벌적인) 명시적 작위에 의한 기망행위, **[대상판결 2]의 제 2 행위**는 **[대상판결 1]**과 같이 계약법에 기초한 법적인 보증의무를 지는 자의 고지의무위반에 의한 부작위라고 볼 수 있다. **[대상판결 3]**에서는 피고인이 자동차할부금융서류를 제출함으로써 설명가치 있는 행동을 통해 피기망자를 착오에 빠지게 한 묵시적 기망의 한 유형이 되며, 여기서 등장하는 신의칙이나 고지의무는, 보증인의 부작위와는 무관한, 자신의 신의칙에 위반한 행위로 인해 발생한 담당직원의 착오에 대해 책임을 져야 한다는 것을 표현하고 있는 것이다.[51] **[대상판결 4]**의 경우에도 독점판매계약의 체결과정에서 피고인의 행위가 피해자(일반거래관행의 관점에서)에

50) 물론 계약당사자는 모든 경우에 상대방의 (중요한) 착오를 제거할 보증인적 지위를 지는가라는 원론적인 문제는 여기서는 다루지 못하고, 대상판결사안에서와 같은 잔전사기문제에서도 법적인 보증인지위가 매매계약에서 도출될 수 있는 것인지는 아래(Ⅴ)에서 살펴본다.

51) 신청서의 문구에 자동차할부금융이라는 진정한 목적에의 사용을 표현하는 문구가 있다면 명시적인 기망이 될 수도 있다. 적극적으로 허위의 사실을 고지한 것이 말로 했는가 글로 했는가에 따라 달라지는 것은 아니기 때문이다.

게는 정상적인 독점계약으로 보이게 됨으로써 피해자에게 착오가 발생한 묵시적인 기망의 전형적인 형태로서, 신의칙상 고지의무라는 표현은 피고인의 추단적인 행동은 사기죄에서의 가벌적인 기망행위로 보인다는 의미가 된다.[52] **[대상판결 5]**는 명시적 · 작위 · 언어에 의한 기망으로서, 상술을 넘어서 기망이 되는 것은, 중요한 동기착오를 발생시킨 신의칙위반이기 때문이라는 것이다. **[대상판결 6]**에서는 피고인이 마치 정상적인 목적물을 매매하는 듯이 행동함으로써, 이를 받아들인 피해자가 착오에 빠진 사안으로 묵시적 기망에 해당하고, 피해자 스스로 건물의 등기부를 확인 · 열람하지 않은 부분은 소위 위험부담의 문제, 즉 묵시적 기망행위가 형법상 가벌적인 기망인가를 판단하는 기준이 되는 것이다. 대법원은 이러한 경우에도 그 위험부담은 묵시적 기망자가 진다는 입장을 밝히고 있는 것이다. **[대상판결 7]**에서는 언어를 통한 허위사실의 고지로 착오에 빠지게 한 명시적 · 작위에 의한 기망으로 신의칙은 형법상 가벌적인 기망이 될 것인지의 판단기준, 즉 위험분배의 기준으로 작용한 것이다.

3. 판례의 언어사용

결과적으로 판례는 학설상의 묵시적 기망을 소극적 기망의 한 유형으로 분류하면서, 고지의무를 등장시켜, '소극적', '고지의무', '묵비', '말하지 않음' 등의 표현을 사용함으로써, 부작위범과의 구별에 적지 않은 혼란을 초래하고 있다. '묵시적인 기망' 혹은 '추단적 행위를 통한 기망' 등의 형 · 민사학설에서의 용어를 받아들여 통일을 기하는 것이 바람직해 보인다. 나아가 묵시적 기망의 유형에서는 가능한 한 고지의무라는 용어의 사용을 자제하는 것이 규범구조나 형법상 작위 · 부작위의 구별 등의 체계의 통일성을 위해 바람직한 것으로 보인다. 고지의무를 언급하지 않고, '타인의 중요한 동기의 착오를 유발하는 신의칙에

52) 본 사안에서도 독점계약의 의미가 판시내용과 같은 취지로 명시적인 계약의 문구로 구성되어 있는 경우라면 글을 통한 명시적인 기망이 될 수 있다.

위반된 묵시적 기망행위'[53]라고 표현함으로써 해당 사안에 보다 적합한 언어구성이 가능해 보인다. 판례의 적극적 기망행위는 '타인의 중요한 동기착오를 유발하는 신의칙에 위반된 명시적 기망행위'라고 할 수 있을 것이고, 부작위에 의한 기망은 '이미 중요한 동기의 착오에 빠져 있는 피보증인의 착오를 제거해야 할 법률상의 의무를 진 자 혹은 기타의 이유로 중요한 동기의 착오에 빠질 위험에 처한 피보증인의 착오를 방지하여야 할 법률상의 의무를 진 자'로 표현하고, 그 법률상의 보증인지위의 발생근거를 (예를 들어) 매매계약의 법률관계에서 도출되는 신의칙에 근거한 법률상의 보증인지위·의무라고 하는 것이 타당할 것이다.

V. 초과지급된 매매대금·과다한 거스름돈의 수령과 부작위에 의한 사기죄 등의 성립여부

[대상판결 1]에서 대법원은 매매대금을 지급하는 과정에서 매수인의 매매대금이 계약상의 금액보다 초과됨을 알면서 이를 수령한 경우에는 부작위에 의한 기망을 통한 사기죄가 성립된다고 보고 있다. 부작위범의 성립근거는 신의칙에 근거한 법률상의 고지의무가 존재하기 때문이라는 것이다. 동시에 부수적인 판단(obiter dictum)으로 만약 초과된 잔금의 수령이 끝난 후 이러한 사실을 알게 된 경우에는 고지의무의 불이행은 초과금액의 편취수단으로서의 의미는 없으므로 단지 점유이탈물횡령죄가 성립될 수 있다는 취지를 밝히고 있다.[54]

53) 여기서 동기의 착오라는 것은 판례가 반복적으로 사용하는 '일반거래의 경험칙상 상대방이 그 사실을 알았더라면 당해 법률행위를 하지 않았을 것이 명백한 경우'를 간략하게 표현한 것이다.

54) 국내학설을 보면 사기죄를 인정하는 경우로는 김성천/김형준, 형법각론, 440면; 백형구, 형법각론, 176면, 정영석, 형법각론, 334면이 있으며, 사기죄를 부인하는 경우로는 이재상, 형법각론, 331면; 김일수/서보학, 형법각론, 422면; 박상기, 형법각론, 309면; 이정원, 형법각론, 394면; 정성근/박광민, 형법각론, 336면(제한적인 사기성립인정, 확인부탁을 받고 거부하는 경우 외에는 점유이탈물횡령죄인정)이 있다. 이재상, 박상기, 배종대 교수님의 경우 범죄성립을 부정하는 경향으로 보여진다. [대상판결 1]과 같이 행위자의 인식시점에 따라 구별하는 견해로는 오영근, 형

1. 사기죄의 성부

(1) 계약관계의 신의칙에 근거한 법적인 보증인지위의 인정여부

여기서 검토해 보고자 하는 것은 초과하여 지급된 매매대금, 잔금, 예금 또는 환전을 수령한 자가 과연 각각의 거래행위에 있어서 민법상의 계약에 근거한 법적(신의칙에 근거한)인 보증인지위 및 의무를 지는가 하는 점이다.

위와 같은 사안은 계약체결준비단계에서부터 쌍방의 채무의 이행과 수령에 이르기까지, 대금의 수령자는 피기망자의 착오를 일으킬 아무런 행위도 하지 않았다는 점에서 묵시적 기망이라고 하기에는 문제가 있다. 계약의 성립, 물품의 지급, 대금의 지급, 잔금의 지금 및 수령까지가 완전히 계약의 내용대로 충족된 경우에 계약이 종료된 것으로 보아야 한다면, 대금의 지급과 수령이 하자 없이 정산된 시점까지는 신의칙상 고지의무가 존속된다고 보아 보증인이 고지의무를 이행하지 않았다고 볼 수 있을 것이지만, 지급자가 착오로 인해 계약상 약속된 금액을 초과하여 매매대금·잔금을 지급하는 것이 과연 계약성립에 어떠한 의미의 중요한 착오가 될 수 있는 것인지 의문이다. 하지만 그보다 우선적으로 만약 위와 같이 잔금의 정산이 모두 끝나야 계약상의 보증인지위가 소멸한다고 보면, 초과된 금액을 부지중에 수령하여 사후에 이를 알게 된 경우에도 아직 잔금이 정상적으로 정산되지 않았다는 점에서, 수령시에 알았던 것과 동일하게 신의칙에 의한 보증인적 지위를 인정하는 것이 논리적이라는 것이다.

나아가 **[대상판결 1]**과 같은 초과지급된 매매대금의 수령에는 부동산매매계약에서 중요한 부분의 동기착오를 찾을 수 없고, 단지 '대금

법각론, 458면; 임웅, 형법각론, 348면-349면이 있고, 사기죄를 부인하면서 바로 점유이탈물횡령죄를 인정하는 견해로 이정원, 형법각론, 394면; 김일수/서보학, 형법각론, 423면; 이형국, 형법 각론연구 I, 452면이 있다. 일본의 경우에도 부작위에 의한 사기죄가 통설이며, 집에 와서 알고 나서 이를 반환하지 아니한 경우에 점유이탈물횡령죄가 가능하다고 한다(입금오류관련판결로 最決 平成 15年 3月 12日, 刑集 57卷 3號, 138頁; 잔돈사기에 대해서는 大谷 實, 刑法講義, 各論, 第4版, 1990, 成文堂, 242頁 참조).

이 초과 지급된다는 것을 알았다면' 또는 '1,000만원권 수표가 한 장 더 포함되어 있다는 것을 알았다면 지급하지 않았을 것'이라는 것은 지급자의 의사에 반한 1,000만원의 지급행위가 문제될 뿐이지, 부동산매매계약의 성립과 이행에 관련된 문제는 아닌 것이다. 상대방이 알지 못하고 1,000만원을 교부하는 행위를 행위자가 유발한 것은 아니므로 작위의 기망은 성립될 수 없고, 이를 부작위범이라고 하기 위해서는 수급자가 보증인적 지위와 의무를 가져야 하나, 위의 지급행위가 계약의 이행은 아니라고 보면 (계약에 기초한 신의칙상의) 법적인 보증인지위 · 의무를 인정할 근거가 없다는 것이다.

(2) 비보증인(일반인)의 부작위의 의미

계약상의 의무가 아니라고 전제하면, 이제 남은 가능성은 일반인의 신의칙에 어긋난 작위를 통한 기망행위여부이다. 모른 척 하고 수령하는 행위가 비보증인의 묵시적인 기망행위가 될 수 있는가의 문제이다. 묵시적 기망행위가 되기 위해서는 수령행위가 종국적으로 잔금이 정확하다는 것을 표현하고 그로 인해 피해자(지급자)에게 착오가 발생해야 한다는 것이지만, 위 사안에서는 이미 지급자가 스스로 착오에 빠져 있다는 점에서 구조적으로 성립불가능한 구성이다.

(3) 특별한 신뢰관계

[대상판결 1]과 같은 사안에서 폭넓게 신의칙에 의한 보증인지위 발생을 인정하는 것은 문제가 있다는 시각들은 소위 특별한 신뢰관계로 이를 제한하고자 한다. 그렇다면 매매관계에 있어서 매수인과 매도인이 특별한 신뢰관계를 가진다는 것은 어떠한 경우인가? 대법원이 다루었던 계속적 공급계약의 경우와 같이[55] 계속적인 재산거래를 행하고 있는 상대방의 재산적인 손해를 막도록 해 주는 것이 신의에 적합하다고 하는 해석은 어느 정도 허용될 수 있을 것이다. 즉 일정기간 계속적으로 물품의 공급과 대금의 수령을 반복적으로 해 오던 자가, 상대방이

55) 대법원 2003. 1. 24. 선고 2002도5265 판결; 대법원 2002. 9. 24. 선고 2002도3488 판결 등.

과다한 대금을 지급하는 경우에 '돈이 많다'라고 고지해야 한다는 것은, 그 반복된 거래관계에서 발생하는 '인간적인 신의'라고 보아 신의칙에 의한 보증인지위가 발생된다는 것까지는 (최대한 넓게 받아들여) 인정할 수 있을지도 모르나, 일회성의 거래 등에 있어서도 계속적 거래관계에 따른 특별한 신뢰관계에 기초한 것과 같은 보증인적 지위 내지는 고지의무를 인정하여 사기죄의 범위를 확장하는 것이 타당한 것인지는 의문이다. 달리 말해 [대상판결 1]의 경우에 특별한 신뢰관계에 근거한 신의칙을 이유로 한 법적 보증인지위의 발생을 인정하기 어렵다는 것이다.

(4) 과다한 대금 · 잔금지급의 위험부담

계약상의 지급액보다 과다한 금액을 지급하는 자, 매매대금의 거스름돈을 과다하게 지급하는 자, 환전금액을 초과하여 지급하는 자의 경우에 이러한 초과지급의 위험부담은 지급자 스스로가 부담해야 할 몫(위험부담)이라고 함이 타당해 보인다. 초과지급액이 10원인지 1,000만원인지는 가벌성의 유무판단을 좌우할 수 없다. '상대방에게 채무가 존재한다' 그리고 '나의 급부는 상대방의 청구권을 넘지 않는다'라는 부분은 기본적으로 지급자인 채무자의 위험범위(Risikobereich des Leistenen)에 속하는 것이라고 보아야 하기 때문이다.[56]

(5) 진실을 요구할 권리 내지 의사소통적 거래관계에 기초한 자기책임의 원칙[57]

[대상판결 1]에서는 지급자의 착오를 단순히 악용한, 보증인적 지

56) OLG Köln JZ 1988, 101; OLG Düsseldorf NJW 1969, 623, 624; OLG Frankfurt NJW 1971, 527; S-S-Cramer, § 263 Rn 17a; LK-Lackner, aaO., Rn. 48; Rengier, BT, I, § 13 Rn. 7; Krey, BT., Rn. 359.

57) 특히 Kindhäuser, Betrug als vertypte mittelbare Täterschaft, in FS für G. Bemman, 1997, S. 339, 354f. 등에서는 사기죄의 기망이란 '진실에의 권리', '진실요구' 내지 '진실을 요구할 수 있는 권리침해'라고 보고 있으며 Vogel, Betrug durch konkludente Täuschung: "Recht auf Wahrheit" oder kommunikative Verkehrssicherungspflichten?, in GS für Keller, 2003, S. 313ff., 322 등에서는 기망이란 '거래(교통)안전의무에 위반되는 재산상의 손해를 가져오는 처분에 이르게 하거나 이르게 할 수 있는 착오의 위험을 창출하는 것'이라고 한다. 이러한 규범적인 잣대의 적용결과는 관점에 따라 상이할 수 있다.

위 없는 일반인의 부작위가 문제될 뿐이다.[58] 아래에서 살펴볼 점유이탈물횡령죄를 논외로 한다면, 단순히 돌려줘야 할 비채변제에 기인한 부당이득에 불과하다고 할 것이다. 지급자에게는 내가 지급한 돈이 많은지 아닌지를 얘기하라는 주장을 할 수 있는 소위 '진실을 요구할 권리'도 없으며, 많은 돈을 지급한 것은 지급자 스스로가 책임져야 할 착오인 것이다.

(6) 소 결

[**대상판결 1**]에서 설령 피고인이 대금을 지급받을 당시에 그 금액이 초과되어 있음을 알았다고 하더라도 사기죄의 성립은 인정할 수 없다.

2. 점유이탈물횡령죄의 성부 및 비채변제를 원인으로 한 부당이득반환의무

타인의 의사에 기하지 아니하고 그 점유를 이탈한 물건을 횡령한 경우에는 점유이탈물횡령죄가 성립한다.[59] 현행 점유이탈물횡령죄의 해석상 본인의 의사에 반한 점유이탈물이라는 사정을 알고 이를 취득한 경우에 본죄의 성립을 부정하기는 어려워 보인다. 수령 당시에 이미 초과사실을 알고도 이를 취득한 경우에는 점유이탈물횡령죄가 성립될 것이고, 그 사정을 모르고 집에 돌아와 보니 초과된 금원이었다는 사정을 알고도 이를 반환하지 않은 경우에도 반환거부의 점유이탈물횡령죄가 성립될 수 있을 것이다. 그렇지 않은 경우에는 물론 단순한 민사법상의 비채변제 및 이를 원인으로 한 부당이득반환청구의 대상에 불과할 것이다.

---

58) Krey, aaO., Rn. 361; OLG Düsseldorf, NJW 1969, S. 623, 624.

59) 1998년 독일의 제6차 개정형법에서 246조 제1항을 보충구성요건(저인망구성요건: Auffangstatbestand)으로 소위 위탁관계없는 타인의 재물의 횡령에 대한 규정을 추가하였다. 이러한 조문의 취지에 따르면 사체의 지갑을 털거나(Leichenfledderei), 습득물을 주어가는 경우(Fundunterschlagung)에도 동조에 해당되게 되었다. 이러한 구성요건이 가벌성을 확장시키는 졸속입법이라는 비판과, 기존의 가벌성의 흠결을 메우고자 하는 취지였다는 견해대립이 있다.

[대상판결 1]에서 원심의 판단과 같이 수령 당시 이미 초과지급사실을 알았다면 점유이탈물횡령죄가 성립할 수 있을 것이고, 대법원의 사실인정과 같이 초과지급된 매매대금을 집에 와서 알게 되었고, 이를 은닉하려는 시도를 행한 경우에도 점유이탈물횡령죄가 성립될 수 있을 것이다. 가시적인 은닉행위가 없이 단순히 반환하지 않고 있다는 사실에서도 이미 영득의사를 발견할 수 있다면 점유이탈물횡령죄가 될 여지가 있겠으나, 인식 있는 취득행위 없이 소지상태에서 점유이탈물이라는 사실을 인식한 것만으로는 아직 영득의 의사가 표현되지 아니한 것으로 인정될 사안도 있을 것이고, 이러한 경우는 단순한 민사사안에 불과하다고 보아야 할 것이다.

3. 소 결

과다지급된 매매대금이나 초과된 거스름돈의 수령행위의 사기죄성립은 부정하여야 한다. 경우에 따라 점유이탈물횡령죄 혹은 단순한 민사사안으로 비채변제에 의한 부당이득반환청구의 대상으로 파악하는 것이 타당해 보인다.

Ⅵ. 결 론

이상과 같이 살펴본 주요 내용을 요약하면 다음과 같다.

1. 대상판결들에서 사용되는 기망의 유형에 관한 대법원의 언어사용은 오해의 소지가 있다.

2. 소극적 기망을 묵시적 기망과 부작위에 의한 기망으로 명백하게 구별하는 것이 형법·민법의 해석론상의 용어와의 조화, 규범구조 및 형법체계의 정합성이라는 관점에서도 바람직하다.

3. 소극적 기망행위 중 묵시적 기망으로 분류될 수 있는 사안에서 고지의무를 언급하는 것은 적절하지 못하다. 작위인 묵시적 기망과 부작위에 공통적으로 고지의무가 등장하는 것은 소위 '위험분배설'의 입

장과 일치한다.

4. 묵시적 기망에서의 고지의무는 행위자의 행동 등 추론이 가능한 행위가 가지는 설명가치를 통해 피기망자가 착오에 이르렀고, 이렇게 착오에 이른 점에 행위자의 책임(사기죄의 기망행위 및 이에 따른 사기죄로의 처벌의 위험부담)이 인정되어야 한다는 취지의 다른 표현에 불과하다. 설명가치설에서도 이러한 위험부담은 기망의 존부판단기준으로 작용하고 있다. 묵시적 기망의 이면을 고지의무로 표현하는 것은 득보다 실이 많은 언어사용이다.

5. 부작위범의 성립요건으로 피기망자가 이미 착오에 빠져 있어야 한다는 판례의 입장보다 착오에 빠지는 것을 방지하지 않는 행위까지도 포함하고 있는 학설의 입장이 보다 타당하다. 하지만 내용적인 차이는 없다.

6. 작위범에서 등장하는 신의칙은 행위자가 작위로 침해하는 금지규범을 표현하는 것이고, 부작위범에서 등장하는 신의칙은 행위자가 부작위로 침해하는 요구규범의 표현이다.

7. 소위 '잔전사기'에 있어서는 사기죄의 성립은 불가능하며, 단지 점유이탈물횡령죄만이 성립가능하며, 경우에 따라서는 민사법상 비채변제에 근거한 부당이득반환청구의 대상이 될 뿐이다. 행위자가 수령금액이 초과된 사실을 그 금원의 수령 당시부터 알았는가, 사후에 알게 되었는가에 따라 사기죄와 점유이탈물횡령죄의 성립이 좌우되는 것은 아니다.

횡령죄에 있어서의 위탁관계

원 혜 욱*

[대상판결 1] 대법원 1985. 9. 10. 선고 84도2644 판결

횡령죄에 있어서 타인을 위하여 재물을 보관하게 된 원인은 반드시 소유자의 위탁행위에 기인한 것임을 필요로 하지 않는다. 따라서 피고인이 J회사로부터 피해자 등을 대신하여 그들의 공동지분이 있는 대리점 개설보증금을 반환받아 은행에 예금하고 있었다면 피고인은 피해자를 위하여 그 지분상당의 금원을 보관중이었다 할 것이므로 이를 임의로 인출 소비한 피고인에게는 횡령죄가 성립한다.

[대상판결 2] 대법원 2003. 5. 27. 선고 2003도4531 판결

매수인이 매도인에게 매매대금을 지급함에 있어 착오에 빠져 지급해야 할 금액을 초과하는 돈을 교부하는 경우, 매도인이 사실대로 고지하였다면 매수인이 그와 같이 초과하여 교부하지 아니하였을 것임은 경험칙상 명백하므로, 매도인이 매매잔금을 교부받기 전 또는 교부받던 중에 그 사실을 알게 되었을 경우에는 특별한 사정이 없는 한 매도인으로서는 매수인에게 사실대로 고지하여 매수인의 그 착오를 제거하여야 할 신의칙상 의무를 지므로 그 의무를 이행하지 아니하고 매수인이 건네주는 돈을 그대로 수령한 경우에는 사기죄에 해당될 것이지만, 그 사실을 미리 알지 못하고 매매잔금을 건네주고 받는 행위를 끝마친 후에야 비로소 알게 되었을 경우에는 주고받는 행위는 이미 종료되어 버린 후이므로 매수인의 착오 상태를 제거하기 위하여 그 사실을 고지하

* 인하대학교 법과대학 교수.

여야 할 법률상 의무의 불이행은 더 이상 초과된 금액 편취의 수단으로서의 의미는 없으므로, 교부하는 돈을 그대로 받은 그 행위는 점유이탈물횡령죄가 될 수 있음은 별론으로 하고 사기죄를 구성할 수는 없다.

[대상판결 3] 대법원 1994. 11. 25. 선고 93도2404 판결

횡령죄는 위탁이라는 신임관계에 반하여 타인의 재물을 보관하는 자가 이를 횡령하거나 또는 반환을 거부함으로써 성립하는 것이므로, 부동산의 등기명의자인 피고인이 그 중 일부 지분을 횡령하였다고 하려면 우선 그 피해자가 그 부동산 지분의 실제 소유권자로서 피고인에게 그 지분을 명의신탁함으로써 피고인과의 사이에 위탁이라는 신임관계가 있어야 할 것이다.

〔연　구〕

Ⅰ. 문제제기

대상판결들은 횡령죄의 주체인 '타인의 재물을 보관하는 자'의 지위를 발생시키는 '위탁관계'에 관한 사안들이다. 횡령죄는 자기가 보관하는 타인의 재물을 횡령하거나 반환을 거부함으로써 성립하는 범죄이다. 횡령죄에 있어서의 '보관'은 위탁관계에 기한 재물의 점유를 의미하는 것이기 때문에 횡령죄에서의 보관을 소유자의 위탁행위를 통한 보관자에게로의 점유의 이전이라고 할 때,[1] 대상판결에서는 각각 다른 형태의 점유의 이전이 존재한다. 즉 위탁관계를 주관적인 측면과 객관적인 측면으로 구별하여 **소유자의 위탁의사에 의한 위탁행위**가 그 요건이라고 할 때, 대상판결 1은 보관자에게 재물에 대한 위탁행위는 존재하나, 이러한 위탁행위가 피해자인 소유자에 의한 것이 아니라 제3자인 J회사에 의한 것으로, 결과적으로 보면 객관적·주관적인 측면 모두에서 소유자의 위탁의사에 의한 위탁행위가 존재하지 않는 경우이고,

1) 임웅, 형법각론, 법문사, 2002년, 380면.

대상판결 2는 객관적으로는 소유자에 의한 점유의 이전이 이루어졌으나 주관적인 측면에서는 위탁의사가 아닌 소유자의 착오에 의해 점유가 이전된 경우이고, 대상판결 3은 소유자의 위탁의사에 의한 위탁행위가 행하여진 경우이다.

여기서 우리 대법원이 횡령죄의 주체인 '보관'의 범위에 대해 다양한 해석의 근거를 제시하고 있음을 알 수 있다. 즉 대상판결 1과 관련해서는 횡령죄의 성립을 인정함으로써 횡령죄의 주체인 보관자의 지위가 반드시 소유자의 위탁행위에 의해 발생하는 것은 아니라고 하여 위탁관계의 발생근거를 넓게 해석하고 있다. 이에 반해 대상판결 2는 착오에 의한 점유의 이전은 위탁관계에 의한 보관자의 지위를 인정할 수 없다 하여 횡령죄의 성립을 부정하고 있다. 이러한 견해는 착오에 의한 점유의 이전에 대해서도 보관을 인정하여 횡령죄를 성립시킨 종래의 대법원의 견해[2]와 다른 태도로써 보관자의 지위를 소유자의 위탁의사에 의한 위탁행위에 제한하고 있는 것으로 보여진다. 대상판결 3은 종전의 대법원의 입장을 나타난 것으로 횡령죄가 성립하기 위해서는 소유자의 위탁의사에 기한 위탁행위가 있어야 한다고 한다. 대법원의 다양한 해석의 마지막 유형으로는 본 논고에서 대상판결로 제시하고 있지는 않지만 이미 많은 연구가 이루어진 **불법원인급여**에 대한 부분이다. 이는 외형적으로는 소유자의 위탁의사에 의한 위탁행위가 이루어졌음에도 불구하고 대법원이 '보관'을 인정하지 않아 횡령죄의 성립을 부정하고 있는 경우이다.

이에 본 논고에서는 금전이 횡령죄의 객체가 되는가에 대한 논의는 별론으로 하고, 횡령죄에 있어서의 '위탁관계'의 범위를 검토하기 위해 ① 횡령죄에서 '보관'을 인정하기 위해서 '소유자'의 위탁행위가 전제되어야 하는가? ② 착오로 재물의 점유가 이전된 경우를 횡령죄의 요건인 '위탁관계'로 볼 수 있는가? ③ 외형적으로는 위탁관계가 존재

2) 대법원 1968. 7. 24. 선고 66도1705 판결(이재상, 형법각론 신정판, 1999년, 338면에서 재인용).

하나 그 전제되는 신뢰관계가 보호가치가 없다(소위 불법원인급여)고 하여 횡령죄에 있어서의 '위탁관계'로 볼 수 없는가?에 대해 살펴보고자 한다. 이러한 검토를 위해 우선 횡령죄의 본질을 검토함으로써 횡령죄에서 '위탁관계'가 반드시 필요한가에 대해 살펴보고, 최근 점차 횡령죄에 있어서의 '보관'의 범위를 확대해석하고 있는 대법원의 태도에 비추어 횡령죄에 있어서의 위탁관계의 범위를 살펴보고자 한다.

Ⅱ. 횡령죄의 본질

1. 월권행위설

월권행위설은 횡령죄의 본질을 신임관계에 위배되는 월권행위라고 이해하고 있다. 즉 행위자가 위탁된 보관물에 대하여 그 권한을 초과하는 행위를 함으로써 위탁의 기초가 되는 신임관계에 위배했다는 배신성을 횡령죄의 본질로 파악하고 있다. 월권행위설에 의하면 횡령죄에 있어서의 보관은 소유자에 대한 관계에서 위탁에 의한 신임관계의 기초로서의 의미를 가지게 된다. 따라서 보관자와 소유자와의 사이에 '위탁행위' 등을 통한 신임관계가 형성되어야 한다.[3] 이에 따르면 대상판결 1은 소유자의 위탁행위에 의한 신임관계가 형성되지 않았고, 대상판결 2는 소유자의 위탁의사가 결여되었으므로 횡령죄의 성립을 부정해야 할 것이다.

다만, 월권행위설의 중심을 신임관계의 위배라고 한다면, 신임관계가 반드시 소유자의 위탁행위에 의해 발생하지 않아도 무방할 것이다. 즉 소유자의 위탁행위가 아니라고 하더라도 보관자의 지위를 발생시킬 수 있는 신임관계가 존재하면 횡령죄의 성립을 인정해야 할 것이다. 이에 따르면 대상판결 1은 소유자의 위탁행위는 아니지만 개설보증금을 반환받아야 하는 다른 공동지분권자를 위해 J회사로부터 반환금에 대한 위탁관계가 형성되어 보관자와 재물의 소유자가 되어야 하는 공동

3) 이재상, 형법각론 제 5 판, 박영사, 2004년, 380면; 임웅, 앞의 책, 378면; 정성근/박광민, 형법각론, 삼지원, 2002년, 379면.

지분권자 사이에 신임관계가 존재한 것으로 보아 횡령죄의 성립을 인정할 수 있을 것이다. 대상판결 2의 경우에는 매매계약에 의해 착오로 초과지급된 매매대금에 대해 거래상의 신의칙에 의하여 초과지급된 금전에 대해서 서로에게 반환하여야 한다는 신임관계를 인정하게 되면 횡령죄에 있어서의 '보관'을 인정하게 되어 횡령죄가 성립할 수 있을 것이다.

2. 영득행위설

영득행위설은 위탁된 보관물을 불법하게 영득하는 데에 횡령죄의 본질이 있다는 견해로, 우리나라의 다수설과 판례의 태도이다. 영득행위설에 따르면 횡령죄가 성립하기 위해서는 '불법영득의 의사'가 필요하다. 따라서 신임관계에 대한 위배행위로서의 단순한 월권행위로는 부족하고 타인의 재물을 자기의 소유물처럼 이용·처분하려는 의사가 있어야 한다.[4] 이처럼 영득행위설은 월권행위설과 마찬가지로 위탁행위에 의한 신임관계에 대한 배신을 전제로 하고 있기 때문에 월권행위설을 취한 경우와 마찬가지로 횡령죄의 성립요건으로 '위탁관계'가 요구된다. 따라서 위탁행위와 관련해서는 월권행위설에 있어서와 동일한 논리전개가 가능하다.

3. 이 원 설

이원설은 횡령죄의 본질을 이원적으로 파악하는 견해로, 횡령행위와 반환행위를 구별하여 영득행위설과 월권행위설을 인정하고 있다. 그러나 이원설을 취하는 경우에도 횡령죄의 본질은 '신임관계에 대한 배신'을 전제로 하고 있으므로, 횡령죄의 성립에 '위탁관계'를 요구하고 있다. 따라서 이원설을 취하는 경우에도 위의 두 견해와 마찬가지로 '보관'의 범위에 대한 문제가 제기된다.

---

4) 이재상, 앞의 책, 380면; 임웅, 앞의 책, 378면; 정성근/박광민, 앞의 책, 380면.

4. 소 결

횡령죄의 본질을 월권행위라고 주장하든 혹은 영득행위라고 주장하든 횡령죄의 성립요건으로 '위탁행위에 의한 신임관계'가 요구되고 있다. 그러나 앞에서 살펴본 바와 같이 월권행위설과 영득행위설은 모두 신임관계에 대한 배신을 횡령죄의 본질로 파악하는 것이지, 그러한 신임관계가 반드시 소유자의 의탁의사에 의한 위탁행위에 의해 성립될 것까지 요구하는 것은 아니라고 해석할 수 있을 것이다. 이러한 견해를 취하게 되면 대상판결 1과 2에서는 피고인에게 신임관계를 인정할 수 있는 보관자의 지위가 발생하면 족한 것이지 그러한 신임관계가 반드시 재물 소유자의 위탁의사에 기한 위탁행위에 의해 발생해야 하는 것은 아니라고 할 것이다. 이에 따르면 대상판결 1에서 대법원이 횡령죄의 성립을 인정한다고 하여 이러한 태도가 횡령죄의 본질에 반하는 것은 아니라고 할 것이다. 다만, 이러한 견해를 취할 경우 대상판결 2의 착오로 금전이 이전된 경우와 불법원인급여의 경우 대법원이 위탁관계에 의한 보관자의 지위를 인정하고 있지 않으므로 위탁관계의 범위를 어느 정도까지 한정할 것인가에 대한 문제가 남게 된다.

Ⅲ. 횡령죄에 있어서의 위탁관계의 범위

통설, 판례에 의하면 배임죄와 횡령죄는 신임관계를 침해한다는 배신성에서 그 본질을 같이하고, 다만 양죄는 행위의 객체를 달리하여 횡령죄는 자기가 보관하는 타인의 재물을 처분하는 범죄이고, 배임죄는 재물 이외의 재산상 이익을 취득하여 타인의 재산상태 일반에 손해를 가하는 범죄로서 횡령죄와 배임죄는 특별법과 일반법의 관계에 있다고 보고 있다.[5] 이처럼 횡령죄의 본질을 신임관계에 위배하여 타인의 재물을 영득한다는 배신성에 있다고 하는 경우 횡령죄의 주체는 위탁관계에 의하여 타인의 재물을 점유하는 신분자가 된다.[6] 횡령죄에 있어서의

5) 손태호, "채권양도인이 채권양도 통지 전에 채권을 변제받아 소비한 행위가 횡령죄를 구성하는지 여부," 대법원판례해설 제38호, 1999년, 687면.

6) 이재상, 형법총론 제5판, 박영사, 2004년, 385면; 정성근/박광민, 형법각론, 삼지

위탁관계에 관해 통설과 판례는 사실상의 위탁관계가 있으면 족하다고 한다. 위탁자와 수탁자가 위탁할 권한이나 수탁할 권한이 있느냐도 묻지 않는다고 한다. 따라서 절도범과 같은 불법점유자도 위탁할 수 있으며, 위탁관계가 법률상 무효·취소된 때에도 이미 인도된 재물의 점유에 대해서 사실상의 위탁관계는 존재한다고 하여[7] 위탁관계를 넓게 해석하고 있다. 특히 소유자와 관계없이 사무관리에 의해서도 위탁관계가 성립할 수 있다고 하고 있는데, 이는 횡령죄에 있어서의 보관자의 지위가 반드시 소유자의 위탁행위에 의해 발생할 것을 요하지 않고, 보관자와 소유자 사이에 신임관계가 성립되면 충분하다는 의미로 파악될 수 있다. 이에 이하에서는 우선 종래 판례와 학설에 의해 인정되고 있는 위탁관계의 발생근거를 살펴봄으로써 위탁관계가 반드시 소유자의 위탁행위에 의해 발생해야 하는가를 검토하고자 한다.

1. 위탁관계가 반드시 소유자의 위탁행위에 의해 발생해야 하는가?

위탁관계는 사용대차·임대차·위임·임치·고용 등의 계약에 의하여 발생하는 것이 보통이나, 법률의 규정에 의하여 발생하는 경우도 있다. 그러나 위탁관계의 발생근거는 여기에 제한되지 않는다. 널리 거래의 신의성실에 비추어 재물의 보관에 대한 신임관계가 발생하였으면 족하다고 해야 한다.[8] 또한 횡령죄에 있어서의 위탁관계는 '사실상의 위탁관계'이지, 위탁관계를 발생시킨 사법상의 계약이 유효할 것을 전제로 하는 것은 아니기 때문에 보관의 기초된 위탁계약이 무효 또는 취소되었다고 하더라도 보관물을 반환하기까지는 본인과 거래의 신의칙에 따른 위탁관계 내지 신임관계가 사실상 지속된다고 해야 한다. 더 나아가 위탁관계는 반드시 소유자에 의하여 행하여졌을 것을 요하지 않으며, 소유자의 의사에 반하지 않으면 제 3 자에 의하여 이루어져도

원, 2002년, 386면.

7) 정성근/박광민, 위의 책, 386면.

8) 대법원 1987. 10. 13. 선고 87도1778 판결 참조.

족하다고 한다.[9] 이러한 견해는 횡령죄의 주체인 보관자의 범위를 확대한 것이다.

대법원 역시 보관자의 범위를 확대하여 인정하고 있는데, 다음과 같은 판례를 그 예로 들 수 있다.

① 임차인이 이사하면서 그가 소유자나 타인으로부터 위탁받아 보관중이던 물건들을 임대인의 방해로 옮기지 못하고 그 임차공장 내에 그대로 두었다면 임대인은 사무관리 또는 조리상 당연히 임차인을 위하여 물건들을 보관하는 지위에 있다 할 것이므로 임대인이 이를 임의로 매각하거나 반환을 거부하였다면 횡령죄가 성립한다.[10] ② 양식어업면허권자가 그 어업면허권을 양도한 후 아직도 어업면허권이 자기 앞으로 되어 있음을 틈타서 어업권 손실보상금을 수령하여 소비하였다면 횡령죄가 성립한다.[11] ③ 채무자가 채무총액에 관한 지불각서를 써 줄 것으로 믿고 채권자가 채무자에게 그 액면금 등을 확인할 수 있도록 가계수표들을 교부하였다면, 채권자와 채무자 사이에는 만약 합의가 결렬되어 채무자가 채권자에게 지불각서를 써 주지 아니하는 경우에는 곧바로 그 가계수표들을 채권자에게 반환하기로 하는 조리에 의한 위탁관계가 발생하였다고 볼 수 있으므로 그 반환을 거부하는 행위는 횡령죄가 성립한다.[12]

이상의 논의를 종합해 보면 횡령죄에 있어서의 위탁관계는 종래 대법원이 취하고 있던 소유자에 의한 위탁행위를 전제로 하고 있는 태도에 한정하지 않고, 소유자에 의한 위탁행위가 존재하지 않아도 '보관자'의 지위를 인정할 수 있을 정도의 신임관계가 형성된다면 횡령죄의 성립을 긍정해야 한다.

---

9) 이재상, 앞의 책, 386면; 임웅, 앞의 책, 381면; 손태호, 앞의 논문, 687면; 대법원 1987. 10. 13. 선고 87도1778 판결.

10) 손태호, 앞의 논문, 686면.

11) 대법원 1993. 8. 24. 선고 93도1578 판결.

12) 대법원 1996. 5. 14. 선고 96도410 판결.

2. 착오에 의한 점유의 이전을 위탁행위로 볼 수 있는가?

착오에 의해 점유가 이전된 재물을 영득한 경우 횡령죄의 성립을 인정할 것인가에 대해 대법원은 일치된 태도를 보이고 있지 않다. 대법원은 66도1705 판결에서 송금절차의 착오로 인하여 피고인의 은행구좌에 입금되었음을 기화로 이를 소비한 경우에 횡령죄의 성립을 인정함으로써[13] 착오로 인해 점유가 이전된 경우에도 위탁관계를 인정하고 있다. 그러나 대상판결 2에서는 착오로 점유가 이전된 경우에 점유이탈물횡령죄가 성립할 수 있음을 제시함으로써 횡령죄에 있어서의 위탁관계를 부정하고 있는 것으로 보여진다. 이처럼 횡령죄에 있어서의 보관이 소유자의 위탁의사에 의한 위탁관계를 전제로 하는가에 대하여 판례의 태도가 일치하지 않기 때문에 소유자의 착오로 점유가 이전된 경우에 '위탁관계'를 인정할 수 있는가가 분명하지 않다.

점유이탈물횡령죄는 신임관계를 위배하는 배신성이 없으므로 횡령죄와는 별개의 독립된 범죄로 이해해야 한다.[14] 여기서 점유이탈물이란 점유자의 의사에 의하지 않고 그 점유를 떠난 물건을 의미한다. 따라서 어느 누구의 점유에도 속하지 않는 재물뿐 아니라 점유자의 착오에 의하여 우연히 행위자의 점유에 들어온 재물도 점유이탈물이라 할 것이다.[15] 형법에서는 점유이탈물횡령죄의 구성요건으로 '위탁관계'가 전제되어야 하는가에 대해서 아무런 언급도 하고 있지 않으나, 점유이탈물은 누구의 점유에 속하지 않거나 우연히 자기점유에 속하게 된 점유이므로 위탁관계의 점유에서 제외되어야 할 것이다. 따라서 착오로 행위자의 점유에 들어온 재물에 대해서는 횡령죄가 성립할 여지는 없다고 할 것이다.[16]

그러나 위탁관계의 발생근거를 확대하고 있는 최근의 판례의 태도

13) 대법원 1968. 7. 24. 선고 66도1705 판결(이재상, 형법각론 신정판, 1999년, 338면에서 재인용).
14) 임웅, 형법각론, 법문사, 2002년.
15) 이재상, 앞의 책, 406면.
16) 정성근/박광민, 앞의 책, 386면.

에 비추어 본다면 착오로 점유가 이전된 경우라 할지라도 일률적으로 횡령죄의 성립을 부정할 것이 아니라 거래의 신의성실의 원칙에 의해 '보관'을 인정할 수 있을 정도의 신임관계가 발생하였는가를 검토해야 할 것이다. 여기서 신임관계를 인정할 수 있다면 횡령죄의 성립을 인정해야 할 것이며, 또한 그러한 신뢰관계가 반드시 보관자와 소유자 사이에서 발생할 것을 요할 것이 아니라 제3자와의 사이에서 발생한 경우에도 횡령죄의 성립을 인정할 수 있을 것이다. 다만, 이러한 경우에도 보관을 인정할 수 있을 정도의 신임관계에 대한 해석은 최소한 거래관계의 신의성실의 원칙에 부합될 정도이어야 하는 것은 당연하다.

3. 불법원인급여를 위탁관계에 있는 보관이라고 할 수 있는가?

위탁관계가 불법한 불법원인급여에 대해 횡령죄의 성립을 인정할 수 있는가에 대해서는 부정설, 긍정설, 절충설로 견해가 대립하고 있다.

(1) 부정설(소극설)

불법원인급여의 경우에는 횡령죄가 성립하지 않는다는 견해이며, 그 논거는 다음과 같다. ① 불법원인급여의 경우에 위탁자는 그 반환청구권을 상실하기 때문에 수탁자는 위탁자에 대하여 그 재물을 반환할 법률상의 의무가 없으므로 이를 자유롭게 처분할 수 있는 것이 되어 횡령죄가 성립할 여지가 없다. ② 민법상 보관자가 그 재물에 대한 반환의무가 없는 경우에는 그것을 반환하지 않고 영득하여도 허용되는 것이므로 형법상으로도 전체로서의 법질서에 반하지 않는 행위가 되고 따라서 그러한 경우의 영득행위는 위법하지 않게 됨으로써 횡령죄가 성립하지 않는다. ③ 불법원인급여의 경우에는 수탁자에게 소유권이 귀속되므로 타인의 재물이라고 할 수 없으므로 횡령죄가 성립하지 않는다.[17)]

대법원은 불법원인급여의 의미에 대해서 "급여한 사람은 그 원인

17) 이재상, 앞의 책, 386면; 강동범, "소위 불법원인급여와 횡령죄의 성부," 형사판례연구 [1], 박영사, 187면; 정성근/박광민, 앞의 책, 388면.

행위가 법률상 무효임을 내세워 상대방에게 부당이득 반환청구를 할 수 없고, 또 급여한 물건의 소유권이 자기에게 있다고 하여 소유권에 기한 반환청구도 할 수 없어서 결국 급여한 물건의 소유권은 급여받은 상대방에게 귀속된다"고 하고 뇌물로 전달해 달라고 교부받은 금원의 소유권은 수급자에게 있다는 이유로 이를 소비한 수급자의 횡령죄를 부정하였다.[18]

(2) 긍정설(적극설)

불법원인급여의 경우에도 이를 보관하는 자가 영득하면 횡령죄가 성립한다는 견해로서 그 논거는 다음과 같다. ① 재산범죄에 있어서 민법상의 침해여부는 문제가 되지 아니하며, 범죄의 성부는 형법의 독자적 목적에 비추어 판단해야 하므로 횡령죄의 성립을 긍정해야 한다. ② 민법상 불법원인급여가 보호받지 못한다고 하여 위탁자가 소유권을 상실하는 것은 아니므로 점유자에 대하여는 여전히 타인의 재물이 되기 때문에 이를 영득하는 것은 횡령죄가 성립한다. ③ 위탁관계는 상호간의 신임관계를 인정할 근거가 되므로 불법원인급여의 경우에도 신임관계를 인정할 수 있으므로 횡령죄가 성립한다.[19]

(3) 절 충 설

① 불법원인급여를 소유권이전의 의사가 있는 점유이전(불법원인급여)과 소유권이전 의사가 없는 점유이전(불법원인위탁)으로 나누어, 전자의 경우에는 횡령죄가 성립하지 않지만 후자에 있어서는 성립한다는 견해와, ② 불법원인급여의 경우 행위반가치는 인정되나 결과반가치의 측면에서는 법익평온상태의 교란 정도의 반가치만 인정되므로 횡령죄의 불능미수가 될 뿐이라는 견해를 절충설이라고 할 수 있다.[20]

(4) 소 결

위에서 살펴본 바와 같이 횡령죄의 본질은 신뢰에 기초한 위탁관

18) 대법원 1988. 9. 20. 선고 86도628 판결.
19) 이재상, 앞의 책, 387면; 강동범, 앞의 논문, 184면; 정성근/박광민, 앞의 책, 388면.
20) 이재상, 앞의 책, 387면; 정성근/박광민, 앞의 책, 388면.

계의 침해, 즉 배신성에 있다. 따라서 횡령죄가 성립하기 위해서는 범죄행위로부터 보호받아야 할 신뢰관계가 전제되어야 한다. 횡령행위를 그것과 외관상 유사하게 행해지는 점유이탈물횡령죄보다 훨씬 중하게 처벌하는 근거는 횡령죄가 소유권침해와 더불어 신뢰관계를 파괴한다는 데 있기 때문이다. 물론 여기서의 신뢰는 보호가치 있는 신뢰이어야 할 것이다. 이에 불법원인급여의 경우에도 위탁관계와 신뢰관계를 인정할 수 있다는 견해도 있지만, 이 경우에는 신뢰관계가 인정된다고 할지라도 그것은 형법에 의해 보호될 수 없는 신뢰관계라 할 것이므로 횡령죄의 성립을 부정하는 판례의 태도는 타당하다.[21] 그러나 최근 대법원은 불법원인급여에 관한 소위 '화대사건'에서[22] 급여자에게 불법이 있음에도 불구하고 수익자에게 현저히 큰 불법이 인정된다고 하여 수익자에게 반환의무가 있다고 하여 횡령죄의 성립을 인정하였다. 즉 대법원은 급여자에게 다소의 불법성이 있다고 하더라도 수익자의 불법이 현저히 큰 경우는 수익자에게만 불법이 있는 있는 것으로 보아 반환청구를 인정하고 있는 것이다.[23] 이러한 대법원의 태도는 불법원인급여의 경우에도 수익자에게 횡령죄의 주체인 보관자의 지위를 인정하고자 한 것으로 위탁관계의 발생근거를 확대함으로써 보관자의 범위를 확대하고 있는 최근의 태도와 일치하는 것이다.

Ⅳ. 맺 음 말

이상에서 살펴본 바와 같이 최근 판례와 통설이 '보관'을 넓게 해석하고 있는 태도에 비추어 볼 때 횡령죄의 성립요건인 위탁관계의 범위도 넓게 인정하는 것이 타당하다. 특히 소유자의 '위탁행위'에 한정하여 횡령죄의 성립을 인정할 것이 아니라 보관자의 지위를 발생시키는 '신임관계'를 중시하여 소유자의 위탁의사가 결여된 경우 혹은 소유자의 위탁행위가 결여된 경우뿐만 아니라 불법원인급여의 경우에도 거래

21) 강동범, 앞의 논문, 194면; 정성근/박광민, 앞의 책, 389면.
22) 대법원 1999. 9. 17. 선고 98도2036 판결.
23) 장영민, "불법원인급여와 횡령죄," 형사판례연구 [8], 박영사, 278면.

의 신의성실의 원칙에 의해 혹은 조리·관습에 의해 신임관계가 성립된다면 횡령죄에 있어서의 위탁관계를 인정해도 좋을 것이다. 따라서 대상판결 1과 2에서도 '보관'을 넓게 해석하여 피고인과 피해자 사이에 신임관계를 인정할 수 있다면 피고인에 대해 횡령죄를 성립시킬 수 있을 것이다. 이에 대상판결 1이 '위탁관계'에 기인한 것이 아니어서 횡령죄의 성립을 부정해야 한다는 견해는 타당하다고 할 수 없다. 대상판결 1은 위탁관계가 존재하지 않는 것이 아니라 '소유자에 의한 위탁관계'가 존재하지 않는 것일 뿐이기 때문이다. 또한 대상판결 2와 관련하여서도 착오로 인해 점유가 이전된 경우 일률적으로 횡령죄가 성립한다 혹은 성립하지 않는다라고 할 것이 아니라 착오로 점유가 이전되어질 수 있었던 전제가 되는 사실을 검토하여 그러한 전제사실이 거래상의 신의칙에 의해 피고인에게 피해자에 대해 '보관자'의 지위를 인정할 수 있는 정도인가가 우선적으로 논의된 이후에 횡령죄의 성부에 대한 정당성이 논의되어야 할 것이다.

소송계속 이후에 검사가 법원에 제출하지 않은 서류나 증거물에 대하여도 열람·등사권을 인정할 수 있는가

백　원　기*

[대상결정] 헌법재판소 1997. 11. 27. 94헌마60 전원재판부 결정
(동 2003. 3. 27. 2000헌마474 전원재판부 결정 참조)

Ⅰ. 결정소개

청 구 인　조○찬

대 리 인　변호사 박재승, 안상수, 박인제, 박성호

법무법인　시민종합법률사무소 담당변호사 김선수

피청구인　서울지방검찰청 검사

[주　　문]

피청구인이 1994. 3. 26. 국가보안법위반사건의 피고인인 청구인의 변호인 김선수의 위 사건의 수사기록(서울지방검찰청 1994년 형제19005호 기록) 일체의 열람·등사신청에 대하여 국가기밀의 누설이나 증거인멸, 증인협박, 사생활침해의 우려 등 정당한 사유를 밝히지 아니한 채 전부 거부한 것은 청구인의 신속하고 공정한 재판을 받을 권리와 변호인의 조력을 받을 권리를 침해한 것으로서 위헌임을 확인한다.

* 인천대학교 법과대학 교수.

[이 유]

가. 이 사건 심판청구의 적법성에 관한 판단(생략)

나. 본안에 관한 판단

(1) 형사소송절차에 있어서의 기본권과 수사기록의 열람·등사

우리나라의 형사소송절차는 8.15 해방 후 형사소송법의 제정과 그 후 수차례의 개정을 통하여 당사자주의적 요소와 피의자·피고인의 인권보장규정이 대폭 노입되었으며, 특히 증거조사의 방식에 있어서는 기본적으로 당사자주의의 소송구조를 취하게 되었다. 소송구조의 이러한 변화는 증거로 수사기록을 제출함에 있어서도 직권주의 소송구조하에서는 공소의 제기와 동시에 수사기록 일체를 법원에 제출하던 것을 공판중심주의와 공소장일본주의가 채택된 당사자주의 소송구조하에서는 기소단계에서는 법원에 공소장만 제출하고 증거는 공판정에서 피고인에 대한 신문이 종료한 후 이를 특정하여 개별적으로 제출함으로써 그 조사를 신청하도록 됨에 따라(형사소송법 제290조, 제291조; 형사소송규칙 제132조의2) 증거제출 전까지는 검사가 수사기록을 보관하게 되었다. 따라서 공소제기 후 법원에서 증거로 제출된 수사기록을 열람·등사할 수 있었던 종전과 달리 공소제기 후 증거제출 전까지 사이에 검사가 보관하고 있는 수사기록(이하 수사기록이라 한다)을 어디서, 어떤 절차로, 어떤 서류를 열람·등사할 수 있는가가 문제된다.

원래 영미법계에서 발달한 당사자주의는 당사자에게 소송의 주도권을 인정하여 당사자의 공격과 방어를 중심으로 심리가 진행되고 법원은 제3자적 입장에서 양 당사자의 주장과 입증을 판단하는 주의이며, 공격·방어방법의 무기 즉 증거는 각자가 개발하는 것이 원칙이다. 한편 당사자주의는 당사자의 법적 평등 즉 당사자대등을 전제로 하는데 여기서의 당사자대등은 형식적 당사자대등이 아니라 실질적 당사자대등 즉, 무기평등을 의미한다. 민사소송에 있어서는 증거의 편재현상이 없으므로 당사자 사이에 다소 능력의 차이는 있을지라도 각자가 증

거를 개발하여 공격·방어를 행하는 것이 당연하나, 형사소송에 있어서는 국가기관으로서 거대한 조직력을 바탕으로 한 검사와 사법경찰관이 피의자에 대하여 월등하게 우월한 증거수집능력과 수사기술을 갖추고 있어 소추자인 검사는 거의 모든 증거를 독점하게 되므로 증거의 공유 없이는 실질적 당사자대등은 기대할 수 없고, 자칫 당사자주의는 헛구호에 그치게 될 위험이 있다.(중략)

그러면 형사소송법이 당사자주의 소송구조를 취하면서 형사소송에 있어서 당사자의 실질적 대등과 검사의 공익의 대표자로서의 지위에서 발생하는 위와 같은 문제의 해결방법으로 헌법적으로는 어떠한 방법이 있는지 살펴본다. 헌법은 형사피고인에게 보다 효율적이고 실질적인 방어권 행사를 할 수 있도록 제12조 제4항에서 변호인의 조력을 받을 권리를 형사피고인의 기본권으로 인정하고 있으며, 헌법 제27조 제1항·제3항에서는 형사피고인에게 신속하고 법률에 의한 재판을 받을 권리를 기본권으로 보장하고 있다.(중략)

(3) 열람·등사의 거부와 피고인의 기본권의 침해여부

㈎ 신속·공정한 재판을 받을 권리의 침해여부

형사소송의 기본이념은 실체적 진실발견과 적법절차 및 신속한 재판의 원칙이라고 할 수 있다. 헌법은 제27조 제1항에서 "모든 국민은 헌법과 법률이 정한 법관에 의하여 법률에 의한 재판을 받을 권리를 가진다"라고 규정하고, 여기서의 법률에 의한 재판이라 함은 "형사재판에 있어서는 적어도 그 기본원리인 죄형법정주의와 절차의 적법성뿐만 아니라 절차의 적정성까지 보장되는 적법절차주의에 위반되지 않는 실체법과 절차법에 따라 규율되는 재판"(헌법재판소 1993. 7. 29. 선고 90헌바35 결정 참조)으로 피고인의 방어활동이 충분히 보장되고, 실질적 당사자대등이 이루어진 공정한 재판을 의미한다.(중략)

그런데 형사소송법은 제290조에서 "증거조사는 피고인에 대한 신문이 종료한 뒤에 하여야 한다"고 규정하여 피고인신문을 증거조사에 선행시키고 있고, 또 형사소송법은 증거조사의 방식에 관하여 증거서류들에 대하여는 "공판정에서 개별적으로 지시설명하여 조사"(제291조 제1항)하고, 재판장은 "그 요지를 고지"(제292조 제1항)하도록 하며, "피고인에게 각 증거조사의 결과에 대한 의견을 묻고 권리를 보호함에 필요한 증거조사를 신청할 수 있음을 고지하여야 한다"(제293조)고 규정하고 있다. 한편 수사기록은 국가기관이 그에게 부여된 강제 또는 임의의 수사권을 행사하여 당해 사건과 관련된 피의자, 피해자, 신고자, 증인 등 관계자에 대한 모든 진술 및 검증, 감정, 공무소등에의 조회의 결과 등을 수집한 방대한 양의 증거를 포함하고 있으며, 장차 공판절차에서 법관의 면전에 제출되어 피고인에 대하여 유죄를 입증하는 증거로 사용되게 된다. 따라서 증거조사 전에 검사가 보관하는 수사기록을 열람·등사하고 이를 검토할 기회가 주어지지 않는다면 변호인으로서는 피고인에 대한 검사의 주신문에 대하여 유효·적절한 반대신문을 하기 어려울 것이다. 물론 증거조사단계 이후에 검사가 증거로 제출한 수사기록을 열람·등사하여 검토한 후 피고인에 대한 반대신문을 보충할 수는 있으나 방어란 그 시기도 중요한 의미가 있어 처음부터 일관성 있게 수립되어야 하는 것이므로 공판기일 전에는 어떠한 경우에도 열람·등사가 거부된다면 방어에 차질을 빚게 되고 법원의 심증형성에도 불리하게 작용하여 공정한 재판을 해칠 수 있을 것이다. 또한 수사기록에 대한 사전 열람·등사의 거부는 증거조사절차의 지연을 가져와 형사소송의 이념인 신속한 재판을 저해하게 될 우려가 있다. 즉, 변호인이 공판 전에 수사기록을 열람·등사하여 검토하는 경우 증거조사절차에서 검사가 증거로 제출한 수사기록에 대하여 증거동의여부를 신속히 결정할 수 있고, 부동의하는 부분에 대하여만 증거조사를 하면 되므로, 모든 증거에 대하여 증거조사절차에서 비로소 열람하는 경우에 증거검토를 위하여 필연적으로 따르게 될 불필요한 심리절차의 지연과 중단을 방지하고 신속한 재판을 가능하게 하는 것이다. 그러므로 검사가 보관하는 수사기록에 대한 변호인의 열람·등사는 실질적 당사자대

등을 확보하고, 신속·공정한 재판을 실현하기 위하여 필요불가결한 것이며, 그에 대한 지나친 제한은 피고인의 신속·공정한 재판을 받을 권리를 침해하는 것이다.

(나) 변호인의 조력을 받을 권리의 침해여부

헌법 제12조 제4항은 "누구든지 체포 또는 구속을 당한 때에는 즉시 변호인의 조력을 받을 권리를 가진다"고 규정하고 있고, 이는 형사피의자 또는 피고인이 체포·구속되었을 때 즉시 법률전문가의 조력을 받게 함으로써 당사자대등의 원칙을 실질적으로 확보하여 공정한 재판을 실현하고자 함에 그 목적이 있으며, (중략) … 변호인의 조력을 받을 권리는 그와 같은 접견교통권에 그치지 아니하고 더 나아가 피고인이 그의 변호인을 통하여 수사서류를 포함한 소송관계 서류를 열람·등사하고 이에 대한 검토결과를 토대로 공격과 방어의 준비를 할 수 있는 권리도 포함된다고 보아야 한다.(중략)

더구나 형사소송법은 제35조에서 "변호인은 소송계속중의 관계서류 또는 증거물을 열람 또는 등사할 수 있다"고 규정하여 변호인에게는 일반적으로 소송관계 서류의 열람·등사를 허용하는 반면, 피고인 본인에 대하여는 제55조 제1항에서 "피고인은 공판조서의 열람 또는 등사를 청구할 수 있다"고 하고, 제185조에서 "검사, 피고인, 피의자 또는 변호인은 판사의 허가를 얻어 전조의 처분(증거보전처분을 지칭함)에 관한 서류와 증거물을 열람 또는 등사할 수 있다"고 규정하며, 또 제292조 제2항에서 "피고인의 청구가 있는 때에는 재판장은 증거된 서류를 열람 또는 등사하게 하거나 서기로 하여금 낭독하게 할 수 있다"고 규정하여 개별적으로 구체적인 절차에 있어서 특정서류의 열람·등사만을 허용하여 그 열람·등사의 범위에 차등을 두고 있으므로 피고인으로서는 수사서류까지를 포함한 소송관계서류 전반에 관하여 보다 면밀하고 광범위하게 검토하여 방어계획을 수립하기 위하여는 변호인의 조력을 받지 아니할 수 없는 것이다(다만 형사소송법 제55조 제1항은 피고인에 대하여 '공판조서의 열람 또는 등사'만을 허용하고 있음에도 불구하고, 형사소송규칙은 제30조 제1항에서 "피고인은 소송계속중의 관계서류 또는 증거물을 열람 또는 등사할 수 있다"고 규정하여 소송관계서류 전반에 관하여 그 열람·등사를 허용하고 있는 것으로 규정하고 있다). 그러므로 변호인의 수사기록 열람·등사에 대한 지나친 제한은 결국 피고인에게 보장된 변호인의 조력을 받을 권리를 침해하게 되는 것이다.

㈐ 결국 수사기록에 대한 열람·등사신청에 대하여 피청구인의 주장대로 우리 형사소송법이 당사자주의 소송구조 및 소송서류비공개의 원칙을 취하고 있다는 이유로 이를 전면거부하거나 이미 사백하고 있고 개전의 정이 뚜렷하다는 등의 특별한 경우에 한하여 수사기관의 은혜적인 배려로서 그 열람·등사를 허용할 수 있다고 한다면 공소사실을 부인하고 억울한 누명을 벗기 위하여 적극적으로 방어권을 행사하고자 하는 피고인과의 사이에 불평등을 초래할 뿐만 아니라 피고인의 방어권행사에 대한 중대한 제한을 가져와 실질적 당사자대등을 기대할 수 없으며, 따라서 형사소송절차의 기본이념인 적법절차의 원칙에 반하고, 피고인의 신속하고 공정한 재판을 받을 권리 및 변호인의 조력을 받을 권리를 침해하는 것이다.(중략)

(7) 이 사건에 있어서 열람·등사를 거부할 정당한 사유와 기본권침해 여부

돌이켜 이 사건에 관하여 보건대, 피청구인은 청구인의 변호인 김선수가 1994. 3. 22. 국가보안법위반죄로 구속기소된 청구인의 변론준비를 위하여 피청구인에게 피청구인이 보관중인 수사기록(서울지방검찰청 1994년 형제19005호) 일체에 대한 열람·등사신청을 하였으나 같은 달 26. 피청구인은 아무런 거부사유를 밝히지 아니한 채 이를 거부하고, 이 사건 헌법소원에 대하여도 형사소송법이 당사자주의 소송구조를 취하고 있으며 소송서류비공개를 원칙으로 하고 있다는 이유로 피청구인의 위 거부행위가 정당하다고 주장하고 있다.

그러나 당사자주의나 소송서류비공개의 원칙이 변호인의 열람·등사신청을 전면적으로 거부할 정당한 사유가 되지 못함은 앞에서 본 바와 같으며, 이 사건에 있어서 국가기밀의 누설이나 증거인멸, 증인협박, 사생활침해 등의 폐해를 초래할 염려 등 열람·등사를 거부할 만한 정당한 사유를 밝히지도 아니하였고, 그 후 피청구인은 공판정에서 이 사건 수사기록 일체를 증거로 제출하고 있다.

따라서 정당한 사유를 밝히지 아니한 채 이 사건 수사기록의 열람·등사를 거부한 피청구인의 행위는 청구인의 신속·공정한 재판을 받을 권리와 변호인의 조력을 받을 권리를 침해하는 것으로 헌법에 위반된다 할 것이다.

(8) 피청구인 및 이해관계인의 나머지 주장에 관한 판단

㈎ 피청구인 등은 형사소송법이 공소장일본주의를 채택하고 있는 이상 공판단계에서 증거로 제출되기 전에 검사가 보관하고 있는 증거들에 대하여 이를 열람·등사할 수 없는 것은 당연한 것이라고 주장한다. 그러나 공소장일본주의는 법원으로 하여금 사전에 유죄심증의 예단을 갖고 재판에 임하게 되는 것을 방지하고자 마련된 제도로서 공정한 재판을 하기 위한 것이므로 이는 어디까지나 법원에 대한 예단 배제의 한도 내에서 운용되어야 하는 것이지 그것이 피고인의 방어권을 제약하는 수단으로 이용되어서는 아니 된다.(중략)

㈏ 피청구인 등은 또 형사소송법이 제47조에서 소송서류의 비공개를, 제198조에서 수사상 비밀의 엄수를 규정하고 있는 점으로 미루어 보더라도 공판 전에 수사기록에 대한 열람·등사는 허용할 수 없다고 주장한다. 그러나 위 규정들은 형사소송에 있어서 무죄추정을 받아야 할 피고인이 단순한 혐의 또는 수사단계에서 수사서류 등이 공개됨으로 말미암아 입게 될 기본권의 침해를 방지하고자 함에 주된 목적이 있는 것이지 피고인의 방어권행사를 제한하는 근거가 될 수 없으므로 위 규정들을 이유로 피고인의 방어권행사에 필수적인 열람·등사를 전면거부하는 것은 부당하다.

㈐ 피청구인 등은 또 형사소송법 제35조가 "변호인은 소송계속중의 관계서류 또는 증거물을 열람 또는 등사할 수 있다"고 규정하고 있는바, 위 법률조항에 의하여 변호인에게 허용되는 열람·등사권의 범위는 검사가 법원에 증거로 제출한 관계서류와 증거물에 한정된다고 보아야 하므로 피청구인이 변호인의 제1회 공판기일 이전의 수사기록에 대한 열람·등사를 거부한 것은 정당하다는 취지로 주장한다. 그러나 위 법률조항 자체가 공판기일 이전의 변호인의 수사기록에 대한 열람·등사권을 적극적으로 부정하고 있지는 아니할 뿐만 아니라 피청구인의 이 사건 열람·등사거부로 인한 헌법상 권리에 대한 침해를 정당화할 근거는 되지 못한다 할 것이므로 위 주장은 이유 없다.

㈑ 피청구인 등은 또 방대한 수사기록에 대한 열람·등사신청은 검찰업무수행에 막대한 지장을 초래할 수 있으므로 공판기일 전의 검사 보관 수사기록에 대한 열람·등사는 부당하다고 주장한다. 그러나 수사기록의 열람·등사에 따른 기록의 멸실, 손괴, 변조 등 기록보존상의 문제나 열람·등사로 인하여 초래될지도 모를 검찰청 업무의 폭주나 지장 등의 문제는 기술적으로 처리, 해결될 수 있는 성질의 것이어서 이러한 다소간의 현실적 문제점 등이 국민의 기본권을 제한할 수 있는 근거로 될 수는 없는 것이다(헌법재판소 1991. 5. 13. 선고 90헌마133 결정 참조).

그러므로 어느 모로 보나 피청구인 등의 주장은 이유 없다.

[결　　론] 그렇다면 청구인의 변호인 김선수가 1994. 3. 21. 국가보안법위반죄로 구속기소된 청구인의 변론준비를 위하여 같은 달 22. 피청구인에게 한 서울지방검찰청 1994년 형제19005호 사건 수사기록 일체에 대한 열람·등사신청에 대하여 같은 달 26. 국가기밀의 누설이나 증거인멸, 증인협박, 사생활침해의 우려 등 정당한 사유를 밝히지 아니한 채 피청구인이 이를 거부한 것은 청구인의 신속하고 공정한 재판을 받을 권리와 변호인의 조력을 받을 권리를 침해한 것으로서 위헌

이라 할 것이나, 피청구인의 이 사건 열람·등사거부행위가 이미 종료되고 그로 인한 기본권침해상태가 더 이상 존재하지 아니하므로 이를 취소하는 대신 위헌임을 확인하는 선언을 하기로 하여 주문과 같이 결정한다. 이 결정은 다음과 같은 재판관 김용준의 반대의견과 재판관 신창언의 반대의견에 대한 보충의견이 있는 이외에는 관여재판관 전원의 의견일치에 의한 것이다.(이하 생략)

1997. 11. 27.

재판장 김용준　　재판관 김문희 이재화 조승형 정경식(주심)
재판관 고중석 신창언 이영모 한대현

Ⅱ. 결정검토

1. 사건의 개요

청구인은 1994. 3. 21. 국가보안법위반죄로 구속기소되었는데 그 변호인인 변호사 김선수가 청구인을 위한 변론을 준비하기 위하여 같은 달 22. 피청구인에게 경찰 및 검찰에서의 청구인의 자술서 및 피의자신문조서, 참고인들의 진술조서 등이 포함된 서울지방검찰청 1994년 형제19005호 사건 수사기록 일체를 열람·등사하겠다는 신청을 하였으나, 피청구인은 거부사유를 일체 밝히지 아니한 채 이를 거부하였다.

이에 청구인은, 그 변호인의 열람·등사를 거부한 피청구인의 행위는 헌법 제12조 제4항이 보장하고 있는 변호인의 조력을 받을 권리 및 헌법 제27조 제1항·제3항이 보장하고 있는 신속하고 공정한 재판을 받을 권리 등 헌법상 보장된 청구인의 기본권을 침해하고 있다는 이유를 들어 1994. 4. 16. 헌법재판소법 제68조 제1항에 의한 이 사건 헌법소원심판을 청구하였다. 그러므로 이 사건 심판의 대상은 피청구인이 청구인의 변호인 김선수의 위 수사기록의 열람·등사신청에 대하여 거부한 행위의 위헌여부이다.

2. 청구인의 주장 및 이해관계인들의 의견

(1) 청구인 주장의 요지

형사피고인은 유죄의 판결이 확정될 때까지 무죄로 추정되는 것이며, 헌법에 의하여 변호인의 조력을 받을 권리와 신속하고 공정한 재판을 받을 권리를 보장받고 있다. 그런데 피청구인은 청구인에 대한 수사가 종결되고 이미 공소가 제기된 상황에서 변호인의 수사기록에 대한 열람·등사를 거부하였다.

피청구인의 위와 같은 수사기록에 대한 열람·등사거부행위는 첫째 변호인의 조력을 받아 제1회 공판기일 전에 미리 수사기록을 열람·등사하여 방어계획을 수립하고자 하는 청구인의 권리를 침해하는 것이고, 둘째 수사기록과 증거물을 제1회 공판기일 전에 미리 열람·등사하여 충실한 방어준비를 한 후 공판에 임함으로써 신속하고 공정한 재판을 받고자 하는 청구인의 권리를 침해하는 것이다.

(2) 피청구인의 답변 및 법무부장관의 의견

㈎ 피청구인의 열람·등사거부행위는 그 정당한 법이론적 근거를 가진다. 즉, 형사소송법은 당사자주의를 채택하고 있고, 당사자주의 소송구조에 있어서는 자기에게 유리한 증거의 수집 및 제출은 본래 당사자가 각기 행하여야 하며, 유리한 증거의 발견을 목적으로 상대방의 수중에 들어가는 것은 허락되지 않는다. 따라서 변호인이라 하더라도 상대방 당사자인 검사에게 제1회 공판기일 이전의 단계에서 증거로 제출되지도 아니한 자료들에 대하여 그 전부를 공개하라고 요구할 수는 없는 것이다.(중략) 따라서 형사소송법 제35조가 변호인의 수사기록에 대한 열람·등사권을 규정하고 있으나 그것은 공소제기 후 공판절차에서 증거로 제출된 수사서류들에 한한다고 해석하여야 할 것이다.

㈏ 피청구인의 열람·등사거부행위는 변호인의 조력을 받을 권리를 침해하는 것이 아니다.(중략) 공소제기 후 아직 증거로서 제출되지 않고 있는 검사 보관의 수사기록은 그 열람·등사가 허용될 수 없는 것이며, 그로 인하여 변호인의 조력을 받을 권리가 제한을 받는다 하더

라도 청구인에게는 변호인과의 자유로운 접견교통권이 보장되어 있으므로 송달된 공소장을 토대로 변호인과의 자유로운 의견교환 등을 통하여 변론준비를 함으로써 충분한 것이고, 수사기록에 대한 열람·등사가 필요하다면 증거조사단계에서 법원으로부터 필요한 부분을 열람·등사받을 수도 있는 것이므로 이로써 변호인의 조력을 받을 권리는 충분히 보장된 것이라 볼 수 있고, 피청구인의 열람·등사거부행위가 변호인의 조력을 받을 권리를 침해하는 것이라고 할 수는 없다.

㈐ 피청구인의 열람·등사거부행위는 신속한 재판을 받을 권리를 침해하는 것이 아니다. '신속한 재판'은 가능한 한 신속하게 제1회 공판기일을 개시하고 사실심리, 증거조사 및 변론 등의 공판절차를 신속하게 진행하여 빠른 시일 내에 판결을 선고하는 것에 의해서 달성되는 것이다. 피청구인이 제1회 공판기일 개시 전에 그가 보관중인 수사기록에 대한 열람·등사를 거부하였다 하더라도 변호인으로서는 공소장 검토 및 피고인과의 접견 등을 통하여 변론준비를 할 수 있는 것이고, 또 그로써 충분한 것이므로 신속한 재판을 위하여 반드시 수사기록 전체를 공판기일 개시 이전에 열람·등사받아야 한다고 할 수는 없는 것이고, 따라서 그 열람·등사거부가 신속한 재판을 받을 권리를 침해한 것이라고 볼 수도 없다.

㈑ 수사기록 일체에 대한 열람·등사신청은 실무적 관행에 비추어 보더라도 부당한 것이다. 변호인의 수사기록 열람·등사신청에 대한 현재의 실무적 관행은 피의자가 자백하고 자신의 잘못을 뉘우치는 등 개전의 정이 현저하고 수사에 순응하는 등 재판의 원활한 진행이 보장되는 경우에 변호인이 등사범위를 특정하여 신청하면 공소유지에 지장이 없는 범위 내에서 이를 허용하고 있을 뿐이다. 그런데 청구인의 변호인은 이 사건 수사기록에 대한 열람·등사신청시 그 열람·등사대상을 지적하면서 '1. 자술서 및 피의자신문조서(경찰, 검찰) 2. 참고인들 진술조서 3. 기타 수사기록 일체'라고 하여 포괄적 추상적으로 기재하고 구체적으로 등사범위를 특정하지 아니하였는바, 이와 같은 수사기록 일체

에 대한 열람·등사신청은 실무적 관행에 비추어 부당하고 공소제기 후 필요한 공판준비에 막대한 지장을 초래한다는 점에서도 받아들일 수 없는 것이다.

㈒ 이상과 같은 사정을 종합하건대, 피청구인이 변호인의 수사기록에 대한 열람·등사신청을 거부하였다 하더라도 그것이 바로 청구인의 변호인의 조력을 받을 권리를 침해하거나 신속·공정한 재판을 받을 권리를 침해한 것이라고 볼 수는 없다.

Ⅲ. 결정해설

1. 서 언

우리 형사소송법은 제35조에서 "변호인은 소송계속중의 관계서류 또는 증거물을 열람 또는 등사할 수 있다"고 규정하여 변호인에게는 일반적으로 소송관계 서류의 열람·등사를 허용하고 있다.[1] 여기서 '소송계속중인 관계서류'는 일반적으로 공소제기된 사건기록으로서 공소제기 후 법원이나 검사가 보관하는 일체의 서류, 증거물 등을 의미하는 것이다. 그런데 소송계속 이후에 검사가 법원에 제출하지 않은 서류나 증거물에 대하여도 열람·등사권을 인정할 수 있는가라는 문제가 현실적으로 제기될 수 있다.[2]

이 문제에 관하여 이 사건 헌법재판소 결정은 소송계속 이후에 곧 공소제기 후 증거조사가 개시되기 전에 검사가 법원에 제출하지 않은 서류나 증거물에 대하여도 열람·등사권을 인정할 수 있는가라는 문제에 대하여 긍정적인 입장을 취하고 있다. 본 결정은 변호인의 기록 열람·등사권 문제가 형사소송법상의 문제임에도 불구하고 형사소송법

1) 우리나라의 군사법원법 제64조는 "변호인은 공소제기 후에는 관계서류 또는 증거물을 열람 또는 등사할 수 있다"라고 규정하여 변호인의 공소제기 후의 수사기록 등에 대한 열람·등사권을 인정하고 있다.

2) 우리 구 형사소송법 제35조는 제1항에서 "변호인은 소송에 관한 서류 또는 증거물을 열람 또는 등사할 수 있다"고 규정하고 있었다. 따라서 변호인은 검사의 허가를 얻어 수사기록 등을 열람 또는 등사할 수 있었으므로 이러한 문제는 제기되지 않았다.

제35조의 해석론과 형사소송제도론의 특유한 시각을 벗어나 헌법상 기본권의 법리에 입각하여 이 문제를 취급한 경향을 뚜렷하게 드러내고 있어 각별한 재검토의 필요성을 제기하고 있다.

다만 본 사건이 헌법소원의 대상이 된 사건으로서 의당 헌법적 판단을 요하였던 것으로 헌법적 논리가 하위법에 해당하는 형사소송법의 법리보다 우선적으로 판단의 준거로 삼을 수밖에 없었던 점에 관하여 이의를 제기할 수는 없다. 그러나 자칫 헌법상의 일반논리가 형사소송법의 고유한 법리를 훼손하는 경우 개별법규와 그 체계의 특수성을 무시하게 되어 혼란을 야기시킬 수 있다는 사실을 간과해서는 아니 될 것이다.

이러한 시각에서 우리는 본 사건 결정의 당부 자체를 논의하기보다 형사소송법상 중요한 제도로서 '변호인의 기록 열람·등사권'에 관한 해석론의 입장에서 본 사건에서 제기된 문제를 다루어 보고자 한다.

2. 변호인의 기록 열람·등사권의 의의

변호인이 변호를 준비하기 위한 불가결의 전제가 되는 권리로서, 공판절차의 원활한 진행을 촉진하고 공정한 재판이념의 실현에 기여한다. 따라서 형사소송법은 이를 변호인의 고유권의 하나로 인정하는 것이다. 기록 열람·등사권은 변호인뿐만 아니라 피고인에게도 인정되며 다음과 같이 분류될 수 있다.

(1) 공판조서 열람·등사권

열람·등사권과 별도로 피고인에게 인정되는 권리이므로 변호인이 있는 피고인도 이 권리를 행사할 수 있다.[3)]

(2) 증거서류의 열람·등사권

피고인의 청구가 있는 때에는 재판장은 증거된 서류를 열람 또는 등사하게 하거나 법원사무관 등으로 하여금 낭독하게 할 수 있다.

---

3) 우리 형사소송법 제55조 제 1 항 참조.

(3) 소송계속중의 관계서류 또는 증거물 열람·등사권

소송계속중의 관계서류라 함은 공소제기된 사건의 소송서류를 의미한다.[4] 그런데 여기서 '소송계속중'이라는 의미에 관하여는 다툼이 있으며 이 점에 관하여는 뒤에서 상세히 논하고자 한다.

3. 변호인의 기록 열람·등사권에 관한 비교법적 고찰

일반적으로 세계 각국은 직권주의 소송구조를 취하는 나라이거나 당사자주의 소송구조를 취하는 나라이거나 공소제기 후 공판 선의 단계에서 그 범위에 차이는 있을지라도 일정한 범위 내에서 변호인에게 수사기록의 열람·등사를 허용하고 있다.

(1) 미국 형사소송법

미국 연방형사소송규칙 제16조는 피고인측의 신청이 있으면 검사가 보유하고 있는 증거를 피고인측에서 열람·등사·사진촬영을 할 수 있도록 허가할 것을 법원이 명령할 수 있다고 규정하여 공판 전 증거개시절차(pretrial discovery)를 인정하고 있다.

(2) 프랑스 형사소송법

프랑스 형사소송법 제118조 제3항은 "예심판사는 피의자신문의 적어도 2일 전에 변호인에게 판사실 또는 서기실에서 자유롭게 소송기록을 볼 수 있다는 통지를 하여야 한다"고 규정하여 공판절차 전 예심의 단계에서부터 변호인의 소송기록에 대한 열람·등사권을 인정하고 있다. 또한 같은 법 제394조는 예심절차를 거치지 아니한 채 공판이 개최되는 경우에도 변호인은 언제든지 자유로이 소송기록을 열람하는 것이 가능하도록 규정하고 있다.

(3) 독일 형사소송법

독일 형사소송법 제147조 제1항도 "변호인은 법원에 있거나 공소를 제기하는 경우 법원에 제출하여야 할 소송기록을 열람하고 직무상

4) 강구진, 형사소송법원론, 1988, 법원사, 232면; 백형구, 형사소송법강의, 1997, 박영사, 104면; 배종대/이상돈, 형사소송법, 2004, 홍문사, 129면; 신동운, 형사소송법, 1998, 법문사, 382면; 이재상, 형사소송법, 2002, 박영사, 135면 참조.

보관된 증거물을 관찰할 권한을 가진다"고 규정하여 공소제기 후 법원에 제출되지 아니하고 검사가 보관하고 있는 자료에 대하여도 변호인에게 열람권을 인정하고 있다.

(4) 일본 형사소송법

일본 형사소송법 제299조 제1항에서 검찰관이 증인 등의 심문을 청구하는 때에는 미리 피고인측에 대하여 그 성명 및 주소를 알 기회를 부여하여야 하고 증거서류 또는 증거물의 증거조사를 청구함에 있어서도 이것을 열람할 기회를 부여하여야 한다고 규정하고 있다. 아울러 형사소송규칙 제178조의6 제1항에서 검찰관이 증거조사를 청구할 예정인 증거서류, 증거물에 관해서는 공소제기 후 제1회 공판기일 전에 가능한 한 신속하게 열람의 기회가 부여되어야 한다고 규정하고 있다.[5)]

4. 변호인의 열람·등사의 방법과 절차

이에 관하여는 법원이 보관하고 있는 기록의 경우와 검찰이 보관하고 있는 기록의 경우로 나누어 살펴보아야 한다.

(1) 법원이 보관하고 있는 기록의 경우

변호인 자신이 열람·등사할 수 있으며, 변호인은 자기의 사무원 또는 사용인으로 하여금 열람·등사하게 할 수 있다. 이 때에는 미리 재판장의 허가를 받아야 한다.[6)]

(2) 검찰이 보관하고 있는 기록의 경우

검사가 열람·등사를 허가한 때에는 문제가 없으나 이를 거부한 때 변호인이 수소법원에 이를 신청할 수 있는가라는 문제가 제기될 수 있

5) 일본 최고재판소는 사안의 성질, 심리의 상황, 열람을 구하는 증거의 종류 및 내용, 열람의 시기, 정도 및 방법, 기타 제반 사정을 감안하여 그 열람이 피고인의 방어를 위하여 특히 중요하고 또 그에 의하여 증거인멸이나 증인협박 등의 폐해를 초래할 우려가 없고 상당하다고 인정되는 때에는 재판장은 소송지휘권에 기하여 검찰관에게 그 소지하는 증거를 변호인에게 열람시키도록 명령하는 것이 가능하다고 판시하여 열람·등사의 범위를 검사 보관의 증거서류 및 증거물에까지 확대하고 있다(본 사건 결정문 참조).

6) 우리 형사소송규칙 제23조 제1항 참조.

다. 이에 관하여는 다음과 같이 단계적으로 나누어 보아야 할 것이다.

먼저 기소 후 제1회 공판기일 전에는 법원에 이를 신청할 수 없다고 보아야 한다. 그 이유는 법원이 증거조사 절차 이전에 검사에게 증거의 개시를 명령하는 것은 소송지휘권의 한계를 벗어나는 일이기 때문이다.

다음 공판절차에서 증거조사에 들어간 후에는 이를 신청할 수 있다고 본다.[7] 일반적으로 검사가 수사기록의 열람·등사를 거부한 경우 그 구제방법으로서 헌법재판소는 준항고를 할 수는 없다고 결정하고 있다.[8] 또 이 경우 행정심판이나 행정소송에 의하여 구제를 신청할 수 있으나 이들 절차를 거치지 않고 바로 헌법 소원을 제기할 수도 있다.[9]

열람·등사의 방법과 절차에 관하여 헌법재판소는 본 결정에서 "수사기록에 대한 열람·등사신청은 수사기록을 보관하고 있는 검사에게 직접 하여야 한다. 이는 수사기록을 보관하고 있는 자에게 신청하는 것이 원칙일 뿐만 아니라 신청을 받은 검사도 신속하고 간편하게 열람·등사를 허용할 수 있을 것이고, 또 비록 검사의 공소제기에 의하여 법원에 소송계속이 생겼다 하더라도 증거조사 전단계에서는 검사가 보관중인 수사기록에 대하여 법원이 열람·등사를 허용할 근거는 없기 때문이다"라고 판시하고 있다.

5. 변호인의 기록 열람·등사권의 범위

열람과 등사의 허용은 '소송계속중의 관계서류 또는 증거물'에 한정된다. 따라서 수사기관에서 수사중인 수사서류에 대하여는 열람·등사권이 인정되지 아니한다. 그러나 최근 헌법재판소에서는 사기죄로 구속된 피의자로부터 구속적부심 청구를 의뢰받은 변호인이 경찰서장에게 피의자에 대한 수사기록 중 고소장과 피의자신문조서의 열람 및 등사를 신청하였으나 거부당한 사건에서 경찰서장의 정보비공개결정은

7) 이재상, 앞의 책, 136면 참조.
8) 헌재결 1991. 5. 13, 90헌마133 참조.
9) 헌재결 1997. 11. 27, 94헌마60 참조.

청구인인 변호인의 피구속자를 조력할 권리 및 알 권리를 침해하여 헌법에 위반된다고 결정하였다.10)

일반적으로 소송계속중에 수사기록에 대한 열람·등사가 허용된다고 하더라도 수사의 본질상 내재적 한계를 부인할 수 없다. 수사기록 중 열람·등사가 허용되는 것은 피고인에 대한 수사의 범위 내에서 수집된 것으로서 장차 법원에 증거로 제출될 서류, 증거물 등과 같은 피고인의 공격과 방어의 준비를 위하여 필요한 부분만을 의미한다고 보아야 할 것이다. 따라서 수사기록 중 증거로서 중요한 의미를 가지고 있고 증거인멸 등의 위험이 유형적으로 작은 증거들, 예컨대 압수조서, 증거물, 실황조사서, 감정서, 피고인 자신의 자술서, 피의자신문조서 등은 제한 없이 열람·등사가 허용된다고 보아야 할 것이다. 또 참고인진술조서도 증인에 대한 신분이 사전에 노출됨으로써 증거인멸, 증인협박 또는 사생활침해 등의 폐해를 초래할 우려가 없는 한 원칙적으로 허용되어야 할 것이다.

그러나 헌법재판소는 본 결정에서 "수사기관 내부의 의견서, 보고문서, 메모, 법률검토, 내사자료 등 피고인의 범죄사실 입증에 관련된 증거가 아닌 자료는 원칙적으로 피고인의 방어활동과 직접 관계가 없고 이는 열람·등사의 대상이 되지 않는다고 하여야 한다. 그렇지 아니하고 이를 무제한적으로 허용할 경우에는 피고인의 변호인은 피고인에게 유리한 증거가 나오면 좋고, 나오지 않아도 그만이라는 생각에서 검사가 수중에 가지고 있는 자료 일체의 열람·등사를 요구하는 소위 낚시여행(fishing expedition)을 하게 될 것이고, 이러한 경우 검사는 과연

10) "고소로 시작된 형사피의사건의 구속적부심절차에서 피구속자의 변호를 맡은 변호인으로서는 피구속자에 대한 고소장과 경찰의 피의자신문조서를 열람하여 그 내용을 제대로 파악하지 못한다면 피구속자가 무슨 혐의로 고소인의 공격을 받고 있는 것인지 그리고 이와 관련하여 피구속자가 수사기관에서 무엇이라고 진술하였는지 그리고 어느 점에서 수사기관 등이 구속사유가 있다고 보았는지 등을 제대로 파악할 수 없게 되고 그 결과 구속적부심절차에서 피구속자를 충분히 조력할 수 없음이 사리상 명백하므로 위 서류들의 열람은 피구속자를 충분히 조력하기 위하여 변호인에게 반드시 보장되지 않으면 안 되는 핵심적 권리이다." 헌재결 2003. 3. 27, 2000헌마474 참조.

어디까지 열람·등사를 허용하여야 할지도 모르게 되는 결과로 되고, 또한 실질적 당사자대등과 무기각자개발의 원칙을 전제로 한 당사자주의 소송구조 자체를 무너뜨리게 되며, 이는 형사피고인에게 보장된 적법절차의 원칙과 기본권을 넘어서는 것이 되기 때문이다"라고 판시하고 있다.

6. 변호인의 기록 열람·등사권의 제한

본 결정에서 헌법재판소가 설시하고 있는 바와 같이 수사기록에 대한 열람·등사권이 헌법상 피고인에게 보장된 신속·공정한 재판을 받을 권리와 변호인의 조력을 받을 권리 등에 의하여 보호되는 권리라 하더라도 무제한적인 것은 아니며, 헌법상 보장된 다른 기본권과 사이에 조화를 이루어야 할 것이다.

무엇보다도 먼저 변호인의 수사기록에 대한 열람·등사권도 기본권제한의 일반적 법률유보조항인 국가안전보장·질서유지 또는 공공복리를 위하여 제한되는 경우가 있을 수 있다. 검사가 보관중인 수사기록에 대한 열람·등사는 당해 사건의 성질과 상황, 열람·등사를 구하는 증거의 종류 및 내용 등 제반 사정을 감안하여 그 열람·등사가 피고인의 방어를 위하여 특히 중요하고 또 그로 인하여 국가기밀의 누설이나 증거인멸, 증인협박, 사생활침해, 관련사건 수사의 현저한 지장 등과 같은 폐해를 초래할 우려가 없는 때에 한하여 허용된다고 할 것이다.[11] 그리고 수사기록에 대한 열람·등사는 피고인에 대한 수사가 종결되고 공소가 제기된 이후에 허용된다 할 것이다. 공소제기 이전의 수사단계에서도 열람·등사를 허용한다면 수사기밀의 누설 등으로 국가형벌권의 행사가 현저히 방해받을 우려가 있기 때문이다.

다음으로 수사기록의 열람·등사가 사건에 직·간접으로 관계를 가지고 있는 공동피의자, 공동피고인, 고소인이나 참고인, 증인, 감정인

11) 다만 이와 같은 사유로 거부하는 경우에도 법익형량의 원칙 등 기본권제한에 요구되는 모든 원칙은 엄격히 지켜져야 할 것임은 자명한 사실이다.

등의 명예나 인격, 사생활의 비밀, 생명과 신체의 안전과 평온 등과 충돌하는 경우에는 상충되는 기본권에 의하여 역시 제한되는 경우가 있을 수 있다. 피고인의 기본권도 이들 기본권의 희생 위에 보장될 수는 없으며, 이들 기본권은 다같이 존중될 수 있도록 상호 조화점을 구하지 아니하면 아니 될 것이기 때문이다.

7. 소송계속중 검사미제출 관계서류 등 열람·등사의 인정여부

(1) 본 결정의 대립된 의견의 논거

1) **다수의견**

공소가 제기된 후 증거조사가 되기 전에는, 변호인이 변론을 준비하기 위하여 직접 검사에게 검사가 보관하고 있는 수사기록 일체를 열람·등사하게 하여 달라고 청구할 권리가 있는 것을 전제로, 이 사건의 경우 청구인(피고인)의 변호인이 피청구인(서울지방검찰청 검사)에게 피청구인이 보관하고 있는 수사기록 일체의 열람·등사를 신청한 데 대하여, 피청구인이 국가기밀의 누설이나 증거인멸, 증인협박, 사생활침해의 우려 등의 폐해를 초래할 염려 등 열람·등사를 거부할 만한 정당한 사유를 밝히지 아니한 채 수사기록의 열람·등사를 거부한 것은 청구인의 신속하고 공정한 재판을 받을 권리와 변호인의 조력을 받을 권리를 침해한 것으로서 위헌이다.

공소가 제기된 후 증거조사가 되기 전에라도 실질적인 당사자대등을 확보하고 신속·공정한 재판을 실현하기 위하여 … 수사기록 중 피고인에 대한 수사의 범위 내에서 수집된 것으로서 장차 법원에 증거로 제출될 서류, 증거물 등과 같은 피고인의 공격과 방어의 준비를 위하여 필요한 부분만은 변호인에게 열람·등사가 허용되어야 하며 따라서 수사기록 중 증거로서 중요한 의미를 가지고 있고 증거인멸 등의 위험이 유형적으로 작은 증거들, 예컨대 압수조서, 증거물, 실황조사서, 감정서, 피고인 자신의 자술서, 피의자신문조서 등은 제한 없이 열람·등사가 허용된다고 보아야 할 것이다. 또한 참고인 진술조서도 증인에 대한 신분이 사전에 노출됨으로써 증거인멸, 증인협박 또는 사생활침해 등의 폐해를 초래할 우려가 없는 한 원칙적으로 허용되어야 할 것이다.

결국 수사기록에 대한 열람·등사신청에 대하여 피청구인의 주장대로 우리 형사소송법이 당사자주의 소송구조 및 소송서류비공개의 원칙을 취하고 있다는 이유로 이를 전면거부하거나 이미 자백하고 있고 개전의 정이 뚜렷하다는 등의 특별한 경우에 한하여 수사기관의 은혜적인 배려로서 그 열람·등사를 허용할 수 있다고 한다면 공소사실을 부인하고 억울한 누명을 벗기 위하여 적극적으로 방어권을 행사하고자 하는 피고인과의 사이에 불평등을 초래할 뿐만 아니라 피고인의 방어권행사에 대한 중대한 제한을 가져와 실질적 당사자대등을 기대할 수 없으며, 따라서 형사소송절차의 기본이념인 적법절차의 원칙에 반하고, 피고인의 신속하고 공정한 재판을 받을 권리 및 변호인의 조력을 받을 권리를 침해하는 것이다.

2) 재판관 김용준의 반대의견

우리 현행 형사소송법은 다수의견도 지적하고 있는 바와 같이 증거조사의 방식에 있어서는 기본적으로 당사자주의 소송구조를 취함과 아울러, 공소를 제기함에는 공소장만을 법원에 제출하고 증거는 피고인에 대한 신문이 종료된 뒤에 공판정에서 제출하게 하는 공소장일본주의와 공판중심주의를 채택하고 있는 만큼, <u>공소가 제기되어 사건이 법원에 계속된 후 당사자의 일방인 피고인의 변호인이 대립되는 당사자인 검사에 대하여 직접, 그것도 검사가 보관하고 있는 수사기록을 모두 열람·등사하게 하여 달라고 하는 청구권이, 다수의견이 주장하는 바와 같이 헌법 제27조 제1항·제3항과 제12조 제4항이 보장하고 있는 신속하고 공정한 재판을 받을 권리나 변호인의 조력을 받을 권리 등의 기본권으로부터 바로 도출된다고 보기는 어렵다고 할 것이다.</u>

공소가 제기되어 사건이 법원에 계속된 이상, 변호인이 검사가 보관하고 있는 수사기록을 열람·등사하고자 하는 경우에는, 대립되는 상대방 당사자인 검사에게 직접 수사기록의 열람·등사를 신청할 것이 아니라, 수사기록 중 열람·등사를 원하는 증거를 특정하고, 그 증거를 열람·등사하여야 할 필요성을 밝혀 검사로 하여금 변호인에게 그 증거를 열람·등사시키도록 명하여 달라는 신청을, 법원에 하고, 법원은 변호인의 그 신청이 상당하다고 판단할 때에는 소송지휘권에 기하여 검사에게 그 증거를 변호인에게 열람·등사시키도록 명함으로써 검사가 보관하고 있는 수사기록을 열람·등사할 수 있을 것이다. 요컨대 공소가 제기된 후에는 법원이 소송지휘권에 기하여 변호인이 검사가 보관하고 있는 수사기록을 열람·등사할 필요가 있는지의 여부나, 변호인에게 수사기록을 열람·등사하게 함으로 말미암아 발생할 폐해 때문에 검사가 수사기록의 열람·등사를 허용하지 아니할 만한 정당한 사유가 있는지의 여부 등을 심리·판단하여, 그 결과에 따라 변호인이 열람·등사하고자 하는 증거를 변호인에게 열람·등사하게 하도록 검사에게 명할 것인지의 여부를 결정하여야 한다는 것이다. 공소가 제기된 후 공판기일이 지정되고 증거조사가 시작되더라도, 검사가 수사기록과 증거물을 모두 법원에 송부하지 아니하는 이상, 증거조사가 시작되기 전인지, 시작된 후인지에 따라 변호인이 수사기록을 열람·등사하는 절차나 방법이 달라진다고 볼 만한 합리적인 이유가 아무 것도 없다.

다수의견에 의하더라도 검사가 국가기밀의 누설이나 증거인멸, 증인협박, 사생활침해의 우려 등 정당한 사유가 있음을 밝히기만 하면 수사기록의 열람·등사를 거부하더라도 무방한 것인지의 여부가 명확하지 아니하고, 헌법재판소가 주문에 표시된 바와 같이 헌법적 해명을 한 후 앞으로도, 공소가 제기된 후 증거조사가 되기 전에 변호인이 직접 검사에게 검사가 보관하고 있는 수사기록 일체를 열람·등사하게 하여 달라고 신청한 데 대하여 검사가 변호인에게 수사기록(전부 또는 일부)의 열람·등사를 허용하지 아니할 만한 사유가 있음을 밝히고 수사기록의 열람·등사를 거부한 경우에, 피고인이 검사의 그 수사기록 열람·등사 거부처분의 취소를 헌법소원심판으로 청구할 수 있고, 헌법재판소는 변호인이 검사가 보관하고 있는 수사기록을 열람·등사할 필요가 있는지의 여부와 검사가 변호인에게 수사기록의 열람·등사를 허용하지 아니할 만한 정당한 사유가 있는지의 여부를 심리하여 헌법소원 심판청구의 당부를 판단하여야 하는 것인지의 여부도 분명하지 않다.

그렇지만 공소가 제기되어 사건이 법원에 계속된 후에는, 변호인이 검사가 보관하고 있는 수사기록을 열람·등사할 필요가 있는지의 여부나 검사가 변호인에게 수사기록의 열람·등사를 허용하지 아니할 만한 정당한 사유가 있는지의 여부 등은, 실체적 진실을 규명하기 위하여 피고인이 실질적으로 검사와 대등한 지위에서 충분하게 방어할 기회를 피고인에게 주는 등 공판절차를 합목적적으로 원활하게 진행함으로써 신속하고 공정한 재판을 하여야 할 책무를 지닌 법원의 적절한 소송지휘권의 행사를 통하여 당해 사건의 형사소송절차에서 판단될 일이지, 헌법재판소가 사건마다 일일이 수사기록을 검토하여 헌법소원심판절차에서 판단할 일은 아니라고 할 것이므로, 이 점을 분명하게 밝혀 두고자 한다.

3) **재판관 신창언의 반대의견에 대한 보충의견**

반대의견이 모두에서 적정하게 판단하고 있는 바와 같이, 우리 형사소송법이 당사자주의 소송구조와 공소장일본주의 및 공판중심주의를 채택하고 있는 만큼, 공소가 제기되어 사건이 법원에 계속된 후 당사자의 일방인 피고인의 변호인이 대립되는 당사자인 검사에 대하여 직접, 검사가 보관하고 있는 수사기록을 열람·등사하게 하여 달라고 하는 청구권이 헌법상 신속하고 공정한 재판을 받을 권리나 변호인의 조력을 받을 권리 등 기본권으로부터 바로 도출된다고는 볼 수 없다.

다만 변호인이 수사기록중 열람·등사를 원하는 증거를 특정하고 그 필요성을 밝혀 법원에 검사로 하여금 그 증거를 열람·등사시키도록 하여 달라는 신청을 하고, 법원은 그 신청이 상당하다고 판단할 때에는 소송지휘권에 기하여 검사에게 그 증거를 열람·등사시키도록 할 수 있다고 할 것이다. 따라서 형사소송법상 명문의 규정이 없음에도 불구하고 다수의견이 헌법상 기본권을 근거로 바로 피고인 또는 변호인에게 수사기록에 대한 열람·등사 청구권을 인정하는 것은 무리한 이론구성이라 할 것이다. 외국의 예를 보더라도 우리나라와 같이 당사자주의 소송구조를 채택하고 있는 미국, 영국, 캐나다, 일본 등은 물론, 직권주의 소송구조를 채택하고 있는 독일, 프랑스 등의 경우에도 형사소송법 등 법률에 구체적으로 수사기록의 열람·등사청구에 관한 근거규정을 두고 있으며, 헌법상 기본권에 기하여 직접 이를 인정하고 있는 나라는 찾아볼 수 없다.

그리고 헌법상 기본권으로 보든, 형사소송절차상 법원의 소송지휘권에 기하여 인정되는 권리로 보든 간에, 피고인 또는 변호인의 수사기록에 대한 열람·등사 청구권은 이를 인정한다 하더라도 결코 무제한적으로 허용될 수는 없는 것이다. 만일 수사기록 일체에 대한 열람·등사를 청구할 수 있다고 한다면, 이는 법률에 피고인측의 수사기록 열람·등사 청구권을 규정하고 있는 미국·영국 및 일본 등의 국가에서조차 입법 또는 판례상 피고인의 권리남용 내지 방어권의 남용으로 보아 인정하지 않고 있는 소위 '낚시여행'을 허용하는 결과가 되기 때문이다.[12)]

더욱이 다수의견에 따르면, 피고인 또는 변호인의 수사기록에 대한 열람·등사 청구권은 헌법상 기본권조항에서 바로 도출되는 국민의 기본권이라 할 것이므로 검사가 열람·등사신청을 거부하는 경우 피고인 또는 변호인은 당연히 그 취소를 구하는 헌법소원심판을 청구할 수 있

12) 이 점에 관하여는 다수의견도, "수사서류에 대한 열람·등사가 허용된다고 하더라도 수사의 본질상 내재적 한계가 있다 … 이를 무제한적으로 허용할 경우에는 피고인의 변호인은 피고인에게 유리한 증거가 나오면 좋고, 나오지 않아도 그만이라는 생각에서 검사가 수중에 가지고 있는 자료 일체의 열람·등사를 요구하는 소위 '낚시여행'을 하게 될 것이고, 이러한 경우 검사는 과연 어디까지 열람·등사를 허용해야 할지 모르게 되는 결과로 되고, 또한 실질적 당사자대등과 무기각자개발의 원칙을 전제로 한 당사자주의 소송구조를 무너뜨리게 되며, 이는 형사피고인에게 보장된 적법절차의 원칙과 기본권을 넘어서는 것이 되기 때문이다"라고 하여 수사기록에 대한 열람·등사 청구권의 한계를 인정하면서도, 결론에 있어서는 수사기록 일체에 대한 열람·등사신청을 거부한 검사의 행위가 청구인의 기본권을 침해하고 있다는 이유로 제기한 이 사건 헌법소원을 인용함으로써 스스로 논리의 일관성을 결하고 있다.

게 된다. 그 결과 헌법소원이 제기되면, 헌법재판소로서는 헌법소원의 대상이 된 하나하나의 증거에 대하여 수사기록을 검토하여 거부사유가 정당한지 여부를 일일이 판단할 수밖에 없게 될 것인데, 이와 같은 사태는 당해 사건에 대한 법원의 재판진행의 면에서 보나, 헌법재판의 본질과 실제 및 헌법재판소의 위상 등에 비추어 보나 심히 부적절하고 부당한 것이라 아니할 수 없다. 이 점에 관하여는 반대의견도 "법원의 적절한 소송지휘권의 행사를 통하여 당해 사건의 형사소송절차에서 판단될 일이지, 헌법재판소가 사건마다 일일이 수사기록을 검토하여 헌법소원심판절차에서 판단할 일은 아니라"고 강조하고 있다.

반대의견 중 공소제기 후 공판준비 내지 증거조사에 들어가기 전 단계에서도 법원의 소송지휘권에 기하여 검사가 보관하고 있는 수사기록을 변호인에게 열람·등사하게 할 수 있다고 보는 부분에 대하여는 견해를 달리한다. 우리 형사소송법이 공소장일본주의와 공판중심주의를 비롯한 당사자주의 소송구조를 채택하고 있는 이유는 공판 전에 법원의 예단을 방지하여 법원이 제3자적 입장에서 공소장에 기재된 공소사실의 존부에 대하여 당사자 사이에 전개되는 공격·방어를 바탕으로 심증을 형성하도록 함으로써 공정한 재판을 보장하려는 취지이다.

따라서 만일 공소제기 후 공판준비 내지 증거조사에 들어가기 전 단계에서까지 피고인 또는 변호인의 법원에 대한 수사기록 열람·등사 청구권을 인정하고 법원이 소송지휘권에 기하여 그 필요성 유무를 심사·허용할 수 있다고 한다면, 이는 사실상 법원에 예단을 갖게 하고 심증형성에 영향을 줄 수 있어 공소장일본주의 및 공판중심주의 등의 취지에 반하는 결과가 되므로, 공소제기 이후에는 언제든지 수사기록의 열람·등사가 허용될 수 있다는 반대의견에 찬동할 수 없다.[13)]

13) 기본적으로 우리와 같은 당사자주의 소송구조를 취하고 있는 외국의 입법례를 보더라도, 일본에서는 증인 등의 신문청구나 증거서류 또는 증거물의 조사를 청구하는 경우 미리 상대방에게 그 성명 및 주거를 알려 주거나 열람의 기회를 부여하도록 증거개시제도를 인정하고 있으나(일본 형사소송법 제299조 제1항), 그 절차는 검사 및 변호인이 상호 열람할 기회를 준 증거서류 또는 증거물에 대하여 제1회 공판기일 전 상대방에게 가능한 한 빨리 동의 여부를 통지하도록 하는 등(동

결론적으로 검사가 보관하고 있는 수사기록에 대한 피고인 또는 변호인의 열람·등사 청구권은 헌법상 기본권 조항에서 바로 도출되는 국민의 기본적 권리라 할 수 없고, 법원의 소송지휘권에 기하여 공판준비 내지 증거조사 이후 단계에서 허용되는 형사소송절차상의 권리라 할 것이다.

(2) 여러 학설에 대한 검토

소송계속 이후에 검사가 법원에 제출하지 않은 서류나 증거물에 대하여도 열람·등사권을 인정할 수 있는가라는 문제에 대하여 다음과 같은 학설과 견해가 대립하고 있다.

1) **전면적 긍정설**

이 학설은 공소가 제기된 이후에 검사가 보관하고 있는 서류에 대하여도 열람·등사권을 인정할 수 있다고 본다.[14] 그 이유는 첫째, 실질적 당사자주의를 실현하기 위하여 검사가 독점하고 있는 증거를 피고인이 공유할 수 있도록 하는 것이 형사소송법의 이념에 합치하며, 둘째, 검사는 공익의 보호자로서 피고인의 정당한 이익을 옹호하여야 하고, 셋째, 형사소송법 제35조가 규정하고 있는 '소송계속중의 서류'는 보관장소를 불문하고 있다는 사실에 있다고 한다.

2) **제한적 긍정설**

이 견해는 공소제기 후 공판준비 또는 증거조사 시작 이후 법원의 소송지휘권에 근거하여 이를 인정할 수 있다고 하는 것이다.[15] 본 대상

규칙 제178조의6 제 1 항 제 2 호, 제 2 항 제 2 호) 증거개시 과정에 법원이 개입하지 않고 있다. 미국의 경우에도 검찰측이 보유하고 있는 증인의 진술서 및 보고서에 대하여 증인보호와 증거조작 방지를 위하여 공판 전 개시를 허용하지 않고 증인에 대한 주신문 이후에야 열람, 개시 등을 허용하고 있고(미국 연방법전 제18편 제3500조 (a)항), 캐나다에서도 피고인은 그가 공판정에 소환명령을 받은 이후 또는 공판이 시작된 이후에야 비로소 증거 및 증거물 등을 열람하거나 등사할 수 있도록 규정하고 있다(캐나다 형법 제603조).

14) 강구진, 앞의 책, 233면; 백형구, 앞의 책, 104면: 백형구 변호사는 과거에 취하였던 부정설(백형구 외, 주석 형사소송법[상], 1992, 한국사법행정학회, 263면)에서 긍정설로 입장을 변경하였음을 유의할 필요가 있다. 배종대/이상돈, 앞의 책, 129면; 신동운, 앞의 책, 382면.

15) 이재상, 앞의 책, 135면 참조.

결정에서 보충의견의 입장이다. 그 논거는 만일 공소제기 후 공판준비 내지 증거조사에 들어가기 전단계에서까지 피고인 또는 변호인의 법원에 대한 수사기록 열람·등사 청구권을 인정하고 법원이 소송지휘권에 기하여 그 필요성 유무를 심사·허용할 수 있다고 한다면, 이는 사실상 법원에 예단을 갖게 하고 심증형성에 영향을 줄 수 있어 공소장일본주의 및 공판중심주의 등의 취지에 반하는 결과가 된다는 점에 있다.

3) 부 정 설

이 견해는 공소가 제기된 이후라고 하더라도 검사가 보관하고 있는 서류에 대하여는 열람·등사권을 인정할 수 없다고 보고 있다.[16] 그 논거는 첫째, 제 1 회 공판기일 전부터 변호인에게 이를 인정하는 것은 공소장일본주의와 공판중심주의에 반하는 처사이며, 둘째, 당사자주의에 의하면 상대방이 수집한 증거의 활용을 인정할 수 없고, 셋째, 검사가 보관하고 있는 서류에 대한 열람·등사는 증거인멸의 의도로 악용될 수 있다는 점이다.

4) 사 견

먼저 전면적 긍정설은 공소가 제기된 이후에 검사가 보관하고 있는 서류에 대하여 제한 없이 열람·등사권을 인정할 수 있다고 보고 있는데 이는 타당하지 않다고 본다. 다음 부정설은 공소가 제기된 이후에 검사가 보관하고 있는 서류에 대하여 열람·등사권을 인정할 수 없다고 보고 있는데 이는 형사소송법 제35조의 해석론에 비추어 볼 때 옳지 않다고 하겠다.

따라서 공소가 제기된 이후에 검사가 보관하고 있는 서류에 대하여는 공판준비 또는 증거조사 시작 이후에 열람·등사권을 인정할 수 있다고 보는 제한적 긍정설이 타당하다고 본다. 왜냐하면 당사자주의를 실질적으로 보장하기 위하여 검사가 독점하고 있는 증거를 합리적인 시기에 피고인이 공유할 수 있도록 하는 것이 형사소송법의 이념에 합

16) 백형구 외, 주석 형사소송법[상], 1992, 한국사법행정학회, 263면; 서일교, 형사소송법, 1979, 박영사, 95면; 석동현, "검사가 증거로 제출하지 아니한 수사기록에 등에 대한 열람·등사의 가부," 형사판례연구 [8], 319면 이하 참조.

치하고 형사소송법 제35조의 정신에 부합하기 때문이다. 다만 이에 관하여는 입법론적 정비가 올바른 해결책이라고 본다.

8. 결 론

우리 형사소송법의 대원칙인 당사자주의와 공소장일본주의에 비추어 볼 때 변호인이 수사기록 중 열람·등사를 원하는 증거를 특정하고 그 필요성을 밝혀 법원에 검사로 하여금 그 증거를 열람·등사시키도록 하여 달라는 신청을 하고, 법원은 그 신청이 상당하다고 판단할 때에는 소송지휘권에 기하여 검사에게 그 증거를 열람·등사시키도록 할 수 있다고 보아야 할 것이다. 따라서 형사소송법상 명문의 규정이 없음에도 불구하고 본 결정에서 헌법재판소의 다수의견이 헌법상 기본권을 근거로 바로 피고인 또는 변호인에게 수사기록에 대한 열람·등사 청구권을 인정하는 것은 형사소송법의 이념과 원칙을 고려하지 않은 무리한 판단으로 볼 수밖에 없다.

무엇보다도 피고인 또는 변호인의 수사기록에 대한 열람·등사권을 헌법상 기본권으로 보든, 형사소송절차상 법원의 소송지휘권에 기하여 인정되는 권리로 보든 간에, 이를 인정한다 하더라도 결코 무제한적으로 허용될 수는 없는 것이다. 변호인의 수사기록에 대한 열람·등사권도 기본권제한의 일반적 법률유보조항인 국가안전보장·질서유지 또는 공공복리를 위하여 제한되는 경우가 있을 수 있다. 이러한 관점에서 전면적 긍정설은 옳다고 볼 수 없다.

결론적으로 검사가 보관하고 있는 수사기록에 대한 피고인 또는 변호인의 열람·등사권은 헌법상 기본권 조항에서 바로 자동적으로 도출되는 국민의 기본적 권리라 할 수 없고, 법원의 소송지휘권에 기하여 공판준비 내지 증거조사 이후 단계에서 허용되는 형사소송절차상의 특유한 권리라고 보아야 할 것이다. 이러한 시각에서 본 결정에서 재판관 신창언의 반대의견에 대한 보충의견이 타당하다고 본다.

그러므로 전술한 바와 같이 소송계속중 검사가 제출하지 아니한 관계서류 등에 대한 열람·등사를 인정할 것인가 여부에 관하여 이론상 대립을 해결할 수 있는 지름길은 바로 입법론적 해결방안이라고 하겠다. 따라서 "변호인은 소송계속중의 관계서류 또는 증거물을 열람 또는 등사할 수 있다"라고 규정하고 있는 우리 형사소송법 제35조는 다음과 같이 개정되는 것이 바람직하다고 본다: "변호인은 공판정에서 증거조사 이후에 그 이전의 관계서류 또는 증거물의 열람과 등사를 법원에 신청할 수 있다. 법원은 그 신청이 상당하다고 판단할 때에는 검사에 대하여 이를 명령할 수 있다."

유아(幼兒)의 증언능력 유무의 판단기준

여 훈 구*

[대상판결] 대법원 2004. 9. 13. 선고 2004도3161 판결

[사안의 개요]

피고인은 ○○ 어린이집 원장의 아버지로서 통학용 버스를 운전하는 자인바, 2003. 5. 31.경 위 어린이집 2층에 있는 방에서 어린이집에 다니는 피해자 A(여, 1998. 11. 3.생, 만 4세 6개월 남짓) 및 피해자 B(여, 1999. 10. 5.생, 만 3세 7개월 남짓)를 바닥에 눕힌 후 피해자들의 팬티를 내리고 손으로 음부를 만져 그로 인하여 피해자 A로 하여금 치료일수 불상의 처녀막열상흔을, 피해자 B로 하여금 치료일수 불상의 소아외음부염을 입게 하는 등 13세 미만의 부녀를 추행하여 상해에 이르게 하였다고 하여 미성년자의제강제추행치상죄로 기소되었다.

위 공소사실에 부합하는 증거로서는 서울시 아동복지센터 임상심리 상담직원이 피해자들과 상담하는 내용을 촬영, 녹화한 비디오테이프, 위 비디오테이프에 대한 1심 검증조서, 피해자들로부터의 전문을 내용으로 하는 피해자들 모친들의 경찰 및 검찰, 1심 법정에서의 각 진술, 원심 감정인들(의과대학 정신과 주임교수, 대학교 심리학과 교수)이 피해자들의 진술태도 및 내용 등에 따라 그 진술의 신빙성을 분석, 평가하여 작성한 각 감정서, 원심 감정인들의 1심 법정 진술, 피해자들에 대한 각 진단서 등이 있었다.

[1심 판결]

서울지방법원 서부지원 2003. 12. 3. 선고 2003고합177 판결

피해자 A에 관하여는, 강제추행 사실은 인정하되, 위 피해자의 음부에 생긴 상처가 다른 원인이 개입되어 생길 수 있는 가능성을 배제

* 수원지방법원 부장판사.

하기 어렵고, 진단서 기재만으로는 그 상처가 추행으로 인하여 생긴 것이라고 단정할 수 없다는 이유로 치상 부분에 대하여 무죄로 판단(이유무죄)하였고, 피해자 B에 관하여는, 비디오테이프에 녹화된 위 피해자의 진술은 상담자의 유도성 또는 암시성이 강한 질문이 포함되어 있는 등 질문 방법이나 내용이 부적절하여 왜곡되었을 가능성을 배제할 수 없고, 또래 아이들에 비하여 인지능력이나 사고 표현력이 떨어져 진술의 신빙성을 인정하기 어려우며 나머지 증거들은 증거능력이 없거나 위 피해자의 진술에 기초한 것이어서 유죄의 증거로 할 수 없다는 이유로 무죄를 선고하였다. 결국 유죄로 인정한 피해자 A에 대한 강제추행 부분에 관하여 피고인에게 징역 8월을 선고하였다.

이에 대하여 검사 및 피고인 쌍방이 항소를 제기하였다.

[항소심 판결]

서울고등법원 2004. 5. 11. 선고 2003노3415 판결

피해자 A가 입은 처녀막열상흔이 피고인의 추행으로 인한 것임을 인정하여 위 피해자에 대한 미성년자의제강제추행치상의 점을 유죄로 인정하고, 피해자 B에 관하여서도 위 피해자의 진술이 부모 등 제3자의 유도에 의한 것이 아니라 스스로 경험한 사실을 연령수준에 맞게 표현한 것이고, 피해자 A 역시 피고인이 피해자 B의 성기를 만졌다고 진술하고 있으며, 같은 나이 또래 아동들에 비하여 특별히 인지능력이나 사고 표현력이 떨어진다고 보이지 않는다는 이유로 피해자 B의 진술의 신빙성을 인정하여 위 피해자에 대한 미성년자의제강제추행치상의 점도 유죄로 인정하였다. 1심을 파기하고 피고인에 대하여 징역 2년 6월 선고하였다.

이에 대하여 피고인이 비디오테이프의 증거능력에 관하여 법리오해 또는 심리미진이 있고, 강제추행사실 및 그 치상부분에 관하여 채증법칙에 위배한 사실오인 또는 심리미진이 있음을 들어 상고를 제기하였다.

[대법원 판결의 이유]

대법원은 수사기관이 아닌 사인(私人)이 피고인이 아닌 사람과의 대화 내용을 촬영한 비디오테이프는 형사소송법 제311조, 제312조의 규정 이외에 피고인 아닌 자의 진술을 기재한 서류와 다를 바 없으므로, 피고인이 그 비디오테이프를 증거로 함에 동의하지 아니하는 이상 그 진술 부분에 대하여 증거능력을 부여하기 위하여는, 첫째 비디오테이프가 원본이거나 원본으로부터 복사한 사본일 경우에는 복사과정에서 편집되는 등 인위적 개작 없이 원본의 내용 그대로 복사된 사본일 것, 둘째 형사소송법 제313조 제1항에 따라 공판준비나 공판기일에서 원진술자의 진술에 의하여 그 비디오테이프에 녹음된 각자의 진술내용이 자신이 진술한 대로 녹음된 것이라는 점이 인정되어야 할 것인바, 비디오테이프는 촬영대상의 상황과 피촬영자의 동태 및 대화가 녹화된 것으로서, 녹음테이프와는 달리 피촬영자의 동태를 그대로 재현할 수 있기 때문에 비디오테이프의 내용에 인위적인 조작이 가해지지 않은 것이 전제된다면, 비디오테이프에 촬영, 녹음된 내용을 재생기에 의해 시청을 마친 원진술자가 비디오테이프의 피촬영자의 모습과 음성을 확인하고 자신과 동일인이라고 진술한 것은 비디오테이프에 녹음된 진술내용이 자신이 진술한 대로 녹음된 것이라는 취지의 진술을 한 것으로 보아야 한다고 하면서, 위 피해자들의 상담과정을 촬영, 녹화한 비디오테이프에 대하여 증거능력을 인정한 외에 다음과 같은 이유를 들어 상고를 기각하였다.

"증인의 증언능력은 증인 자신이 과거에 경험한 사실을 그 기억에 따라 공술할 수 있는 정신적인 능력이라 할 것이므로, 유아의 증언능력에 관해서도 그 유무는 단지 공술자의 연령만에 의할 것이 아니라 그의 지적수준에 따라 개별적이고 구체적으로 결정되어야 함은 물론 공술의 태도 및 내용 등을 구체적으로 검토하고, 경험한 과거의 사실이 공술자의 이해력, 판단력 등에 의하여 변식될 수 있는 범위 내에 속하는가의 여부도 충분히 고려하여 판단하여야 한다. … 위 법리에 비추어 기록을 살펴보면, 이 사건 및 비디오테이프 촬영 당시 피해자 A는 만 4년 6개월 남짓, 피해자 B는 만 3년 7개월 남짓 된 여아들이나 피해자들이 경험한 사실이 '피고인이 피해자들의 팬티를 내리고 손으로 음부를 만졌다'는 비교적 단순한 것으로서 피해자들 연령 정도의 유아라고 하더라도 별다른 사정이 없는 한 이를 알고 그 내용을 표현할 수 있는 범위 내의 것이라고 보여지고, 피해자 A는 상담자인 甲이 '할아버지가 서서 했어, 앉아서 했어?'라는 유도성 질문을 하였음에도 스스로 '누워서요'라고 하거나 '바닥에'라고 하는 등 질문에 주어지지 않은 제3의 답변을 자발적으로 끄집어내고 있으며, 피해자 B는 반복하여 '원장 할아버지가 (성기 부분을) 때렸다'고 진술하고 있는데 이는 그 연령의 유아 수준의 표현이라고 보여지며, 그 외 피해자들의 진술내용과 진술태도, 표현방식 등을 종합해 보면, 피해자들의 증언능력이나 그 진술의 신빙성이 인정된다고 할 것이다."

〔연 구〕

Ⅰ. 문제의 제기

형사소송실무상 유아(보통 이유기부터 취학연령에 달하기까지의 아이를 말함)는 성폭력범죄, 교통사고 등 각종 형사사건의 피해자 또는 목격자가 되어 증인으로서 법정에서 증언을 하게 되는 경우가 종종 있는바, 그 때 유아의 진술의 증거능력에 관하여 다투어지는 경우가 적지 않다. 특히 근자에 유아를 대상으로 한 강제추행, 경우에 따라서는 강간 등 성폭력범죄가 꾸준히 발생하고 있는데, 피고인들은 후에 종국적으로 유죄로 확정되는 사건에 있어서도 그 심리중에는 유아에 대한 성폭력범죄를 파렴치 범죄로 인식하는 한편 범죄의 대상이 범행을 재구성하여 진술하지 못할 것으로 생각한 나머지 자신의 범행을 극력 부인하는 경향이 있고, 따라서 그와 같은 사건에서는 예외 없이 증언능력, 나아가 그 증언의 신빙성에 관하여 다투어지고 있는 형편이다.

종래 유아의 증언능력의 법리에 관하여는 판례나 학설이 대체로 확립되어 있어, 최근 논의의 동향은 성폭력사건에서 유아를 포함한 아동의 절차상 보호를 위한 방안에 관하여 집중되어 있는 것으로 보인다. 그런데, 유아를 대상으로 한 성폭력범죄 등 형사사건이 지속적으로 빈발하고 유아의 증언의 신뢰도가 자주 다투어지고 있는 상황에서 그 동안 지적된 유아의 증언능력 유무 판단기준, 나아가 그 증언의 신빙성에 관한 판례를 분석하여 보고 유아를 대상으로 한 범죄에 있어서 실체적 진실을 발견하기 위한 방안은 어떠한 것들이 있는지 검토하여 볼 필요가 있다고 하겠다.

이하에서는 증언능력 일반과 유아의 증언능력에 관한 판례 및 학설을 먼저 살펴보고 연구대상판결의 의미를 분석하여 본 다음 유아의 증언의 신빙성 판단 강화 내지 제고를 위한 방안에 관하여 보기로 한다.

Ⅱ. 증언능력

1. 증언능력의 의미

증언능력이란 증인 자신이 과거에 경험한 사실을 그 기억에 따라 공술할 수 있는 정신적인 능력을 말하는바, 그 증언능력의 인정은 특정의 개인에 관하여 개별적·구체적으로 법원의 자유로운 판단에 따라 결정되어진다는 점에서 원래 법률상 증인으로 될 수 있는 자격을 말하는 추상적인 개념으로서 법률의 규정에 의하여 정해지고 법원은 그 자가 법률에 규정한 자에 해당하는지 여부를 판단해야 하는 증인적격과는 다르다. 그러므로 법률상 증인으로는 인정되지만 당해 사건에 있어서 증언을 하는 실질적인 능력, 즉 증언능력을 가지고 있지 아니한 경우도 있을 수 있고, 반대의 경우도 있을 수 있다.

형사소송법 제146조는 법원은 법률에 다른 규정이 없으면 누구든지 증인으로 신문할 수 있다고 규정하고 있고 별도로 증인의 자격에 관하여 연령에 의한 제한을 두고 있지 아니하며, 한편 같은 법 제159조는 16세 미만의 선서무능력자의 증언도 인정하고 있으므로 유아도 증인이 될 수 있는 것이다.

2. 증언능력과 증언의 신빙성

증언의 신빙성은 증언의 정확성·신용성을 말하는 것이고, 증거능력이 있는 것으로 인정된 증언의 증명력의 문제이므로 증언능력과는 다른 것이라 할 수 있다. 다만 유아의 증언에 관하여는 증언능력과 증언의 신빙성의 유무가 함께 다투어지는 경우가 많고 각 그 존부를 결정하기 위한 기초가 중복되기 때문에 양자를 명확히 구별하지 않기도 하고, 증언능력은 증언의 신빙성과 같은 것으로 이해해도 좋다는 견해도 있지만 증언능력의 존재가 인정된다고 하여도 증언의 신빙성이 부정되는 경우도 있으므로 양자는 구별하여 고찰되어야 할 것이다.[1)]

Ⅲ. 유아의 증언의 특성

유아기에 있어서는 지각·인지·기억·사고·언어 등 제기능이 병행하여 발달하고 인지기능은 사안에 따라 그 발달정도에 차이가 있으며, 또 유아의 기억은 지각과 미분화(未分化) 상태에 있어서 기억하기 위하여 소리를 내어서 반복하는 등의 작업이 행해지고 있지 아니하기 때문에 연장의 아동들에 비하여 기억력이 떨어진다고 하며, 나아가 유아는 자기중심적 경향이 강하다고 한다. 그런데 유아도 어느 정도까지는 자신이 경험한 사실을 그 정신적 연령에 맞는 수준에서 실체적 진실에 부합되게 기억하고 진술할 수 있음은 분명하고, 유아의 진술이 일반적으로 성인의 진술보다 신빙성이 낮다고는 말할 수 없으며, 의도적으로 허위사실을 진술할 여지가 적은 점에서는 오히려 유아 진술의 신빙성이 더 높을 수도 있다. 다만, 유아의 진술은 성인이나 어느 정도 인지가 개발된 아동의 진술에 비하여 관찰의 부정확, 인식력·기억력 및 표현력의 부족, 주위 사람들의 영향에 의한 왜곡 가능성 등으로 인

1) 「幼兒の證言能力」別册 ジュリストNo. 74 刑事訴訟法判例百選(第４版), 132면.

하여 쉽게 증명력을 인정하기 어려운 측면이 있고, 유아의 경우에는 성인이나 나이든 아동에 비하여 특히 편향적(biased)이거나 암시적(suggestive)으로 반복되는 질문에 영향을 받기 쉽다고 한다.

한편 유아는 개괄적인 질문에 대하여 자신이 스스로 사건의 실체를 기억해 내어 이를 정확히 표현하기는 어렵고, 보다 구체적인 내용의 질문을 받고서야 기억을 회복시켜 이를 진술할 수 있는 성향이 있다고 한다.

Ⅳ. 유아의 증언능력 유무에 관한 판단기준

1. 학 설

증언능력의 인정은 특정의 개인에 관하여 개별적·구체적으로 법원의 자유로운 판단에 맡겨져 있다고 하겠으나, 일응 그 판단의 고려사항으로서는 공술자의 연령에만 의존하지 말 것이며, 공술의 태도 및 내용 등을 구체적으로 검토하고, 과거의 경험사실이 공술자의 이해력·판단력 등에 의하여 변식될 수 있는 범위 내에 속하는가 하는 점에 착안하여야 한다는 것[2)]에 별다른 이론이 없다. 따라서 유아의 증언능력도 위와 같은 사항을 충분히 고려하여 그 인정여부를 결정하여야 할 것이다.

유아의 증언에 위와 같은 특성이 있음을 감안한다면, 유아의 증언능력에 관하여는 증언사항과 관련하여 당해 유아가 지각·인지하고, 기억하고, 보고하는 것이 가능한 사안인가 하는 여부를 검토하는 것이 중요하고, 유아의 증언능력의 존부 판단에 즈음하여서는 증인으로서 보고를 기대하는 사항 또한 중요한 요소가 된다고 보는 것이 일반적인 견해이다.[3)]

2) 證據法大系 Ⅰ, 日本評論社, 76-77면.

3) 위 주 1)의 논문, 133면; 김형태, "유아의 증언능력," 대법원판례해설 15호(91년 상반기), 649-650면.

2. 대법원 판례

(1) 초기 판례

증인이 14세라 할지라도 의사능력이 전연 없다고는 볼 수 없으므로 증언능력이 있다고 판시한 것,[4] 증인의 연령이 13세라 할지라도 의사판단능력이 없다고 할 수 없으므로 증인능력이 있다고 판시한 것,[5] 사고 당시 10세 남짓 한 초등학교 5학년생으로서 비록 선서무능력자라 하여도 그 증언 내지 진술의 전후사정으로 보아 의사판단능력이 있다고 인정된다면 증언능력이 있다고 판시한 것[6] 등이 있다. 결국 증인의 증언능력을 의사능력과 같은 것으로 파악하면서 더 구체적인 판단기준을 제시하지는 아니하였다.

(2) 확립된 판례

현재까지 유아의 증언능력을 직접적으로 부인한 판례는 발견되지 않고 그 증언의 신빙성을 인정하지 않은 사례가 소수 발견되며, 대부분은 유아의 증언능력과 그 증언의 신빙성까지 인정한 사례이다.

1) **유아의 증언능력과 증언의 신빙성을 인정한 사례**

① 대법원 1991. 5. 10. 선고 91도579 판결

유아의 증언능력의 판단기준에 관하여 연구대상판결과 같은 취지의 법리를 판시한 최초의 판결로서, 사고 당시 만 3년 3개월 남짓 된 여아에 대한 강간치상 사건에 관한 것인바, "피해자인 증인 1은 이 사건 사고 당시는 만 3년 3월 남짓, 제 1 심 증언 당시는 만 3년 6월 남짓된 여아로서 위 증인이 경험한 사실은 '피고인이 피해자의 팬티를 벗기고 바닥에 눕힌 후 피고인의 바지와 팬티를 내린 후 그 성기로 피해자의 음부에 밀어 넣으려고 하였다'라는 것으로서 비교적 간단하고 단순한 사안인바, 위 증인 연령 정도의 유아라고 하더라도 별다른 사정이 없는 한 이를 알고 그 내용을 표현할 수 있는 범위 내의 것이라고 보아지고, 또한 위 증인이 제 1 심 법정에서 위와 같은 피해상황에 관하여

4) 대법원 1964. 3. 19. 선고 63도328 판결.
5) 대법원 1966. 12. 27. 선고 66도1535 판결.
6) 대법원 1984. 9. 25. 선고 84도619 판결.

비록 구체적이지는 못하지만 개괄적으로 물어본 검사의 질문에 이를 이해하고 고개를 끄덕이는 형식으로 답변하고 있음을 볼 때 위 증인에게 증언능력이 있다고 보아야 할 것이다"라고 판시하였다.

② 대법원 1999. 11. 26. 선고 99도3786 판결

살인 및 현주건조물방화치상 범행을 목격할 당시 만 4세 6개월 남짓 된 증인에 관한 사건인바, 이 판결 역시 연구대상판결에서 언급된 유아의 증언능력의 판단기준에 관한 법리를 설시하면서 원심이 이 사건 당시는 만 4세 6개월 남짓, 제1심에서의 증언 당시는 만 6세 11개월 남짓 된 피해자 1의 증언능력을 인정한 조치는 정당하고, 거기에 논지가 주장하는 바와 같이 유아의 증언능력에 관한 법리를 오해한 위법이 있다고 할 수 없다고 판시하였다.

③ 대법원 2001. 7. 27. 선고 2001도2891 판결

사고 당시 만 4세 6개월 남짓 된 피해자에 대하여 미성년자의제강제추행을 한 것으로 기소된 사건에 관한 판결인바, 역시 위와 같은 증언능력에 관한 법리를 그대로 설시하면서, "사고 당시 만 4세 6개월 남짓 된 피해자의 진술에 증언능력이 없다고 할 수 없고, 또 피해를 당한 직후 처음 경찰에서 진술한 이래 제1심 법정에 이르기까지 비록 그 장소나 구체적인 방법에 대하여 다소 엇갈리는 점이 있기는 하나, 여러 차례에 걸쳐 피고인이 자신의 음부 등을 만졌다는 점에 대하여는 일관되게 진술하고 있는 점에 비추어 그 진술의 신빙성도 인정할 수 있다고 할 것이므로, 이러한 피해자의 각 진술을 유죄의 증거로 삼은 원심의 조치는 정당한 것으로 수긍된다"고 판시하였다.

④ 대법원 2004. 10. 14. 선고 2002도2478 판결

어린이집 사무장 겸 운전자로 근무하는 피고인이 어린이집 사무실에서, 그 곳 원생인 피해자(만 3년 4월 남짓)의 음부를 손으로 만지고, 피해자를 소파에 눕힌 다음 피고인의 성기를 꺼내 피해자의 음부에 문지르고, 계속하여 피고인의 성기를 피해자의 입에 집어넣는 등 추행하여, 피해자에게 약 3주일간의 치료를 요하는 소음순 다발성 찰과상 등

을 가하였다는 것으로 기소된 사건에 관한 것인바, 원심이 피해자의 경찰·검찰·제1심 법정에서의 진술은, 피해자의 지적 수준이나 이해능력, 수사기관이나 법정에서의 진술 태도 및 내용 등에 비추어 볼 때, 기억에 따라 공술할 수 있는 정신적인 능력이 있다고 보기 어려우며, 그 진술내용 또한 피고인을 범인으로 지목하게 된 경위에 있어서 공소외인의 영향을 받아 왜곡되었을 가능성이 있고, 피해자는 차 안에서도 추행을 당하였다고 진술하고 있으나, 유치원 교사가 동승하고 있어 쉽게 납득이 가지 않으며, 추행 당할 때 어린이집 언니, 오빠들이 밖에서 놀렸다고 진술하였으나 사무실 안을 들여다보기 어려울뿐더러, 피해자가 지목한 어린이들이 그런 일이 없다고 말하였으며, 피해자의 담임선생도 피해자가 선생님과 떨어져 있지 않으려고 하여 주로 곁에 데리고 있었다고 한 점 등에 비추어 보면, 그 진술에 신빙성이 없다고 하여 피고인에 대하여 무죄를 선고한 것에 대하여, 앞서의 증언능력에 관한 법리를 설시하면서, "이 사건의 피해자는 이 사건 사고 당시는 만 3년 4월 남짓, 제1심 증언 당시는 만 3년 7월 남짓 된 여아로서 피해자가 경험한 사실은 '피고인이 피해자의 음부를 만지고 피고인의 성기를 꺼내 자기 음부에 대고 문지르고 입에 넣었다'는 비교적 간단하고 단순한 내용인바, 피해자 연령 정도의 유아라고 하더라도 별다른 사정이 없는 한 이를 알고 그 내용을 표현할 수 있는 범위 내의 것이라고 보여지고, 피해자가 제1심 증인신문기일에 출석하여 위와 같은 피해사항에 관하여 비교적 명료하게 진술하였을뿐더러 남자 인형과 여자 인형을 가지고 피고인의 범행을 재현해 보이기까지 한 점에 비추어 볼 때 피해자에게 증언능력이 있다고 보아야 할 것이다. 나아가 기록에 의하면, 피해자는 경찰 이래 검찰, 제1심 법정에 이르기까지 여러 차례에 걸쳐 '스타렉스 아저씨(피고인을 지칭)가 어린이집 사무실 소파에서, 자기의 시야(음부를 지칭)를 손으로 만지고, 피고인의 성기를 꺼내 자신의 시야에 문지르고, 입에 집어넣었다'는 취지로 일관되게 진술하였고, 특히 경찰에서는 스타렉스 아저씨의 고추로 시야를 어떻게 만졌냐는 물음에

'붙였어'라고 표현하고, 어디에서 시야를 만졌냐는 질문에는 '컴퓨터 방에서'라고 답변하면서 경찰서에 있는 컴퓨터를 가리키기도 하였으며, 고추를 입에 넣어서 먹었냐는 물음에는 '먹었어요, 우웩했어요'라고 진술하였고, 피고인과 어린이집의 다른 차량의 운전사(노란색의 봉고차 운전자)와 풍물강습을 하는 선생님 등을 나란히 앉히고 피해자의 시야를 만진 사람을 지목하라고 하자 세 번이나 피고인을 지목하기도 하였으며, 검찰에서는 피고인과 대질하면서 '스타렉스 아저씨는 밉다'고 하면서 왜 밉냐는 질문에 '고추 만져서요'라고 하였고, 제1심 증인신문기일에는 '스타렉스 아저씨가 「하나야! 이리와」라고 불러 컴퓨터 방(사무실을 지칭)에 갔다'고 피고인과 사무실에 함께 있게 된 경위도 진술하였으며, 남자 인형의 성기를 여자 인형의 입에 갖다 대거나 남자인형의 입과 여자 인형의 입을 서로 맞추는 등으로 자신이 당한 추행 장면을 묘사하기까지 하여 피해자가 피고인으로부터 추행을 당한 사실을 일관되게 진술하면서 일부 진술은 직접 경험하지 않았다면 표현하기 어려운 부분까지 진술하고 있음을 인정할 수 있는바, 피해자가 피고인으로부터 추행을 당하지 않았는데도 허위로 진술할 만한 특별한 사정을 찾아볼 수도 없으므로 피해자의 위와 같은 일관된 진술은 신빙성 있다고 봄이 상당하다. … 한편, 기록에 의하면, 피해자의 모인 공소외인은 피해자가 시야가 아프다고 해서 피해자의 상처를 확인해 보니 그 정도가 심해 애들이 장난으로 한 것이 아니라고 판단하고, 혹시 어른들이 그렇게 했을지도 모른다는 생각에 어린이집의 원장, 스타렉스 아저씨, 노란차 운전자 등 세 사람을 거론하면서 몇 차례에 걸쳐 순서를 바꿔가면서 그 중 누가 만졌는지 물어 보았는데, 피해자가 스타렉스 아저씨를 계속 지목하자 추행을 당한 것을 알고 그 직후 바로 경찰에 신고를 하였음을 알 수 있고, 피해자는 신고 당일 경찰이 피해자를 신문하는 과정에서 스타렉스 아저씨가 '손으로 시야를 만지고 아저씨 고추로 내 시야에 갖다 댔어요', 스타렉스 아저씨의 고추를 '바지 벗어서 보았어'라고, 비교적 구체적으로 답변을 한 이후 앞서 본 것처럼 제1심 법정에 이르기까지 일관되게 진술하고 있음을 알 수 있다. 그렇다면, 이와 같이 공소외인이 피해자의 상처를 발견한 때로부터 경찰에 고소를 하고 피해자가 경찰에서 진술을 하기까지의 시간이 비교적 매우 짧은 시간 안에 이루어진 점, 공소외인이 굳이 피고인을 범인으로 암시하면서 피해자로부터 답변을 얻기 위해 편향적으로 물어본 것은 아니었던 점 등에 비추어 보면, 피해자가 공소외인의 반복되는 질문에 암시를 받아 진술이 왜곡되었을 가능성은 거의 없다고 보여진다"고 하면서 원심이 인정한 바와 같은 피해자의 일부 진술에 다른 목격사들의 진술 등 객관적 사실에 반하는 부분이 있다고 하더라도 이는 이 사건 공소사실과 직접적으로 관련이 없는 부수적인 사항에 관한 진술이고, 게다가 이 사건 피해자가 만 3세 4개월에 불과한 유아인 사정 등에 비추어 볼 때 그러한 사정만으로 경찰 이래 검찰, 제 1 심에 이르기까지 일관되게 피고인으로부터 추행을 당하였다는 피해자의 진술 전체의 신빙성을 배척하기는 어렵다는 취지로 판시하고, 원심을 파기하였다.

2) 유아의 증언능력을 인정하면서 증언의 신빙성을 인정하지 아니한 사례

① 대법원 1992. 7. 14. 선고 92도874 판결

피고인이 만 3세 9개월 남짓 된 여아에 대하여 강간치상의 범행을 하였다고 기소된 사안인바, 피해자의 증언능력 그 자체를 부정할 수는 없다고 할 것이나 자신의 과거 경험 사실을 기억하여 그 기억에 따라 진술할 수 있는 능력은 정상인에 비하여 미약하다고 아니할 수 없는바, 경찰이나 법정에서는 그의 의사표시를 언어로써는 제대로 표현하지 못한 그가 이 사건 발생 후 5개월 20일이 지난 후에 검찰에서 그 조서가 기재하는 바와 같은 정도로 자세한 사실을 기억하여 구체적으로 공술한 것인지 의문이고, 부모가 보여 주어 피고인을 범인으로 지목하게 한 과정이 어떻게 된 것인지 분명하지는 아니한 이 사건에서, 위와 같은 나이 어린 피해자의 일관되지 아니하고 그 표현도 분명하지 아니한 진술만 가지고 판시 사실을 인정하는 데 합리적인 의심을 배제할 정도의

증명에 이르렀다고 볼 수 있을 것인지도 의문이라는 취지로 판시하여 유아의 증언의 신빙성을 인정하지 아니하였다.

② 2000. 3. 10. 선고 2000도159 판결

피고인이 1997년 8월 일자불상경 피고인의 집에서 피해자(당시 생후 30개월 가량)의 하의를 벗기고 피고인의 성기를 피해자의 음부 등에 비벼대는 등 강제로 추행하였다는 내용으로 기소된 사안인바, "기록에 의하면, 피해자의 모친인 공소외 1은 피해자가 이 사건이 발생한 후 6개월 가량이 지난 후에 성행위를 연상케 하는 이상한 행동을 하다가 공소외 1로부터 질문을 받고서야 피고인으로부터 추행을 당한 사실을 이야기하였다고 진술하고 있고, 공소외 1 이외에 피해자로부터 그와 같은 내용의 이야기를 들었다는 사람은 아무도 없으며, 더욱이 공소외 1은 피해자로부터 그와 같은 이야기를 들었다는 1998. 4. 12. 남편인 공소외 2와 상의하거나 피고인에게 추궁이나 항의도 하지 아니한 채로 바로 피고인의 처인 공소외 3에게 연락하여 피해자의 피해사실을 알리고 각자 남편에게는 알리지 말고 해결하자고 하면서 액수를 말하지는 아니하였으나 교외에서 살 수 있도록 도와달라고 하여 금전적인 보상을 요구하였으며, 그 다음날에도 다시 공소외 3에게 전화하여 금 200만원 내지 300만원의 보상을 요구하다가 공소외 3이 이에 응하지 아니하자, 같은 달 14일 인천 여성의 전화 부설 성폭력상담소를 찾아가 상담을 하고 형사고소에 관한 안내를 받은 다음, 같은 달 24일에 이르러서야 형사고소를 제기하였음을 알 수 있다. 이와 같은 사정에 비추어 보면 피해자가 공소외 1에게 그와 같은 내용의 이야기를 하였다는 데에 허위개입의 여지가 전혀 없다고 할 수 없을 뿐만 아니라, 그 밖에 기록상 그 진술내용의 신빙성이나 임의성을 담보할 구체적이고 외부적인 정황이 있다고 볼 자료도 없어, 그 진술이 특히 신빙할 수 있는 상태하에서 행하여졌다고 단정할 수도 없다고 할 것이다. … 다만 압수된 녹음테이프에 대한 제1심의 검증결과에 의하면, 그 녹취 당시 공소외 1이 피해자에게 '성룡이 아저씨가 쉬 닦아 준다고 고추로 잠지에다가 대고 흔들었다'는 내용으로 이야기할 것을 구체적으로 유도하였는데, 피해자는 이에 대하여 처음에는 얘기하기 싫다거나 엄마는 몰라도 된다는 식으로 대답을 회피하다가, 공소외 1이 대답을 잘해야 색연필을 사러 가고 다음에 학교 가자는 등으로 회유하면서 같은 내용의 질문을 반복하자 결국 공소외 1이 유도하는 바에 따라 공소사실과 같은 취지의 대답을 하였음을 알 수 있다. 그러나 피해자는 1995. 3. 8.생으로 위 녹취 당시 만 3세 1개월 남짓 한 유아이었고, 그 후 원심법정에서 진술함에 있어서도 그의 의사를 언어로써 제대로 표현하지 못한 점에 비추어, 과거 자신이 경험한 사실을 기억하여 그 기억에 따라 진술할 수 있는 능력이 성인이나 보다 나이가 든 아동에 비하여 미약하다고 보여지는데, 공소외 1이 위와 같이 피해자와의 대화를 녹취한 것은 이 사건이 발생하였다는 때로부터 7개월 가량이 지난 1998. 4. 20.일 뿐만 아니라, 공소외 1이 피고인의 처 공소외 3에게 피고인의 피해자에 대한 추행사실을 들어 금전보상을 요구한 후에 그 증거자료를 확보하기 위한 것이었으며, 더욱이 그 녹취 과정에서 공소외 1이 피해자에게 편향되고 유도적인 질문을 반복하여 피해자로부터 그 유도에 따라 대답을 하게 하였음을 알 수 있고, 기록상 그 녹취 당시를 제외하고는 피해자가 같은 내용의 이야기를 하였음을 알 수 있는 자료가 없는 점 등에 비추어 보면, 피해자로서는 그 녹취에 이르기까지 공소외 1의 영향을 받아 진술이 왜곡되었을 가능성을 배제할 수 없다. 그렇다면 피해자의 증언능력 유무와는 상관없이 사건이 있은 때로부터 7개월 가량이 경과된 후에 공소외 1의 편향되고 유도적인 반복질문에 따라 비로소 이루어진 단 1회의 피해자의 진술만으로 피고인에 대한 이 사건 공소사실을 인정하는 데 합리적인 의심을 배제한 정도의 증명에 이르렀다고 볼 수는 없다고 할 것이다"고 판시하여 유아의 증언능력을 미약한 상태이기는 하나 인정하면서 그 진술의 신빙성을 배척하였다.

V. 연구대상판결 등 확립된 판례에 대한 분석

1. 증언능력의 유무에서 증언의 신빙성 유무의 판단으로

연구대상판결 등 확립된 판례의 경향은 공술자인 유아가 수사기관 등에서 자신이 경험한 과거의 사실에 관하여 진술한 이상 대체로 그의 이해력, 판단력 등에 의하여 변식될 수 있는 범위 내에 속하는 것으로 보아 미약한 경우라고 하더라도 증언능력은 있다고 보면서, 진술 태도, 내용 및 그 경위 등에 비추어 증언 내지 진술의 신빙성 문제로 파악하고자 하는 것으로 보인다. 앞서 본 바와 같이 유아의 증언에 있어서 증언능력과 증언의 신빙성 문제는 기초를 같이 하고 있는 부분이 많아 이를 엄격히 구분하기는 어렵다 할 것이고, 유아가 수사기관 등에서 일단의 유의미한 경험 사실을 진술한 이상 증언능력이 없다고 보기는 어렵다고 보아야 할 것이므로 판례의 이러한 경향은 타당하다고 본다.[7)]

2. 증언능력에서의 '증언'

본래 증언능력이라고 하는 것은 법정에서의 증인으로서의 진술을 말하는 것인바, 판례는 유아가 법정에서 증언을 하는 경우가 아닌 수사기관에서의 진술에 대하여도 광의의 증언능력의 문제로서 파악하는 것으로 보인다.

7) 동지: 심희기, "연소자의 증언능력에 관한 대법원판례의 동향," 형사소송법판례70선(2000), 248, 249면. 이러한 경향을 연소자와 유아의 증언능력을 긍정할 때 생기는 '부정의(不正義)'를 연소자와 유아의 '증언의 신빙성을 부인하는 방법'으로 시정하려는 태도를 보이는 것이라고 파악하고 있다. 그 논거로서 유아기의 특징은 기억력이 비상하고 거짓말을 못하는 점이라는 것에 주목하여야 하고, 좀처럼 연소자와 유아의 증언능력을 부정하지 않으려는 태도를 보이고 연소자와 유아의 증언능력을 긍정할 때 생기는 '부정의(不正義)'는 연소자와 유아의 '증언의 신빙성을 부인하는 방법'으로 시정하려는 태도가 '지난 100년 동안 커먼로의 추세'라는 점을 거시하고 있다.

3. 유아의 증언의 신빙성 판단에 있어서 보강증거의 요부

판례의 경향은 유아의 증언의 신빙성 판단에 있어서 보강증거에 의하여 뒷받침되는 것을 설시하면서 그 신빙성을 인정하는 사례들이 보이나, 이를 실질적 요건으로 삼고 있지는 않은 것으로 보인다.[8)]

4. 유아 증언의 신빙성 유무 판단 요소

유아가 피해 내지 목격 사실을 진술하고 가해자를 지목하게 된 경위, 즉 자진하여 진술한 것인지 아니면 어른들의 추측에 따른 유노 또는 암시에 의하여 진술하게 된 것인지 여부, 질문사항을 뛰어넘는 경험에 따른 진술이 있는지 여부, 경험 진술에 대한 구체성과 직접성 유무, 어른의 용어가 아닌 통상 유아의 용어에 따른 진술이 있는지 여부, 변식대상이 유아에게 강한 인상을 남기는 이상(異常)한 사실 내지 단순하고 구체적 사실인지 여부, 체험시와 진술시 사이에 큰 시간적 간격이 있는지 여부(유아의 경우 그 시간적 간격이 큰 경우 유아 특유의 강한 피암시 경향 때문에 일단 변식된 사항에 대하여 변개가 가해질 염려가 있음) 등을 유아 증언의 신빙성 판단에 있어서 중요한 요소로 삼고 있다. 중요한 요소에 있어서 증언의 신빙성이 뒷받침될 경우 기억에 대한 강화작용을 하지 않아 미분화 상태에 있는 유아의 특성상 주변사항에 관한 모순된 진술은 그 신빙성 인정에 큰 장애로 파악하고 있지 않은 것으로 보인다.

Ⅵ. 유아의 증언의 신빙성 판단 강화 내지 제고를 위한 몇 가지 방안

1. 유아에 대한 신문 기법의 개발 및 분위기 조성

유아 등 아동의 증언에 있어서 증언능력 또는 증언의 신빙성에 의

---

8) 학설상 선서무능력자의 증언에 대하여 단적으로 보강증거를 요구하는 견해도 있다. 淺田和茂, 年少者の證言と鑑定, 竹澤哲夫先生古稀祝賀記念論文集(1998), 341면. 「幼兒の證言能力」別冊 ジュリストNo. 174 刑事訴訟法判例百選(第 8 版), 145면에서 재인용.

심이 가는 상황은 신문에 있어서의 질문방식에 있어서의 문제점에 기인한다는 지적이 제기되고 있다. 다시 말하면 유아의 특성을 감안한 눈높이 신문이 이루어져야 한다는 것이다.[9] 유아가 충분히 경험 사실을 변식하고 있음에도 불구하고 단도직입적이거나 공격적인 신문에 대하여 위축되어 사실 파악이 되지 않거나 기계적인 肯否의 답변만을 하게 되어 유도 내지 암시에 따른 신문이라고 하여 유아의 진술의 신빙성이 훼손되는 사례가 있을 수 있다. 이와 관련하여서는, 성폭력범죄의 피해아동에 대한 보호방안이 집중적으로 논의되면서 아동의 충분하고도 실체관계에 부합하는 증언을 얻기 위한 각종 신문기법에 관한 연구성과가 축적되어 있다.[10] 수사기관에서 이러한 방안들을 참조하여 체계적인 신문기법의 도입과 전문가들의 대폭적인 양성을 서두르는 것이 바람직하다 할 것이다. 초동단계에서의 신선한 증언을 적정하고 요령 있는 방식에 의하여 채취하는 것은 아무리 강조해도 지나치지 않기 때문이다. 2003. 12. 11. 개정된 성폭력범죄의 처벌 및 피해자 보호 등에 관한 법률 제22조의3 소정의 신문시의 신뢰관계 있는 자의 동석제도 외에도 유아의 안정된 심리상태하에서의 자유로운 진술을 위한 신문장소 분위기 마련, 진술 보조 소도구의 추가 개발 등도 유아의 증언의 신빙성 내지 객관성을 확보하기 위한 좋은 방안이 될 것이다. 성폭력범죄 등의 피해 아동 보호를 위한 방안을 강구함에 있어서는 피해자의 2차적 피해의 방지라는 목표 외에도 실체적 진술 발견을 위한 목표도 꾸준히 추진, 수행되어야 할 것이다.

9) 심희기, "아동 성추행 사건의 수사와 재판의 실태와 개선방안," 인권과 정의 제336호(2004. 8.), 79, 80면 참조.

10) 정진수, "아동증언에 관한 연구," 형사정책연구원(2000), 73-83면. 성폭력 피해아동에 대한 준거기반 내용분석(Criteria Based Content Analysis: CBCA)의 내용과 도입 필요성에 관하여는 조은경, "성폭력 피해 아동의 진술 타당도 분석 및 활용방안에 관한 연구," 형사정책연구원(2004) 참조.

2. 아동전문가의 감정의견 청취

2003. 12. 11. 개정된 성폭력범죄의 처벌 및 피해자 보호 등에 관한 법률 제22조의2 제1항은 법원은 정신과의사·심리학자·사회복지학자 그 밖의 관련전문가에게 행위자 또는 피해자의 정신·심리상태에 대한 진단소견 및 피해자의 진술내용에 관한 의견을 조회할 수 있다고 규정하고, 제2항은 법원은 성폭력범죄를 조사·심리함에 있어서 제1항의 규정에 의한 의견조회의 결과를 참작하여야 한다고 규정하고 있다. 실무상 유아가 피고인에 대하여 기소된 범행의 직접적인 사항에 대하여 구체적인 진술을 하면서도 여타 추가적인 사항에 관하여 진술을 함에 있어서 객관적인 상황과 어긋나는 진술을 하거나 범행장소의 큰 테두리 내지 명칭을 기억하면서도 그 장소 내의 구체적인 범행장소만을 기억하지 못하는 경우도 있다. 법원 또는 수사기관으로서는 아동의 행태 또는 심리에 관한 전문가가 아닌 만큼 정신과의사, 심리학자 등 아동전문가를 통하여 그와 같은 진술이 이루어지게 된 심리적 메커니즘에 관한 조언을 들음으로써 유아의 증언과 관련된 실체적 진술에 보다 접근할 수 있게 될 것이다. 위 개정법률이 시행되기 전의 사안에 관한 연구대상판결의 경우도 1심에서 정신과의사 및 심리학자에게 감정을 명하여 감정서를 제출받은 바 있는데, 위와 같은 개정법률 조항이 마련된 이상 그 전문가의 적극적 활용은 매우 바람직하다고 할 것이다.

검사작성의 피의자신문조서와 참고인진술조서의 증거능력

하　태　훈*

[대상판결] 대법원 2004. 12. 16. 선고 2002도537 전원합의체 판결
헌법재판소 2005. 5. 26. 선고 2003헌가7 결정

[대법원판결요지 및 이유요지]

Ⅰ. 판결요지

형사소송법 제312조 제1항 본문은 "검사가 피의자나 피의자 아닌 자의 진술을 기재한 조서와 검사 또는 사법경찰관이 검증의 결과를 기재한 조서는 공판준비 또는 공판기일에서의 원진술자의 진술에 의하여 그 성립의 진정함이 인정된 때에 증거로 할 수 있다"고 규정하고 있는데, 여기서 성립의 진정이라 함은 간인·서명·날인 등 조서의 형식적인 진정 성립과 그 조서의 내용이 원진술자가 진술한 대로 기재된 것이라는 실질적인 진정 성립을 모두 의미하는 것이고, 위 법문의 문언상 성립의 진정은 '원진술자의 진술에 의하여' 인정되는 방법 외에 다른 방법을 규정하고 있지 아니하므로, 실질적 진정 성립도 원진술자의 진술에 의하여서만 인정될 수 있는 것이라고 보아야 하며, 이는 검사 작성의 피고인이 된 피의자신문조서의 경우에도 다르지 않다고 할 것인바, 검사가 피의자나 피의자 아닌 자의 진술을 기재한 조서는 공판준비

* 고려대학교 법과대학 교수.

또는 공판기일에서 원진술자의 진술에 의하여 형식적 진정 성립뿐만 아니라 실질적 진정 성립까지 인정된 때에 한하여 비로소 그 성립의 진정함이 인정되어 증거로 사용할 수 있다고 보아야 한다.

Ⅱ. 판결이유

1. 형사소송법 제312조 제 1 항 본문은 "검사가 피의자나 피의자 아닌 자의 진술을 기재한 조서와 검사 또는 사법경찰관이 검증의 결과를 기재한 조서는 공판준비 또는 공판기일에서의 원진술자의 진술에 의하여 그 성립의 진정함이 인정된 때에 증거로 할 수 있다"고 규정하고 있다. 여기서 성립의 진정이라 함은 간인·서명·날인 등 조서의 형식적인 진정 성립과 그 조서의 내용이 원진술자가 진술한 대로 기재된 것이라는 실질적인 진정 성립을 모두 의미하는 것이다(대법원 1990. 10. 16. 선고 90도1474 판결, 2002. 8. 23. 선고 2002도2112 판결 등 다수)

그리고 위 법문의 문언상 성립의 진정은 '원진술자의 진술에 의하여' 인정되는 방법 외에 다른 방법을 규정하고 있지 아니하므로, 실질적 진정 성립도 원진술자의 진술에 의하여서만 인정될 수 있는 것이라고 보아야 하며, 이는 검사 작성의 피고인이 된 피의자신문조서의 경우에도 다르지 않다고 할 것이다. 형사소송법 제244조 제 2 항·제 3 항은 피의자신문조서에 대한 피의자의 조서열람권, 증감변경청구권 등을 규정하고 있기는 하나, 위와 같은 형사소송법의 규정만으로 피고인이 공판정에서 검사의 피의자신문조서에 대하여 그 형식적 진정 성립을 인정하였다고 하여 곧바로 그 조서의 실질적 진정 성립까지 추정된다고 보기는 어렵다.

위 법문에 따르면, 검사가 피의자 아닌 자에 대하여 작성한 조서의 경우도 공판준비 또는 공판기일에서 원진술자의 진술에 의하여 그 진정 성립이 인정되어야 증거로 할 수 있고, 이와 관련하여 대법원은, 만일 원진술자가 그 진술조서의 형식적 진정 성립은 인정하면서도 그 기재 내용이 진술내용과 다르다고 하여 실질적 진정 성립을 부인하는 경우에는 그 진술조서의 진정 성립은 인정되지 아니하여 증거능력이 없다고 판시하여 왔는바(대법원 2001. 10. 23. 선고 2001도4111 판결, 2003. 10. 24. 선고 2002도4572 판결 등), 검사가 작성한 피의자신문조서와 피의자 아닌 자에 대한 진술조서는 모두 형사소송법 제312조 제1항의 동일한 요건에 따라 진정 성립 여부가 결정되고, 실무상으로도 피의자나 참고인의 조서열람권, 증감변경청구권 등을 달리 취급하고 있지 아니한 점 등에 비추어 보면, 검사가 작성한 피의자신문조서와 피의자 아닌 자에 대한 진술조서의 진정 성립 인정 요건을 구별하여 달리 취급할 합리적인 이유도 없다고 할 것이다.

따라서 검사가 피의자나 피의자 아닌 자의 진술을 기재한 조서는 공판준비 또는 공판기일에서 원진술자의 진술에 의하여 형식적 진정 성립뿐만 아니라 실질적 진정 성립까지 인정된 때에 한하여 비로소 그 성립의 진정함이 인정되어 증거로 사용할 수 있다고 보아야 할 것이며, 그와 같이 해석하는 것이 우리 형사소송법이 취하고 있는 직접심리주의 및 구두변론주의를 내용으로 하는 공판중심주의의 이념에 부합하는 것이라고 할 것이다.

이와는 달리, 원진술자인 피고인이 공판정에서 간인과 서명, 무인한 사실이 있음을 인정하여 형식적 진정 성립이 인정되면 거기에 기재된 내용이 자기의 진술내용과 다르게 기재되었다고 하여 그 실질적 진정 성립을 다투더라도 그 간인과 서명, 무인이 형사소송법 제244조 제2항·제3항의 절차를 거치지 않고 된 것이라고 볼 사정이 발견되지 않는 한 그 실질적 진정 성립이 추정되는 것으로 본 종전 대법원의 견해(대법원 1984. 6. 26. 선고 84도748 판결, 1986. 3. 25. 선고 86도218 판결, 1992. 6. 23. 선고 92도769 판결, 1994. 1. 25. 선고 93도1747 판결, 1995. 5. 12. 선고 95도484 판결, 1998. 6. 9. 선고 98도980 판결, 1999. 7. 23. 선고 99도1860 판결, 2000. 6. 13. 선고 99도1581 판결, 2000. 7. 28. 선고 2000도2617 판결, 2001. 4. 10. 선고 2001도221 판결, 2001. 6. 29. 선고 2001도1049 판결, 2001. 8. 24. 선고 2001도3319 판결, 2001. 9. 28. 선고 2001도4395 판결, 2002.

12. 6. 선고 2002도4232 판결, 2003. 10. 23. 선고 2003도4411 판결 등 다수)는 위 견해와 배치되는 범위 내에서 이를 모두 변경하기로 한다.

2. [생략]

[헌법재판소 결정]

Ⅰ. 사건의 개요 및 심판대상

제청신청인은 사기죄로 광주지방법원 해남지원에 2001고단416호로 기소되어 재판을 받던 중, '피고인이 된 피의자'에 대한 검사 작성의 피의자신문조서(이하 '검사작성 피의자신문조서'라 한다)는 피고인이 공판정에서 그 내용을 부인하는 경우에도 증거능력을 인정할 수 있도록 규정한 형사소송법(1961. 9. 1. 법률 제705호로 개정된 것. 이하 "법"이라 한다) 제312조 제1항에 대하여 위헌법률심판 제청신청을 하였고, 위 법원은 그 신청을 받아들여 이 사건 위헌법률심판제청을 하였다.

심판의 대상은 법 제312조 제1항 본문 중 "검사가 피의자의 진술을 기재한 조서" 부분 및 동 조항 단서(이하 '이 사건 법률조항'이라고 한다)의 위헌 여부이다.

Ⅱ. 결정이유의 요지

(1) 검사작성의 피의자신문조서에 대한 증거능력의 인정요건을 정한 이 사건 법률조항은 전문법칙의 예외조항으로서, 전문법칙의 채택 여부 내용 등은 기본적으로 입법자가 우리 사회의 법 현실, 수사관행, 우리 형사재판의 구조 등 제반사정을 종합적으로 판단하여 결정할 성질의 것이고, 이 사건 법률조항에 대한 위헌심사의 기준은 헌법 제27조 재판청구권, 그 중에서도 '공정한 재판을 받을 권리'의 침해 여부라고 할 것이다.

(2) 이 사건 법률조항 본문이 검사작성 피의자신문조서에 대하여

그것이 전문증거임에도 불구하고 검사 이외의 수사기관이 작성한 피의자신문조서와는 달리 이 사건 법률조항 단서의 특히 신빙할 수 있는 상태(이하 '특신상태'라고 한다)하의 진술이라는 조건하에 증거능력을 인정할 수 있도록 한 것은, 검사의 소송법적 지위를 고려하고 형사소송법이 목적으로 하는 적법절차에 의한 실체적 진실의 발견과 신속한 재판을 위한 것으로서 그 목적의 정당성과 내용의 합리성이 인정된다. 더욱이, 검사작성 피의자신문조서는 공판준비 또는 공판기일에서 원진술자의 진술에 의하여 형식적 진정 성립뿐만 아니라 실질적 진정 성립까지 인정된 때에 한하여 비로소 그 성립의 진정함이 인정되어 증거로 사용할 수 있다는 대법원의 새로운 판결에 의할 경우 이 사건 법률조항 본문으로 말미암아 피고인의 방어권 행사가 부당하게 곤란하게 된다든지 평등원칙을 위배하여 공정한 재판을 받을 권리가 침해된다고 할 수 없다.

(3) 피고인이 검사작성 피의자신문조서에 대하여 내용을 부인하는 경우에도 성립의 진정과 특신상태의 존재를 요건으로 하여 그 증거능력을 인정하는 이 사건 법률조항 단서 역시 적법절차에 의한 실체적 진실의 발견과 신속한 재판을 위한 것으로서 그 목적의 정당성이 인정되고, 법원으로 하여금 특신상태의 존재 여부를 심사하게 한 후 그 존재가 인정되는 경우에만 증거능력을 부여함으로써 그 적용범위를 목적달성에 필요한 범위 내로 한정하고 있으므로, 그 내용에 있어서 합리성과 정당성을 갖춘 규정이라고 할 것이다.

(4) 결국, 이 사건 법률조항은 입법자의 입법형성의 범위를 벗어난 것이어서 그로 말미암아 피고인의 공정한 재판을 받을 권리 등을 침해한다고 볼 수 없으므로 헌법에 위반되지 아니한다.

재판관 김경일, 재판관 전효숙의 법정의견에 대한 보충의견

특신상태를 사실상 추정하여 온 법원의 실무관행은 본래 법원의 재판영역에 속하는 것일 뿐, 이 사건 법률조항 단서의 불명확성에서 발

생한 것이 아니다. 다만, 아직도 이 사건 법률조항의 명확성에 관한 논란이 계속되고 있고, 형사재판에서의 직접주의, 공판중심주의가 강조되는 오늘날의 현실을 감안하여 검사작성 피의자신문조서의 증거능력을 부여하기 위한 요건을 좀 더 구체적으로 명확하게 규정하는 입법조치가 필요하다고 할 것이다.

재판관 윤영철, 재판관 권성, 재판관 김효종, 재판관 이상경의 반대의견

(1) 이 사건 법률조항은 검사작성 피의자신문조서에 대한 증거능력을 부여하는 요건에 관한 것으로서 전문법칙의 예외인바, 피고인에게 불이익하게 작용할 수 있으므로 명확성의 원칙이 보다 높은 정도로 요구된다. 그런데 형사재판의 실무상 이 사건 법률조항 단서가 요구하는 특신상태가 사실상 추정되어 피고인이 그 입증의 부담을 안도록 운영되고 있다는 것은, 결국 이 사건 법률조항 단서가 담고 있는 의미가 명확하지 않음으로 인한 것으로 볼 수밖에 없다. 또한 이 사건 법률조항 단서가 증거능력 부여의 요건으로 규정한 '특히 신빙할 수 있는 상태'라는 법문언이 지니고 있는 모호성은 헌법상 원칙인 명확성 원칙의 요청을 충족시켰다고 보기 어렵다.

(2) 입법자가 법 제312조 제1항을 통하여 경찰이 작성한 피의자신문조서와 구별하여 검사가 작성한 피의자신문조서에 대하여 보다 우월한 효력을 부여하기 위하여 가중요건을 설정함에 있어서는 법 제312조 제1항 단서와 같이 '특히 신빙할 수 있는 상태'라는 모호한 요건을 규정함에 그칠 것이 아니라, 피의자의 변호인 참여 요구권에 대한 고지절차 등을 통한 변호인 참여의 실질적인 보장이 증거능력 부여의 전제조건임을 명백히 하여 증거능력 부여의 요건을 보다 명확히 하는 한편 검사가 행하는 피의자신문의 절차적 투명성을 강조하는 입법적 조치를 고려하였어야 할 것이다. 그럼에도 불구하고 입법자는 법 제312조 제1항 단서의 내용을 정함에 있어서 입법자에 부여된 입법적 형성의 의무

를 게을리하여 검사 작성의 피의자신문조서에 대한 증거능력 부여의 요건을 불명확하게 규율하였다.

(3) 따라서 이 사건 법률조항 단서는 법규범의 정립에 요구되는 명확성의 원칙에 위배되는 위헌적인 법률이라고 판단된다. 다만 이에 대하여 단순 위헌을 선고하면 피고인의 지위를 더욱 불리하게 하므로, 피고인에 대한 입증부담 전가의 해소, 변호인참여의 실질적 보장 등의 입법적 개선을 촉구하는 헌법불합치 결정을 선고함이 상당하다.

〔연　　구〕

Ⅰ. 문제제기: 판결의 의미와 논점

1. 조서재판을 극복하려는 실무의 노력은 최고법원의 판결에서 나타나고 있다. 헌법 제27조가 보장하고 있는 공정한 재판을 받을 권리 속에는 신속하고 공개된 법정의 법관의 면전에서 모든 증거자료가 조사·진술되고 이에 대하여 피고인이 공격·방어할 수 있는 기회가 보장되는 재판, 즉 원칙적으로 당사자주의와 구두변론주의가 보장되어 당사자가 공소사실에 대한 답변과 입증 및 반증하는 등 공격·방어권이 충분히 보장되는 재판을 받을 권리가 포함되어 있다.[1)]

대법원은 최근에 우리 형사사법의 문제점을 인식하기 시작했고 그 반성적 고려에서 구속된 피의자의 신문에 변호인의 참여가 원칙적으로 허용된다는 결정[2)]이나 실질적으로 검사에 의하여 조사가 이루어지지 않은 검사 작성의 피의자신문조서의 증거능력을 부인한 판결,[3)] 검사 작성 피의자신문조서의 진정 성립 요건에 관한 종래의 이른바 '추정론'을

1) 헌재결 1996. 12. 26, 94헌바1(피고인 등의 반대신문권을 제한하고 있는 형사소송법 제221조의2 제 5 항은 피고인들의 공격·방어권을 과다히 제한하는 것으로써 그 자체의 내용이나 대법원의 제한적 해석에 의하더라도 그 입법목적을 달성하기에 필요한 입법수단으로서의 합리성 내지 정당성이 인정될 수는 없다고 할 것이므로, 헌법상의 적법절차의 원칙 및 청구인의 공정한 재판을 받을 권리를 침해하고 있다).

2) 대법원 2003. 11. 11. 2003모402 결정(이른바 송두율교수 사건).

3) 대법원 2003. 10. 9. 선고 2002도4372 판결.

폐기한 판결[4] 등을 내린 바 있다.

특히 종래의 추정론을 폐기한 전원합의체 판결은 공판정에서 재판부가 생생하게 들은 피고인의 목소리보다 검찰청의 수사검사 앞에서의 진술을 기재한 조서가 더 우대받던 관행에 제동을 걸고, 자백중심의 수사와 조서재판의 관행에서 벗어나지 못하게 하는 핵심규정인 제312조 1항의 적용에 있어서 20여 년 동안 일관되게 유지한 판례입장을 변경하였다.[5] 이제 '피의자가 내 앞에서 이렇게 자백했다'는 검사의 일방적 주장인 검사작성의 피의자신문조시가 피고인이 '그렇게 자백한 석 없다'는 법정주장이 있으면 증거로 사용할 수 없게 됨에 따라, 그 동안 조서가 누려 왔던 막강한 지위가 흔들리게 된 것이다.

지금까지는 법원은 검사가 작성한 피의자신문조서에 피의자가 직접 서명하거나 날인했다면 그 조서에는 피의자의 진술이 그대로 기재된 것으로 추정하였다. 따라서 아무리 피의자였던 피고인이 재판정에서 조서에는 자신이 자백한 것으로 적혀 있지만 검사 앞에서 그렇게 자백한 적이 없다고 다투더라도(진술대로 기재되지 않았다고 주장하거나 진술기재부분에 대해 그런 취지로 진술한 것이 아니라고 주장한 경우) 특별히 수사과정의 가혹행위 등이 입증되지 않는 한 받아들여지지 않았다. 그래서 피고인의 공판정에서의 생생한 진술이 아니라 전문증거에 불과한 조서에 의한 재판이 진행되고, 우리의 공판심리절차가 이름뿐이라는 비판을 받아왔다. 검사의 유죄의 심증이 조서를 통해서 그대로 법관의 유죄심증으로 이어지고 재판부는 검사의 조서를 추인함으로써 수사의 재판화와 조서재판의 오명에서 벗어나지 못하였다. 또한 무죄율이 0.17%(2004년에 1,409,396명 중 2,447명)인 현실을 검사의 수사철저화의 공로가 아니라 재판은 있으나마나한, 즉 공판의 형해화와 공판의

4) 대법원 2004. 12. 16. 선고 2002도537 전원합의체 판결.

5) 이 판결 이후에도 대법원 2005. 1. 14. 선고 2004도6646 판결; 대법원 2005. 3. 10. 선고 2004도8493 판결(이 판결은 피의자신문조서 중 일부의 진술기재부분에 대하여 자신의 진술취지와 다르게 기재되었다고 주장하며 실질적 진정 성립을 부정한 사례).

주변화[6]를 증명하는 것이라는 지적을 받았던 것이다.

2. 법관의 유·무죄심증은 일반인에게 공개된 법정에서 직접 검사와 피고인의 변호인 사이에 벌어지는 공격과 방어를 통하여 얻어져야 한다. 검사의 일방적 주장인 공소장이나 피의자신문조서에 의하여 심증이 형성되어서는 안 된다. 이것이 바로 형사소송의 기본원칙인 공판중심주의이다. 이는 사건부담이 많고 비효율적이라는 이유로도 생략되어서는 안 될 형사절차의 핵심원칙이다. 법관은 집무실에서 조서의 죽은 글자로부터 진실을 캐내려 들지 말고 공판정에서 피고인의 생생한 목소리, 얼굴빛과 진술태도 등을 통해서 실체적 진실을 가리고 올바른 양형판단을 해야 한다는 원칙이다.

이 검사작성의 피의자신문조서와 참고인진술조서의 증거능력 부여요건에 관한 전원합의체 판결은 공판중심주의적 법정심리절차의 실현을 위한 첫걸음을 디뎠다는 의미를 갖는 판결이며, 뒤늦게나마 학계의 비판을 받아들였다는 점에서 매우 긍정적이다. 법정에서 피고인의 방어권을 실질적으로 강화하고 직접심리주의 및 공판중심주의를 실현함으로써 법치국가적 형사재판의 모델을 확립하는 계기가 될 것으로 평가할 수 있다.

3. 이 전원합의체 판결은 검사가 작성한 피의자신문조서와 피의자 아닌 자에 대한 진술조서는 모두 형사소송법 제312조 제1항의 동일한 요건에 따라 진정 성립 여부가 결정되고, 실무상으로도 피의자나 참고인의 조서열람권, 증감변경청구권 등을 달리 취급하고 있지 아니한 점 등에 비추어 보면, 검사가 작성한 피의자신문조서와 피의자 아닌 자에 대한 진술조서의 진정 성립 인정 요건을 구별하여 달리 취급할 합리적인 이유도 없다고 하여 진술조서의 진정 성립에 관한 한 기존 판례입장을 확인하였다.

6) 이상돈, "조서재판과 공판중심주의," 고시계 2005. 6, 164면.

다른 한편으로 이 판결은 다른 논쟁을 불러일으켰다. 전원합의체 판결이 제312조 제1항 본문과 단서의 관계를 어떻게 바라보고 있는지에 대해서 법원과 검찰의 해석이 서로 다르다. 즉 진정 성립뿐만 아니라 특신 상황이 인정되어야 하는지, 아니면 진정 성립 인정여부와는 관계없이 특신 상황만 인정되면 피의자신문조서의 증거능력이 인정되는지에 관해서 견해의 대립이 재연하게 된 것이다.

이하에서는, 대법원이 직접심리주의 및 구두변론주의를 내용으로 하는 공판중심주의의 이념에 부합된 규정해석을 언급하고 있고, 헌법재판소의 결정에서 "제312조 1항 단서규정의 명확성에 관한 논란을 불식시키고 형사재판에서의 직접주의, 공판중심주의가 강조되는 오늘날의 현실을 감안하여 검사작성 피의자신문조서의 증거능력을 부여하기 위한 요건을 좀 더 구체적으로 명확하게 규정하는 입법조치가 필요하다"는 법정의견에 대한 보충의견과 헌법재판소의 의견 가운데 "입법자가 제312조 제1항 단서의 내용을 정함에 있어서 피의자의 변호인 참여요구권에 대한 고지 절차 등을 통한 변호인 참여의 실질적인 보장이 증거능력 부여의 전제조건임을 명백히 하여 증거능력 부여의 요건을 보다 명확히 하는 한편, 검사가 행하는 피의자신문의 절차적 투명성을 강조하는 입법적 조치를 고려하였어야 함에도 불구하고 입법자에게 부여된 입법적 형성의 의무를 게을리하여 검사 작성의 피의자신문조서에 대한 증거능력 부여의 요건을 불명확하게 규율하였으므로 법규범의 정립에 요구되는 명확성의 원칙에 위배되는 위헌적인 법률이라고 판단된다"면서 피고인에 대한 입증부담 전가의 해소, 변호인참여의 실질적 보장 등의 입법적 개선을 촉구하는 헌법불합치라는 반대의견의 취지가 투영되었다고 볼 수 있는 사법제도개혁추진위원회(이하 사개추위라 한다)의 형사소송법 개정안에 기초한 형사소송법 개정법률안(2006. 1. 6. 의안번호 3759) 중 증거법규정을 평석대상판결과 관련하여 검토하기로 한다.

Ⅱ. 공판중심주의 실현과 형사소송법 개정법률안

2003년 대법원에 설치된 사법개혁위원회는 건의문에서, 현행 형사소송법상 증거에 관한 규정은 피고인의 반대신문권 보장, 직접주의, 구두주의에 충실하지 못하다는 지적이 있으므로, 이러한 문제점을 극복하여 공판중심주의를 구현하고, 국민사법참여제도를 도입하기 위해서는 증거법을 전면적으로 재검토할 필요가 있다고 보았다. 이는 공판중심주의를 실현하고 피고인의 방어권을 보장하기 위해서 대법원판례 변경(평석대상판결)으로 논란이 되고 있는 검사작성의 피의자신문조서뿐만 아니라 진술조서에 관한 규정 등 증거법규정을 전면적으로 재검토하여 정비해야 한다는 취지이다.

이 건의문을 추진하기 위하여 2005년 1월에 대통령자문기구로 설치된 사개추위는 제 5 차 회의(2005. 7. 18.)에서 형사소송법 개정안을 의결하였는데, 증거법부분에 대해서 수사와 재판의 실무 관점에서 우려의 목소리가 적지 않았다. 무엇보다도 검찰은 검사작성의 피의자신문조서의 증거능력이 제한적으로나마 인정된 것(개정법률안 제312조)에 대해서는 안도하면서도 수사과정기록제도(개정법률안 제244조의4)나 피의자신문시 변호인참여권보장(개정법률안 제243조의2), 참고인진술조서의 증거능력 인정요건의 엄격화(개정법률안 제314조, 제316조) 등에 대해서는 수사현실을 무시한 방안이라고 반발하였다. 피의자 및 피고인의 방어권을 보장하면 피해자의 인권이 침해될 우려가 있다며 비판하는 여성시민단체도 있었다.[7] 학계도 마찬가지다. 공판중심주의의 실현을 외치면서 내놓은 개정안이 현행법규정과 변경된 판례보다 나아진 것인가, 개정안으로 자백중심의 수사와 조서재판의 관행을 불식시킬 수 있는가에 의문을 제기하면서, 피의자진술의 영상녹화(개정법률안 제244조의2)와 그 증거능력인정(개정법률안 제312조의2)을 두고도 비디오재판의 우려를 언급

7) 이미경, "공판중심주의관련 형사소송법 개정안과 성폭력 피해 생존자의 인권," 공판중심주의 확립을 위한 형사소송법 개정안 공청회(2005. 6. 24.) 자료집, 103면 이하.

하면서 공판중심주의에 역행하는 것이라고 비판하는 의견이 제시되기도 하였다.[8)]

이는 대부분 현실진단에 대한 인식차이와 공판중심주의의 의미에 관한 견해차이 내지 오해에 기인한다고 본다. 조서재판의 관행 자체를 부정하는 입장에서부터 이상은 좋으나 여건이 허락하지 않는다는 현실론에서부터 이상적인 공판중심주의를 실현해야 한다는 당위론의 관점까지 스펙트럼이 다양하기 때문이다. 예컨대 증거개시제도와 관련하여 검사와 피고인을 대등하게 보아 증거개시의 범위 등을 동일하게 해야 한다거나 당사자주의는 인권 옹호적, 직권주의는 반인권적이라는 이분법적 도식에서 개정안을 비판적으로 바라보는 시각도 있다. 그러나 피의자 및 피고인의 방어권은 소송구조가 어떠냐에 따라 달라지는 것이 아니라 헌법적 보장에 따라 그 형태와 내용이 결정되는 것이다. 당사자처분주의가 인정되지 않고 당사자에 의해서만 소송이 진행(당사자추행주의)되는 것이 아닌 우리의 형사소송은 당사자주의 소송구조가 아니며, 개정안 역시 철저한 당사자주의 관점에서 마련된 것이 아니다. 수사기관의 심증이 법관의 심증으로 그대로 이어지는 것을 충실한 공판심리를 통해서 막아보자는 것이 개정안의 핵심취지이다.

Ⅲ. 공판중심주의 실현과 자백중심의 수사관행 탈피

1. 공판중심주의의 의미

헌법재판소의 결정에 의하면, 헌법 제27조가 보장하고 있는 공정한 재판을 받을 권리 속에는 신속하고 공개된 법정의 법관의 면전에서 모든 증거자료가 조사·진술되고 이에 대하여 피고인이 공격·방어할 수 있는 기회가 보장되는 재판, 즉 원칙적으로 당사자주의와 구두변론주의가 보장되어 당사자가 공소사실에 대한 답변과 입증 및 반

---

8) 천진호, "형사소송법 개정안과 공판중심주의의 올바른 자리매김," 공판중심주의 확립을 위한 형사소송법 개정안 공청회(2005. 6. 24.) 자료집, 153면 이하; 강동범, "'공판중심주의적 법정심리절차의 확립방안'에 대한 토론," 공판중심주의 확립을 위한 형사소송법 개정안 공청회(2005. 6. 24.) 자료집, 39면 이하.

증하는 등 공격·방어권이 충분히 보장되는 재판을 받을 권리가 포함되어 있다.

그러나 지금까지 우리는 형사법정에서 검사와 변호인 사이에 벌어져야 할 치열한 구두변론을 본 기억이 별로 없다. 공개된 법정에서 당사자들의 공격과 방어가 교차하는 법정공방을 지켜 보면서 유무죄와 형의 종류와 양을 결정하는 것이 아니라 법관이 자신의 집무실에서 검사가 제출한 수사서류더미를 뒤적여 보면서 유죄의 심증을 형성해도 상관없도록 법이 규정되어 있기 때문이다. 법정에서 심리절차가 열린다고 하여도 사건부담 때문에 절차가 축소되거나 생략되는 것이 보통이다. 공판심리의 효율성에 치중하여 앙상한 뼈만 남아 있는 공판절차가 진행되다 보니 방청객은 물론이고 피고인조차도 재판이 어떻게 진행되어 어떤 결론이 났는지도 잘 모른다.

피의자·피고인의 방어권보장이나 공개재판주의, 직접심리주의, 구두변론주의와 같은 공판절차의 기본원칙은 헌법과 형사소송법에 그저 기록되어 있을 뿐 법전과 실무현실은 엄연한 괴리를 보이고 있다. 형사사건의 실체를 공개된 법정에서 심리된 것을 기초로 판단한다는 공판중심주의가 실현되기 위해서는 공판이 열리기 전에 피고인이나 변호인에게 수사기록 등을 열람하게 하여 피고인의 방어권을 보장하고 공판준비를 철저하게 하여 공판정에서 집중적으로 증거조사 등 심리가 이루어지도록 하여야 한다. 무엇보다도 피고인의 반대신문권보장, 직접주의, 구두주의에 충실하지 못하게 한 형사소송법상의 증거법규정을 전면적으로 재검토하고 공소사실을 실질적으로 다투는 피고인이 공판정에서 자신을 방어할 수 있기 위해서 피고인신문제도나 법정구조를 재검토해야 한다. 이와 같은 건의내용은 2007년부터 도입되는 국민사법참여제도의 시행에 필수적이다.

2. 자백중심의 수사관행 탈피

검찰도 인정하듯이 공판중심주의의 실현은 거스를 수 없는 방향이다.[9] 법정에서 당사자들의 공방을 통해서, 그리고 물증을 통해서 실체적 진실을 발견해 나가는 과정이 독일이나 미국 등 선진국에서 볼 수 있는 재판모습이다. 이에 반해서 우리는 지금도 여전히 검찰의 수사결과를 조서로 확인하는 재판, 자백이 기재된 조서만 제출하면 거의 유죄가 인정되는 통과 의례적 재판, 자백이 증거의 왕의 권좌에서 요지부동인 재판을 경험하고 있다.

피고인이 공판정에 나와 있음에도 그의 진술을 들어보는 대신에 신문조서를 증거로 쓴다는 것은 재판제도 자체를 부정하는 것과 같다. 이제 더 이상 피의자나 피고인의 입에 의지하는 수사와 재판이 진행되어서는 안 된다. 앞으로 사법경찰이나 검찰의 수사는 기소여부와 공판을 대비하기 위한 수사여야 한다. 한 마디로 게임은 공판정이라는 링 위에서 피고인과 변호인, 검사 모두가 참여한 가운데 벌어져야 한다. 어느 일방(검사 또는 사법경찰관)이 변호인도 없는 폐쇄된 조사실에서 주도하는 수사절차가 본 게임화되는 것을 막자는 것이 공판중심주의의 핵심이다. 공개된 법정이 형사절차의 중심에 서야 투명성도 확보되어 국민의 감시와 통제가 가능해져 사법신뢰도 회복될 것이다. 이를 통해서 자백편중의 수사관행도 지양될 것이며 자백을 강요하는 고문과 같은 위법수사의 유혹도 사라지게 되어 수사기관에 대한 신뢰도 높아질 수 있을 것이다. 또한 이를 통하여 허위자백의 위험으로부터 벗어날 수 있을 것이다.

허위자백이 오판의 최대 원인임은 우리나라나 독일[10]과 미국에서도 입증된 바 있다. 예컨대 독일 문헌에 의하면 처음 수사대상이 된 피의자(특히 지적 수준이 평균인 이하인 자, 어리거나 나이든 사람)나 성범죄의 혐의를 받고 있는 자는 인신구속이나 질시받는 공판심리의 대상이 된다는 데 대한 두려움, 자신의 무죄를 입증할 증거가 전혀 없는 절박한 상황에서 처벌될지도 모른다는 두려움 때문에 피의자는 고립무원 상태에서 닥쳐올 불편함을 피하기 위하여 허위 자백하는 경우가 적지

9) 이완규, "공판중심주의와 증거법의 이상, 현실 그리고 미래," 공판중심주의 확립을 위한 형사소송법 개정안 공청회(2005. 6. 24.) 자료집, 115면 이하.

10) Eisenberg, Beweisrecht der StPO, 2. Aufl.(1996), Rdn. 729.

않다고 한다.[11] 자신이 범한 큰 범죄를 은폐하기 위해 범하지도 않은 작은 범죄를 허위 자백하는 경우나 다른 범죄자를 보호하기 위해 허위 자백하는 경우도 있다.

미국의 증거법은 법률적 교육을 받은 것도 아니고 법률 실무적 경험도 없는 일반 시민이 사실판단자로서 역할을 하고 있는 배심재판제도의 산물이다. 법관과 배심원은 사실판단자로서 법정에 현출된 증거를 평가하여 유무죄를 판단하게 된다. 이 사실판단자에게 가장 강력한 영향을 미치는 것이 바로 피의자의 유죄자백이라고 한다.[12] 그런데 밀폐된 조사공간에서의 자백은 증거허용의 필수적 요건인 임의성과 신뢰성이 떨어진다.[13] 이러한 자백이 오판의 가장 큰 원인인 것이다.

무고한 자의 허위자백은 3가지 유형이 있다. 첫째 경찰의 강압이 없었음에도 불구하고 과거범죄에 대한 무의식적 속죄욕구, 가족이나 친구 보호 등을 이유로 하는 자백(자발형), 둘째 조사자의 위협, 협박이나 약속 등에 의한 자백(강요형), 셋째 강요, 협박, 피곤 등으로 자신이 범죄를 범했다고 믿는 상태에서의 자백(자기최면형)이 있다.[14] 그 외에도 경찰이 피의자가 자백한 것으로 조작하거나 피의자의 진술에 사용된 단어에 대한 오해나 잘못된 해석으로 인한 뉘앙스 차이가 허위자백의 원인이라고 한다.[15]

수사기관은 폐쇄된 조사실에서 피의자의 자백을 얻어내면 더 이상 자백에 대한 보강증거를 확보할 인센티브가 없어지는 셈이다.[16] 법정에

---

11) Eisenberg, Rdn. 731ff.

12) G. Daniel Lassiter/Andrew L. Geers, "Videotaped Interrogations and Confessions: A Simple Change in Camers Perspective Alters Verdicts in Simulated Trials," Journal of Applied Psychology 2002, Vol. 87 Nr. 5, 867.

13) Steven A. Drizin/Marissa J. Reich, "Heeding the lessons of history," 52 Drake Law Review 622(Summer 2004).

14) R. Conti, "The Psychology of false Confessions, The Journal of Credibility Assessment and Witness Psychology," Vol. 2, No. 1, 14.

15) Wayne T. Westling, "Something is rotten in the Interrogation Room: Let try Video Oversight," 34 John Marshall Law Review 537, 543.

16) 조사에 의하면 검사의 61%가 자백이 필수적이거나 중요하다고 답변했다. 이에 관해서는 Cassel/Hayman, "Police Interrogation in the 1990s: An empirical Study of

서 자백은 법관과 배심원에게 설득력이 매우 큰 증거로 받아들여지고, 때로는 목격자의 증언보다도, 때로는 조사경찰이 법정에서 피의자가 신문 당시 무엇을 말했는지를 증언하는 것보다 더 강력한 영향력을 갖기 때문이다.[17] 여전히 허위자백에 의한 오판사례와 오판의 위험성이 증가하고 있는 현실에서 자백의 신뢰성을 확보하기 위한 방안으로 피의자진술(내지 자백)의 전자적 기록요청이 미국 학계와 실무에서 끊임없이 주장되고 있다.[18]

Ⅳ. 조서를 공판정에 현출하는 방법

1. 개정법률안의 의미

수사단계에서 피의자와 참고인의 진술내용을 기재한 조서가 피고인의 내용부인과 증거사용 부동의로 법정에 제출되어 증거 조사될 수 없다고 하더라도 그 내용이 공판정에 현출될 수 있는 길이 아예 봉쇄된 것은 아니다. 우선 원칙적으로 피의자신문조서의 증거능력 요건을 엄격히 하는 대신 피고인을 조사하였던 검사, 사법경찰관 등의 조사과정에 관한 증언에 증거능력을 부여하는 규정(개정법률안 제316조)을 두었기 때문이다. 조사자로 하여금 피고인이 수사과정에서 진술한 바를 증언하게 하되 피고인 측의 반대신문을 통하여 탄핵받도록 함으로써 실체적 진실발견과 피고인의 방어권 보장 사이에 조화를 도모한 규정이다.[19]

---

the Effects of Miranda," 43 UCLA L. Rev. 839, 906-907(1996) 참고.

17) Kassin/Neumann, "On the power of confession evidence: An experimental test of the fundamental difference hypothesis," Law and Human Behavior 21(1997), 469; McCormick, Handbook of the law of evidence(2nd ed. 1972); Wigmore, Evidence(Vol. 3), 1970; 29A Am. Jur. 2d Evidence § 718, § 5.

18) Inbau/Reid/Buckley/Jayne, Criminal Interrogation and Confessions, Fourth Edition(2001), 393; Thomas P. Sullivan, Police Experiences with Recording Custodial Interrogations, Nr. 1 Summer 2004, 26-28.; American Bar Association New York County Lawyers' Association Criminal Justice Section, Report to the House of Delegates(February 2004).

19) 외국 입법례로는 일본 형사소송법 제324조(전문 진술의 증거능력)
① 피고인 이외의 자의 공판준비 또는 공판기일에 있어서의 공술로서 피고인의 공

사법경찰관이 작성한 피의자신문조서의 경우에는 현행법에 의하면 피고인이 내용을 부인하면 증거로 사용할 수 없고, 판례에 의하면 조사자인 사법경찰관의 법정증언의 증거능력도 부정되므로(대법원 1975. 5. 27. 선고 75도1089 판결), 사법경찰관이 조사자로서 법정에서 증언할 수 있도록 한 개정법률안은 현행법과 판례의 입장보다 개악된 것이라는 지적은 일면 타당하다. 그러나 위증의 부담을 안고 증언해야 하는 사법경찰관으로서는 적법절차에 따라 투명하고 공정한 수사를 하지 않을 수 없을 것이라는 점에서 긍정적으로 평가할 수 있을 것이다.

2. 직접주의 및 구두변론주의와 조사자증언

구두변론주의란 공판정에서 구두로 진술되고 다투어진 자료를 토대로 판결해야 한다는 원칙이다. 이 원칙은 헌법상 법적 청문권과 공개주의에 근거한다. 직접주의는 법원이 실체에 가장 가까운 증거자료를 이용하여 직접 증거조사를 통하여 피고사건에 대한 유·무죄의 심증을 형성하여야 한다는 원칙을 말한다.[20] 직접주의의 요청에 따라 판결은 수소법원 자신의 인식에 기초하여야 하며, 법관은 공판기일에 중단 없이 재정해야 하고 증거조사를 다른 사람에게 맡겨서는 안 된다. 또한 직접주의는 법원이 공판기일에 조사하는 증거 중에서 증명대상이 되는 사실과 가장 근접한 원본증거를 판결의 기초로 삼아야 하며 대체증거를 토대로 판결해서는 안 된다는 것을 내용으로 한다. 따라서 증인의 증언이나 감정인의 감정의견을 기재한 서증보다는 인증우선의 원칙이 적용되는 것이다.

그렇다면 조사자를 증인으로 세워 피고인의 진술내용을 확인하는

술을 그 내용으로 하는 것에 대하여는 제322조의 규정을 준용한다.

② 피고인 이외의 자의 공판준비 또는 공판기일에 있어서의 공술로서 피고인 이외의 자의 공술을 그 내용으로 하는 것에 대하여는 제321조 제 1 항 제 3 호의 규정을 준용한다.

20) 독일 형사소송법 제250조는 증인신문에 관한 직접주의원칙을 표명한 것이다("사실에 대한 증거가 사람의 인식에 기초한 것일 때에는 이 사람을 공판정에서 신문하여야 한다. 신문은 이전의 신문조서나 진술서면의 낭독으로 대체될 수 없다").

것이 직접주의와 구두변론주의를 내용으로 하는 공판중심주의에 역행하는 것인가. 그렇지 않다. 조사자가 조서를 낭독하여 그것이 그대로 증거로 사용되는 것도 아니고 조사자의 증언이 법정공방의 대상이 되어 이것이 증거로 사용되기 때문이다.

독일 형사소송법에 규정은 없지만 해석상 조사자에게 그가 수사단계에서 작성한 신문조서를 기억을 되살리는 데 도움을 주기 위해 조서낭독의 형태로 제시되었을 때 그가 구체적인 신문내용을 기억하고 있다면 그 조서의 내용은 간접적으로 판결에 사용될 수 있다. 다만 조서가 정확하게 작성된 것이라고만 말했을 때에는 그러하지 아니하다. 그러나 이 때의 조서낭독은 서면에 대한 증거조사가 아니라 조사자를 증인으로 내세웠을 때 증인신문의 보조수단으로 사용한 것에 불과하다. 따라서 조서를 그대로 낭독할 것이 아니라 내용의 요지를 알려 주는 정도여야 한다. 다만 피고인이 공판절차에서 진술거부권을 행사하면 신문조서는 제시의 대상이 될 수 없다. 참고인진술조서도 그 참고인이 공판절차에서 정당한 증언거부권을 행사하면 조서는 낭독될 수 없고(독일 형소법 제252조), 참고인진술조서는 증거로 사용될 수 없다. 증인이나 감정증인에 관해서는 기억환기목적의 조서낭독이 규정되어 있다.[21)]

V. 공판중심주의와 영상녹화물의 증거사용 허부

1. 개정법률안의 내용

우리나라에도 국민의 사법참여재판이 2007년에 도입될 전망이다.

21) 독일 형사소송법 제251조(조서의 낭독) ② 피고인에게 변호인이 있는 경우 검사, 변호인, 피고인이 동의한 때에는 증인, 감정인 또는 공동피의자에 대한 신문을 이들의 서면진술을 포함하는 기록이나 이들에 대한 다른 신문조서의 낭독으로 대체할 수 있다. 그 밖에 증인, 감정인 또는 공동피의자가 사망하였거나 다른 사유로 인하여 이들에 대한 법원의 신문이 상당기간 이루어질 수 없는 경우에만 낭독을 허용한다.
제253조(기억을 돕기 위한 낭독과 모순시 낭독) ① 증인이나 감정인이 일정 사실을 더 이상 기억할 수 없다고 밝히는 경우 이들에 대한 과거 신문내용 중 이들의 기억을 도울 수 있는 조서의 관련 부분을 낭독할 수 있다.
② 공판을 중단하는 이외의 다른 방법으로는 신문에서 나타난 과거 진술과의 모순을 확인하거나 제거할 수 없는 경우에도 전항과 같은 동일한 조치를 취할 수 있다.

국민참여재판에서의 배심원은 수사 및 재판업무를 위해 직업교육을 받았거나 경험이 있는 사람이 아니라 생업에 종사하는 시민들이기 때문에 가급적 빨리 집중적으로 재판을 마친 후 다시 생업으로 돌아가게 하여야 한다. 따라서 공판이 종결될 때까지 연일 집중적으로 심리가 이루어져야 하며, 공판정에 출석한 피고인의 진술과 증인의 증언, 제출된 증거를 관찰하고 그것으로부터 얻은 인식을 통해 유·무죄 여부를 판단할 수밖에 없다. 따라서 국민의 사법참여재판은 종래 조서재판을 가능하게 했던 형사소송법 규정과 수사 및 재판 관행을 개선할 것을 요구하고 있고 구두변론주의, 직접주의, 집중심리 등 공판중심주의가 실현되어야 사법참여재판이 성공할 것으로 예상할 수 있다.

허위자백에 의한 오판을 방지하고 피의자의 인권을 보장하며 수사과정의 공정성 및 투명성을 확보하기 위한 제도적 장치로서 피의자 조사과정에 대한 영상녹화제도의 도입문제가 사개추위의 형사소송법개정과 관련하여 활발하게 논의되었다. 검찰은 피의자신문조서의 정확성(실질적 진정 성립)과 임의성(특신상황)을 확보하고 수사절차의 투명성과 적법성을 높이기 위하여 신문과정을 영상녹화하고 이를 증거로 제출하려고 한다. 검찰에서도 이미 수사과정 녹음·녹화제를 시범실시하면서[22] 법정에 녹음·녹화물을 증거로 제출하고 있다.

사개추위는 형사소송법개정안에 피의자 조사과정에 대한 엄격한 영상녹화 기준을 마련하였다. 피의자 진술의 녹화는 피의자 또는 변호인의 동의가 있는 때에 한하여 가능하며, 반드시 조사의 전 과정과 객

22) 대검찰청의 검사신문실 등 시범실시청 지정(2004. 11. 24. 대검 과학수사과-6124)에 의거하여 검사신문실은 남부지검, 여성아동조사실은 중앙, 남부, 인천, 수원 등 4개 지검에 각 1개씩, 일반조사실은 중앙과 인천에 각 1개, 남부에 2개 설치되었다. 검사신문실의 대상사건은 구속사건 중 차장검사가 지정한 사건, 혐의유무가 불분명하고 사안이 복잡하여 장시간의 조사가 예상되어 쟁점을 정리한 사건 중 기소를 위해 검사의 직접신문이 필요한 사건, 경찰에서 무혐의 의견으로 송치되어 추가 조사 없이 경찰 의견대로 처리하여야 할 사건 중 사건관계인에 대한 사안 설명 및 결정 요지 고지가 필요한 사건, 조사 과정에서 검사에 대한 직접 면담 및 상담을 요구하는 사건 관계인에 대한 접견, 진정 사건 중 검사의 직접 면담 내지 상담이 필요한 사건 등이다.

관적인 정황을 모두 녹화하도록 함으로써 일방적인 편집과 왜곡을 방지하고, 피의자 또는 변호인의 요구가 있는 경우 영상녹화물을 재생하여 시청하게 하고, 그 내용에 대하여 이의를 진술하는 때에는 그 취지를 서면에 기재하게 하였다(개정법률안 제244조의2).[23)]

그러나 이를 수사기관 작성 조서와 동일하게 볼 것인지, 아니면 성질상 다른 것으로 볼 것인지는 영상녹화물이 공판중심주의의 실현과 피고인의 방어권 보장의 요구에 부합하는 새로운 증거자료인지를 검토해야 결론을 내릴 수 있을 것이다. 왜냐하면 수사기관 작성의 피의자신문조서의 증거사용을 금지하고 원진술자를 공판정에서 신문하여 그 진술내용을 증거로 한다는 것이 공판중심주의인데 이를 영상녹화물로 대체하는 것은 공판중심주의의 이념에 부합하는지가 의문스럽기 때문이다.

애당초 사개추위는 이에 대한 단일안을 마련하지 못하고 3개의 안으로 제 4 차 회의(2005. 5. 16.)에 상정한 바 있다. 제 1 안은 피의자의 수사기관에서의 진술을 담은 영상녹화물의 증거능력을 피의자신문조서와 동일하게 취급하는 안이다. 영상녹화물의 경우에는 피고인의 방어권이 충분히 보장되기 어렵고 밀행적·일방적으로 진행되는 수사절차에서의 진술을 담은 점에서 볼 때 피의자신문조서와 다를 바가 없기 때문이다.

제 2 안은 영상녹화의 절차 및 요건을 엄격히 규정하여 증거능력을 부여하는 방안이다. 예컨대 피의자 또는 변호인의 동의를 받아 조사의 전 과정을 녹화하고 피의자의 진술을 녹화한 때에는 녹취서 또는 진술요지서를 작성하도록 하며 피의자가 녹화된 결과를 보고 이의를 제기

23) 제244조의2(피의자진술의 영상녹화) ① 피의자의 진술은 피의자 또는 변호인의 동의가 있는 때에는 영상녹화할 수 있다. 이 경우 조사의 전 과정 및 객관적 정황을 모두 영상녹화하여야 한다. ② 제 1 항의 규정에 의한 영상녹화가 완료된 때에는 피의자 또는 변호인 앞에서 지체 없이 그 원본을 봉인하고 피의자로 하여금 기명날인 또는 서명하게 하여야 한다. ③ 제 2 항의 경우에 피의자 또는 변호인의 요구가 있는 때에는 영상녹화물을 재생하여 시청하게 하여야 한다. 이 경우 그 내용에 대하여 이의를 진술하는 때에는 그 취지를 기재한 서면을 첨부하여야 한다.

할 수 있는 기회를 부여하도록 하는 등의 요건과 절차가 마련된 경우에 조사자가 증인으로 나와 피고인의 수사단계에서의 진술내용을 증언하였으나 그 내용의 진위에 다툼이 계속되어 이를 확인할 필요가 있는 때에 피고인의 진술이 변호인의 참여하에 이루어지는 등 특히 신빙할 수 있는 상태하에서 행하여졌고, 그 진술의 전 과정을 객관적으로 영상녹화하였음이 인정되고 영상녹화물의 재생으로 인하여 불공정한 편견이나 혼란을 야기할 우려가 없는 때 피고인의 수사기관에서의 진술을 내용으로 하는 영상녹화물을 증거로 사용할 수 있다는 안이다.

제 3 안은 피의자신문시 영상녹화 또는 조서 작성을 선택할 수 있도록 하는 안으로서, 영상녹화는 진술내용의 누락, 기재의 부정확성 등의 위험을 내포한 조서보다 신문과정을 정확하게 기록하는 방법이므로 영상녹화를 하는 경우 조서를 따로 작성할 필요가 없고 피의자의 진술을 녹화한 때에는 진술내용을 요약하여 기재한 신문 요지서를 작성하여 수사기록에 편철하도록 하며 영상녹화물 원본은 봉인한 후 피의자로 하여금 원본에 서명, 날인하게 하고, 피의자가 요구하는 경우에는 재생하여 보여 주고 이의가 없을 때 서명, 날인하게 하여 검사, 검사의 신문에 참여한 자, 또는 피고인의 진술 등에 의하여 진정 성립(피고인이 진술한 내용이 조사의 전 과정에 있어 조작이나 허위 없이 녹화되었음)이 인정되고 피고인의 수사단계에서의 진술이 특히 신빙할 수 있는 상태하에서 행하여진 때에 한하여만 증거능력을 부여한다는 안이다. 제 3 안은 검찰 측이 주장한 안이다. 사개추위 제 5 차 회의(2005. 7. 18.)에서 의결된 안[24]은 제 2 안과 제 3 안을 절충한 것이다.

24) 제312조의2(피의자 진술에 관한 영상녹화물) ① 검사 또는 사법경찰관 앞에서의 피고인의 진술을 내용으로 하는 영상녹화물은 공판준비 또는 공판기일에 피고인이 검사 또는 사법경찰관 앞에서 일정한 진술을 한 사실을 인정하지 아니하고, 검사·사법경찰관 또는 그 조사에 참여한 자의 공판준비 또는 공판기일에의 진술 그 밖에 다른 방법으로 이를 증명하기 어려운 때에 한하여 증거로 할 수 있다. ② 제 1 항의 규정에 의한 영상녹화물은 적법한 절차와 방식에 따라 영상녹화된 것으로서 공판준비 또는 공판기일에 피고인·검사·사법경찰관 또는 그 조사에 참여한 자의 진술에 의하여 조사의 모든 과정이 객관적으로 영상녹화된 것임이 증명되고, 영상녹화된 진술이 변호인의 참여하에 이루어지는 등 특히 신빙할 수 있는 상태하에서

2. 영상녹화제도의 장점과 문제점 비교분석

영상녹화의 허용 여부에 대해서는, 피의자는 물론 조사자도 자신의 모든 동작이나 말이 그대로 녹음·녹화된다는 사실과 그대로 재현될 수 있다는 사실 때문에 녹음·녹화장치에 의해 방해를 받기 쉽고, 따라서 진술이 자유롭지 못하게 된다는 이유로 허용해서는 안 된다는 견해도 있고, 피의자나 조사자는 기계장치에 의해 녹음·녹화되고 있다는 사실을 곧 인식하지 못하게 되거나 잊어버리고 조사실의 분위기에 적응해 가기도 하기 때문에 임의성을 확보할 수 있다는 반론도 있다.

전자적 기록제도(녹음 또는 영상녹화)는 분명 장점이 많은 제도이다. 이미 미국 일부 주에서는 법적 제도로 인정하고 있고(예컨대 일리노이 주, 텍사스 주) 주 최고법원에 의해 인정되었으며(예컨대 알라스카 주, 미네소타 주, 매사츄세스 주, 위스콘신 주) 일부 주의 경찰서에서의 시행결과도 긍정적으로 보고되고 있다.[25] 그 중에서도 조사과정의 투명성이 확보될 수 있다는 점과 조사자의 자기통제 효과가 가장 큰 장점일 것이다. 전자적 기록제도를 통해서 신문과정이 신뢰할 만한 과정과 방법을 통해서 녹음 또는 영상녹화된다면 수사관의 조사태도를 감시하는 기능 때문에 재판과정에서 수사경찰의 신문방법이나 행동이 더 이상 논란의 대상이 되지 않을 것이고, 수사관의 강요, 가혹행위 등 불법수사 여부에 대한 근거 없는 주장을 방지할 수 있다면 신문과정에서 피의자가 무엇을 진술했는지에 관한 법정증언공방도 줄어들 것이다.[26] 녹음 또는 영상녹화 테이프는 진술과 조사자의 질문의 상세한 부분, 진술자와 조사자의 태도까지 보존되어 불법수사나 오남용기소의 입증자료가 되기 때문이다. 조사경찰관이 법정증언을 하는 경우에도 피의자진술의 세세한 부분까지 다시 기억해 내야 하는 어려움과 수고스러움을 덜

행하여졌음이 증명된 것이어야 한다. ③ 제 1 항의 영상녹화물을 증거로 제출하는 경우에는 녹취서를 함께 제출하여야 한다.

25) Report of the Supreme Court Special Committee on Recordation of Custodial Interrogations, April 15, 2005, 29면 이하 참조.

26) Wayne T. Westling, "Something is rotten in the Interrogation Room: Let try Video Oversight," 34 John Marshall Law Review 537, 554.

수 있다.[27)]

녹음 또는 영상녹화장치는 지나간 사건을 현재화할 수 있고, 구두 진술이나 그림보다도 무엇이 발생했었는지를 더 정확하고 완벽하게 재현하는 장치이다. 이와 같이 피의자는 물론 조사자도 자신의 모든 동작이나 말이 그대로 녹음 또는 영상녹화된다는 점과 그대로 몇 번이고 재현될 수 있다는 점 때문에 녹음 또는 영상녹화의 기계장치에 의해 방해를 받기 쉽고, 따라서 진술이 자유롭지 못하게 될 수 있을 것이다. 신문과정의 동적 전개에 부자연스러운 제한을 만들어 낼 수도 있을 것이다. 자신의 진술이나 진술태도가 녹음 또는 영상녹화되고 있다는 사실을 안 피의자가 진술을 거부하거나 묵비권을 행사할 수도 있을 것이다. 물론 피의자나 조사자는 기계장치에 의해 녹음·녹화되고 있다는 사실을 곧 인식하지 못하게 되거나 잊어버리고 조사실의 분위기에 적응해 가기 때문에 진술의 임의성을 확보할 수 있다는 반론도 있을 수 있다. 따라서 피의자에게 녹음 또는 영상녹화 사실을 알리지 않아도 되는지, 알려야 하지만 장치를 노출시키지 말아야 할 것인지, 녹음 또는 영상녹화에 대한 동의를 얻더라도 장치가 숨겨져 있으면 피의자는 아무런 제약을 받지 않고 진술할 수 있는지 등등에 관한 법심리학적 연구가 필요하다. 마찬가지로 자백이 담긴 영상녹화테이프가 법관 또는 배심원에게 선입견(bias)을 줄 수 있는 것은 아닌지, 사실판단자가 접할 수 있는 증거자료가 카메라가 잡은 장면에 한정되는 것은 아닌지, 피의자진술의 임의성판단이 카메라각도에 의해서 영향을 받을 수 있는 것은 아닌지 등등에 관한 실증적 연구도 필요하다.

형사소송법 개정법률안이 통과된다면 우리나라에도 피의자 조사과정에 대한 영상녹화제도가 도입될 것이다. 개정법률안은 영상녹화에 관한 절차와 방식을 규정하고 있고, 이 영상녹화물이 증거능력을 갖기 위한 요건도 정하고 있다.[28)] 형사소송법 개정 법률안이 통과된다고 하더

27) Inbau/Reid/Buckley/Jayne, Criminal Interrogation and Confessions, Fourth Edition(2001), 394.

28) 피의자의 진술내용을 담은 녹화물의 증거허용여부에 관한 미국 판례에 관해서는

라도 실무경험과 연구, 특히 법심리학적 관점에서의 연구(예컨대 녹음녹화장치가 피의자의 진술태도에 미치는 영향, 영상녹화물에 의한 배심원의 선입견 여부, 변호인 참여가 피의자의 진술에 미치는 영향 등)가 일천한 우리로서는 미국의 실무경험과 입법례 및 판례 등을 분석 검토하는 것이 필요하다. 연구 성과물들이 축적되어야 제도시행의 문제점을 최소화할 수 있고 그 제도가 우리 형사사법에 뿌리내릴 수 있을 것이다.

일정한 범죄유형을 정해서 원칙적으로 예외 없이 조사실에 들어서는 순간부터 종료시까지 의도적인 중단 없이 녹음 또는 영상녹화한다고 하더라도 피의자는 자신의 자백이 강요에 의한 것이라는 주장을 할 것이다. 예컨대 영상녹화 전 카메라의 눈이 비춰지지 않는 경찰차 안이나 수사 도중에 휴게실이나 화장실에서 협박이나 회유가 있었다고 주장할 것이다. 또한 배심재판에서 검사가 녹음 또는 영상녹화테이프를 증거로 제출하면 피고인 측은 진술자나 조사경찰의 목소리의 억양 등을 지적하거나 녹음·녹화가 시작되기 전이나 조사실 밖에서 강요 또는 회유가 있었음을 주장하면서 임의성 없는 자백이라고 다투게 되면 배심원들이 그 주장을 받아들일 가능성이 존재하기 때문에 선불리 녹음테이프나 영상녹화테이프를 제출하는 것이 검사 측에게 유리한 것만은 아니다. 마찬가지로 녹음 또는 영상녹화를 했다는 사실만으로 자백진술의 임의성이 별도의 검토 없이 자동적으로 인정되는 결과를 초래할 수도 있을 것이다.

영상녹화물의 증거능력을 피고인신문조서의 증거능력과 달리 취급해야 할 것인가는 의문이다. 피의자신문 당시의 피의자의 진술을 그대로 재현하기 위한 녹음 또는 영상녹화물이 제작되어 증거로 제출된 경우에 피의자였던 피고인이 수사단계에서 자백하는 장면을 영상 녹화한 그 영상녹화물을 공판정에서 상영한 것은 간접사실에 대한 검증에 불과하다. 또한 이 영상녹화자의 증언은 그 영상녹화물의 신빙성을 담보

김후곤, "피의자의 진술내용을 담은 녹화물(videotape)의 증거능력(admissibility) 관련 미국 판례 개관," 검찰 연구자료(2005. 5. 16.) 참조.

하기 위한 것이지 영상녹화물의 증거능력의 요건은 아니다. 따라서 피의자신문조서와 동일하게 취급해야 할 것이다.

Ⅵ. 결 어

형사소송법 제312조 제1항 단서의 '특별히 신빙할 수 있는 상태'라는 법문은 평석대상 헌법재판소 결정의 반대의견처럼 헌법상 원칙인 명확성의 요청을 충족시켰다고 보기 어렵다. 이러한 취지를 받아들여 개정법률안은 "피고인이 된 피의자의 진술이 기재된 조서는 그 진술이 특히 신빙할 수 있는 상태하에 행하여진 때에 한하여 피의자였던 피고인의 공판준비 또는 공판기일에서의 진술에 불구하고 증거로 할 수 있다"를 "그 조서에 기재된 진술이 변호인의 참여하에 이루어지는 등 특히 신빙할 수 있는 상태하에서 행하여졌음이 증명된 때에 한하여 증거로 할 수 있다"고 개정하여(마찬가지로 개정법률안 제312조의2 제2항), 특신상태가 사실상 추정되어 피고인이 그 입증의 부담을 안도록 운영되던 관행에서 벗어나 특신상태가 '증명'되어야 조서의 증거능력을 인정하도록 하였다.

평석대상 전원합의체 판결은, 조서의 증거능력 요건인 성립진정에 관하여 피고인이 법정에서 아무리 조서기재내용이 자기가 검사 또는 사법경찰관 앞에서 진술한 내용과 다르다고 주장하더라도 형식적 성립진정이 인정되면 실질적 진정성립을 추정하던 종래의 관행에서 벗어나 피고인의 법정진술에 귀를 기울여야 한다는 취지의 판결로서 공판중심주의적 법정심리절차의 실현을 위한 첫 발을 내디뎠다고 평가할 수 있겠다. 이 판결을 계기로 과거 수십 년 동안 형사사법의 효율성을 지나치게 강조한 형사실무관행에 변화가 있을 것으로 예상된다. 법정에서 피고인의 방어권을 실질적으로 강화하고 직접심리주의 및 공판중심주의를 실현함으로써 법치국가적 형사재판의 모델을 확립하는 계기가 되기를 기대한다. 2007년에 도입될 국민의 사법참여재판은 종래 조서재판을 가능케 했던 형사소송법 규정과 수사 및 재판 관행을 개선할 것을 요구하고 있고 구두변론주의, 직접주의, 집중심리 등 공판중심주의가 실현되어야 사법참여재판이 성공할 것으로 예상할 수 있다. 평석대상 판결은 이와 같은 변화를 준비하는 판결로 볼 수 있을 것이다.

조서의 증거능력과 진정성립의 개념

이 완 규*

[대상판결] 대법원 2004. 12. 16. 선고 2002도537 판결(전원합의체)

[공소사실]

피고인 A는 교통사고로 부상을 당하여 입원하였다가 퇴원한 후 의사인 피고인 B에게 부탁하여 피고인 B로 하여금 피고인 A에 대한 허위진단서(후유장애진단서)를 작성하게 한 후 이를 행사하여 보험회사로부터 보험금을 편취하였다.

[증거관계와 사건 경과]

검사의 피의자신문시에 피고인 A는 부인하였으나 피고인 B는 자백을 하였고 이에 따라 검사작성의 B에 대한 피의자신문조서에는 B가 A의 부탁에 의하여 허위진단서를 발급하였다는 내용이 기재되어 있었다. 한편 참고인 C(보험회사 직원)도 A에 대한 공소사실에 부합하는 진술을 하여 검사작성의 C에 대한 진술조서에 그 내용이 기재되어 있었다.

공판기일에서 피고인 A는 범행을 부인하면서 피고인 B에 대한 검사작성 피의자신문조서와 C에 대한 진술조서에 대하여 부동의하였다. 한편, 피고인 B는 검사작성 피의자신문조서에 대하여 서명, 날인, 간인의 진정(형식적 진정성립)은 인정하였으나 피고인 A의 부탁으로 허위진단서를 작성하여 주었다는 내용의 진술기재는 자신의 진술과 다르게 기재되어 있다고 진술하여 실질적 진정성립을 부인하였으며, C도 검사작성 진술조서에 대하여 B와 같은 취지로 진술하였다.

1심과 2심에서 피고인은 유죄판결을 받았다. 이에 대해 피고인 A는 B에 대한 검사작성 피의자신문조서와 C에 대한 진술조서는 원진술자들이 실질적 진정성립을 부인하고 있으므로 증거능력이 없음에도 원심판결이 이를 증거로 한 잘못이 있다는 이유로 상고하였다.

* 대검찰청 검찰연구관.

[대법원 판결요지]

1. 형사소송법 제312조 제1항 본문 소정의 성립의 진정이라 함은 간인・서명・날인 등의 조서의 형식적 진정성립과 그 조서의 내용이 원진술자가 진술한 대로 기재된 것이라는 실질적 진정성립을 모두 의미하는 것이다.

2. 위 법문의 문언상 성립의 진정은 「원진술자의 진술에 의하여」 인정되는 방법 외에 다른 방법을 규정하고 있지 아니하므로, 실질적 진정성립도 원진술자의 진술에 의하여만 인정될 수 있는 것이라고 보아야 하며 이는 검사작성의 피고인이 된 피의자에 대한 피의자신문조서의 경우도 다르지 않다고 할 것이다.

3. 피고인이 공판정에서 검사의 피의자신문조서에 대하여 그 형식적 진정성립을 인정하였다고 하여 곧바로 그 조서의 실질적 진정성립까지 추정된다고 보기는 어렵다.

4. C가 공판기일에서 검사가 자신에 대하여 작성한 조서들 중에서 피고인 A에 대한 공소사실에 부합하는 부분의 기재는 자신의 진술과 다르게 기재되어 있다고 진술하여 그 실질적 진정성립을 부인하고 있으므로 이 부분이 담긴 것들은 그 실질적 진정성립이 인정되지 아니하여 형사소송법 제312조 제1항에 따른 성립의 진정함을 인정할 수 없어 증거능력을 인정할 수 없다.

5. 이와 같이 해석하는 것이 우리 형사소송법이 취하고 있는 직접심리주의 및 구두변론주의를 내용으로 하는 공판중심주의의 이념에 부합한다.

[파기환송심 판결결과]

대법원의 이 판결에 의한 파기환송심에서 피고인은 위 공소사실에 대하여 무죄를 선고받았다.[1)]

---

1) 전주지방법원 2005. 4. 29. 선고 2004노1974 판결.

〔평 석〕

Ⅰ. 서

1. 이 판결의 의의

형사소송법은 조서의 증거능력의 요건으로서의 진정성립이라는 용어를 사용하고 있다. 이에 관하여 판례는 간인·서명·날인 등의 조서의 형식적 진정성립과 그 조서의 내용이 원진술자가 진술한 대로 기재된 것이라는 실질적 진정성립이라는 개념을 구성하고 조서의 진정성립은 형식적 진정성립과 실질적 진정성립을 모두 포함하는 것이라는 견해를 취하여 왔다.[2)]

그러면서도 검사작성의 피의자신문조서에 대하여는 진술조서와 달리 형식적 진정성립이 인정되면 실질적 진정성립이 사실상 추정된다고 하여 왔는데[3)] 이 판례에서 종전의 판례를 변경하여 그 추정을 폐기하였다.

그런데 판결요지에서도 설시하다시피 형사소송법은 조서의 진정성립을 원진술자의 진술에 의하여 인정되는 이외에 다른 방법을 규정하고 있지 아니하다. 그러므로 결국 이 판결의 경과에서 보듯이 수사단계에서 피고인 A의 공소사실의 증거가 될 진술을 하였던 B의 진술을 기재한 피의자신문조서와 C의 진술을 기재한 진술조서는 B와 C가 공판기일에서 그 조서의 기재내용 중 A의 공소사실에 부합하는 진술부분은 자신들이 진술한 내용과 다르게 기재되어 있다는 말을 하자 그대로 증거능력이 없게 되었고 이에 따라 공소사실을 입증할 증거가 없게 되었다. 그리고는 다른 어떠한 방법으로도 즉, 다른 방법으로 B와 C가 실제로 조서에 기재된 대로 진술한 일이 있다는 사실을 입증할 수 있다고 하여도 그런 방법은 허용되지 않는다.

이 판결의 의미는 바로 이런 것이다. 검사작성 피의자신문조서의

---

2) 대법원 1984. 6. 26. 선고 84도748 판결.

3) 대법원 1984. 6. 26. 선고 84도748 판결; 대법원 1994. 1. 25. 선고 93도1747 판결; 대법원 2000. 7. 28. 선고 200도2617 판결.

증거능력을 그 피의자였던 사람의 공판기일에서의 진술에 따라 좌우되게 한 것, 그리고 오로지 그 방법뿐이므로 검사는 그 공판기일에서의 진술이 거짓이더라도 달리 이를 뒤집을 방법이 없게 한 것이다. 참고인 진술조서는 이미 오래 전에 그렇게 되었다. 검사작성 피의자신문조서만 추정이론에 의해 피고인의 진술에도 불구하고 증거로 사용될 길이 있었는데 이제 검사작성 피의자신문조서마저도 피고인이 "나는 조서에 기재된 대로 말한 일이 없다"고 말만 하면 검사에게 어떠한 반박의 기회를 주지도 않고 증거로 할 수 없게 만든 것이다.

이 사건과 같은 경우에 검사가 증인 2명의 말을 믿고 피고인에 대하여 공소제기하였는데 그 증인들이 내가 그런 말을 한 적이 없다고 말을 하면, 검사는 실제로 그런 말을 한 일이 있었는지 여부를 불문하고, 그리고 실제로 그런 말을 한 일이 있다는 것을 객관적 방법으로 입증할 수 있다고 하더라도 이와 상관없이 그대로 무죄판결을 받을 수밖에 없는 상황이 된 것이다. 그리고 그러한 효과는 이 판결에 의한 파기환송심에서 피고인에게 무죄가 선고되었다는 점이 잘 말해 준다.

2. 조서의 증거능력과 진정성립 개념에 대한 비판적 검토의 필요

그러면 이 판결이 현실의 세계에서 초래하는 효과, 즉 피고인이든 증인이든 수사단계에서 어떤 말(A라 하자)을 하였고, 검사가 그 말을 믿고 공소제기하였는데 공판정에서 그 사람들이 진술을 번복하는 상황이 되었을 때 단지 "내가 그런 말을 한 일이 없다"고 말을 하면 그대로 검사 앞에서 하였던 말은 없었던 것으로 되는 것이 옳은가.

특히 실제로 A라는 말을 한 일이 있었고 검사가 실제로 A라고 말한 일이 있다는 것을 다른 방법, 예컨대 수사검사의 증언, 조사에 참여하였던 검찰직원의 증언, 녹음, 영상녹화물 등의 방법에 의해 입증하여 법원이 A라는 진술이 있었다고 믿을 수 있게 되더라도 오로지 원진술자가 "A라고 말한 일이 없다"고 한다고 하여 이를 증거로 할 수 없다는 것이 합리적인가.

이 판결이 있기 전에 검찰에서는 상고심 의견서를 통하여 현행 형사소송법상 진정성립의 인정방법이 원진술자의 진술에만 의존하게 되어 있어 그 나마 검사작성 피의자신문조서에서 종래에 인정되고 있던 실질적 진정성립의 사실상 추정을 폐기한다면 향후에는 피의자든 참고인이든 모두 원진술자의 진술에 의존하여 수사단계 진술의 증거능력이 좌우되는 결과에 이르게 되는데 이는 불합리할 뿐만 아니라 검사의 공소제기여부 결정에 어려움을 초래한다는 문제점을 지적하였다. 이러한 검찰의 지적에도 불구하고 대법원은 실질적 진정성립의 사실상 추정을 폐기하는 본 판결을 선고하였는데 특히 그 논거 중에 「이와 같이 해석하는 것이 우리 형사소송법이 취하고 있는 직접심리주의 및 구두변론주의를 내용으로 하는 공판중심주의의 이념에 부합한다」는 부분이 눈에 띈다.

그러면 이러한 결과를 초래하는 해석이 공판중심주의에 부합하는 것일까. 필자는 2003년 말경부터 법원이 주도하여 제기하고 있는 공판중심주의론[4]에 대하여 여러 차례에 걸쳐 법원이 이 이념하에서 주장하

4) 공판중심주의라는 용어는 오래 전부터 사용되어 왔으나 그것이 일종의 이데올로기처럼 이념화되어 주장된 것은 최근에 법원에 의해서이다. 특히 법원은 2003. 11. 24. 대법원에서 「형사재판, 어떻게 바뀌어야 하는가」라는 토론회를 개최하는 것을 시작으로 「공판중심주의적 재판」이라는 이념을 내걸고 형사사법시스템의 변화를 주도하려는 시도를 외적으로 표면화한다. 이러한 공판중심주의적 재판의 이념하에 최우선으로 주장된 것이 조서재판의 탈피라는 이념이고 이를 위해 주장된 것이 검사작성 피의자신문조서의 증거능력배제라는 화두였다(필자는 이 토론회에 지정토론자로 참가하였다).

법원의 이러한 시도는 이미 2003. 8.경부터 시작되었다고도 할 수 있는데 2003. 8. 22. 대통령과 대법원장이 사법개혁의 공동추진에 합의를 하고, 사법개혁추진기구를 대법원 산하에 설치하기로 함에 따라 대법원에서 그 준비작업이 진행중이었던 것이다. 그리하여 2003. 10. 24. 사법개혁위원회 규칙이 대법원규칙으로 공포되고, 2003. 10. 28. 사법개혁위원회가 출범하였는데 실질적인 활동은 운영세칙, 분과위원회 구성, 전문위원 위촉 등의 절차를 거쳐 대법원장 부의안건 설명을 하게 된 2003. 12. 1.자 3차 회의에서부터였다고 할 수 있다(필자는 사법개혁위원회에 전문위원으로 이 3차 회의부터 참가하게 되었다). 즉, 2003. 11. 24.자의 토론회는 이미 진행되고 있는 대법원 주도의 사법개혁위원회의 활동방향에 대한 신호탄이었다고 할 수 있다.

고 있는 내용들 특히 검사작성 피의자신문조서의 증거능력을 배제함으로써 아예 수사단계에서의 진술을 공판정에서 증거로 할 수 없도록 하려는 발상의 문제점에 대하여 지적하여 왔다.[5] 그리고 2005년도의 사법제도개혁추진위원회에서의 증거법개정 논의에서도 이러한 법원 주도의 공판중심주의론에 힘겹게 싸워 왔다.[6]

이후에 대법원은 2004. 7. 12.에 「바람직한 형사사법시스템의 모색」이라는 주제로 토론회를 개최하는데 여기서도 그 내용 중에 공판중심주의의 실질화의 일환으로 조서재판관행의 극복을 논하면서 검사작성 피의자신문조서의 증거능력 제한이 논해진다(이혜광 등 5인, "바람직한 형사사법시스템의 모색," 바람직한 형사사법시스템의 모색 자료집 III, 대법원, 2004, 140-141면).

한편, 사법개혁위원회의 부의안건 중에도 「공판중심주의적 법정심리절차 확립방안」이 들어 있었고, 그 안건의 세부논의사항에도 검사작성 피의자신문조서의 증거능력문제가 포함되어 있었다. 그리하여 2004. 11. 1.에 사법개혁위원회 제2분과 위원회에서 공판중심주의적 법정심리절차 확립방안에 관하여 약 1시간 30분 정도 논의를 하였다. 그런데 검사작성 피의자신문조서의 증거능력 문제에 관하여 의견이 대립되자 법원측 위원의 제안으로 전문법칙 자체의 논의만으로도 오랜 시간을 두고 논의하여야 할 사항이므로 "차후에 충분한 논의를 위하여 증거법을 전면적으로 재검토한다"는 식으로 의견을 정리하기로 한다. 그리고 이러한 의견이 2004. 11. 15.에 개최된 전체회의에 보고되고 그 내용대로 건의하기로 하였는데 그로부터 약 1달 후에 대법원에서 이 사건 판결을 선고하게 된다. 그리고 대법원의 이 사건 판결은 그로부터 약 1개월 후인 2005. 1. 18.에 사법개혁위원회의 건의사항을 입법화하여 추진하기 위하여 대통령 직속으로 설치되는 사법제도개혁추진위원회에서의 공판중심주의 충실화를 위한 형사소송법 개정안 성안과정에서 법안 성안작업을 실무를 담당하는 기획단을 주도하는 사람들이 검사작성 피의자신문조서의 증거능력규정 개정을 기정사실화하게 되는 계기가 된다. 그리고 이미 사법개혁위원회 활동이 마무리되어 갈 무렵인 2004. 11. 2. 대법원장이 대통령께 사법개혁위원회 건의사항을 입법으로 추진할 후속 추진기구 설치를 제안하고, 이에 따라 2004. 12. 15. 대통령령으로 사법제도개혁추진위원회 규정이 제정, 공포되었다. 사견으로는 2004. 12. 16.에 선고된 이 판결은 후속기구로 설치가 예정되어 있는 사법제도개혁추진위원회의 법률개정작업도 염두에 두고 있었을 것으로 생각한다.

5) 이에 대하여는 필자가 사법개혁위원회 제22차 회의자료로 제출한 이완규, "공판중심주의에 대한 오해와 개선되어야 할 공판운영 관행," 사법개혁위원회 자료집(VI), 사법개혁위원회, 2005, 307면 이하; 이완규, "공판중심주의를 둘러싼 개념상의 혼돈과 해결방안," 법조 2006. 6, 19면 이하; 이완규, "공판중심주의와 증거법의 이상, 현실 그리고 미래," 공판중심주의를 위한 형사소송법개정안 공청회 자료집, 사법제도개혁추진위원회, 2005, 117면 이하 등 참조.

6) 힘겹게 싸워 왔다고 표현한 이유는 이미 법원에서 유포한 이렇게 잘못된 공판중심주의의 개념과 이에 따른 조서의 증거능력 부인에 관한 논리가 너무 일반화되고 고정관념화되어서 그 오류를 지적하여 사람들을 설득하기 어려웠고, 나아가 이 부분이 특히 검사작성 피의자신문조서의 증거능력 문제에 집중되었기 때문에 검사인

그리고 그나마 검찰의 주장이 얼마간 받아들여져 사법제도개혁추진위원회의 증거규정 개정안이 검사작성 피의자신문조서의 증거능력이 현재보다 더 제한된 형태로서 유지되는 것으로 성안되어 국회에 제출되었는데 그 개정안에서 증거능력 요건인 특신상태를 '변호인이 참여하는 등'으로 제한하여 표현하였다. 이는 수사단계 진술의 증거능력을 배제하려는 사개추위 주도자들의 의사가 반영된 것으로 사실상 변호인 참여 없이 이루어진 신문의 경우는 증거능력을 부여하지 않겠다는 의사이다. 실무에서 실제로 변호인이 참여하는 경우가 매우 극소수인 점을 감안하면 법원의 해석에 따라 사실상 증거능력을 폐지한 것과 다름없게 될 수도 있어 문제이다. 어떻든 아직도 조서의 증거능력에 관한 논란이 불씨로 남아 있는 실정이다.

조서의 증거능력에 관한 여러 견해들의 입장차이는 조서의 증거능력과 진정성립 개념에 관한 이해의 차이에서 비롯되는 것으로 보이는바 사견으로는 특히 이 판례가 기초로 하는 실질적 진정성립이론에 근본적인 문제점이 있다고 생각한다. 이에 따라 진정한 공판중심주의의 실현을 위하여 현행법상의 조서의 증거능력규정을 합리적으로 해석하고 나아가 올바른 입법방향을 제시하기 위하여는 이 판례의 근저에 있는 조서의 증거능력 및 조서의 진정성립 개념에 대한 해석을 비판적으로 검토할 필요가 있다.

Ⅱ. 수사단계의 진술의 증거능력에 관한 일반론

1. 수사단계 진술의 증거사용의 필요성

(1) 수사절차의 발생

고대나 중세초기와 같이 수사절차라는 것이 없고, 범죄의 피해자 등이 법원에 그 범죄자의 처벌을 구하는 소를 제기하고 사실관계 등이 바로 공개된 법정에서 확인되고 판결이 행해질 수 있다면 수사단계 진

필자의 주장은 직역이기주의를 대변하는 논리로 치부되어 논의과정에 참여한 사람들이 아예 들으려 하지도 않았기 때문이다.

술의 증거사용문제는 발생할 여지가 없을 것이다.[7]

그러나 인구가 증가하고 사회가 발달하면 이와 같이 모든 사건을 처음부터 공판정에서 해결할 수는 없다. 이에 따라 공판 이전에 사건을 파악하여 공판을 열 만한 사건을 선별할 필요가 생기게 되고 또한 공판 전 절차에서 증거를 수집하는 등 수사를 행하는 공적인 기관이 발생할 수밖에 없는 것이다. 그리하여 수사담당자, 수사절차의 범위 등에 있어서 차이는 있을지언정 이와 같은 수사절차의 필연성은 영미법계나 대륙법계나 다름없는 것이다.

(2) 수사단계 진술의 증거사용 문제

1) 진술번복시에 중점

수사절차가 발생하면 수사단계에서 이루어진 진술, 특히 수사기관 앞에서 이루어진 진술을 공판정에서 증거로 사용할 것인지가 문제된다.

만약 피고인이나 증인이 수사단계에서 행한 진술을 유지하여 같은 내용으로 공판정에서 진술한다면 큰 문제는 없다. 그러나 피고인이나 증인이 수사단계에서 행한 진술을 번복할 때에는 공판정에서의 진술만으로 재판을 할 것인지 아니면 수사단계에서의 진술도 증거로 사용하여 공판정에서의 진술과 수사단계에서의 진술을 비교하면서 신빙성이 있는 쪽을 믿을 것인지의 문제가 발생한다. 즉, 수사단계의 진술의 증거사용문제는 원진술자가 진술을 번복할 때 특히 문제되는 것이다.[8]

---

7) 고대사회 및 중세초기까지의 재판이 영미법계든 대륙법계든 이와 같이 공개법정에서의 탄핵적·당사자주의적 절차였던 점에 대하여는 Johnson/Wolfe, History of Criminal Justice, 3. Ed., Anderson Publishing Co., 2003, 28-60면; Geppert, Der Grundsatz der Unmittelbarkeit im deutschen Strafverfahren, Walter de Gruyter, 1976, 8-10면 참조.

8) 물론, 원진술자가 공판정에 출석할 수 없을 때 원진술자의 공판정 진술을 듣지 않고 다른 방법으로 원진술자가 수사단계에서 한 진술을 증거로 사용할 것인지라는 또 다른 문제영역(형사소송법 제314조, 제316조 제 2 항의 문제영역)이 있으나 여기서는 일단 제외한다.

2) 수사단계 진술의 증거사용 문제에 대한 종래의 관점

수사단계진술(편의상 A라 한다)이 공판정진술(편의상 B라 한다)과 다를 때 A를 증거로 사용할 것인지에 대하여는 흔히 두 가지 관점이 논해진다.

첫째, A가 허위일 가능성 또는 신용성의 문제이다. 우선 수사단계에서 말한 A가 허위일 가능성이 존재한다. 피고인이 자포자기 상태에서 허위의 진술을 할 수도 있고, 증인의 경우는 피고인과의 관계에서 피고인에게 해를 가할 생각으로 거짓말을 할 수도 있다. 특히 A라는 진술이 공판정과 같이 많은 사람들이 지켜 볼 수 있는 공개된 장소가 아니라 수사기관의 사무실에서 행해지는 점은 공판정진술보다는 신용성의 면에서 떨어진다는 느낌을 주게 된다.

그러나 반면에 A가 진실이고 오히려 B가 허위일 가능성도 만만치 않다. A는 사건발생으로부터 가까운 시간내에 행해지는 경우가 많아 B보다는 기억이 생생할 때 행해지는 때가 많다. 또한 A가 행해진 때와 B의 진술이 행해지는 공판기일간에 시간적 간격이 길면 그 사이에 피고인의 경우는 자신에게 닥칠 형벌에 대한 불안감, 증인의 경우는 피고인으로부터의 협박, 회유 등에 진술을 번복하게 할 많은 사유들이 현실세계에 얼마든지 존재한다.

이러한 두 가지의 상반되는 현실 때문에 이에 관한 입법례도 다양하다. A가 허위일 가능성이 있다거나 공판정 진술보다 신빙성이 떨어질 개연성이 있다고 하여 아예 A를 공소사실을 인정할 증거로 하는 것 자체를 막는 입법례,[9] 아니면 A에 대하여도 증거가 될 수 있는 길을 열어서 법원이 판단하건대 B보다는 오히려 A가 진실한 것이라고 인정될 때에는 A로 사실을 인정하게 하는 입법례,[10] 또는 신빙성의 정도를

9) 증인의 수사단계 진술에 관하여 미국의 전문법칙상 원칙적으로 탄핵증거로만 사용하고, 공소사실을 인정할 증거로 사용하지 않는 것이 이러한 관점이다. 다만, 미국의 전문법칙에서도 피고인의 공판정외 진술은 증거로 사용한다.

10) 독일의 증거법체계이며, 최근에 영국의 증거법도 피고인뿐만 아니라 증인의 공판정외 진술에 대하여 이와 같은 입장으로 변경되었다. 영국의 Crimainal Justice Act 2003, 제119조.

수사단계별로 나누어 경찰의 경우는 인정하지 않고 검사의 경우만 인정하는 입법례[11] 등이다. 어떠한 방법을 선택할 것인지는 형사사법체계 운영 전반에 대한 충분하고도 근본적인 검토하에서 행해져야 할 고도의 정책적 판단이라고 할 것이다.

두 번째로, A라는 진술이 수사기관의 위법행위의 결과일 가능성이다. 이 때는 A가 진실인가 여부를 떠나 A라는 진술을 끌어내기 위하여 행해지는 수사기관의 위법행위에 의해 원진술자에 가해지는 인권침해가 문제가 된다. 특히 공권력을 가진 수사기관이 이러한 위법행위를 행하는 것은 형사사법을 운영하는 국가의 정체성 자체를 흔들 수 있다. 그러므로 이러한 위법행위를 어떻게 예방할 것인가는 모든 나라의 초미의 관심사라 할 수 있다. 그리하여 임의성을 기준으로 증거능력을 판단하는 방법, 위법행위가 인정되면 증거능력을 배제하는 방법 등이 채택이 되고 극단적으로는 우리나라의 예와 같이 아예 일정한 수사기관, 특히 경찰의 수사단계에서의 진술의 증거능력을 제한하는 방법까지 사용되게 된다.

3) 형사사법체계의 운영을 위한 수사단계 진술의 증거사용 필요성

종래에 흔히 논해지는 수사단계 진술의 신용성이나 수사기관의 위법행위방지라는 논점에 더하여 사견으로는 이 문제를 논함에 있어 형사사법체계 자체의 운영가능성이라는 관점이 고려되어야 한다고 생각한다.

즉, 최근에 사개추위를 주도하고 있는 사람들이 주장하는 대로 수사단계에서의 진술이 재판에서 번복되면 모두 증거로 사용하지 못하게 하고도 그 나라의 형사사법체계가 운영될 수 있을까. 그것은 불가능하다.

이를 이해하기 위하여는 증거능력의 문제는 공판절차만의 문제가 아니라 공소제기 절차 및 수사절차에도 영향을 미치는 점을 이해하여야 한다.

11) 일본은 증인의 진술에 관하여는 진술번복시 검사작성 진술조서만 증거로 인정하고 사법경찰관작성 진술조서는 증거능력이 없다. 반면에 우리나라는 피의자신문조서에 대하여 사법경찰관작성 피의자신문조서의 증거능력을 제한하고 있다.

먼저, 이런 식의 증거체계는 모든 사건에 있어서 피고인이나 증인의 진술이 없어도 물증만을 확보하는 방법으로 범죄를 확인하고 처리할 수 있다는 전제가 성립하면 타당할 것이나 현실은 그렇지 않다. 거리에서 일어나는 단순 폭력사범이나 음주운전등 현행범 사건 등을 제외하면 대부분 범죄는 은밀하게 이루어지므로 범죄의 전말을 다 밝혀줄 물증이 없는 경우가 많다.

특히 중요한 범죄일수록 범죄를 저지르는 사람은 많은 사람들이 보는 앞에서 범죄를 행하려 하지는 않을 것이며 대부분의 범죄는 은밀히 행해진다. 그러므로 그러한 범죄를 밝혀내기 위한 과정은 범죄의 흔적의 단편들을 찾아가면서 이를 관련자의 진술을 통하여 연결시켜 가는 것이고 따라서 관련자들의 진술은 범죄를 확인하는 데 불가결하다.

그런데 수사단계의 진술이 공판정에서 번복되면 증거로 할 수 없는 증거법체제에서는 물증으로서 범죄의 흔적의 단편들을 가지고 관련자들의 진술을 얻어 범죄사실에 대한 혐의를 확인한 경우에도 검사는 공소제기를 할 것인가를 결정할 단계에 이르면 매우 당혹스럽게 된다. 왜냐하면 피고인이나 증인이 공판정에서 수사단계에서 그렇게 말한 일이 없다고 말만 하면 수사절차에서의 진술은 모두 증거가 되지 않으므로 무죄판결을 받을 가능성이 있기 때문이다.

당장은 피고인이나 관련자들이 마음을 바꾸지 않고 진술을 번복하지 않을 것을 바라면서 기소할 수밖에 없을 것이다. 그런데 피고인이나 관련자가 어떤 연유든 간에 마음을 바꾸어 진술을 번복하면 무죄판결을 받을 수밖에 없고, 무죄판결이 나면 검사는 무리한 기소를 하였느니, 무리한 수사를 하였느니 하는 비난을 받게 된다.

이런 일을 몇 번 당하게 되면 이제 검사는 피고인이나 관련자들이 범죄사실에 혐의가 인정되는 진술을 하여도 이 진술들이 법정에서 번복되는 상황을 예상하여 그렇게 번복되는 경우에도 유죄판결을 받을 수 있는 상황이 아니라면 기소하지 않을 것이다. 그렇게 되면 실제로 범죄인으로 처벌받아야 할 수많은 사건들에 대해 기소가 행해지지 못하게 된다. 즉 예외적인 경우를 법정에서 걸러내기 위하여 취한 증거능력 제한이 실제로 범죄를 저질러서 처벌받아야 할 많은 사건에서 아예 기소도 되지 못하게 되는 결과를 초래할 것이다. 실제로 일어난 수많은 범죄가 무혐의로 불기소되는 사태는 한국의 형사사법운영을 파탄으로 가게 만들 것이다. 검사가 기소를 할 수 있어야 그 이후에 재판도 하고 형을 선고하여 처벌을 할 수 있을 것이 아닌가.

또한 증거능력의 불안정성으로 인하여 기소할 수 없다면 그 이전의 수사단계에서 구속 등의 강제처분을 하기도 어렵다. 진술이 번복되면 무죄가 될 가능성이 있어 기소하기 어렵다면 어떻게 구속을 하겠는가. 그러나 현실세계에서는 구속하지 않으면 즉시 도주할 우려가 있는 사람들이 많으므로 그렇다고 모든 범죄인을 전혀 구속하지 않을 수는 없는 것이다. 즉 이런 식의 증거법이 초래하는 증거능력의 불안정성은 수사절차의 공소권행사의 운영 자체를 진퇴양난에 빠뜨릴 수 있다는 것이다.

그러므로 수사단계에서의 진술을 어떤 식으로든 간에 증거로 사용할 수 있게 하는 것은 형사사법체계의 운명을 위하여 필요한 것이다. 즉 일본이나 우리나라와 같이 경찰과 검찰의 단계를 나누어 검사 앞에서의 진술만 인정하든, 미국의 전문법칙과 같이 신용성을 판단하여 신용성이 있다고 인정되는 경우만 증거로 하게 하든 적어도 공소제기여부를 결정하는 검사가 믿은 진술이 증거로 사용될 수 있도록 만들 필요가 있는 것이다. 다만, 앞에서 고려한 문제점, 즉 신용성문제과 위법수사의 위험성을 어떻게 해결할 것인가를 위해 각국이 각국의 상황에 맞게 법체계를 만들어 나갈 뿐인 것이다.

2. 수사단계 진술의 증거능력 문제의 두 차원

(1) 증거로 할 것인지의 문제와 진술 자체를 입증하는 방법의 문제

수사절차상 행해진 진술의 증거능력과 관련하여는 두 가지 차원의 문제가 있다. 즉, ① 수사단계 진술을 공판정에서 번복할 때 수사단계 진술을 증거로 할 수 있는가라는 차원의 문제와 ② 수사단계 진술을 증거로 사용한다고 할 때 그 「진술」 자체가 있었음을 어떤 방식으로 공판정에서 입증할 것인지 하는 문제가 있다.

(2) 수사단계 「진술」의 입증방법

1) 조사자의 증언

먼저 수사절차에서의 A라는 진술이 있었음을 공판정에서 입증하는 방법으로 조사한 수사담당자가 법정에 증인으로 출석하여 원진술자가 A라고 말한 사실이 있음을 증언하는 방법이 있다.

이 방법은 피고인에게는 조사자를 반대신문하여 탄핵함으로써 방어할 기회를 부여한다는 장점이 있다. 그러나 조사자는 수사절차상의 진술내용을 일일이 기억하기 어렵다. 따라서 피고인이 공판정에서 수사절차에서 A라고 말한 사실을 다툴 때 A라고 말하였는지를 확인할 수 있는 것이 오로지 조사자의 증언뿐이라면 그 증언의 신빙성을 두고 검사와 피고인간의 공방이 있을 것이다. 이 때 기억을 제대로 하지 못하는 것이 당연함에도 조사자가 제대로 기억을 하지 못한다는 이유로 쉽게 탄핵될 우려도 있다. 나아가 공방에 따르는 소송기술상의 노련함이나 증언에 나선 조사자의 성격 또는 공개법정에서의 진술능력 등에 따라 진실이 왜곡될 가능성이 있다. 그러므로 조사자 증언 그 자체는 매우 불안정한 방법이다.

한편, 우리나라와 같이 피고인신문제도를 두고 있는 나라에서는 피고인은 허위진술을 하여도 아무런 제재를 받지 않으나 조사자는 위증의 부담을 진다. 따라서 피고인이 수사단계에서 행한 진술의 존재여부를 놓고 피고인과 조사자가 대립하면 조사자는 일방적으로 불리한 지위에 놓이게 된다. 특히 우리나라와 같이 고소가 많은 나라에서 조사자들은 위증의 고소를 당할 가능성도 많다.

2) 원진술자의 공판정 인정진술

다음으로 생각할 수 있는 것이 원진술자의 진술에 의하여 입증하는 방법이다. 즉 피고인이나 증인이 수사절차에서 A라고 진술하였다가 공판정에서는 B라고 진술하였지만 자신이 수사절차에서 A라고 진술하였던 일이 있음은 인정하는 것이다(이하 이와 같이 법정에서 원진술자가 수사절차에서 A라고 진술한 사실은 있었음을 인정하는 진술을 인정진술이라고 하겠다).

이러한 인정진술은 수사절차에서의 A라는 진술이 있었음을 입증하는 방법으로서는 가장 경제적이고도 구두주의에 적합한 방법이라 할 수 있다. 즉 진술하였던 본인이 스스로 그 진술을 한 사실을 인정하는 것이므로 이를 입증하기 위하여 다른 사람을 개입시켜 증언을 하게 하는 등으로 우회할 필요도 없으며, 스스로 인정하는 것이므로 왜곡전달의 위험도 없다.

3) 서 면

또한 진술을 기재한 서면이 있다. 서면에는 스스로 작성한 것과 다른 사람이 진술을 듣고 이를 기재한 것이 있으며 특히 중요한 것이 수사기관이 조사하고 그 진술내용을 기재한 조서이다.

원진술자의 진술을 듣고 다른 사람이 기재한 것은 진술과 기재내용의 일치가 문제될 수 있다. 나아가 수사기관이 조사에 따라 진술내용을 기재한 조서는 수사과정상의 문제점이나 수사기관의 의도의 투영 등이 추가적으로 문제될 수 있어 이에 대한 신뢰가 중요하다.

하지만 반면에 서면을 수사단계 진술의 입증방법으로 사용하는 것은 장점도 있다. 첫째가 사실 자체에 대한 기억의 안정성이다. 사람의 기억에는 한계가 있어서 시간이 지남에 따라 자신이 경험한 사실에 대한 기억을 구체적으로 유지하기 어렵다. 이 때 기억이 남아 있는 시점에서 그 기억을 서면에 기재하여 남겨 놓으면 그 서면기재는 변경 없이 남아 있으므로 안정성이 있는 것이다.

둘째로는 「진술」 자체에 대한 기억의 안정성이다. 수사단계 「진술」을 증거로 사용하기 위하는 그 자체가 있었다는 사실을 공판정에서 입증하여야 한다. 그런데 그 입증을 위하여 조사자의 증언이나 원진술자의 인정진술을 사용하려 할 때에도 조사자나 원진술자가 수사절차상의

「진술」을 구체적으로 기억하여야 가능하다. 그런데 사실에 대한 기억뿐만 아니라 이전에 어떤 「진술」을 하였는지에 대한 기억도 마찬가지로 시간이 지남에 따라 쉽게 사라진다. 따라서 「진술」을 기재해 놓으면 이전에 어떤 「진술」을 하였는지를 쉽게 기억할 수 있다.

셋째로 증거조사의 신속성과 효율성을 들 수 있다. 서면이 증거로 제출되는 경우 그 증거조사방법은 낭독 또는 요지의 고지 등이다. 그러므로 공판정에서 서면에 기재된 내용을 일일이 피고인이나 증인에게 물어보는 것보다는 낭독 또는 요지의 고지로 증거조사함으로써 공판절차의 진행이 훨씬 단시간에 행해질 수 있다. 이러한 절차의 신속성과 효율성이 사법인력과 물적 시설 등이 제한된 국가에서 서면을 증거로 사용하는 중요한 이유이다.

넷째로 법원이 공판정에서 진술된 내용을 곧바로 다시 점검해 볼 수 있는 효율적 수단을 제공한다. 공판정에서 진술된 것만으로 재판을 하는 경우에는 공판정의 진술도 진술내용이 긴 경우와 증인 등이 다수인 때에는 정확히 어떤 진술이 있었는지 따라가기 어려운 경우가 있다. 따라서 심리를 종결하고 평의를 할 때 이전에 정확히 어떤 진술이 있었는지 다시 점검해 볼 필요가 있는 때가 있다. 이 때 공판심리의 모든 과정이 속기되거나 녹음되고 변론종결 후에 즉시 속기록 등이 마련되는 때에는 이를 점검해 볼 수단이 생기지만 속기록도 변론종결 즉시 마련되는 것이 사실상 어렵고, 녹음 등은 어느 부분을 다시 재생하여야 하는지 이를 찾는 데 불편이 있을 수 있다. 이 때 조서를 확인함으로써 쉽게 공판정에서의 진술을 점검할 수 있을 것이다.

4) 녹음테이프, 영상녹화물

한편, 수사단계에서의 진술을 녹음한 녹음테이프도 그 진술이 있었다는 것과 진술내용을 입증하는 데 사용될 수 있을 것이다.

또한 최근에는 영상녹화기술 특히 디지털 영상녹화기술의 발달에 따라 조사과정의 모습과 진술내용을 그대로 녹화하는 방법이 발달하여 진술의 기록방법으로서 서면을 대체하여 가려는 추세이다.

이 영상녹화물은 원진술자가 진술한 내용대로 기재되었는지 여부에 의문이 없게 되고, 수사과정을 모두 보여 주어 투명화시킴으로써 조서에 내재하는 밀행성의 단점을 크게 해소하고 있는 획기적인 방법이다. 다만, 증거로 사용하기 위하여는 영상녹화물을 재생하여야 하고, 조사시간이 길었던 경우는 공판정에서 장시간 재생하여 시청하여야 하는 불편이 있을 수 있다.

3. 비교법적 고찰

(1) 증거로 할 것인지의 문제

1) 수사단계에서의 진술을 전혀 증거로 하지 않는 나라는 없다

먼저 수사단계에서 피의자나 참고인이 진술한 것을 공판정에서 번복하는 경우 그 진술을 전혀 증거로 할 수 없게 하는 나라는 없다. 그런 식의 증거법은 「신실」 부분을 너무 왜곡할 우려가 있을 뿐만 아니라 앞에서 논한 바와 같이 수사절차 및 공소제기 여부 결정 등을 불안정하게 만들어 형사사법체계를 파탄으로 몰고 갈 위험이 있는 것이다. 나아가 이러한 증거법 하에서는 범죄발생의 거의 초동단계부터 법원의 법정절차로 사실확인이 행해져야 할 것인데 이런 식의 구성은 범죄사건도 얼마 안 되고 씨족 사회와 같은 사회구성을 가진 고대사회라면 모를까 현대와 같이 범죄가 대량으로 발생하고 복잡한 사회에서는 현실적으로 운영이 불가능하다.

2) 피고인의 수사단계 진술을 전혀 증거로 하지 않는 나라도 없다

한편, 수사단계에서의 진술 중에서 피고인의 진술에 관한 한은 이를 공판정에서 번복하였다고 하여 이를 전혀 증거로 할 수 없게 하는 나라도 없다. 피고인은 자신이 관련된 그 사건에 대한 진상을 가장 잘 아는 사람으로서 「진실」을 파악하기 위한 가장 중요한 정보원이다. 나아가 피고인은 사건에 직접적인 이해관계를 가진 사람으로서 피의자가 한 자신에게 불리한 진술은 진실일 가능성이 많기 때문이다.[12)]

12) George, Fisher, Evidence, Foundation Press, 2002, 363면.

그리하여 대륙법계든 영미법계든 피고인의 진술은 중요한 증거로 취급되고 있다. 영미법계의 전문법칙에 따르더라도 전문법칙의 가장 중요한 논거인 반대신문권의 행사에 관한 한 피고인이 자신이 스스로 한 말에 대하여 반대신문을 한다는 것은 의미가 없으므로 피고인의 수사단계에서의 진술은 전문법칙의 예외라는 것이 common law상의 일반원칙이었고 현재 미국 연방증거법에서는 아예 전문증거가 아니라고 규정하고 있다.[13)]

3) 참고인의 수사단계에서의 진술에서 영미법계와 대륙법계가 다르다

다만, 증인이 수사단계에서 진술한 것을 번복할 때 수사단계 진술을 증거로 할 것인가는 대륙법계와 영미법계가 다르다.

대륙법계의 직권주의하에서는 법원에 진실발견의 권한과 의무가 있으므로 법원은 진실을 발견하는 데 도움이 되는 모든 증거를 사실판단의 근거로 할 수 있으며 따라서 수사절차에서의 참고인의 진술이라도 마찬가지다.

이에 반하여 영미법계의 전통적인 전문법칙하에서는 증인의 공판정외 진술은 공판정에서 그 진술을 번복하는 한 전문증거로서 원칙적으로 증거로 하지 못하고 증인의 공판정 진술을 탄핵하는 자료로 사용될 뿐이다.[14)] 그 근거는 ① 1차적 증거가 아닌 2차적 증거(second-handed)는 신빙성이 떨어진다(unreliable)는 점, ② 경험사실의 전달자에 대해 선서가 행해지지 않았으며, 피고인의 반대신문이 행해질 수 없으므로 피고인에게 불리하다는 점, ③ 전문증거의 사용을 허용하게 되면 법정에 현출되는 증거가 부적절하게 확장될 수 있는 점, ④ 법원이 진술자의 태도증거에 의한 심증형성을 할 수 없다는 점 등이 들어진다.[15)]

---

13) Best, Arthur, Evidence, 4.Ed., Aspen Law & Business, 2001, 90면.

14) Leonard/David/Gold/Victor J., Evidence, Aspen Publishers, 2004, 469-470면.

15) Michael H. Graham, Federal Rules of Evidence, 6.Ed., Thomson/West, 2003, 404면; Best, 앞의 책, 63-64면; May R., Criminal Evidence, 3.Ed., Sweet&Maxwell, 1995, 180면.

그러나 이것은 원칙일 뿐이고, 판례는 원진술자가 공판정에 나와 증언을 하는 것을 전제로 하여 보통법상의 전문법칙의 예외를 인정하는 일반적 기준인 신용성과 필요성을 판단하여 구체적 사건에 있어서는 공판정외 모순진술을 증거로 사용하는 것을 인정하여 왔다. 그래서 수사단계에서의 진술이라도 그 진술이 행해진 당시의 정황이나 진술의 앞뒤 상황 등 모든 사정(under all circumstances)을 고려할 때 신용성이 보장되고, 나아가 사건의 성질 등 여러 가지 상황을 고려하여 그 진술을 공소사실을 입증할 증거로 사용하여야 할 필요성이 있는 때에는 법원은 이를 공소사실을 인정하는 증거로 허용할 수 있다.[16] 그런데 영국에서는 참고인 진술에 대한 전통적인 전문법칙의 접근을 버리고 참고인의 모순진술을 원칙적으로 증거로 사용하는 것으로 증거법을 개정하였다.[17] 그리하여 증인의 수사단계에서의 모순진술을 탄핵증거로만 사용하여야 한다는 원칙은 이제 비국법의 원칙으로만 남게 되었다.

한편, 이와 같은 비교에 있어 주의할 점이 있다. 그것은 반대신문권을 근거로 한 전문법칙을 이해하면서 영미법계의 전문법칙을 피고인의 방어권이 강조된 인권적 증거법이고 대륙법계 증거법을 인권침해적

16) Andrea G. Nadel, "Use or Admissibility of prior inconsistent statements of witness as substantive evidence of facts to which they relate in criminal case-modern cases," 30 American Law Reports 4th. 414, § 2. 〔a〕 (West Law의 인터넷 자료열람) 「It is general rule that evidence of extrajudicial statements made by a witness who is not a party and whose declarations are not binding as admissions is admissible only to impeach or discredit the witness and is not competent as substantive evidence of the facts to which such statesments relate … There is, however, a growing number of jurisdictions which no longer adhere to the general rule, and which now permit, by judicial construction statute, or amendment of the rules, such prior inconsistent statements of a witness in a criminal proceeding to be used as affirmative evidence of the facts to which such statesments relate where the declarant is available or called as a witness at the trial, and is subject to cross-examination, and where the statement would be admissible if made by the witness while testifying」. 이 문헌은 이와 같이 증인이 출석하여 증언하는 것을 조건으로 수사절차상 진술을 증거로 한 미국 각 주의 판례를 백개도 넘게 인용하여 소개하고 있다. 그러나 물론 탄핵증거로만 사용하게 한 판례가 더 많이 있다.

17) 영국 Criminal Justice Act 2003, 제119조.

또는 인권에 소홀한 증거법이라는 식으로 생각하는 것은 적절하지 않다는 점이다.

그 점을 이해하기 위하여는 대륙법계의 수사절차에 대한 이해가 선행되어야 한다. 즉 대륙법계의 기본모델이라고 할 수 있는 프랑스의 형사절차에 있어 수사기관은 원칙적으로 예심판사, 즉 법관이다.[18] 또한 예심판사의 수사절차에서는 피의자신문과 참고인 신문에 이어 대질신문이 행해진다. 즉 대륙법계에서는 수사절차에서 이미 법관 앞에서 피고인이 반대신문권을 행사할 수 있는 것이다. 그리고 객관적 기관인 법관이 참고인을 조사함에 있어 피고인을 대신하여 의심스러운 점을 객관적으로 조사하여 주며, 피고인이 하고자 할 반대신문을 수사기관인 법관이 행해 주는 것이다. 그리고 예심제도를 폐지한 경우에도 판사와 같이 사법관적 성격을 가진 검사가 수사절차에 관여하고 그러한 검사의 지휘하에 사법경찰관이 수사를 하고 있다는 점이다. 이러한 영미법계의 경찰과는 다른 대륙법계의 판사 또는 검사가 행하는 수사절차의 차이를 고려하여야 하며 따라서 영미법계의 경찰의 수사와 대륙법계의 예심판사나 검사의 수사를 같은 평면으로 놓고 단순비교하는 것은 부적절한 것이다.

다음으로 직업법관이 사실판단까지 주도하는 대륙법계 체제와 사실판단을 오로지 시민인 배심원단이 행하는 영미법계 체제의 차이를 감안하여야 한다. 즉 대륙법계는 전문증거라도 그 신빙성여부를 전문가인 직업법관이 증명력으로 가려 사실판단을 하는 것으로 해결하는 것이고, 영미법계는 비전문가인 배심원들이 증명력으로 가릴 능력이 떨어지므로 아예 직업법관인 재판장이 신빙성 여부를 가려 신빙성이 있는 증거만을 배심원들에게 전달하여 주는 것에 불과한 것이다. 그러므로 직업법관이 사실판단을 하는 나라에서 전문법칙을 논하는 것은 증명력 판단에 대한 법관의 부담을 덜려는 것에 불과한 결과가 될 수 있다.[19]

18) 프랑스의 규문절차에 있어서도 수사기관은 원칙적으로 법원이었는바 그러한 전통이 아직도 유지되고 있다.

19) 즉, 증거능력이 인정되고 증명력 문제로 판단하려면 법원은 그 증거를 사실인정

(2) 증거 현출의 방법

1) 영미법계

그러면 수사단계의 진술을 증거로 사용할 수 있다고 한다면 다음 단계 문제로서 그러한 진술이 있었다는 것을 입증하는 방법은 어떠한가. 영미법계의 전문법칙하에서는 이러한 입증수단에는 제한이 없다. 입증수단의 무제한성은 수사단계에서 행한 진술을 공소사실을 입증하는 증거로 사용하든 탄핵증거로 사용하든 묻지 않는다. 탄핵증거로 사용하기 위하여도 일단은 그 진술 자체가 있었다는 것을 입증하여야 하기 때문이다.

그런데 입증수단에는 제한이 없으나 그 순서는 있다. 즉, 먼저 공판정에 나와 있는 증인(영미법계에서는 피고인도 공판정에서 진술하고자 할 때에는 증인신문에 의하므로 여기에는 피고인도 포함된다)에게 직접 수사단계에서 그러한 진술을 한 일이 있었지 않느냐고 묻는 것이 우선이다. 이는 너무나 당연한 것으로 공판정에 원진술자가 나와 있는데 그러한 진술을 한 일이 있는지를 그 사람에게 묻는 것이 가장 손쉬운 방법이 아니겠는가. 따라서 예컨대 검사는 진술을 번복하고 있는 증인에게 먼저 수사단계에서 "A"라고 진술한 일이 있었지 않느냐고 물을 것이고 이 때 그 증인에 공판정에서는 "B"라고 진술을 하고 있음에도 불구하고 수사단계에서 "A"라고 진술하였던 사실을 인정하면 일단 증인이 공판정외에서 "A"라고 진술한 사실은 입증이 되는 것이다.

그러면 검사는 그 때는 그렇게 말해 놓고 이제는 왜 진술을 번복하는지를 추궁하게 될 것이다. 그리고 여기서 일단 증인이 수사단계에

에서 배척하는 이유를 판결에 설시하여야 한다. 그러면 그 판결에 불복하는 검사나 피고인은 그 증거가 배척된 것의 부당성을 지적하면서 항소하게 될 것이고, 이러한 채증판단이 상급심에서 심사되게 되므로 판단에 부담을 가지게 된다. 그리고 증명력 판단이 어려운 경우, 즉 공판정 진술과 공판외 진술의 신빙성이 양자 모두 팽팽한 경우는 그 배척 이유를 대기도 어렵다. 그런데 증거능력을 부인하여 버리면 아예 증거로서 판단을 하지 않아도 되므로 간단히 배척하여 버리면 된다. 결과적으로 직업법관 체제에서 위법한 방법으로 수집된 경우가 아닌 진술증거의 증거능력을 포괄적으로 배제하는 것은 그 증거에 대한 판단의 어려움을 덜어내는 결과가 되는데 이것이 타당한지 의문이다.

서 그런 진술을 한 일이 있다고 인정하면 진술기재서면은 별도로 제출되지 않는다. 왜냐하면 증인이 수사단계에서 그런 진술을 한 일이 있다는 사실은 이미 증인이 이를 인정함으로써 입증되었으므로 별도로 진술기재서면을 제출할 필요가 없기 때문이다. 이렇게 다시 진술기재서면을 제출하지 않은 것은 같은 내용의 증거를 반복하여 제출하는 절차의 중복성 회피 원칙 그리고 불필요한 편견을 주게 된다는 우려 때문이다.[20)]

그런데 만약 증인이 "나는 수사단계에서 그런 말을 한 일이 없습니다"라고 말을 하면 검사는 증인이 수사단계에서 "A"라는 말을 한 일이 있다는 것을 입증하기 위하여 다른 자료를 제출하게 된다. 이 다른 자료로서 증인을 수사하였던 수사담당자를 증인으로 불러서 증인이 그런 말을 한 일이 있다는 것을 증언하게 하거나 수사단계에서 증인이 진술한 내용을 기재한 서면을 제출하거나 예컨대 녹음한 테이프가 있으면 테이프도 제출할 수 있을 것이다.[21)] 이런 것들이 미국법에서 말하는 모순진술에 관한 외부적 증거(extrinsic evidence)인 것이다.[22)] 그러면 이러한 입증자료를 보고 배심원들은 실제로 증인이 수사단계에서 그런 진술을 한 일이 있는지를 판단하게 되는 것이다. 만약 배심원들이 그런

20) 증인의 공판정 증언과 같은 내용의 수사단계 진술이 증거로 제출될 수 있는 예외가 있는데 그 예외로서 미국 연방증거법 제801조 (d) (1) (B)에는 "원진술자가 최근에 왜곡되었다거나 부적절한 영향력이나 동기가 있다는 비난을 명시적 또는 묵시적으로 받을 때 이를 반박하기 위하여" 종전의 일치진술을 사용할 수 있다고 하고 있으며, 이와 별도로 보통법상의 이론하에서 원진술자의 증언의 신빙성이 특히 문제될 때 이를 뒷받침하기 위하여 증거로 허용된다. Park/Leonard/Goldberg, Evidence Law, Thomson/West, 2004, 269-270면.

21) 이 때에도 수사담당자가 법정에서 증언하는 것이 주된 것은 구두주의의 원칙과 서면의 진정성립 입증을 주로 수사담당자의 증언으로 행하기 때문이다.

22) 이것이 미국 연방증거법 제613조에 규정된 증인의 종전진술을 현출하는 방식의 의미이다. 이 규정은 먼저 (a)항에서 증인에게 그 증인이 공판정 외에서 행한 종전진술에 대하여 물어보는 방식을 먼저 규정하고, (b)항에서 증인의 종전의 모순진술에 관하여는 증인 스스로에게 물어 대답하는 것 이외의 외부적 증거(즉, 진술서면, 다른 증인 등을 말함)를 제출하는 방법을 규정하고 있다. 즉 증인 스스로에게 물어보는 것이 먼저이고, 증인이 인정하지 않을 때 모순진술에 관한 외부적 증거를 제출하는 방식으로 현출하는 것이다.

외부적 증거들에도 불구하고 증인이 수사단계에서 "A"라고 말한 사실 자체를 인정할 수 없다고 판단하면 "A"라는 진술은 증거로서 존재하지 않는 것이 된다. 반면에 이러한 외부적 증거들에 의해 "A"라고 진술한 사실 자체가 인정되면 그 때에 비로소 "A"라는 진술을 탄핵의 근거로 사용할 것인지 공소사실을 인정할 근거로 사용할 것인지의 문제로 나가는 것이다.[23)]

23) 이와 같이 공판정에 있는 증인 스스로에게 이전의 모순진술을 한 일이 있는지를 먼저 묻고, 그 증인이 그런 사실 자체를 인정하지 않을 때 진술서면이나 그 진술을 들은 다른 증인을 세우는 식으로 공판정 외의 진술을 현출하는 방법은 영국의 보통법이래의 방법이며 이에 따라 이미 영국에서는 1865년의 형사소송법(Criminal Procedure Act 1865)에서 모순진술을 현출하는 방법으로 이런 방법을 명문화하고 있었다. 4. As to proof contradictory statement of adverse witness 「If a witness, upon cross-examination as to a former statement made by him relative to the subject-matter of the indictment or proceeding, and inconsistent with his present testimony, does not distinctly admit that he has made such statement, proof may be given that he did in fact make it; but but before such last-mentioned proof can be given the circumstances of the supposed statement, sufficient to designate the particular occasion, must be mentioned to the witness, and he must be asked whether or not he has made such statement」 5. Cross-examinations as to previous statements in writing 「A witness may be cross-examined as to previous statements made by him in writing, or reduced into writing, relative to the subject-matter of the indictment or proceeding, without such writing being shown to him; but if it is intended to contradict such witness by the writing, his attention must, before such contradictory proof can be given, be called to those parts of the writing which are to be used for the purpose of so contradicting him: Provided always, that it shall be competent for the judge, at any time during the trial, to require the production of the writing for his inspection, and he may thereupon make such use of it for the purpose of the trial as he may think fit」 한편, 이러한 공판정외 모순진술을 탄핵증거에서 나아가 공소사실을 인정할 수 있는 증거로 할 수 있는가에 대해서는 종래 보통법상의 전문법칙에 따라 재판부의 신용성과 필요성의 판단에 의해 공소사실을 입증하는 증거로 사용할 수 있는 것으로 하였던 것을 2003년도의 Criminal Justice Act 2003에서는 피고인이 법정에 증인으로 출석하고 있는 경우에는 법원의 재량에 의하지 않고 명문으로 증거로 사용할 수 있는 것으로 변경하였다. 다만 그 현출방법은 1865년의 위 방법을 그대로 사용하도록 하였다(Criminal Justice Act 2003, 제119조 Inconsistent statement, (1) If in criminal proceedings a person gives oral evidence and- (a) he admits making a previous inconsistent statment, or, (b) a previous inconsistent statement made by him is proved by virtue of section 3, 4 or 5 of the Criminal Procedure Act 1865, the statement is admissible as evidence of any matter stated of which oral evidence by him would be

2) **대륙법계: 독일의 직접주의적 접근**

직접주의는 공개주의, 구두변론주의와 함께 독일법상 공판의 원칙으로 강조되는 용어이다. 구두주의란 법정에서 구두로 진술되는 것을 원칙으로 하며 이것이 직접주의와 결합되면서 공판중심주의적 재판이 실현된다. 직접주의는 몇 가지 내용을 포함하고 있는데 그 중 중요한 것으로 법원의 직접조사원칙과 서면증거로의 증언대체 금지를 들 수 있다.

첫째로 법원의 직접조사원칙은 사실심 법원이 판결의 기초가 되는 소송자료를 직접 조사(selbst wahrnehmen)하여야 한다는 것이다. 따라서 원칙적으로 증거조사를 다른 사람(수탁판사, 수명법관 등)에게 위탁하여 하는 것은 이 원칙에 반하는 것이며 이러한 일은 예외적으로만 허용된다.[24] 그런데 법원이 이렇게 직접 조사하는 증거에는 공판정 진술도 있지만 공판외 진술, 특히 수사단계에서 이루어진 진술도 포함한다. 다만, 수사단계에서의 진술을 증거로 하기 위해 증거조사를 함에 있어서는 수사단계에서 수사기관이 작성한 조서를 읽거나 보는 방법으로 증거조사하면 이는 수사기관의 조사로 법원의 조사가 대체되는 것이므로 이는 원칙적으로 금지된다. 법원은 조서에 담겨진 내용대로 실제로 진술된 일이 있는지를 직접 원진술자에게 묻거나 원진술을 들은 수사담당자 기타의 자의 증언을 통해 조사하거나 기타 객관적인 자료가 있으면 이를 통해 그러한 진술이 있었는지를 확인하여야 하는 것이다. 그럼에도 불구하고 최근 우리나라의 공판중심주의 논의에서 독일의 직접주의에 있어 이와 같은 내용을 왜곡하여 마치 법원의 면전에서 진술된 것만 증거로 하여야 하고, 수사단계에서 진술된 것은 증거로 할 수 없다는 식으로 이상하게 구성되어 주장되는데 이는 독일의 직접주의의 본래의 내용이 아니다.

둘째로, 조서의 증거사용 및 증거조사방법과 관련하여 직접주의는

---

admissible).

24) Pfeiffer, StPO-Karlsruher Kommentar, 4 Aufl., 1999, Einleitung, Rn 9.

법원이 본래적 증거, 즉 원진술자의 공판정 증언에 의해 사실관계를 파악할 것을 내용으로 하며 이에 따라 원진술자의 공판정 출석 없이 원진술자의 공판정외 진술이 담긴 서면 등으로 원진술자의 공판정 진술을 대체하여 증거로 사용하여서는 안 된다는 것을 요구한다. 구체적으로 말하면 피고인이나 증인을 공판정에 출석하게 하여 직접 신문하여야 하며 그를 출석하게 하지 않고 공판정 이외에서 행해진 신문에 의한 조서나 기타 서면으로 이러한 직접 신문을 대체하는 것은 원칙적으로 허용되지 않는다.[25)]

여기서의 핵심은 ① 수사단계에서 행해진 진술을 증거로 사용하기 위하여는 일단 원진술자가 공판정에 나와 진술을 할 것과 ② 원진술자가 수사단계에서 행한 「진술」 그 자체가 있었음을 입증하는 수단으로서 조서 등 서면을 사용하지 못한다는 것이다. ①번의 문제는 원진술자가 공판정에 나와 진술할 수 없는 예외사유의 문제로 해결되므로 이 글에서 논의의 중점인 조서의 증거능력과 관련하여서는 결국 ②번의 수사단계 진술의 입증방법상 조서를 제한한다는 것이 핵심적 사항이다.

그러면 피고인이나 증인이 공판정에서 수사단계에서 행한 진술을 번복할 때 수사단계에서의 진술을 증거로 사용하기 위하여는 어떻게 할까. 일단 독일의 직접주의적 증거법하에서는 영미법계의 전문법칙이 적용되지 않으며 따라서 수사단계에서의 진술은 피고인의 진술이든 증인의 진술이든 모두 증거로 사용할 수 있다.

그러나 수사단계에서의 진술 자체가 있었다는 것을 입증하는 방법으로는 원진술자에게 수사단계에서 "A"라는 진술을 한 일이 있었는지를 물어서 이를 인정하여 입증하는 방법,[26)] 원진술을 들은 수사담당자

25) 독일형사소송법 제250조 제 2 문.

26) Diemer, StPO-Karlsruher Kommentar, 5 Aufl., 2003, § 249, Rn. 46. 「Nicht-richterliche Protokolle, die ein Geständnis des Angeklagten enthalten, können diesem vorgehalten und zu diesem Zweck verlesen werden. Bestätigt der Angeklate auf den Vorhalt, dass er sich so, wie niedergeschrieben, geäußert hat, so darf das Gericht diese Tatsache bei der Urteilsfindung verwerten(피고인의 자백을 내용으로 하는 조서로서 법관의 조서가 아닌 것은 신문과정에서 제시될 수

나 제3자가 공판정에서 원진술자가 "A"라는 진술을 한 일이 있다고 증언하는 방법을 사용한다.[27] 그리고 이는 피고인이 진술을 거부하는 때에도 같다.[28] 조서 등 기록물은 이러한 구두의 현출방법과 함께 제출되거나[29] 원진술자나 수사담당자 등의 증언시에 이들의 기억을 환기시켜 주기 위하여 제시되거나 읽어주는 등으로 보조적 방법으로 사용됨으로써[30] 법원이 조서에 기재된 내용대로의 수사단계 진술이 있었는지

있고 그 목적을 위하여 낭독될 수 있다. 이렇게 제시와 함께 하는 신문에서 피고인이 조서에 기재된 대로 진술하였던 것을 인정하면 법원은 이 사실을 판결에 있어 증거로 할 수 있다)」(BGHSt, 1,337,339; 14,310,311=NJW 1960, 1630; BGHSt 21,285,286=NJW 1967, 2020).

한편, 이와 같이 인정진술의 방법으로 수사단계 진술을 입증하여 증거로 사용할 때에도 증인은 알려 주는 조서의 내용을 보고 기억을 되살려 구체적으로 각각의 진술을 한 사실을 인정하여야 하며 단순히 조서 기재내용이 맞다는 식으로 증언하는 것만으로는 부족하다. 이와 같이 구체적인 진술 자체를 인정하여야 하는 것은 피고인의 경우도 같다. Gerhard Schäfer, Die Praxis des Strafverfahrens, 6. Aufl., Kohlhammer, 2000, 381면.

27) Diemer, StPO-Karlsruher Kommentar, 5 Aufl., 2003, §249, Rn. 46. 「Bestreitet der Angeklagte, die niedergeschriebene Aussage gemacht zu haben, dann darf der Inhalt des Protokolls nur verwert werden, wenn der Beweis für seine Richtigkeit in andere Weise geführt ist, zB. durch Vernehmung der Verhörperson(피고인이 조서에 기재된 내용의 진술을 한 사실 자체를 다투는 때에는 조서의 내용은 다른 방법, 예컨대 신문한 사람을 신문하는 등의 방법으로 조서기재의 진정성이 입증되는 경우에만 증거로 할 수 있다)」(BGHSt 3, 150; 14, 310, 312=NJW 1960, 1630).

28) Kleinecht/Meyer-Großner, StPO 47. Aufl., C. H. Beck, 2004, §254 Rn. 8.

29) 이러한 진술을 기재한 서면 자체가 존재한다는 것을 입증하기 위하여는 바로 증거로 제출될 수 있으며 낭독될 수 있다. 낭독은 증거조사의 방법을 의미하므로 독일 형사소송법에서 "조서를 낭독할 수 있다"고 규정하는 경우는 증거로 사용될 수 있다는 것과 같은 의미라고 할 수 있다.

30) 이를 Vorhalt라고 한다. 한편, 이와 같이 조서를 제시하거나 읽어 주면서 기억을 되살리게 하여 원진술자가 수사단계에서 한 진술 자체를 인정하게 되면 인정진술의 방법으로 수사단계 진술을 입증하는 것이 되므로 수사단계에서의 진술의 증거로 사용할 수 있다. 즉 이 때에도 조서가 증거로 되는 것이 아니라 조서를 제시받아 기억을 되살린 증인이 그 조서내용대로 진술한 것을 인정한 그 진술이 증거가 되는 것이다. Diemer, StPO-Karlsruher Kommentar, 5. Aufl., 2003., §249, Rn. 42. 「Grundlage der tatsächlichen Feststellung ist nicht die Urkunde, sondern sind allein die durch den Vorhalt veranlaßten Erklärungen der Auskunftpersonen」(사실확정의 근거가 되는 것은 서면이 아니고 제시 등을 통해 이루어진 원진술자의 진술이다).

를 판단하는 데 자료로 사용된다.

그리하여 이러한 방법으로 조서에 기재된 내용대로 수사단계에서 진술한 사실이 입증되면 그 조서의 내용이 된 진술 "A"는 원진술자가 공판정에서 번복하면서 새로이 한 진술 "B"와 동등하고 어느 쪽을 믿을 것인가는 법관의 자유심증의 문제이다.[31)]

Ⅲ. 조서의 증거능력과 진정성립에 관한 판례이론의 문제점

1. 조서의 증거능력의 의미

(1) 증거와 증거능력

1) 증거의 개념

형사소송법에서 증거의 개념은 흔히 두 가지의 의미로 사용된다고 설명된다. 첫째로, 증거는 증거자료의 의미로도 사용된다. 증거자료란 증거방법을 조사하여 얻어진 내용 그 자체이다. 예컨대 증인의 증언, 조서에 기재된 기재내용 등을 말한다. 이에 대해 둘째로 증거가 증거방법의 의미로 사용되는 경우가 있다. 증거방법이란 증인, 감정인, 증거물, 증거서류 등과 같이 사실의 인정의 판단자료를 전달하여 주는 수단이다.[32)]

그런데 사견으로는 전문증거 특히 조서와 관련하여서는 여기에 하나의 개념을 더 추가하여야 한다고 생각한다. 즉, 증거자료인 조서의 내용에 대하여 조서에 기재된 것으로서의 「진술기재」와 실제 있었던 「진술」의 개념 구분이다.

이를 검사작성 피의자신문조서를 예를 들어 설명하여 본다. 먼저 검사작성 피의자신문조서 자체는 증거방법이다. 이에는 피의자가 검사

31) 물론 여기서 중요한 것은 법원이 조서에 기재된 내용대로 피고인이 수사단계에서 일정한 진술을 한 일이 있는지를 인정할 것인가이므로 피고인이 조서에 기재된 진술을 한 일이 있다고 인정하는 때에도 그러한 피고인의 인정진술만으로 그러한 진술을 한 사실을 인정할 것인지는 또한 법원의 자유심증이며, 대부분은 그로써 인정을 할 것이나 그러한 인정진술만으로는 진술사실 자체를 아직 인정하기에 부족하다고 하면 법원은 다른 증거를 추가로 조사하는 등의 보충조사를 행할 것이다.

32) 신동운, 형사소송법 제3판, 법문사, 2005, 751면.

앞에서 진술한 내용이라는 것이 기재되어 있다. 그렇게 조서에 기재되어 있는 내용이 증거자료이다. 그런데 조서의 진술기재와 관련하여서는 과연 실제로 피의자가 검사 앞에서 조서에 기재된 대로 말한 일이 있는가가 문제된다. 증거방법으로서의 조서는 바로 이와 같이 피의자가 검사 앞에서 그 기재된 대로 진술한 일이 있었다는 것을 입증하는 수단인 것이다.

그리고 이 조서의 기재대로 수사단계의 진술이 실제로 있었다고 확정하면 비로소 기재내용인 진술을 공소사실의 입증을 위한 증거로 사용할 것인지가 문제되는 것이다. 만약 조서의 존재에도 불구하고 다른 반증 등으로 조서에 기재되어 있는 내용대로 진술한 사실이 없다고 인정받게 되면 조서는 "無"를 적은 것이므로 아무런 증거로 사용할 수 없는 것이다.

이는 공소사실을 입증하는 증거로 사용하는 경우나 탄핵증거로 사용하는 경우나 다를 것이 없다. 조서에 기재된 내용을 탄핵증거로 사용하려 하여도 적어도 그러한 진술 자체는 있었다고 인정되어야 탄핵증거가 되는 것이지, 그런 진술 자체가 있었다는 사실을 인정할 수 없다면 탄핵증거로도 불가능한 것이다. 다만, 탄핵의 취지가 그런 내용이 기재된 조서에 서명날인을 하였다는 것을 보여 줌으로써 진술의 신빙성을 떨어뜨리려는 것이라면 조서의 존재 자체의 입증을 위하여는 조서를 낼 수는 있을 것이다.

2) 증거능력의 개념

증거능력은 증거가 엄격한 증명, 즉 공소사실과 같이 형벌권의 존부와 그 범위에 관한 사실을 증명하는 경우의 자료로 사용할 수 있는 자격이라고 파악하는 것이 일반적이다.[33] 이렇게 파악하면 탄핵증거로 사용할 수 있는 자격은 증거능력 개념에서 제외된다.

---

33) 배종대/이상돈, 형사소송법 제 4 판, 홍문사, 2002, 511면; 이재상, 형사소송법 제 6 판, 박영사, 2002, 450면.

(2) 조서의 증거능력

그러면 조서의 증거능력이라고 할 때 그 증거능력은 무엇을 의미할까. 증거능력의 개념에 비추어 보면 조서가 엄격한 증명의 자료로 될 수 있는 법률상의 자격을 말할 것이다.

그런데 여기서 「증명의 자료」가 되는 것은 무엇일까. 그것은 조서 자체가 아니라 조서에 담겨 있는 진술내용일 것이다. 따라서 앞에서 본 증거의 개념의 단계 구별에 대응하여 보면 조서가 증거, 즉 증명의 자료로서 사용되기 위하여는 2가지의 단계가 필요하다.

먼저 증거방법으로 조서의 존재 자체가 인정되어야 할 것이다. 이것이 영미법계 증거법상의 증거의 진정성의 입증(authentification 또는 foundation)의 단계이다. 특히 영미법계의 당사자주의하에서는 공소기관도 당사자이므로 그가 제출하는 증거도 피고인이 제출하는 증거와 마찬가지로 증거제출자가 주장하는 바로 그 증거 자체라는 점이 입증되는 것이 그것을 증거로 사용하기 위한 전제조건이다. 그리고 이는 수사기관이 작성한 조서라도 마찬가지다. 예컨대 절도사건에서 압수된 물건이 증거로 제출될 때 그 압수물이 바로 그 절취 피해품이라는 것, 갑과 을간에 체결된 계약서를 증거로 제출할 때 갑과 을간에 계약서가 작성되었고 제출된 서면이 바로 그 계약서라는 것, 그리고 조서와 같은 진술서면인 경우에는 그 서면이 실제로 작성되었고 작성된 바로 그것이라는 것, 증인이 어떤 사람과 통화한 내용을 증언할 때 그러한 통화 자체, 즉 증인과 어떤 사람 사이에 어떤 일시에 통화한 일이 있었다는 것 등이 진정성 문제이다.[34]

다음으로, 조서가 조서 자체로서 인정을 받은 다음에는 그 조서에 기재되어 있는 내용대로의 진술(statement)이 실제로 있었다는 것이 증명되어야 할 것이다. 물론 조서의 존재와 그 작성과정의 진정성이 입증이 되면 그러한 조서의 존재로서 그 내용의 진술이 있었다는 것이 대

34) Park/Leonard/Goldberg, 앞의 책, 559면, 영미법상 진정성 개념에 관하여 자세한 내용은 이 책 559-600면 참조.

부분 인정될 수 있을 것이다. 그런데 조서가 있을 때 그 조서의 존재와 그 조서의 내용인 진술이 사실상으로도 있었다고 인정하는 것과의 관계에 대하여는 여러 가지 입법이 있을 수 있다. 이를 인정할 것인지를 아예 배심이나 사실심 법원의 자유심증에 의할 수도 있고,[35] 조서가 신뢰할 수 있는 상황에서 작성되는 것이라면 사실상의 추정력을 부여할 수도 있어서 상대방이 반증을 하지 않는 한 그러한 진술이 있다고 인정하여 줄 수도 있을 것이다.[36]

2. 조서의 증거능력과 진술의 증거능력

(1) 조서와 조서의 진술기재 그리고 「진술」 그 자체

이와 같이 보면 증거로 되는 것은 조서가 아니고 조서에 담긴 진술내용인 증거자료인 것이다. 나아가 이렇게 조서에 담긴 진술내용이 증거가 된다고 하여도 조서의 진술기재(조서에 진술된 내용으로 기재된 것)가 증거로 된다고 할 수는 없고 증거로 되는 것은 조서의 진술기재에 의해 입증되어 인정되는 본래 있었던 「진술」 그 자체이다.

그런데 현실의 세계에서는 조서의 작성상의 진정성은 인정될지라도 그 조서의 진술기재와 실제 있었던 진술이 다른 경우가 있을 수 있다. 즉 심한 경우는 수사기관이 마음대로 기재하고 서명날인을 받는 경우와 같이 아예 진술 자체가 없는데 있는 것처럼 기재되어 있을 수 있고,[37] 수사담당자의 예단이나 편견 등으로 인한 논리에 따라 진술자가

35) 영미법의 태도이다.

36) 이러한 방법이 검사작성 피의자신문조서에 대한 종래의 판결에서 형식적 진정성립이 인정되면 실질적 진정성립을 사실상 추정하는 이론이 취한 방법이다.

37) 이것이 일제시대에 있었다는 백지조서의 행태이다. 제정 형사소송법안 제1회 독회에서 법제사법위원장 김정실 의원은 이에 대해 「종래에 있어서는 수사기관에서 작성한 조서에는 원진술자는 다만 그 말미에 서명 날인하였으므로 왜정시대로부터 불미한 사례가 비일비재하였습니다. 그렇기 때문에 본인에게 사건의 내용을 하등 신문함이 없이 말미용지에다 무인 혹인 날인만 받고 진술내용은 기재자가 적당히 기재하는 폐단이 상금도 전무하다고 단언하기 어려운 실정입니다. 그렇기 때문에 수정안은 조서에다가 간인을 시킴으로써 이러한 폐단을 일소하려는 것입니다」라고 언급한다. 대검찰청, 형사소송법 제정·개정 자료집, 1997, 376면.

진술한 취지와는 다르게 기재될 수도 있는 것이다.

이러한 상황의 가능성이 있음에도 조서가 작성상의 진정성만 인정되면 무조건 그 진술기재대로 실제로 「진술」이 있었던 것으로 확정된다면 불합리한 경우가 있을 수 있다. 바로 이 점에 대한 문제의식이 우리나라에서 조서의 실질적 진정성립이라는 개념을 구상하게 된 원인이라고 생각되는데 그 취지는 이해하나 이론 구성에 문제가 있다는 점은 뒤에 논하기로 한다.

(2) 조서의 증거능력 규정과 진술의 증거능력의 관계

1) 문제의 소재

다음으로 앞에서 설명한 바와 같이 수사단계에서의 진술의 증거능력이라고 말을 할 때 그 진술이란 수사단계에서 이루어진 진술 그 자체를 말한다. 그리고 조서는 그러한 진술이 있었음을 입증하는 수단 중의 하나에 불과하다.

그런데 우리나라의 전문증거에 관한 규정들은 조서의 증거능력을 위주로 규정하고 있어서 그 조서의 증거능력에 대한 규정과 진술 그 자체에 대한 증거능력과의 관계가 문제될 수 있다.

2) 두 가지의 해석 가능성

① 조서와 진술을 분리하여 해석하는 견해

먼저 조서 규정을 조서만의 증거능력에 대한 규정으로 보고 진술 자체의 증거능력은 별개의 문제로 해석할 수 있는 가능성이 있다. 이에 의하면 조서의 증거능력은 부인되어도 그 안에 있는 진술의 증거능력이 부인되는 것은 아니므로 조서 이외의 다른 방법으로 그 진술 자체를 입증하면 되는 것이다. 이는 독일의 직접주의적 접근방법이다.

예컨대, 사법경찰관작성의 피의자신문조서에 대하여 피고인이 내용부인하여 피의자신문조서의 증거능력은 없게 되었더라도 이와 별도로 제316조에 의하여 수사한 사법경찰관이 피의자가 수사단계에서 행한 「진술」 그 자체를 증언함으로써 입증하면 그 진술내용을 공소사실을 인정하는 자료, 즉 증거로 사용할 수 있는 것이다. 그리고 본 판례에서 문제된 검사작성 피의자신문조서의 경우도 피의자가 실질적 진정성립을 부인하여 조서는 증거능력을 인정받지 못하더라도 검사 또는 신문에 참여하였던 검찰직원이 증인으로 출석하여 신문과정에서 행한 피고인의 진술내용을 증연하면 제316조 제 1 항에 의해 증거로 사용할 수 있게 되는 것이다.

이 견해는 전문법칙에 관한 제310조의2의 문언과 피고인의 진술의 전문증언에 관한 제316조의 문언, 그리고 제정형사소송법 이래 증거법의 기반이 되고 있는 직접주의적 요소를 근거로 한다.[38]

먼저 제310조의2는 「제311조 내지 제316조에 규정한 것 이외에는 공판준비 또는 공판기일에서의 진술에 대신하여 진술을 기재한 서류나 공판준비 또는 공판기일 외에서의 타인의 진술을 내용으로 하는 진술은 이를 증거로 할 수 없다」고 하고 있다. 그런데 이러한 전문증거의 정의는 영미법계의 전문증거의 정의와 큰 차이가 있다. 오히려 「공판기일에 있어서의 공술에 대신하여」라는 문구는 독일에서 직접주의를 천명한 형사소송법 제250조의 규정 문구이며 이에 따라 이 정의내용도 독일 형사소송법 제250조에 가깝다. 이러한 법문에 따르면 피고인이든 증인이든 공판정에서 진술을 하는 한 그 자신이 수사단계에서 일정한 진술을 한 사실을 인정하는 인정진술은 전문증거가 아니게 된다. 왜냐하면 이는 공판기일 외에서의 「자신의 진술」을 내용으로 하는 진술이지 「타인의 진술」을 내용으로 하는 것이 아니므로 전문증거의 정의에 포함되지 않기 때문이다.[39] 그리고 전문증거의 정의에 포함되지 않는 한 전문법칙은 적용되지 않고, 따라서 증거능력은 당연히 인정되는 것이기 때문이다. 따라서 사법경찰관 작성 피의자신문조서의 기재내용에 대하여도 피고인이 내용부인하여 조서는 증거로 할 수 없게 되어도 피고인이 공판기일에서 그 조서의 기재내용대로 진술한 일이 있었던 것

38) 이완규, "피고인의 경찰진술을 내용으로 하는 수사경찰관 증언의 증거능력," 저스티스 제78호(2004), 154-159면.

39) 이 점은 공판기일 외에서의 진술인 한 자신의 진술이든 타인의 진술이든 묻지 않고 전문증거로 파악하는 영미법과 다르다.

은 인정하면[40] 이것은 증거로 될 수 있다는 것이다.

다음으로 제316조 제1항은 명문으로 피고인의 진술을 내용으로 하는 증인의 증언의 증거능력을 인정하고 있으며 이 조문상의 증인으로 수사단계에서 그러한 진술을 한 것을 들은 수사담당자나 제3자를 제외하지 않고 있기 때문에 당연히 사법경찰관도 증인으로 나와 피의자가 행한 진술내용을 증언하면 그 증언으로서 입증된 피의자의 진술내용은 증거로 할 수 있다는 것이다.

② 조서와 진술을 묶어서 해석하는 견해

이에 대하여 조서의 증거능력에 관한 규정 그 자체를 그 실질이 되는「진술」자체의 증거능력 규정으로 해석할 가능성이 있다. 이렇게 해석하면 조서의 증거능력이 부인되면 같은 조건하에서 진술 그 자체의 증거능력도 부인되게 되므로 조서 이외의 다른 어떠한 방법으로「진술」그 자체가 있었음을 입증하여도 모두 증거로 할 수 없다. 판례와 통설이 이 견해를 취하고 있다.[41]

특히 이 견해는 사법경찰관의 피의자신문조서에 관한 제312조 제2항과 관련하여 주로 논의되는데 사법경찰관의 피의자신문조서에 대하여 피고인이 내용부인하여 조서의 증거능력이 부인되면, 수사경찰관이 피의자신문조서에 기재되었던 진술내용을 증인으로 나와 증언하더라도 이를 증거로 할 수 없다고 한다.

판례는 1961년 개정법에서 제316조 제1항이 신설된 후 한 동안 제316조 제1항에 따라 피고인의 진술이 신빙할 수 있는 상태하에서 행하여졌는지를 기준으로 판단하는 태도를 취하여 그 증언을 증거로 사용할 수 있다고 하였고[42] 다만 곧 제316조 제1항에 의하여 판단은

40) 물론 조서 전체를 포괄하여 그 기재대로 진술한 일이 있다는 식이 아니라 조서의 구체적 내용을 하나하나 지적하여 가면서 그런 진술을 한 일이 있다고 구체적으로 진술하는 것을 요한다.

41) 신동운, 앞의 책, 843면; 이재상, 앞의 책, 535면; 이상돈/배종대, 앞의 책, 600면.

42) 대법원 1967. 6. 13. 선고 67도608 판결,「피고인이 경찰에서 순순히 범행을 자백하였다는 조사 참여 경찰관의 증언은 전문증거라 할 것이나 피고인의 위 자백진술은 다른 특별한 사정이 엿보이지 아니하는 본 건에서는 본조 제1항에서 말하는

하되 특신상태를 제한적으로 인정하여 증거능력을 부인하는 태도[43]를 취하였다.[44]

그런데 1973년의 73도2123 판결 및 1976년의 76도32 판결을 거치면서 제316조 제1항에 의하여 특신상태를 기준으로 하던 태도를 변경하여 제312조 제2항에 따라 신빙할 수 있는 상태여부를 묻지 않고 피고인이 내용을 부인하면 증거로 할 수 없다고 하게 되었다.[45]

특히 신빙할 수 있는 상태하에서 행하여진 것으로 볼 것이니 위 증언을 증거로 채택한 것은 적법하다」.

43) 대법원 1968. 11. 19. 선고 68도1368 판결, 「(수사경찰관의 증언에 관하여) --- 위 각 증거는 -- 제316조 제1항의 피고인의 진술을 그 내용으로 하는 피고인 아닌 자의 공판기일에서의 진술에 해당하여 일응 증거능력이 있는 듯이 보이나, 위 316조 제1항 소정의 전문진술은 그 진술 즉 피고인의 진술이 특히 신빙할 수 있는 상태하에서 행하여진 때에 한하여 증거능력이 인정되는 것이고, --- 형사소송법 제312조 제2항의 --- 규정에 비추어 피고인의 경찰조사시에 범행을 자백하고 그 자백이 임의성이 있었다는 내용의 진술 내지 조서는 특단의 사정이 없는 한 그 피고인의 진술이 특히 신빙할 수 있는 상태하에서 행하여진 것으로는 볼 수 없다고 함이 상당할 것(밑줄은 필자가 함)」라고 하고 있는바, 특신상태를 기준으로 하되, 이를 인정할 특단의 사정을 요구하고 있다. 같은 취지로 대법원 1969. 1. 21. 선고 68도1744 판결에서는 「증인의 증언이 제1심 공동피고인의 경찰에서의 진술을 그 내용으로 하는 경우에 위 공동피고인이 위 경찰에서의 진술의 내용을 인정하지 아니한 때에는 위 공동피고인의 경찰에서의 진술이 특히 신빙할 수 있는 상태하에서 행하여졌다고 볼 수 없으므로 위 증인의 증언은 증거로 할 수 없다」고 하고 있다.

44) 위 68도1368 판결에 대한 필자의 소개에 대하여 최근 천진호 교수는 필자가 판례에 대한 법해석상 오류를 범하였다고 하면서 이 판례가 수사경찰관의 증언을 제316조 제1항에 의해 판단하는 태도를 취한 것이 아니고 검사작성의 참고인 진술조서의 증거능력을 함께 검토하면서 제312조 제1항 전단이 문언적으로 규정하고 있지 않은 특신상태를 추가적으로 요구하고 있다는 점이 이 판례의 의미라고 하고 있다(천진호, "피고인의 경찰진술을 내용으로 하는 증언의 증거능력에 대한 재검토," 저스티스 통권 84호(2005), 225면). 그러나 필자로서는 천 교수가 무슨 근거로 그렇게 해석하는지 납득이 되지 않고 명백히 제316조 제1항에 의해 증거능력을 인정한 위 67도608 판결을 비롯하여 이에 대한 일련의 판례를 감안하면 오히려 천진호 교수가 오해를 하고 있는 것은 아닌가 한다.

45) 대법원 1973. 3. 12. 선고 73도2123 판결에서는 「피고인이 인정하지 아니하는 경찰의 피의자신문조서는 형사소송법 제312조 제2항에 의하여 증거능력이 없다고 하면서 그 조서기재내용을 들었다고 하는 증인의 증언을 취신한다는 것은 모순」이라고 하면서 「그 증언을 믿지 아니한 조치를 정당하다」고 하여 증거능력은 인정되지만 믿지 않은 것이 정당하다는 식의 설시를 하지만 믿지 않는 이유가 제312조 제2항 때문이라면 이미 증언이 증거로 사용될 가능성은 이 판례에서 이미 배제되었다고 볼 수 있다.

이후 대법원 1976. 3. 9. 선고 76도32 사건에서는 '증인이 수사기관에서 이 사건

3. 진정성립에 관한 학설과 판례이론의 변천

(1) 제정 형사소송법상의 성립의 진정 규정

제정 형사소송법은 수사기관 조서의 증거능력 제한 요건으로서 진정성립을 규정하고 있다. 일제시대에 우리나라에서 적용되던 일본 구 형사소송법은 「법령에 의해 작성된 조서」이면 증거능력을 부여하였는데 제정 형사소송법에서는 이와는 다른 요건을 부여하였다. 그런데 제정 형사소송법이 만들어지기 전에 먼저 개정된 일본의 현행 형사소송법상의 조서의 증거능력 요건에서는 「서명, 날인」이라는 용어를 사용하고 있는데 우리나라는 이와 달리 성립의 진정이라는 용어를 사용하고 있어 이 의미의 해석과 관련하여 문제가 발생하는 것이다.

(2) 학설, 판례

1) 형식적 진정성립설

제정 형사소송법이 시행되자 조서의 증거능력에 대한 성립의 진정과 내용의 인정의 해석을 어떻게 할 것인가가 문제되었다.

먼저 사법경찰관 작성 피의자신문조서의 증거능력 요건으로 내용의 인정은 시행 직후부터 조서에 기재되어 있는 내용의 진실여부에 대하여 피고인이 인정하는 의미로 해석되었다. 이미 형사소송법 제정과정에서 대법원장 김병로는 이 단서조항을 설명하면서 「공판준비수속이나 또는 공판에 와서 피고인이 경찰에서 그와 같이 내가 말한 것이 사실입니다. 또는 그런 말을 안하드라도 사실 내용을 물을 때에 거기에 부합되게 피고인이 진술해야만 경찰이 기록한 조서가 유죄의 증거가 되는 것」이라고 하였고[46] 엄상섭 의원은 「경찰기관에서 작성한 조서에서만 이의가 있을 때에는 증거력을 주지 않도록 한」 것이라고 하여 비교적 그 입법취지가 명확하였기 때문으로 보인다.

그런데 검찰의 조서나 피고인 아닌 자에 대한 조서에 있어 규정되

을 조사한 사람인만큼 수사기관에서의 진술을 피고인이 부인하는 이상 동 증인의 위와 같은 증언은 범죄사실에 대한 증거력이 없다'고 하여 아예 증거능력을 부인하는 데까지 나아갔고 이는 현재까지 유지되고 있다.

46) 대검찰청, 형사소송법 제정・개정 자료집, 1997, 383면.

어 있는 성립의 진정에 대하여는 입법과정에서도 명확한 언급이 없어 해석상 논란이 생길 여지가 있었던 것인데 실무에서는 시행초기부터 이를 형식적 진정성립으로 이해하였다.

1961년 9월에 형사소송법이 개정된 후에 개정법상의 증거규정의 해석에 대하여 서울지방법원에서 대법원에 질의를 한 일이 있는데 제312조 제1항의 검사작성 조서의 성립의 진정에 관한 내용이 있다. 즉 서울지방법원에서는 먼저 공판정에서 피고인 또는 피고인 아닌 자가 진정성립을 부인하는 경우에 기타의 증거방법(예컨대 무인 또는 서명의 필적감정)으로 조서의 진정성립을 인정할 수 있는지를 질의하였는데 대법원에서는 그것은 불가하나 다만 「원진술자를 공판준비나 공판기일에서 직접 신문하여 인장, 무인, 서명 등이 원진술자의 것임을 확인하여 당해 조서의 성립의 진정을 인정할 수 있을 것」이라고 회답을 하고 있는바 성립의 진정은 형식적 진정성립이었던 것이다.[47)]

2) **내용적 진실부합설**

그런데 제정 형사소송법이 시행 후 성립의 진정에 대하여 형식적 진정성립은 물론 그 기재내용이 임의적이며 진실과 부합되는 것임을 요한다는 주장이 제기되어 주목되고[48)] 이러한 주장은 1961년 형사소송법이 개정된 후에도 동조하는 견해가 늘어나고 있다.[49)]

그런데 이 견해에 의하면 이렇게 해석할 때 사법경찰관 작성 피의자신문조서의 증거능력 제한 요건으로서 내용부인과의 이 본문의 관계에 있어 모순이 생길 수 있는데 이에 대하여 장대영 판사는 「작성 명의의 진정만을 인정한다는 것은 너무나 형식적인 해석일뿐더러 무의미한 결과가 된다」고 하면서 「따라서 이러한 견지에서 단서규정은 오히려 불필요한 규정이거나 당연한 규정」이라고까지 한다.[50)]

---

47) 법률신문 1961. 9. 25.자.

48) 서일교, 형사소송법강의, 제일문화사, 1955, 149면; 김기두, 형사소송법, 법문사, 1959, 154-155면; 장대영, "전문증거의 법칙," 법정 1960. 3, 87면.

49) 염정철, 신형사소송법, 서울고시학회, 1961, 251면; 권오병, 형사소송법, 일신사, 1962, 186면.

50) 장대영, "전문증거의 법칙," 법정 1960. 3, 87면.

그러나 내용적 진실부합설을 취하는 다른 사람들이 모두 장대영 판사와 같은 의미로 주장한 것으로는 보이지 않는다. 여기서 말하는 진실에 부합한다는 것의 의미에 대하여 1982년 발간된 염정철, 이황우 교수의 공저인 「형사소송법」에서는 내용적 진정 즉 그 기재내용이 진술과 부합되는 경우의 판단은 물론 법관의 자유심증에 의한다고 하고 있어[51] 이 견해를 주장하는 사람들이 일반적으로 생각하고 있었던 내용의 진실에의 부합의 의미가 무엇이었는지 알 수 있게 해 주고 있다. 즉 진정성립의 판단자료는 피고인의 진술이되 그것이 진실에 부합하는가의 판단은 객관적으로 법관이 판단하는 것이므로 형식적 진정성립에 관한 피고인의 진술이 있으면 그 후에 조서의 내용과 관련된 피고인의 진술을 들어서 법원이 조서의 내용이 진실에 부합한다고 판단하면 조서에 증거능력을 인정하여 유죄의 증거로 사용한다는 것이다. 그런데 이러한 견해에 의하면 결국 여기서 말하는 내용의 진실과의 합치 조건은 법원이 그 조서가 진실에 부합하다고 판단되면 이를 증거로 하여 유죄판결을 할 수 있다는 것에 불과하며 이는 증명력과 증거능력의 요건을 혼동한 것에 불과하다고 할 것이다. 이러한 점을 감안한다면 이 견해는 결과적으로 형식적 진정성립설과 차이가 없다.

3) 실질적 진정성립 이론의 형성

그런데 조서의 진정성립에 관하여 형식적 진정성립을 넘어 조서의 기재내용이 실제로 진술한 내용과 일치하는 것까지 요구하는 견해가 1970년대 후반부터 등장한다.

먼저 실질적 진정성립이라는 말은 사용하지 않지만 내용적으로 같은 취지를 주장하는 문헌으로 1976년 발간된 이선중 외 5인이 집필한 주석 형사소송법이 있다. 이 책의 증거부분은 당시 부산지방법원장이던 정치원 판사가 집필하였는데 여기서 제312조의 진정성립을 설명하면서 「진정성립이라 함은 형식적 성립의 진정, 즉 조서서류 등에 행하여진 서명·날인 등이 진술자와 작성자의 것이 상위없는 것 외에 그 내용의

51) 염정철/이황우, 형사소송법, 상지문화사, 1982, 176면.

진정, 즉 조서서류 등의 기재내용이 진술자의 진술 그대로 기재되어 있고 조금도 허위기재가 없는 진실한 것임을 말한다」고 한다.[52] 물론 여기서 진실한 것이란 객관적 진실을 말하는 것이 아니고 진술자의 진술임에 허위가 없는 것을 말하는 것이 명백하다.

그 후 신현주 변호사가 1980년의 저서에서 성립의 진정을 서명·날인의 진실로 보는 입장은 성립의 진정을 너무 형식적으로 하는 것이 되어 실체적 진실의 입장에서 규정된 전문법칙의 본래의 취지에 반한다면서 성립의 진정은 서면의 기재내용대로 진술을 하였음을 인정하는 것으로 보는 것이 타당하다고 한다. 그러면서 당시 실무상으로 형식적 진정성립으로 보는 것에 대해 비판한다.[53] 이러한 견해는 그 후 차용석 교수,[54] 강구진 교수,[55] 백형구 변호사[56] 등에게 이어지면서 다수설을 차지하게 된다.

4) **판례의 실질적 진정성립이론**

진정성립 개념에 대한 판례의 해석도 1970년대 후반부터 변화하기 시작한다. 1976. 9. 28. 선고된 76도2118 판결에서 판례는 「증인 등이 공판정에서 증인으로 진술함에 있어서 검사의 신문에 대하여 단지 검찰, 경찰에서 이 건에 대하여 사실대로 진술하고 그 진술조서에 서명날인한 사실이 있다는 취지의 진술만으로는 곧 이 건 기록에 철하여져 있는 동인 등의 검찰과 경찰에서의 진술조서의 진정성립을 인정하기에는 부족하다」고 설시한다. 즉 종래와 같이 진술조서에 서명·날인한 사실이 있다는 형식적 진정성립의 확인만으로는 성립의 진정을 인정할 수 없다는 것이다. 그러나 이것 이외에 무엇이 더 필요한가에 대하여는 아직 말이 없다.

그 후 1982. 10. 12. 선고된 82도1865 판결에서는 「검사 및 사법경

52) 이선중 외 5인, 주석형사소송법, 한국사법행정학회, 1976, 415면.
53) 신현주, 형사소송법, 박영사, 1980, 282면.
54) 차용석, 형사소송법연구, 박영사, 1982, 338-339면.
55) 강구진, 형사소송법원론, 학연사, 1982, 456면.
56) 백형구, 주해 형사소송법, 한국사법행정학회, 1984, 132면, 다만 백형구 변호사는 진술자의 진술내용과 일치한다는 것을 내용적 성립의 진정이라고 한다.

찰리 작성의 피고인 아닌 자에 대한 진술조서는 원진술자가 법정에서 검사가 읽어주는 각 진술조서의 내용을 듣고 그 내용이 사실과 틀림없으며 그 진술조서에 간인하고 서명, 날인하였다고 진술한 이상 증거능력이 있다」고 하여 형식적 진정성립의 인정이외에 진술조서의 내용을 듣고 그 내용이 사실과 틀림없다고 말하는 것이 요건으로 등장하는데 아직 그 구체적 의미가 무엇인지 명확하지 않았다.[57]

그리고 나서 1984. 6. 26. 선고된 84도748 판결에서 검사작성 피의자신문조서의 성립의 진정에 관하여 논하면서 「여기에 성립의 진정이라 함은 간인, 서명, 날인 등 조서의 형식적인 진정성립뿐만 아니라 그 조서가 진술자의 진술내용대로 기재된 것이라는 실질적 진정성립까지 포함하는 뜻이다」라고 하여 형식적 진정성립 이외에 필요로 되는 것이 무엇인지를 명확히 하면서 이를 실질적 진정성립이라고 개념지웠고 그 이후 이 개념이 일관되게 등장한다.

이 개념의 등장에 따라 참고인 진술조서의 경우는 원진술자가 증인으로 나와 실질적 진정성립을 부인하면, 즉 자신이 수사단계에서 진술한 내용대로 기재되어 있지 않다고 진술만 하면 진정성립이 부인되고 달리 입증할 방법이 없이 증거능력이 부인되게 되었다. 다만 검사작성 피의자신문조서만은 형식적 진정성립이 인정되면 실질적 진정성립은 추정된다는 추정론에 의하여 피고인이 일방적인 부인만으로는 증거능력이 부인되지는 않는 상황이 유지되었다.

그러다가 드디어 이 사건 대상판례에서 실질적 진정성립의 추정을 폐기하여 검사작성 피의자신문조서도 피고인의 공판정에서의 일방적 진술에 의하여 달리 입증할 방법 없이 증거능력이 부인되게 되었다. 결

57) 판결의 판시내용이 위와 같았고 대법원판결집 30권 제3호 157면은 판결요지를 이와 같이 기재하고 있었으나 최근에 법원에서 배포한 LX 법고을의 판례검색 자료는 이 판결의 판결요지를 바꾸어 「원진술자가 법정에서 검사의 신문에 대하여 단지 검찰, 경찰에서 사실대로 진술하고 그 진술조서에 서명 무인한 사실이 있다는 진술을 한 것만 가지고는 그 진술조서의 진정성립이 증명되었다고 보기 어렵고 진술조서에 기재된 진술내용이 사실과 틀림없다는 것까지 진술되어야 할 것이다」라고 하고 있다.

국 이 판결에 이르러 참고인의 진술이든 피고인의 진술이든 검사의 수사에 있어 진술이 모두 원진술자인 피고인과 참고인의 진술 한 마디에 증거능력이 좌우되는 상황이 된 것이다.

4. 조서의 증거능력과 진정성립에 관한 판례이론의 문제점

(1) 판례 이론의 체계

실질적 진정성립에 관한 판례이론 그리고 검사작성 피의자신문조서의 실질적 진정성립의 사실상 추정을 폐기한 이 사건 판례에 대한 적절한 평가를 하기 위하여는 대상판례만을 검토하는 것으로는 부족하고, 조서의 증거능력에 관한 판례이론의 체계 전체의 관점을 검토할 필요가 있다.

첫째로, 판례는 전문증거와 조서에 관한 형사소송법 제310조의2부터 제318조까지의 해석에 있어서 조서와 「진술」 자체의 증거능력을 연관짓는 이론체계하에 있다. 즉, 「진술」의 증거능력과 조서의 증거능력이 패키지로 같이 가되, 그 증거능력은 조서의 증거능력 규정에 의해 좌우된다. 따라서 조서의 증거능력이 부정되면 이에 해당하는 진술은 증거로 사용할 방법이 없다.

둘째로, 조서의 진정성립을 서명, 날인을 의미하는 형식적 진정성립뿐 아니라 조서의 진술기재와 실제의 「진술」이 일치할 것을 의미하는 실질적 진정성립까지 요구하는데 문제는 형사소송법이 이러한 진정성립을 원진술자의 진술에 의하여만 인정하도록 하고 있기 때문에 조서의 진정성립 인정여부가 원진술자의 말 한 마디에 좌우되게 된다는 점이다.

셋째로, 검사작성 피의자신문조서에 대한 제312조 제1항 단서의 특신상태 요건에 대하여 진정성립이 인정되는 경우에 다시 특신상태를 요구하는 것으로 보아 부가요건으로 해석하고 있다. 그런데 진정성립과 관련하여 특신상태가 논해지는 것은 이와 같이 진정성립이 부인되는 경우에도 단서의 특신상태가 인정되면 증거능력이 인정될 것인가에 관하여는 문제가 있다.

학계에서는 견해가 나뉘어 진정성립 인정시에는 부가요건이지만 진정성립 부인시에는 특신상태 인정으로 증거능력이 부인될 수 있는 완화요건도 된다는 견해[58]와 어느 경우이든 부가요건이므로 진정성립이 부인되면 특신상태는 논할 필요가 없다는 견해[59]로 나뉜다. 판례는 이 부분에 대하여 명확한 입장을 표명하지는 않으나 이 사건 판례가 진정성립 추정을 부인하면서 단서조항의 기능에 대해 언급하지 않은 것은 후자의 부가요건설에 근거하고 있는 것으로 보인다.

(2) 문 제 점

1) 판례이론체계의 결과의 타 입법례와의 비교

그러면 이와 같은 ① 조서와 진술의 합일체제, ② 원진술자의 진술에만 의존하는 실질적 진정성립, ③ 제312조 제1항 단서의 부가요건설이라는 이론체계하에서 판례이론체계가 초래하는 결과를 이해의 편의를 위하여 타입법례와 표로 비교하여 보면 다음과 같다. 표는 피고인과 참고인이 검찰에서의 진술을 공판정에서 번복하고, 조서의 실질적 진정성립을 부인하는 경우이다.[60]

아래 도표가 보여 주듯이 최소한 공소권을 행사하는 검찰단계에서 확보한 진술이 공판정에서 번복된다고 하여 그리고 이를 원진술자가 나는 그런 말을 한 일이 없다고 주장한다고 하여 아예 어떤 방법으로든지 증거로 사용하지 못하게 하는 나라는 어디에도 없으며 우리나라

58) 정웅석, 형사소송법 제3판, 대명출판사, 2006, 876면; 백형구, 주해형사소송법(하), 한국사법행정학회, 1984, 133면; 차용석, 앞의 책, 340면; 권오병, "소위 「특신상태」와 증거능력에 관한 문제," 법조 1964. 2/3월 합본호, 4면.

59) 이재상, 앞의 책, 517면; 신현주, 형사소송법, 박영사, 2002, 605면; 신양균, 형사소송법, 법문사, 2000, 683면.

60) 입법례에 따라서는 수사단계의 진술을 경찰과 검찰을 구분하여 경찰에서의 진술의 증거능력을 제한하는 경우가 있다. 예컨대 우리나라나 이탈리아는 경찰단계에서의 피의자신문조서의 증거능력을 제한하고, 일본은 경찰단계에서의 참고인진술조서의 증거능력을 제한한다. 이는 경찰 수사단계의 여러 상황에 대한 각 나라의 입법정책적 고려로 인한 것이다. 그렇지만 적어도 공소제기 여부를 결정하게 될 검찰단계에까지 와서도 수사단계의 진술의 증거능력을 제한하는 경우는 드물다. 그러므로 일단 검찰단계를 기준으로 비교하여 보았다.

		미국	영국	독일	일본	판례
피의자	서면(조서)	○	○	×[61]	○	×
	조사자 증언	○	○	○	○	×
참고인	서면(조서)	△[62]	○	×	○[63]	×
	조사자 증언	△	○	○	×	×

의 판례이론이 유일하다. 그러면 미국, 영국, 독일, 일본 등의 국가들은 판례가 말하는 직접 심리주의, 구두변론주의를 내용으로 하는 공판중심주의에 반하는 나라들인가. 판례이론이 초래하는 결과가 비합리적이라는 것은 선진 외국들과 비교하여도 명백하다고 본다.

2) 문제점과 그 원인

그러면 판례이론이 초래하는 이러한 불합리한 결과는 어디에 원인이 있을까. 먼저 판례가 실질적 진정성립이론을 전개하면서 의도한 목적 자체는 타당성이 있다. 앞에서도 지적하였듯이 증거로 사용되는 것은 조서가 아니고 조서의 기재내용인 진술내용이며 그 진술내용이 증거로 사용되기 위하여는 실제로 그러한 진술이 있었어야 하는 것이 아니겠는가. 따라서 조서의 진술기재와 실제 행해진 「진술」의 일치를 요구하는 것은 지극히 당연한 것이다.

---

61) 독일에서는 조서 그 자체로 바로 원진술이 있었음을 입증하는 자료로 제출되지는 않으나 직권주의적 재판운영에 따라 수사기록을 미리 제출받은 재판장이 이를 토대로 신문을 하고, 또한 조서를 신문의 보조수단으로서 제시하는 등으로 사용하므로 사실상 사용된다.

62) 세모로 표시한 것은 원칙적으로는 탄핵증거로만 사용되나 구체적 사건에 따라서 필요성과 신용성이 인정되는 경우는 증거능력이 있기 때문이다.

63) 일본의 경우는 참고인진술조서는 검사작성의 진술조서만 증거능력이 인정되고, 사법경찰관 작성 진술조서는 이 경우 증거능력이 없다. 한편 검사작성의 참고인진술조서는 서명·날인만을 요건으로 증거능력이 인정되므로 원진술자가 조서의 기재내용대로 진술한 일이 없다고 주장하더라도 증거능력인정에 문제가 되지 않는다. 따라서 검사가 증인으로 나가는 경우를 생각할 필요가 없다(검사작성 참고인진술조서의 증거능력요건으로 특신상태가 추가되어 있으나 이 조문 자체가 준사법기관으로서의 검사의 조사에 대한 신용성에 대한 신뢰를 기반으로 한 것이어서 특신상태는 특별한 사정이 없는 한 인정되므로 크게 문제되지 않는다).

그러나 이러한 일치는 객관적 사실이므로 객관적으로 판단되게 하여야 할 것이다. 즉 수사단계에서 어떠한 진술이 있었다면 이를 증거로 하기로 하면서도 그 진술이 있었는지 여부를 오로지 원진술자의 진술에 좌우되게 하는 것은 타당하다고 할 수 없는 것이다. 피고인이나 증인의 진술에 의해 좌우될 것이 아니고 그들이 비록 그 일치를 부정하더라도 객관적으로 일치가 있었는지를 증명하게 하고, 그 증명에 의해 일치된다고 인정할 수 있다면 조서의 진술기재를 실제의 「진술」로 인정하여 이를 증거로 사용할 수 있어야 할 것이다. 앞의 표에서 선진국들의 증거능력 인정에들도 모두 이와 같은 방식이다. 즉 이들 선진국에서도 실제 「진술」이 무엇인지가 확정되는 것을 전제로 증거능력이 인정되는 것이다. 다만, 실제 「진술」이 무엇인지를 원진술자가 인정하지 않아도 다른 방법으로 그러한 진술이 있었다는 것을 입증하고 입증에 의하여 그러한 진술이 있었다는 것이 인정되면 증거로 할 수 있는 것이다.

그렇지 않고 판례와 같이 그 일치를 오로지 원진술자의 진술로만 인정할 수 있다고 하면 결국 피고인이나 증인에게 자신이 수사절차에서 한 진술에 증거능력을 부여할 것인가에 대한 선택권을 부여하는 것이 되고,[64] 이는 많은 사건에 있어서 피고인에게 유죄판결을 받을 것인지, 무죄판결을 받을 것인지를 먼저 선택할 권리를 주게 되는 결과가 되는 것이다.

이런 식의 이론은 죄를 지은 사람은 모두 정직하게 공판정에서도 자백을 할 것이고, 공판정에서 범죄를 부인하는 사람은 모두 무고하게 기소된 사람들이라는 것이 전제가 되면 타당할 것이나, 현실은 전혀 그렇지 않으며 자신이 죄를 범하고도 처벌을 피하기 위하여 많은 사람들이 거짓말을 하고 있다.

---

64) 이 점에 대하여 김정한 변호사는 이 사건 판례를 비판하면서 판례에 의하면 피의자신문조서의 증거능력을 인정할 것인가 여부에 대해 피고인 자신의 처분권에 맡겨진다는 말이 되는 이상한 제도가 된다고 비판하고 있다. 김정한, "피의자신문조서의 증거능력에 관한 소고," 법조 2006. 4, 303면.

그리고 피고인이 사회적으로 영향력이 있는 사람이거나 조직폭력배 등의 경우에는 증인을 회유하거나 협박하여 증인이 수사단계에서의 진술을 공판정에서 번복하게 할 가능성은 얼마든지 있는 것이다. 이것이 현실임에도 불구하고 수사단계에서의 진술이 공판정에서 번복되면 검사의 단계든 경찰의 단계이든 묻지 않고 무조건 모두 증거로 할 수 없게 하는 것은 너무 비현실적인 것이다.

판례이론하의 증거체계에 의하면 피고인이 거짓말을 하면 무죄판결을 받을 수 있으며, 거짓말을 하였다는 것을 반박당할 염려도 없는데다가 거짓말임이 명백히 드러나는 경우에도 아무런 불이익을 받지 않는다.[65] 이런 상황에서 진실을 말하는 것을 기대하는 것은 도덕군자만 사는 이상사회라면 모를까 현실사회에서는 불가능하다.

이제 말 한 마디로 무죄판결을 받을 수 있다는 사실이 널리 알려지면 대부분 거짓말을 하려 할 것이며 자신을 피고인의 입장이나 그 피고인의 변호인이 되었다고 상상해 보면 쉽게 생각할 수 있을 것이다. 즉 판례이론은 이렇게 거짓말을 조장하는 것이다.

그리고 이와 같은 증거의 불안정성은 검사의 공소제기여부의 결정이나 수사의 수행 자체에 어려움을 준다는 점은 앞에서도 지적하였다.

그러면 판례이론이 초래하는 이러한 문제점의 원인은 무엇일까. 그것은 증거능력을 원진술자의 일방적 의사에 좌우되게 만들었다는 것 때문이라고 할 수 있는데 그렇게 된 원인은 조서의 진술기재와 실제 「진술」의 일치를 형사소송법 조문상 원진술자의 진술에 의하여만 인정할 수 있도록 되어 있는 진정성립 개념안에 포섭하였기 때문이다. 그것이 앞에서 설명한 다른 두 가지의 체계, 즉 조서와 진술의 합일체제와 제312조 제1항 단서의 특신상태 부가요건설과 합쳐지면서 이 불합리를 해결할 방법이 다 막혀 버려 막다른 길로 들어서게 되었기 때문이다.

---

65) 피고인이나 증인이 실질적 진정성립을 부인하면 검사는 다른 방법으로 실제로 조서내용대로의 진술이 있었음을 입증할 수도 없고, 그러한 입증을 한다고 하여도 조서뿐만 아니라 그러한 진술 자체를 증거로 할 수 없어 아무런 의미가 없기 때문이다.

그렇다면 판례가 초래하는 이와 같은 불합리한 상황을 타개할 방안은 무엇일까.

Ⅳ. 해결방법의 모색

1. 조서의 진술의 합일체제의 타파

먼저, 앞에서 판례이론체계로 든 3가지 중 첫번째인 조서와 진술의 합일체제를 타파하는 방법이다.[66] 즉, 독일의 증거법과 같이 수사단계에서의 「진술」 자체의 증거능력은 인정하되 그러한 진술이 있었다는 것을 입증하는 방법으로서 조서, 영상녹화물, 인정진술, 조사자 증언 등 다양한 방법 중에서 구두의 진술방법인 인정진술과 조사자 증언 등은 허용하되 조서 등은 원칙적으로 배제한다는 발상이다. 즉 조서는 「진술」을 전달하는 여러 가지 방법 중의 하나이므로 「진술」 그 자체와 구분하여 생각하는 것이다.

이런 발상을 하게 되면, 원진술자가 조서의 실질적 진정성립을 부정하여 조서의 증거능력은 부정되더라도 다른 방법 즉, 조사자 증언 등으로 실제의 진술이 있었음을 입증하면 그 진술내용을 증거로 사용할 수 있으므로 원진술자의 진술에 의하여만 수사단계에서의 진술의 증거능력이 좌우되는 불합리성을 피할 수 있는 것이다.

그런데 현행법의 해석론으로서 이러한 접근방법을 취하게 되면 경찰단계의 피의자신문에서의 피의자 진술의 증거사용의 길이 대폭 열리게 된다. 즉, 현재는 판례의 조서와 진술의 합일체적 해석으로 인하여 사법경찰관작성 피의자신문조서의 증거능력이 피고인의 내용부인으로 증거능력이 없게 되는 것과 마찬가지로 사법경찰관 앞에서의 진술 자체가 피고인이 내용부인하면 증거능력이 없어지므로 그 이외의 다른 방법 예컨대 수사담당자가 피고인이 했던 진술을 증언으로 하게 되어도 증거로 할 수 없다. 그런데 이러한 합일체적 해석을 깨서 조서와 진술을 구분하게 되면 피고인이 내용부인하는 경우에도 사법경찰관작성

66) 이완규, "수사경찰관 증언의 증거능력," 저스티스 제78호(2004), 154면 이하.

의 피의자신문조서의 증거능력은 없게 되지만 수사담당자가 법정에서 그 진술내용을 증언하면 이를 증거로 사용할 수 있게 된다. 나아가 피고인에게 물어서 피고인이 그러한 진술을 실제로 한 일이 있었다고 인정하게 되면 그것도 증거로 사용할 수 있게 될 것이다.

그런데 이러한 견해에 대하여는 제312조 제 2 항의 사법경찰관작성 피의자신문조서의 증거능력 제한규정이 단순히 전문법칙의 예외라는 측면을 넘어서 위법수사의 방지장치라는 의미를 가진다는 점을 들어 강력히 반대되고 있다.[67] 또한 판례도 「형사소송법 제312조 제 2 항은 검사 이외의 수사기관의 피의자신문은 신용성의 정황적 보장이 박약하다고 보아 설사 피의자신문에 있어 임의성이 인정된다고 하더라도 원진술자인 피고인이나 변호인이 그 내용을 인정하지 않는 한 그 증거능력을 부인하는 취지로 입법된 것이므로, 피고인이 경찰 수사때의 진술을 내용으로 하는 증언에 증거능력이 있다고 한다면 피고인의 경찰진술은 증거능력이 없는 데 반하여 그 진술을 들었다는 전문증거는 증거능력이 있다는 불합리하고도 기이한 결과가 될 뿐 아니라 형사소송법 제312조 제 2 항의 규정이 결국 사문화될 것이라는 것」[68]이라고 하는바 이 조문에 대한 입법과정상의 논의에 비추어 타당한 면이 있다.

결국 조서와 진술의 분리를 전제로 하는 해석론은 우리나라에서는 사법경찰관작성 피의자신문조서의 증거능력 제한규정의 의미로 인하여 난관에 부딪치게 되는데 이에 대하여는 두 가지의 해결방안을 생각할 수 있겠다.

첫째로, 통설, 판례의 해석과 같이 제312조 제 2 항의 입법취지에 비추어 이 조항에는 전문증거에 대한 다른 조항과 다른 의미, 즉 위법수사의 방지라는 차원에서 진술 자체의 증거능력을 제한한 것이라는 의미를 부여하되, 다른 조항은 전문증거나 직접주의의 일반적 이론에 따라 해석하는 것이다. 그렇게 되면, 사법경찰관의 피의자신문시의 진

67) 신동운, 앞의 책, 843면.

68) 대법원 1983. 7. 26. 선고 82도385 판결; 대법원 1985. 2. 13. 선고 84도2897 판결 참조.

술은 조서규정에 따라 내용을 부인하면 조서뿐만 아니라 진술 자체를 증거로 할 수 없게 되지만, 다른 경우, 예컨대, 검사의 피의자신문시의 진술은 비록 피의자신문조서는 피고인이 실질적 진정성립을 부인하여 증거능력을 인정받지 못하더라도 피의자신문시의 진술을 검사나 입회하였던 검찰수사관 등이 증인으로 나와 증언함으로써 그러한 진술이 있었음이 입증되면 이를 증거로 할 수 있게 될 것이므로 판례이론에 의한 불합리를 해결할 수 있다.

둘째로, 경찰단계 피의자신문시의 위법수사 등에 대한 방지차원의 보완수단으로서 경찰 피의자신문조서의 증거능력을 제한하였던 입법당시의 구상을 변경하는 것이다. 즉 입법과정에서의 주된 관점 중의 하나가 일제시대에 인정되었던 사법경찰관의 10일간이라는 장기간의 구속기간을 형사소송법 제정 당시의 현실상황에 따라 유지하게 됨에 따라 이 구속기간하에서의 불법 신문으로 인한 폐해에 대한 우려였으므로 많은 우려 중에서 가장 중요하다고 할 수 있는 이 부분을 해결하는 방법, 즉 사법경찰관의 구속기간을 폐지하는 방법을 선택하고, 그 대신 피의자 진술의 증거능력 제한을 풀어주는 것이다.[69] 그렇지만 이 방법은 사법경찰관의 구속기간 폐지 등 입법적인 조치가 필요하므로 그러한 입법조치가 선행되지 않는 한 해석론으로서는 쉽게 받아들여지기 어려운 난점이 있다.[70]

---

69) 이 때문에 사법제도개혁추진위원회의 증거법 개정 논의시에 필자는 사법경찰관의 증언에 의한 피의자진술의 증거사용을 여는 방식으로 제316조 제1항을 규정할 것을 제안하면서 그 보완장치로 사법경찰관 구속기간을 폐지할 것을 함께 제안한 일이 있다. 이완규, "증거규정 개선안," 형사법토론회 자료집사법제도개혁추진위원회, 2005, 494면.

70) 그런데 최근의 사개추위의 증거법 개정안에서는 이와 같은 보완조치가 이루어지지 않은 채 사법경찰관의 증언의 증거능력만 인정하여 사법경찰관의 피의자신문시의 진술이 증거로 되는 길을 열었는바 이는 문제라고 본다. 사개추위 증거법 논의시에는 필자가 제기한 사법경찰관 구속기간 폐지문제를 인신구속절차 등에 관한 개정안 논의시에 논의할 것처럼 하면서 미루더니 무슨 연유에서인지 인신구속절차 논의시에 이 부분은 아예 논의되지 않았다(법원측 전문가의 인신구속절차안에서도 처음에는 사법경찰관 구속기간을 원칙적으로 5일로 줄이는 안이 제시되었는데 곧 슬그머니 논의의 장에서 제외되었다).

2. 「진술기재」와 실제 「진술」간의 합치를 진정성립 개념으로부터 제외시키는 방법

다음으로는 앞에서 판례이론체계로 든 3가지 중 두 번째인 실질적 진정성립개념을 폐지하여 진술기재와 진술간의 합치를 진정성립개념으로부터 제외시키는 방법이다. 즉, 조서의 진정성립을 영미법계 증거법상의 증거의 진정성의 입증(authentification 또는 foundation)과 같은 의미로 해석하여 조서의 서명, 날인의 진정인 형식적 진정성립으로 해석하는 것이다.[71)]

그런데 조서의 진정성립을 형식적 진정성립으로 해석하면 형식적 진정성립이 인정되는 조서의 진술기재가 실제의 진술과 다르거나 실제의 진술이 없었던 사정이 있는 경우를 어떻게 통제할 것인가의 문제가 생긴다. 이는 특히 통설, 판례가 현행법상 「조서는 … 증거로 할 수 있다」는 규정을 조서의 진정성립이 인정되면 「그 조서에 기재된 것」을 증거로 할 수 있다는 논리구조, 즉 「진정성립인정 ⇒ 진술기재를 증거자료로 사용」하는 구조로 해석하고 있기 때문에 문제가 된다. 이런 논리구조에 의하면 진정성립과 증거인정 사이에 진술기재와 실제 진술이 합치되는지를 따지는 단계가 없어지게 되고 바로 이러한 불합리를 해결하기 위하여 고안된 것이 진술기재와 실제진술간의 합치를 진정성립개념 안에 끌어들이려는 실질적 진정성립이론이기 때문이다.

종래 학계에서도 조서의 진정성립을 형식적 진정성립으로 해석하여야 한다는 소수견해가 있기는 있었으나 이 견해들이 바로 이 점, 즉 형식적 진정성립이 인정된 조서의 진술기재와 실제 진술과의 일치성을 어떻게 해결할 것인가에 대한 답이 없었기 때문에 설득력을 얻지 못하였던 것으로 생각된다. 그리고 필자도 검사작성 피의자신문조서의 진정성립에 대해 논하면서 조서의 진정성립을 형식적 진정성립으로 해석하여야 한다고 주장한 일이 있는데[72)] 당시에 필자도 이 일치성의 문제에

71) 이완규, "피의자신문조서의 진정성립과 증거능력," 저스티스 제81호(2005), 196-197면.

72) 이완규, 앞의 논문, 196면.

대한 보완설명을 하지 아니하여 종래의 형식적 진정성립설에 대한 비판을 그대로 받게 되었다.

특히, 필자의 주장에 대해 신동운 교수는 「실질적 진정성립 부인설」이라는 명칭을 부여하면서 비판을 하고 있다. 즉, 피의자신문조서에 증거능력을 부여하기 위한 요건이 형식적 진정성립만 남게 되어 피고인이 법정에서 서명·날인·간인만 인정하기만 하면 그 조서가 증거능력이 인정되게 된다고 하면서 이는 조서의 증거능력을 제한하고자 노력해 온 과정을 무시하고 오히려 조서재판의 고착화를 위한 무리한 이론 구성이라고 비판한다.[73]

그러나 신동운 교수의 필자의 주장에 대한 이러한 비판은 필자가 무슨 말을 하고 있는지를 잘 이해하지 못하고 있는 것이다. 필자는 조서재판을 고착화하고자 한 것이 아니며 오히려 조서재판을 극복하고자 노력을 하여 왔다. 그리하여 검사작성 피의자신문조서의 증거능력도 장래에는 이를 제한하여야 할 것을 여러 차례 논한 바 있고 사개추의의 증거규정 논의 시에도 전문가 토론에 검찰측 전문가로 참가하여 검사의 조서도 증거능력을 제한하되 구두진술의 방법인 인정진술이나 조사자 증언 또는 객관적 방법인 영상녹화물 등으로 「진술」 자체를 중심으로 하는 증거규정을 제안한 일이 있다.[74] 신동운 교수가 필자의 이러한 여러 글들을 읽었었다면 이런 식의 비판을 하지는 않았을 것으로 생각한다. 필자는 조서재판을 극복하고자 하는 방향성을 주장하면서도 조서와 진술의 합일체적 해석을 하는 판례가 검사작성 피의자신문조서의 조서의 증거능력을 부인하게 되는 상황을 만들게 되면 아예 진술 자체

73) 신동운, 앞의 책, 807면.

74) 이완규, 검찰제도와 검사의 지위, 성민기업, 2005, 316-326면; 이완규, "공판중심주의와 증거법의 이상, 현실, 그리고 미래," 공판중심주의의 확립을 위한 형사소송법 개정안 공청회 자료집, 사법제도개혁추진위원회, 115면 이하; 이완규, "증거규정 개선안," 형사법 토론회자료집, 사법제도개혁추진위원회, 2005, 491면 이하; 이완규, "피고인의 진술을 내용으로 하는 수사경찰관 증언의 증거능력," 저스티스, 제78호(2004), 159면; 이완규, "사법경찰관작성 피의자신문조서 증거능력 문제의 올바른 해결방안," 형사정책연구소식, 2003. 1/2, 2면 이하.

의 증거능력도 상실되게 되는데 그것이 피고인의 진술에 좌우되는 상황이 되는 불합리성을 해결하기 위한 방안을 제시하고자 하였던 것일 뿐이다.

그러나 신동운 교수의 이런 비판은 필자가 형식적 진정성립설을 주장한 그 논문에서는 이와 같이 형식적 진정성립이 인정된 검사작성 피의자신문조서의 진술기재와 실제 진술의 일치문제에 대하여 보완설명이 없었기 때문에 생긴 오해 때문으로 보인다. 그리고 그러한 오해와 비판은 신동운 교수도 「조서의 진정성립인정⇒조서의 진술기재의 증거자료 사용」이라는 기존의 인식틀과 조서와 진술의 합일체적 해석론을 기반으로 하고 있기 때문에 당연히 생길 수 있었을 것으로 보인다.

그렇지만 그렇게 비판하고 판례에 찬동하는 신동운 교수 스스로의 견해에 의하여서도 수사단계에서 행해진 진술의 증거능력이 공판정에서 원진술자의 의사에 좌우되게 되는 불합리성을 해결하는 방안은 제시하지 못한다. 아니 필자가 보기에는 신동운 교수는 이것을 아예 불합리라고 생각하지도 않는 것으로 보인다. 그리하여 나아가 신동운 교수는 이런 이론틀하에서 입법론적으로 검사작성 피의자신문조서의 증거능력이 인정되는 범위를 대폭적으로 축소하여야 한다는 식의 주장을 하고 있는데[75] 신동운 교수가 가지고 있는 조서와 진술의 합일체적 해석론의 기반에 의하면 조서의 증거능력이 제한되는 범위만큼 수사단계 진술 자체의 증거사용을 제한하게 되는 점에서 실무상 심각한 공백을 초래하게 될 우려가 있는 것이다.[76] 이러한 현실적인 문제점에 대해 해결책을 제시하지 못하고 무조건 조서만 나쁘다는 식으로 주장하는 것은 적절하지 않다고 본다.

그러면 종래의 실질적 진정성립이론이 가지고 있는 불합리성을 피

75) 신동운, 앞의 책, 813면.

76) 그리고 신동운 교수는 이러한 주장의 근거로 「직접심리주의 및 구두변론주의를 내용으로 하는 공판중심주의의 이념에 부합한다」고 하고 있으나(신동운, 앞의 책, 807면) 공판중심주의를 충실히 구현하고 있는 미국, 독일 등에서도 이런 식으로 조서와 진술을 구별하지 않고 모두 증거능력을 제한하는 식의 증거체계를 가지고 있지 않다는 점에서 타당한 설명이 아니다.

하면서도, 형식적 진정성립으로 이해할 때 발생하는 진술기재와 실제 진술의 합치성 요구문제를 해결하는 방법은 무엇일까.

이 문제의 해결을 위하여 필자는 조서의 증거능력 규정의 앞부분에 나오는 「진술을 기재한 조서」라는 말에 의미를 두어야 한다고 생각한다. 즉 예컨대 검사작성 피의자신문조서의 경우 제312조 제1항에서 검사가 피의자의 진술을 기재한 조서라고 규정하고 있는데 이때의 「진술」이라는 문구를 「실제 행해진 진술」이라고 해석하는 것이다. 이렇게 해석하면 진술기재와 실제진술의 합치문제는 조서의 진정성립의 문제로 따져지는 것이 아니고 아예 그것이 실제의 진술을 담은 피의자신문조서로서의 의미를 갖는가의 문제로 돌려지게 된다. 즉 피의자신문조서로서 성립하여 이것이 서명, 날인 등 형식적 진정성립이 인정되는 조서일지라도 그 조서의 진술기재내용이 실제로 진술된 일이 없거나 실제로 진술된 바와 다르다면 이는 피의자의 「진술」을 기재한 조서라고 할 수 없는 것이다. 왜냐하면 그런 진술 자체가 없었으므로 이는 존재하지 않는 것을 기재한 것에 불과하기 때문이다.

이렇게 해석하는 것과 종래의 실질적 진정성립과의 차이점은 무엇일까. 그것은 진술기재와 실제진술간의 합치여부를 입증하는 방법에 차이가 있다. 실질적 진정성립설은 이러한 합치여부를 현행법상 오로지 원진술자의 진술에 의하여만 입증하게 되어 있는 진정성립 안에 포함시켰기 때문에 객관적 사실인 합치성을 원진술자의 주관적 의사에 좌우되게 하였던 문제점이 있다. 그런데 사견에 의하면 객관적 사실인 진술기재와 진술간의 합치성을 원진술자의 진술로부터 해방시켰기 때문에 원진술자의 진술 이외의 다른 방법으로 입증할 수 있게 되는 것이다.

따라서 만약 피고인이 공판정에서 조서의 기재내용대로 진술한 일이 없다고 하더라도 검사는 다른 입증방법을 통하여 조서 내용대로의 진술이 있었음을 입증할 수 있다. 물론 이러한 공방과정에서 법원이 그 조서의 기재대로 진술된 일이 없었던 것으로 판단하면 이는 피의자의

「진술」을 기재한 조서가 아닌 것이 되므로 증거로 할 수 없는 것이 될 것이고, 그 반대로 법원이 조서의 기재대로의 진술이 있었던 것이 맞다고 판단하면 피의자의 진술이 기재된 조서로 인정되고 이에 따라 제312조에 의해 증거로 사용하면 될 것이다.

물론 법원이 조서의 기재대로의 진술이 실제로 있었는지를 판단함에 있어 형식적 진정성립이 갖추어진 조서의 존재는 이를 인정하는 중요한 근거가 될 수 있고 그것은 자연스러운 것이며 미국이든 독일이든 마찬가지이다. 그리고 이러한 효력은 일종의 추정력이라고 할 수 있는데 그 자체를 부당한 것이라고 할 수는 없는 것이다.[77] 그리고 이런 식의 해결은 피의자신문조서든 진술조서든 같이 적용되어야 하며 진술조서라고 하여 그 일치성을 원진술자의 말에 좌우되게 할 이유는 없다고 본다.

그렇기 때문에 필자는 판례의 실질적 진정성립설하에서 적어도 검사작성 피의자신문조서에 관한 한 종래에 형식적 진정성립이 인정되면 실질적 진정성립을 추정하였던 이론은 판례의 이론체계하에서는 실질적 진정성립이론의 문제점을 해결하는 방법으로 타당한 것이었다고 생각한다.[78] 물론 모든 경우에 무조건적으로 사실상 추정력을 부여하는 것이 타당한지는 문제이겠지만 만약 그렇게 일률적으로 추정하는 것으로 구성하지 않으면 실질적 진정성립이라는 이론틀하에서 같은 피의자신문조서에 대하여 어떤 경우는 추정하여 주고 어떤 경우는 추정을 하지 않고 하는 식의 판단을 할 근거는 없는 것이기 때문이다.

따라서 최근에 김정한 변호사가 이 사건 판례에서 형식적 진정성립을 통해 실질적 진정성립을 사실상 추정을 하지 못하게 한 것은 타당하지 않다고 논한 점[79]은 적절하나, 다만 김정한 변호사도 이러한 진술기재와 진술간의 합치문제를 진정성립개념으로 파악하는 실질적 진

77) 같은 취지: 김정한, 앞의 논문, 302면.

78) 수사단계 진술 중에서 적어도 피의자의 진술에 관한 한은 검사가 증거를 안정적으로 확보할 수 있게 되기 때문이다.

79) 김정한, 앞의 논문, 302면.

정성립이론의 틀 안에 있기 때문에 실질적 진정성립을 원진술자의 진술에 의하여만 인정하여야 하는 문제를 완전히 해결할 수가 없는 것이다. 그렇기 때문에 결국 김정한 변호사도 입법적으로 어떤 방법으로든지 진정성립이 입증되기만 하면 증거능력을 인정하는 것으로 법을 개정하자는 주장을 할 수밖에 없게 되는데 이러한 입법적 해결이 없는 한 실질적 진정성립이론은 이 문제를 해결할 수 없는 것이다.

3. 제312조 단서의 특신상태의 완화요건설

끝으로, 판례의 이론체계 중에서 세 번째인 제312조 제1항 단서의 특신상태 부가요건설을 변경하여 피고인이 진정성립을 부인하는 경우에도 특신상태가 입증되면 조서의 증거능력을 인정할 수 있는 것으로 해석하는 방법이다.[80)]

이렇게 해석하면 검사작성 피의자신문조서의 경우만 특신상태를 입증함으로써 증거로 사용하는 길이 열리고 진술조서의 경우는 종래와 같이 원진술자의 진술에 의존하는 체계가 남게 된다.[81)]

그리고 이 방안이 결과적으로 피의자신문조서와 진술조서간에 증거사용 방식의 차이를 가져오는 점에 대하여는 진술조서의 경우는 원진술자가 증인으로 법정에 나와 증언함에 있어서 조서의 진술기재와 실제 진술이 일치함에도 불구하고 일치하지 않는다는 진술을 하면 위증죄의 부담을 가지게 되는 점에서 위증죄의 부담이 없는 피고인에 대한 피의자신문조서의 경우와 차이가 있다는 점을 근거로 할 수 있겠다.

80) 정웅석, 형사소송법 제3판, 대명출판사, 2006, 876면; 백형구, 주해형사소송법(하), 한국사법행정학회, 1984, 133면; 차용석, 앞의 책, 340면; 권오병, "소위 「특신상태」와 증거능력에 관한 문제," 법조 1964. 2/3월 합본호, 4면.

81) 이에 대해 앞의 1의 방안은 피의자의 진술과 참고인의 진술이 차별이 없고 다만, 조서는 사용하지 않되 구두의 방법으로 사용하게 될 것이고, 2의 방안은 진정성립 및 진술기재와 진술의 일치성이 입증되면 조서를 사용하되 검사작성 피의자신문조서의 경우는 진술조서와 달리 특신상태의 요건이 더 필요하게 될 것이다.

V. 결 론

검사작성 피의자신문조서의 진정성립에 대한 대상판례에 대하여는 이 판례가 공판중심주의적 발전방향에 합치한다고 하면서 찬성하는 견해[82]와 판례에 의하면 검사작성 피의자신문조서와 사법경찰관작성 피의자신문조서의 증거능력 인정요건을 구별한 법문을 의미 없게 만들게 되고, 실무상 공백을 초래하여 유죄자 불벌(有罪者 不罰)의 불합리한 결과가 생긴다는 이유 등으로 반대하는 견해[83]가 제시되었다.

사견으로도 대상판례의 실질적 진정성립 추정 폐기와 그 이론의 바탕에 있는 실질적 진정성립이론은 특히 증거능력 문제를 객관적 사실에 근거하여 판단하는 것이 아니라 피고인이나 증인 등 진술자의 말에 좌우되게 한다는 점에서 부당하다고 생각한다.

물론 판례이론체계의 3가지 기둥인 ① 조서와 진술의 합일체제, ② 실질적 진정성립 개념, ③ 특신상태 부가요건설 등이 발생하게 된 역사적 상황을 고려한다면 각각 일면 타당성이 있음을 부인할 수 없다. 즉, 조서와 진술의 합일체제는 수사경찰관의 증언에 대한 판례이론으로부터 성립되는데 이는 1970년대 우리나라의 인권상황이 어렵고, 특히 경찰 수사단계의 인권상황이 심각하게 문제되고 있을 때 법원이 제312조 제 2 항의 입법취지를 수사담당자 증언의 증거능력에까지도 확장함으로써 경찰 수사단계의 인권침해를 방지하고 수사상 위법을 방지하려 한 것으로 보인다. 그리고 실질적 진정성립이론도 1970년대의 상황에서 법정에서 조서의 진술기재 내용과 실제 진술이 다르다는 점이 많이 다투어지고 법원이 판단할 때 진술기재와 실제 진술이 다른 것으로 보이는 경우가 자주 발생하게 됨으로써 이러한 문제점을 해결하고

82) 심희기, "검면조서등의 '성립의 진정'의 의미와 인정방법," 법률신문 2005. 1. 13.
83) 김정한, 앞의 논문, 311-312면; 이정수, "검사작성 조서의 진정성립과 증거능력," 법조 2005. 6, 243-249면; 백형구, "검찰조서에 있어 성립의 진정," 법률신문, 2005. 3. 14.; 정웅석, "피고인이 된 피의자신문조서의 진정성립 요건," 법률신문 2005. 1. 10.

자 판례가 이를 취하였던 것으로 보인다. 그리고 검사작성 피의자신문조서에 대하여 인정하여 주었던 실질적 진정성립의 사실상 추정은 검사가 법률가이고, 준사법기관으로서 직무상 어느 정도의 독립성을 가지며 그 객관적 지위에 따라 신용성이 어느 정도 보장된다는 전제와 믿음에 의한 것이었는데 그러한 신뢰와 믿음에 결정적인 타격을 가한 것이 2002년 서울지검에서 발생한 피의자 사망사건이었던 것으로 생각된다.

그러나 이와 같은 역사적 배경과 수사절차상의 인권상황을 개선하고자 하는 법원의 노력을 이해한다고 하여도 판례이론이 초래하는 불합리한 결과 자체를 정당화할 수는 없다고 생각하며 이러한 문제점은 시정되어야 할 것이다. 사개추위의 증거법 논의과정에서 수사담당자의 증언이 조서와 별개로 증거능력을 부여받는 것으로 되고, 검사작성 피의자신문조서의 경우 진술기재와 실제 진술의 일치여부를 피고인의 진술뿐만 아니라 그 이외의 객관적 방법으로 증명하는 조문[84]이 법개정안에 들어가게 되었는데 이것은 판례의 이론체계 중에서 조서와 증거의 합일체제 및 원진술자의 진술에만 의존하는 실질적 진정성립개념체계를 입법적으로 수정하는 것으로서 결국 판례의 이론체계의 불합리성을 잘 보여 준 것이라 하겠다.[85]

하지만 판례의 불합리성이 법조문의 해석에 관한 오류로 인한 것이었고 법원이 그 해석을 변경하면 굳이 입법적으로 법을 개정하지 않아도 해결할 수 있다면 법원 스스로가 그 해석을 변경함으로써 해결하

84) 사개추위 형사소송법 개정안 제312조(검사 또는 사법경찰관의 조서 등)
① 검사가 피고인의 진술을 기재한 조서는 적법한 절차와 방식에 따라 작성된 것으로서 피고인이 진술한 내용과 동일하게 기재되어 있음이 공판준비 또는 공판기일에의 피고인의 진술 또는 영상녹화물 등 객관적인 방법에 의하여 증명되고, 그 조서에 기재된 진술이 변호인의 참여하에 이루어지는 등 특히 신빙할 수 있는 상태하에서 행하여졌음이 증명된 때에 한하여 증거로 할 수 있다.

85) 사개추위의 조서의 증거능력에 관한 규정이 특신상태 인정요건을 너무 제한하고 있고 진정성립 대신에 불명확한 개념인 적법한 절차라는 말을 위법수집증거 배제법칙과 조서의 증거능력 요건에 사용하여 체계상 문제점을 가지고 있는 등 여러 가지 문제점을 가지고 있으나 이에 대한 상론은 다른 기회에 하기로 한다.

는 것이 타당하다고 본다. 그러한 점에서 사견은 앞에서 본 2번째의 방법, 즉 실질적 진정성립개념을 폐기하고, 조서의 진술기재와 실제 진술간의 합치를 진정성립개념에서 해방시키는 방안이 가장 적절하다고 생각한다. 그렇게 되더라도 형식적 진정성립은 원진술자의 진술에 의해서만 인정되므로 조서를 원진술자의 진술에 대체하는 식으로 재판을 할 수는 없고 원진술자가 법정에 나오는 것이 원칙이 되므로 법원이 증인신문 등에서 원진술자에게 얼마나 구체적인 진술을 하게 하느냐에 따라 원진술자의 진술을 먼저 듣고자 하는 직접심리주의의 재판운영은 가능할 것이다.[86] 그리고 또한 피의자신문조서의 경우는 검사작성의 경우 제312조 제1항 단서에 의하여 특신상태를 입증하여야 하는 또 하나의 관문을 거치게 함으로써 신용성을 또 한번 검증하면 될 것이다.

1번째의 조서와 진술의 분리체제 방향은 구두변론주의와 직접심리주의에 매우 충실한 방향일 것이나 현실적으로 우리나라에서 당장 조서를 원칙적으로 사용하지 않는 체계로 가기에는 실무의 인적·물적 요소가 너무 부족하다. 사개추위의 증거법 논의시에 법개정안으로 필자는 이런 체계의 증거법안을 제시한 일이 있으나 검찰 및 법원의 일선 실무가들로부터 현실에서의 조서사용의 불가피성을 이유로 많은 비판을 받았으며 그 주장의 현실적 타당성을 인정한다.[87]

물론 2번째의 방향과 같이 하여도 형식적 진정성립은 원진술자의 진술에 좌우되므로 부당하게 될 경우가 있을 수 있겠으나 본인의 서명이나 무인, 간인 등은 객관적으로 입증하기 쉬워서 피고인이나 증인 등이 실제로 자신의 서명이나 무인 등이 맞는데도 불구하고 이를 무리하

86) 사견으로는 제정형사소송법에서 성립의 진정을 원진술자의 진술에 의하여만 인정하도록 한 것은 원진술자가 법정에 나오지도 않은 상태에서 조서만으로 재판을 하는 종전의 방식을 타파하고 원진술자가 공판정에 나오는 것을 원칙으로 확립하고자 하였던 의도였다고 생각한다.

87) 그래서 사개추위의 형사소송법 개정안 공청회에서 필자는 조서의 증거능력을 유지하되 다만 좀 더 제한적으로 인정하면서 구두의 방법 등으로 증거를 사용하는 방법을 넓혀 나갈 것으로 개선방향으로 제시하였다. 이완규, "공판중심주의와 증거법의 이상, 현실, 그리고 미래," 공판중심주의의 확립을 위한 형사소송법 개정안 공청회 자료집, 사법제도개혁추진위원회, 115면 이하 참조.

게 부인하는 경우는 많지 않을 것으로 보이고 따라서 실무에 큰 무리를 주지는 않을 것으로 생각한다.

하루 속히 결자해지의 측면에서 판례의 변경을 기대하여 본다.

형사증거법상 '공범인 공동피고인'의 범위

임　동　규*

[대상판결] 대법원 2006. 1. 12. 선고 2005도7601 판결

[판결요지]

공동피고인인 절도범과 그 장물범은 서로 다른 공동피고인의 범죄사실에 관하여는 증인의 지위에 있다 할 것이므로, 피고인이 증거로 함에 동의한 바 없는 공동피고인에 대한 피의자신문조서는 공동피고인의 증언에 의하여 그 성립의 진정이 인정되지 아니하는 한 피고인의 공소범죄사실을 인정하는 증거로 할 수 없다.

[이　유]

1. 피고인 1의 상고에 대하여

원심판결의 채택 증거들을 기록에 비추어 살펴보면, 원심이 피고인 1의 원심 판시 별지 '범죄일람표 2' 순번 2 내지 13의 범행을 포함하여 이 사건 장물취득의 범행 모두를 유죄로 인정한 조치는 옳고, 거기에 채증법칙 위배로 인한 사실오인의 위법이 있다고 할 수 없으며, 피고인 1에 대하여 10년 미만의 징역형이 선고된 이 사건에서 원심의 양형이 너무 무거워 부당하다거나 선처를 바란다는 사유는 적법한 상고이유가 될 수 없다.

---

* 서울동부지방법원 판사.

2. 검사의 상고에 대하여

공동피고인인 절도범과 그 장물범은 서로 다른 공동피고인의 범죄사실에 관하여는 증인의 지위에 있다 할 것이므로, 피고인이 증거로 함에 동의한 바 없는 공동피고인에 대한 피의자신문조서는 공동피고인의 증언에 의하여 그 성립의 진정이 인정되지 아니하는 한 피고인의 공소범죄사실을 인정하는 증거로 할 수 없다.

원심은, 원심 공동피고인에 대한 경찰 및 검찰 피의자신문조서 중 원심 공동피고인이 원심 판시 별지 '범죄일람표 3' 순번 1 내지 5 기재와 같이 그가 절취한 각 수표를 피고인 2를 통하여 교환한 사실이 있다는 진술기재 부분은 원심 공동피고인의 제1심법정에서의 증언에 의하여 실질적 진정성립이 인정되지 아니하여 증거능력이 없고, 달리 '범죄일람표 3' 순번 1 내지 5의 공소사실을 인정할 증거가 없다고 판단하여, 이 부분 공소사실에 대하여 무죄를 선고한 제1심판결을 그대로 유지하였는바, 앞서 본 법리와 기록에 의하여 살펴보면, 위와 같은 원심의 조치는 옳은 것으로 수긍이 가고, 거기에 공동피고인에 대한 피의자신문조서의 증거능력에 관한 법리오해 또는 채증법칙 위배로 인한 사실오인 등의 위법이 있다고 할 수 없다.

3. 결 론

그러므로 상고를 각 기각하고, 피고인 1에 대하여 상고 후의 구금일수 중 일부를 본형에 산입하기로 하여 관여 법관의 일치된 의견으로 주문과 같이 판결한다.

대법관 김지형(재판장) 강신욱 고현철(주심) 양승태

Ⅰ. 문제의 제기

공범은 형법 제30조 이하의 규정에 의한 실체적인 개념으로서 형사소송법도 "공범"에 관한 규정을 두고 있지만, 고소불가분(제233조),

공소시효(제253조), 구속영장발부시의 공범분리심문(제201조의2), 판결에서 소송비용부담(제187조)의 경우이고 공판절차에서 공범에 관한 별도의 규정은 없다. 형사증거법상 공범의 진술에 관하여는 여러 가지 쟁점이 있는데, 먼저 증거능력에 관하여 보면 공범의 진술이 어느 단계에서 이루어졌는가, 즉 공범의 법정에서의 진술, 검찰에서의 진술, 경찰에서의 진술이 각각의 단계에 따라 문제가 된다. 또한 증명력에 관하여 공범의 자백에 보강증거가 필요한가, 공범의 자백을 보강증거로 할 수 있는가 등의 문제가 있다.

공동피고인은 두 사람 이상의 피고인이 동일한 형사소송절차에서 동시에 심리되는 경우를 의미하는데, 반드시 공범자임을 요하지 않고, 피고인 등의 퇴정(제279조), 공동피고인을 위한 파기(제364조의2, 제394조)에서 소송절차상 공동피고인에 관한 특칙을 두고 있다. 공동피고인에 대한 소송관계는 각 피고인마다 별도로 존재하며, 그 1인에 대해 발생한 사유는 원칙적으로 다른 피고인에게 영향을 미치지 않는다. 그리고 공동피고인은 다른 피고인 사건에 관하여 제 3 자가 되지만, 자기와 관련된 사건 부분에 대한 진술에서는 피고인의 진술이기도 한 특성을 가지고 있다.

이러한 특성으로 인해 공범인 공동피고인의 진술에 관한 증거능력의 문제는 다양하게 논의되고 있는데, 그 전제인 '공범인 공동피고인'의 범위를 검토하기 위하여 위 연구대상판결과 공범인 공동피고인의 진술에 관한 판례들을 분석하고자 한다.

Ⅱ. 공동피고인의 진술에 관한 기존의 논의

1. 공동피고인의 증인적격

공범인 공동피고인 甲의 법정진술을 공동피고인 乙의 범죄사실을 인정하는 증거로 사용할 수 있는가의 점을 논함에 있어서 공동피고인 甲이 피고인의 지위에서 가지는 진술거부권과 공동피고인 乙이 공동피고인 甲에 대하여 가지는 반대신문권이 충돌하는 문제가 발생하고, 이는 공동피고인의 증인적격의 문제와 서로 관련이 있다.

먼저 공동피고인의 증인적격을 부정하는 견해에 의하면, 하나의 형사절차에서 병합심리되고 있는 공동피고인은 모두 진술거부권을 가지고 있으므로 공동피고인이 공범관계에 있는가를 불문하고 변론을 분리하지 않는 한 증인적격이 없고, 변론을 분리한 경우에 한하여 증인적격이 있다고 한다.[1] 이에 반하여 공동피고인의 증인적격을 긍정하는 견해에 의하면, 공동피고인은 사건을 병합하여 심리하는 결과 생기는 개념으로 본질적으로는 소송관계가 각 피고인에 대하여 개별로 존재하고, 따라서 공동피고인은 상피고인에 대한 관계에서는 제3자에 불과하며, 진술거부권은 피고인의 지위에 있는 한에서 그 피고인 자신에 대한 공소사실에 대하여 인정하면 되는 것이지 증인으로서 타인에게 죄책을 지우는 입증에까지 보장될 필요는 없는 것이므로 병합심리중에 있는 공동피고인도 변론을 분리함이 없이 증인으로 신문할 수 있다고 한다.[2] 한편 절충적인 입장에서, 공범자인 공동피고인은 증인적격이 없지만, 자기의 피고사건과 실질적으로 관련이 없는 사건에 대하여는 공동피고인이라도 변론을 분리함이 없이 증인으로 신문할 수 있는 견해가 있다.[3] 그 논거로는 동일한 공동피고인의 진술을 변론의 병합 또는 분리에 따라 피고인의 진술 또는 증인의 진술로 달리 파악하는 것(부정설의 입장)은 옳다고 할 수 없고, 긍정설은 공범인 공동피고인에게 위증의 제재하에 진술을 강요할 우려가 있어 헌법상의 진술거부권을 소홀히 취급하는 흠이 있다는 것이다.

이에 관하여 판례는 먼저 공범인 공동피고인의 증인적격에 관하여 "공동피고인들에 관하여 변론을 분리하고 각각 증인으로 채택하여 심

1) 강구진, 형사소송법원론, 1982, 446면; 정영석·이형국, 형사소송법(전정판), 1996, 396면; 차용석, 형사소송법, 1997, 850면.

2) 김기두, 형사소송법, 1987, 162면.

3) 배종대·이상돈, 형사소송법(제6판), 2004, 482면; 백형구, 형사소송법강의(제8정판), 2001, 719면; 신동운, 형사소송법(제3판), 2005, 627면; 신양균, 형사소송법(제2판), 2004, 591면; 이재상, 형사소송법(제6판), 2002, 420면; 임동규, 형사소송법(제4판), 583면.

문한 것은 서로의 공소사실에 대한 증인으로 각각 채택한 취지이고, 피고인들 자신의 공소사실에 대한 증인으로 채택한 것은 아니며,"[4] "뇌물을 주고받은 필요적 공범관계에 있는 공동피고인이라고 하더라도, 공동심리중에 한 진술이 아니고, 수사단계에서 다른 공동피고인에 대한 증거보전을 위하여 증인으로서 신문당한 경우의 진술까지 다른 공동피고인에 대하여 증거능력이 없다고는 할 수 없으므로"[5]라고 판시하고 있는데, 위 판결들에 따르면 공범인 공동피고인은 변론을 분리한 경우에 한하여 증인적격을 인정하는 취지로 보인다.

다음으로 공범이 아닌 공동피고인의 증인적격에 관하여 보면, "피고인과 별개의 범죄사실로 기소되어 병합심리중인 공동피고인은 피고인의 범죄사실에 관하여는 증인의 지위에 있다 할 것이므로 선서 없이 한 공동피고인의 법정진술은 피고인의 공소사실을 인정하는 증거로 할 수 없다"[6]라고 판시하였다.

생각건대, 부정설은 법원이 행하는 변론의 병합이나 분리여부에 따라 공동피고인의 증인적격여부가 달라지게 되므로 지나치게 작위적이고, 긍정설은 공동피고인 사이에 이해관계가 공통되는 공범관계에서도 공동피고인의 증인적격을 인정하여 피고인으로서의 지위를 경시하는 문제점이 있다. 따라서 절충설이 가장 타당하다고 본다. 공범인 공동피고인이 진술거부권을 행사하지 않고 공판정에서 자백한 경우에 그 자백은 증거능력이 인정되므로 이러한 경우에는 굳이 증인신문을 요하지 않는다고 본다.

2. 공동피고인의 법정진술의 증거능력

공동피고인이 법정에서 한 진술의 증거능력을 부정하는 견해에 의

4) 대법원 1983. 10. 25. 선고 83도2295 판결.

5) 대법원 1966. 5. 17. 선고 66도276 판결.

6) 대법원 1982. 9. 14. 선고 82도1000 판결(공동피고인들은 피고인이 기소된 상해범죄의 피해자로서 피고인과 상호 폭력을 행사하였다는 명목으로 쌍방 고소를 하여 공동피고인으로 재판받게 된 자이다).

하면, 공동피고인은 진술거부권을 가지고 있어 당해 피고인이 반대신문권을 행사하기가 곤란하고, 현행법상 당해 피고인의 반대신문권이 보장되어 있지도 아니하며, 또 진술의 진실성이 선서에 의하여 담보되어 있지 아니하다는 점을 근거로 제시하면서, 공동피고인의 진술을 증거로 사용하려면 변론을 분리하여 공동피고인을 증인으로 신문하여야 한다고 한다.[7] 이에 반하여 공동피고인의 법정에서의 진술은 법관의 면전에서 행하여진 임의의 진술인 점을 고려하여 공동피고인에 대하여 실제로 반대신문이 충분히 행하여지거나 반대신문의 기회가 부여된 경우에 한하여 당해 피고인의 공소사실에 관하여 증거능력이 인정된다는 견해가 있다.[8]

공동피고인이 공범관계에 있는지 여부에 따라 증거능력의 유무를 구별하는 입장에서도 다음과 같이 견해가 나뉘어진다. 공범인 공동피고인의 법정진술에 대하여 당해 피고인의 반대신문이 충분히 행하여진 경우, 즉 당해 피고인의 보충신문에 대하여 공동피고인이 진술거부권을 행사하지 아니하고 충분히 진술한 때에만 증거능력이 있고, 공범이 아닌 공동피고인의 법정진술은 증인으로 신문한 경우에 한하여 그 증언에 증거능력을 인정하는 견해가 있다.[9] 다음으로, 공범인 공동피고인의 법정진술에 대하여 반대신문권의 보장은 전문증거와의 관계에서 의미를 가지는 것임에도 불구하고 전문증거가 아닌 공동피고인의 진술에 대하여 반대신문권의 보장을 요구하는 것은 부당하다는 점에서, 즉 공범인 공동피고인의 법정진술은 법관 앞에서 행하여진 임의의 진술이며, 형사소송법은 공범에 대한 반대신문권의 보장을 요건으로 하지 않으므로 전문증거가 아닌 공동피고인의 진술에 대하여 반대신문권의 보장을 엄격하게 요구할 이유는 없다는 점에서 전면적으로 증거능력을 인정하고, 공범이 아닌 공동피고인의 법정진술에 대하여는 그 공동피고인은

---

7) 서일교, 형사소송법, 179면.
8) 배종대 · 이상돈, 앞의 책, 686면.
9) 강구진, 앞의 책, 473면; 백형구, "공범자의 자백의 증거능력," 저스티스 33권 1호 (2000년), 102면.

당해 피고인에 대한 관계에서는 증인에 불과하므로 증인으로서 선서한 후에 증언하여야 할 것을 그냥 피고인으로서 진술한 것이므로 증거능력이 없다는 견해가 있다.[10)]

이에 관하여 판례는 "상피고인 甲은 피고인과 동일한 범죄사실로 소추되어 재판을 받는 것이 아니고 서로 다른 죄에 의하여 단죄되는 사정이 기록상 분명하므로 甲의 공판정에서의 진술은 피고인의 공소범행사실을 인정하는 증거로 할 수 없고, 甲은 피고인에 대한 관계로는 증인에 불과한데, 선서 없이 한 것이 분명한 그의 공판정에서의 진술을 증거로 쓸 수 없기 때문"[11)]이라고 판시함으로써 공범이 아닌 공동피고인의 법정진술은 상피고인에 대한 증거로 쓸 수 없음을 명백히 하였고, 이후 같은 취지의 판례가 거듭되었다. 따라서 대법원 판결은, 공범인 공동피고인의 법정진술은 당해 공동피고인에 의한 반대신문권이 보장되어 있기 때문에 실제로 반대신문이 행하여졌는지 여부에 관계없이 그대로 증거능력을 인정하고, 공범이 아닌 공동피고인의 법정진술에 대하여는 증거능력을 부정하는 입장이다.

생각건대, 공범인 공동피고인의 진술은 자기의 범행에 관한 진술임과 동시에 상피고인의 범행에 관한 진술로서 공범이 아닌 공동피고인의 법정진술과 그 성질을 달리하고, 독립된 증거가치를 가지고 있으므로 상피고인에 대하여 증거능력이 있다. 그리고 공범인 공동피고인에 대하여 충분한 반대신문이 행하여진 경우에 한하여 증거능력이 인정된다는 견해는 개개의 사건에서 사실상의 반대신문이 충분히 행하여졌는지 여부의 한계가 모호하고, 공동피고인이 진술거부권을 부분적으로 행사한 경우의 처리가 어렵다는 난점이 있다. 따라서 공범인 공동피고인의 진술은 반대신문이 행하여졌는지 여부에 관계없이 그대로 증거능력을 인정함이 타당하고 본다.

10) 이재상, "공동피고인의 진술," 고시연구 1987. 9, 99-101면.

11) 대법원 1979. 3. 27. 선고 78도1031 판결.

3. 공동피고인의 검찰진술(피의자신문조서)의 증거능력

공동피고인 甲의 법정진술은 공동피고인 乙이 법정에서 실제로 충분한 반대신문을 하거나 반대신문의 기회가 부여된 경우에 한하여 공동피고인 乙에 대하여 증거능력이 인정된다고 주장하는 견해에 의하면, 검사가 작성한 공동피고인 甲에 대한 피의자신문조서는, 공동피고인 乙이 법정에서 공동피고인 甲에 대하여 실제로 충분한 반대신문을 하거나 반대신문의 기회가 부여된 경우에 한하여 증거능력이 있다고 한다.[12] 그러나 앞서 공동피고인의 법정진술에서 살펴본 바와 같이 공범인 공동피고인 甲이 진술거부권을 행사하여 실제로 반대신문이 이루어지지 않았다 하더라도 검사 작성의 공동피고인 甲에 대한 피의자신문조서는 甲이 공판정에서 그 성립 및 임의성을 인정하였다면 공동피고인 乙이 이를 증거로 함에 부동의하였다고 하더라도 제312조 제1항에 따라 乙의 공소사실에 대한 유죄의 증거로 삼을 수 있다고 본다. 이때 공동피고인 甲은 자신에 대한 피고인신문과정에서 피의자신문조서의 성립 및 임의성을 인정하면 족하다. 그런데 피고인 甲, 乙이 서로 다른 공소사실로 기소되어 병합심리되는 공동피고인에 불과한 경우에는 피고인 乙이 피고인 甲에 대한 피의자신문조서를 증거로 함에 동의하지 않았다면 그 피의자신문조서는 증거능력이 없다. 따라서 이 경우에는 甲을 증인으로 신문하여 피의자신문조서의 진정성립이 인정되어야 증거능력이 생긴다.

판례의 입장을 살펴보면, 검사가 작성한 공범인 공동피고인에 대한 피의자신문조서에 관하여 피고인이 증거로 함에 부동의하였더라도 원진술자인 공범의 진술로 증거능력을 부여할 수 있다고 판시하여 왔다. 즉, 대법원 1990. 12. 26. 선고 90도2362 판결이 "검사 작성의 공동피고인 甲에 대한 피의자신문조서는 甲이 제1심에서 성립 및 임의성을 인정한 경우에는 공동피고인 乙이 이를 증거로 함에 부동의하였다고 하

12) 백형구, 앞의 책, 634면; 백형구, 앞의 논문, 104면; 서보학, "공범자의 법정외 진술의 증거능력과 자백의 보강법칙," 형사판례연구 [11](2003), 352면.

더라도 피고인 乙의 범죄사실에 대한 유죄의 증거로 삼을 수 있다"고 판시하여 공동피고인에 대한 검사 작성의 피의자신문조서의 증거능력을 부여한 이후 동일한 판시가 거듭되었고, 모두 공범인 공동피고인에 대한 피의자신문조서가 문제된 사안이었다.[13)]

검사가 작성한 공범이 아닌 공동피고인에 대한 피의자신문조서에 관하여는 "피고인 甲, 乙은 본건과는 다른 공소사실로 기소되어 병합심리되는 공동피고인이었음이 기록상 명백하므로 이 사건에 관하여는 증인의 지위에 있다 할 것인데, 피고인이 증거로 함에 동의한 바 없는 동인들에 대한 검사 작성의 피의자신문조서는 증거로 쓸 수도 없는 것이다"[14)]라고 판시하여 공범이 아닌 공동피고인은 순수한 제 3 자의 지위에 있다고 하였다. 결국, 대법원은 공동피고인에 대한 검사 작성의 피의자신문조서의 증거능력 역시 공범인 경우와 그렇지 않은 경우를 구분하여, 전자에 있어서는 그 공범인 공동피고인의 진정성립 인정만으로도 증거능력을 부여하고, 후자에 있어서는 제 3 자의 진술과 동일하게 취급하고 있다.

4. 공동피고인의 경찰진술(피의자신문조서)의 증거능력

공범인 공동피고인 甲의 경찰진술은 공동피고인 乙이 그 내용을 인정하여야 증거능력이 있다. 공범인 공동피고인 甲이 피고인신문 과정 또는 증인신문 과정에서 사법경찰관이 작성한 甲에 대한 피의자신문조서의 진정성립 및 내용을 인정하더라도 공동피고인 乙이 내용을 부인하면 그 피의자신문조서는 공동피고인 乙에 대하여 증거로 사용할 수 없다.[15)] 판례도 "형사소송법 제312조 제 2 항은 검사 이외의 수사기관에

13) 대법원 1990. 12. 26. 선고 90도2362 판결의 사안은 특수강도죄의 합동범이다. 그 외 대법원 1995. 5. 12. 선고 95도484 판결(히로뽕 밀수 공범); 대법원 1996. 3. 8. 선고 95도2930 판결(뇌물공여 공범); 대법원 1991. 11. 8. 선고 91도1984 판결(강도살인 등 공범); 대법원 1991. 4. 23. 선고 91도314 판결(뇌물수수 공범); 대법원 2001. 4. 27. 선고 99도484 판결(사기에 의한 특경법 위반죄 공범) 등이 있다.

14) 대법원 1982. 9. 14. 선고 82도1000 판결.

15) 임동규, 앞의 책, 485면.

서 작성한 피의자신문조서는 공판준비 또는 공판기일에서 피의자였던 피고인의 진술에 의하여 그 성립의 진정함이 인정되고 아울러 피고인이나 변호인이 그 내용을 인정한 때에 한하여 증거로 할 수 있다고 규정하여 검사 이외의 수사기관이 작성한 피의자신문조서의 증거능력을 엄격히 제한하고 있는바, 이 규정은 당해 피고인에 대한 검사 이외의 수사기관이 작성한 피의자신문조서를 유죄의 증거로 하는 경우뿐만 아니라 당해 피고인과 공범관계에 있는 다른 피고인 또는 피의자에 대한 검사 이외의 수사기관이 작성한 피의자신문조서를 피고인에 대한 유죄의 증거로 채택할 경우에 있어서도 다같이 적용된다고 보아야 할 것이다"라고 판시하였다.[16]

한편 공범이 아닌 공동피고인의 경찰진술을 제 3 자의 진술로 보아 공동피고인 甲이 피고인의 지위에서 진정성립 또는 내용을 인정하더라도 공동피고인 乙이 증거로 함에 동의하지 않는 한 증거능력은 없고 이러한 경우에는 공동피고인 甲을 증인으로 신문하여 진정성립이 증명된 경우에 한하여 증거능력이 있다는 견해가 있다.[17]

공범이 아닌 공동피고인의 경찰진술에 관한 최근의 판례를 살펴보면, 대법원 2001. 11. 27. 선고 2001도4787 판결[18]과 대법원 2002. 6. 14. 선고 2002도2157 판결[19]은 "형사소송법 제312조 제 2 항의 규정은 검사 이외의 수사기관이 작성한 당해 피고인에 대한 피의자신문조서를 피고

16) 대법원 1984. 10. 23. 선고 84도505 판결(특수절도의 합동범관계); 대법원 1986. 11. 11. 선고 86도1783 판결; 대법원 1987. 12. 22. 선고 87도1020 판결(관세포탈의 공동정범); 대법원 1992. 4. 14. 선고 92도442 판결(변호사법위반); 대법원 1994. 3. 22. 선고 93도3612 판결(살인의 공동정범); 대법원 1996. 7. 12. 선고 96도667 판결(뇌물수수자와 뇌물공여자, 즉 대향적 공범관계).

17) 김영갑, "서증의 증거능력과 증거조사방법의 비교검토," 형사재판의 제문제 제 2 권(1999), 437면.

18) 국립공원관리공단 직원인 피고인이 A와 B의 자연공원법 위반사실을 적발하고 A에 대해서만 고발하고 B에 대해서는 고발하지 아니하여 직무유기죄 등으로 공소제기된 사건에서 함께 피의자로 조사받았던 A에 대한 경찰 피의자신문조서의 증거능력이 문제된 경우이다.

19) 피고인이 A를 협박하였는데 A 역시 다른 범죄사실로 입건되어 피고인과 함께 공동피의자로서 경찰에서 피의자신문을 받은 경우에, 피고인에 대한 관계에서 그 A에 대한 피의자신문조서의 증거능력이 문제된 경우이다.

인에 대한 유죄의 증거로 사용하는 경우뿐만 아니라, 검사 이외의 수사기관이 작성한 당해 피고인과 공범관계가 있는 다른 피고인이나 피의자에 대한 피의자신문조서 또는 공동피의자에 대한 피의자신문조서를 피고인에 대한 유죄의 증거로 하는 경우에도 적용된다"고 판시하였는데, 그 사안은 공범관계에 있지 아니한 단순 공동피의자의 관계이다.[20]

살피건대, 공범 아닌 공동피고인에 대한 경찰 피의자신문조서 역시 공범인 공동피고인과 마찬가지로 증거능력을 제한하여야 할 필요성이 존재하며 형사소송법 제312조 제 2 항은 그 입법 취지에 비추어 피고인에게 유리한 경우에 널리 적용되어야 하므로 공범 아닌 공동피고인의 경찰 진술에 대하여도 피고인이 증거로 함에 동의하지 않는 한 증거능력은 없다고 보아야 한다.

Ⅲ. 공범인 공동피고인의 범위

공동피고인의 진술에 관한 지금까지의 논의를 종합하면, 그 증거능력을 공범인 경우와 공범이 아닌 경우로 대별하여 분석하는 것이 다수설과 판례의 입장이라고 할 수 있다. 그렇다면 공범인 경우와 공범이 아닌 경우를 어떻게 구별할 것인지에 관하여 검토할 필요가 있다.

이에 관하여 ① 엄밀한 의미의 공범, 즉 공동정범, 종범 및 교사범 이외에도 본범과 장물범, 본범과 범인은닉 또는 증거인멸의 범인 등 사후종범의 경우나 그 밖에 널리 어떤 피고인의 범죄사실이나, 그 전후에 밀접한 관련이 있는 사실을 기소범죄사실로 하는 공동피고인은 공범으로 보고 처리하자는 견해,[21] ② 타인을 동료관계로 끌어들일 염려, 즉 그 자의 자백에 의하여 타인이 관련되어 유죄판결을 받을 염려가 있는 경우에는 널리 여기서 말하는 공범으로 보아, 공동정범, 교사범, 종범은

20) 위 판례에 관하여, 공범 아닌 공동피의자에 대한 일반적인 판시라기보다는 공범의 개념을 보다 더 넓게 인정한 취지로 이해할 수 있다는 견해(민유숙, "공범에 대한 경찰 피의자신문조서의 증거능력 부여," 대법원판례해설 제53호, 541면)도 있으나, 위 사안에 비추어 볼 때 공범의 범위를 확장하는 취지로 해석하기에는 부적절하다.

21) 이상현, "증인적격과 증언능력," 형사증거법 下(1984), 367면.

물론 간접정범, 대향범, 동시상해, 장물범과 본범까지 여기에 포함시키자는 견해,[22] ③ 법 제11조 제2, 3호에 규정된 관련사건(수인이 공동으로 범한 죄와 수인이 동시에 동일한 장소에서 범한 죄)은 모두 공범으로 취급하고, 같은 조 제 4 호(범인은닉죄, 증거인멸죄, 위증죄, 허위감정통역죄 또는 장물에 관한 죄와 그 본범의 죄)의 경우에는 그 유형에 따라 구체적·개별적으로 검토하되, 장물범과 본범은 공범으로 취급하자는 견해,[23] ④ 공동정범과 교사범, 방조범은 물론 필요적 공범도 포함되나, 장물범과 본범과 같은 사후종범은 포함되지 않는다는 견해[24]가 있다.

Ⅳ. 맺 는 말

공동피고인 진술의 증거능력에 관한 기존의 논의를 기초로 공범의 범위를 어디까지 보아야 할 것인가의 문제를 검토하기 위해 학설과 판례들을 살펴보았다. 공범인 공동피고인의 범위를 넓게 볼 경우에는 공범에 대한 증인신문절차 없이 공범인 공동피고인의 법정진술과 검찰에서 작성된 공동피고인에 대한 피의자신문조서의 증거능력을 인정하게 되는 범위가 커지게 된다(사법경찰관이 작성한 공동피고인에 대한 피의자신문조서의 경우 공범여부와 관계없이 피고인이 내용을 부인하면 증거능력이 없다는 견해를 취한다면 따로 공범의 범위를 논할 실익이 없다). 공범인 공동피고인의 진술은 자기의 범행에 관한 진술임과 동시에 상피고인의 범행에 대한 진술로서 일체불가분의 관계에 있다는 점을 고려하면 공범인 공동피고인의 진술거부권이나 증언거부권을 침해하는 결과를 방지하기 위하여 공범의 범위는 공동정범(합동범 포함), 필요적 공범(수뢰죄와 증뢰죄, 간통죄 등), 협의의 공범(교사범, 종범)에 제한되고, 본범과 장물범, 본범과 범인은닉 또는 증거인멸의 범인 등 사후종범의 경우는 포함되지 않는다고 본다.

---

22) 이일빈, "공동피고인의 진술," 형사증거법 下(1984), 334면.

23) 황종국, "공범의 자백," 사법논집 제26집(1995), 516면.

24) 김영갑, 앞의 논문, 443면; 이우근, "공동피고인의 자백과 보강증거," 형사증거법 下(1984), 316면.

공동피고인 진술의 증거능력에 관한 지금까지 판례들의 사안은 대부분 공동정범의 사례와 필요적 공범(주로 뇌물죄) 및 공동피고인 상호간에 관련성이 없는 별개의 범행을 대상으로 하고 있다. 그런데 본 대상판결은 절도죄와 장물죄의 범행에 대하여 절도범과 장물범은 공범인 공동피고인의 관계가 아니라 서로 제 3 자의 지위에 있음을 밝혀 주는 판례라는 점에서 그 의의가 있다.

형의 양정이 심히 부당하다고 인정할 현저한 사유가 있는 때에 관한 연구

이 상 철*

[대상판결 1] 대법원 2003. 6. 13. 선고 2003도924 판결[성폭력범죄의처벌및피해자보호등에관한법률위반(강간등살인) · 성폭력범죄의처벌및피해자보호등에관한법률위반(특수강도강간등) · 강도상해 · 강도 · 특수절도(일부 인정된 범죄: 야간주거침입절도) · 야간주거침입절도 · 절도]

사형은 인간의 생명 자체를 영원히 박탈하는 냉엄한 궁극의 형벌로서 문명국가의 이성적인 사법제도가 상정할 수 있는 극히 예외적인 형벌이라는 점을 감안할 때, 사형의 선고는 범행에 대한 책임의 정도와 형벌의 목적에 비추어 그것이 정당화될 수 있는 특별한 사정이 있다고 누구라도 인정할 만한 객관적인 사정이 분명히 있는 경우에만 허용되어야 하고, 따라서 사형을 선고함에 있어서는 범인의 연령, 직업과 경력, 성행, 지능, 교육 정도, 성장과정, 가족관계, 전과의 유무, 피해자와의 관계, 범행의 동기, 사전계획의 유무, 준비의 정도, 수단과 방법, 잔인하고 포악한 정도, 결과의 중대성, 피해자의 수와 피해감정, 범행 후의 심정과 태도, 반성과 가책의 유무, 피해회복의 정도, 재범의 우려 등 양형의 조건이 되는 모든 사항을 철저히 심리하여 위와 같은 특별한 사정이 있음을 명확하게 밝힌 후 비로소 사형의 선택 여부를 결정하여야 한다. 그리고 사형의 선택여부를 결정하기 위하여는 법원으로서는 마땅히 기록에 나타난 양형조건들을 평면적으로만 참작하는 것에서 더

* 서울중앙지방법원 부장판사.

나아가, 피고인의 주관적인 양형요소인 성행과 환경, 지능, 재범의 위험성, 개선교화 가능성 등을 심사할 수 있는 객관적인 자료를 확보하여 이를 통하여 사형선택 여부를 심사하여야 할 것은 물론이고, 피고인이 범행을 결의하고 준비하며 실행할 당시를 전후한 피고인의 정신상태나 심리상태의 변화 등에 대하여서도 정신의학이나 심리학 등 관련 분야의 전문적인 의견을 들어 보는 등 깊이 있는 심리를 하여 본 다음에 그 결과를 종합하여 양형에 나아가야 한다. 그럼에도 불구하고, 피고인의 어머니의 증언을 듣는 외에는 달리 피고인의 양형조건에 대한 조사나 심리를 별도로 해 봄이 없이 수사기록에 나타난 양형자료만을 토대로 하여 간이한 심리만을 끝으로 피고인에게 사형을 선고해 버린 제1심을 유지한 원심판결에는 사형의 양정에 관한 법리를 오해하여 형의 양정에 관한 필요한 심리를 다하지 아니한 위법이 있다고 할 것이고 나아가 그러한 심리미진상태에서 이루어진 원심의 형의 양정에는 심히 부당하다고 인정할 현저한 사유가 있는 때에 해당한다고 할 것이므로 이를 지적하는 상고이유의 주장은 이유 있다.—파기환송[법원공보 2003. 7. 15.(182), 1566](환송 후 부산고등법원 2003. 10. 23. 무기징역, 대법원 2003. 12. 26. 상고기각 확정)

[대상판결 2] 대법원 2003. 11. 13. 선고 2003도4770 판결[강도살인 · 살인미수 · 현주건조물방화미수]

원심이 양형의 기준이 되는 이 사건 범행의 동기 및 사전계획의 유무 등에 관하여 사실을 오인하였다는 것이나, 이는 결국 양형의 부당을 탓하는 취지에 지나지 아니하며, 이 점에 관한 판단은 아래와 같다. 피고인은 피해자 1(남, 73세)로 하여금 약 20억 원 가량을 자신이 근무하는 보험회사에 예치하게 하여 거액의 예치수당을 받기 위하여 심부름을 하는 등 노력을 다하였으나 위 피해자의 의사 번복으로 예치 가능성이 없게 되고 또 위 피해자가 피고인의 집안에 대하여 다소 비하하는 듯한 발언을 하기도 하자, 위 피해자가 피고인을 신뢰하여 환전을 부탁함을 기화로 위 피해자가 환전을 위하여 준비한 현금 3억 원을 빼앗기 위하여 위 피해자와 그 가족을 살해하는 이 사건 범행에 이르게 된 점, 피고인은 사전에 범행도구로 집에 있던 쇠망치와 승용차에 가지고 다니던 등산용 칼을 준비하고 범행을 은폐하기 위하여 불을 지를 때 사용하기 위한 신나까지 구입한 다음 이를 실행에 옮긴 것으로서 치밀하게 사전준비를 하고 계획적으로 이 사건 범행을 저지른 점, 피고인은 환전을 해 준다는 피고인의 말을 믿고 현금 3억 원을 준비하고 기다리고 있던 피해자 1 및 옆에 있던 그의 처 피해자 2(여, 69세)의 머리 부분을 쇠망치로 수회 내리치고, 피해자 1이 사망하지 않고 신음소리를 내자 현장에 있던 야구방망이로 다시 온몸을 내리친 후 야구방망이가 부러지자 부러진 야구방망이로 위 피해자의 전신을 수회 찔러 살해하였고, 이어 이러한 소리를 듣고 온 피해자 2의 언니인 피해자 3(여, 79세)의 뒷머리를 쇠망치로 내리치고 넘어진 동인의 가슴 부분을 다시 때리는 등으로 저항능력이 없는 고령의 노인 3명을 쇠망치 및 야구방망이로 무참하게 살해함으로써 그 범행수법이 지극히 잔인하고 범행결과 역시 참혹한 점, 나아가 피고인은 범행을 은폐하기 위하여 준비하여 간 신나로 방화까지 시도하였을 뿐만 아니라, 위 범행 직후 피해자 1의 손자인 피해자 4(남, 18세)가 피고인을 알고 있어 범행이 발각될지도 모른다는 이유에서 할아버지인 피해자 1의 핸드폰을 이용하여 피해자 4를 유인하여 쇠망치 및 돌로 동인을 수회 내리쳐 살해하려고 하였으나 현장에 접근하는 차량 때문에 미수에 그친 점, 피고인은 이와 같은 범행 후 친지들의 자수권유를 뿌리친 채 오히려 은신처와 차량을 마련하여 도피를 꾀하였고, 피해자 1로부터 강취한 돈을 장래의 필요를 위하여 숨기기까지 한 점 등 원심이 설시하고 있는 양형의 조건이 되는 사실들을 충분히 수긍할 수 있고, 여기에다가 피고인의 나이와 성행, 지능과 환경, 피해자에 대한 관계, 범행 후의 정황 등 기록에 나타나는 모든 사정을 종합해 보면, 상고이유에서 주장하는 바와 같은 사정을 참작하더라도, 피고인에 대하여 사형을 선고한 제1심의 판단을 그

대로 유지한 원심의 양형이 심히 부당하다고 인정할 현저한 사유가 있다고 보이지 아니하므로, 이 점을 다투는 상고이유는 받아들일 수 없다. —상고기각(법원공보 미게재)

Ⅰ. 상고이유로서의 양형 부당

형사소송법 제361조의5 제14호에서는 사실오인이 있어 판결에 영향을 미친 때와 동조 제15호에서 형의 양정이 부당하다고 인정할 사유가 있는 때를 각 항소이유의 하나로 규정하고 있다. 나아가 동법 제383조 제 4 호에서 항소심 판결에 대한 상고이유의 하나로 '사형 · 무기 또는 10년 이상의 징역이나 금고가 선고된 사건에 있어서 중대한 사실의 오인이 있어 판결에 영향을 미친 때 또는 형의 양정이 심히 부당하다고 인정할 현저한 사유가 있는 때'를 규정하고 있다.

형사소송법이 제 1 심에 대한 항소이유의 요건에 비하여 '중대한' 사실오인이나 형의 양정이 '심히' 부당한 것이 '현저한' 이라는 제한을 부가하고 있지만, 양형부당 등의 사유에 의한 상고를 허용하고 있는 것은 원심의 판결에 헌법이나 법률 등에 위배된 점이 없는지를 최종 심사하는 법률심이라는데 이견이 없는 상고심의 성격과 맞지 않는 면이 있다.

이 점은 다른 나라의 입법례에 비추어 보아도 상당히 예외적이다. 영국, 미국, 캐나다 등 영미법계의 국가에서는 국가나 주에 따라서 다양성을 보이기는 하지만 일반적으로 항소심도 사후심으로 하여 예외적인 경우를 제외하고 새로운 증거조사나 양형조사를 하지 않고 제 1 심 공판기록만을 재검토하여 재량을 남용하거나 일탈한 양형이나 일정한 양형기준 등을 벗어난 판결에 대하여서는 양형부당 등의 사유로 파기할 수 있으나 상고심에서는 원심판결의 양형부당 여부를 심사하지 않는다. 즉 미국연방대법원도 원심의 판결이 적정절차(due process)를 규정한 수정헌법 제13조나 과도한 벌금형과 잔혹하고도 이상한 형벌을 금지한 수정헌법 제 8 조에 위배된다는 등의 사유가 아닌 한 상고심에의 이심 즉 상고허가를 하지 않는다. 대륙법계인 독일에서도 원심판결이 법규범을 적용하지 않았거나 이를 올바르게 적용하지 않은 법률위반의 점이 있을 때 상고이유로 삼을 수 있을 뿐(독일 형사소송법 제337조), 양형부당을 독립된 상고이유로 삼지 않고 있다. 프랑스에서도 중죄소추부의 결정과 중죄사건, 경죄사건 및 치안사건에 관한 종국판결이 법률에 위반된 경우에만 상고할 수 있다고 하여(프랑스 형사소송법 제567조 제1항), 상고심인 파기법원(juridiction de cassation)은 원심에서 법률적용을 바르게 하였는지, 적용된 법률이 바르게 해석되었는지 여부만 심사하는 순전한 법률심(judge du droit) 기능을 하고 있다(따라서 사건에 대한 재판이 아니고 판결 자체에 대한 재판이라는 말을 한다). 프랑스에서 특이한 점은 중죄법원의 판결에 대하여는 항소를 인정하지 않고 상고만 가능하도록 되어 있는 반면 경죄사건은 항소, 상고가 가능하나 극히 경미한 사건들인 소위 위경죄(違警罪) 사건에 대하여는 상소 자체가 제한되어 있다.

같은 아시아권 국가인 중국은 소위 4급(기층, 중급, 고급, 최고 인민법원) 2심제를 채택하고 있어 일반적으로 상소(피고인의 항소 개념) 및 항소(검사의 항소 개념)만 가능할 뿐 최고법원인 최고인민법원에의 3심 즉 상고가 허용되지 않는 구조로 되어 있으나 최고인민법원을 제외한 각급 인민법원이 제1심으로든지(피고인이 항소하지 않는 경우), 항소심으로든지 피고인에게 사형을 선고한 사건에 대하여는 최고인민법원이 그 정당여부를 심사·비준하는 소위 사형재심절차라는 독특한 특별심판절차가 마련되어 있어(중국 형사소송법 제649조), 극형인 사형에 한하여서는 최종심급에서 양형 부당 심사를 하고 있다고 할 수 있다. 우리와 소송구조가 유사한 이웃 일본에서도 양형부당을 독립된 상고이유로 규정하지 않고 헌법위반이나 최고재판소의 판례와 상반된 판단을 한 때 등 일본 형사소송법 제405조 소정의 상고사유가 없는 경우에도 '형의 양정이 심히 부당하여 원판결을 파기하지 아니하면 현저하게 정의에 반한다고 인정할 때는 판결로서 원판결을 파기하는 것이 가능하다'

고 규정함으로써(일본 형사소송법 제411조 제2호), 양형부당을 직권파기 사유의 하나로 규정하고 있다.

그럼에도 불구하고 우리 법제가 양형부당을 독립된 상고이유로 삼은 이유는 무엇일까. 보통 현저한 부정의(不正義)에 대하여 피고인의 구체적 구제를 최종적으로 보장하기 위한 것이라고들 말한다. 대법원도 "형의 양정은 사실심법관의 전권사항이므로 이를 들어 상고를 할 수 없으나, 현저한 양형부당을 바로잡는 것은 법이 추구하는 정의이며, 형의 양정에 관하여 이유를 명시하지 아니하는 법제하에서 사실심 법관의 형의 양정에 관한 현저한 개인차를 줄이고 상고에 의하여 양형의 기준을 일반화하여 형의 불균형을 해소하려는 두 가지 뜻에서 양형부당을 이유로 하는 상고가 예외적으로 허용되는 것이다"(대법원 1983. 3. 8. 선고 82도3248 판결)라고 견해를 피력한 바 있다. 즉 대법원은 피고인의 구제라는 일반적 원리 외에 우리나라 양형 실무적 현실에서의 형의 불균형 해소라는 점을 추가하고 있다.

하지만 사실오인과 양형부당을 독립된 상고이유로 하지 않더라도 도저히 묵과할 수 없는 심각한 양형 부당의 문제가 있는 경우 일본과 같이 직권파기할 수 있는 경우를 규정하여 놓으면 원심의 잘못으로 인한 피고인의 구제에 문제가 없다. 상고심의 피고인에 대한 최종적인 구제 보장이라는 것은 양형부당이 상고이유에 포함되어 있어서라기보다는 상고심에서도 양형부당을 이유로 파기할 수 있는 길이 열려 있다는 것을 말한다. 양형부당 등을 독립된 상고이유의 하나로 규정하는 경우는 오히려 법률심인 상고심의 성격을 불명확하게 할 뿐만 아니라 현실적으로도 상고가 남발되어 상고심의 업무를 가중시키는 문제점을 야기한다. 따라서 양형부당을 독립된 상고이유로 하여 상고심이 개별사건에 일일이 대응하여 그 부당 주장에 대하여 판단케 하는 것보다는 직권판단 사유 정도로 하여 양형에 대한 문제점이 큰 사안에 대하여만 구체적으로 이유를 적시하여 파기하게 하고 나머지는 그냥 넘어가게 하는 것이 상고심의 성격에도 합치되고 남상고의 폐단을 줄이며 상고심의 업무를 경감할 수 있다고 본다. 따라서 입법론적으로는 양형부당을 독립된 상고이유로 하는 것보다 일본처럼 직권파기 사유의 하나로 규정하는 것이 더 타당해 보인다.[1] 오히려 양형부당을 상고이유로 규정하면서도 뒤에서 논하는 바와 같이 상고할 수 있는 사건 자체를 제한함으로써 피고인의 구제와 양형의 불균형 해소라는 입법취지가 많이 퇴색되고 있다.

Ⅱ. 양형부당을 상고이유로 할 수 있는 사건의 제한에 대한 타당성 여부

우리 법제는 양형 부당을 독립된 상고이유로 규정하되 모든 사건에 대하여 상고를 허용하지 않고 '사형·무기 또는 10년 이상의 징역이나 금고가 선고된 사건'으로 제한하고 있다. 이러한 제한이 헌법에 위배되는지 여부에 대하여 대법원은 "대법원의 재판권에 관하여 헌법은 제107조 제2항의 규정 외에는 아무런 규정을 두고 있지 아니하고 있어 위 규정 외의 대법원의 재판권에 관한 사항은 적의 규정할 수 있는 것이므로 형사사건에서 어떤 사유를 이유로 하여 상고할 수 있도록 하느냐의 문제는 입법정책의 문제일 뿐만 아니라 양형 부당을 사유로 한 상고이유를 제한한 형사소송법 제383조 제4호의 규정은 입법권자에게 허용된 형성의 자유의 영역에 속하는 것이라고 할 것이므로, 위 법률의 규정이 헌법 제101조 제2항이나 대법원의 재판을 받을 국민의 권리를 규정하고 있는 헌법 규정에 위반되는 것이라고 할 수 없다"고 판시한 바 있다.[2]

앞서 지적한 바와 같이 우리 형사소송법이 양형 부당을 상고이유

---

1) 일본에서 양형부당에 대한 상고이유는 직권발동을 촉구하는 의미밖에 없으므로 최고재판소는 사형사건을 제외하고 이유를 붙이는 것이 상당, 적절한 경우에만 판단을 설시할 뿐 일반적으로 양형에 대한 판단이유를 판결서에 기재하지 아니한다. 이러한 실무태도에 대하여 재야법조로부터 많은 불만과 이의가 제기되고 있지만 최고재판소는 직권을 발동하지 않는 이유를 붙일 필요가 없다는 점을 명백히 하고 있다(1995. 4. 12. 일형집 49-4, 609).

2) 대법원 1991. 7. 23. 선고 91도1134 판결; 대법원 1997. 7. 11. 선고 97도1355 판결; 대법원 2003. 2. 20. 선고 2001도6183 판결 등.

로 규정함으로써 노정되는 문제점 즉 법률심으로서의 성격과의 부조화(不調和), 남상고의 폐단 등을 해결하기 위하여서는 위와 같은 제한은 필연적으로 나올 수밖에 없다. 즉 양형 부당에 관한 항소심의 항소이유 요건보다 상고심의 그것을 매우 제한하여야만 법률심, 사후심인 상고심의 성격을 그런대로 유지할 수 있고, 특히 형사 피고 사건의 상당 부분을 차지하는 10년 미만의 형이 선고된 사건으로 인하여 상고가 남발되어 상고사건이 급증하는 것을 막을 수 있기 때문이다. 따라서 양형부당을 상고이유로 규정하고 있는 이상 상고가 허용되는 사건을 위와 같이 사회 통념상 중형에 해당되는 10년을 기준으로 그 이상의 형이 선고된 사건으로 제한한 것은 일응 타당한 면이 있다고 사료된다.

그러나 한편 정의에 반하는 원심의 현저한 양형 부당을 최종적으로 구제한다는 측면에서 보면, 10년 미만이 선고된 사건이라고 하더라도 가령 원래 징역 1, 2년 정도가 적절한 양형이라고 생각되는데 8, 9년이 선고되었다든가, 벌금형의 재산형이 적절한데도 징역 등의 자유형이 선고되었다든가 혹은 형의 선고나 집행을 유예하는 것이 타당한데도 이를 하지 아니하는 경우처럼 심히 불균형하거나 정당하지 못한 양형이 있을 수 있어 이를 바로잡을 필요성은 중형이 선고된 경우에 못지않다. 그러나 현행법상 위와 같은 경우에도 다른 파기 사유가 없는 이상 이를 시정할 방법이 전혀 없다. 이에 반하여 일본은 양형 부당을 직권파기 사유로 삼아 남상고의 문제에 대처하는 식이기 때문에 위와 같이 미리 상고 가능한 사건의 제한을 가할 필요가 없고, 따라서 형식적으로는 필요하면 모든 사건의 양형 부당 여부를 심사할 수 있기 때문에 위와 같은 불합리성은 없다. 일본 최고재판소가 발족한 이래 1999년까지 양형 부당의 사유로 원심을 직권 파기한 것은 23건 정도이고, 그 중에서도 10년 미만이 선고된 사건에 관하여 파기한 것이 16건으로 대부분을 차지하고 있음은[3] 시사하는 바가 크다고 하겠다. 심히 부당한

3) ① 1952. 12. 2. 형집 6-11, 1281, 미점령군의 통역사로서 점령군 지프차의 무면허 운전: 1심 징역 3월, 항소심 항소기각, 최고재 파기자판 징역 1월 집행유예 1년, ② 1953. 6. 24. 형집 7-6, 1371, 배임죄: 징역 1년 집행유예 2년, 징역 6월 집행유예 2

양형이 있는 경우를 직권 파기 사유로 하여 양형부당에 대한 최종적인 구제의 길을 열어 놓음으로써 실무상 양형부당에 의한 직권파기를 촉구하는 상고이유가 많이 제기되기는 하지만, 현실적으로 파기가 그리 많지 아니하여 실질적으로는 법률심으로서의 기능에 맞는 운영을 하고 있고, 살인, 강도 등 중형이 선고되는 강력사건보다 오히려 일반사건에서 징역 1년 전후가 선고되는 판결을 더 많이 파기하고 있어(주로 실형을 집행유예로 변경) 형량이 높은 강력사건이 아닌 일반적인 사건에서 이를 파기하지 않으면 정의에 반하는 부당한 양형이 있을 가능성이 많다는 것을 여실히 보여 준다.

또한 일본에서는 상고심인 최고재판소가 양형 부당을 이유로 원심판결을 파기하는 경우에 대부분 파기자판하는 점이 대부분 파기환송하는 우리 대법원의 실무 태도와 다르다. 물론 판결을 함에 충분한 정상자료가 현출되어 있다면 소송경제상 파기자판을 하는 것도 좋고 때에 따라서는 논쟁이 되고 있는 양형사안에서 대하여 하급심에게 양형지침

년, 파기자판 징역 2월 집행유예 1년, ③ 1955. 5. 12. 재판집 105-209, 선거법위반사건: 징역 6월 집행유예 3년, 징역 8월, 파기자판 징역 8월 집행유예 2년, ④ 1955. 5. 19. 재판집 105-507 선거법위반사건: 징역 6월 집행유예 3년, 항소기각, 파기자판 징역 3월 집행유예 1년 공민권 부정지, ⑤ 1958. 6. 19. 형집 12-10, 2236, 직업안정법위반사건: 징역 6월, 항소기각, 파기자판 징역 6월 집행유예 4년, ⑥ 1962. 4. 13. 재판집 141-789, 뇌물죄사건: 징역 2년, 항소심 징역 1년, 파기자판 징역 1년 집행유예 5년, ⑦ 1962. 5. 10. 재판집 142, 83 준강간죄: 징역 2년, 징역 1년 6월, 파기자판 징역 1년 6월 집행유예 2년, ⑧ 1962. 5. 17. 재판집 142, 123, 상해죄: 징역 5월, 항소기각, 파기자판 징역 5월 집행유예 2년, ⑨ 1967. 2. 7. 형집 21-1, 19, 폭력사건: 징역 2월 집행유예 1년, 징역 3월, 파기자판 징역 3월 집행유예 2년, ⑩ 1967. 12. 1. 재판집 165, 311, 횡령죄: 징역 5월, 항소기각, 파기자판 징역 5월 집행유예 3년, ⑪ 1967. 12. 21. 형집 21-10, 1441, 여관업법위반사건: 구류 각 20일씩, 항소기각, 파기환송, ⑫ 1968. 7. 19. 재판집 168, 609, 사기횡령사건: 징역 1년, 징역 6월, 파기자판 징역 6월 집행유예 3년, ⑬ 1976. 11. 4. 형집 30-10, 1887, 자동차절도사건: 징역 1년 6월, 항소기각, 파기자판 징역 1년 6월 보호관찰부 집행유예 5년, ⑭ 1978. 2. 28. 재판집 209, 155, 선거운동원에게 20만엔 공여한 선거법위반사건, 징역 8월, 항소기각, 파기자판 징역 8월 집행유예 5년, ⑮ 1983. 9. 29. 재판집 232, 165, 화물자동차 후진으로 보행자 충격 사망케 한 업무상과실치사죄, 금고 8월, 항소기각, 파기자판 금고 8월 집행유예 3년 ⑯ 1990. 5. 11. 재판집 255, 91, 화물자동차로 횡단보도 보행자 충격 사망케 한 업무상과실치사죄: 금고 10월, 항소기각, 금고 10월 집행유예 3년 등.

을 내려주는 유익한 면이 있지만, 상고심이 직접 양형을 하여 판결을 선고하는 것은 법률심의 성격과도 조화되지 않고 상고심의 양형은 유사한 성격의 사건에서 하급심을 사실상 기속하므로 사실심의 양형 경직화를 가져와서 사실심의 자유로운 양형 판단을 저해하는 부정적 측면이 없지 않다고 보이므로 예외적인 경우를 제외하고 파기 환송하는 편이 낫다고 사료된다.

Ⅲ. 양형부당의 주장에 동반한 사실오인이나 심리미진의 주장

실무상 피고인이나 그 변호인으로부터 양형부당 주장이 제기됨에 있어서 사실오인의 주장이 병행되거나 혼재되어 제기되는 예가 많다. 즉 피고인이 심신장애의 상태에서 범행을 하였는데 원심이 이를 인정하지 않았다든지, 피고인이 회사 등의 형식상 대표자이거나 사업자등록자에 불과한데도 원심이 이와 반대로 실질적인 경영자나 주인으로 인정하였다든지, 피고인의 범행 동기나 성장환경, 가족상황 등에 참작할 사유가 있는데도 원심이 이에 관하여 심리하지 않거나 설시하지 않았다든지, 원심이 양형이유를 설시하면서 피고인의 과거 전력이나 그 범행 횟수, 그 범죄의 내용이나 현 범행과의 시간적 간격 등을 사실과 다르게 파악하여 언급하고 있다든지, 피해변상이나 피해자와의 합의가 이루어졌는데도 원심이 일부 피해회복이 이루어졌다거나 합의가 이루어지지 않았다든가 하는 등의 사실오인이 있고, 따라서 심히 부당한 양형이 이루어졌다는 주장 등이다.

이 문제는 순전한 양형부당의 주장으로만 보아서 이에 관하여 판단만 하면 족할 것인지 아니면 사실오인의 주장도 있는 것으로 보아 사실오인의 위법이 있는지 여부에 관하여도 따로 판단하여야 할 것인지에 관한 것이다. 결국 이 문제는 형사소송법 제361조의5 제14호의 사실오인의 대상이 되는 '사실'의 범위를 어느 정도까지로 확정할 것인가로의 문제로 귀착된다. 위 '사실오인'에서의 '사실'은 형벌권의 존부 및 범위를 정하는 사실로 한정되고 이러한 '사실'은 소위 엄격한 증명을 요하는 대상이라고 해석하여야 한다. 위와 같은 사실을 제외한 나머지 사실에 관한 주장은 정상에 관련된 주장으로서 소위 자유로운 증명으로 족하다. 따라서 원심의 당해 사실에 관한 설시가 '범죄사실'란에 기재되어 있는지 아니면 '법령적용'란이나 '양형이유'란에 기재되어 있는지 여부는 본질적인 것이 아니므로 구별의 절대적인 기준으로 삼을 수 없다. 이에 비추어 보면 심신장애(다만 실무상 정신상태가 온전하지 못한 점을 참작하여 달라는 등 정상 참작 사유의 의미로도 주장을 많이 하고 있어 그 구별이 반드시 명백하지만은 않다), 언제부터 언제까지 영업을 하고 있었다는 등의 계속범의 시기나 종기와 관련된 사실 등이 사실오인의 사실에 포함되고, 실질적 경영자 여부 등 공범자간의 역할 정도를 나타내는 사실이나 범행의 동기, 계획적 범행인가 혹은 우발적 범행인가, 확정적 고의인가 혹은 미필적 고의인가 여부 등은 범정에 관련되는 사실로서 사실오인의 대상이 되는 사실에 포함된다는 견해도 있으나 양형부당의 연유로 되는 사실로 보는 것이 타당하다고 본다. 피해자와의 합의 여부 등은 후자의 경우에 해당한다.

다만 당해 계쟁 사실이 양형부당의 연유로 되는 사실인지 여부에 관한 판단을 함에 있어 '사실오인'의 대상이 되는 사실에 대한 원심의 중대한 오인이 있는 경우는 바로 그것이 판결에 영향을 미쳤는지 여부를 심사하여 파기여부를 결정하게 되지만, 양형부당의 연유로 되는 사실에 대한 오인이나 판단 유탈이 있는 경우에는 이로서 바로 양형부당으로 이어질 수는 없고 이는 어디까지나 양형판단의 전제로 되는 여러 사실 중의 하나의 오인에 불과하므로 오인된 사실을 바로잡은 것을 전제로 하고 이에 다른 정상을 종합·고려하여 양형의 부당여부를 검토하여야 한다.

이에 관한 판례로서 "양형의 기준이 되는 범행의 동기 및 사전 계획의 유무 등에 관하여 사실오인을 하였다는 피고인의 주장에 대하여 결국 양형 부당을 탓하는 취지에 지나지 아니한다"(대상판결 2), "사실심인 원심이 피고인에 대한 양형조건이 되는 범행의 동기 및 수법이나 범행 전후의 정황 등의 제반 정상에 관하여 심리를 제대로 하지 아니하였음을 들어 상고이유로 삼을 수도 없다"(대법원 2001. 12. 27. 선고 2001도5304 판결). "범법행위로 취득한 이득액에 관한 사실오인 주장은 양형부당 주장의 취지에 불과하다"(대법원 1998. 1. 19. 선고 87도1410 판결)고 판시하여 범행의 동기, 수법, 계획 유무 등을 양형의 기준 혹은 양형조건이 되는 사실로 보고 있다. 다만 범행 수법에 관하여는 양형의 기준이 되는 사실로만 볼 것인지에 관하여는 논란이 있을 수 있다. 반면에 일본 하급심 판례이지만, 원판결의 이유 중에 일부 변상하였다는 취지의 기재가 있지만 피고인은 피해 전액을 변상하였으므로 사실오인이 있다는 주장에 대하여 "피해의 변상에 관한 사실과 같은 것은 죄로 되는 사실이 아니고 원판결도 이것을 범죄사실로 하여 인정 판시한 것이 아니어서 사실오인이라고 주장하는 것은 주장 자체로 이유 없다"고 판시한 것[4]과 우발적 범행을 계획적 범행으로 오인한 경우는 범죄사실에 포함되지 않지만 사실오인의 사실에는 해당한다고 한 것[5] 등이 있다.

실무상 원심이 피해자의 합의 성립 등 고려해야 마땅할 중요한 양형 사정을 간과하였다는 주장이 상고이유에서 많이 제기된다. 양형의 이유나 피고인의 양형 부당 주장에 대한 판단 설시에서 그러한 점에 대한 판단이 누락되어 있는 경우 원심이 과연 그러한 양형 사실을 인정하지 않은 사실의 오인을 범한 것인지, 아니면 인정하였지만 판단 기재를 할 만큼 중요한 양형 인자로 보지 않았다는 것인지 혹은 단순히 누락한 사실의 간과를 한 것인지 여부를 알 수 없는 경우도 있다. 일본 최고재판소 판례로서 업무상 횡령 사건에서 원판결이 600만엔의 피해 변상 사실에 전혀 언급하지 않은 점에 대하여 "그 사실을 간과하였든지 취신하지 않았든지 하는 것으로서 형의 양정에 영향을 미칠 만큼 정상에 관한 중대한 사실오인이 있는 의심이 있고, 이것을 파기하지 않으면 현저하게 정의에 반한다"고 판시하여,[6] 원판결을 파기한 예가 있

4) 동경고판 1951. 9. 6. 특보 24-29.

5) 동경고판 1956. 1. 17. 고집 9-1, 1, 동경고판 1967. 2. 28. 동경고등시보 18-2, 58.

6) 최고재판소 1972. 2. 17. 재판집(형사) 183, 241, 정상사실에 관하여 중대한 사실

다. 피해변상 유무는 양형 부당의 연유로 되는 사실로서 사실오인의 대상이 되는 사실에 해당한다고 할 수 없으므로 사실오인의 사유로 파기한 것은 납득하기 어려우나 피해변상의 진실여부가 명확하지 않아서 사후심으로서 이에 관한 사실조사를 할 수 없는 상고심으로서는 확정되지 않은 자료에 기하여 양형부당으로 파기할 수도 없는 노릇이어서 상고이유에 관한 법리에 다소 무리가 있지만 구체적 타당성을 중시한 판결이라고 사료된다.

이에 반하여 우리 판례는 양형의 조건이 되는 정상에 관한 간과나 심리미진은 양형부당을 탓하는 취지에 지나지 아니하다는 이유로 사실오인의 문제로는 다루지 않고 있다(대법원 2001. 12. 27. 선고 2001도5304; 대법원 1998. 5. 21. 선고 95도2002 판결 등). 다만 위와 같은 판례는 모두 10년 미만의 형이 선고된 사안에 관한 것이다. 앞서 본 바와 같이 10년 미만의 형이 선고된 사건에서도 양형 정상을 심리하지 않거나 간과, 혹은 평가를 잘못하여 현저하게 부당한 양형을 도출하는 경우가 있을 수 있지만 위와 같은 주장을 결국 양형부당을 탓하는 주장으로 보아서 상고이유로 삼을 수 없다고 일률적으로 배척하고 있다. 반면에 대법원은 10년 이상의 징역이나 금고형 특히 사형이나 무기징역이 선고된 경우에는 그 형을 선택함에 있어서 참작하여야 할 양형 사유는 사실심의 필요적 심판대상이 된다고 하여 만일 위와 같은 양형 자료에 관하여 필요한 심리를 다하지 않는다면 심리미진의 사유로도 파기환송하고 있다(대법원 2002. 5. 28. 선고 2002도1595 판결; 대법원 1999. 6. 11. 선고 99도763 판결 등). 생각건대 10년 이상의 형이 선고된 경우에는 심리미진 등이 있으면 심히 부당한 형의 양정으로 연결되기 쉽기 때문에 결국 양형부당의 사유로 파기할 수 있어 양형정상에 관한 간과나 심리미진으로 인한 폐해의 문제가 절실하지 않지만, 반대로 벌금형이나 10년 미만의 형이 선고된 경우에 원심이 양형 사실을 간과누락, 오인하거

오인으로 파기한 예는 이 판례밖에 보이지 않으므로 상당히 예외적인 판례라고 하겠다.

나 심리를 하지 않은 경우가 명백한 경우조차 양형부당으로 상고하지 못한다고 문전박대하는 것은 문제가 있다고 사료된다. 비록 10년 미만의 형이 선고된 경우에도 원심이 양형의 기준이 되는 중요한 사실에 관하여 명백한 심리미진 등의 오류를 범하여 형의 양정을 그르쳤다면 이를 구제할 수 있는 길을 열어 놓는 것이 양형부당을 상고이유로 할 수 있는 사건을 제한함으로써 오는 문제점을 어느 정도 보완할 수 있을 것으로 본다.

Ⅳ. 양형의 위법과 부당

양형부당이라 함은 일반적으로 법정형 내지 처단형의 범위 내에서의 양형이 너무 무겁거나 너무 가벼워서 적정하지 못한 것을 말한다. 형사소송법 제361조의5 제15호에서 규정한 항소이유로서의 양형부당의 개념이 위와 같이 해석됨은 명백하다. 그런데 형사소송법 제383조 제4호에서 말하는 상고이유로서의 양형부당도 위와 같이 해석되는지 문제된다. 이에 대하여는 우리 판례는 위 상고이유는 특히 중한 형을 선고받은 피고인의 이익을 위하여 피고인이 상고하는 경우에만 허용되는 것이라고 해석하여야 한다며 검사의 양형부당 등을 이유로 한 상고를 허용하지 않고 있다(대법원 1994. 8. 12. 선고 94도1705 판결; 대법원 1987. 10. 13. 선고 87도1240 판결; 대법원 1985. 2. 26. 선고 84도2963 판결 등). 법문상 피고인에 의한 양형과중을 이유로 한 상고만 허용되고 검사에 의한 양형 과경에 의한 상고를 허용하지 않는다는 취지가 명확하게 규정된 것도 아니고 공익의 대표자로서의 검사의 상고를 허용 못할 바도 아니지만,[7] 앞서 본 바와 같이 위 조항이 법률심인 상고심에서 피고인의 최종적인 구제를 위하여 예외적으로 마련된 취지에서 비추어 보면 위 판례의 태도는 수긍할 수 있다. 다만 검사가 피고인의 이익을 위하여 양형과중을 이유로 상고할 수 있는지 여부에 관하여는 이론상 논란

7) 일본 최고재판소는 검사의 상고에 의하여 직권으로 양형과경 사유로 인한 파기가 가능한 실무태도를 견지하고 있다.

이 있을 수 있지만 역시 부정되는 것이 타당하다. 따라서 위 법조에서 말하는 양형부당이라 함은 양형이 너무 무거워서 적정하지 못한 경우만을 말한다. 물론 이 때에도 당해 양형이 법정형이나 각종 가중감경사유에 의한 처단형의 범위를 벗어나면 양형부당의 문제가 아니라 법령적용의 잘못으로 파기된다(대법원 2004. 8. 20. 선고 2004도3211 판결 등).

형법은 제51조에 양형을 함에 있어 참작하여야 할 사항으로서 ①범인의 연령, 성행, 지능과 환경 ② 피해자에 대한 관계 ③ 범행의 동기, 수단과 결과 ④ 범행 후의 정황 등을 들고 있을 뿐, 그 양형이 위와 같은 처단형의 범위 내에 들어 있는 한 법관을 강제할 아무런 조항을 두고 있지 아니하여 구체적인 형량을 정하는 것은 법관의 광범위한 재량에 맡겨져 있다. 이와 같이 현행 형법은 "양형은 책임을 기초로 행위자의 장래 사회 내의 생활에 끼치는 영향을 고려하여야 한다"라는 독일형법 제46조 제1항[8]과 같이 다소 추상적이나마 양형기준에 관한 규정을 마련하여 두고 있지 않지만, 이론상 책임(행위책임)에 기초하지 아니한 양형은 책임주의라고 하는 형법기본원칙에 위반하는 것이 된다. 따라서 이러한 책임주의라는 양형기준을 법령상의 기준으로 파악한다면 이에 위배되는 양형은 법령적용의 잘못이라는 실질을 가지게 되어 위법한 양형이 되고, 반면에 법관의 재량권 행사의 한 지침에 불과한 것으로 해석한다면 그 위반은 바로 위법한 효과를 가져오지 않고 이로 인하여 그 양형이 부당하게 이루어졌는지 여부를 검토하는 문제로 된다.

독일 형사소송법 제267조 제3항 제1문은 형벌과 보안처분 등의 법적인 결과를 전달함에 있어 결정적인 사실과 평가를 전달할 것을 요구 즉 법관으로 하여금 판결이유에서 양형의 결정적인 사유를 기재하도록 의무지우고 있고, 또한 동조 제2항, 동조 제3항 제2문 내지 4문은 특정한 신청이 받아들여지지 않을 경우 이유를 기재하도록 요구하고 있어 이에 위반되면 각 절차법상 상고이유로 된다. 또한 독일연방

---

8) 1992년 법무부 형법 개정안 제44조 제1항이나 일본 형법 개정초안 제48조 제1항도 같은 취지의 규정을 마련하여 두고는 있다.

대법원은 그 절차법상 위법뿐만 아니라 원심의 판결이유에 기재된 결정적인 사실과 평가, 즉 사안의 실체에 따른 마땅한 사실확정이 되었는지, 그 사실확정에 따른 마땅한 평가가 되었는지 여부를 엄격하게 심사함으로써 실체법상 하자로서의 상고이유를 판례로서 확립하고 있다.

앞서 본 바와 같이 독일은 양형부당의 사유를 직접 상고이유로 규정하고 있지 않기 때문에 위와 같이 양형절차나 양형의 기준이 되는 책임주의에 위배하여 재량을 일탈한 양형을 법령위반의 문제로 구성하여 상고이유로 삼고 있고, 실제로 독일연방대법원은 법률심, 사후심의 기본 임무에 어울리지 않게 양형 문제에 대하여 광범위하고도 세밀한 심사를 함으로써 하급심의 양형판단에 적극 개입하고 있다. 반면에 우리 법제는 이례적으로 양형부당을 독립된 상고이유로 구성하고 있으므로 양형의 잘못을 구제하기 위하여 양형기준위반이나 양형절차위반을 무리하게 법령적용의 잘못, 즉 위법한 양형으로 파악하여 상고이유로 삼을 필요성은 일응 없어 보인다. 즉 위법한 양형에 이르지 않는 부당한 양형조차도 구제받을 수 있으므로 하물며 위법한 양형이 구제받아야 함은 당연하므로 굳이 양형을 위법한 양형과 부당한 양형으로 구별하지 않아도 된다. 이것은 마치 사실오인을 독립한 상고이유로 두지 않은 법제에서 경험칙·논리칙위반을 법령위반으로 구성하여 원심의 사실오인에 개입하고, 우리와 같이 사실오인을 상고이유로 두는 법제에서 경험칙·논리칙위반도 사실오인의 범주에 포함시켜 해석하는 것과 유사하다. 따라서 위법한 양형도 양형부당의 범주에 포함시켜 처리하면 된다.[9] 사실심 법원이 양형의 기준이 되는 중요한 사실을 오인하거나

9) 대법원 1992. 10. 13. 선고 92도1428 전원합의체 판결 및 2002. 10. 25. 선고 2002도4298 판결은 "수형자를 사회로부터 영구히 격리시켜 그 자유를 박탈하는 종신자유형인 무기징역형은 유기징역형과는 현저한 차이가 있으므로, 양형의 조건에 비추어 무기징역형에 처하는 것이 과중하다고 인정되고 작량감경의 사유가 있다면 작량감경한 형기 범위 내에서 형을 선고하여야지 작량감경한 형이 가볍게 느껴진다고 하여 과중한 무기징역형을 선고할 수는 없는 것이며, 만일 무기징역형을 선고한다면 이는 형의 양정이 심히 부당한 경우에 해당하여 위법하다"고 하여 작량감경사유가 있음에도 작량감경하지 않은 것은 위법하다는 취지의 설시를 하고 있으나, 법원이 작량감경을 하여 처단형의 범위를 확정하는 것도 넓은 의미의 형의 양정이라고

심리미진 등의 오류를 범한 것은 양형절차위반 즉 법령위반의 실질을 가진다고 볼 수 있으나, 대법원이 이에 관한 주장을 양형부당을 탓하는 취지에 지나지 아니한다고 일축하는 것은 기본적으로 위와 같은 입장에 서 있는 것으로 파악된다.[10)]

마지막으로 검토할 것은 양형정상으로 고려하여서는 안 되는 사실을 양형을 함에 고려한 경우이다. 우선 기소되지 아니한 여죄(餘罪)를 양형의 자료로 참작한 경우이다. 일본에서 일찍이 여죄를 양형자료로 참작하는 것이 가능한지를 둘러싸고 논란이 있어 왔는바, 최고재판소가 이에 종지부를 찍는 2개의 주요 판례를 내었다. 즉 첫째는 "기소되지 아니한 범죄사실을 소위 여죄로서 인정하고 실질적으로 이를 처벌하는 취지로서 양형의 자료로 삼는 것은 허용되지 않지만 단순히 피고인의 성격, 경력 및 범죄의 동기, 목적, 방법 등의 정상을 추지하기 위한 자료로서 고려하는 것은 헌법 제31조(누구도 법률이 정하는 절차에 의하지 아니하고는 그 생명 또는 자유를 박탈당하거나 기타 형벌을 받지 아니한다), 제39조(누구도 행위시에 적법하였던 행위 또는 이미 무죄로 된 행위에 대하여는 형사상의 책임을 지지 아니한다. 또한 동일 범죄에 대하여 거듭 형사상의 책임을 묻지 아니한다)에 위반되지 아니한다"[11)]고 판시한 판결이고, 둘째는 "정상추지유형(情狀推知類型)이 아닌 실질처벌유형(實質處

본다면 작량감경사유가 있음에도 이를 하지 않는 것은 굳이 논란의 여지가 있는 위법 문제를 거론하지 않더라도 양형부당의 범주에 넣어 해결할 수 있다고 본다.

10) 대법원 2003. 2. 20. 선고 2001도6138 전원합의체 판결에서는 "형법 제51조에 열거된 사항과 형법 제59조 제1항의 선고유예의 요건인 개전의 정상이 현저한지 여부에 관한 사항은 널리 형의 양정에 관한 법원의 재량사항에 속한다고 하여 사형, 무기 또는 10년 이상의 형이 선고된 사건이 아니한 원심 판단의 당부를 판단할 수 없고 원심의 판단이 현저하게 잘못되었다고 하더라도 달리 볼 수 없다"고 설시하여, 자백하지 아니하여 개전의 정상이 없는 피고인에 대하여 선고유예를 선고한 원심이 위법하다는 취지의 상고이유를 개진한 공소유지변호사측의 상고를 기각하고 있다(재량판단이 현저하게 잘못된 경우는 선고유예의 요건에 관한 법리오해의 위법이 있는 것으로서 법률위반이라는 반대의견과 선고유예의 요건에 대한 판단은 법률판단이라는 별개의 반대의견도 있다). 생각건대 위 다수의견과 같이 선고유예의 요건에 대한 판단이 형의 양정에 해당하는 것이라면 검사의 양형 부당 사유로 인한 상고를 허용할 수 없다는 종전의 판례에 따라 기각해도 좋았을 것이다.

11) 최고재판소 1966. 7. 13. 형집 20-6, 609.

罰類型)에 해당하는 여죄 고려는 형사소송법의 기본원칙인 불고불리의 원칙에 반하고 헌법 제31조에서 말하는 적법절차에 반하는 것일 뿐만 아니라 형사소송법 제317조에서 정한 증거재판주의에 반하고 또한 자백과 보강증거에 관한 헌법 제38조 제 3 항, 형사소송법 제319조 제 2 항, 제 3 항의 제약을 면하는 염려가 있으며 그 여죄가 후일 기소되지 않는다고 하는 보장이 법률상 없으므로 만약 그 여죄에 관하여 기소되어 유죄의 판결을 받은 경우에 헌법 제39조에도 반하는 것이 된다"[12] 고 판시한 판결이다. 위 두 번째 판결 이후 최고재판소가 여죄 고려를 한 원심판결에 대하여 실질처벌유형에 해당한다고 하여 파기한 예는 없고, 허용되지 않는 여죄고려라고 하는 헌법위반의 피고인의 주장에 대하여 여죄로서 인정하고 실질상 이를 처벌하는 취지로서 양형한 것은 아니므로 그 전제를 결한 것이라고 하는 판시이유로서 상고를 기각하는 실무처리 태도를 보이고 있다. 이에 기하여 일본 하급심 판례는 판결문의 양형판단에서 "여죄에 해당하는 행위를 가중처벌적으로 고려하지는 않지만 범행의 목적 및 위험성 등 협의의 범정, 범행의 계속성, 영리성, 상습성, 재범의 위험성 등을 판단하는 자료로서 고려한다"는 등의 양형이유를 설시하고 있다. 우리의 경우 양형을 함에 있어 여죄의 고려에 관한 대법원의 판례가 없으나 마찬가지로 실질처벌유형에 속하는 여죄고려는 헌법상의 적법절차 규정이나 형벌불소급 내지 일사부재리 원칙, 형사소송법상의 불고불리의 원칙 등 헌법과 법령에 위배되는 위법한 양형으로서 상고이유가 된다고 하겠다.

다음 묵비권 행사를 하여 진술을 거부한다든가 범행을 자백하지 않고 부인한다든가 하는 그 자체를 양형상 피고인에 불리한 정상으로 고려하는 경우이다. 피고인이 단순히 진술거부권을 행사한 사실만을 들어 가중적 양형요소로 삼는 것은 피고인에게 진실이든 거짓이든 진술을 하도록 강요하는 셈이 되어 자기에게 불리한 진술을 강요받지 않을 권리를 규정한 헌법 제12조 제 2 항, 개개의 신문에 대한 진술을 거부할

12) 최고재판소 1967. 7. 5. 형집 21-6, 748.

수 있는 권리를 규정한 형사소송법 제200조 제2항, 제289조, 형사소송규칙 제127조 등에 위배되어 위헌, 위법하다.[13] 후회, 반성에 따른 자백은 형벌감경적 양형 요소가 될 수 있으나 자백하지 않고 부인하는 것 자체만으로 이를 가중적 양형 요소로 삼는 것은 위 법령에서 보장하는 진술거부권을 실질적으로 침해하는 것이 되어 마찬가지로 위법하다. 다만 피고인이 정당한 방어권 행사의 차원에서 범죄사실을 부인한 것을 넘어 객관적이고 명백한 증거가 있는데도 진실의 발견을 적극적으로 숨기거나 법원을 오도하려는 시도에 기인한 자백을 한 경우에는 가중적 양형 요소로 고려할 수 있다.[14]

V. 상고심의 양형심사기준

1. 양형이론

(1) 책임범위이론(Schuldrahmentheorie) 내지 판단여지이론(Spielraumtheorie)

형벌은 원칙적으로 책임에 상응하여야 하는데, 책임은 항상 유일한 고정된 크기를 가지는 것이 아니라 하나의 폭(판단여지)으로 존재하고, 따라서 책임에 적합한 형벌은 유일하게 하나만 존재하는 것은 아니라 다수가 존재한다. 법관은 이 책임에 상응한 형벌의 상·하한선 범위 내에서 예방적 고려를 하여야 하며 이 때 특별예방을 일차적으로 특별한 이유가 있는 때에는 일방예방을 이차적으로 고려하여야 한다고 하는 이론으로서 독일연방대법원의 판례로서 확립되었다.

(2) 유일점이론(Theorie der Punktstrafe)

위 이론에 이의를 제기하여, 책임은 언제나 하나의 고정된 크기를

13) 동지의 일본 판례로서 최고재판소 1965. 3. 13. 재판집 형사 155, 99.

14) 대법원 2001. 3. 9. 선고 2001도192 판결 —살인의 고의 문제로 강도살인죄가 파기환송되어 강도치사죄로 변경된 후에도 다른 공범과는 달리 시종 부인으로 일관한 사안, 동지: 일본 고송고등재판소 1950. 5. 3. 고형판 10, 160— 범죄사실을 자백하고 개전의 정이 있는 상피고인과 범죄사실을 인정할 수 있는 증거 내지 정황이 있는데도 합리적 이유가 있는 부인을 하는 피고인과는 양형상 처우를 달리 해도 자백 강요나 묵비권 침해라고 할 수 없다.

가지므로 정당한 형벌이란 항상 책임에 유일하게 일치하는 하나일 수 밖에 없다는 이론이다. 이 이론에 의하면 정확하게 유일점으로 고정된 크기의 형을 확정함에는 오직 책임 관점만이 양형의 결정적 기준이 되며 또 이로써 충분한 것으로 보아 예방적 관점은 고려하지 않는다.

2. 양형실무에서의 이론 적용(소위 폭의 심사인가 점의 심사인가)

상고이유로 되는 형의 양정이 심히 부당하다고 인정할 현저한 사유가 있는 때란 어떤 경우를 말하는가. 어떠한 기준에 의하여 위와 같은 경우에 해당한다고 판정할 것인지가 문제된다. 이를 논하기 전에 우선 같은 '양형부당'을 불복이유로 삼고 있는 항소심에서의 형의 양정이 부당한 경우를 판정하는 기준은 무엇인지를 파악할 필요가 있다. 위 유일점이론에의 한 기준을 적용하면, 정당한 양형은 하나밖에 없으므로 항소심이 정당하다고 생각한 양형에 비추어 이와 상이한 제1심의 양형은 정당하지 못한 것으로 되어 시정될 수밖에 없다. 즉 위 점의 이론에 의하면 확정한 유일의 책임형은 존재하지만 다만 인식하기가 곤란할 따름이라는 것이므로 제1심이나 항소심이나 유일의 정당한 양형을 추구하여 이를 발견·인식함에 최선의 노력을 다하는 것이 바로 양형의 프로세스가 된다. 반면에 위 책임범위이론에 의한 기준을 적용하면, 양형에는 폭(판단여지)이 있으므로 제1심의 형이 그 폭 내에 있는 한 이를 부당하다고 할 수 없게 되어 유지할 수 있다. 즉 위 폭의 이론에 의하면 유일의 정당한 양형이 존재한다는 것은 허구이고 일반인은 물론 법률전문가인 법관도 이를 발견·인식하여 확증한다는 것은 사실상 불가능하므로 마치 복수의 정답을 선택할 여지가 있는 것과 마찬가지이고 다만 그 양형이 일정한 폭(또는 법관의 재량의 범위)을 일탈하는 경우에만 양형부당으로서 시정될 수 있다는 것이다.

생각건대 일단 책임과 상응한 유일한 형벌은 인간의 인식능력의 불완전성 때문에 정확히 정할 수 없으므로 유일점이론은 실무상 채택하기 어렵고, 따라서 법관의 개별적 양형에 있어서 재량적 판단의 여지를 남겨두면서도 이 판단여지의 한계를 인정하고 있어 실용성을 가진 책임범위이론이 타당하여 보인다. 사회과학적 지식으로 개별적 사안에서 무엇이 정당한 형량인지 의심의 여지 없이 적극적으로 제시하기는 어려우나 어떤 경우에 무엇이 명확하게 부당한 것인가는 확정할 수 있기 때문이기도 하다.[15)]

그러나 구체적인 실무에서 항소심 및 상고심 즉 상소심의 심사기준이 점인가 아니면 폭인가를 확정하는 것은 그리 쉽거나 간단한 문제가 아니다. 우선 항소심의 사후심사성을 강조하면 제 1 심의 형량이 일정한 폭 내에 들어 있으면 부당하다고는 할 수 없고, 이를 속심적인 것으로 파악한다면 항소심이 일단 양형을 판단하고 이것과 제 1 심의 양형을 점으로써 비교하여 차이가 있으면 시정한다는 것이 될 것이다. 또한 상고심은 사후심이므로 양형심사에 있어서는 원칙적으로 폭에 의한 심사를 해야 될 것이고 그 폭도 '심히 부당한' 등의 상고이유 요건에 비추어 보아도 항소심에서 설정하는 폭보다는 넓다고 해야 하다. 또한 어디까지나 폭에 의한 심사는 동종의 형벌 사이에 구체적인 형량을 정할 때 유용한 것이지 이종의 형(벌금형 또는 징역형 등) 중 어느 것을 선택할 것인지 여부 및 실형을 할 것인지 아니면 그 형의 집행을 유예할 것인지 여부가 문제되는 사안에 있어서는 폭에 의한 심사로서 어느 쪽을 선택하더라도 무방하다는 식의 판정을 할 것이 아니라 점에 의한 심사를 하여 분명히 어느 한쪽을 택한 뒤 양형부당 여부를 판정하는 것이 옳다고 사료된다. 더욱이 피고인이 사형을 선고받고 상소하였을 때 상소심으로서는 폭에 의한 심사를 하여 무기징역 또는 사형 어느 쪽도 양형의 폭 내에 있기 때문에 원심의 사형선고가 부당하지 않다는 식의 양형심사는 하여서는 안 된다. 사형은 인간의 생명을 박탈하는 극형으로서 특히 신중하지 않으면 안 되므로 이것의 선택이 유일의 정당한 양형이었는지 여부를 택일적으로 심사하지 않으면 안 되기 때문이다. 이것은 원심의 양형이 무기징역인 경우에도 마찬가지이다. 즉 25년

15) 양화식, "양형 및 행형에서의 형벌목적," 한국형사정책학회, 1999. 11호.

을 넘지 않는 장기의 자유형과 무기징역형 어느 쪽도 재량 범위 내에 있다는 식의 양형심사는 하여서는 안 되고 무기징역을 선택한 원심의 양형에 대한 택일적 심사를 하여 무기징역형이 유일의 정당한 형이었는지 여부를 판정하여야 한다.

그런데 항소심이 점의 심사를 하더라도 단순히 항소심이 생각한 형량과 원심의 형량이 차이가 난다는 점만으로 바로 양형부당이라고 판단하기 곤란한 경우도 있다. 가령 징역 6월 미만의 사안에서는 1개월 정도 차이가 난다고 하면 1개월이 전체 형에 차지하는 비중에 비추어 볼 때 과중 또는 과경이라고 하기 쉽지만 징역 1년 전후의 사안에서는 1개월 정도의 형량 차이만으로 과중 또는 과경에 해당한다고 하기가 어렵다. 징역 10년 전후의 사안에 대하여도 1년 정도의 차이는 마찬가지로 해석할 수 있다. 폭에 의한 심사를 하는 경우에도 통상 그 폭을 어느 정도로 할 것인지가 문제인바, 만약 그 폭을 좁힌다면 즉 다시 말하면 재량범위를 축소한다면 결국 점에 의한 심사를 하는 경우와 별반 차이가 없어 양자를 구별하여 논의하는 실익이 줄어든다. 독일연방재판소도 책임범위이론을 채택하면서 그 판단여지의 폭을 아주 좁혀서 심사함으로써 결국 점의 심사를 하는 것과 마찬가지다라는 평을 듣고 있는 것도 유념할 필요가 있다.

Ⅵ. 대법원의 양형심사 사례의 분석

1. 서 언

대법원은 상고심으로서 항소심이 자판한 양형판단 및 제1심판결의 양형을 상당하다고 하여 항소를 기각한 양형판단을 대상으로 하여 그 당부를 판단하는 사후심이다. 전자의 경우에는 제1심판결의 양형판단에 대한 항소심의 양형판단과 동양(同樣)의 관계에 있다고도 할 수 있다. 그럼에도 앞서 본 바와 같이 상고심은 사후심이고 상고이유가 항소이유의 요건보다는 아주 제한되어 있기 때문에 폭에 의한 심사가 원칙이고 그 폭도 항소심의 그것보다는 넓다고 해석하여야 한다. 이와 같이 상고심의 양형심사기준이 폭이라면 항소심의 자판으로서의 양형판단이 폭으로부터 심하게 일탈되어 있거나 혹은 항소기각된 제 1 심판결의 양형이 폭으로부터 심하게 일탈되어 있음에도 불구하고 원심이 폭내에 있다고 판단한 경우 양형부당으로 파기를 면치 못한다. 앞서 본 바와 같이 우리 법제가 양형부당으로 상고할 수 있는 사건을 아주 제한하여 놓음으로써 대법원에서 실질적으로 양형부당의 심사를 받는 사건의 수가 그렇게 많지 아니하나 그 동안 양형부당으로 파기된 사례를 분석하여 봄으로써 대법원의 양형심사기준에 대한 지침이나 방향을 알아보려고 한다.

2. 파기 사례

(1) 사형의 경우

1) **대법원 1985. 6. 11. 선고 85도926 판결(살인 1심 사형, 항소심 항소기각, 대법원 파기환송)**

피고인이 폭력행위로 징역과 벌금형을 1회씩 받았고, 상해치사죄로 징역 2년의 선고를 받은 전력이 있는데도 동네사람들과 시비하다가 식도로 피해자들의 복부, 흉부 등을 찔러 2명을 살해하고 1명을 부상케 하여 미수에 그치게 하였고 피해자측을 포함한 동네사람들이 극형에 처하도록 진정하고 있는 사안에서, 대법원은 "피고인은 중졸로 노동과 농업에 종사하여 왔고 처와 피해자 윤옥분의 집 방 한 칸을 월세 2만원에 빌려 어렵게 생활하여 오다가 이 사건 당시 당일 자동차운전면허시험에 낙방하여 불편한 마음에 소주를 마시고 귀가하여 처와의 사이에 싸움이 생겨 처가 도망하고 주인할머니인 피해자 윤옥분, 그 아들 피해자 이순직, 동네 아주머니 피해자 권호인과 시비되어 집에서 나가라는 소리를 듣고 부엌에 있는 과도를 뒷주머니에 넣고 칼을 내보이며 죽여 버린다고 고함치니 위 권호인이 죽여 봐라 하며 멱살을 잡고 대들자 피해자들을 칼로 마구 찔러 이 사건의 결과를 야기한 사실이 인정되어 그 동기가 피고인으로서는 처도 도망하고 없는데 남의 일에 참견하며 집을 나가라고 업신여기고, 동네에 친척도 없이 어렵게 산다고 너무 무시하는 것 같고 야밤에 나가라 하여 순간적으로 죽여야겠다는 생각으로 칼을 내보이는데 피해자 등이 멱살을 잡는 등 달려드는 데 자극을 받아 범행을 촉진하게 한 점 등 이 사건 범행의 방법이 계획된 의도에서 이루어진 것이 아니고 술에 다소 취한 흥분한 상태에서 일어난 우발적인 일회적인 것이고 위에 나타난 피고인의 환경, 생육과정과 이 사건 범행 후 전비를 깊이 뉘우치며 피해자의 명복을 빌고 있는 점 등 제반의 사정을 참작하여 보면 범행의 결과는 중하다 하더라도, 다른 유사사건의 일반적 양형에 비추어 죄형의 균형의 면에서 피고인의 이 사건 범행이 사형을 선택하지 아니하면 아니 될 불가피한 경우라고 잘라 말하기는 어렵다"고 하여 원심의 양형이 심히 부당하다고 인정할 중대한 사유가 있는 경우에 해당된다고 판시하였다.

2) **대법원 1987. 10. 13. 선고 87도1240 판결(살인 1심 사형, 항소기각, 파기자판 무기징역)**

이 사건은 세칭 서진룸싸롱 살인 사건으로 피고인이 '진석이파'라는 범죄단체를 구성한 후, 두목으로 있으면서 서진회관에서 조직원들과 술을 마시다가 조직원들과 피해자들 사이에 우연히 시비가 일어 싸움이 일어나서 조직원들이 발에 차고 있던 회칼과 야구방망이 등으로 피해자들을 무자비하게 난자하고 난타하여 4명을 살해한 사안에서 대법원은 직접 살해에 가담한 조직원 2명에 대한 사형은 부당하지 않다고 한 원심의 판단을 유지하면서도 두목인 피고인에 대하여는 "피고인이 수괴로 있는 폭력조직에서 사전에 계획한 범행이 아니라 다른 조직원들이 사소한 일로 피해자와 시비가 되어 발단이 되어 집단 가해한 것으로서 이 사건은 피고인의 의사와는 관계없이 발단하였으며 또 피고인이 싸움 소리를 듣고 방 밖에 나왔을 때는 피해자 1, 2에 대하여는 이미 다른 피고인에 의하여 그 가해행위가 이루어진 후이었으며, 따라서 그 가해행위는 피고인이 알지 못하는 사이에 한 것이어서 그 의사연락이 없다 하여 이 점에 대하여는 피고인에게 그 책임이 없다 함은 원심도 인정하고 있는 바이고 또 피고인이 방 밖에 나왔을 때에는 공동피고인들이 피해자 3, 4가 피신해 있는 판시 17호실의 문을 부수고 있을 무렵인바, 피고인이 여기에서 흥분하여 죽여 버리라고 고함을 지르기는 하였으나 피고인 자신은 위 17호실 문 밖에 서 있었을 뿐 방안에 들어가서 위 피해자들에게 직접 가해행위를 하지는 아니한 바로서, 피고인이 비록 범죄단체의 수괴이기는 하나 이 사건 살인의 경우는 계획적 범행에 있어 사전에 범행계획을 세우거나 범행을 지시한 수괴가 중한 책임을 지게 되는 일반적인 경우와는 다른 바로서 이 사건은 수괴인 피고인의 의사와는 관계없이 전혀 우발적으로 일어난 것이고 피고인이 이 사건 범행에 가공한 정도에 있어서도 피고인이 흥분한 상태에서 고함을 질러 이미 시작된 공동피고인들의 범행에 가세하였을 뿐 직접적 가해행위는 하지 아니하였으며 또 피고인은 이 사건 피해자 4명 중 2명에 대하여만 그 죄책을 지울 수 있을 뿐인 점을 고려한다면 비록 범행의 결과는 중하다고 하더라도 이 사건에 있어서의 죄형의 균형 면에서 피고인을 극형인 사형으로 처단함은 지나치게 가혹하여 부당하다 할 것이다"고 하여 원심을 파기하고 자판하였다.

3) **대법원 1992. 8. 14. 선고 92도1086 판결(강도살인 제 1 심 사형, 항소기각, 파기자판 무기징역)**

피고인은 공범과 함께 길가는 부녀자들을 상대로 금품을 절취하는 속칭 차치기 범행에 사용할 차량을 강취할 것을 공모하고 아파트 부근에서 범행대상을 물색하던 중 승용차를 운전하고 귀가하는 것을 피해자를 발견하고 공범은 부근에서 망을 보고 피고인이 회칼을 들고 승용차에서 내리는 피해자의 복부 부분을 칼로 2회 깊이 찔러 피해자를 살해하고 승용차를 강취하였으며 나중에 죄증을 인멸하기 위해 강취차량에 불을 질렀고 범행이 신문에 크게 보도된 것을 보고도 바로 또 다른 범죄행각을 벌이고 다닌 사안에서 대법원은 "피고인이 범행 당시 21세 6개월의 젊은 나이이었고, 폭력행위로 벌금형을 2회 선고받은 이외에 형사처벌을 받은 사실이 없는 자로서 현재 부모와 동거하는 여인 및 어린 딸을 두고 있으며, 한편 피해자를 살해하게 된 것도 처음부터 계획하고 의도한 것이라기보다 술에 취하여 흥분한 상태로 승용차를 강취하는 과정에서 우발적으로 저질러진 것으로 보이고, 이 사건으로 수사와 재판을 받는 과정에서 공소사실 중 살인의 범의를 제외한 사실 자체는 대체로 시인하는 취지이고, 피해자의 유족과 원만히 합의하여 그들도 위 피고인의 처벌을 원하지 않는다는 의사를 표명하고 있음을 알 수 있는바, 여기에 피고인의 환경, 교육 및 생육과정 등을 아울러 고려하면 비록 원심이 설시하고 있는 바와 같이 이 사건 강도살인 범행의 수단이나 결과가 중하고, 또한 피고인이 그 범행 후에도 다시 특수절도 등의 범행을 저지른 점 등 중한 형으로 처단하여야 할 사정이 있음은 충분히 인정되지만, 앞에 설시한 사형의 선택기준이나 다른 유사사건과의 일반적 양형의 균형 면에 비추어 볼 때 원심이 위 피고인을 극형인 사형으로 처단한 것은 그 형이 심히 무겁다고 인정할 현저한 사유가 있는 때에 해당한다"고 판시하여 원심을 파기하고 자판하였다(공범은 강도치사죄로 징역 15년 상고기각).

4) 대법원 1995. 1. 13. 선고 94도2662 판결(살인 1심 사형, 항소기각, 파기환송)

피고인이 평소 피고인을 믿고 따르던 처제를 집으로 오게 하여 수면제를 음료수에 타서 마시게 한 뒤 강간하고 발각이 두려워 망치로 두부를 때려 살해한 후 범행을 은폐하기 위하여 피해자의 사체를 유기한 사안에서 대법원은 "피고인이 피해자를 살해할 것까지 사전에 계획하고 있었다고 볼 만한 직접적인 자료는 찾아볼 수 없고, 오히려 원심이 유지한 제1심판결은 그 경위에 대하여 강간을 당한 피해자가 방안에 쪼그려 앉아 울면서 피고인을 원망하자 피고인은 강간 범행이 알려지는 것에 대한 두려움과 가출한 처에 대한 분노가 치솟아 피해자를 살해할 것을 마음먹고 범행한 것이라고 인정하고 있어 위 사실인정 자체만을 두고 볼 때에는 우발범행인 것처럼 비쳐지기도 한다. 만일 피해자에게서 검출된 수면제의 양이 치사량 이상임이 분명하다면 이 사건 살인 범행마저도 사전에 계획된 것이라고 볼 여지가 있을 것이고, 그렇지 않더라도 그만한 양의 수면제가 투약됨으로써 원심 인정의 살해 범행시 피해자가 자신을 방어할 능력이 상실된 정도에 이르렀다면 아무런 항거능력이 없는 사람을 망치로 치고 목을 졸라 살해하였다는 점에서 피고인의 잔학성을 엿볼 수 있을 터이지만, 그렇지 않고 수면제의 양이 치사량에 이르지 못하고 위 살해 범행시 피해자에게 그 약효가 뚜렷하게 나타나지도 아니하였다면, 피고인은 피해자에게 먹인 수면제의 약효가 나타나 피해자가 항거능력을 상실하거나 미약하게 되었을 때 계획하였던 강간범행을 저지르려고 하였는데, 피해자가 약효가 나타나기도 전에 친구와의 약속이 있다면서 떠나려 하자, 피고인이 이를 저지하면서 강간범행을 저지르고, 그 과정에서 피해자가 반항하자 살해까지 한 것으로도 의심할 수 있으므로, 당초 수면제를 먹였다는 점만으로 이 사건 살인 범행까지 계획적이고 치밀하게 이루어진 것이라고 단정하기는 어려운 것이고, 이는 이 사건 양형을 정함에 있어서 고려되어야 할 주요한 조건 중의 하나라고 할 것이다. 따라서 원심으로서는, 피고인이 피해자에게 음료수 한 잔에 수면제를 타서 복용시켰을 것으로 보이므로, 위 부검감정서에서 피해자가 복용하였을 것으로 추정한 수면제의 양을 고려하면서, 통상 음료수 한 잔에 그 맛과 색깔을 유지하면서 넣을 수 있는 수면제의 양을 알아 본 후, 그것이 치명적인 것인지 혹은 어느 정도 인체에 영향을 미치는 것인지 여부와, 그 수면제의 양과 투약 후 살해 범행시까지의 시간의 경과에 비추어 그 당시 피해자에게 어느 정도로 약효가 나타났었는지 여부 등을 보다 세밀하게 심리하여 볼 필요가 있다고 할 것이다. 원심이 위와 같은 의문점을 해소하지 아니한 채 피고인이 이 사건 범행 모두를 계획적이고 치밀하게 저질렀다고 보아 피고인을 극형에 처한 것은 양형의 조건에 관한 심리를 다하지 아니하여 형의 양정이 심히 부당한 결과가 되었다는 비난을 면하기 어렵다 할 것이다"고 하여 원심판결을 파기환송하였다.

5) 대법원 1998. 5. 12. 선고 98도305 판결(강도살인 1심 사형, 항소기각, 파기환송)

피고인이 2개월 동안에 총 9회에 걸쳐 용돈을 마련하기 위하여 강도살인, 강도상해, 강도강간 등의 범행을 저지르는 과정에서 범행대상을 연약한 여자로 정하여 범행 장소를 사전 답사한 다음 여자 혼자 있는 시간을 택하여 범행하였고, 범행도구도 미리 준비하였으며 범행과정에서 4명의 피해자들을 칼로 여러 번씩 찌르고, 2명의 피해자들을 주먹과 발로 구타하여 그 중 1명의 피해자를 살해하고 나머지 피해자들에게 간파열 등의 상해를 입혔을 뿐만 아니라, 자신의 범행이 연일 언론에 보도되고 있는 중에도 강도상해 등의 범행을 계속 저지른 사안에서 대법원은 "피고인은 이 사건 범행 당시 24세의 젊은 나이였고, 이 사건 범행 이전에는 전혀 형사처벌을 받은 전력이 없는 자로서 현재 홀어머니 슬하의 4형제 중 둘째이며, 공업고등학교 조선과를 나온 사람으로써 그 나이, 환경, 학력 등에 비추어 아직도 교화개선의 여지는 있어 보이고, 한편 피해자를 살해하게 된 것도 처음부터 계획하고 의도한 것이라기보다는 금품을 강취하는 과정에서 피해자가 갑자기 비명을 지르면서 도망하려 하자, 흥분한 상태에서 우발적으로 저질러진 것으로 보이고 이 사건으로 수사와 재판을 받는 과정에서 공소사실 중 살인의 범의를 제외한 사실 자체는 모두 시인하는 취지였음을 알 수 있으므로 제1심의 형을 유지한 원심의 양형은 그 형이 심히 무겁다고 인정할 현저한 사유가 있는 때에 해당한다"고 판시하여 원심을 파기환송하였다.

6) 대법원 1999. 6. 11. 선고 99도763 판결(살인 제1심 사형, 항소기각, 파기환송)

피고인은 3살의 장녀인 피해자 1이 자주 병원에 입원하여 치료를 받아올 정도로 병약하여 밤에 잠을 자다가도 자주 깨어나 울어서 처인 피해자 2와의 성관계를 가질 수 없게 하고, 경기불황으로 인한 실직으로 피해자 1의 치료비를 마련하기 어렵다는 이유로 피해자 1을 세탁기에 넣어 빠져 죽게 한 뒤 피해자 1이 세탁기에 매달려 놀다가 실수로 세탁기에 빠져 죽은 것처럼 위장하여 그 범행을 은폐하였고, 그 후 피해자 2가 성관계를 계속 거절한다는 이유로 과도로 목을 찔러 위 피해자 2를 살해하고, 태어난 지 얼마 되지 않은 딸인 피해자 3까지 이불 포대기 끈으로 목을 감아 살해한 뒤 이 사건 범행이 마치 강도에 의하여 저질러진 것처럼 경찰에 신고하게 하여 이 사건 범행을 은폐하려 한 사안에서 대법원은 "피고인은 3세 무렵에 아버지를 여의고 생활고에 찌들려 어머니의 사랑과 교화를 제대로 받지 못한 채 성장하여 그 성격이 내성적으로 되고 충동의 억제력을 기르지 못하였으며, 조등학교 졸업이 학력의 전부인 사실, 피고인은 이 사건 범행 당시 34세 안팎이었는데 도로교통법위반으로 벌금을 받은 외에는 형사처벌을 받은 전력이 없는 자로서, 어려운 환경에도 불구하고 샤시 기술 등을 배워 사회에 적응하고 다른 사람에게 경제적 부담을 지우는 일 없이 단칸 사글세방에서 4인 가족의 생계를 유지하여 왔으며, 가족 외의 사람에게는 온순하게 행동하여 온 사실, 피고인이 이 사건 범행을 미리 치밀하게 준비한 흔적은 없고 경찰 이래 이 사건 범행 모두를 순순히 자백하면서 범행을 뉘우치고 있는 사실, 피고인은 평소에는 비교적 온순하고 사회에 대한 반감을 가지거나 공격적이지는 아니하였던 사실에 비추어 볼 때, 피고인이 원심이 들고 있는 바와 같은 사소한 동기만으로 착한 처와 철없는 어린 두 딸을 무참히 살해하고 범행을 은폐하려고 기도하였다는 것은 선뜻 납득이 되지 아니하는바, 원심으로서는 이 사건 범행이 가족을 상대로 한 특수한 유형의 범행임을 유의하여 정신과 의사나 임상심리학자로 하여금 감정을 하게 하여 그들의 전문적인 의견을 들어보는 등, 가족간에 흐르는 복잡 미묘한 상호심리관계 및 피고인이 이 사건 범행을 결의하고 준비하며 실행할 당시를 전후한 피고인의 정신 및 심리상태의 변화 등에 대하여 깊이 있는 심리를 하여 본 다음에 그 결과를 종합하여 양형에 나아갔어야 할 것인데도 원심이 이에 이르지 아니한 채, 이 사건 범행의 참혹함과 반인륜성에 너무 이끌려 피고인에 대하여 사형을 선택한 제1심의 판단을 유지한 것은 양형의 자료에 대한 필요한 심리를 다하지 아니하여 양형을 그르친 잘못을 저지른 것이라 아니할 수 없다"고 판시하였다.

7) **대법원 2000. 7. 6. 선고 2000도1507 판결(살인 제1심 사형, 항소기각, 파기환송)**

피고인이 우연히 만난 피해자 1을 바다에 집어던지는 방법으로 살해하였고, 그로부터 약 2년이 경과한 후에 여자 친구인 피해자 2를 목 졸라 죽이는 방법으로 살해하고 사체를 인적이 드문 곳으로 옮겨 땅에 파묻었으며, 다시 그로부터 약 4년이 경과한 후에 평소 알고 지내던 피해자 3을 강간하고 목 졸라 살해한 후 사체를 야산까지 승용차로 옮긴 후 땅에 파묻은 사안에서 대법원은 "피고인은 이 사건 범행 당시 21세에서 27세인 젊은 나이로 야간건조물침입절도미수죄로 징역 1년에 집행유예 2년을, 폭력행위로 2회 벌금 50만 원을 선고받은 이외에는 형사처벌을 받은 사실이 없었고, 초등학교 3학년 때 아버지를 여의고 홀어머니와 함께 5형제 중 넷째로 자라면서 생활고에 찌들려 어머니의 사랑과 교화를 제대로 받지 못한 채 성장하여 그 성격이 내성적이거나 원만하지 못하게 되고 충동의 억제력을 기르지 못하였을 것으로 여겨지며, 어려운 환경에도 불구하고 나름대로 노력하여 노래방 또는 식당 등을 경영하며 독자적으로 생계를 유지하여 온 점 등을 고려하면, 피고인은 그 나이, 성행, 환경, 경력 등에 비추어 아직도 교화개선의 여지는 있어 보이는데다가, 이 사건 범행에서 피해자들을 살해하게 된 것도 처음부터 계획하고 의도한 것이 아니라 순간적인 충동을 이기지 못하고 잘못된 생각에서 우발적으로 저질러진 것으로 보여지며, 이 사건으로 수사와 재판을 받는 과정에서도 이 사건 범행 모두를 시인하고 있으며, 특히 그 중 피해자 1과 2에 대한 범행은 이미 은폐되어 수사대상도 되지 않았던 것을 피해자 3에 대한 범행의 수사과정에서 피고인이 스스로 자백하여 처벌받기를 자청함으로써 수사가 이루어지게 된 것으로 이러한 사정에 비추어 볼 때 피고인은 자신의 이 사건 범행을 깊이 뉘우치고 있는 것으로 보인다"고 판시하였다.

8) 대법원 2001. 3. 9. 선고 2000도5736 판결(살인, 살인미수 제1심 무기징역, 파기 사형, 파기환송)

피고인은 자신이 사귀던 공소외인의 가족들이 피고인과의 교제를 반대하고 그녀도 자신을 멀리하게 되자 범행 전 피해자들의 집에 공소외인은 없고 그 가족들만 있는 것을 알고 정육작업용 칼과 장갑을 끼고 침입한 다음 방에 들어가 누워 있던 그녀의 어머니인 피해자 1에게 수십회 칼을 휘둘러 목과 복부를 찔러 살해하였으며, 거실로 나오다가 다른 방에 오빠가 있는 것을 알고 그 방으로 달려가 오빠 그리고 그 부인의 목과 흉부, 복부를 수회 찔러 오빠인 피해자 2는 피고인에 대항하다가 피하여 죽음은 모면하였으나 그 부인인 피해자 3을 살해하였고, 특히 오빠의 부인은 임신 5개월이었고 피고인도 그러한 사실을 알고 있었으며 범행 후 위 공소외인에게 가족들을 죽였으며 평생을 고통 속에 살게 하겠다는 내용의 전화를 하였으며, 구속된 이후 공소외인에게 자신은 많이 살아야 15년이고 잘 생활해서 12년으로 감형받아 나가면 너와 살겠으니 결혼하지 말고 이사도 하지 말고 이사한다고 해도 반드시 찾겠다고 하는 내용의 편지를 보낸 사안에서 피고인은 "피고인은 이 사건 범행 당시 22세의 젊은 나이로서 형사처벌을 받은 전력이 없고, 농사일을 하는 부모와 함께 위로 누나 6명을 두고 막내로 자라면서 화목한 가정환경 속에 고등학교 2학년을 중퇴하고 사회생활을 시작하여 2년간 백화점 직원으로 근무하였으며, 군복무를 마치고 바로 취직하여 이 사건 범행 당시까지 9개월여 동안 인천 소재 대형할인매장 정육부 직원으로 월 120만 원의 보수를 받으면서 직장에서도 성실하고 정직하며 업무능력이 뛰어나고 성격도 원만하다는 평가를 받으며 근무한 점 등을 고려하면, 피고인은 그 나이, 성장과정, 성행, 가정환경, 경력 등에 비추어 볼 때 아직은 교화개선의 여지는 있어 보이는데다가, 피고인이 피해자들을 살해하게 된 것도 처음부터 계획하고 의도한 것이 아니라 자신이 사랑하고 결혼까지 약속한 위 공소외인과의 관계가 끊어질 처지에 이르러 그녀를 한 번 더 만나 설득하려고 3일 동안 노력하다가 실패하자 이러한 처지가 그녀의 가족들 때문에 일어난 것이라고 잘못 생각한 나머지 순간적인 적개심에 흥분된 상태에서 우발적이고 연쇄적으로 저지른 것으로 보여지며, 피고인은 이 사건 범행 후 자살을 결심하고 자포자기한 심정에서 위 공소외인에게 전화하여 심한 말을 하였지만 그녀에게 자신의 범행을 모두 알렸고, 이 사건으로 범행 당일 체포되어 수사와 재판을 받는 과정에서도 이 사건 범행 모두를 시인하면서 한결같이 용서를 빌고 참회하고 있으며, 비록 피고인이 구속중 위 공소외인에게 보낸 편지에서 군데군데 심한 말을 쓰기는 하였지만 그 편지의 주된 내용은 아직도 그녀를 사랑하므로 사형을 당하거나 형을 살고 나오더라도 그녀를 찾을 것이며 그녀의 면회를 간절히 바란다는 것으로 그녀와 가족들에 대하여 협박할 의도로 쓴 편지라고는 보기 어려우므로 사형의 형벌로서의 특수성이나 다른 유사사건에서의 일반적 양형과의 균형 면에 비추어 볼 때, 원심이 피고인에게 사형을 선고한 것은 그 형의 양정이 심히 부당하다고 인정할 현저한 사유가 있는 때에 해당한다"고 판시하여 원심판결을 파기환송하였다.

9) **대법원 2002. 2. 8. 선고 2001도6425 판결(강도살인등 고등군사법원 사형, 파기환송)**

피고인은 육군장교로서 처와 자식이 있는데도 약 1년 6개월 남짓한 기간 동안 무려 9명의 부녀자를 총 10회에 걸쳐 연쇄적으로 강간하는 범행을 저질렀고, 특히 그 범행과정에서 만 14세의 어린 여학생을 강간하거나 여동생을 묶어놓고 그 언니를 강간하고, 약 3개월 후 동일한 피해자를 재차 강간하였으며, 피해자의 아들을 이불로 뒤집어 씌워놓고 피해자를 강간하여 위 각 강간 등의 범행에 대하여 중형을 선고받고 항소심 재판을 기다리던 중 도주하여 도피자금을 마련하기 위하여 18세의 여성 피해자의 숙소에 침입한 후 자신의 범행사실과 도주자로서의 신분이 탄로날 것이 두려워 피해자를 이불과 베개로 눌러 질식시켜 살해한 후 마치 피해자가 잠을 자는 것처럼 위장해 놓고 범행현장을 빠져나온 사안에서 대법원은 "피고인은 전문대학을 졸업하고 사관후보생에 지원하여 이 사건 범행 당시 장교로 근무해 왔고 이 사건 각 범행 이외에는 별다른 전과가 없는 사실, 피고인은 부임초기 부대내의 인터넷교관으로 활동하는 등 임무수행능력이 뛰어난 것으로 인정받고 성실하게 근무하면서 대인관계도 원만하였던 사실을 각 알 수 있는바, 이러한 피고인의 나이, 성장과정, 성행, 가정환경, 경력 등에 비추어 보면, 피고인은 아직도 교화개선의 여지가 있다고 보인다. 나아가, 피고인은 부대 근무시간 이후에 심야까지 인터넷과 PC게임 등에 몰두하기 시작하면서 인터넷을 통하여 외국의 포르노 동영상 등 음란물에 탐닉하여 무분별한 성적 망상과 충동에 빠진 끝에 이 사건 강간 등의 범행을 저지르게 되었는데, 위 강간 등의 범행으로 제 1 심에서 징역형을 선고받고 도주한 후 피해자 1의 금품을 강취하고 동인을 살해하게 된 것은 처음부터 계획하고 의도한 것이 아니라 금품 강취 후 피해자가 소리를 지르며 방에서 도망을 하려고 하자 자신의 강취범행과 당시 탈영하여 도주중인 사정이 발각될 것을 우려하여 순간적으로 흥분된 상태에서 우발적으로 피해자를 살해한 것으로 보이는 사실, 위 강도살인 등의 범행으로 다시 체포되어 기소된 이후부터는 원심법정에 이르기까지 살인의 범의 등 일부의 사실을 제외한 나머지 이 사건 각 범행을 순순히 자백하고 피해자들에게 끼친 고통과 상처에 대하여 깊이 참회하고 반성하고 있는 사실에 비추어 보면 원심이 피고인에게 사형을 선고한 것은 그 형의 양정이 심히 부당하다고 인정할 현저한 사유가 있는 때에 해당한다"고 판시하였다.

10) **대상판결 1(강간등살인, 제 1 심 사형, 항소기각, 파기환송)**

피고인이 특수강도죄 등으로 복역하고 출소 후 약 7개월 여의 단기간 동안에 강간등살인(미수) 3회, 특수강도강간 3회, 강도상해 5회, 강도 2회 등을 저지른 사건으로서, 그 범행수법도 주로 야간에 술에 만취하여 피고인에게 물리적으로 거의 저항할 수 없는 상태에 있는 부녀자들을 상대로 강도범행 등을 자행하기로 마음먹고 범행에 사용할 도구인 망치를 오토바이 안장 속에 넣어 둔 채, 오토바이를 타고 다니면서 범행대상을 물색하고, 피해자를 주먹과 발로 무자비하게 때리고 짓밟은 후 실신한 채 신음소리를 내면서 죽어 가는 피해자를 강간하거나 피해자의 머리를 망치로 내려친 후 불이 환하게 켜져 있는 방안에서 피를 흘리면서 실신한 채 신음소리를 내면서 죽어 가는 피해자를 강간하여 피해자 1은 복부 등의 가격으로 인한 복부동맥손상에 의한 실혈로 사망하였으며, 피해자 2는 피고인의 망치로 인한 가격 등으로 좌측측두골함몰골절로 사망하였고, 피고인이 사망한 것으로 오인하고 현장을 떠나는 바람에 생명을 건지긴 하였으나 피해자 3은 중상을 입었으며, 피고인으로부터 특수강도강간 범행을 당한 충격으로 피해자 4는 심한 기억상실증에 걸리는 등의 사안에서 대법원은 "피고인이 저지른 이 사건 범행내용에 비추어 피고인이 어떤 성적 충동과 환상에 빠진 상태에서 충동조절능력에 장애가 있었던 것은 아닌가 하는 의심을 가질 수도 있을 것이고, 또한 정상적인 생활을 해 왔던 피고인이 갑자기 어떤 연유로 이처럼 끔직한 범행들을 단기간에 걸쳐 연속적으로 저질렀고 또한 시간이 갈수록 더욱 대담·흉포한 범행을 하게 되었던 것인지에 관하여 피고인의 이 사건 일련의 범행 전후에 걸친 정신상태나 심리적 상태의 변화를 전문가의 의견을 들어보는 등 객관적 조사를 해 볼 필요도 있다고 판단되며, 피고인의 교통사고로 인한 병력이 이 사건 범행을 저지르기에 이른 피고인의 심리상태나 정신상태에 어떤 영향을 끼친 것은 아닐까 하는 의심을 할 여지도 없지 않다고 할 것이다. 여기에 피고인이 20대의 젊은 나이이고 수사기관 이래 그 범행을 순순히 자백하면서 잘못을 뉘우치고 있는 태도를 보이고 있는 점과 피고인의 성장환경 등을 더하여 보면, 원심으로서는 피고인의 주관적인 양형요소인 성행과 환경, 지능, 재범의 위험성, 개선교화 가능성 등을 심사할 수 있는 객관적인 자료를 확보하여 이를 통하여 사형선택 여부를 심사하였어야 할 것임은 물론, 앞서 지적한 바와 같이 이 사건 범행 전후에 걸친 정신상태나 심리적 상태에 관하여 전문가의 의견을 들어보는 등으로 피고인에게 사형을 선고하는 것이 정당화될 수 있는 특별한 사정이 있는지 여부를 깊이 있고 철저하게 심리하여 명확하게 밝혀 보았어야 한다고 할 것이고 그러한 심리미진상태에서 이루어진 원심의 형의 양정에는 심히 부당하다고 인정할 현저한 사유가 있는 때에 해당한다"고 판시하여 원심판결을 파기환송하였다.

(2) 무기징역의 경우

1) **대법원 1984. 2. 28. 선고 83도3232 판결(살인 제1심 무기징역, 항소기각, 파기자판 징역 10년)**

피고인이 7살 연상인 피해자와 같은 방에서 거주하고 있으면서 화투놀이를 하던 중 피고인이 반말을 하였다는 이유로 피해자로부터 뺨을 7, 8회 맞자 피고인이 순간 격분하여 부엌에 있는 칼을 들고 왔다가 이를 빼앗으려는 피해자와 옥신각신 하던 중 우발적으로 살인범행에 이르렀고 또 범행직후 자신의 경솔하였던 소행을 크게 후회하고 자수하겠다고 나갔다가 그 다음날 체포된 사실이 인정되어 개전의 정이 엿보이는 점, 피해자측과는 합의가 성립되고 또 피고인에 대한 관대한 처벌을 바라고 있는 점 등 제반 정상에 비추어 보면 피고인에 대한 무기징역형은 심히 부당하다.

2) **대법원 1988. 10. 11. 선고 88도1238 판결(살인 등 제1심 무기징역, 항소기각, 파기환송)**

피고인은 3살 때 부친을 여의어 편모슬하에서 어렵게 자라온 자신의 가정환경 및 모친의 병환 등으로 평소에 비관적인 생각을 가져 가슴에 응어리진 마음을 품고 왔는데, 자신의 마음속의 응어리진 것을 풀고자 엠16 에이원 소총 1정과 탄약 30발, 수류탄 4발 등을 휴대한 채 소속부대를 탈영하게 된 점, 자신의 탈영이 잘못된 것을 느끼고 부산 해운대성당에 들어가 신부에게로부터 고백성사를 받고는 마음을 정리하여 자진 복귀하려고 위 성당에 찾아갔으나 신부가 없어 그곳 차고에서 1시간가량 기도를 한 후, 복귀하려고 마음먹고 그 전에 채플린 디스코클럽으로 갔는데 그 주인으로부터 "군인이 이런 곳에 오면 장사가 안 된다"는 말을 듣고 내심 불쾌하게 생각하여 총을 쏘며 소란을 피워서라도 자신의 울분을 풀어보겠다고 마음먹고서 그곳에 들어가게 된 점, 그 장소에서 손님 중의 1인인 피해자가 술에 취하여 피고인 쪽으로 빠른 걸음으로 다가오자 자신을 덮치려는 줄 알고 약 3미터 전방에서 동인을 향하여 실탄 1발을 쏜 것이 그의 복부에 명중되어 그 자리에서 동인을 사망케 한 점, 범행 후 피고인은 자신의 죄책이 용서받지 못할 것임을 생각하고 자살하려고 기도하였고, 사망한 위 피해자를 병원에 데려가도록 진술한 점, 사고 장소에 손님들을 감금하는 도중에도 인질의 일부는 석방하였으며 중간에 탈출하는 손님들에게도 어떠한 보복조치를 취하지 아니한 점, 피고인 소속의 군사단 지휘관의 설득에 의하여 자신의 범행을 중단하고 자수한 점 및 피고인의 평소 군복무의 태도는 극히 성실하였던 점 등 이 사건 범행의 동기, 경위, 범행후의 정황 등에 비추어 보면 피고인을 무기징역에 처한 제 1 심의 양형을 정당하다 하여 그대로 유지한 원심의 양형은 심히 부당하다고 인정할 현저한 사유가 있는 경우이다.

3) **대법원 1989. 10. 24. 선고 89도1600 판결(살인 등 제 1 심 무기징역, 파기 무기징역, 파기자판 징역 15년)**

피고인은 목수로서 이혼녀인 피해자와 내연의 관계를 맺어오면서 돈도 빌려주고 수시로 그 주점에 가서 잡일을 거들어 주던 중 이 사건 사고당일 술에 취하여 위 주점 안에서 자고 있는데 피해자가 피고인의 처를 불러 피고인을 데리고 가도록 하여 피고인의 처가 위 주점에 와서 피고인을 깨워 싸움을 하자 피해자는 피고인 부부가 피해자의 주점에서 싸운다는 이유로 석유통을 들고 와 주방내실과 자신의 몸 등에 석유를 뿌리는 등 행패를 부리자 피고인의 처는 집으로 돌아가 버리고 피고인과 피해자만 남은 상태에서 서로 격렬하게 싸움을 하다가 피해자가 피고인에게 다시는 그곳에 오지 말라고 하자 배신감으로 피해자의 목 부위를 졸라 이 사건 살인의 범행에 이르게 되었다는 것인바, 그렇다면 피고인의 이 사건 살인의 범행은 피해자와 싸우다가 순간적인 감정을 억제하지 못하고 일어난 것으로 보여진다고 할 것이고 피해자가 피고인의 이와 같은 돌발적 행위를 저지르게 한 연유를 제공한 면도 없지 않다고 할 것이며 또한 피고인이 피해자의 몸에 뿌려져 있던 석유에 불을 붙인 것도 사전에 피해자를 살해하고 그와 같은 방법으로 범행을 은폐하려고 계획하고서 한 것이라기보다는 위와 같이 피해자와 격렬히게 싸우다가 순간적으로 범의를 일으켜 피해자의 목 부분을 조르게 되어 사망의 결과에 이르게 되자 당황한 나머지 그와 같은 행위를 한 것으로 보여진다 할 것인 점, 피고인이 이 사건 범행 후 경찰에 신고한 점 등 양형의 조건이 되는 여러 가지 사정에 비추어 보면 원심이 피고인에게 무기징역형을 선고한 것은 그 형이 심히 무겁다고 인정할 현저한 사유가 있는 때에 해당한다.

4) **대법원 1999. 11. 26. 선고 99도4575 판결(강간등살인 제 2 심, 무기징역, 파기자판 징역 15년)**

피고인은 강간상해의 징역 2년 6월의 전과가 있는데도 20세밖에 되지 아니한 처녀로서 일찍이 학업을 포기하고 사환으로 근무하면서 어린 동생과 부모를 부양하고 있던 피해자의 자취방에 가서 피해자를 강간하고 그 과정에서 피해자가 소리를 지르며 완강히 반항하자 피고인 자신도 어느 정도 당황한 상태에서 다분히 우발적으로 피해자의 얼굴을 이불로 뒤집어씌우고 30분에 걸쳐 오른팔로 피해자의 목을 감싸면서 조르고, 왼손으로 피해자의 입과 코를 막고, 계속하여 강간을 시도하는 과정에서 피해자가 질식사하였던 점에 비추어 보면 그 살인 범행의 수단과 방법은 살인 범행의 방법으로서 특별히 간악하거나 잔인한 것이라고 평가할 수 없으며, 피고인은 위와 같이 경찰의 추궁에 의하여 범행을 자백한 후 세세한 부분에 있어서 다소 객관적인 사실과 부합하지 아니하는 진술을 하기도 하였으나 대체로 일관하여 자신의 범행에 대하여 자백하는 등 개전의 정이 엿보인다.

5) **대법원 2003. 2. 11. 선고 2002도5835 판결(살인 등 제1심 무기징역, 항소기각, 파기환송)**

피고인 1이 피해자들을 살해하는 범행에 주도적으로 관여하였고, 피고인 4, 3과는 달리 피고인 1은 피해자 2의 사체를 암매장하여 유기한 점 등을 감안하면 피고인 1에게 다른 피고인에 비하여 보다 중형을 선고할 필요가 있다고 할 것이나, 위 각 범행은 미리 계획된 범행이 아니라 피해자 1이 싸움을 유발하여 피고인 1이 다른 피고인들과 함께 위 피해자와 싸움을 벌이거나, 피고인 1이 피해자 2 및 그 일행들로부터 집단구타를 당하자 홧김에 위 피해자에게 보복을 하려는 과정에서 우발적으로 이루어진 점, 피고인 1은 폭력행위등처벌에관한법률위반죄 등으로 수차례 처벌받은 전력이 있으나, 상습도박죄로 한차례 실형을 선고받은 외에는 대부분 벌금형 또는 집행유예를 선고받은 점, 피고인이 범행을 깊이 뉘우치고 있는 점, 피고인 5, 6, 7이 제1심 판시 제1의 죄에 대하여 모두 징역 6년을, 피고인 3이 제1심 판시 제2의 죄에 대하여 징역 10년을, 피고인 4가 제1심 판시 제1, 2의 각 죄에 대하여 징역 17년을 각 선고받은 점을 기록상 알 수 있는바, 이러한 점에 피고인 1의 연령·성행·지능과 환경, 피해자들과의 관계, 범행의 동기·수단과 결과, 범행 후의 정황 등 기록에 나타난 양형의 조건이 되는 여러 가지 사정에 비추어 볼 때, 원심이 피고인 1에게 제1심 판시 제1의 죄에 대하여 무기징역을 선고한 제1심판결 부분을 그대로 유지하고, 판시 제2, 3의 각 죄에 대하여 무기징역을 선고한 것은 그 형의 양정이 심히 부당하다고 인정할 현저한 사유가 있는 때에 해당한다고 할 것이다.

(3) 10년 이상의 유기징역의 경우

1) **대법원 1991. 10. 8. 선고 91도1718 판결(강도살인, 제1심 징역 15년, 항소기각, 파기자판 징역 12년)**

소년인 피고인이 역시 소년인 상피고인들 2명과 함께 강도를 모의하고 피해자의 대퇴부를 예리한 흉기로 4번이나 찔러 동맥, 정맥을 절단케 하여 사망케 하였고 원심에서 상피고인들 중 1명은 피해자와 합의한 정상이 참작되었고 나머지 상피고인은 가담정도가 약한 점이 참작된 사안에서 대법원은 피고인이 범행 당시 16세 남짓 된 소년이었고, 상고심에 이르러 피해자의 유족과 합의를 한 사정과 공범인 상피고인들과의 양형(징역 10년 및 징역 12년)의 균형을 고려하면, 피고인을 징역 15년에 처한 제 1 심 양형을 그대로 유지한 원심의 양형은 너무 무거워 부당하다고 하여 파기자판하였다(상피고인들의 상고는 모두 기각).

2) **대법원 2002. 6. 14. 선고 2002도1283 판결(뇌물 제 1 심 징역 20년, 항소기각, 파기환송)**

헌병수사관이 병역면제 등 각종 병무비리를 알선하거나 청탁하는 과정에서 거액의 뇌물을 수수한 사건에서 대법원은 "피고인이 2년 6개월여의 기간 동안 병역면제 등 각종 병무비리를 알선하거나 청탁하는 과정에서 무려 89회에 걸쳐 합계 12억여 원이 넘는 거액의 뇌물을 수수하였고, 그 범행의 경위나 수법이 구조적 비리의 성격을 지니고 지속되어 온 점에 비추어 그 죄질이 극히 나쁘다고 볼 수 있고, 특히 이 사건과 같이 국가 병역제도의 근간을 흔들고 국민의 건전한 법적 감정에 커다란 손상을 끼쳐 국가기강을 문란케 한 병무비리사범의 경우에는 앞으로 동종·유사의 범행의 재발을 억제하여야 한다는 점에서 원심이 설시하고 있는 바와 같이 그 비리의 핵심적 역할을 한 피고인을 마땅히 엄히 처벌해야 할 사정이 있음은 충분히 인정된다고 할 것이나, 기록을 통하여 나타나는 피고인의 연령·군복무경력·범행동기·범행내용·이 사건 범행이전 군복무태도·범죄 및 비행전력·가정환경·반성태도 등 양형조건이 되는 제반 사정과 아울러 다른 유사사건에서의 일반적인 양형과의 균형 등에 비추어 볼 때, 원심이 피고인에게 징역 20년의 형을 선고한 것은 그 형의 양정이 심히 부당하다고 인정할 현저한 사유가 있는 때에 해당한다"고 판시하여 원심판결을 파기환송하였다.

3) 대법원 2002. 11. 8. 선고 2002도5107 판결(존속상해 제 1 심 징역 7년, 파기 징역 10년, 파기환송)

원심이 피고인에게 법정최고형을 선고하여 피고인을 장기간 사회에서 격리하는 것만이 피고인의 노모의 여생을 보장하고 그 가족들의 생명과 재산을 보호하는 길이라고 판단한 다음, 검사의 양형부당의 항소이유를 받아들여 제 1 심판결을 파기하고, 피고인에게 징역 10년을 선고한 사안에서, 대법원은 "피고인을 엄히 처벌해야 할 사정이 있음은 충분히 인정된다고 할 것이나, 피고인이 원심 판시와 같이 범행을 반성하지 아니한다거나 출소 후 보복을 하겠다는 등의 협박을 하고 있음을 인정할 자료를 기록상 발견할 수 없고, 오히려 피고인은 이 사건 범행 이후 범행을 깊이 반성하고 있음을 기록상 알 수 있는바, 이러한 점에 이 사건 범행으로 인하여 피해자가 3주간의 치료를 요하는 상해를 입어 범행의 결과가 그다지 중하지는 아니한 점 등 양형의 조건이 되는 여러 가지 사정과 아울러 다른 유사사건에서의 일반적인 양형과의 균형 등에 비추어 볼 때, 원심이 피고인에게 징역 10년을 선고한 것은 그 형의 양정이 심히 부당하다고 인정할 현저한 사유가 있는 때에 해당한다"고 판시하였다.

3. 결　　언

이상과 같이 양형부당의 사유로 대법원이 최근 20여년간 사형을 선고하거나 제 1 심의 사형을 유지한 원심판결을 파기한 사례는 10건 남짓에 불과하고, 무기징역을 선고하거나 유지한 원심판결을 파기한 사례는 5건 정도에 불과하며, 더욱이 유기징역형을 파기한 사례는 3건 정도 밖에 보이지 않는다. 근본적으로 파기율이 낮은 것은 양형부당으로 상고할 수 있는 사건의 제한 때문에 실질적인 양형부당심사를 하는 사건이 그리 많지 않은 탓이기도 하지만 항소심이 속심적 운영을 하여 증거조사와 사실심리를 충실히 한 연후에 그 때까지 나타난 모든 양형정상을 참작한 합리적인 양형판단을 하고 있고, 대법원은 사후심으로서 항소심의 양형판단에 기본적인 우선성(재량)을 부여하는 실무 태도를 취하고 있는 데 기인되는 것으로 사료된다.

다만 대법원은 특히 사형에 처할 것인지 여부가 문제되는 사안에서는 극히 신중한 심사를 행하여 조금이라도 의심스러운 정상 자료가 있거나 정상에 관한 심리가 미진하다면 조사·재검토하여 볼 것을 요구하고 있고, 조사·현출된 제반 정상을 모두 참작하더라도 사형의 선택이 불가피하였는지 여부를 세밀하게 심사하고 있다는 점에 비추어 보면 소위 점에 의한 심사를 행하고 있다고 보아도 무방하다고 생각된다. 그리고 대법원은 위 (1)의 1) 85도926 판결에서 "사형은 인간존재의 근원이 되는 생명자체를 영원히 박탈해 버리는 극형으로서 그 생명을 존치시킬 수 없는 부득이한 경우에 한하여 적용돼야 할 궁극의 형벌이므로 사형을 선택함에 있어서는 범행의 동기, 태양, 죄질, 살해의 수단, 방법의 집요성, 잔악성, 결과의 중요성, 피해자의 수, 피해감정, 범인의 연령, 전과, 범행 후의 정황, 범인의 환경, 교육 정도 등 제반사정을 참작하여 죄책이 심히 중대하고 죄형의 균형이나 범죄의 일반적 예방의 견지에서도 극형이 불가피하다고 인정되는 경우에 사형의 선택도 허용된다고 보아야 할 것이다"고 판시하여 사형선고가 불가피한 경우도 있을 수 있음을 천명하면서 일응 그 기준을 제시한 이래 사형과 관련된 판결에서는 계속 위 판례가 인용되고 있으나,[16] 구체적으로 피해자의 수나 범죄행위의 잔학성 및 범죄 후의 은폐 등 범죄 자체의 객관적 측면이나 유족감정 등의 양형인자보다는 피고인이 소년이거나 젊은 나이인 것, 성장환경이나 가정환경이 불우한 것, 살의가 순간적이었

16) 그 후 위 (1)의 (사) 2000도1507 판결에서부터는 "우리 법이 사형 제도를 두고 있지만, 사형은 사람의 목숨을 빼앗는 마지막 형벌이므로, 사형의 선고는 범행에 대한 책임의 정도와 형벌의 목적에 비추어 그것이 정당화될 수 있는 특별한 사정이 있는 경우에만 허용될 수 있으므로, 사형을 선고함에 있어서는 범인의 연령, 직업과 경력, 성행, 지능, 교육정도, 성장과정, 가족관계, 전과의 유무, 피해자와의 관계, 범행의 동기, 사전계획의 유무, 준비의 정도, 수단과 방법, 잔인하고 포악한 정도, 결과의 중대성, 피해자의 수와 피해감정, 범행 후의 심정과 태도, 반성과 가책의 유무, 피해회복의 정도, 재범의 우려 등 양형의 조건이 되는 모든 사항을 참작하여 위와 같은 특별한 사정이 있음을 명확하게 밝혀야 한다"고 판시하고 있다.

거나 그리 확고하지 않은 것, 자백 등 개전이 정이 있는 것, 특히 잔혹하거나 엽기적인 형태의 범죄의 경우 그 실행 당시 정상적인 심리상태나 판단능력을 갖추고 있은지 여부 등 피고인의 주관적 사정을 중시하는 경향을 보이고는 있다. 그리고 대상판결 선고 이후에는 현재까지 사형에 관한 파기사례가 없는 것은 위와 같은 피고인의 주관이나 입장 중시에서 비롯된 관형화(寬刑化) 경향 및 최근 여론화되고 있는 사형제 폐지 문제와도 결부되어 사실심에서 사형선고를 하는 건수가 현저히 줄어든 데도 원인이 있을 것으로 보인다.[17)]

그런데 일본의 최고재판소는 1983. 7. 8. 1968년경 불과 1개월 만에 동경 등 각지에서 아무런 관계가 없는 일반인 4명을 권총으로 사살하고 6개월 후 동경에서 경비원을 저격하여 소위 연속사살마(連續射殺魔)라고 불리우며 일본 사회에 큰 충격을 주었던 소위 '영산(永山)' 사건에서 "사형은 이른바 잔혹한 형벌에 해당하는 것은 아니고, 사형을 정한 형법의 규정이 헌법에 위반하지 않는 것은 당 재판소 대법정의 판례(1947. 및 1948. 판결)로 하는 바이지만, 사형이 인간존재의 근원인 생명 자체를 영원히 박탈하는 냉혹한 극형이고, 실로 불가피한 경우의 궁극의 형벌인 것을 감안하여 보면, 그 적용이 신중히 행하여지지 않으면 안 된다. 사형을 존치하는 현행 법제하에서는 범행의 죄질, 동기, 태양 특히 살해의 수단방법의 집요성, 잔학성, 결과의 중대성 특히 살해된 피해자의 수, 유족의 피해감정, 사회적 영향, 범인의 연령, 전과, 범행 후의 정상을 함께 고려할 때 그 죄질이 실로 중대하고 죄형의 균형상 일반예방의 견지에서도 극형이 불가피하다고 인정되는 경우에는 사형의 선택도 허용된다고 하지 않을 수 없다"고 판시하여 일응 사형선택의 기준을 설시하면서도 당해 사안에 있어서는 피고인이 범행의 원인을 사회 등의 탓으로 돌리고 있고 가까운 거리에서 피해자의 머리와

17) 실제로 제1심에서 사형 선고한 인원별 통계를 보더라도 1994.에 35명으로 최고에 달하였다가 1995. 19명, 1996. 23명, 1997. 10명, 1998. 14명, 1999. 20명, 2000. 20명, 2001. 12명, 2002. 7명, 2003. 5명으로 최근 급감하고 있다. 2004사법연감, 법원행정처, 591.

얼굴을 수회 쏘는 등 수법이 잔혹하고 죄책이 실로 중대하다는 이유로 피고인이 범행 당시 19세 남짓의 소년으로서 결혼을 하였고 불우한 성장환경에 있었으며 유족 등에게 피해변상을 하는 등의 유리한 정상을 감안하더라도 극형을 면키 어렵다는 취지를 설시하고 검사의 상고를 받아들이어, 사형을 선택한 제1심판결을 파기하고 무기징역을 선고한 원심[18]을 도리어 파기환송하였다.[19] 일본도 전후 강력사건은 계속 증가하였지만 관형화의 경향 및 사형제 폐지 운동에 영향을 입어 사형건수는 계속 줄다가 1970년을 전후하여 그 경향이 더욱 뚜렷하여져 왔는데, 피해자의 수가 많고 사회에 큰 충격을 준 흉악범죄에 대하여는 사형제도가 존치하는 한 극형이 불가피하다는 메시지를 담은 위 판결로 인하여 관형(寬刑) 일변도의 경향에는 일단 제동이 걸렸다는 평가를 받고 있고, 위 판결이 하급심에 큰 영향을 미쳐 그 뒤로는 하급심에서 사형판결 건수가 다시 증가하는 추세이다.[20]

한편 10년 이상의 유기징역형이 선고된 사건과 관련된 상고사건이 사형이나 무기징역형이 선고되어 상고된 사건보다 많을 것으로 보이는데도 파기가 거의 없는 것은 대법원이 이에 관하여는 사형 및 무기징역이 선고된 사건과는 달리 기본적으로 상당한 폭 내에 있는 원심의 형량은 유지될 수 있다는 소위 폭에 의한 심사방법을 채택하고 있기

18) 원심인 동경고등재판소의 판결은 후나다(船田) 판결로도 불리었는데 당시 판결문에 "사형을 선택하는 것은 그 사건을 어떤 법원이 담당하든 간에 사형을 선택하였을 것이라는 정도의 정상이 있는 경우에 한정되어야 한다"라는 다소 급진적인 문구마저 기재되었다.

19) 일본 최고재판소 1983. 7. 8. 형집 37-6, 609, 일본 최고재판소가 양형부당파기를 하면서 자판하지 않고 파기환송한 것은 이 판례와 그 이후인 1999. 12. 10. 일형집 53-9, 1160 원심의 무기징역을 사형으로 하라는 취지의 강도살인 사건과 그 이전의 1967. 12. 21. 위 주 11번 여관업법위반 사건에 대한 판결 3건 정도밖에 없다. 그 후 위 판결의 환송 후 동경고등재판소는 무기징역을 근거지울 만한 새로운 정상사실이 생기지 않는 한 사형의 선택은 불가피하다고 하여 1987. 3. 18. 피고인에게 사형을 선고하였고 최고재판소가 1990. 4. 17. 상고기각하여 확정되었다.

20) 1975년경부터 위 판결까지의 9년간의 사형확정된 건수는 31건인데, 위 판결 이후 1992년까지 9년간의 사형확정건수는 45건이라고 한다. 사형과 무기징역을 합한 건수도 전자에서는 369건이고 후자에 있어서는 397건이라고 한다. 巖井宜子, 형사정책, 향학사, 1999, 121.

때문인 것으로 사료된다. 다만 위 (3)의 1) 91도1718 판결에서 상고심에 이르러 피해자의 유족과 합의한 정상을 참작하여 징역 15년을 유지한 원심의 양형이 심히 부당하다고 하여 파기하고 있는바, 과연 상고심이 원심판결 선고 후에 제출된 정상자료를 직접 참작하여 양형부당으로 파기하는 것이 정당한지 여부에 관하여는 검토할 필요가 있다. 기본적으로 상고심은 사후심으로서 원판결시의 자료에 기하여 원판결시점에서 원판결의 당부를 판단하면 족하다. 따라서 상고심으로서는 원심이 그 때까지 현출된 양형자료에 기하여 선고한 형이 부당하지 않는지 여부만 검토하면 된다. 그런데 위 사안에서 보는 것처럼 실무상 상고된 이후에 피해자 측과의 합의서 혹은 이전까지 부인으로 일관하던 피고인이 범행을 자백하면서 관대한 처벌을 바란다는 탄원서를 제출하는 경우가 있다. 이와 같이 상고심이 상고된 이후에 현출된 유리한 정상을 원심에서 현출된 정상에 합쳐서 양형부당 여부를 판단하는 자료로 삼는다면 속심적 운영을 하는 셈이어서 사후심의 성격과는 맞지 않는다. 뿐만 아니라 현실적으로 사실심의 심리과정에서 합의할 의사를 감퇴시키거나 특히 일단 항소심의 양형 결과를 보고 나서 합의에 나선다는 등의 폐단을 조장할 우려도 있고, 남상고를 촉발할 염려도 지적될 수 있다. 또한 상고심으로서는 구두변론을 열더라도 법률문제를 다루는 것일 뿐 새로운 증거조사나 사실심리를 하지 않기 때문에 합의서나 탄원서 등의 진정 여부를 검증하기도 쉽지 않다. 그렇다고 해서 원심판결 후에 현출된 정상을 참작한다면 원심의 양형이 심히 부당하다고 인정될 만한 사안인데도 그대로 상고기각을 하는 것은 피고인 구제의 측면에서 문제가 있다. 특히 사형이 선고된 사안에서 피해자 혹은 그 유족과의 합의나 범행 자백 등의 개전의 정 등의 정상이 현출된다면 극형의 선고가 반드시 유일한 선택만은 아니라고 할 수 있는 사안인데도 상고심으로서는 원심의 양형 판단의 당부만을 판단할 뿐 원심 이후에 제출된 이러한 정상을 고려할 길이 없다는 이유만으로 상고를 기각한다는 것은 문제가 있다.

이 문제에 대하여 일본 최고재판소는 상고심에 이르러 비로소 사기 피해자에 대한 변상이 이루어져 합의서가 제출된 사안에서 "피고인에게 유리한 정상이 항소심판결 후에 현출되었고 이것을 참작한다면 항소심의 양형이 무거워서 부당하다고 판단되는 경우라도 상고심으로서는 이것을 이유로 원판결을 파기할 수 없다"라고 판시하여 부정적인 입장을 명백히 천명하면서도 한편 이러한 결론에서 오는 문제점을 의식하여 "심리과정에서 피고인이 피해변상을 할 의사 있음을 표명하고 그 성실성이 인정될 수 있으므로 재판부가 직권을 발동하여서라도 변제의 성부 내지 그 과정에 관한 입증을 촉구하여야 하는데도 이를 하지 않았다면 심리미진의 위법이 있고 나아가 심히 양형이 부당한 의심이 있어 이를 파기하지 않으면 현저히 정의에 반한다"고 판시하여,[21] 우회적인 방법으로나마 일말의 피해자 구제에의 길을 열어 놓았다. 생각건대 상고심이 사형판결에 있어서는 일종의 속심적 유영에 의한 전의 심사를 하여 원심의 사형 선택이나 유지가 불가피하였는지 여부를 판단하여야 하므로 일응 원심판결 전후의 정상을 막론하고 전부 고려할 수도 있다고 보나, 만약 원심판결 후의 정상을 직접 고려하여 양형부당 여부를 판단하는 것이 사후심의 성격상 불가능하다고 하더라도 적어도 사형판결과 관련하여서는 사형을 회피할 수 있는 중요한 정상이 현출되는 경우 이러한 정상을 감안하여 심리미진 등의 간접적인 방법이나마 원심판결의 양형에 개입할 수 있는 길을 열어 놓는 것이 타당하다. 따라서 위 (3)의 1) 91도1718 판결에서 상고심이 원판결 이후에 상고심에 제출된 정상을 참작하여 바로 양형부당 판단으로 나아간 것도 문제이지만 이를 참작하더라도 원심의 형량인 징역 15년은 원심에서 합의된 공동 피고인의 징역 12년과의 균형상 형의 양정이 심히 부당하다고 볼 여지도 있으나 그 부당함이 '현저함'에까지 이른다고 할 수 있을지는 의문이다.

21) 일본 최고재판소 1977. 12. 22. 형집 31-7, 1147, 심리미진의 사유를 들어 실질적인 양형부당을 이유로 파기한 사례는 이 정도밖에 없다.

Ⅶ. 결　　론

대상판결 1은 강간살인죄의 피해자 중 사망자가 2명이고, 중상자가 1명이며, 특수강도강간의 피해자가 1명인 사안이고, 대상판결 2는 강도살인죄의 사망피해자가 3명이고 살인미수죄의 피해자가 1명인 사안으로서 각 피해자수가 적지 않고 범행 수법 또한 잔인함에도 전자는 파기환송되고, 후자는 상고기각되었다. 전자는 그 범행 과정에서의 피고인의 이상스러운 행동에 비추어 범죄 전후에 걸쳐 피고인의 심리상태나 판단능력에 문제가 없는지 여부를 심리해 보고 심리결과 그러한 정상이 있다고 인정된다면 극형인 사형으로 처단하는 것은 부당하다는 취지의 판결로서 사형판결에 있어서 위 Ⅵ. 2. (1)의 6) 대법원 99도763 판결에 이어 피고인에게 극형을 회피하기 위하여 고려할 만한 정상에 관한 심리미진은 곧 형의 양정이 심히 부당하다고 인정할 현저한 사유가 있는 때에 해당할 수 있다는 취지를 재확인한 판례라고 보여진다. 그리고 이 판례 역시 피해 결과의 중대성보다는 피해자의 주관적인 입장을 중요시한 최근의 흐름 속의 하나라고 생각된다.

이에 반하여 후자는 돈을 빼앗기 위한 계획적 범행이고 피고인의 심신장애 등 극형 회피를 위한 정상 사유 등이 문제되지 않은 사안으로서 살해된 피해자의 수가 3명으로서 많고 범행 수법이 잔인한 점 등 피해결과나 죄책이 중대하다면 사형제도가 존치하는 한 사형의 선택이 불가피한 경우도 있을 수 있다는 입장을 나타낸 판례로 보여진다. 최근 10여년간 상고기각되어 사형이 확정된 사안, 즉 영생교 신도로서 이탈신도 6명을 살해한 사안(대법원 2004. 9. 3. 선고 2004도3583 판결), 전세금 등 돈을 마련하기 위하여 공범과 함께 10여일 동안 6명의 피해자를 강도살인한 사안(대법원 2003. 3. 28. 선고 2002도6611 판결), 몇 개월만에 3명의 부녀자를 강도살인하고, 3명의 부녀자에 대한 강도행위를 한 사안(대법원 2002. 8. 23. 선고 2002도2254 판결), 강도상해의 구속된 공범의 변호사비용과 자신의 도피비용을 마련하기 위하여 공범 1명과 함께 현금을 트럭으로 운반중인 피해자 2명을 무참하게 찔러 살해한 사안(대법원 1997. 3. 25. 선고 96도3414 판결), 피고인을 포함하여 모두 조선족인 5명이 소위 선상반란을 일으켜 한국인 승선원 등 11명을 도끼나 칼로 난자하고 바다에 던져 모두 살해한 사안(대법원 1997. 7. 25. 선고 97도1142 판결), 피고인 등 3명이 사전 공모하여 피해자를 유인하여 칼로 찔러 살해한 뒤 행방을 찾고 있던 피해자의 애인을 유인하여 역시 칼로 찔러 살해한 사안(1996. 6. 11. 선고 96도857 판결), 감호처분 가출소 후 심야에 가정집에 침입하여 강도, 강간을 자행하면서 2명을 살해하고, 3명에게 중상을 입히고 4명의 부녀자들을 강간한 사안(대법원 1996. 4. 12. 선고 96도486 판결) 등을 보면 피살자의 수가 복수이고 공범이 2명 이상인 사안이 많다는 점이 지적될 수 있다.

살인 등 사건에서 피해자가 1명이라면 사형선고는 심히 부당한 양형으로 연결되기 쉬운지 여부에 관하여는 논란이 될 수 있는바, 위 Ⅵ. 2.(1)의 7) 2000도1507 대법원 판결에서는 피살자의 수가 3명이지만 2명에 대한 살인 건은 이미 은폐되어 수사대상에서 제외되었던 것을 스스로 자백하면서 수사가 개시되어 처벌을 받게 되었다는 정상도 참작되어 파기환송되었고, 일본 최고재판소 1997. 9. 20. 보험금살인등 사건의 판결[22]에서는 "3명의 생명을 노렸지만 결국 살해된 자는 1명이다"라고 설시하면서까지 사형판결을 파기하고 무기징역을 선고하고 있으나, 반면에 동 재판소 1999. 12. 10. 판결[23]은 강도살인죄로 무기징역을 선고받고 복역중 가출소한 후 혼자 사는 노파를 살해하고 금품을 강탈한 강도살인 사건에서 무기징역을 유지한 원심판결을 오히려 사형취지로 파기환송하고 있어 사안에 따라서는 피살자의 수가 1명이라도 사형으로 처단할 수도 있다는 점을 보여 주고 있다. 피살자가 1명이면 무기징역이고 피살자가 복수이면 사형이라는 양형법칙은 존재할 수 없고 결국 사안에 따라서 정해질 문제라고 사료되며 일본에서 몸값을 노리

22) 일형집 50-8, 571.
23) 일형집 53-9, 1160.

는 유괴살인사건의 실질을 가지는 사안이나 살인 등으로 복역중 가출소하여 다시 살인을 저지르는 사안(즉 교화개선의 여지가 없는 사안)에서는 피해자 수에 관계없이 사형의 선택을 고려한다는 실무 태도도 참고로 할 만하다.

성폭력범죄에 있어서 '항거불능인 상태'의 의미

김 혜 정*

[대상판결] 대법원 2003. 10. 24. 선고 2003도5322 판결

[판결요지]

[1] 성폭력범죄의처벌및피해자보호등에관한법률 제8조는 신체장애 또는 정신상의 장애로 항거불능인 상태에 있음을 이용하여 여자를 간음하거나 사람을 추행한 자를 형법 제297조, 제298조의 강간 또는 강제추행의 죄에 정한 형으로 처벌하도록 규정하고 있고, 위 법률 제12조에 의하여 제8조의 미수범도 처벌되는바, 위 법률 제8조에 정한 죄는 정신적 또는 신체적 사정으로 인하여 성적인 자기방어를 할 수 없는 사람에게 성적 자기결정권을 보호해 주는 것을 보호법익으로 하고 있고, 위 법률규정에서의 항거불능의 상태라 함은 심리적 또는 물리적으로 반항이 절대적으로 불가능하거나 현저히 곤란한 경우를 의미한다고 보아야 할 것이므로, 위 법률 제8조의 구성요건에 해당하기 위해서는 피해자가 신체장애 또는 정신상의 장애로 인하여 성적인 자기방어를 할 수 없는 항거불능의 상태에 있었어야 하고, 이러한 요건은 형법 제302조에서 미성년자 또는 심신미약자에 대하여 위계 또는 위력으로써 간음 또는 추행을 한 자의 처벌에 관하여 따로 규정하고 있는 점에 비추어 더욱 엄격하게 해석하여야 한다.

---

* 영남대학교 법과대학 교수.

[2] 피해자가 정신상의 장애가 있기는 하였으나 그로 인하여 항거불능의 상태에 있었던 것으로 보기는 어렵다고 한 사례.

[전 문]

[상 고 인] 피고인

[원심판결] 서울고법 2003. 8. 21. 선고 2003노1345 판결

[주 문]

원심판결을 파기하고, 사건을 서울고등법원에 환송한다.

[이 유]

1. 공소사실의 요지

이 사건 공소사실의 요지는 "피고인은 2003. 3. 29. 14:20경 광명시 하안 3동 주공아파트 1302동 308호 피해자(여, 37세)의 집 안방에서, 정신분열병을 앓고 있는 피해자에게 험악한 인상을 지으며 주먹으로 때릴 듯한 태도를 보여 그녀의 반항을 억압한 후, 피해자의 팬티를 벗기고 그녀의 가슴과 음부를 수회 만지며 상체를 껴안아 넘어뜨린 뒤 피해자를 간음하려고 하였으나, 그녀가 크게 소리를 질러 피해자의 딸인 공소외 1이 오는 바람에 그 뜻을 이루지 못하여 미수에 그쳤다"라는 것이다.

2. 원심의 판단

원심은, 그 채택 증거들에 의하면, 피해자는 지능이 매우 낮은 정신분열병 환자로서 약 10년간 광명시 하안동의 문정신과의원에서 의료보호환자로 치료를 받아 오고 있는데, 집에서 남편의 도움을 받아 겨우 살림만 하고 다른 사회생활은 불가능한 정신장애 2 내지 3급 수준의 정신지체 장애인인 사실, 피해자는 이로 인하여 이 사건 당시 피고인이 약간의 겁을 주자 정신이 빠진 사람이 되어 별다른 반항을 하지 못한

사실 등이 인정된다는 이유로, 피고인에 대한 판시 범죄사실을 성폭력범죄의처벌및피해자보호등에관한법률 제 8 조, 제12조에 의율하여 유죄로 인정한 제 1 심판결을 그대로 유지하였다.

3. 이 법원의 판단

그러나 이러한 원심의 사실인정과 판단은 수긍하기 어렵다.

성폭력범죄의처벌및피해자보호등에관한법률 제 8 조는 신체장애 또는 정신상의 장애로 항거불능인 상태에 있음을 이용하여 여자를 간음하거나 사람을 추행한 자를 형법 제297조, 제298조의 강간 또는 강제추행의 죄에 정한 형으로 처벌하도록 규정하고 있고, 위 법률 제12조에 의하여 제 8 조의 미수범도 처벌되는바, 위 법률 제 8 조에 정한 죄는 정신적 또는 신체적 사정으로 인하여 성적인 자기방어를 할 수 없는 사람에게 성적 자기결정권을 보호해 주는 것을 보호법익으로 하고 있고, 위 법률규정에서의 항거불능의 상태라 함은 심리적 또는 물리적으로 반항이 절대적으로 불가능하거나 현저히 곤란한 경우를 의미한다고 보아야 할 것이므로(대법원 2000. 5. 26. 선고 98도3257 판결 참조), 위 법률 제 8 조의 구성요건에 해당하기 위해서는 피해자가 신체장애 또는 정신상의 장애로 인하여 성적인 자기방어를 할 수 없는 항거불능의 상태에 있었어야 하고, 이러한 요건은 형법 제302조에서 미성년자 또는 심신미약자에 대하여 위계 또는 위력으로써 간음 또는 추행을 한 자의 처벌에 관하여 따로 규정하고 있는 점에 비추어 더욱 엄격하게 해석하여야 할 것이다.

그런데 이 사건 공소사실은 피고인이 정신분열병을 앓고 있는 피해자에게 험악한 인상을 지으며 주먹으로 때릴 듯한 태도를 보여 피해자의 반항을 억압한 후 상체를 껴안아 넘어뜨린 뒤 피해자를 간음하려고 하였으나 피해자가 크게 소리를 질러 피해자의 딸이 오는 바람에 그 뜻을 이루지 못하고 미수에 그쳤다는 것으로서, 피해자가 정신분열병이라는 정신상의 장애로 인하여 항거불능의 상태에 있었다는 것인지가 공소사실 자체에서는 분명하게 드러나 있지 않다.

나아가 기록에 의하면, 피해자는 지능이 낮고, 10년 전부터 정신분열병에 대한 치료를 받고 있으며, 집에서 무거운 빨래를 하거나 밖에 나가서 고가의 물건을 사거나 복잡한 일은 할 수 없고, 다른 사람의 간단한 위력의 행사에 의해서도 겁을 많이 먹는 사실, 그러나 피해자는 식사를 준비하고 가벼운 빨래를 하는 등의 집안 살림이나 가게에 가서 식료품을 사오는 일은 할 수 있고, 사람을 알아보는 데에도 문제가 없어 남편 외의 다른 남자가 성관계를 요구하면 이를 거부할 정도의 의식은 가지고 있는 사실, 피해자는 이 사건 당시의 상황과 관련하여, 피해자의 남편이 집에서 하던 전자제품 납땜 작업과 관련하여 4년 전부터 알고 지내던 피고인이 사건 당일 집에 찾아와서는 피해자의 남편에게 맡긴 일이 다 되었는지 확인해 보겠다면서 안방으로 들어가기에 피해자도 뒤따라 들어가자, 피고인이 안방에 있던 피해자의 딸에게 작은 방에 가 있으라고 소리쳐 피해자의 딸은 작은 방으로 건너갔고, 그 후 피고인이 피해자에게 옷을 벗으라고 하여 싫다고 하자 피고인이 얼굴에 인상을 쓰고 때릴 것 같은 태도를 보이면서 빨리 벗으라고 하여 상의를 전부 벗었으며, 피고인이 피해자의 가슴과 음부를 만지다가 하의를 벗으라고 하여 어쩔 수 없이 하의를 벗자, 피고인이 피해자의 상체를 껴안고는 누우라고 하기에 피해자는 힘을 주어 싫다고 하면서 하지 말라고 여러 차례 애원하였는데도, 피고인은 피해자의 상체를 거세게 껴안고 넘어뜨린 뒤 피해자를 간음하려고 하였고, 그 때까지 피해자는 제발 좀 하지 말라고 큰소리로 계속 말하다가 더 큰 소리로 딸을 부르자 피고인이 행위를 중단하고는 작은 방으로 건너갔다고 진술하고 있는 사실, 피고인 역시 그가 눈에 힘을 주고 인상을 부라리며 말을 듣지 않으면 마치 때릴 듯이 손을 들었다가 내리는 등의 행동으로 피해자에게 겁을 주면서 옷을 벗으라고 하였고, 옷을 벗은 피해자에게 누우라고 하였으나 피해자가 "안돼요. 싫어요. 이러지 말아요"라면서 반항하기에 피해자의 말을 무시하고 힘으로 바닥에 넘어뜨렸으며, 바닥에 눕힌 피해자를 간음하려고 하였으나 피해자가 몸을 뒤트는 바람에 여의치 않던 중 피해자의 딸이 건너오는 기척이 들려 행위를 중단하였다고 진술하고 있는 사실 등을 알 수 있다.

이 사건 공소사실을 위와 같은 피해자의 이 사건 당시의 정신상 장애의 정도 및 상태, 사건 당시 피고인이 피해자에게 행사한 유형력의 내용과 그 결과, 피고인의 범행이 미수에 그치게 된 경위 등에 비추어 살펴보면, 이 사건은 정신상의 장애가 있기는 하였으나 그로 인하여 항거불능의 상태에 있었던 것은 아닌 피해자를 피고인이 폭행·협박 또는 위력으로써 반항을 쉽게 억압한 뒤 피해자를 간음하려다가 그 뜻을 이루지 못한 것으로 볼 수는 있을지언정, 피해자가 정신상의 장애로 인하여 항거불능인 상태에 있음을 이용하여 피고인이 피해자를 간음하려다가 미수에 그친 것이라고 볼 수는 없으므로, 피고인의 행위가 성폭력범죄의처벌및피해자보호등에관한법률 제8조, 제12조의 구성요건에 해당한다고 할 수 없다.

그런데도 원심은 피고인의 행위를 위 법률 제8조, 제12조에 의율하여 유죄로 인정한 제1심판결을 그대로 유지하였으니, 원심판결에는 위 법률 제8조에 관한 법리를 오해함으로써 법령의 적용을 그르친 위법이 있다 할 것이고, 이는 판결 결과에 영향을 미쳤음이 분명하다.

[환송판결]

서울고법 2004. 1. 30. 선고 2003노3041 판결

[참조판결]

부산고법 2005. 4. 20. 선고 2004노315 판결 성폭력특별법위반(장애인에대한준강간등)

부산고법 2005. 7. 13. 선고 2005노317 판결 성폭력특별법위반(13세미만미성년자강간등)

대구고법 2005. 2. 17. 선고 2004노560 판결 성폭력특별법위반(장애인에대한준강간등)

Ⅰ. 문제제기

전 세계적으로 심각해지고 있는 성폭력범죄의 양상은 그 피해자가 더 이상 성인에만 머무르지 않고 그 수가 증가하면서 성폭력범죄자에 대한 보다 강력한 처벌과 사회적 통제를 요구하게 되었다. 이러한 추세는 미국의 성폭력범죄자에 대한 제재의 변화를 통해서도 쉽게 감지할 수 있다.

우리 사회 역시 성폭력범죄로부터 더 이상 안전한 사회라고 보기는 어려울 것으로 본다. 특히 최근에는 그 피해대상자로 사회적 약자라고 할 수 있는 아동에 대한 성폭력범죄 내지 장애여성에 대한 성폭력범죄가 나날이 증가하는 추세로 성폭력범죄자들에 대한 제재강화의 목소리가 점차 증가하고 있는 추세라고 할 수 있다.[1]

[표 1] 경찰청 추산 강간범죄 발생현황

범죄유형	1998	1999	2000	2001	2002	2003	2004
강간	5,978	6,359	6,855	6,751	6,119	6,531	6,959

자료: 경찰청(issue brief, 여의도 연구소, 2005/5, 3면에서 재인용).

최근의 성폭력범죄 발생률을 살펴보면, 전체 강간범죄가 2000년을 기점으로 감소추세에 있다가 2003년부터 다시 급증하기 시작하였다(위의 [표 1] 참조). 특히 아동에 대한 성폭력범죄 발생건수도 2002년 422건, 2003년 384건, 2004년(1월에서 7월 사이의 통계) 343건[2]에 이르고 있

1) 이에 지난 2005년 4월에는 한나라당 의원들이 전자팔찌를 이용하여 성폭력범죄자를 통제하는 법률안을 마련하겠다는 정책방안을 발표한 바 있다. 한나라당 의원들이 이러한 법률안을 입안하게 된 배경에는 최근 급격히 증가하는 성폭력범죄의 심각성에 대한 적극적인 대처방안이 필요하다는 국민적 공감대 형성에 근거하고 있다고 할 수 있다. 동 법률안에 대한 내용은 김혜정, "성폭력범죄자에 대한 전자팔찌 적용가능성에 관한 검토: '특정성폭력범죄자에대한위치추적전자장치부착에관한법률안'을 중심으로," 형사정책연구 제16권 제 3 호, 2005, 239면 이하 참조.

2) 이계경, "성폭력 범죄의 현황과 실효적 대책을 위한 전제," 전자위치확인제도도입대토론회 자료집, 2005. 5. 13, 12면에서 인용.

다. 그와 함께 서울여성장애인성폭력상담소에 접수되는 장애인 여성의 성폭력 피해사례도 한해 평균 100여건에 이른다고 한다.[3)]

그러나 이러한 추세에 비하여 실질적으로 성폭력범죄자, 특히 아동이나 장애여성을 대상으로 성폭력범죄를 행한 경우 생각보다 처벌받는 경우는 그리 많지 않다고 하는 것이 피해자가족들의 주장이다. 특히 정신장애여성을 대상으로 한 성폭력사례에서 '성폭력범죄의처벌및피해자보호등에관한법률' 제8조의 소위 '항거불능의 상태'에 이르지 않았다는 이유로 무죄가 확정된 판결이 적지 않다. 이에 여성계에서는 우리 법원이 항거불능상태를 지나치게 엄격하게 해석함으로써 장애여성을 두텁게 보호하겠다는 동법의 입법취지에 반하고, 그래서 실질적으로 피해여성의 법익을 보호하지 못한다는 문제제기를 하고 있다.

서울여성성폭력상담소의 조사에 따르면, 아래의 [표 2]에서 보는 바와 같이, 장애여성에 대한 성폭력사례에서 가해자 유형이 피해여성장애자가 쉽게 신뢰할 수 있는 아는 사람이 대부분(69%)을 차지하고 있다. 따라서 많은 경우, 피해장애여성들은 상대에 대한 특별한 거부감이 없고, 상대가 접근이 용이하기 때문에, 이러한 상황에서 성폭력범죄가 발생할 경우 적극적인 저항을 기대하기는 쉽지 않다고 보고 있다. 그와 함께 성폭력을 상담한 여성장애인의 장애 유형 중 정신지체가 전체의 68%를 차지해, 많은 여성장애인들이 성폭력이 무엇인지 인식하지 못한 상태에서 피해를 보는 것으로 나타났다고 분석하고 있다. 또 성폭력상담소는 앞에서 언급한 바와 같이, 가해자가 피해자의 상황을 잘 알고 있는 사람인 경우가 많아 성폭력이 1-2회에 그치는 것이 아니라 장기간 지속되며, 주변 여건상 성폭력 이후 의료적·법률적 대처가 어려워 여성장애인의 후유증이 크다고 설명했다.[4)]

---

3) 하지만 여성 장애인 성폭력 신고율이 2%대에 지나지 않는 점을 고려하면 피해여성은 훨씬 많을 것으로 추정하고 있다(2005년 8월 28일자 한겨레신문 참조).

4) 2005년 4월 7일자 연합뉴스 참조.

[표 2] 성폭력 피해 여성장애인 가해자 유형(2001-2004년 기준)

	이웃	모르는 사람	근친(친부/형제)	동급생 선후배	교사 강사	시설 종사자	채팅	직장	친인척	종교인	미파악	계
인원(%)	120 (40)	66 (22)	26 (9)	22 (7)	10 (3)	10 (3)	9 (3)	8 (3)	6 (2)	6 (2)	19 (6)	302 (100)

자료: 서울여성장애인성폭력상담소.

이에 여성계에서는 "성폭력범죄의처벌및피해자보호등에관한법률 제 8 조의 '항거불능의 상태' 조항이 가해자가 무죄판결을 받을 수 있는 독소조항으로 여성장애인에게 불합리하게 작용하고 있어 삭제되어야 한다"고 주장하기도 한다.[5] 그렇다면 장애여성에 대한 성폭력범죄에서 판단의 기초가 되고 있는 항거불능상태의 여부를 어떻게 판단하는 것이 합리적인 태도인지, 여성계의 주장과 같이 독소조항이므로 삭제되어야 하는 것인지, 아니면 보다 구체화시킬 필요가 있는 것인지 의문이 든다.

이에 본 글에서는 기존의 판결을 통해 현재 우리 법원에서 항거불능상태를 인정하는 근거에 대하여 살펴보면서, 그 범위를 어느 정도 인정하는 것이 필요한지, 이러한 판단근거 내지 기준을 어떤 방식으로든 정형화시킬 수는 없는 것인지에 대하여 살펴보도록 한다.

Ⅱ. 입법적 관점에서의 검토

1. '항거불능상태'를 요건으로 하는 규정의 의미

우리 형법 내지 특별법에서 성폭력범죄와 관련하여 '항거불능의 상태'를 요건으로 하는 규정으로 형법상의 준강간·준강제추행(제299조)과 성폭력범죄의처벌및피해자보호등에관한법률(이하 성폭력특별법이라

5) 이러한 관점에서 2005년 6월 22일 이은영 의원 등 18인이 발의한 성폭력범죄의처벌및피해자보호등에관한법률 일부개정안에서는 제 8 조에 '항거불능'이라는 요건이 삭제되어 있다(국회의 의안정보시스템 참조).

함)상의 장애인에 대한 간음 등(제8조)을 들 수 있다. 여기에서 형법상 준강간·강제추행죄에서 항거불능의 상태라 함은 육체적·심리적으로 간음 또는 추행에 대한 반항이 불가능한 상태를 말한다. 형법상 항거불능의 상태로 예시되는 경우로써 육체적으로 반항이 불가능한 예로는 피해자가 묶여 있던가, 육체의 질병으로 인해 도피할 수 없는 경우 등을 늘 수 있고, 심리적으로 반항이 불가능한 상태의 예로는 산부인과 의사가 자신을 신뢰하고 있는 환자를 진찰하던 중 간음·추행하거나, 자포자기상태에 빠져 있는 사람을 간음·추행하는 경우 등을 들 수 있다.[6)]

이와 관련하여 성폭력특별법 제8조에는 "장애인에 대한 간음 등"이라는 표제하에 "신체장애 또는 정신상의 장애로 항거불능인 상태에 있음을 이용하여" 간음하거나 추행하는 경우를 처벌하도록 하고 있어, 형법상의 준강간에 대한 추가적인 규정을 담고 있는 것으로 보인다. 즉 형법상 준강간죄에서 요구하는 항거불능의 상태에까지 이르지는 못하여, 자칫 보호의 사각지대에 놓일 수 있는 법익보호를 위한 완화된 관점에서의 구성요건을 특별법에 담고 있는 것으로 보인다. 그렇다면 항거불능상태의 또 다른 예시로써 판단능력의 결여를 항거불능상태의 한 형태로 받아들일 수 있을 것인가, 더 나아가 판단능력의 부재상태에서 동의가 있었던 경우에도 항거불능의 상태를 이용한 경우에 포섭할 수 있을 것인지 의문이 든다.

사실 1994년 성폭력특별법이 처음 제정되던 당시에는 동법 제8조에 신체장애로 항거불능인 상태에 있음을 이용하여 여자를 간음하거나 사람에 대하여 추행한 자를 처벌하도록 규정하고 있어, 현재의 법조문과는 달리 신체장애로 인한 경우[7)]만으로 한정함으로써 '정신상의 장애'

6) 배종대, 형법각론, 2003, 239면; 오영근, 형법각론, 2002, 208면; 이재상, 형법각론, 2004, 167면 참조.

7) 성폭력특별법 제정 당시 신체장애인에 대한 강간죄를 규정한 이유는, 형법 제299조의 준강간/준강제추행죄의 규정에서 심신상실이란 정신기능의 장애로 인하여 정상적인 판단능력이 없는 상태를 의미하고 항거불능의 상태라 함은 심신상실 이외의 원인 때문에 심리적 또는 물리적으로 반항이 불가능한 경우를 의미하는 것으로, 동 규정으로는 신체장애로 인해 항거불능인 상태에 있는 부녀자를 간음한 경우 그 처

로 인한 경우를 동 규정에 의하여 포섭할 수 없었던 것[8]을, 1997년 개정을 통하여 정신상의 장애도 포함하는 것으로 하여 그 보호범위를 넓히고 있다고 판단된다.

이러한 성폭력특별법 제 8 조는 "정신적 또는 신체적 사정으로 인하여 성적인 자기방어를 할 수 없는 사람에게 성적 자기결정권을 보호해 주는 것을 보호법익"으로 한다고 우리 대법원은 판단하고 있다.[9] 즉 신체적 내지 정신적 장애를 가진 사회적 약자들에 대하여 특별법을 통해 그들의 보호법익을 조금 더 적극적으로 보호할 필요성에 의해 입법이 되었다고 이해할 수 있을 것이다. 이러한 취지를 가진 동 규정에서 보호법익으로 하고 있는 성적 자기결정권이란 일반적으로 성행위를 하고 싶지 않은 상대를 거부할 수 있는 소극적 권리를 말한다는 것은 주지하는 바이다.

그런데 문제는 본죄의 객체 중에는 실질적인 성적 자유를 가지지 못한 사람이 있을 수 있다는 것이다. 그렇다면 이 경우 그들이 성욕의 객체나 도구가 되는 것으로부터 그들을 보호하는 것도 동 규정의 입법취지로 고려될 여지가 있다고 본다.[10] 이러한 관점에서 본다면, 판단능력의 결여로 강간을 당함에 있어서 그 뜻을 정확히 이해하지 못하고 동의하였는지 반항하였는지 명백히 알 수 없는 상태도 항거불능상태에 포함될 수 있는 여지가 있다고 볼 수 있다.[11]

벌이 용이하지 않았기 때문에 별도의 규정이 필요했던 것으로 보고 있다(박순배, "성폭력범죄의처벌및피해자보호등에관한법률 제 8 조 '정신상의 장애로 항거불능인 상태'의 의미," 우리형사판례연구회 발표문(미발간), 2005. 12. 12, 6면 참조).

8) 당시 대법원은 "관련 법률의 장애인에 관한 규정과 형법상의 유추해석 금지의 원칙에 비추어 볼 때, 이 규정에서 말하는 '신체장애'에 정신박약 등으로 인한 정신장애도 포함된다고 보아 그러한 정신장애로 인하여 항거불능 상태에 있는 여자를 간음한 경우에도 이 규정에 해당한다고 해석하기는 어렵다"고 판단하였다(대법원 1998. 4. 10. 선고 97도3392 판결).

9) 대법원 2000. 5. 26. 선고 98도3257 판결; 대법원 2003. 10. 24. 선고 2003도5322 판결 등 참조.

10) Schönke/Schrpder/Lenckner/Perron, StGB, 26. Aufl., § 179, Rn. 1; 이재상, 앞의 책, 166면 참조.

11) 이재상, 앞의 책, 166면 참조.

2. 성폭력특별법 제 8 조와 형법 제302조와의 관계

그러나 위 대상판결에서 언급한 바와 같이, 대법원은 "항거불능상태의 요건은 형법 제302조에서 미성년자 또는 심신미약자에 대하여 위계 또는 위력으로써 간음 또는 추행을 한 자의 처벌에 관하여 따로 규정하고 있는 점에 비추어 더욱 엄격하게 해석하여야 한다"라고 판시하고 있다. 그런데 형법 제302조는 위계와 위력을 요건으로 하고 있다. 따라서 판단능력의 결여로 강간을 당함에 반항하지 않은 경우까지 제302조로 포섭하기는 어려울 것으로 판단된다.

무엇보다도 성폭력특별법 제 8 조의 구성요건이 충족되지 않는다고 하여 곧바로 형법 제302조를 규율할 수는 없다고 보는 것이 법원의 입장이다. 그 이유는 성폭력특별법 제 8 조 위반죄와 형법 제302조 위반죄는 서로 구성요건을 달리하므로 강강치상과 강간죄의 관계처럼 서로 보충관계에 있는 것으로 이해할 수는 없기 때문이라고 한다. 이에 성폭력특별법 제 8 조에 해당하지 않는 사안에 곧바로 형법 제302조를 적용할 수는 없다고 판단하고 있다.[12)]

물론 위 대상판결에서 비록 성폭력특별법 제 8 조의 항거불능상태를 인정할 수는 없어도 "정신상의 장애가 있기는 하였으나 그로 인하여 항거불능의 상태에 있었던 것은 아닌 피해자를 피고인이 폭행·협박 또는 위력으로써 반항을 쉽게 억압한 뒤 피해자를 간음하려다가 그 뜻을 이루지 못한 것으로 볼 수는 있다"고 하여 형법 제302조를 구성할 여지가 있음을 부인하고 있지는 않다.[13)] 그러나 성폭력특별법 제 8 조의 입법취지가 장애인을 비장애인에 비해 성폭력범죄로부터 보다 두텁게 보호하는 데 있다면 현재와 같은 대법원의 해석이 다소 완화된 관점에서 이루어질 필요가 있다고 본다.[14)]

---

12) 부산고법 2005. 4. 20. 선고 2004노315 판결 참조.

13) 위 대상판결의 환송판결에서 보는 바와 같이, 현행 형법 제302조가 친고죄로 되어 있어 실질적인 처벌에 어려움이 있는 문제도 간과할 수 없다고 본다.

14) 이러한 관점에서 형법 제299조 준강간죄에서 '항거불능'이라 함은 심신상실 이외의 원인 때문에 심리적 또는 물리적으로 반항이 불가능한 경우를 의미한다면, 성폭력특별법 제 8 조에서 '정신상의 장애로 인하여 항거불능의 상태'라 함은 준강간죄

이에 여성단체나 장애인단체는 “정신장애를 가진 사람들은 사람을 쉽게 신뢰하게 되고 누군가 달콤한 말로 유인하거나 약간의 위협만 해도 겁을 먹어 성폭력의 위협에 노출”될 뿐만 아니라 “완전히 의식이 없는 상태 또는 도저히 빠져 나오기 불가능한 상태에서 당한 폭행만 인정하는 법원의 판단은 현실을 무시한 결정”이라고 하면서, 정신지체장애인의 경우 장애 자체가 관련법에서 규정하고 있는 ‘항거불능상태’라고 주장하며 관련 조항을 구체적으로 명시하도록 법 개정을 촉구하고 있다.

물론 여성단체 등의 주장대로 정신지체장애인 성폭행에 대한 범죄구성요건을 완화할 경우, 자칫 그들 또한 마땅히 누려야 할 성에 대한 자유권을 침해할 소지가 있다는 딜레마에 빠지게 되는 문제점도 간과할 수는 없다. 따라서 현행 법규의 테두리 안에서 장애인의 성적 자유권을 보호하면서 가해자를 처벌할 수 있는 방안으로 기소단계에서부터 피해자 등과 충분히 상의해 적용 법조를 달리하는 방안의 모색을 제기하는 견해도 있지만, 보다 궁극적인 해결책을 찾는 것이 필요하다고 본다.

3. 보호법익을 무엇으로 이해할 것인가?

대부분의 피해정신장애여성은 정신지체 1급-2급 정도로 그 지적 능력은 13세 미만의 수준에 머무르고 있다고 한다. 따라서 성에 대한 사회적 의미를 올바로 이해하는 경우는 그리 많지 않을 것으로 생각되는데, 그렇다면 이 경우 그 보호법익을 무엇으로 이해할 것인가에 대한 숙고가 필요하다고 본다.

먼저 형법 제305조에서 13세 미만자의 경우 성적 자기결정능력이 없다고 간주[15)]하고 비록 폭행·협박·위계·위력이 없고 더 나아가 동

와는 달리 항거불능이라는 구성요건이 독자적인 구성요건이 아니라 ‘정신상의 장애’라는 구성요건을 보완하는 요건으로 규정되어 있어 양 조문에서의 역할이 서로 다름을 알 수 있으며, 그렇다면 성폭력특별법 제8조의 ‘항거불능’을 해석함에 입법취지에 대한 고려와 준강간죄와 관계를 고려하여 현재의 대법원의 해석보다 다소 완화된 해석이 필요하다는 견해가 타당하다고 본다(박순배, 앞의 논문, 8면 참조).

15) 오영근, 앞의 책, 196면.

의가 있다고 하여도 미성년자에 대한 강력한 보호를 위하여 강간죄 또는 강제추행죄를 성립시키고 있는 것과 관련하여 살펴볼 때, 상당한 정신지체가 있는 경우에 설사 피해자의 동의가 있었다고 하여도 그 동의 효력을 부정하여 범죄성립을 인정할 여지는 없는 것인지 의문이다. 이는 위에서 언급한 바와 같이, 이러한 사안의 경우 가해자는 피해자의 (항거불능)상황을 잘 알고 이를 이용하는 사람인 경우로 성폭력이 장기간 지속될 여지가 있음에도 적극적으로 보호할 방법이 없다고 보기 때문이다.

사실 항거불능이란 용어 그 자체에서 알 수 있는 바와 같이, 항거불능의 상태란 저항이 불가능한 상황이라고 할 수 있다. 따라서 이러한 문리적 해석의 관점에서 본다면, 항거불능상태에 있는 자에게 적극적인 저항의사 내지 저항표현을 요구하는 것 자체가 일면 그 뜻에 배치되는 부분이 있다고 본다. 이는 대부분의 피해정신지체장애여성의 경우, 그 가해자가 대부분 아는 사람인 까닭에 거부감 없이 쉽게 다가갈 수 있는 상황에 있었고, 그러한 상황에서 적극적인 저항의사를 기대하기 어렵다고 보기 때문이다. 또한 "신체장애 또는 정신장애로 항거불능인 상태"라 할 때 해석상 신체장애 내지 정신장애 그 자체가 이미 항거불능상태를 구성하는 요소로 해석할 여지도 있다고 보기 때문이다. 결국 항거불능의 상황을 이용하는 데 초점이 맞추어질 필요가 있다고 본다면 실질적으로 이러한 거부를 할 수 있는 능력이 있었는지 또는 거부할 수 있는 상황이었는지에 판단의 초점이 맞추어져야 한다고 본다.

물론 성폭력특별법 제8조의 '항거불능인 상태'라는 구성요건을 대법원이 엄격하게 해석함으로써 오히려 장애인 보호목적의 장애요소로 작용하고 있다는 여성계의 문제제기를 통해 동 규정에서 이러한 구성요건을 삭제하려는 입법안에 대하여, 헌법 제10조는 모든 국민이 인간으로서의 존엄과 가치를 가지며, 행복을 추구할 권리를 가진다고 규정하고 있으며, 이러한 행복추구권에는 개인의 자기운명결정권이 전제되는 것이고, 자기운명결정권에는 성행위 여부 및 성행위의 상대방을 결정할 수 있는 '성적 자기결정권'이 포함되어 있다는 관점에서, '항거불능'이라는 요건을 삭제하는 경우, 정신장애가 있는 자와 성관계를 가지는 모든 상대방이 정신장애인의 장애 정도, 강제력·유형력의 행사유무 및 그 정도, 정신 장애인의 동의·비동의 여부 등과는 상관없이 성폭력특별법 제8조에 의해 처벌받게 되고, 그렇게 되면 정신장애인들은 오히려 동법에 의해 성행위를 할 수 있는 권리를 침해받는 결과가 발생할 수 있다는 비판이 제기되기도 한다.16)

이러한 관점에서 성폭력특별법 제8조의 '항거불능'의 요건을 삭제하기보다는 그 의미를 "정신상의 장애로 인하여 정상적인 판단능력이 부족하여 상대방의 성적 요구에 대해 합리적인 반항을 하지 못하는 상태"로 해석17)하는 것은 의미가 있다고 판단된다. 이러한 해석의 입장을 취하는 경우, 현재와 같이 형법 제302조의 규정을 이유로 성폭력특별법 제8조의 '항거불능상태'를 엄격하게 해석하는 입장에서 벗어나 완화된 해석의 가능성이 있음으로써, 현재 처벌의 사각지대에 있는 사안들을 포섭할 수 있게 될 것으로 판단되기 때문이다.

결국 장애로 인하여 성적인 자기방어를 할 수 없는 사람에게 성적 자기결정권을 보호해 주는 것뿐만 아니라 실질적인 성적 자유를 가지지 못하는 사람들이 성욕의 도구가 되는 것으로부터 보호한다는 두 가지 관점에서 '항거불능의 상태'에 대한 완화된 해석의 시각이 필요할 것으로 본다.

4. 친고죄의 문제

이와 함께 입법적인 관점에서 성폭력범죄에 대한 친고죄의 문제도 전반적으로 검토할 필요가 있다고 본다. 형법상 성폭력범죄 중에는 강

16) 박순배, 앞의 논문, 9면 참조.

17) 물론 이 경우 '합리적인 반항'을 어느 범주까지 인정할 것인가의 해석문제가 남게 되지만, 이는 대법원이 '항거불능상태'를 어디까지 인정할 것인가를 해석해야 하는 현재의 상황에서도 존재하는 문제라고 판단하고 있다(박순배, 앞의 논문, 11면 이하 참조).

간 등 상해·치상 및 살인·치사를 제외하고는 모두 친고죄로 구성되어 있다. 그에 비해 성폭력특별법상의 성폭력범죄 중에는 업무상 위력 등에 의한 추행, 공중밀집장소에서의 추행 및 통신매체이용음란죄를 제외한 경우 대부분 비친고죄로 구성되어 있다. 따라서 성폭력특별법이 아닌 형법으로 성폭력범죄를 규율할 경우 친고죄라는 소추요건에 의해 처벌이 어려워지는 사례가 상당히 많이 발생하고 있는 것으로 안다.

이러한 문제는 위 대상판결에서 보는 바와 같이, 동 사안에서 항거불능상태를 인정할 수 없어 성폭력특별법 제8조에 의하여 처벌할 수는 없어도 형법 제302조에 의한 처벌가능성을 인정하면서 파기 환송하였음에도, 환송판결(2003노3041)에서 "이 사건 공소가 제기된 성폭력범죄의처벌및피해자보호등에관한법률위반(장애인에대한준강간등)의 점에 대한 증명이 없더라도 강간미수의 점에 관하여 증명이 있으면 법원으로서는 강간미수의 점에 대하여 유죄인정을 할 수 있다 할 것이고, 다만 이 경우에 있어 공소제기 후 원심 판결 선고 전에 그 소추요건인 고소의 취소가 있었다면 형사소송법 제327조 제5호에 의하여 공소기각의 판결을 선고하여야 할 것인데, 피해자가 이 사건 공소제기 후 피고인에 대한 이 사건 고소를 취하한 사실을 인정할 수 있으므로"라고 하여 결국 친고죄 요건을 충족하지 못해 공소기각판결을 내리고 있는 것에서도 잘 알 수 있다.

이러한 성폭력범죄의 친고죄문제와 관련하여서는 최근에 발생한 일련의 성폭력사건으로 그 동안 우리 법원이 성폭력범죄에 대하여 지나치게 미온적인 태도를 취해 왔다는 비판과 함께, 지난 4월 10일에는 법무부장관이 성폭력범죄를 비친고죄로 전환하는 것을 적극 검토하겠다는 입장을 밝힌 바 있다.[18] 그러나 현재 제기되고 있는 비친고죄의 문제는 주로 아동에 대한 성폭력범죄 및 교정기관에 수용되어 있는 여성수용자에 대한 감독자의 성폭력범죄로 국한되어 있을 뿐 장애여성에 대한 성폭력범죄에 대한 고려는 배제되어 있는 것으로 보인다.

---

18) 2006년 4월 10일 (월) 15:00 (인터넷)연합뉴스 참조.

물론 성폭력범죄에 대하여 친고죄 규정을 적용한 본래의 취지를 생각해 볼 때, 무조건 모든 성폭력범죄를 비친고죄로 전환하는 것이 바람직할 것인가에 대하여 의문을 제기하는 견해도 있다. 그러나 성폭력범죄로부터 사회적 약자의 적극적인 보호라는 관점에서 최소한 정신장애여성에 대한 성폭력범죄에 대하여도 비친고죄로 전환하는 것이 필요하다고 본다. 오히려 예컨대 수사과정이나 재판과정에서 피해자를 보호할 수 있는 절차가 진행되도록 제도를 개선함으로써 비친고죄로 전환하는 것을 통해 나타날 수 있는 부작용을 최소화하는 노력이 필요하다고 본다.

Ⅲ. 법원의 판결동향

1. 장애여성피해자의 항거불능상태를 부정하는 근거

이상에서 언급한 입법적인 검토를 바탕으로 성폭력특별법 제8조와 관련하여 '항거불능상태'의 해석이 문제가 되었던 사례를 살펴본다면, 먼저 정신지체 장애를 겪고 있는 어린 여성이 이웃 어른 등 윗사람의 요구로 성관계를 가진 경우, 그 행위자를 처벌할 수 있을 것인가에 대한 판단이다. 부산고법 2005. 4. 20. 선고 2004노315 판결에서는 동거하는 여성의 딸인 정신지체 2급 장애인 A양(99년 피해 당시 만 13세)을 5년간 8차례에 걸쳐 성폭행한 혐의로 기소된 김모(52세. 환경미화원)씨에 대하여 1심에서 항거불능상태를 인정할 만한 증거가 없다는 이유에서 무죄를 선고한 것과 마찬가지로 2심에서도 무죄를 선고하였다. 사실 부산고법은 2004년 9월에도 한 마을에 사는 미성년 장애인 B양(17세)을 98년 9월 성폭행한 혐의로 기소된 이모(69세)씨에 대하여 대법원 환송심에서 징역 2년을 선고한 원심을 파기하고 무죄를 선고하여 여성장애인단체로부터 많은 비난을 받은 바 있다.[19] 두 사건의 공통점은 피해자가 모두 정신지체장애 1급과 2급으로 지적 능력이 크게 떨어지는 미성년이며 가해자가 한 집에 거주하거나 이웃에 사는 평소 잘 알고 있

---

19) 2005년 4월 20일 연합뉴스 참조.

는 어른이라는 것이다. 이는 위에서 언급한 바와 같이, 그 대상이 특별한 거부감 없이 접근이 용이하여 적극적인 저항을 기대하기 어려운 상황으로 여성장애인단체에서는 그 자체가 항거불능의 상태라고 주장하고 있는 사례이다.

그러나 이 사건에 대해 법원은 장애인에 대한 성폭력을 처벌하도록 규정하고 있는 성폭력특별법 제8조의 '항거불능상태'가 아니라고 보고 있는데, 이는 설사 지적 능력이 부족해 윗사람들의 성행위 요구에 충분히 반항하거나 싫어한다는 의사를 전달할 능력이 떨어져 쉽게 당할 수 있지만 완전하게 자기방어를 할 수 없는 것은 아니라는 점을 무죄를 선고하는 법리로 내세우고 있다. 즉 지적 능력의 부족은 학습능력이 떨어질 뿐 사회적 성숙도, 예를 들어 어느 것이 옳고 그른지 또는 어느 행동을 해도 되는지 여부는 알고 있다는 것이다. 동 사안의 경우 피해자가 6-7세 가량의 지적수준이었다고 하지만 성교육을 받았고, 성관계 후 '생리를 하지 않아 임신한 것 같다'는 등의 의사를 전달한 것으로 미뤄 성적 방어능력이 있다고 재판부는 판단했다. 특히 항거불능상태를 인정할 수 있는 정신감정결과를 인용하면서도 그 의미를 "지적능력이 부족해 윗사람들의 성행위 요구에 충분히 반항하거나 싫어한다는 의사를 전달할 능력이 떨어져 쉽게 당할 수 있지만 완전하게 자기방어를 할 수 없는 것은 아니라는" 법원의 판단은 저항의사능력 내지 표현능력이 떨어진 경우에도 항거불능상태가 아니라고 하는, 즉 항거불능의 상태를 상당히 엄격하게 요구하는 태도를 보여 주는 부분이다.

또 대구고법 2005. 2. 17. 선고 2004노560 판결문에서도 "피고인이 정신지체 장애자인 피해자들과 성관계를 맺은 사실은 인정되나, ① 피해자 윤○○은 정신지체 3급의 장애상태에 있었으나 그 장애정도는 IQ가 약 70정도이고 문자를 읽고 쓰고 인터넷을 통하여 타인과 채팅을 할 수 있는 능력이 있으며 일반인처럼 매끄럽게 하지는 못하나 자기가 한 행위에 대하여는 판단하고 진술할 수 있고, 또한 오○○은 정신지체 2급의 장애상태에 있었으나 그 장애정도는 IQ가 약 60정도인 것을 제외하고는 정신지체 3급의 장애상태와 비슷한 점"과 함께 "가벼운 정도의 거부의 의사표시를 하였으나 별다른 저항을 하지 않은 채 피고인과 성관계를 가졌다"는 등의 이유로 "항거불능의 상태에 있었던 것은 아니라고 할 것"이라고 판단하고 있다.

2. 장애여성피해자의 항거불능상태를 인정하는 근거

그러나 위에서 언급한 입장과는 달리, 성이나 성행위에 대한 개념이 없는 정신지체 장애인이 꾀임에 속아 별다른 거부의 의사 표시 없이 성관계를 갖거나 추행을 당한 경우에도 '정신상의 장애로 인한 항거불능 상태'에서 피해를 당했다고 봐야 한다고 함으로써, 성폭력특별법 제 8 조에 '신체장애 또는 정신상의 장애로 항거불능 상태에 있음을 이용해 여자를 간음하거나 사람을 추행한 사람'을 형법상의 강간 또는 강제추행으로 보고 강력하게 처벌하도록 한 규정을 '반항이 절대적으로 불가능한 상태'라고 엄격하게 해석해 온 대법원 판결과 다른 입장을 취하고 있는 판결도 발견할 수 있다.

2005년 3월 25일 서울남부지법 형사합의11부는 2004년 11월 같은 동네에 사는 정신지체장애인 A(13세)양을 꾀어 2차례 성관계를 갖고 10차례 성추행한 혐의로 구속기소된 지○○(31세)씨에 대해 징역 2년 6월에 집행유예 4년, 보호관찰 2년을 선고했다. 재판부는 판결문에서 "피해자가 한글 자·모음을 완전히 이해하지 못하고 숫자 50까지도 개념이 없는 사실과 피고인이 '오징어 먹자'는 등으로 꾀어 단기간에 2차례 간음, 10차례 추행하는 동안에도 그 의미조차 제대로 이해하지 못한 채 대부분 순순히 응한 것으로 보아 '성적 자기결정능력'이 없어 자기방어가 불가능한, '항거불능 상태'에 있었다고 봐야 한다"고 밝히고 있다.

또 부산고법 2005. 7. 13. 선고 2005노317 판결에서는 원심에서 일부 무죄를 선고했던 청소년의성보호에관한법률위반(청소년강간등)과 관련하여 뇌병변 3급 장애인인 15세의 추○○가 2004년 12월 피고인이 피해자에게 반항을 불능하게 하거나 현저히 곤란하게 할 정도의 폭행 또는 협박이 없었다고 하여도, 이미 2001년 당시 12세인 피해자가 위력으로써 간음당한 바 있어 이 사건 강간미수의 범행 당시에는 피고인이 무서워서 아무런 반항을 하지 못할 심리적 상태에 있었고, 그 전후의 정황, 피해자와의 관계 등 제반 사정을 종합하여 보면, 범행 당시 폭행·협박으로 인하여 항거불능 또는 항거가 현저하게 곤란한 상태에 있었다고 보아야 한다고 판단하고 있다.

그와 함께 서울고법 형사7부는 2005년 1월 15일 정신지체 2급 장애인 여성 A(사건 당시 22세)씨를 성폭행한 혐의(강간 등 상해)로 기소된 B(25세)씨에 대한 항소심판결문에서 "강간죄에서 폭행이나 협박은 피해자의 항거를 불능하게 하거나 현저히 곤란하게 할 정도의 것이어야 하지만 폭행 및 협박의 내용과 정도는 물론이고 폭행 경위, 피해자와의 관계, 피해자의 연령이나 지능 등을 종합해 판단해야 한다"며 "정신지체 2급 장애인인 피해자로 하여금 항거를 현저히 곤란하게 하기에 충분하다고 판단되므로 강간죄가 인정된다"고 밝혀 장애인 성폭행 사건에서 성폭력특별법에 규정하고 있는 '항거불능'상태를 적용할 수 없더라도 가해자의 폭행이나 협박이 있었다면 그 정도가 다소 약하더라도 형법상 강간죄로 처벌할 수 있다는 입장을 피력하고 있다.

3. 단계적 판단의 필요성

대법원은 성폭력특별법 제8조의 입법취지를 "정신적 또는 신체적 사정으로 인하여 성적인 자기방어를 할 수 없는 사람에게 성적 자기결정권을 보호해 주는 것"을 목적으로 하면서 그 대상은 심리적 또는 물리적으로 반항이 절대적으로 불가능하거나 현저히 곤란한 항거불능의 상태에 있는 자라고 한다. 특히 여기에서 항거불능의 상태는 엄격하게 해석하여야 하는데, 그 이유는 형법 제302조에서 미성년자 또는 심신미약자에 대하여 위계 또는 위력으로써 간음 또는 추행을 한 자의 처벌에 관하여 따로 규정하고 있기 때문이라고 한다.

형법 제302조의 미성년자 또는 심신미약자에 대하여 위계 또는 위력으로써 간음하는 경우를 처벌하는 경우는 미성년자나 심신미약자의 경우 일반인에 비하여 사물변별능력이나 의사결정능력이 떨어져 최협의의 폭행이나 협박이 없이 위계 또는 위력을 통해 동의를 얻어내서 간음에 나아갈 수 있는 상황을 겨냥하고 있다고 본다.[20]

그런데 대법원의 논지와 같이 형법 제302조의 규정이 있기 때문에 성폭력특별법 제8조의 항거불능상태를 엄격하게 해석한다면, 예컨대 실질적으로 성관계에 대한 사회적 의미를 판단할 능력이 없는 경우에 행위자의 위계나 위력이 존재하지 않은 상태에서 피해자의 아무런 저항 없이 성관계가 이루어졌을 경우, 자칫 '항거불능상태'를 인정할 수 없어 처벌이 어렵게 될 수 있다. 결국 이러한 해석태도는 정신장애인들을 비장애인들에 비해 성폭력범죄로부터 보다 강하게 보호하려고 했던 성폭력특별법 제8조의 입법취지와는 달리 동 규정의 성립요건이 형법의 준강간죄 성립요건보다도 더욱 엄격해지는 결과를 초래할 수도 있게 된다.

성폭력특별법 제8조의 목적은 신체적·정신적 장애로 인해 성행위에 대한 저항의사를 표현할 수 없거나 진지하게 표현할 수 없는 사람을 보호하는 데 있다고 이해해야 할 것이다. 왜냐하면 이러한 경우 그 대상자들은 실제 사안에서 동의를 한 경우처럼 보일 수가 있어 그들의 성적 자기결정권은 제한적으로 보호될 수밖에 없기 때문이다.[21] 따라서 정신상의 장애로 정상적인 판단능력이 없거나 부족하여 상대방의 성적 요구에 합리적으로 반항하지 못하는 상태라면 성폭력특별법의 '항거불능상태'를 인정하는 완화된 해석이 필요하다고 할 것이다.

물론 지나치게 광범위하게 해석하는 경우 반대로 장애여성의 성적 자기결정권을 인정하지 않게 되어 또 다른 관점에서 동 법익을 침해하는 경우가 발생할 수 있다는 반론의 제기도 의미가 있으나, 정신적 내지 신체적 장애로 인하여 항거불능인 상황은 의사형성의 능력여부 내지 의사표현의 능력여부에 따라서 판단되어질 부분도 있을 수 있다고

20) 오영근, 앞의 책, 216면 참조.

21) Schönke/Schrpder/Lenckner/Perron, StGB, 26. Aufl., § 179, Rn. 1 참조.

본다.22) 따라서 일괄적으로 항거가 불가능하거나 현저히 곤란한 경우로 엄격하게 판단할 것이 아니라, 정신상의 장애로 인하여 성적 자기결정 능력이 없어 자기방어가 불가능한 경우와 정상적인 판단능력이 부족하여 상대방의 성적 요구에 합리적인 반항을 할 수 없는 경우 등으로 완화된 관점에서 해석하는 것이 필요할 것으로 판단된다.

예컨대 부산고법 2004노315 판결의 사례에서처럼 지능지수가 35 이상 49 이하인 2급 정신지체장애인 미성년의 피해자가 단지 초등학교 재학중 성교육을 받은 바 있고, 글을 읽고 쓸 줄 알고, 등하교를 스스로 하는 등 사회적 성숙도에 있어서는 동료 학생들과 비슷하다는 점에서 항거불능의 상태에 있었다고 보기 어렵다고 판단한 부분에 대하여, 의사를 전달할 능력이 떨어져 쉽게 당할 수 있다면, 정신적 장애로 인하여 정상적인 판단능력이 부족하여 상대방의 성적 요구에 대해 합리적인 반항을 하지 못하는 상태로, 성폭력특별법 제8조의 '항거불능의 상태'로 포섭된다고 판단할 여지가 있다고 본다. 오히려 동 사안에서 "지적 능력이 부족해 윗사람들의 성행위 요구에 충분히 반항하거나 싫어한다는 의사를 전달할 능력이 떨어져 쉽게 당할 수 있지만 완전하게 자기방어를 할 수 없는 것은 아니라는" 법원의 판단이 성폭력특별법 제8조에서 요건으로 하고 있는 항거불능의 개념을 지나치게 엄격하게 해석하여 입법의 취지를 살리지 못하고 있다고 본다.

따라서 성폭력특별법 제8조의 입법취지를 고려한다면, 적어도 성적 저항의사를 형성할 수 없을 정도의 중한 신체적·정신적 장애를 가지고 있는 경우에는 설사 폭행·협박·위계·위력이 없어도 더 나아가 동의가 있어도 처벌할 수 있고, 경한 장애를 가지고 있는 경우에는 상대방의 성적 요구에 대한 합리적인 반항이 가능한 상태였는지에 대하여 단계적으로 판단하는 것이 필요하다고 본다. 이렇게 항거불능상태를 완화된 관점에서 해석한다면, 앞에서 언급한 항거불능상태를 부정한 사례에서도 항거불능상태를 충분히 인정할 수 있게 되어 적극적인 보호

22) Schönke/Schrpder/Lenckner/Perron, StGB, 26. Aufl., §179, Rn.3 참조.

가 가능해질 것으로 판단된다.

결국 성폭력특별법상 항거불능자에 대한 강간인정 여부는 항거불능 상태뿐만 아니라 그 피해당사자가 그 상황을 정확하게 인지할 능력이 있었느냐 등에도 초점이 맞추어질 필요가 있다고 본다. 그 이유는 이미 정신적·신체적 장애가 인정된다면 항거불능상태는 추정된다고 볼 수 있는 상황도 존재할 수 있다고 보기 때문이다.

따라서 성폭력특별법 제8조의 '항거불능상태'라는 요건을 형법 제302조의 규정으로 인하여 엄격하게 해석할 것이 아니라, 동법 제8조안에 중한 사례와 경한 사례로 나누어 단계적으로 입법을 추진하는 것도 한번쯤 고려해 볼 여지가 있다고 본다.[23] 무엇보다도 형법 제299조의 준강간죄의 요건인 '항거불능상태'를 가장 엄격하게 해석한다면, 성폭력특별법 제8조의 '항거불능상태'는 그보다 완화된 관점에서 범죄성립을 인정하는 것으로 해석한다면, 종래의 관련 판례에서 상당부분 '항거불능상태'를 인정할 수 있는 여지도 있다고 본다.

Ⅳ. 대상판결 및 참조판결의 검토

이러한 관점에서 위의 대상판결을 살펴보면, 대법원이 성폭력특별법 제8조에서 규정하고 있는 항거불능의 상태를 절대적으로 불가능한 경우로 엄격하게 해석하다 보니, 대상판결의 사실관계에서 나타난 것과 같이 피해자가 "다른 사람의 간단한 위력의 행사에 의해서도 겁을 많이 먹는 사실," "피고인이 피해자에게 옷을 벗으라고 하여 싫다고 하자 피고인이 얼굴에 인상을 쓰고 때릴 것 같은 태도를 보이면서 빨리 벗으라고 하여 상의를 전부 벗었다"거나, 피해자가 "힘을 주어 싫다고 하면서 하지 말라고 여러 차례 애원"하였다는 이유를 들어 비록 피해자가 정신장애를 가지고 있다고 하여도 그 상황에서는 저항의사를 형성할 수 있는 의사능력이 없다고 할 수 없다는 관점에서 항거불능의 상

23) 독일 형법 제179조 '항거불능자에 대한 성남용'규정에는 제1항에 신체적 내지 정신적 장애로 인한 항거불능상태를 이용하여 성행위한 경우와 제3항에 중한 사례의 처벌규정을 차별적으로 규정하고 있다.

태가 아닌 적어도 항거 가능한 정신능력자로 판단한 것으로 보인다. 물론 판결문에서 "폭행·협박 또는 위력으로써 반항을 쉽게 억압한 뒤 피해자를 간음하려다가 미수"에 그친 점은 인정할 수 있다고 판단하여 동 사안을 성폭력특별법이 아닌 형법 제302조에 의거하여 처벌할 수 있는 가능성은 인정하고 있다.

그렇다고 하더라도 성폭력특별법 제8조는 비친고죄로 규정되어 있는 것에 반하여 형법 제302조는 친고죄로 규정되어 있을 뿐만 아니라,[24] 이러한 대법원의 판단에 사회적 약자인 장애여성의 법익보호를 강조하는 목적에서의 성폭력특별법 제8조의 입법취지가 제대로 반영이 되고 있는 것인지에 대하여는 의문이다. 이는 예컨대 정신지체 장애여성이 어떤 방식으로든 저항의사를 표현하면 설사 정신지체 장애가 인정된다고 하더라도 그 상황이 항거불능의 상황이 아니었다고 판단하면서, 또 아무런 저항이 없는 경우 자칫 장애여성의 성적 자유를 소극적으로 침해할 우려가 있다는 취지에서 처음부터 그 상황을 범죄로 바라보지 않을 수 있는 문제가 발생할 수 있다고 보기 때문이다.

일반적으로 은밀한 곳에서 발생하는 강간범죄의 특성상 강간죄에서 최협의의 폭행 또는 협박이 있었는가에 대한 판단을 피해자의 저항 정도에 의거하여 추정하는 것이 일반적이라고 한다. 이러한 관점에서 성폭력특별법 제8조의 항거불능의 상태도 피해자의 저항이 어느 정도였는가에 초점이 맞추어져 있는 것은 아닌지 의문이다. 그러나 '장애인에 대한 준강간'을 규정하는 본래적 의미는 피해자가 그러한 상황에 놓여 있었는가라는 점에 초점이 맞추어져야 할 것으로 본다. 즉 피해자의 신체장애 또는 정신장애 정도가 항거불능상태, 즉 합리적인 반항을 못하는 상태를 인정할 수 있을 정도에 이르렀는가를 판단하는 것이 본래 입법의 취지에 부합하는 해석태도가 아닌가라는 생각을 해 본다.

---

24) 앞에서 언급한 바와 같이, 대상판결의 환송판결(2003노3041)에서 서울고법은 당해사건과 관련하여 강간죄의 미수를 검토할 수 있지만 이미 피해자가 고소를 취하한 것이 인정되어 결국 공소기각판결을 내리고 있다.

V. 맺 음 말

최근 발생한 일련의 성폭력범죄로 인하여 우리 사회에서 성폭력범죄에 대한 시각의 변화가 이루어지고 있다. 지금까지 성폭력범죄에 대해 다소 미온적인 대응태도를 보여 왔던 부분이 여론에 의해 비판을 받으면서 성폭력범죄에 대한 강한 제재로 무게 중심이 쏠리고 있는 것이다. 그러나 성폭력범죄에 대한 보다 적절한 대응은 오히려 잘못된 법해석을 통해 자칫 범죄자들이 형사사법상의 제재를 받지 않고 거리를 활보하는 불합리한 상황이 전개되지 않도록 적어도 성폭력범죄에 있어서 형사사법상의 정의를 충실히 실행하는 데 있다고 본다.

성폭력특별법상의 '항거불능인 상태'의 해석과 관련하여 동 규정이 제정된 입법취지를 고려한다면, 현재와 같은 엄격한 해석보다는 완화된 해석이 오히려 성폭력범죄에 대한, 특히 장애여성이라는 사회적 약자와 관련하여 형사사법상의 정의에 더 충실한 것이 아닌가라고 생각해 본다.

인터넷 홈페이지의 상담게시판을 이용한 낙태 관련 상담과 구 의료법 제25조 제 3 항의 '유인' 해당 여부

최 동 렬*

[판결요지]

1. 낙태죄는 태아를 자연분만기에 앞서서 인위적으로 모체 밖으로 배출하거나 모체 안에서 살해함으로써 성립하고, 그 결과 태아가 사망하였는지 여부는 낙태죄의 성립에 영향이 없다.

2. 산부인과 의사인 피고인이 약물에 의한 유도분만의 방법으로 낙태시술을 하였으나 태아가 살아서 미숙아 상태로 출생하자 그 미숙아에게 염화칼륨을 주입하여 사망하게 한 사안에서, 염화칼륨 주입행위를 낙태를 완성하기 위한 행위에 불과한 것으로 볼 수 없고, 살아서 출생한 미숙아가 정상적으로 생존할 확률이 적다고 하더라도 그 상태에 대한 확인이나 최소한의 의료행위도 없이 적극적으로 염화칼륨을 주입하여 미숙아를 사망에 이르게 하였다면, 피고인에게는 미숙아를 살해하려는 범의가 인정된다.

3. 인공임신중절수술이 허용되는 경우의 하나인 모자보건법 제14조 제 1 항 제 5 호 소정의 '임신의 지속이 보건의학적 이유로 모체의 건강을 심히 해하고 있거나 해할 우려가 있는 경우'라 함은 임신의 지속이

* 대법원 재판연구관.

모체의 생명과 건강에 심각한 위험을 초래하게 되어 모체의 생명과 건강만이라도 구하기 위하여 인공임신중절수술이 부득이하다고 인정되는 경우를 말한다.

4. 구 의료법(2002. 3. 30. 법률 제6686호로 개정되기 전의 것) 제25조 제 3 항 소정의 '유인'이라 함은 기망 또는 유혹을 수단으로 환자로 하여금 특정 의료기관 또는 의료인과 치료위임계약을 체결하도록 유도하는 행위를 말하는 것으로서, 의료인 또는 의료기관 개설자의 환자 유인행위도 환자 또는 행위자에게 금품이 제공되거나 의료시장의 질서를 근본적으로 해하는 등의 특별한 사정이 있는 경우에는 같은 법 제25조 제 3 항의 유인행위에 해당한다고 할 것이고, "의료의 적정을 기하고 국민의 건강을 보호증진한다"는 의료법의 제정 목적(같은 법 제 1 조)에 비추어 보면, 합법적인 의료행위를 하면서 환자를 유인할 목적으로 금품을 제공하는 경우는 물론, 법(法)이 금지하고 있어 의료인으로서는 마땅히 거부하여야 할 의료행위를 해 주겠다고 제의하거나 약속함으로써 환자를 유혹하여 치료위임계약을 체결하도록 유도하는 경우도 같은 법 제25조 제 3 항의 유인행위에 해당한다고 보아야 한다.

5. 산부인과 의사인 피고인이 자신이 개설한 인터넷 홈페이지의 상담게시판을 이용하여 낙태 관련 상담을 하면서 합법적인 인공임신중절수술이 허용되는 경우가 아님에도 낙태시술을 해 줄 수 있다고 약속하면서 자신의 병원을 방문하도록 권유하고 안내한 행위는 구 의료법(2002. 3. 30. 법률 제6686호로 개정되기 전의 것) 제25조 제 3 항에 정한 '유인'에 해당한다고 볼 수 있다.

[事案의 槪要]

Ⅰ. 공소사실 중 해당 부분의 요지

피고인은 산부인과 의사인바, 영리의 목적으로, 2001. 6. 6. 19:32경 피고인이 개설한 ○○산부인과 인터넷 홈페이지의 상담게시판을 통하여 임신 5개월이 된 A(17세)가 낙태상담을 하자 그녀에게 지금도 수술 가능하니 내일이라도 빨리 병원으로 오라고 답변하면서 이어서 피고인의 출신대학, 해외연수대학 등의 명칭 등 경력과 ○○산부인과의 병원 명칭, 위치, 전화번호를 기재하여 그녀를 피고인이 운영하는 산부인과병원으로 오도록 유인한 것을 비롯하여 1999. 4. 2.경부터 2001. 6. 18.경까지 별지 범죄일람표 기재와 같이 약 33회에 걸쳐 낙태를 원하는 B 등을 상대로 낙태상담을 하면서 OO산부인과로 낙태하러 오라고 유인함.

Ⅱ. 각 심급 판단의 요지

1. 제 1 심(서울지방법원 2001. 11. 13. 선고 2001고합845 판결)

공소사실을 전부 인정하고 포괄하여 구 의료법 제67조, 제25조 제 3 항에 의율하여 처단하였다.

2. 환송 전 원심(서울고등법원 2003. 5. 1. 선고 2001노2997 판결)

다음과 같은 이유로, 영리목적 유인행위에 의한 의료법위반의 점에 관하여 무죄를 선고하였다.

의료법(2002. 3. 30. 법제6686호로 개정되기 전의 것) 제25조 제 3 항에서 규정한 "유인"이라 함은 "기망 또는 유혹을 수단으로 환자로 하여금 특정 의료인 또는 의료기관과 치료위임계약을 체결하도록 유도하는 행위"(대법원 1998. 5. 29. 선고 97도1126 판결 참조)를 말하는바, 앞서 본 원심이 적법하게 조사, 채택한 증거들에 의하면, 피고인이 인터넷 홈페이지를 통하여 의료상담을 하면서 그 화면에 피고인의 경력과 산부인과의 병원 명칭, 위치, 전화번호를 나타나게 하여 인터넷을 통해 위 홈페이지에 접속한 사람들에게 피고인이 운영하는 산부인과의원으로 오기 쉽도록 하고, 낙태수술을 할 수 있다는 취지로 답변한 사실은 인정되나, 이는 피고인이 인터넷 홈페이지를 통하여 접속한 사람들의 임신관련 질문에 대하여 의료상담을 하면서 그에 따른 낙태수술에 관한 답변을 한 것일 뿐이어서 위 사실만으로는 피고인이 영리 목적으로 기망 또는 유혹을 수단으로 환자를 피고인 병원으로 오도록 유도하였다고 보기에 부족하여 피고인에 대한 이 부분 공소사실을 유죄로 단정할 수 없고, 그 밖에 달리 이 부분 공소사실을 뒷받침할 만한 증거가 없다.

더구나, 위 조항 소정의 유인행위는 같은 법 제46조 제 1 항에서 금지하고 있는 허위 또는 과장 광고행위와 유사한 행위이므로 의사의 광고를 통한 환자 유도행위가 같은 법 제25조 제 3 항의 금지행위에 해당한다고 하면 위 조항이 규정한 범죄의 구성요건적 행위 유형으로서의 행위정형이 지나치게 확대되거나 불확정해질 우려가 있으므로, 가사 의사가 치료비 수입을 목적으로 예컨대 인터넷매체를 이용한 광고를 통하여 환자들을 자신의 병원으로 오도록 유도하였다 할지라도 이러한 행위가 허위 또는 과장 광고행위에 해당하는지는 별론으로 하고 같은 법 제25조 제 3 항 소정의 유인행위에 해당한다고 할 수는 없다 할 것이다.

따라서 원심판결에는 사실을 오인하거나 법리를 오해하여 이 부분 공소사실을 유죄로 인정한 위법이 있다고 할 것이므로, 이 부분 항소논지는 이유 있다.

3. 환송판결(대법원 2005. 4. 15. 선고 2003도2780 사건)

다음과 같은 점을 들어 원심을 파기하고 서울고등법원으로 환송하였다.[1)]

1) 살인 및 업무상촉탁낙태의 점에 관한 피고인의 상고는 기각하고 의료법위반의 점

의료법(2002. 3. 30. 법 제6686호로 개정되기 전의 것, 이하 같다) 제25조 제3항 소정의 '유인'이라 함은 기망 또는 유혹을 수단으로 환자로 하여금 특정 의료기관 또는 의료인과 치료위임계약을 체결하도록 유도하는 행위를 말하는 것으로서, 의료인 또는 의료기관 개설자의 환자 유인행위도 환자 또는 행위자에게 금품이 제공되거나 의료시장의 질서를 근본적으로 해하는 등의 특별한 사정이 있는 경우에는 같은 법 제25조 제3항의 유인행위에 해당한다고 할 것이고(대법원 2004. 10. 27. 선고 2004도5724 판결 참조), '의료의 적정을 기하고 국민의 건강을 보호증진한다'는 의료법의 제정 목적(같은 법 제1조)에 비추어 보면, 합법적인 의료행위를 하면서 환자를 유인할 목적으로 금품을 제공하는 경우는 물론, 법(法)이 금지하고 있어 의료인으로서는 마땅히 거부하여야 할 의료행위를 해 주겠다고 제의하거나 약속함으로써 환자를 유혹하여 치료위임계약을 체결하도록 유도하는 경우도 같은 법 제25조 제3항의 유인행위에 해당한다고 보아야 할 것이다.

기록에 비추어 살피건대, 피고인은 자신이 개설한 ○○산부인과 인터넷 홈페이지의 상담게시판을 이용하여 낙태상담을 하거나 낙태수술 후의 후유증 등에 관하여 상담하면서 모자보건법상 임신중절수술이 허용되는 경우가 아님에도 낙태시술을 해 줄 수 있으니 빨리 피고인의 병원을 방문하도록 권유하고, 그 화면으로 피고인의 경력과 병원의 위치, 명칭, 전화번호 등을 알려 준 사실을 인정할 수 있는바, 피고인이 법률상 낙태가 허용되는 경우에 해당하는지 여부와 수술의 위험성과 후유증 등에 관하여는 설명하거나 알리지 아니한 채 합법적인 인공임신중절수술이 허용되는 경우가 아님에도 낙태시술을 해 줄 수 있다고 약속하면서 빨리 피고인의 병원을 방문하도록 권유하고 안내한 행위는 의료정보의 제공과 그 상담을 위한 것이라기보다는 위와 같은 약속과 권유 및 안내를 통하여 낙태수술 등을 위한 의료계약 체결을 유인한 것이라고 보아야 할 것이다.

에 관한 검사의 상고이유만 받아들였다.

그렇다면, 원심은 피고인의 인터넷 홈페이지 게시판의 구체적인 질문과 답변의 내용을 좀 더 자세히 심리하여 위법한 의료행위의 시술을 확언함으로써 환자를 유인한 부분이 있는지 가려 내었어야 할 것임에도, 이를 구체적으로 심리·판단하지 않은 채, 막연히 의료상담을 한 것에 불과하다거나 단순한 허위 또는 과장광고에 해당한다고 단정하고서 이 부분 공소사실에 대하여 무죄를 선고한 원심판결에는 의료법 제25조 제3항에 관하여 법리를 오해한 나머지 심리를 다하지 아니하여 판결에 영향을 미친 위법이 있다 할 것이다.

4. 환송 후 원심(서울고등법원 2005. 9. 16. 선고 2005노828 판결)

원래 33회의 유인행위에 대하여 공소가 제기되었으나 환송 후 원심의 심리 과정에서 본 논문 별지에 첨부된 범죄사실 중 짙은 음영 부분에 해당하는 5회의 범죄사실이 철회되었고, 옅은 음영부분에 해당하는 12개 행위에 관하여는 무죄를, 나머지 부분인 16개 행위에 관하여는 제1심의 판단(유죄)을 그대로 유지하였다.

5. 현재 소송 경과

피고인의 상고로 대법원 계류중인 것으로 보이나, 아직까지 판결이 선고되지는 아니한 상태인 것으로 보인다.

〔解 說〕

Ⅰ. 서

본 사건은 산부인과 영역의 영업과 관련된 중요 쟁점을 고루 내포하고 있는 전형적인 사안이라 할 수 있다.

① 살인죄와 업무상촉탁낙태죄에 관하여는 제1, 2심과 대법원의 결론이 모두 같고, ② 의료법위반죄에 관하여는 제1심과 제2심의 결론이 엇갈렸으며, 검사의 상고이유를 받아들인 대법원의 환송판결은 제1

심의 결론과 대체로 일치하는 것으로 보이나, 법리 판단뿐 아니라 원심의 심리미진도 지적하고 있으며, 이 점을 추가 심리한 환송 후 원심판결은 대체로 의료정보의 제공 및 적법한 의료행위에 대한 상담에 불과한 행위들에 대하여는 무죄를 선고하고 나머지 공소사실에 관하여는 유죄를 선고하였다.

수지하다시피, 의료·법률·세무·지적재산권 등 전문 직역에서 인터넷을 통한 상담이 활발하게 이루어지고 있으며, 영업활동에 관한 전통적인 규제와의 갈등이 점차 심각한 문제로 등장하고 있고, 이는 우리나라뿐 아니라 인터넷이라는 새로운 매체의 등장으로 변혁을 겪고 있는 전세계 주요국에 공통된 현상이라 할 수 있다.

여기서, 의료법은 물론 변호사법 등 전문가영역에서의 영업규제와 인터넷 상담의 한계를 모색할 필요가 있다.

Ⅱ. 관련 조항의 개정 과정 및 쟁점

1. 의료법상 소개·알선·유인행위의 금지

1981. 12. 31. 법률 제3504호로 개정시에 신설된 의료법 제25조 제3항은 "누구든지 영리를 목적으로 환자를 의료기관 또는 의료인에게 소개·알선 기타 유인하거나 이를 사주하는 행위를 할 수 없다"고 규정하고 있었는바,[2] 이 조항이 이 사건 행위 당시에 적용되는 관련 조항이다.

2. 입법취지

개정 당시 국회 상임위원회 회의록[3]에 의하면, "… 이러한 환자유인행위는 거의 전부가 환자의 辛苦를 자발적으로 덜어주기 위함에 있는 것이 아니라 오히려 병고에 지쳐 있는 환자의 어려운 처지를 악용

2) 벌칙규정으로서, 제67조는 **3년 이하의 징역 또는 300만원 이하의 벌금**에 처하도록 규정하고 있었으나, 1994. 1. 7 일부개정(법률 제4732호)시에 벌금액이 상향 조정되어 **3년 이하의 징역 또는 1천만원 이하의 벌금**에 처하도록 규정하고 있다.

3) 제108회 국회 보건사회위원회회의록 제17호(1981. 13. 3. 자) 제 4 면 참조.

하여 영리적인 목적을 추구하고자 하는 비인도적인 동기에서 나온 것인 만큼 그러한 파렴치한 행위에 대한 강력한 제재는 진작부터 필요했던 것으로 사료됨"이라고 입법취지를 설명하고 있다.

3. 쟁　　점

이는 변호사법과 유사한 조항이기도 하지만, 너무나 막연하여 해석론상 여러 가지 의문이 있을 수 있었다. 먼저, ① 주체면에서, 위 유인행위의 주체가 비의료인으로 국한되는가 아니면 의료인도 포함되는가의 문제가 있었고, 의료인의 유인행위가 포함된다고 해석할 경우에도, ② 가벌성과 행위 태양 면에서, 의료인 자신의 영업상 환자 유치 행위를 모두 법 제25조 제 3 항에 해당한다고 보면, 사회 상규상 납득가능한 정상적인 영업마저도 불가능한 것이 아닌가 하는 의문이 있으며, ③ 행위 정형의 면에서 보면, 유인행위와 광고행위[4]가 구별하기 쉽지 아니한데, 전자에 대한 형이 후자에 비하여 현저히 중하므로,[5] 허위 · 과장 광고로 처벌하는 외에 별도로 유인행위로 처벌하는 것이 부당하지 아니한가라는 의문이 제기된다. 아울러 뒤에서 보는 헌법재판소의 2005. 10. 27. 자 2003헌가3 결정의 취지[6]에 따르자면, 광고에 해당할 경우에는 상당 부분에 대하여 무죄가 선고될 개연성이 높을 것이므로, 그 구별이 극히 중요해진다.

---

4) 제46조(과대광고 등의 금지)

① 의료법인 · 의료기관 또는 의료인은 의료업무에 관하여 허위 또는 과대한 광고를 하지 못한다.

③ 누구든지 특정의료기관이나 특정의료인의 기능 · 진료방법 · 조산방법이나 경력 또는 약효 등에 관하여 대중광고 · 암시적 기재 · 사진 · 유인물 · 방송 · 도안 등에 의하여 광고를 하지 못한다.

"의료업무에 관하여"를 "의료업무 <u>의료인의 경력</u>에 관하여"로 바뀐 것 이외에는 현행법도 대동소이하다.

5) 전자는 3년 이하의 징역 또는 1천만원 이하의 벌금형(제67조), 후자는 3백만원 이하의 벌금형(개정 전 제69조)으로서 큰 차이가 있었으나, 그 후 개정으로 후자의 법정형이 전자와 동일하게 되었다(개정 후 제67조).

6) 의료법(2002. 3. 30. 법률 제6686호로 개정되기 전의 것) 제46조 제 3 항 중 "특정의료기관이나 특정의료인의 기능 · 진료방법"에 관한 광고금지 및 제69조 중 위 광고금지 위반 부분은 헌법에 위반된다.

4. 경과 및 개정

뒤에서 보는 바와 같이, 위 ①의 쟁점에 관하여 의료인 자신도 유인행위의 주체가 될 수 있다는 점이 판례상 정리되었다.

한편 2002. 3. 30. 개정(법률 제6686호)으로 제25조 제3항의 해당 조항이 일부 수정되었는바,[7] "국민건강보험법 또는 의료급여법의 규정에 의한 본인부담금을 면제 또는 할인하는 행위, 금품 등을 제공하거나 불특정 다수인에게 교통편의를 제공하는 행위 등"이라는 문언을 추가하여 소개 · 알선 · 유인행위의 예를 들고 있다.

개정 당시 원안은 소개 · 알선 등의 유형을 제3항 제1, 2호에서 구체적으로 규정하는 한편으로 제3호에서 그 밖의 범죄유형을 대통령령으로 정하도록 위임하는 취지였으나, 전문위원 검토과정에서 범죄구성요건이 종전보다 지나치게 축소될 우려가 있고, 대통령령에서 범죄구성요건을 규정하도록 하는 것은 죄형법정주의 원칙에 부합하지 않는다는 지적이 있어, 현행법처럼 행위 유형을 법률에 예시하고 대통령령에의 위임조항을 삭제하게 된 것으로 보인다.[8]

어쨌거나, 위 개정은 그 때까지의 대법원 판례의 해석론에 따라 구체적인 행위 태양을 예시함으로써 위 ② 쟁점과 관련된 문제점을 최소화하고자 한 것으로 평가할 수 있다고 생각된다. 그러나, 위와 같은 예시만으로는 이 사건에서 보듯이 불확실성이 완전히 해소된 것으로는 볼 수 없고, 위 ③의 쟁점, 즉 광고행위와의 접점에 관하여는 뚜렷한 판례나 논의가 없는 실정이다.

---

7) 누구든지 <u>국민건강보험법 또는 의료급여법의 규정에 의한 본인부담금을 면제 또는 할인하는 행위, 금품 등을 제공하거나 불특정 다수인에게 교통편의를 제공하는 행위 등</u> 영리를 목적으로 환자를 의료기관 또는 의료인에게 소개 · 알선 · 유인하는 행위 및 이를 사주하는 행위를 하여서는 아니 된다. 다만, <u>환자의 경제적 사정 등 특정한 사정이 있어 관할 시장 · 군수 · 구청장의 사전승인을 얻은 경우에는 그러하지 아니하다.</u>

8) 제225회 국회 보건사회위원회회의록 제11호(2001. 11. 22.자) 및 제227회 국회 보건사회위원회회의록 제3호(2002. 2. 26.자) 참조.

5. 변호사법

(1) 소개・알선・유인에 관한 규정

제34조(변호사 아닌 자와의 동업금지 등)[9)]

① 누구든지 법률사건 또는 법률사무의 수임에 관하여 사전에 금품・향응 기타 이익을 받거나 받을 것을 약속하고 당사자 기타 관계인을 특정 변호사 또는 그 사무직원에게 소개・알선 또는 유인하거나, 법률사건 또는 법률사무의 수임에 관하여 당사자 기타 관계인을 특정 변호사 또는 그 사무직원에게 소개・알선 또는 유인한 후 그 대가로 금품・향응 기타 이익을 받거나 이를 요구하여서는 아니 된다.

② 변호사 또는 그 사무직원은 법률사건 또는 법률사무의 수임에 관하여 소개・알선 또는 유인의 대가로 금품・향응 기타 이익을 제공하거나 이를 약속하여서는 아니 된다.

③ 변호사 또는 그 사무직원은 제109조 제1호・제111조 또는 제112조 제1호에 규정된 자로부터 법률사건 또는 법률사무 수임의 알선을 받거나 이러한 자에게 자기의 명의를 이용하게 하여서는 아니 된다.

(2) 광고에 관한 규정

제23조(광고)

① 변호사・법무법인 또는 공증인가합동법률사무소는 자기 또는 그 구성원의 학력・경력・주요취급업무・업무실적 기타 그 업무의 홍보에 필요한 사항을 신문・잡지・방송・컴퓨터통신 등의 매체를 이용하여 광고할 수 있다.

② 대한변호사협회는 제1항의 규정에 의한 광고에 관하여 광고매체의 종류, 광고회수, 광고료의 총액, 광고내용 등을 제한할 수 있다.

---

9) 구 변호사법 제27조(변호사 아닌 자와의 제휴금지 등)

① 누구든지 법률사건 또는 법률사무의 수임에 관하여 당사자 기타 관계인을 특정 변호사에게 소개・알선・유인하고, 그 대가로 금품・향응 기타 이익을 받거나 이를 요구하여서는 아니 된다.

② 변호사는 그 정을 알면서 제90조 제1호・제2호 또는 제91조 제1호에 규정된 자로부터 법률사건 또는 법률사무수임의 알선을 받거나 이러한 자에게 자기의 명의를 이용하게 하여서는 아니 된다.

(3) 구 변호사법의 입법취지

변호사 아닌 자와의 제휴금지 등에 관한 구 변호사법 제27조는 1982. 12. 31. 법률 제3594호로 전문 개정될 당시에 신설되었는바, 당시에는 위 제 2 항의 규정밖에 없었다(일본과 마찬가지).[10] 상임위 회의록을 검토하여 보아도, 제27조 신설의 취지에 대한 언급이나 설명은 발견할 수 없다.[11]

그 후 1993. 3. 10. 법률 제4544호로 개정되면서 제 1 항을 추가하여 비변호사가 사건을 중개·알선·유인하는 행위를 처벌하도록 하였다. 상임위회의록에 의하면, "법조주변 부조리 사범의 근절을 위하여 변호사에게 사건을 알선한 후 금품 등을 수수하는 행위에 대한 처벌규정을 신설"한 것이며, "법조 주변에서 특정변호사에게 민·형사사건을 알선해 주고 금품을 수수하는 경우 사건알선자와 변호사간에 금품수수에 관한 事前 共謀가 있는 때에만 현행법[12] 제78조 제 2 호에 의하여 처벌되던 것을 앞으로는 事前 共謀가 있었는지 여부에 관계없이 처벌할 수 있도록 함으로써 법조주변의 부조리를 척결하기 위한 것"이라고 설명하고 있다.[13]

(4) 2000년 전면개정의 취지

전면개정으로 해당 조문은 제27조에서 제34조로 이동되었고, 비변호사의 소개·알선·유인행위의 대가로 금품 등의 수수행위를 처벌하는 제 1 항은 사전 공모 유무, 사전·사후 수수여부를 불문하고 모두 적용되도록 표현을 바꾸어 규정하였고, 소개·알선 또는 유인의 대가로 금품·향응 기타 이익을 제공하거나 이를 약속한 변호사를 처벌하는 조항을 제 2 항으로 신설하였으며(대향적·필요적 공범), 변호사가 알선

10) 제27조(변호사 아닌 자와의 제휴금지) 변호사는 그 정을 알면서 제78조 제 1 호·제 2 호 또는 제79조 제 1 호에 규정된 자로부터 사건수임의 알선을 받거나 이러한 자에게 자기의 명의를 이용하게 하여서는 아니 된다.

11) 제114회 국회 법제사법위원회회의록 제 1 호(1982. 11. 24.자).

12) 당시 개정 전 변호사법 제78조 제 2 호(앞 페이지 주에 기재된 개정 후의 제90조 제 2 호와 같다.

13) 제160회 국회 법제사법위원회회의록 제 1 호(1993. 2. 17.자).

받는 행위를 금하는 제 3 항의 조항은 조문 번호의 수정 외에는 대동소이하다. 상임위회의록에는 위 조항의 개정 취지에 관한 설명이 뚜렷이 나와 있지 아니하다.

(5) 해 석 론

제90조 제 1 호는 "변호사가 아니면서"라는 표현을, 제27조 제 1 항은 "누구든지"라는 표현을 사용하고 있으나, 결국, 입법 취지는 법조주변, 즉 비변호사가 변호사에게 사건을 소개・알선・유인하여 주고 대가를 수수하는 것을 금하고자 한 것이었는데(법 제90조 제 1 호), 법 제90조 제 1 호가 그 문언상 사전 약속이 있었던 경우에 한하여 적용될 것으로 해석되었으므로, 처벌의 흠결을 막기 위하여 법 제27조 제 1 항을 신설한 것일 뿐이다.[14)]

다만, 위 전면개정에 의하여 사전・사후, 약속의 유무에 상관없이 모든 소개・알선・유인행위가 제34조 제 1 항에 의하여 처벌될 수 있게 되었는데도, 종전 제90조 제 1 호에 해당하는 제109조 제 1 호를 그대로 존치시키고 있어 중복적용의 문제점은 오히려 확대되었다고 할 수 있다.

어쨌거나, 구 변호사법 제27조 제 1 항, 현행 변호사법 제34조 제 1 항에서 "소개・알선・중개"의 주체는 변호사가 아닌 자를 의미하는 것으로 해석하여야 할 것으로 생각된다.

14) 대법원 2000. 6. 15. 선고 98도3697 전원합의체 판결의 보충의견과 대법원 2000. 9. 29. 선고 2000도2253 판결에서 지적하고 있다시피, 변호사에 대한 법률사건의 알선을 포괄적으로 금지하는 제27조 제 1 항을 신설하면서 그 적용 범위의 일부가 기존의 제90조 제 2 호 후단과 중복됨에도 이를 배려하지 않은 결과 사안에 따라 제90조 제 2 호와 제90조 제 3 호, 제27조 제 1 항이 중첩적으로 적용(하나의 행위에 대하여 2개의 처벌규정이 병존하는 셈)될 수 있는 것으로 볼 수밖에 없게 되었다.

Ⅲ. 전문가 직역의 권유와 광고의 규제에 관한 외국의 사례

1. 역사적 유래

(1) 의료시장에서 광고와 권유행위[15]의 금지

미국의 의사회나 변호사회는 그 결성 초창기부터 의사나 변호사들의 사건(환자) 유치 행위에는 상당히 엄한 제한을 가하여 왔다.[16]

1847년 AMA(American Medical Association)에서 최초로 윤리장전(Code of Ethics)을 제정하였을 당시부터 광고에 적대적이었고,[17] 1903년과 1912년에 개정되었지만, 직접 대면(in-person)에 의한 권유(solicita-

15) ABA Model Rule 7. 3조 (c)에 비추어 보면 특정한 사건에 관하여 법률 서비스를 필요로 하는 상태임이 알려진 잠재적 고객에 대한 요청받지 아니한(uninvited) 법률위임계약 체결권유(Soliciting professional employment from a prospective client known to be in need of legal services in a particular matter)를 의미하고, 완전 금지되다가 점차 허용 범위가 넓어져 직접 대면 접촉에 의한 권유(in-person)와 직접 전화 통화(direct-telephone), 실시간 채팅 정도가 금지되고 있고 편지 발송 등에 의한 권유는 허용되고 있다.

16) 경쟁에 호의적인 다른 영역과 달리 광고나 일정한 형태의 권유를 광범위하게 금기시한 요인은 첫째, 의료와 법률서비스 영역이 고도로 공익적인 역할을 담당한다는 전통적인 관념, 둘째, 의료서비스 소비자들의 높은 의존성과 비대체성, 그에 내재된 위험과 책임 때문에 의료기관의 광고나 권유는 다른 직역의 광고보다 훨씬 심대한 영향을 미치는 것으로 인식된 점[의료 수요자들은 대체로 광고가 전달하는 메시지에 受容的(susceptible)이기 쉽다. 즉, 쉽게 받아들인다는 것임], 셋째 동료집단으로서 의사들이나 법률가들은 자신들의 직역의 이미지(공공성과 중요성)에 신경을 써 왔으며, 광고는 그러한 이미지를 훼손시킨다는 인식이 보편적이었다는 점을 들 수 있다.

이하, Gregg R. Brown, ADVERTISING IN THE LEARNED PROFESSIONS': THE CASE FOR PRICE COMPARISONS AND TESTIMONIALS," Southern Illinois University Law Journal Summer(1987) 1208면 이하 참조.

17) 의사의 품위를 손상시키는 유형의 광고를 구체적으로 예시하고 이를 심히 부적절한 것으로 규정하였다. 다음은 해당 규정 원문이다.

It is derogatory to the dignity of the profession, to resort to public advertisements or private cards or handbills, inviting the attention of individuals affected with particular diseases--publicly offering advice and medicine to the poor gratis, or promising radical cures; or to publish cases and operations in the daily prints, or suffer such publications to be made; -- to invite laymen to be present at operations, -- to boast of cures and remedies, -- to adduce certificates of skill and success, or to perform any other similar acts. These are the ordinary practices of empirics, and are highly reprehensible in a regular physician.

tion)[18]와 광고에 대한 적대적인 태도에는 변함이 없었다. 1957년 AMA는 윤리규정(Code of Ethics)을 제정하였는데, 여기서는 광고에 대하여는 언급치 않았으나 직접대면에 의한 권유를 금하는 조항을 두고 있었다.[19]

1975년 공정거래위원회 Federal Trade Commission(FTC)가 이와 같은 규제에 대하여 제동을 걸자, AMA도 방침을 바꾸어 광고는 일정한 규제하에 허용하되 직접 대면권유(in-person solicitation)는 엄격히 금지하는 것으로 전환하였다.

AMA의 윤리규정이나 방침은 AMA라는 단체의 지침일 뿐 그 자체로 강제력을 가진 것은 아니나(AMA가 위반을 이유로 의사면허를 취소하거나 제재를 가할 수는 없다), 많은 주의 의사면허 관련 법률에서 의사면허의 취소나 징계사유로 도입되었으므로, 해당 주 법률에 의하여 면허가 정지되거나 취소처분에 처하여질 수 있었다.

(2) 법률시장에서 광고와 권유행위의 금지

영국의 변호사들은 법률서비스를 생계수단이라기보다는 공공서비스로 간주하였고, 미국은 식민시대부터 19세기까지에 걸쳐 변호사들에

---

18) solicitation [slistein] n. 간원, 간청, 귀찮게 졸라댐, 애걸복걸; 권유; 유도; (매춘부의) 유혹; 【법】 교사죄

solicit [slisit] 【L「동요시키다」의 뜻에서】 vt.

1 간청하다, 청구하다, 졸라대다, 탄원[요청, 신청, 청원]하다 ((of, from)); ···해 달라고 간청하다; 권유하다 ((for)); 구걸하다

《~+목》 ~ votes 투표를 간청하다

《~+목+전+명》 ~ a person for money ···에게 돈을 달라고 조르다

~ a person for help=~ help of[from] a person ···에게 도움을 간청하다

《~+목+to do》 ~ a person to do ···에게 ···해달라고 간청하다

2 〈법관에게〉 뇌물을 써서 애걸하다; 〈못된 짓을 하게〉 꼬드기다 ((to))

~ a person to evil ···에게 악행을 부추기다

3 〈매춘부가〉 유혹하다

19) Principle 5

"Except in emergencies, a physician may choose whom he will serve. Having undertaken the care of a patient, the physician may not neglect him. Unless he has been discharged, he may discontinue his services only after having given adequate notice. He should not solicit patients."

게 명시적으로 광고를 금지하는 규정은 없었으나, 법률을 공공서비스로 간주하는 전통에 따라 광고를 하는 것이 변호사 업계의 품위를 손상시킨다는 인식을 공유하고 있었다.

19세기 중반에 경쟁이 심화되어 광고가 급증하자 이에 대처하기 위하여 American Bar Association(ABA)는 법조윤리장전(Cannons for Professional Ethics)을 채택하기에 이르렀고, 여기서 명시적으로 광고(advertising)와 권유(solicitation)를 금하여 70여 년 동안 계속되었다.

1967년 ABA의 직업윤리 모범규정(Model Code of Professional Responsibility)이 제정되어 종전의 법조윤리장전을 대체하였는데, 거기서도 TV나 특정인을 대상으로 한 서신권유(Mail solicitation) 기타 "품위를 손상시키는(undignified)" 광고를 금하였다. 개정된 직업윤리 모범규정은 변호사가 광고로 소비자들에게 전달할 수 있는 정보를 25종류로 분류하였다.

2. 발전 · 전개과정

광고에 관하여, 연방대법원은 Virginia State Board of Pharmacy v. Virginia Citizens Consumer Council 사건에서 약사의 가격 광고에 대하여 정직 등의 징계를 규정한 약사법이 연방수정헌법 제 1 조 위반이라고 판시함으로써 "상업적 표현(commercial speech)"의 자유를 표현의 자유의 일종으로 포섭시킨 바 있고, Bates 사건[20]에서 변호사의 광

20) Bates v. State Bar of Arizona, 433 U.S. 350 (1977). 아리조나 주 변호사회 소속의 2명의 변호사가 일간신문에 자신들이 취급하는 사건의 종류와 수임료를 기재함과 아울러 법률 사무를 '아주 합리적인 수임료(very reasonable fees)'만을 받고 제공한다는 광고를 내었고, 일정한 법률사무의 비용들을 열거함으로써 당시 일체의 변호사 광고를 금지하고 있던 Arizona 주 변호사 징계규정(disciplinary rules)을 위반하였다.

아리조나 주 변호사회의 징계위원회는 6개월 이상의 정직을 결정하였으나 아리조나 주 대법원 규칙 36조에 의하여 위원회(Board of governers for the State Bar)에서 2인이 순차로 1주일씩 정직으로 징계수위를 낮추었다.

아리조나 주 대법원은 위 징계규정이 표현의 자유에 관한 연방 수정헌법 제 1 조에 반하지 않는다고 판시하였으나, 연방대법원은 변호사 광고에 대하여 특정한 제한을 가할 수는 있으나, "포괄적인 제한(blanket supression)"은 가할 수 없다고 판

고에까지 연방 수정헌법 제1조의 보호 영역을 확장하였다. 연방대법원은 상업적 표현(commercial speech)이 대중들에게 재화와 용역의 속성과 가격, 이용가능성을 알려 줌으로써 자원의 배분과 자유경쟁에 있어 대체할 수 없는 기능을 수행하고 적절한 구매결정을 담보한다고 보았던 것으로 생각된다. 그 후의 판례의 전개에 따라, 허위, 기만 광고는 규제할 수 있으나 포괄적인(in-blanket) 광고금지는 표현의 자유를 제약하는 것으로서 허용될 수 없다고 보았다.

반면, **직접 권유**(in-person solicitation)에 관하여, 연방대법원은 직접 대면 권유의 주된 목적이 금전적 이득(pecuniary gain)에 있다면 이를 금지하는 것은 적법하나,[21] 다른 목적 예컨대, 정치적 동기에 있다면 변호사의 직접 대면 권유도 허용된다고 보았다.[22]

그리고, 최근의 Shapero v. Kentucky Bar Association 사건에서 연방대법원은 표현의 자유에 대한 헌법적 보호의 영역을 변호사의 특정인에 대한 직접 서신 발송에 의한 권유(targeted direct mail solicitation)에까지 확장하여, 영리를 목적으로 특정한 법률적 문제에 봉착한 사람들에게 직접 편지발송에 의한 위임권유(targeted direct mail solicitation)

시하는 한편, 변호사의 광고는 상업적 표현의 자유의 영역으로서 일상적 법률서비스의 이용가능성과 이용조건에 관한 진실한 광고는 제한할 수 없다고 하였다.

21) Ohralik v. Ohio State Bar Association(1978) 사건
교통사고로 입원해 있는 18세 소녀를 병원으로 찾아가 사건을 수임할 것을 권유하였고 소녀가 부모와 상의해 봐야 한다고 거절하자, 이틀 뒤 다시 찾아와 설득 끝에 사건을 수임한 사례이다. 소속 변호사회는 Ohralik의 변호사 업무를 무기한 정지시켰다(전형적인 "ambulane cahser"변호사에 관한 사건임).

22) In Re Primus(1978) 사건
Primus라는 변호사는 노스 캐롤라이나 주 인권위원회로부터 보수를 받고 고용된 변호사인데, 의료보험 혜택을 유지하는 대가로 불임수술을 받은 여성들을 면담하고 자기가 속한 ACLU(American Civil Rights Association)라는 단체에 보고하였는데, ACLU는 기꺼이 그러한 여성들을 위하여 변호사를 선임하여 줄 의향이 있다고 Primus에게 알렸고, Primus는 자기가 면담하였던 해당 여성에게 편지를 써서 ACLU의 제안을 알렸는데, 사우스 캐롤라이나 주 대법원은 잠재고객에 대한 직접 대면 접촉에 의한 사건위임 권유 금지규정에 반하였다는 이유로 Primus에 대한 징계가 정당하다고 보았으나, 연방대법원은 이에 반대되는 결정을 하였다. 이 결정은 모범규정 7. 3조 (a)항의 "when a significant motive for the lawyer's doing so is the lawyer's pecuniary gain"이라는 표현으로 반영되었다.

를 하는 것은 그것이 거짓이거나 기만적인 것이 아닌 한 주 정부가 금지할 수 없다고 판시하였다(과도하거나 부당한 영향력의 위험성이 낮은 점에서 인쇄된 광고와 유사하다고 보았다).

	규제 내용	우리 법과의 공통점과 차이점
모범규칙 7. 1조[23]	허위·오도성 표현의 금지 해당 변호사나 그가 제공하는 서비스에 관하여 허위이거나 오도의 여지가 있는 표현을 하여서는 아니 된다. 법률이나 사실의 주요부분에 그릇된 설명이 있거나, 오도될 여지가 없으려면 빠뜨려서는 아니될 사실을 누락한 경우에도 이에 해당한다.	허위·과대한 광고(의료법 46①)와 유사하나, 광고의 경우에만 적용되는 것은 아님(모든 의사 소통에 적용됨)
모범규칙[24] 7. 2조 (b)	소개료 지급 금지 해당 변호사를 추천하여 준 대가로 그 어떤 경제적 이익도 교부하여서는 아니 된다. 적법한 광고 수수료를 지급하는 것이나, 비영리단체에 대하여 통상적인 수수료를 지급하는 경우 등 예외적으로 허용될 수 있다.	2000년 개정 이후 현행 변호사법 제34조 제2항과 유사함
모범규칙 7. 3조[25]	직접 접촉에 의한 권유행위 금지 법조인이나 그 친인척 등에 대한 것 외에는 직접 대면접촉이나, 전화통화, 실시간 채팅에 의한 위임권유를 해서는 아니 된다.	해당 조항이 없음. 의료인 자신의 유인행위(의료법 제25조 제3항)가 이에 해당할 여지는 있으나, 우리와 달리, "기망·유혹"의 여부와 무관하게 금지됨

23) 7. 1조
A lawyer shall not make a <u>false or misleading communication</u> about the lawyer or the lawyer's services. A communication is false or misleading if it contains a material misrepresentation of fact or law, or omits a fact necessary to

3. 현행 ABA의 변호사 영업에 관한 규제와 우리 변호사법 및 의료법과의 비교

1983년 ABA가 제정한 직업윤리 모범규칙(Model Rules of Professional Conduct)은 연방대법원의 주요 판례가 나올 때마다 이를 반영하여 개정되어 왔다.

대개의 주 변호사회는 다소의 변용을 거쳐 모범규칙을 주 변호사회 규칙으로 채택하고 있으며, 주 단위의 징계규정이나 자격규정에 반영되어 있고, 각 주에 따라 현저한 차이가 있다. 광고행위는 위에 게기한 제한이나 금지에 저촉되지 않는 한도 내에서 허용된다(포괄적 허용).[26)]

4. 경 향

결론적으로, 원래 광고와 수요자와의 대면 접촉에 의한 권유가 공히 금지되다가, 판례의 축적에 따라 (영리를 목적으로 한) 직접 대면 권유는 <u>엄격하게 금지(예외적 허용)</u>되고, 광고는 <u>단순히 규제(일반적 허용 및 허위 과장광고 금지)</u>되는 것으로 뚜렷이 구별되기 시작하였다고 할

make the statement considered as a whole not materially misleading.

24) 7. 2조

(b) A lawyer <u>shall not give anything of value to a person for recommending</u> the lawyer's services except that a lawyer may

(1) pay the reasonable costs of advertisements or communications permitted by this Rule;

(2) pay the usual charges of a legal service plan or a not-for-profit or qualified lawyer referral service. A qualified lawyer referral service is a lawyer referral service that has been approved by an appropriate regulatory authority;

25) 7. 3조

(a) A lawyer shall not by <u>in-person, live telephone or real-time electronic contact</u> solicit professional employment from a prospective client when a significant motive for the lawyer's doing so is the lawyer's pecuniary gain, unless the person contacted:

(1) is a lawyer; or

(2) has a family, close personal, or prior professional relationship with the lawyer.

26) 7. 2조

(a) Subject to the requirements of Rules 7. 1 and 7. 3, a lawyer may advertise services through written, recorded or electronic communication, including public media.

수 있다.

여기서의 권유라 함은 불특정 다수에 대한 정보의 전달이 아니라, 법률(의료) 서비스에 대한 수요가 있는 특정인에 대하여, 요청이 없었는데도(uninvited), 직접 접촉하여(in-person) 의료위임계약, 혹은 사건수임계약 체결을 권고하는 행위를 말한다.

의료지식이나 법률지식이 전무한 보통 사람(lay-person)이 법률서비스나 의료서비스에 대한 수요를 갖고 있다면, 질병 혹은 송사 때문에 자유로운 의사결정을 할 수 있는 상태가 아닐 가능성이 높고, 상대방(의사나 변호사)의 설명에 대하여 의심을 갖거나 비판적인 검토가 불가능할 가능성이 높으며,[27] 이를 악용하여 계약이 체결될 위험이 내재되어 있다고 본 결과(선택의 자유가 침해될 가능성이 현저한 것으로 봄) 광고보다 훨씬 광범위하고 엄격한 규제가 허용된다고 보았던 반면, 광고는 불특정 다수에 대하여 경력이나 이료(법률)서비스의 내용, 가격 등의 정보를 제시하므로, 선택의 자유를 실질적으로 담보할 수 있게 하는 기능을 수행하는 것으로 간주하였다.

다만, 여기서의 권유행위는 대면접촉에 의한 의료계약체결의 유혹을 의미하는 것으로서 우리 의료법상의 "유인" 즉 "기망이나 유혹"을 동원한 의료계약체결 유도행위(우리 판례의 입장)와는 다소 그 개념을 달리한다는 점에 유의할 필요가 있다.

즉, 필자가 조사한 바로는 입법 경위에 있어서도 미국의 "권유" 개념의 형성 및 규제와는 전혀 무관한 것이고, 해석에 있어서도 미국의 "권유" 개념을 우리 의료법상 "유인" 개념으로 도입할 경우에는 뒤에서 보는 바와 같이 여러 문제점이 발생하게 되므로 바람직하지 않다.

27) 더구나, 광고와는 달리 당사자들만 그 내용을 기억할 뿐이고 문외한은 대화 내용을 다 기억하는 것도 불가능한 것이다.

Ⅳ. 의료법상 "유인행위" 주체에 의료인의 포함 여부 및 인정 범위

1. 판례의 입장(제한적 긍정설)

① **대법원** 1996. 2. 9. **선고** 95도1765 **판결**

의료법 제25조 제3항은 의료인 또는 의료기관 개설자가 아닌 자의 환자 유인행위 등을 금지함은 물론 의료인 또는 의료기관 개설자의 환자 유인행위나 그 사주행위까지도 금지하는 취지임이 명백하고, 의료인의 환자 유인행위가 같은 법 제53조에 의하여 별도로 면허자격의 정지사유가 된다고 하더라도, 이는 행정목적의 달성을 위한 것으로서 위 벌칙조항과는 규정취지를 달리하므로, 의료인에 대한 형사처벌에 아무런 장애를 가져오는 것이 아니다.[28)]

② **대법원** 2004. 10. 27. **선고** 2004도5724 **판결**

구 의료법 제25조 제3항의 입법 취지는 의료기관 주위에서 환자유치를 둘러싸고 금품수수 등의 비리가 발생하는 것을 방지하고 나아가 의료기관 사이의 불합리한 과당경쟁을 방지하려는 데에 있는 점, 등에 비추어 보면, 의료기관·의료인이 스스로 자신에게 환자를 유치하는 행위는 그 과정에서 환자 또는 행위자에게 금품이 제공되거나 의료시장의 질서를 근본적으로 해하는 등의 특별한 사정이 없는 한, 구 의료법 제25조 제3항의 환자의 '유인'이라 할 수 없고, 그 행위가 의료인이 아닌 직원을 통하여 이루어졌더라도 환자의 '소개·알선' 또는 그 '사주'에 해당하지 아니한다.[29)]

---

28) 교통사고 환자를 태우고 온 택시기사에게 금품을 지급한 사건이어서 **당해 의료인도 유인의 주체로 본 사안이다.**

29) 병원 행정부장이 신용금고 등 공공기관 및 단체 등을 방문하여 "계약금 3만 원으로 예약을 하면 시중보다 싼 금액인 20만 원에 건강검진을 받을 수 있다"는 취지로 알려 약 250명으로부터 계약금을 수령하는 등 영리를 목적으로 환자를 의료기관에 소개·알선하는 행위를 하였고 병원 원장은 이를 사주하였다는 것이 공소사실의 요지이다.

2. 부 정 설[30)]

의료법 제25조 제 3 항 중 "영리를 목적으로 환자를 의료기관 또는 의료인에게 소개·알선 기타 유인"하는 행위를 금지한 것은 소위 브로커에 대한 금지명령으로, "이를 사주하는 행위"를 금지한 것은 의료기관 또는 의료인에 대한 금지명령으로 해석하여야 한다는 설이 있다.

위와 같은 해석의 논거로는, ① 개정(처벌규정 신설) 입법 과정에 비추어 보면, **의료인을 함께 처벌하기 위하여 삽입된 것이 "사주하는 행위"라는 표현**이고, 그 이전의 "소개·알선 기타 유인"하는 행위는 변호사법과 마찬가지로 의료인이 아닌 자에 대한 처벌규정을 염두에 둔 것이라는 점, ② 유인행위는 허위광고행위 또는 과장광고 행위와 유사한 행위이므로 의료인의 유인행위를 의료법 제25조 제 3 항의 금지행위에 해당한다고 하면 위 조항이 규정한 범죄의 구성요건적 행위 유형으로서의 행위 정형이 지나치게 확대되거나 불확정해질 우려가 있다는 점 등을 들 수 있다.

3. 검토 및 결론

(1) 이 조항이 신설된 1981. 12. 31.자 법률개정안에는 당초 "의료기관 주위에서 영리를 목적으로 환자를 유인하는 행위를 하는 자"에 대한 처벌규정을 두고 의료인의 유인 또는 사주행위에 대한 규정은 없었으나, 전문위원의 검토의견에서 "환자유인행위는 대체로 의료기관이나 의료인의 사주 내지 묵인을 전제로 한 브로커들의 영리목적행위라는 점에서 환자유인행위자만을 응징함은 실효성을 크게 감소시킬 뿐만 아니라 편파적 입법이라는 비난가능성 또한 배제할 수 없으므로 의료기관 또는 의료인에게 환자를 유인하는 행위자만이 아니라 이러한 유인행위를 사주 내지 묵인한 유인 의료기관 또는 의료인이 있을 경우에는 이들도 함께 처벌하도록 하는 쌍벌 규정의 설정도 고려되어

30) 대법원 1998. 5. 29. 선고 97도1126 판결에 대한 판례해설인 박철, "醫療法 제25조 제 3 항의 使嗾行爲의 意味," 대법원 판례해설 30호, 640면 이하.

야 한다"는 의견을 제시하였고, 그 의견에 따라 조문이 정리된 것으로 보인다.[31)]

따라서, "이를 사주하는 행위"라는 표현은 비의료인의 소개·알선·유인행위 등을 이용한 의료인을 처벌하기 위한 표현임에는 의심의 여지가 없어 보인다. 결국, 입법과정에서의 논의를 두고 보면, 부정설의 논거를 가볍게 배척하기는 어렵다고 보여진다.

(2) 그리고, 부정설에 의할 경우, 의료인이 영리목적으로 특정한 다른 의료인에게 알선·중개·유인하는 행위는 일반인과 마찬가지로 前段에 의하여 처벌되나, 자기 자신을 위하여 환자를 유치한 경우에는 前段의 유인으로도, 後段의 사주로도 처벌할 수 없게 되어 처벌의 공백을 초래한다는 비난이 가능한 반면, 의료인 자신이, 자신의 영업을 위하여 환자를 유치하는 과정에서 이루어진 행위에 대하여는 일률적으로 구성요건해당성이 부인될 것이므로, 행위 유형은 그만큼 명확해지고, 제한적 해석론에 따르는 여러 가지 불확실성을 근본적으로 배제할 수 있다는 장점이 있다.

(3) 미국의 해석론으로부터 어떠한 시사점을 얻을 수 있을 것인가?

우리 변호사법은 물론 변호사윤리장전[32)]에도 미국과 같은 대면 권유(in-person solicitation)를 금하는 조항이 없고, 의료법에도 대면 권유 자체를 금하는 규정은 없다. 그러나, 의료행위 혹은 법률서비스에 대한 수요가 있는 상태에 처한 특정인을 상대로 한, 기망·유혹에 의한 유인행위의 잠재적 위험성이나 가벌성이, 불특정 다수에 대한 허위·과장 광고에 비하여 당연히 낮거나 가볍다고는 볼 수 없을 것이다.[33)]

광고와 유인행위의 구별이 모호하고, 허위·과장 광고를 처벌함으로써 입법 목적을 달성할 수 있다는 입장[34)]도 다음과 같은 이유로 찬

31) 제108회 국회 보건사회위원회회의록 제17호(1981. 13. 3. 자) 제 4 면 참조.

32) 대한 변호사협회의 변호사 윤리장전 참조.

33) 우리 판례처럼 "유인행위"를 "유혹·기망"으로 제한하여 파악한다면 단순한 대면 접촉에 의한 권유(미국의 solicitation)보다 더욱 위법성이 두드러진다.

34) 박철, 전게논문 참조.

성하기 어렵다.

① 미국의 예에서 보듯이 광고와 대인 접촉에 의한 권유(나아가 그 과정의 유인행위)는 충분히 구별 가능하다.

② 광고는 기록이 남게 되고, 사회적 감시하에 놓이게 되며, 소비자는 비교·검토할 여유를 갖는 것이지만, 환자 1인을 개별 접촉하여 예컨대 기망에 의하여 즉석에서 의료계약을 체결한 경우(법이 예정하고 있는 가장 전형적인 모습이다), 언행이 보존되는 것도 아니고 견제할 주체도 없으며, 전문지식을 동원한 설득에 합리적인 결정을 내리는 것이 어려울 것이다. 입법목적을 어떻게 파악하든 간에, 이를 규제하지 않는다면 오히려 규제의 균형을 상실케 하는 결과를 초래할 것이다.[35]

③ 덤핑된 가격(본인부담금 할인)을 제시하고 실제로 할인을 해 주는 경우에는 허위·과장 광고가 아니므로 광고조항으로는 처벌이 불가능할 것이다. 그러나, 이는 근본적으로는 의료시장질서를 교란하는 것으로서 최근 10여년 사이에 소매업 분야에서 일어났던 대형화 위주의 생존경쟁으로 치닫고 종국에는 공멸로 귀결될 공산이 크다고 사료된다.

결국, 광고에 해당하는 이외에는 의료인 자신의 환자유치 행위에 대한 규제를 없애는 결과를 초래하는 부인론의 해석론은 개정 과정에서의 시사점 외에는 선뜻 그 논거에 찬성하기 어려운 점이 있다.

결론적으로, 의료인 자신의 환자유치행위도 유인행위에 해당한다고 본 ① 대법원 1996. 2. 9. 선고 95도1765 판례가 타당하다고 사료된다.

(4) 그러나, 이와 같이 해석할 경우에는 행위의 정형이 부동화되어 거의 모든 환자유치행위가 유인행위로 처벌될 가능성을 배제할 수 없고, 가사 그렇지 않다 하더라도 해석상의 불확실성이 의료업계를 필요 이상으로 위축시킬 위험성이 필연적으로 뒤따르게 된다. 이러한 불확실성을 배제하지 않으면, 긍정설의 장점조차 사라질 위험성이 상존한다.

35) 여기에 더하여, 의료행위는 일단 시술되면 원상회복이 불가능한 경우가 많다는 점에서, 대면접촉에 의한 유인행위의 처벌필요성이 낮다고 단정할 수 없다

V. 유인행위의 해석

1. 제한 해석의 필요성

독점규제및공정거래에관한법률의 불공정 거래행위 금지 조항[36]은 "부당하게 경쟁자의 고객을 자기와 거래하도록 유인하거나 강제하는 행위"[37]라고 규정하여 "부당성"을 구성요건사실로 삼고 있고, 더욱이 시행령에서는 부당한 유인행위의 유형을 구체적으로 기재하고 있다.[38]

---

36) 제23조(불공정거래행위의 금지)

① 사업자는 다음 각호의 1에 해당하는 행위로서 공정한 거래를 저해할 우려가 있는 행위(이하 "불공정거래행위"라 한다)를 하거나, 계열회사 또는 다른 사업자로 하여금 이를 행하도록 하여서는 아니 된다.

1. 부당하게 거래를 거절하거나 거래의 상대방을 차별하여 취급하는 행위
2. 부당하게 경쟁자를 배제하는 행위
3. **부당하게 경쟁자의 고객을 자기와 거래하도록 유인하거나 강제하는 행위**
4.~7. 생략
8. **제 1 호 내지 제 7 호 이외의 행위로서 공정한 거래를 저해할 우려가 있는 행위**

② 불공정거래행위의 유형 또는 기준은 대통령령으로 정한다.〈개정 1996. 12. 30〉

③항 이하 생략

제67조(벌칙) 다음 각호의 1에 해당하는 자는 2년 **이하의 징역 또는 1억 5천만원 이하의 벌금에 처한다.**

2. **제23조(불공정거래행위의 금지) 제 1 항의 규정에 위반하여 불공정거래행위를 한 자**

37) 물론 여기서 경쟁자의 고객에는 경쟁자와 현실적으로 이미 계약을 체결한 고객뿐 아니라 그와 계약을 체결할 가능성이 있는 잠재적 고객도 포함됨. 대법원 2002. 12. 26. 선고 2001두4306 판결 참조.

38) 시행령 제36조 제 1 항의 별표 1에서 규정하고 있는 유인행위의 유형은 다음과 같음

4. 부당한 고객유인

법 제23조(불공정거래행위의 금지) 제 1 항 제 3 호 전단에서 "부당하게 경쟁자의 고객을 자기와 거래하도록 유인하는 행위"라 함은 다음 각목의 1에 해당하는 행위를 말한다.

가. 부당한 이익에 의한 고객유인

정상적인 거래관행에 비추어 부당하거나 과대한 이익을 제공 또는 제공할 제의를 하여 경쟁사업자의 고객을 자기와 거래하도록 유인하는 행위

나. 위계에 의한 고객유인

제 9 호의 규정에 의한 부당한 표시·광고 외의 방법으로 자기가 공급하는 상품 또는 용역의 내용이나 거래 조건 기타 거래에 관한 사항에 관하여 실제보다 또는 경쟁사업자의 것보다 현저히 우량 또는 유리한 것으로 고객을 오인시키거나 경쟁사업자의 것이 실제보다 또는 자기의 것보다 현저히 불량 또는 불리한 것으로 고객

이에 반하여 구 의료법 제25조 제3항의 "유인"에는 아무런 수식어가 없었음에 유의할 필요가 있다.

비의료인의 영리목적 소개·알선·유인행위는, 그 자체가 의료질서에 대한 위협이므로(입법취지 참조), 설사 그 유인행위가 "부당"하지 아니한 경우에도 처벌하여야 한다는 해석이 가능하다.

그러나, 의료인 본인(의료기관의 직원 포함)의 유인행위의 경우에는 모든 유인행위가 처벌된다(즉, 사회상규를 벗어나지 않거나 공정거래법상 부당유인행위에 해당하지 않는 유인행위도 3년 이하의 징역형에 처할 수 있다)고 본다면 정상적인 영업이 불가능할 것이 자명하다.

따라서, 해석상 내재적인 한계를 지울 필요가 있으며, 이는 법 해석 권한을 지닌 법원의 임무라 할 수 있을 것이다.

2. 제한의 기준

(1) 판 례

③ 대법원 1998. 5. 29. 선고 97도1126 판결(유인의 의미)

의료법 제25조 제3항상의 '소개·알선'이라고 함은 환자와 특정 의료기관 또는 의료인 사이에서 치료위임계약의 성립을 중개하거나 편의를 도모하는 행위를 말하고, **'유인'이라 함은 기망 또는 유혹을 수단으로 환자로 하여금 특정 의료기관 또는 의료인과 치료위임계약을 체결하도록 유도하는 행위**를 말하며, '이를 사주하는 행위'라고 함은 타인으로 하여금 영리를 목적으로 환자를 특정 의료기관 또는 의료인에게 소개·알선·유인할 것을 결의하도록 유혹하는 행위를 말한다.39) 40)

을 오인시켜 경쟁사업자의 고객을 자기와 거래하도록 유인하는 행위

다. 기타의 부당한 고객유인

경쟁사업자와 그 고객의 거래에 대하여 계약성립의 저지, 계약불이행의 유인 등의 방법으로 거래를 부당하게 방해함으로써 경쟁사업자의 고객을 자기와 거래하도록 유인하는 행위

39) 의료인이 자신이 개설한 의료기관의 직원들로 하여금 환자를 싣고 오는 택시기사 등에게 사례비를 지급하게 한 사안.

40) "의료기관 또는 의료인이 자신에게 환자를 소개·알선 또는 유인한 자에게 법률상 의무 없이 사례비, 수고비, 세탁비, 청소비, 응급치료비 기타 어떠한 명목으로든

④ **대법원 1999. 6. 22. 선고 99도803 판결(소개의 의미)**

의료법 제25조 제 3 항은 "누구든지 영리를 목적으로 환자를 의료기관 또는 의료인에게 소개·알선 기타 유인하거나 이를 사주하는 행위를 할 수 없다"고 규정하고 있는바, 위 조항에서 소개라 함은 환자와 특정 의료기관 또는 의료인 사이에서 두 편이 서로 알게 되어 치료위임계약이 성립되도록 관계를 맺어주는 행위를 말하는 것이므로, **환자측과는 아무런 접촉도 없는 상태**에서 특정 의료기관 등에게 응급치료를 요하는 환자의 발생사실과 그 환자가 있는 장소를 알려 주고 그 결과 특정 의료기관에서 출동한 구급차로 그 환자를 후송하여 치료를 개시함으로써 치료위임계약이 성립되었다고 하더라도 위와 같은 환자의 발생사실과 그 환자가 있는 장소를 알려 준 행위를 일컬어 환자를 특정 의료기관 등에 **소개한 것이라고 할 수는 없다**.[41)]

(2) 평　　가

위 ③ 판례는 기본적으로 **"기망 또는 유혹을 수단"**으로 한 행위를 처벌하는 것으로 제한하여 해석하고 있다. 여기서 "기망"의 의미에 관하여는 해석상 별다른 문제가 발생치 않을 것으로 보이나, 문제는 "유혹"의 의미라고 할 수 있다. 기망의 요소가 전혀 없는 의료인 자신의 환자유치행위를 놓고 평가할 때 어느 정도의 동기제공이 "유혹"에 해당한다고 볼 것인가의 경계선을 설정하는 문제는 여전히 어려운 문제로 남게 된다.

뒤에 나온 위 ② 판례는 이 점을 보다 명확히 하려고 시도한 것으

돈을 지급하면서 앞으로도 환자를 데리고 오면 돈을 지급하겠다는 태도를 취하였다면 일반인을 기준으로 볼 때 장차 돈을 받기 위하여 그 의료기관 또는 의료인에게 환자를 소개·알선 또는 유인할 것을 결의하게 하기에 충분하다고 할 것이므로 이와 같이 의료기관 또는 의료인이 돈을 지급하는 행위는 의료법 제25조 제 3 항이 금지하고 있는 사주행위에 해당한다."

41) 병원에서 레카차 구입대금 혹은 콜택시의 무전기와 전화기 구입비용을 지원하여 주는 대가로 레카차 회사 혹은 까치콜 기사가 교통사고 현장에서 사고차량을 견인하거나 이와 관련하여 인지한 교통사고 환자를 피고인들(병원장과 사무장)의 정형외과로 2년간 보내주는 방법으로 소개하기로 하는 계약을 체결하여 환자소개행위를 사주한 사안.

로 평가할 수 있다. 즉, 의료법 제25조 제3항의 입법취지에 관하여 "환자유치를 둘러싼 금품수수 등의 비리 발생을 방지하고 과당경쟁을 방지하려는 데 있다"고 보아 의료시장에서의 경쟁질서 확립을 주된 것으로 파악하고 있는 것으로 보이고, "금품이 제공되거나 의료시장의 질서를 근본적으로 해하는 등의 특별한 사정"이 있는 경우에 한하여 처벌이 가능하다고 해석하고 있다.[42] 여기서, 금품의 제공사실을 행위의 한 징표로 삼은 것은 정당하다고 생각되나, 문제는 "의료시장의 질서"를 해하는 행위라는 개념 역시 지나치게 막연한 것이어서 구체적으로 어떠한 행위가 그에 해당하는지에 관하여 명확하지 않다는 데 있다.

한편, 소개의 개념에 관한 위 ④ 판례의 판지는 "소개"의 사전적 의미에 주목하여 어느 일방에 대한 접촉이 전혀 없이 단순한 사고 발생 사실의 고지행위만으로는 소개에 해당하지 아니한다는 취지로서, 처벌의 필요성에도 불구하고 문언의 한계를 엄격히 고수한 판례로서 평가받을 만하다고 사료된다.

그렇다면, "유인"행위의 경우에도 직접적인 접촉을 요구하는 것으로 해석할 것인가?

즉, "유인"의 경우는 직접적인 접촉에 의한 행위를, "사주"의 경우는 그러한 행위를 지시·교사하는 행위로 해석할 것인지가 문제된다.

사견으로는 그렇게까지 좁게 해석할 필요는 없다고 생각된다. 즉, 직접적인 접촉에 의한 것이든, 아니면, 다른 경로를 통한 것이든 간에 의료계약 체결에 금품의 제공이나 인센티브의 제공이 수반되는 것이라면 일응은 유인행위 해당성을 인정하여야 할 것으로 생각된다. 이는 유인행위와 광고행위의 경계선에 위치하거나 양자의 속성을 겸유한 행위가 얼마든지 있을 수 있기 때문이다.

예를 들어 웹사이트에 "원치 않은 임신으로 고민하십니까? 속 시원히

42) 앞서 본 바와 같이 현행 의료법은 "국민건강보험법 또는 의료급여법의 규정에 의한 본인부담금을 면제 또는 할인하는 행위, 금품 등을 제공하거나 불특정 다수인에게 교통편의를 제공하는 행위 등"이라는 수식어를 부가하여 구체적인 행위유형을 예시하고 있다.

해결해 드릴 수 있습니다. 지금 바로 방문하여 주십시오. 02-xxxx-oooo"라는 배너 광고를 인터넷에 게재하여, 찾아온 미혼모들에게 위법한 낙태시술을 해 준 경우, 해당 의료인은 실제로 낙태 시술을 해 줄 의사와 능력이 있으므로 허위광고나 과장광고에 해당한다고 보기는 어려울 것이지만, 이러한 경우는 유인행위 자체가 광고라는 형태로 이루어진 것으로 보아야 할 것이다.

다른 한편으로, 기망행위를 이용한 광고행위의 경우, 불특정 다수의 의료소비자들에 대한 관계에서 허위·과장광고에 해당할 수 있고, 동시에 이를 믿고서 의료계약을 체결하기에 이른 특정의 환자들에 대하여 유인행위에 해당한다고 볼 여지도 있을 것이다.

결론적으로 여기서의 유인행위를 구제척·개별적인 대면 접촉에 의한 유인행위만으로 국한시켜 해석할 필요는 없다고 생각된다.

다만, 영리목적의 제 3 자를 이용한 유인행위의 경우 대부분 제 3 항 후단의 "사주하는 행위"에 해당할 것이므로 이러한 경우에는 직접 접촉 여부에 관한 논의의 실익은 크지 않을 것이다.

3. 이 사건의 경우

"**의료**질서"와 "의료 **시장**질서"는 다른 개념으로 파악하는 것이 상당하다.

예컨대 ① 시술 자체가 불법인 의료행위(이 사건과 같은 불법 낙태)나, ② 시술의 동기나 목적과 결합하여 불법인 의료행위(예컨대 병역기피를 목적으로 하는 무릎연골 제거수술)를 해 주겠다고 제의하는 경우, "의료의 적정을 기하여 국민의 건강을 보호증진한다(의료법 제 1 조)"는 의료법의 목적과 취지에는 정면으로 반하는 것이지만, "경쟁질서" 내지 의료 "시장질서"에는 반하지 아니하는 것으로 해석될 여지가 있기 때문이다.[43)]

43) 현행 의료법에서 예시하고 있는 위 행위들도 의료질서라기보다는 의료시장질서를 해하는 사례라 할 것이다.

의료법에서 유인행위를 금지한 취지는 시장경쟁질서의 보호에만 입법목적이 있는 독점규제및공정거래에관한법률과는 다소 궤를 달리하는 것으로, 궁극적으로는 국민들에게 가하여질 보건상의 위협요인이 고려된 것으로 보아야 할 것이다.

따라서, 위 "특별한 사정"에는 위법한 의료행위를 제안하거나 승낙함으로써 자신과 의료위임계약을 체결하도록 유혹하는 유인행위도 포함된다고 해석하여야 할 것이다.

그렇게 해석하지 않으면, 적법한 의료행위를 저렴한 가격에 제안한 의사는 처벌받고, (환자들이 간절히 원하는) 위법한 의료행위를 시술하여 주겠다고 제안하여 실제로 의료계약을 체결하고 실행에 옮긴 의사는 무죄(허위광고가 아니어서 광고조항으로는 처벌 못함)라는 결론에 이르게 되어 부당할 것이다.

예외도 있겠으나 전자의 경우는 이렇게 보면 이는 의료인과 의료계약을 체결할 것인가의 문제에 그치는 반면, 후자(낙태와 병역기피 목적의 연골제거수술을 예로 들 수 있다)의 경우는 정상적인 상황이라면 의료행위 자체가 이루어질 수 없는 것을 유인에 의하여 이루어지도록 하는 행위이기 때문에 위법성이 더욱 두드러진다고 할 수 있다.

이 사건과 관련하여 보자면, 현실적으로 얼마나 많은 낙태시술이 이루어지고 있는지 정확한 현황은 알 수 없으나, 적어도 대부분의 개업의들은 직접 내원하여 상담하기 전까지는 드러내고 위법한 낙태시술을 해 주겠다고 공언하는 경우가 드물다고 볼 수 있다. 그런 상황에서, 웹사이트 게시판에서 명백히 위법한 낙태시술도 흔쾌히 해 주겠다고 답변하는 행위는 인터넷에서 병원을 물색하는 처지의 미혼모들에게는 피고인의 병원을 방문하여야겠다는 강력한 동기를 부여하는 행위로 볼 수 있을 것이고, 앞서 본 취지에 비추어 보면, 이 역시 위 ② 판례에서 언급한 "특별한 사정"에 해당한다고 볼 수 있을 것이다.

Ⅵ. 유인행위와 광고행위

1. 광고의 개념

표시·광고의공정화에관한법률에서 광고의 定義를 규정하고 있다.[44)]

이에 따르면, 「광고」는 '事業者가 자신 또는 競爭事業者에 관한 사항이나 자기 또는 競爭事業者가 공급하는 상품의 去來內容이나 去來條件 등에 관한 사항에 대하여 신문, 잡지, TV, 라디오, 방송 등의 媒體[45)]를 이용하여 일반 소비자에게 선전 또는 표시하는 행위'로 정의할 수 있다.

한편, '변호사업무광고에관한규정'에서도 광고의 개념 정의를 하고 있는데,[46)] 여기서는 유형화된 정보의 제공이라는 의미로 파악하고 있다.

---

44) 제 2 조(정의) 이 법에서 사용하는 용어의 정의는 다음과 같다.

1. "표시"라 함은 사업자 또는 사업자단체가 상품 또는 용역(이하 "상품 등"이라 한다)에 관한 다음 각목의 사항을 소비자에게 알리기 위하여 그 상품 등의 용기·포장(첨부물 및 내용물을 포함한다) 또는 사업장 등에 설치한 표지판에 쓰거나 붙인 문자나 도형 및 상품의 특성을 나타내는 용기·포장을 말한다.
   가. 자기 또는 다른 사업자·사업자단체에 관한 사항
   나. 자기 또는 다른 사업자·사업자단체의 상품등의 내용·거래조건 기타 그 거래에 관한 사항
2. "광고"라 함은 사업자 또는 사업자단체가 상품 등에 관하여 제 1 호 각목의 사항을 신문·방송·잡지 기타 대통령령이 정하는 방법으로 소비자에게 널리 알리거나 제시하는 것을 말한다.

45) 시행령 제 2 조

제 2 조(광고의 방법) 표시·광고의공정화에관한법률(이하 "법"이라 한다) 제 2 조 제 2 호에서 "기타 대통령령이 정하는 방법"이라 함은 다음 각호의 매체 또는 수단을 이용하는 것을 말한다.

1. 전단·팜플렛·견본 또는 입장권
2. 인터넷 또는 PC통신
3. 포스터·간판·네온사인·에드벌룬 또는 전광판
4. 비디오물·음반·서적·간행물·영화 또는 연극
5. 자기의 상품 외의 다른 상품
6. 기타 제 1 호 내지 제 5 호와 유사한 매체 또는 수단

46) 제 2 조 광고의 정의

변호사업무광고라 함은 변호사가 자기 또는 그 구성원의 업무에 관하여 아래에 열거한 방식을 포함한 일체의 매체를 이용하여 정보를 제공하는 것을 말한다.

결론적으로 광고는 ① 불특정 다수의 상대방에 대하여, ② 일정한 매체를 이용하여, ③ 정보를 전달하는 행위라고 요약할 수 있다.

2. 의료법상 광고행위의 규제

(1) 원래는 전문과목의 표방 혹은 진료과목의 표시(1965. 3. 23. 개정으로 추가됨.) 등 극히 제한된 내용의 정보 전달 이외에는 일체의 광고를 금지하는 입장이었다.47)

1973. 2. 16. 법률 제2533호로 전문개정되면서 문언은 유사하나, 일정 종류의 정보전달을 포괄적으로 금지하되, 그 이외의 광고는 허위·과대광고의 경우만 처벌하는 것으로 다소 완화하였지만,48) 금하고 있는 정보의 종류나 내용이 너무 포괄적이어서 별다른 차이점은 없었다고 볼 수 있다. 2002. 3. 30. 법률 제6686호로 일부개정되면서 경력에 관한

1. 변호사사무소간판 등의 설치
2. 국내외의 신문 잡지 등의 정기 또는 부정기 간행물, 단행본, 화상 및 음성기록물, TV 및 라디오방송, 일반전화번호부 및 비즈니스 디렉토리, 인터넷, 컴퓨터통신 등 각종 매체의 이용
3. 인사장, 연하장, 달력, 명함, 봉투, 서식, 편지지 기타의 사무용지 등의 유인물 또는 복사물의 배포
4. 안내책자, 사외용의 사무소보, 기념품, 안내편지, 관광안내지도, 개업연, 기타의 연회, 협찬 기타의 방법

47) 제37조(의료광고의 금지)

① 의사, 치과의사, 한의사 및 조산원은 그 의료업 또는 조산업에 관하여 전조의 규정에 의한 전문과목의 표방 **이외에** 학위, 기능, 약효, 진료 또는 조산방법, 경력 기타의 광고를 하지 못한다.

② 누구든지 특정의 의사, 치과의사, 한의사 또는 조산원의 기능, 약효, 진료 또는 조산방법, 경력이나 특정의료에 관하여 인쇄물, 방송 또는 대중에 대하여 광고를 하지 못한다.

③ 의료기관의 표식에 관하여 필요한 사항은 보건사회부령으로 정한다.

48) 제46조(과대광고 등의 금지)

① 의료법인·의료기관 또는 의료인은 의료업무에 관하여 허위 또는 과대한 광고를 하지 못한다.

② 의료법인·의료기관 또는 의료인이 아닌 자는 의료에 관한 광고를 하지 못한다.

③ 누구든지 특정의료기관이나 특정의료인의 기능·진료방법·조산방법이나 경력 또는 약효 등에 관하여 대중광고·암시적 기재·사진·유인물·방송·도안 등에 의하여 광고를 하지 못한다.

④ 의료업무에 관한 광고의 범위 기타 의료광고에 필요한 사항은 보건사회부령으로 정한다.

사항이 광고 가능한 사항으로 변경(따라서 허위·과대광고의 경우만 규제)되었지만, 대부분의 의료정보 전달은 봉쇄된 것으로 평가할 수 있다.

(2) 헌법재판소는 최근 2005. 10. 27. 자 2003헌가3 결정에서 의료법(2002. 3. 30. 법률 제6686호로 개정되기 전의 것) 광고행위의 규제에 관한 위 의료법 제46조 제3항 중 "특정의료기관이나 특정의료인의 기능·진료방법"에 관한 광고금지 및 제69조 중 위 광고금지 위반 부분은 헌법에 위반된다고 판시하였다.[49]

헌법재판소는 "… 상업광고는 표현의 자유의 보호영역에 속하지만 사상이나 지식에 관한 정치적·시민적 표현행위와는 차이가 있고, 한편 직업수행의 자유의 보호영역에 속하지만 인격발현과 개성신장에 미치는 효과가 중대한 것은 아니다. 그러므로 상업광고 규제에 관한 비례의 원칙 심사에 있어서 '피해의 최소성' 원칙은 같은 목적을 달성하기 위하여 달리 덜 제약적인 수단이 없을 것인지 혹은 입법목적을 달성하기 위하여 필요한 최소한의 제한인지를 심사하기보다는 '입법목적을 달성하기 위하여 필요한 범위 내의 것인지'를 심사하는 정도로 완화되는 것이 상당하다."고 전제한 다음, "… 일반적으로 상업광고는 불법적인 내용이거나 허위 혹은 기만적인 것이 아닌 한 그 자체가 해로운 것은 아니다. 개인은 충분한 정보가 제공될 경우에 자신들의 최선의 이익을 인식할 수 있으며, 그러한 목적에 가장 좋은 수단은 의사소통을 닫아 놓는 것이 아니라 열어 놓는 것이다. 만일 국가가 소비자 보호를 이유로 허위나 과장된 것이 아닌 사실에 기초한 의료정보의 유통까지 막는다면 소비자는 오히려 무지의 상태에 놓여진다. 자유시장 경제에서 소비자에게 상업적 정보가 충분히 보장되어 소비자가 합리적인 결정을 할

49) 서울에서 ○○○○안과를 운영하는 의사로서 2001. 7. 30.경부터 2002. 2.경까지 위 안과 인터넷 홈페이지에 자신의 진료모습이 담긴 사진과 함께 외국에서 연수한 약력(경력), 라식수술에 대한 진료방법을 게재하는 등 특정의료인의 기능, 진료방법에 관하여 광고를 하였다는 이유로 기소되어 서울중앙지방법원에서 재판을 받던 중 의료광고를 제한한 의료법 제46조 제3항 및 이에 대한 처벌을 규정한 동법 제69조가 헌법에 위반된다고 주장하면서 위헌여부심판의 제청신청(2002초기1479)을 하였고, 위 법원은 이를 받아들여 2003. 2. 19. 헌법재판소에 제청한 사안이다.

수 있도록 하는 것은 표현의 자유의 중요한 과제에 속한다. 문제는 의료소비자가 현혹되거나 기만될 수 있는 의료광고를 차단하는 것이지, 기능과 진료방법에 관한 모든 의료광고를 차단하는 것이 아니다"라고 하여, 상업적 표현의 자유라는 측면에서 의료광고 금지법규의 합헌성에 접근하여, 의료 현실의 변화라는 시정과[50] 이 사건 조항이 아니더라도 그 입법목적은 다른 규정[51]들에 의하여 충분히 달성될 수 있다는 점 등을 들어 이 사건 조항이 '피해의 최소성' 원칙에 위반되고, '법익의 균형성' 원칙에도 위배된다고 보아, 이 사건 조항이 비례의 원칙에 위배하여 표현의 자유와 직업수행의 자유를 침해한다고 판단하였다.

(3) 헌법재판소의 위와 같은 판단은 앞서 Ⅲ. 2.에서 본 바와 같이 미국 연방대법원이 "상업적 표현(commercial speech)"의 자유라는 측면에서 그 허용범위를 확대하여 온 법리와 궤를 같이하는 것으로서 특별히 새로울 것은 없어 보인다. 오히려, Ⅱ. 5. (2)에서 본 바와 같이, 변호사법이 일찍이 광고를 전면적으로 허용하는 조치를 취한 데 비하여 의

50) "… 오늘날에는 암, 비만, 고혈압, 당뇨병과 같은 질환이 주된 치료대상이 되고 있는바, 질병구조의 질적 변화에 따른 의료의 전문화와 기술화는 한편으로 의료정보의 원활한 유통을 더욱 필요로 하게 되었다. 또한 비약적으로 증가되는 의료인 수를 고려할 때, 이 사건 조항에 의한 의료광고의 금지는 새로운 의료인들에게 자신의 기능이나 기술 혹은 진단 및 치료방법에 관한 광고와 선전을 할 기회를 배제함으로써, 기존의 의료인과의 경쟁에서 불리한 결과를 초래할 수 있는데, 이는 자유롭고 공정한 경쟁을 추구하는 헌법상의 시장경제질서에 부합되지 않는다. 그러므로 국가가 소비자 보호와 과당경쟁을 이유로 의료광고를 일률적으로 금지하는 후견적(後見的) 입장을 여전히 견지하는 것은 한계가 있다."

51) 표시·광고의공정화에관한법률은 기만적이거나 부당하게 비교하는 표시·광고를 금지하며, 표시·광고 내용에 관한 실증(實證)이 필요할 경우 공정거래위원회가 당해 사업자에게 관련 자료의 제출을 요청할 수 있게 하고 있다(제3조, 제5조). 한편 소비자보호법은 소비자가 오인할 우려가 있는 특정용어 및 특정표현의 사용을 제한할 필요가 있는 경우나 광고의 매체 및 시간대에 대하여 제한이 필요한 경우 국가가 광고의 내용 및 방법에 관한 기준을 정할 수 있도록 하며(제9조), 독점규제및공정거래에관한법률은 부당하게 경쟁자의 고객을 자기와 거래하도록 유인하거나 강제하는 행위를 금지하고 있다(제23조 제1항 제3호). 또한 옥외광고물등관리법은 옥외광고물의 표시장소·표시방법과 게시시설의 설치·유지 등에 관한 사항을 규제하고 있다. 이러한 법조항들에 의하여 이 사건 조항이 규제하고자 하는 의료인의 기능과 진료방법에 관한 허위·기만·과장광고와 같은 부당한 광고를 통제할 수 있다.

료법은 광고행위의 사실상 금지를 30여 년 이상 유지하여 온 것에 비추어 보면, 만시지탄의 감이 없지 않다. 위 결정에 따라 해당 의료법 조항도 개정될 것으로 전망되며, 개정될 내용은 결국 앞서 본 변호사법의 관련조항의 문언이 참고가 될 것으로 생각된다.

(4) 그렇다면 얼핏 생각할 때 남게 되는 문제는 광고행위와 유인행위의 구별 문제라 할 것이지만, 앞서 본 바와 같이 유인행위가 광고의 형태로 이루어지는 경우도 없지 않고, 그러한 경우 정보의 전달이 유인의 주된 수단이 될 것인바, 보장되어야 할 "상업적 표현"의 자유의 영역인 광고에 해당할 경우에는 광고행위 자체의 처벌이 곤란함은 물론이고, 유인행위에 있어서도 각종 시술방법 등 의료정보의 전달 행위를 그 내용으로 하는 한, 이를 처벌하는 것은 위헌의 소지가 있다는 점에서, 기소나 처벌에 있어 각별한 주의가 요망된다 하겠다.

3. 인터넷을 이용한 광고와 유인행위

(1) 개　　요

인터넷 기술이 타겟이 된 특정인과 개별적이고 빠르고 저렴한 의사소통을 가능하게 해 주므로, 사이버 세계의 "앰뷸런스 변호사"가 출현할 위험성은 대단히 높다고 할 수 있다.

이에 따라, 미국에서는 인터넷 홈페이지의 운영, 뉴스 그룹에 안내문 게시,[52] 게시판에 상담 게시(Q&A), 실시간 체팅(Chatting room)에 의한 의사소통 등이 "광고"에 해당하는지, "권유(solicitation)"에 해당하

52) 뉴스그룹 게시 광고에 관한 악명 높은 사건이 있다. 1993년 두 명의 이민 전문 변호사(Cantor & Siegel 이라는 피닉스 소재 Law Firm 소속 변호사들)가 인터넷 뉴스 그룹에 "미국 영주권을 원하십니까? 이제 행동할 때입니다!(Do you want to get a green card for permanent residence in the United Staes? THE TIME TO START IS NOW!)"라는 광고를 게시한 적이 있는데, 이 광고는 140개국에 걸친 전세계의 뉴스그룹 사용자들이 읽었다. 수천 통의 항의 답신이 쇄도했고, 결국 서버가 망가졌으며, 해당 로펌의 책임자는 자격을 박탈당하는 사태에까지 이르렀다(이른바 green card 사건). 그럼에도, 전세계에서 상담전화가 쇄도하여 2만명이 전화상담을 하였고 그 중 1,000명은 돈을 내고 정식으로 위임계약에까지 이르렀다는 점이 문제를 복잡하게 만드는 요인이다(추한 짓이지만, 확실히 득이 된다!).

는지, 권유에 해당한다 하더라도 ABA에서 금하고 있는 "직접 대면접촉" 내지 "전화 접촉"에 해당하는지 아니면 광범위하게 허용되는 서면에 의한 권유인지 여부 등을 둘러싸고 활발한 논의가 있었고, 최근 개정[53]된 직업윤리 모범규칙에서도 인터넷과 전자우편, 실시간 체팅 프로그램의 등장을 반영하였다.[54]

잠재적 고객에 대한 대면적 위임 권유(solicitation)를 금한 모범규칙 7.3조를 보면, 종전부터 금하였던 직접 대면접촉(In-Person Contact)과 전화 통화(Live Telephone) 외에 실시간 전자접촉(Real-Time Electronic Contact)을 추가하였는데,[55] 실시간 채팅을 일반적인 E-mail과 구별하여 solicitation 금지 대상으로 삼은 이유는 실시간 커뮤니케이션은 당사자간의 직접 통화(Live Telephone)와 동일한 위험성을 지니고 있다는 것이었다.

한편 광고에 관하여는 종전의 "대중매체를 포함한 기록물, 녹화물" 외에 전자적 접촉(electronic communication)을 추가하였다.[56]

(2) 미국에서의 구체적 사례별 검토[57]

1) 초창기의 웹사이트

쌍방향(non-interactive)이 아닌 초창기의 웹사이트는, 이를 화면에

53) 1997년에 ABA는 직업윤리 모범규칙 평가위원회를 설립하여 광범위한 개정작업을 개시하였고, 2002. 2. 5.경 대의원회에서 개정안이 채택되었다.

54) 대개의 주 변호사회는 위 모범규칙을 반영하여 회칙 개정 혹은 유권해석에 의하여 실시간 채팅을 권유 금지 조항에 포함시키고 있다고 한다.

55) 7. 3조 (a)항
A lawyer shall not by in-person, live telephone or <u>real-time electronic contact</u> solicit professional employment from a prospective client ….

56) 7. 2조 (a)항
a lawyer may advertise services through written, recorded or <u>electronic communication</u>, including public media.

57) 이하, ① Kandi L. Birdsell, Joshua D. Janow, "LEGAL ADVERTISING: FINDING TIMELY DIRECTION IN THE WORLD OF DIRECT SOLICITATION, WAITING PERIODS AND ELECTRONIC COMMUNICATION," Georgetown Journal of Legal Ethics Summer, 2002 (15 Geo. J. Legal Ethics 671), ② Vanessa S. Browne-Barbour, "LAWYER AND LAW FIRM WEB PAGES AS ADVERTISING: PROPOSED GUIDELINES" Rutgers Computer

띄울 것인지부터 웹서퍼의 선택에 달린 것이므로, 모범 규정 7. 3조의 권유(Solicitation)에 해당하지 않고 "광고"에 해당한다고 해석하는 것이 일반적이다.

2) **쌍방향 웹사이트**

웹사이트의 디지털 지평선이 확장됨에 따라, 웹사이트는 토론방(discussion board), 체팅 룸(chat room), 이메일 어드바이스 등의 다채로운 기능으로 무장하게 되었고, 이에 따라 광고가 권유로 전환될 여지가 발생하게 되었다.[58)]

3) **실시간 체팅**(Real Time Chat)

한때, 이설이 없지 않았으나, 현재로서는 대부분의 전문가들과 대부분의 州에서 직접 접촉이나 전화 상담과 유사한 대면 권유에 해당하는 것으로 파악하고 있다(앞서 본 ABA의 개정 모범규칙 참조).

다만, 필라델피아 변호사회는 단지 대화형 댓글을 올리는 것 자체로는 부적절한 권유에 해당하지 않는다고 해석하였다(그런 대화가 계속됨에 따라 그 내용상 금지되는 solicitation에 해당하는 것으로 발전할 여지는 있다는 것이다).

비슷하게, 일리노이주 역시 게시판이나 채팅룸에서 일반적인 코멘트를 올리는 것을 규제하는 것이 부적절하다고 보고 있다. 다만, 거기서 얻은 정보를 근거로 특정인에게 요구받지 않은(uninvited) 이메일을 보내는 것은 금지되는 권유(solicitaion)에 해당한다고 보고 있고, 법률적 질문을 하는 게시물에 대한 답변은 게시된 곳이 게시판이든, 체팅 룸이

and Technology Law Journal 2002 (28 Rutgers Computer & Tech. L.J. 275), ③ Leonard T. Nuara, E. Selene Steelman, Matthew J. Lyons, "HOW THE INTERNET APPLIES TO YOUR PRACTICE," Practising Law Institute(2001)를 요약 정리한 것이다.

58) 처한 상황의 절박성이나 법률 상식의 정도가 다양한 여러 부류의 사람들이 접속하게 되므로, 직접 대면 접촉에 의한 권유에 있어서처럼 부당한 영향이나 악용의 여지가 크다고 할 수 있다. 법률정보 제공 사이트가 범람하여 계약서식, 법률지식의 제공과 실제 변호사와의 지식 채팅이 광범위하게 이용 가능한 현재, 이용자들은 인터넷을 법률 서비스의 보조 부분이 아닌 주요부분으로 인식하기까지 하는 현실이며, 온라인에서 고객을 잡으려는 변호사들의 유혹이나 강박, 기만에 더욱 취약하게 되었다.

든 "광고"에는 해당하지 않는다고 본다.

4) **이 메 일**

이메일에 의한 교신은 직접접촉(전화통화)과 서면발송의 두 가지 특징을 겸비하고 있다. 발송 즉시 도달한다는 점에서는 전통적인 서신 발송보다 개인적(personal)이라 할 수 있지만, 우편물처럼 버릴 수도 있고 기록을 남긴다는 점에서 서면에 의한 교신에 준하여 취급할 수 있다.

상반된 두 가지 특성에도 불구하고, 근자의 각 주의 윤리위원회나 학설의 경향은 이메일을 직접 대면 혹은 직접 전화에 의한 권유라기보다는 특정인에 대한 서신(direct mail)의 발송과 동일시하는 것으로 보인다(따라서 허용되는 solicitation 중의 하나이다).[59]

5) **웹게시판**

웹사이트의 게시판에 전지적인 방식으로 메시지가 세시되며, 일반인들이 검색·낭독할 수 있도록 되어 있다(그 점에서는 일반적인 콜크 게시판과 동일하다). 일리노이 주는 챗팅 보드와 유사하게 취급하여, 단순히 글을 올리는 것은 금지되는 유형의 직접 대면 권유(solicitation) 등에 해당하지 않는 것으로 본다.

(3) 우리나라의 경우

변호사업무광고에관한규정 제2조 제2호에서 "인터넷, 컴퓨터통신"을 포함시키고 있고, 표시·광고의공정화에관한법률시행령 제2조 제2호에서도 "인터넷 또는 PC통신"을 기재하고 있다. 너무 간략하여 오해의 소지가 있기는 하나, 앞서 미국의 사례에서 보듯이 "인터넷 또는 PC통신"을 이용하여 이루어지는 모든 접촉이나 정보전달이 "광고"

59) 미시간 주는 이메일 발송을 우편엽서 혹은 팩시밀리에 의한 문서 전송과 동일시하고 플로리다는 특정인에 대한 서신 발송 권유(direct mail solicitation)와 같은 규제 조항을 적용하고 있으며 펜실베니아 주도 유사하다(수신인이 열람 및 폐기여부를 결정할 수 있다는 점 때문에 직접 대면접촉과 같은 부적절한 영향력이나 은근한 협박, 도를 지나칠 위험성 등의 남용위험이 현저하지 않다고 보았다). 대량 발송된 스팸 메일이 광고에 해당하는지 여부는 아직 명확치 않은 것으로 보인다(위 Kandi L. Birdsell, Joshua D. Janow 논문).

에 해당한다고 보기는 어려울 것이다.

예컨대, 전항에서 본 바와 같이, ① 특정된 법률서비스 수요자에 대하여 ② 실시간 체팅을 하여 ③ 선임을 권유하는 것은 그 속성상 "광고"에 해당하지 않는 것으로 보아야 할 것이고, 오히려 전화상담과 유사하게 보아야 할 것이다.

웹게시판에 올린 질문에 대하여 운영자가 답글을 올리는 것 역시 광고에 해당한다고 보기는 어려울 것으로 보인다. 특정인에 대한 서신의 교환과 유사하기 때문이다.

따라서 이 사건에 있어 피고인의 행위를 과대광고로 보아 기소한다 하여도, 일단 광고행위에의 해당 여부가 문제될 소지가 없지 않다.

4. 이 사건의 경우[60]

(1) 환송 전 원심의 판단은 사실인정의 측면과 법률해석의 측면 등 두 측면이 있다.

① 전자에 관하여는, "인터넷 홈페이지를 통하여 접속한 사람들의 임신관련 질문에 대하여 의료상담을 하면서 그에 따른 낙태수술에 관한 답변을 한 것일 뿐이어서 위 사실만으로는 피고인이 영리 목적으로 기망 또는 유혹을 수단으로 환자를 피고인 병원으로 오도록 유도하였다고 보기에 부족"하다고 보았고, ② 후자에 관하여는 이 사건 행위가 과장 광고행위와 유사한 행위이므로 의사의 광고를 통한 환자 유도행위가 같은 법 제25조 제 3 항의 금지행위에 해당한다고 하면 위 조항이

---

60) 영리목적 해당 여부는 이 사건에서 항소이유나 상고이유로 삼지 아니한 것으로 보인다.

영리목적약취유인죄(형법 제288조 제 1 항)에서 영리를 반드시 불법적인 것임을 요하지 않고 적법한 것이라도 무방하다고 보고, 반드시 인취행위 자체에 의하여 이득을 얻는 경우에 한하지 않고 인취한 후 다른 행위에 의하여 이익을 얻는 경우도 무방하다고 해석하는 견해(주석 형법)를 참조하면, 의료법 제25조 제 3 항의 경우 의료인이 환자를 유인하여 치료행위를 해 주고 대가를 받는 것을 영리라고 할 수 있을 것이다. 인터넷 의료 상담 자체는 무료로 이루어지더라도, 그 과정에 內院을 誘引하는 행위가 따른다면, 그에 따라 정식의 진료로 인한 이득을 취득할 것을 목적으로 하는 것으로 볼 수 있어 영리목적 요건은 충족된다고 보아야 할 것이다.

규정한 범죄의 구성요건적 행위 유형으로서의 행위정형이 지나치게 확대되거나 불확정해질 우려가 있으므로, 가사 의사가 치료비 수입을 목적으로 예컨대 인터넷매체를 이용한 광고를 통하여 환자들을 자신의 병원으로 오도록 유도하였다 할지라도 이러한 행위가 허위 또는 과장광고행위에 해당하는지는 별론으로 하고 같은 법 제25조 제3항 소정의 유인행위에 해당한다고 할 수는 없다고 판단하였다.

이에 대하여 환송 판결은 인터넷 게시판을 통하여 합법적인 인공임신중절수술이 허용되는 경우가 아님에도 낙태시술을 해 줄 수 있다고 약속하면서 빨리 피고인의 병원을 방문하도록 권유하고 안내한 행위는 의료정보의 제공과 그 상담을 위한 것이라기보다는 위와 같은 약속과 권유 및 안내를 통하여 낙태수술 등을 위한 의료계약 체결을 유인한 것이라고 보아야 한다고 전제한 다음, 후자의 쟁점에 관하여는 명확한 판단을 하지 아니한 채, 인터넷 홈페이지 게시판의 구체적인 질문과 답변의 내용을 좀 더 자세히 심리하여 위법한 의료행위의 시술을 확언함으로써 환자를 유인한 부분이 있는지 가려 내었어야 한다고 판시하고 있다.

결국 그 전제로서 위와 같은 행위가 광고에 유사한 행위로서 행위정형을 지나치게 확대하거나 불확정하게 만들 위험이 있다는 견해를 배척한 취지라고 사료된다.

앞서 검토한 바와 같이, 광고행위와 유인행위의 경계선을 설정하고 어느 한쪽에 이를 편입시키려는 해석 의도는, 미국의 권유행위(Solicitation)와 광고의 구분론에 영향을 받은 것으로서 우리의 의료법 해석론으로 그대로 받아들이기는 어려운 점이 있어 채택할 바가 아니라고 생각되고, 허위·과대광고의 해당성 유무와 유인행위 해당성 유무는 별개의 것으로서 하나의 행위가 두 조항 모두를 충족시킬 가능성을 전제로 하지 않으면 안 된다는 점에서, 환송 판결의 입장은 타당하다고 생각된다.

다른 한편, 낙태행위는 모자보건법상 극히 예외적으로 허용되고 있을 뿐인 점에 비추어 보면, 원치 않은 임신을 하여 궁지에 몰린 부녀자의 입장에서 "낙태시술을 해 줄 수 있다"는 의료인의 확언은 해당 특정 의료인과 의료계약을 맺을 필요성에 대하여 강한 동기를 부여하는 행위이고, 그 목적이 낙태시술의 법적 한계나 병리학적 부작용 등의 정보 제공에 있는 것이 아니라 의료계약 체결을 유인하는 데에 주된 목적이 있다고 보아야 할 것이다.[61] 그리고, 인터넷 게시판에 게시된 구체적 질문이 낙태시술의 가능성이고, 이에 대하여 의료인이 답변을 게재하는 방식으로 정보의 전달이 이루어졌다면, 해당 환자를 기준으로 보면 "광고"에 해당한다고 보기 어렵다(이를 읽게 될 불특정 다수에 대하여는 광고효과가 있다 하겠으나, 그들을 상대로 한 게시물이 아니므로, 광고를 직접 목적으로 한 게시물은 아닌 것으로 보아야 할 것이다).

(2) 한편 환송 후 원심은 유죄 부분에 관한 판단은 대법원의 위 환송판결의 법리 설시부분과 동일한 이유를 들고 있고, 무죄 부분에 관한 판단은, 심리미진 등에 관한 대법원의 지적을 받아들인 것으로서 "낙태수술 후 처녀막재생수술 상담(순번 제2번), 낙태수술의 후유증 상담(순번 제6, 14, 28, 30번), 낙태수술 후 임신 또는 임신가능 여부 상담(순번 제9, 10, 18, 20, 32, 33번), 낙태수술 후 생리에 대한 상담(순번 제20번)을 하였을 뿐임이 인정되므로, 이는 <u>의료정보의 제공 및 적법한 의료행위에 대한 상담으로 보일 뿐 영리목적으로 환자를 피고인이 경영하는 병원으로 유인하였다고 보기는 어렵다</u> 할 것이며, 달리 피고인이 금품을 제공하거나 위법한 의료행위의 시술을 확언하는 등으로 환자를 유인하였음을 인정할 만한 별다른 증거가 없다"는 것이다.

앞서 본 헌법재판소의 결정 요지나 취지 등에 비추어 보면, 위와 같은 정보의 제공은 일종의 상업적 표현의 자유의 영역이라 할 것이고, 광고행위는 물론 유인행위의 영역에서도 가벌성을 인정하기 어렵다고 보아야 할 것이다.

---

61) 대부분의 답변에는 부동문자처럼 말미에 "더 자세한 문의는 전화로 연락바라며, 다시 한번 만나뵙기를 바랍니다"고 기재하고 있다. 물론 피고인의 경력과 병원 위치, 전화번호도 기재되고 있다.

그런 점에서, 환송 후 원심의 사실인정이나 판단은 적절하다고 생각되며, 상고심이 어떻게 판단할지 그 귀추가 주목된다.

Ⅶ. 여　　론

인터넷의 보급은 정보전달 대상의 확충과 정보전달 비용의 감소라는 측면에서 보면 정보혁명이라는 말이 전혀 어색하지 아니할 정도로 획기적인 사건이라 할 수 있다. 이를 이용한다는 것은 인류에게 크나큰 혜택이 될 수도 있지만, 사용 목적과 방법 여하에 따라서는 엄청난 해악이 될 수도 있다는 점에서 양날의 칼에 비유할 수 있을 것이다.

전통적인 법령의 구성요건이나 해석론도 함께 진화하여야 마땅할 것이지만, 아직까지는 문제가 발생할 경우에 개별적으로 대처하는 외에는 체계적인 대응을 하지는 못하고 있는 것으로 보인다.

검토대상 판결은 사이버 세계의 의료상담과 불법의료행위의 제안, 그로 인한 잠재적 위험성에 관하여 많은 시사점을 제공하고 있는 선례로서, 앞으로 해석론의 전개와 입법 과정에서의 논의에 미치는 영향이 적지 아니할 것으로 보인다.

다만, 해석론의 영역에서 문제의 해결은 일시적이거나 미봉적일 수 있으며, 무엇보다 입법과정에서 사회의 변동이 적극 반영되지 않으면 안 될 것이라는 점을 지적하고자 한다.

헌법재판소 결정으로 의료법의 광고 관련 조항에 개정될 것으로 보이는데, 차제에 유인행위의 구성요건 규정 방식에 관하여도 진지한 검토가 따라야 할 것으로 생각된다.

범죄일람표

순번	일 시	장 소	범행수법	비 고
1	1999. 4. 2.경	서울 서초구 서초동 소재 ○○산부인과	인터넷을 통하여 임신한 여자와 낙태 상담을 하면서 피고인이 운영하는 병원으로 방문할 것을 권유하고 피고인의 경력, 병원위치 등을 기재하여 환자를 유인.	
2	1999. 12. 20.경	〃	인터넷을 통하여 낙태수술 후 처녀막 수술에 대해 상담하면서 피고인이 운영하는 병원으로 방문할 것을 권유하고 피고인의 경력, 병원위치 등을 기재하여 환자를 유인.	무죄
3	2000. 4. 5.경	〃	인터넷을 통하여 임신 5주된 여자의 남자친구와 낙태상담을 하면서 피고인이 운영하는 병원으로 방문할 것을 권유하고 피고인의 경력, 병원위치 등을 기재하여 환자를 유인.	
4	2000. 4. 10.경	〃	인터넷을 통하여 임신한 여자의 남자친구와 낙태상담을 하면서 피고인이 운영하는 병원으로 방문할 것을 권유하고 피고인의 경력, 병원위치 등을 기재하여 환자를 유인.	
5	2000. 5. 29.경	〃	인터넷을 통하여 여자와 낙태상담을 하면서 피고인이 운영하는 병원으로 방문할 것을 권유하고 피고인의 경력, 병원위치 등을 기재하여 환자를 유인.	
6	2000. 6. 14.경	〃	인터넷을 통하여 낙태수술의 후유증 여부를 알고 싶어하는 여자와 상담을 하면서 피고인이 운영하는 병원으로 방문할 것을 권유하고 피고인의 경력, 병원위치 등을 기재하여 환자를 유인.	무죄

순번	일 시	장 소	범행수법	비 고
7	2000.7.12.경	서울 서초구 서초동 소재 ○○산부인과	인터넷을 통하여 임신 20주된 여자와 낙태상담을 하면서 피고인이 운영하는 병원으로 방문할 것을 권유하고 피고인의 경력, 병원위치 등을 기재하여 환자를 유인.	철회
8	2000.8.30.경	〃	인터넷을 통하여 낙태수술 후 재임신한 여자와 낙태상담을 하면서 피고인이 운영하는 병원으로 방문할 것을 권유하고 피고인의 경력, 병원위치 등을 기재하여 환자를 유인.	
9	2000.9.14.경	〃	인터넷을 통하여 낙태수술 후 임신여부를 알고 싶어하는 여자와 상담하면서 피고인이 운영하는 병원으로 방문할 것을 권유하고 피고인의 경력, 병원위치 등을 기재하여 환자를 유인.	무죄
10	2000.10.27.경	〃	인터넷을 통하여 낙태경험이 있는 여자의 임신가능 여부에 대해 상담하면서 피고인이 운영하는 병원으로 방문할 것을 권유하고 피고인의 경력, 병원위치 등을 기재하여 환자를 유인.	무죄
11	2001.2.14.경	〃	인터넷을 통하여 임신한 여자와 낙태상담을 하면서 피고인이 운영하는 병원으로 방문할 것을 권유하고 피고인의 경력, 병원위치 등을 기재하여 환자를 유인.	
12	2001.3.2.경	〃	인터넷을 통하여 낙태수술을 한 여자와 수술 후 후유증 상담을 하면서 피고인이 운영하는 병원으로 방문할 것을 권유하고 피고인의 경력, 병원위치 등을 기재하여 환자를 유인.	철회
13	2001.3.2.경	〃	인터넷을 통하여 임신한 여자와 낙태상담을 하면서 피고인이 운영하는 병원으로 방문할 것을 권유하고 피고인의 경력, 병원위치 등을 기재하여 환자를 유인.	철회

순번	일 시	장 소	범행수법	비고
14	2001. 3. 3.경	서울 서초구 서초동 소재 ○○산부인과	인터넷을 통하여 낙태수술을 한 여자와 수술 후 후유증 상담을 하면서 피고인이 운영하는 병원으로 방문할 것을 권유하고 피고인의 경력, 병원위치 등을 기재하여 환자를 유인.	무죄
15	2001. 3. 3.경	〃	인터넷을 통하여 임신한 여자와 낙태상담을 하면서 피고인이 운영하는 병원으로 방문할 것을 권유하고 피고인의 경력, 병원위치 등을 기재하여 환자를 유인.	
16	2001. 3. 13.경	〃	인터넷을 통하여 임신한 여자와 낙태상담을 하면서 피고인이 운영하는 병원으로 방문할 것을 권유하고 피고인의 경력, 병원위치 등을 기재하여 환자를 유인.	
17	2001. 3. 14.경	〃	인터넷을 통하여 임신 24주된 여자와 낙태상담을 하면서 피고인이 운영하는 병원으로 방문할 것을 권유하고 피고인의 경력, 병원위치 등을 기재하여 환자를 유인.	철회
18	2001. 3. 20.경	〃	인터넷을 통하여 낙태수술 후 임신여부를 묻는 여자와 상담을 하면서 피고인이 운영하는 병원으로 방문할 것을 권유하고 피고인의 경력, 병원위치 등을 기재하여 환자를 유인.	무죄
19	2001. 3. 22.경	〃	인터넷을 통하여 낙태수술 후 생리에 대해 상담하면서 피고인이 운영하는 병원으로 방문할 것을 권유하고 피고인의 경력, 병원위치 등을 기재하여 환자를 유인.	철회
20	2001. 4. 20.경	〃	인터넷을 통하여 여자와 낙태수술 후 생리에 대해 상담하면서 피고인이 운영하는 병원으로 방문할 것을 권유하고 피고인의 경력, 병원위치 등을 기재하여 환자를 유인.	무죄

순번	일 시	장 소	범행수법	비고
21	2001. 4. 20.경	〃	인터넷을 통하여 임신한 여자의 남자친구와 낙태상담을 하면서 피고인이 운영하는 병원으로 방문할 것을 권유하고 피고인의 경력, 병원위치 등을 기재하여 환자를 유인.	
22	2001. 4. 21.경	〃	인터넷을 통하여 임신한 여자의 남자친구와 낙태상담을 하면서 피고인이 운영하는 병원으로 방문할 것을 권유하고 피고인의 경력, 병원위치 등을 기재하여 환자를 유인.	
23	2001. 4. 22.경	〃	인터넷을 통하여 임신 9개월된 여자의 친구와 낙태상담을 하며서 피고인이 운영하는 병원으로 방문할 것을 권유하고 피고인의 경력, 병원위치 등을 기재하여 환자를 유인.	
24	2001. 5. 3.경	〃	인터넷을 통하여 여자와 임신 및 낙태수술에 대해 상담하면서 피고인이 운영하는 병원으로 방문할 것을 권유하고 피고인의 경력, 병원위치 등을 기재하여 환자를 유인.	
25	2001. 5. 7.경	〃	인터넷을 통하여 임신한 여자와 낙태상담을 하면서 피고인이 운영하는 병원으로 방문할 것을 권유하고 피고인의 경력, 병원위치 등을 기재하여 환자를 유인.	
26	2001. 5. 13.경	〃	인터넷을 통하여 임신한 여자친구의 낙태상담을 하면서 피고인이 운영하는 병원으로 방문할 것을 권유하고 피고인의 경력, 병원위치 등을 기재하여 환자를 유인.	
27	2001. 5. 15.경	〃	인터넷을 통하여 임신 5-6주된 여자와 낙태상담을 하면서 피고인이 운영하는 병원으로 방문할 것을 권유하고 피고인의 경력, 병원위치 등을 기재하여 환자를 유인.	

순번	일 시	장 소	범행수법	비고
28	2001. 5. 29.경	서울 서초구 서초동 소재 ○○산부인과	인터넷을 통하여 낙태수술을 한 여자와 수술 후 후유증 상담을 하면서 피고인이 운영하는 병원으로 방문할 것을 권유하고 피고인의 경력, 병원위치 등을 기재하여 환자를 유인.	무죄
29	2001. 6. 6.경	〃	인터넷을 통하여 임신 5개월된 여자와 낙태상담을 하면서 피고인이 운영하는 병원으로 방문할 것을 권유하고 피고인의 경력, 병원위치 등을 기재하여 환자를 유인.	
30	2001. 6. 11.경	〃	인터넷을 통하여 낙태수술을 한 여자와 수술 후유증에 대해 상담하면서 피고인이 운영하는 병원으로 방문할 것을 권유하고 피고인의 경력, 병원위치 등을 기재하여 환자를 유인.	무죄
31	2001. 6. 13.경	〃	인터넷을 통하여 낙태수술 후 임신여부를 묻는 여자와 상담을 하면서 피고인이 운영하는 병원으로 방문할 것을 권유하고 피고인의 경력, 병원위치 등을 기재하여 환자를 유인.	무죄
32	2001. 6. 18.경	〃	인터넷을 통하여 낙태수술 후 임신가능성을 묻는 여자와 상담하면서 피고인이 운영하는 병원으로 방문할 것을 권유하고 피고인의 경력 병원위치 등을 기재하여 환자를 유인.	무죄
33	2001. 6. 18.경	〃	인터넷을 통하여 낙태수술 후 임신가능성을 묻는 여자와 상담하면서 피고인이 운영하는 병원으로 방문할 것을 권유하고 피고인의 경력, 병원위치 등을 기재하여 환자를 유인.	무죄

노동조합및노동관계조정법상 안전보호시설과 명확성원칙*

이 상 원**

[대상결정] 헌재 2005. 6. 30. 2002헌바83, 판례집 17-1, 812

[대상결정 개요]

1. 당해사건

한국산업단지공단(이하 '공단'이라 한다)은 정부의 자금지원을 받아 운영되는 공법인으로, 반월공단과 구미공단에서 대형보일러를 가동해 고온·고압의 증기를 생산하여 공단 내 수용가(반월공단 약 190개 업체, 구미공단 약 60개 업체)에 공급하는 열병합발전소(반월열병합발전소와 구미열병합발전소)를 운영하던 업체이다.

2001년경 정부가 추진하던 위 구미열병합발전소와 반월열병합발전소의 민영화를 둘러싸고 공단과 공단 노동조합(이하 '공단노조'라고 한다) 사이에 분규가 있었는데, 그 과정에서 공단노조는 2001. 9. 30. 08:00경 전면파업돌입을 선언하고, 공단노조 구미지부의 노동조합원과 반월지부 노동조합원이 그 날 아침 각 발전소를 떠나 춘천시에 모여 함께 투숙하면서 집단농성을 벌였다.

대상결정의 청구인들은 구미열병합발전소에 근무하던 공단 사원들로서 공단노조 간부들이었는데, 위 파업과 관련하여 집단에너지사업법

* 이 글은 2005. 12. 5. 기준으로 작성되었음.

** 대법원 재판연구관.

위반 등으로 기소되어 제 1 심에서 유죄를 선고받았다(대구지방법원 김천지원 2002. 1. 31. 선고 2001고단1376 · 1551(병합) 판결 및 대구지방법원 김천지원 2002. 1. 31. 선고 2001고단1683 판결).

위 판결들이 인정한 범죄사실의 요지는 『청구인들은, 추석연휴기간(2001. 9. 30.~10. 3.) 동안 구미열병합발전소의 보일러 4기 중 4호기를 정상가동하여 구미공단 내 증기 수용업체에 증기를 공급하도록 하는 지시가 있었음에도 불구하고, 위 노동조합의 간부 및 조합원들과 공모하여, ① 2001. 9. 30. 08:30경 위 구미열병합발전소 중앙제어실에서 청구인들은 위 발전소 보일러 4호기를 운전하던 노조원 임병정, 신동주 등에게 위 보일러의 가동을 중단하고 파업에 동참하도록 지시하고, 위 임병정 등은 임의로 집단에너지 발전설비인 보일러 4호기를 조작하여 가동을 중단함으로써, 집단에너지의 원활한 공급을 방해하고, 안전보호시설인 보일러 4호기 등에 대하여 정상적인 유지 · 운영을 정지함과 동시에 위력으로써 위 공단의 정상적인 업무를 방해하고, ② 위 일시 장소에서 위와 같이 구미열병합발전소의 가동을 전면 중단하고 안전관리감독자를 포함한 전 조합원들이 근무지를 이탈하여 그 때부터 2001. 10. 7. 17:00경까지 업무복귀를 거부하고 집단에너지 공급시설인 구미열병합발전소의 안전관리업무를 행하지 아니함으로써 집단에너지 공급에 장애를 일으키고 구미열병합발전소의 안전보호시설인 전기시설, 스팀시설 등에 대하여 정상적인 유지 · 운영을 방해함과 동시에 위력으로써 위 공단의 정상적인 업무를 방해하였다』는 것이다.

위 판결들은 위 인정사실 ① 중 '안전보호시설인 보일러 4호기 등에 대하여 정상적인 유지 · 운영을 정지한 행위' 및 ② 중 '안전보호시설인 전기시설, 스팀시설 등에 대하여 정상적인 유지 · 운영을 방해한 행위'에 대하여 각 노동조합및노동관계조정법(이하 '노노법'이라고도 한다) 제91조 제 1 호, 제42조 제 2 항을 적용하여 유죄를 인정하였다.

위 제 1 심 판결들에 대한 항소심판결들(대구지방법원 2002. 9. 18. 선고 2002노694 판결; 대구지방법원 2002. 9. 18. 선고 2002노698 판결)은 열병합발전소의 보일러가 노노법 제42조 제2항이 규정하는 '사업장의 안전보호시설'이 아니라는 청구인들의 주장을 배척하고, 제1심 판결들과 같이 청구인들을 유죄로 인정하였다.

위 항소심판결 등에 대하여 청구인들이 상고하여 현재 위 대구지방법원 2002노694 사건은 대법원 2002도5428 사건으로, 대구지방법원 2002노698 사건은 대법원 2002도5429 사건으로 대법원에 계속중이다.

2. 대상결정

청구인들은 위 항소심 계속중 노노법 제42조 제2항 및 제91조 제1호가 죄형법정주의의 명확성의 원칙에 위반된다는 등의 이유로 위헌심판제청신청을 하였으나 모두 기각되었다. 이에 청구인들은 2002. 10. 2. 위 노노법 조항들에 대한 위헌선언을 구하는 헌법소원심판청구를 하였는데, 대상결정은 이에 대한 헌법재판소의 판단이다.

대상결정의 사건에서 청구인들이 위헌의 사유로 주장한 것은 위 노노법 조항들이 (i) 죄형법정주의의 명확성원칙에 반하고, (ii) 죄형법정주의가 요구하는 형벌의 적정성, 필요성, 겸억성을 갖추지 못하였으며, (iii) 근로자의 단체행동권을 과도하게 제한하고, (iv) 평등원칙에 반한다는 것이었다.

이에 대하여 대상결정은 6:3의 의견으로 위 주장을 받아들이지 아니하고 위 노노법 조항들이 헌법에 위반되지 않는다고 판단하였는데, 3인의 재판관(재판관 송인준, 전효숙, 이상경)이 낸 소수의견은 위 노노법 조항들이 명확성원칙에 반하여 위헌이라는 취지였다.

3. 병행사건

대상결정이 선고될 당시 당해사건들 외에 다음과 같은 병행사건들이 위 노노법 조항들이 재판의 전제가 되어 법원에 계속중이었는데, 그 중 1~4의 사건들은 모두 당해사건과 같은 쟁의행위와 관련된 사건들이다.

한편 5의 사건에 대하여는 대상결정이 선고된 후 상고기각의 판결이 내려졌고, 이에 따라 여천엔씨씨(NCC)주식회사의 동력부문은 '안전보호시설'에 해당하는 것으로 확정되었다.

번호	관계	사건번호	선고여부	결과	안전보호시설로 문제된 시설	내용
1	당해 사건	김천지원 2001고단1376 · 1551, 2001고단1683	2001. 1. 31.	유죄	열병합발전소의 보일러4호기, 전기시설, 스팀시설 등	구미근무 노조간부 형사사건
		대구지법 2002노694, 2002노698	2002. 9. 18.	유죄		
		대법원 2002도5428, 2002도5429	계속중			
2	병행 사건	수원지법 2001고단7648	2001. 12. 12.	유죄	열병합발전소의 발전기 등 전기시설, 보일러 등 스팀시설, 소방수 공급시설 등 용수시설, 플랜트 에어압축기, 계기용 공기 공급시설 등	노조위원장 및 사무국장 형사사건
		수원지법 2001노4065	2002. 6. 20.	유죄		
		대법원 2002도3450	계속중			
3	병행 사건	수원지법 2001고단8207, 2002고단3761	2002. 6. 14.	유죄	열병합발전소의 발전기 등 전기시설, 보일러 등 스팀시설, 소방수 공급시설 등 용수시설, 플랜트 에어 압축기, 계기용 공기 공급시설 등	반월지부 집행부 형사사건
		수원지법 2002노1897	2002. 10. 2.	유죄		
		대법원 2002도5577	계속중			
4	병행 사건	수원지법 2002고단1984	2002. 9. 18.	유죄	열병합발전소의 발전기 등 전기시설, 보일러 등 스팀시설, 소방수 공급시설 등 용수시설, 플랜트 에어 압축기, 계기용 공기 공급시설 등	반월지부 대의원 형사사건
		수원지법 2002노3145	2003. 1. 16.	유죄		
		대법원 2003도841	계속중			
5	병행 사건	광주지법 2001구1474	2001. 12. 27	기각	나프타를 원료로 에틸렌, 프로필렌 등 가연성·폭발성·유독성이 강한 석유화학제품을 생산하는 공장에서 제품의 생산 및 유지를 위해 전기, 증기, 공업용수, 압축공기 등의 동력을 생산하여 공급하는 동력부문의 시설	여천NCC 쟁의행위중지명령 무효확인사건
		광주고법 2002누126	2002. 7. 11.	기각		
		대법원 2002두7425	2005. 9. 30	기각		

〔연 구〕

Ⅰ. 서 론

1. 논의의 대상

대상결정의 심판대상은 노동조합및노동관계조정법 제42조 제2항 및 제91조 제1호 중 '제42조 제2항' 부분의 위헌 여부이고, 위 법률조항들(이하 '안전보호시설조항'이라고 한다)의 내용은 다음과 같다(안전보호시설조항은 1997. 3. 13. 법률 제5310호로 제정되어 현재에 이르고 있다).

노동조합및노동관계조정법

제42조(폭력행위 등의 금지)

① (생략)

② 사업장의 안전보호시설에 대하여 정상적인 유지·운영을 정지·폐지 또는 방해하는 행위는 쟁의행위로서 이를 행할 수 없다.

③ ~ ④ (생략)

제91조(벌칙)

다음 각호의 1에 해당하는 자는 1년 이하의 징역 또는 1천만 원 이하의 벌금에 처한다.

1. 제38조 제2항, 제41조 제1항, 제42조 제2항, 제43조, 제45조 제2항 본문, 제46조 제1항 또는 제63조의 규정에 위반한 자
2. (생략)

대상결정에서 문제된 쟁점들 중 가장 중요한 쟁점은 안전보호시설조항이 명확성원칙에 반하는가 하는 점이었고, 다수의견과 소수의견도 이 점에서 의견을 달리하였다. 이 글에서는 대상결정의 쟁점들 중 명확성원칙에 관하여 살펴본다.

2. 안전보호시설조항의 연혁

현행 노동조합및노동관계조정법은 1997. 3. 13. 법률 제5310호로 제정된 법률이다. 이 법률은 1953. 3. 8. 법률 제279호로 제정되었던 구 노동쟁의조정법이 폐지된 후 1996. 12. 31. 법률 제5244호로 제정된 구 노동조합및노동관계조정법이 폐지되고 다시 제정된 법률이다.

안전보호시설조항 중 구성요건을 규정한 노노법 제42조 제 2 항의 변천내용을 구 노동쟁의조정법 제정부터 살펴보면 다음 표와 같다.

법 률	법률규정의 내용
구 노동쟁의조정법 (1953. 3. 8. 법률 제279호)	제 6 조(쟁의행위의 중지) ① 공장, 사업장 기타 직장에 대한 안전보지시설의 정상한 유지·운행을 정폐 또는 방해하는 행위는 쟁의행위로 할 수 없다.
구 노동쟁의조정법 (1963. 4. 17. 법률 제1327호)	제13조(폭력행위 등의 금지) ② 공장, 사업장 기타 직장에 대한 안전보호시설의 정상한 유지·운영을 정지·폐지 또는 방해하는 행위는 쟁의행위로서 이를 행할 수 없다.
구 노동조합및노동관계조정법 (1996. 12. 31. 법률 제5244호)	제42조(폭력행위 등의 금지) ② 공장·사업장 기타 직장에 대한 안전보호시설의 정상적인 유지·운영을 정지·폐지 또는 방해하는 행위는 쟁의행위로서 이를 행할 수 없다.
노동조합및노동관계조정법 (1997. 3. 13. 법률 제5310호)	제42조(폭력행위 등의 금지) ② 사업장의 안전보호시설에 대하여 정상적인 유지·운영을 정지·폐지 또는 방해하는 행위는 쟁의행위로서 이를 행할 수 없다.
※ 법률개정으로 변경된 부분을 밑줄로 표시함.	

Ⅱ. 명확성원칙과 안전보호시설조항

1. 명확성원칙

법률조항이 명확하게 규정되어야 한다는 명확성의 원칙은, (i) 법치주의, (ii) 죄형법정주의(헌법 제13조 제1항 전단, 제12조 제1항 후문), (iii) 조세법률주의(헌법 제59조), (iv) 적법절차의 원칙(헌법 제12조 제1항·제3항), (v) 권력분립의 원칙[1] 등에서 그 헌법적 근거를 찾을 수 있다.[2]

그 중 형벌규정에 대하여는 죄형법정주의가 보다 직접적인 의미를 갖는다. (i) 법치주의는 죄형법정주의를 그 한 내용으로 포섭하는 보다 광범한 원리이고,[3] (iii) 조세법률주의는 형벌법규에 관한 것이라 할 수 없으며, (iv) 적법절차의 원칙이나 (v) 권력분립의 원칙은 형벌규정 외에도 적용되는 보다 일반적인 원칙들이기 때문이다.

죄형법정주의의 헌법적 근거로서 헌법 제13조 제1항 전단, 제12조 제1항 후문이 들어지고 있다.[4]

---

1) 헌재 1992. 4. 28. 90헌바27등, 판례집 4, 255, 267(「법률이 규정한 용어나 기준이 불명확하여 그 적용대상자가 누구인지 어떠한 행위가 금지되는지의 여부를 보통의 지성을 갖춘 사람이 보통의 이해력과 관행에 따라 판단할 수 없는 경우에도 처벌된다면, … 결과적으로 어떠한 행위가 범죄로 되어야 하는가를 결정하는 입법권을 법관에게 위임하는 것으로 되기 때문에 권력분립의 원칙에도 반하는 것」이라고 판시).

2) 법률이 명확하지 않으면 법관 개개인의 주관적 판단이 개재하여 법 앞의 평등이 깨지고 말 것이므로, 명확성의 원칙이 평등원칙을 보장한다는 설명도 있다(임웅, "형법상 명확성의 원칙," 성균관법학 16권 1호(운로 고상룡 교수 정년기념호), 비교법연구소(2004), 483면).

3) 헌재 1992. 4. 28. 90헌바24, 판례집 4, 225, 230(「우리 헌법은 국가권력의 남용으로부터 국민의 기본권을 보호하려는 법치국가의 실현을 기본이념으로 하고 있고 그 법치국가의 개념에는 헌법이나 법률에 의하여 명시된 죄형법정주의와 소급효의 금지 및 이에 유래하는 유추해석금지의 원칙 등이 적용되는 일반적인 형식적 법치국가의 이념뿐만 아니라 법정형벌은 행위의 무거움과 행위자의 부책에 상응하는 정당한 비례성이 지켜져야 하며, 적법절차를 무시한 가혹한 형벌을 배제하여야 한다는 자의금지 및 과잉금지의 원칙이 도출되는 실질적 법치국가의 실현이라는 이념도 포함되는 것이다」라고 판시).

4) 헌재 2002. 6. 27. 2001헌바70, 판례집 14-1, 601, 607(「우리 헌법 제13조 제1항 전단은 모든 국민은 행위시의 법률에 의하여 범죄를 구성하지 아니하는 행위로 소추되지 아니한다고 규정하고, 제12조 제1항 후문은 누구든지 법률과 적법한 절차에 의하지 아니하고는 처벌·보안처분 또는 강제노역을 받지 아니한다고 규정하고 있다. 이러한 죄형법정주의의 원칙은 …」라고 판시).

2. 명확성의 한계

불명확하다는 것은, (i) 의미가 불명인 경우, (ii) 다의성을 가진 경우, (iii) 광의성[5]을 가진 경우를 포괄한다.[6] 명확성원칙은 이러한 불명확한 문언에 의한 입법을 배제하는 것이다.

그러나 이러한 불명확성이 완전히 제거된 법문만으로 입법하는 것은 현실적으로 기대할 수 없다. (i) 일반적으로 법률은 그 규율대상이 복잡 다양하며 변화가 많은 반면 그 문장은 되도록 간결하게 표현하여야 한다는 요청이 따르기 때문에 법률의 구성요건은 필연적으로 일반적·포괄적으로 규정될 수밖에 없고,[7] (ii) 서술적 개념만으로 구성요건을 규정하는 것은 거의 불가능하고 대부분의 경우 규범적 개념을 사용하지 않을 수 없기 때문에,[8] 처벌법규의 구성요건이 다소 광범위하여 어떤 범위에서는 법관의 보충적인 해석을 필요로 하는 개념을 사용하였다고 하더라도, 그것만으로는 헌법이 요구하는 처벌법규의 명확성에 반드시 배치되는 것이라고는 볼 수 없다.[9]

헌법재판소는 죄형법정주의와 명확성원칙 및 그 한계에 관하여 다음과 같이 적절하게 일반론을 설시한 바 있다.[10]

> 헌법 제12조 및 제13조를 통하여 보장되고 있는 죄형법정주의의 원칙은 범죄와 형벌이 법률로 정하여져야 함을 의미하며, 이러한 죄형법정주의에서 파생되는 명확성의 원칙은 법률이 처벌하고자 하는 행위가 무엇이

---

5) 문언이 내포하는 개념상 한계가 불명확한 경우를 말한다(예: '부당', '불합리' 등). 이는 미국판례에서 발달된 '광범위하여 무효'라는 원칙과 구별된다. 후자는 문언의 외연이 지나치게 광범위할 때 이를 이유로 위헌무효라고 판단하는 것이다.

6) 佐藤文哉, "法文の不明確による法令の無效," 司法研修所論集, 1967-I, 69頁[홍기태, "명확성의 원칙에 관한 연구," 헌법논총 11집, 헌법재판소(2000), 279-281면에서 재인용].

7) 헌재 1992. 4. 28. 90헌바27등, 판례집 4, 255, 267.

8) 헌재 1989. 12. 22. 88헌가13, 판례집 1, 357, 382(「구성요건이 명확하여야 한다는 것은 그 법률을 적용하는 단계에서 가치판단을 전혀 배제한 무색투명한 서술적 개념으로 규정되어져야 한다는 것을 의미하는 것은 아니고」라고 판시).

9) 헌재 1992. 4. 28. 90헌바27등, 판례집 4, 255, 267; 1989. 12. 22. 88헌가13, 판례집 1, 357, 382.

10) 헌재 2004. 11. 25. 2004헌바35, 공보 99, 1295, 1298 참조.

며 그에 대한 형벌이 어떠한 것인지를 누구나 예견할 수 있고, 그에 따라 자신의 행위를 결정할 수 있도록 구성요건을 명확하게 규정하는 것을 의미한다(헌재 2000. 6. 29. 98헌가10, 판례집 12-1, 741, 748; 2001. 1. 18. 99헌바112, 판례집 13-1, 85, 92-93; 2002. 4. 25. 2001헌가27, 판례집 14-1, 251, 260).

그러나 처벌법규의 구성요건이 명확하여야 한다고 하여 모든 구성요건을 난순한 서술적 개념으로 규정하여야 하는 것은 아니고, 다소 광범위하여 법관의 보충적인 해석을 필요로 하는 개념을 사용하였다고 하더라도 통상의 해석방법에 의하여 건전한 상식과 통상적인 법감정을 가진 사람이면 당해 처벌법규의 보호법익과 금지된 행위 및 처벌의 종류와 정도를 알 수 있도록 규정하였다면 헌법이 요구하는 처벌법규의 명확성에 배치되는 것이 아니다(헌재 1989. 12. 22. 88헌가13, 판례집 1, 357, 383; 1995. 5. 25. 93헌바23, 판례집 7-1, 640, 655; 2000. 6. 29. 98헌가10, 판례집 12-1, 741, 748). 그렇지 않으면 처벌법규의 구성요건이 지나치게 구체적이고 정형적이 되어 부단히 변화하는 다양한 생활관계를 제대로 규율할 수 없게 될 것이기 때문이다(헌재 2002. 4. 25. 2001헌가27, 판례집 14-1, 251, 260-261).

대상결정은 위와 같은 일반론을 다시 한번 확인하였다.[11]

3. 안전보호시설조항과 명확성원칙

안전보호시설조항 중 노노법 제91조 제1항 제1호 중 '제42조 제2항' 부분은 노노법 제42조 제2항의 규정에 위반한 사람을 그 소정형에 처한다는 처벌조항으로서 문언 자체에 아무런 불명확한 점이 없다. 다만, 노노법 제42조 제2항 자체가 불명확하다면 이를 조문의 한 내용으로 하고 있는 노노법 제91조 제1항 해당부분도 전체적으로 불명확한 규정이 되게 된다.

한편 위 처벌조항의 구성요건에 해당하는 노노법 제42조 제2항은 명확성을 갖추었는지에 관하여 의문이 있을 수 있다. 위 조항의 의미를 파악함에 있어 다음과 같은 점들이 명백하지 아니하여 다의성을 가진

11) 판례집 17-1, 812, 821.

조항이라고 볼 여지가 있기 때문이다.

① '사업장의 안전보호시설'의 의미가 무엇인가

(i) 안전보호의 객체는 사람에 한하는가, 아니면 물적인 시설도 포함하는가

(ii) 사람의 안전을 보호한다고 할 때, 사업장 구성원만을 의미하는가, 사업장 이용자(현존자)를 의미하는가, 또는 일반적인 제 3 자도 포함하는가

(iii) 안전보호를 목적으로 하는 시설만을 의미하는가, 아니면 가동이 중단되면 결과적으로 안전을 위태롭게 하는 시설도 포함하는가.

(iv) 물적 시설만인가, 아니면 인적 시설도 포함하는가

② 구체적 위험이 발생되어야 하는가

③ 안전보호시설 담당자의 쟁의행위는 절대적으로 금지되는가, 그리고 안전보호시설 담당자만이 위반행위의 주체로 되는가

노노법 제42조 제 2 항은 위 각 쟁점에 대한 대답이 모두 이루어졌을 때 비로소 그 의미내용이 명확하여진다. 따라서 위 조항은 단순한 서술적 개념으로만 규정된 것이 아니라 보충적인 해석이 있어야 비로소 그 의미내용이 명확해지는 규정이라고 할 수 있다.

그러나 그렇다고 하여 위 조항이 바로 불명확하다고 할 수는 없고, 건전한 상식과 통상적인 법감정을 가진 사람이 통상의 해석방법에 의하여 그 금지하는 행위가 무엇인지 알 수 있다면, 명확성원칙에 배치되지 아니한다.[12)]

그러므로 과연 위와 같은 불명료한 쟁점으로 인하여 안전보호시설조항이 명확성원칙에 반한다고 하여야 하는가, 아니면 위와 같은 불명료는 보충적인 해석으로 명확하게 될 수 있는 정도에 지나지 아니하여 명확성원칙에 반하는 것은 아니라고 하여야 하는가 하는 점에 대한 판단이 안전보호시설조항에 대한 위헌성 판단의 핵심이 된다.

---

12) 위 헌재 2004헌바35 결정, 위 공보 1298.

이러한 판단을 위하여 허용되는 불명료와 허용되지 않는 불명확 사이를 구분하는 구분선을 그을 기준을 찾는 작업이 무엇보다 중요하다.

Ⅲ. 명확성 판단의 기준

1. 국내의 논의

(1) 명확성의 판단기준에 관한 판례의 입장

1) 개별적 · 종합적 판단

명확성의 정도는 모든 법률에 있어서 동일한 정도로 요구되는 것은 아니고 개개의 법률이나 법조항의 성격에 따라, 그리고 각 법률이 제정되게 된 배경이나 상황에 따라 차이가 있을 수 있다.[13] 일반론으로는 어떠한 규정이 부담적 성격을 가지는 경우에는 수익적 성격을 가지는 경우에 비하여 명확성의 원칙이 더욱 엄격하게 요구되고, 죄형법정주의가 지배하는 형사관련 법률에서는 명확성의 정도가 강화되어 더 엄격한 기준이 적용되지만, 일반적인 법률에서는 명확성의 정도가 그리 강하게 요구되지 않기 때문에 상대적으로 완화된 기준이 적용된다.[14]

처벌법규에 있어서도, 처벌법규의 구성요건이 어느 정도 명확하여야 하는가는 일률적으로 정할 수 없고, 각 구성요건의 특수성과 그러한 법적규제의 원인이 된 여건이나 처벌의 정도 등을 고려하여 종합적으로 판단하여야 한다.[15]

---

13) 헌재 2001. 10. 25. 2001헌바9, 판례집 13-2, 491, 498; 2002. 1. 31. 2000헌가8, 판례집 14-1, 1, 8; 2002. 7. 18. 2000헌바57, 판례집 14-2, 1, 16.

14) 헌재 2000. 2. 24. 98헌바37, 판례집 12-1, 169, 179; 2002. 7. 18. 2000헌바57, 판례집 14-2, 1, 16. 헌재 1992. 2. 25. 89헌가104, 판례집 4, 64, 78(「부담적 성격을 가지는 경우에는 수익적 성격을 가지는 경우에 비하여 명확성의 원칙이 더욱 엄격하게 요구된다고 할 것이고 따라서 형사법이나 국민의 이해관계가 첨예하게 대립되는 법률에 있어서는 불명확한 내용의 법률용어가 허용될 수 없다」고 판시)도 대체로 같은 취지이다.

15) 헌재 1990. 1. 15. 89헌가103, 판례집 2, 4, 18-19; 1992. 4. 28. 90헌바27 등 판례집 4, 255, 268-269; 1993. 3. 11. 92헌바33, 판례집 5-1, 29, 47; 1994. 7. 29. 93헌가4등, 판례집 6-2, 15, 33; 1995. 5. 25. 93헌바23, 판례집 7-1, 638, 647-648; 1996. 12. 26. 93헌바65, 판례집 8-2, 785, 792; 1997. 3. 27. 95헌가17, 판례집 9-1, 219, 232; 1998. 5. 28. 97헌바68, 판례집 10-1, 640, 655; 1998. 7. 16. 96헌바35, 판례집 10-2, 159, 169; 2000. 4. 27. 98헌바95, 판례집 12-1, 508, 531; 2000. 11. 30. 99헌바

이처럼 명확성의 실질적 정도는 경우에 따라 다르다고 하더라도 명확성을 판단하는 도구적 개념으로서의 기준은 어느 정도 보편적인 개념으로서 찾아볼 수 있다. 아래에서는 그러한 도구로서의 판단기준에 관한 판례의 입장을 정리하였다.

2) **예측가능성과 자의금지**

명확성원칙은 예측가능성과 자의금지를 그 근거로 한다.[16] 다음의 판시는 이를 잘 나타내고 있다.[17]

> 명확성의 원칙은 법치국가원리의 한 표현으로서 기본권을 제한하는 법규범의 내용은 명확하여야 한다는 헌법상의 원칙이다. 법규범의 의미내용이 불확실하면 법적 안정성과 예측가능성을 확보할 수 없고, 법집행 당국의 자의적인 법해석과 집행을 가능하게 한다는 것을 그 근거로 한다(헌재 1990. 4. 2. 89헌가113, 판례집 2, 49; 1996. 8. 29. 94헌바15, 판례집 8-2, 74, 84; 2001. 10. 25. 2001헌바9, 판례집 13-2, 491, 498 참조). 즉, 법률은 명확한 용어로 규정함으로써 적용대상자에게 그 규제내용을 미리 알 수 있도록 공정한 고지를 하여 장래의 행동지침을 주어야 차별적이거나 자의적인 법해석을 예방할 수 있는 것인데, 법규범의 의미내용으로부터 무엇이 금지되는 행위이고 무엇이 허용되는 행위인지를 국민이 알 수 없다면, 법적 안정성과 예측가능성은 확보될 수 없게 될 것이고, 법집행 당국에 의한 자의적 집행이 가능하게 될 것이다(헌재 1992. 4. 28. 90헌바27 등, 판례집 4, 255, 268-269; 1998. 4. 30 95헌가16, 판례집 10-1, 327, 341-342; 2000. 2. 24. 98헌바37, 판례집 12-1, 169, 179 참조).

위는 예측가능성과 자의적 집행방지가 명확성원칙의 근거임을 나타내는 것인데, 이는 다시 명확성 여부를 판단하는 기준으로서도 작용

95, 판례집 12-2, 298, 310; 2001. 6. 28. 99헌바31, 판례집 13-1, 1233, 1239; 2002. 4. 25. 2001헌바26, 판례집 14-1, 301, 321, 322; 2003. 3. 27. 2001헌바39, 판례집 15-1, 246, 252; 2004. 1. 29. 2002헌가20등, 판례집 16-1, 1, 17; 2004. 11. 15. 2002헌바85, 판례집 16-2하, 345, 351 등.

16) 헌재 2002. 4. 25. 2001헌바26, 판례집 14-1, 301, 321-322; 1998. 4. 30. 95헌가16, 판례집 10-1, 327, 341-342; 1999. 9. 16. 97헌바73, 판례집 11-2, 285, 297; 2001. 10. 25. 2001헌바9, 판례집 13-2, 491, 498; 2002. 1. 31. 2000헌가8, 판례집 14-1, 1, 8.

17) 헌재 2002. 7. 18. 2000헌바57, 판례집 14-2, 1, 16.

한다. 즉, 어느 법규정이 어떤 의미를 가지는지 예측할 수 없고 자의적 법집행을 가능하게 할 정도로 불명확하다면 그 법규정은 명확성원칙에 반한다고 판단할 수 있다.[18]

대법원도 다음과 같이 같은 취지의 판시를 한 바 있다.

> 위 규정 내용 자체는 사물의 변별능력을 제대로 갖춘 일반인의 이해와 판단으로서 그 의미를 명확하게 파악할 수 있는 것이어서 어떤 물질이 "구리(동) 및 그 화합물"에 해당하는지에 관하여 수범자인 국민의 예측가능성이 충분히 보장되어 있을 뿐만 아니라 법집행자의 자의적 집행가능성도 거의 없다고 봄이 상당하므로, 이를 두고 죄형법정주의가 요구하는 명확성의 원칙에 반하는 규정이라고 볼 수 없다.[19]

대상결정은 이러한 종전의 입장을 명확히 하여, 수범자에 대한 관계에서 '예측가능성', 법집행자에 대한 관계에서 '자의적 법집행 배제'가 확보되는지 여부가 명확성 판단의 기준이 된다고 판시하였다.[20]

3) 법률해석에 의한 명확화

㈎ 합리적 해석의 가능성　　법률이 불확정개념을 사용하는 경우라도 법률해석을 통하여 행정청과 법원의 자의적인 적용을 배제하는 객관적인 기준을 얻는 것이 가능하다면 법률의 명확성원칙에 부합한다.[21]

이러한 해석에 의한 불확정개념의 명확화는, 자의적 적용을 배제하

---

18) 헌재 2002. 7. 18. 2000헌바57, 판례집 14-2, 1, 17(「이는 법규정이 불명확하여 법집행당국의 자의적인 법해석과 집행을 가능하게 하는 것으로서 헌법상의 명확성의 원칙에 어긋나는 조항」이라고 판시).

19) 대법원 2005. 1. 28. 선고 2002도6931 판결(공2005상, 436).

20) 위 판례집 17-1, 812, 821.

21) 헌재 2004. 7. 15. 2003헌바35등, 판례집 16-2상, 77, 88(「법률의 명확성원칙은 입법자가 법률을 제정함에 있어서 개괄조항이나 불확정 법개념의 사용을 금지하는 것이 아니다. 행정부가 다양한 과제를 이행하고 각 개별적 경우의 특수한 상황을 고려하며 현실의 변화에 적절하게 대처할 수 있도록 하기 위하여 입법자는 불확정 법개념을 사용할 수 있으나 이로 인한 법률의 불명확성은 법률해석의 방법을 통하여 해소될 수 있어야 한다. 따라서 법률이 불확정 개념을 사용하는 경우라도 법률해석을 통하여 행정청과 법원의 자의적인 적용을 배제하는 객관적인 기준을 얻는 것이 가능하다면 법률의 명확성원칙에 부합하는 것이다」라고 판시).

는 객관적인 기준을 얻는 것이 가능한지,[22] 합리적인 해석이 가능한지,[23] 자의를 허용하지 않는 통상의 해석방법에 의하더라도 그 의미내용을 알 수 있는지[24] 여부에 따라 그 성패가 결정된다.

법률에 대한 보충적 해석이 있더라도 그러한 해석이 위 기준에 따라 허용되는 해석이 아니라, 해석자의 개인적 취향에 따라 결론을 달리 할 수 있는 해석이라면 이는 자의적 해석으로서 법률규정을 명확하게 하는 힘이 없다.[25]

대법원도 다음과 같이 합리적인 해석기준을 찾을 수 있다면 명확성원칙에 반하는 것이 아니라고 하여 같은 취지로 판시하여 왔다.

> 형벌법규의 입법목적이나 그 전체적 내용, 구조 등을 살펴보아 사물의 변별능력을 제대로 갖춘 일반인의 이해와 판단으로서 그의 구성요건 요소에 해당하는 행위 유형을 정형화하거나 한정할 합리적 해석 기준을 찾을 수 있다면 죄형법정주의가 요구하는 형벌법규의 명확성의 원칙에 반하는 것이 아니다.[26]

대상결정도 이러한 종전의 입장을 명확히 하여 법규범의 문언, 입법목적, 입법취지, 입법연혁, 법규범의 체계적 구조 등을 종합적으로

---

22) 위 결정례.

23) 헌재 2004. 6. 24. 2004헌바16, 판례집 16-1, 759, 766. 헌재 2000. 2. 24. 99헌가4, 판례집 12-1, 98, 103; 헌재 2000. 6. 29. 98헌바67, 판례집 12-1, 801, 808도 같은 취지이다.

24) 헌재 2002. 4. 25. 2001헌바26, 판례집 14-1, 301, 322(「자의를 허용하지 않는 통상의 해석방법에 의하더라도 당해 처벌법규의 보호법익과 그에 의하여 금지된 행위 및 처벌의 종류와 정도를 누구나 알 수 있도록 규정되어야 한다는 의미로 파악되어야 할 것」이라고 판시). 헌재 2000. 4. 27. 98헌바95, 판례집 12-1, 508, 531도 같은 취지이다.

25) 헌재 2001. 10. 25. 2001헌바9, 판례집 13-2, 491, 499(「법관의 보충적인 가치판단을 통한 법문의 해석으로 그 의미내용을 확인해 낼 수 있고, 그러한 보충적 해석이 해석자의 개인적인 취향에 따라 좌우될 가능성이 없다면 명확성의 원칙에 반한다고 할 수 없을 것」이라고 판시). 헌재 2001. 6. 28. 99헌바31, 판례집 13-1, 1233, 1239.

26) 대법원 2005. 1. 28. 선고 2002도6931 판결(공2005상, 436). 대법원 2000. 11. 16. 선고 98도3665 전원합의체 판결(공2001하, 100); 2003. 4. 11. 선고 2003도451 판결(공2003상, 1224) 등도 같은 취지이다.

고려하는 해석방법에 의하여 법률조항의 의미내용을 합리적으로 파악할 수 있는 합리적 해석기준을 찾을 수 있다면 예측가능성과 자의적 법집행의 배제가 확보되어 명확성원칙에 반하지 않는다는 취지로 판시하였다.[27)]

(나) 합헌적 해석에 의한 명확화 예컨대, 법률의 문언 자체로는 a 해석과 b 해석의 2가지가 가능한데 그 중 a로 해석하면 당해 법률이 합헌이 되고 b로 해석하면 위헌이 되는 경우, ① 합헌적 법률해석에 의하여 a로 해석한 다음, 이제 법문의 의미가 a로 특정되었으므로 명확성원칙에 반하지 않는다고 할 것인지, ② 명확성원칙은 법문 자체의 명확성을 문제삼는 것이므로 위 경우에는 명확성원칙에 반한다고 하여야 할 것인지가 문제될 수 있다.

이에 관하여 ①의 입장을 취한 것으로 이해되는 헌법재판소의 결정례가 있다. 이 결정례는 내란죄 등으로 금고 이상의 형을 받은 사람에 대한 급여제한을 규정한 공무원연금법 제64조 제3항이 '재직중의 사유'만을 요건으로 하는지, '퇴직 후의 사유'도 포함하는지에 관하여 일체의 언급이 없어 불명확한데, 퇴직 후의 사유도 포함되는 것으로 해석한다면 명확성의 원칙에 반하지만(재산권 보장 및 평등원칙에도 반한다), 재직중의 사유만 해당된다고 해석한다면 헌법에 위반되지 않는다고 하였는바, 이는 퇴직 후의 사유를 포함하면 위헌인데 합헌적 해석으로 이를 제외하면 명확성원칙에 반하지 않는다는 취지로 이해된다.[28)]

4) 법률해석의 기준

(가) 기 준 이처럼 합리적 법률해석에 의하여 법률규정을 명확하게 할 수 있다면 위 해석을 하는 구체적 기준은 무엇인가. 이에

27) 위 판례집 17-1, 812, 821-822.

28) 헌재 2002. 7. 18. 2000헌바57, 판례집 14-2, 1, 16-19. 헌재 1992. 2. 25. 89헌가104, 판례집 4, 64, 85(「이상과 같은 "군사상의 기밀"은 … 그 광범성은 의연 문제로 남는데 그 점에 있어서는 "그 내용이 누설되는 경우 국가안전보장상 해로운 결과를 초래할 우려가 있을" 것이라는 요건이 후술하는 바와 같이 헌법합치적으로 한정해석된다면 헌법 제37조 제2항의 규정에 저촉되지 않으면서 동 법률조항의 존립목적이 달성될 수 있다고 할 것이다」라고 판시)도 같은 취지로 보인다.

관하여 헌법재판소와 대법원은 다음과 같은 기준들을 제시하였다.

(i) 입법목적(제정목적),[29] 입법취지[30]

(ii) 입법연혁,[31] 입법경과[32]

(iii) 규정형식[33]

(iv) 예시규정[34]

(v) 용어의 개념정의, 한정적 수식어의 사용, 적용한계조항의 설정 등과 같은 보충적 규정[35]

(vi) 입법기술상의 한계[36]

(vii) 관련규정,[37] 동일한 법률의 다른 규정,[38] 다른 규범과의 연관

---

29) 헌재 2000. 2. 24. 99헌가4, 판례집 12-1, 98, 105; 헌재 2000. 4. 27. 98헌바95, 판례집 12-1, 508, 530; 헌재 2000. 6. 29. 98헌바67, 판례집 12-1, 801, 812; 2004. 2. 26. 2001헌바75, 판례집 16-1, 184, 195; 2004. 11. 25. 2004헌바35, 공보 99, 1295, 1298.

대법원 2000. 11. 16. 선고 98도3665 전원합의체 판결(공2001하, 100); 2003. 4. 11. 선고 2003도451 판결(공2003상, 1224); 2005. 1. 28. 선고 2002도6931 판결(공2005상, 436).

30) 헌재 2000. 4. 27. 98헌바95, 판례집 12-1, 508, 533; 2001. 10. 25. 2001헌바9, 판례집 13-2, 491, 499.

31) 헌재 2000. 4. 27. 98헌바95, 판례집 12-1, 508, 533.

32) 헌재 2004. 2. 26. 2001헌바75, 판례집 16-1, 184, 194.

33) 헌재 2000. 4. 27. 98헌바95, 판례집 12-1, 508, 533.

34) 헌재 2002. 6. 27. 2001헌바70, 판례집 14-1, 601, 608, 610(「예시적 입법형식이 법률명확성의 원칙에 위배되지 않으려면, 예시한 개별적인 구성요건이 그 자체로 일반조항의 해석을 위한 판단지침을 내포하고 있어야 할 뿐만 아니라, 그 일반조항 자체가 그러한 구체적인 예시를 포괄할 수 있는 의미를 담고 있는 개념이 되어야 한다」고 판시).

35) 헌재 1992. 2. 25. 89헌가104, 판례집 4, 64, 79.

36) 헌재 2000. 2. 24. 99헌가4, 판례집 12-1, 98, 105; 헌재 2000. 6. 29. 98헌바67, 판례집 12-1, 801, 812. 입법기술상의 한계가 구체적으로 무엇을 의미하는지는 분명하지 않지만, 대체로 만일 보다 구체적인 입법이 불가능하다면 입법기술상의 한계 때문에 더 이상의 명확성을 요구할 수 없다는 의미로 이해된다. 그러나 보다 구체적인 입법이 가능하다고 하더라도 이것만으로 바로 명확성원칙에 반한다고 할 수는 없다(위 99헌가4 결정, 105 참조).

37) 헌재 2004. 11. 25. 2004헌바35, 공보 99, 1295, 1298.

38) 헌재 1992. 2. 25. 89헌가104, 판례집 4, 64, 79; 2001. 10. 25. 2001헌바9, 판례집 13-2, 491, 499; 2004. 2. 26. 2001헌바75, 판례집 16-1, 184, 194-195(「같은 법률의 다른 규정들과의 체계 조화적 해석 등을 통해 법률적용단계에서 다의적인 해석의 우려 없이 그 의미가 구체화될 수 있다면 이러한 경우에는 명확성원칙에 위반된다

성[39]

(viii) 법률의 체계와 관련시킨 논리적인 의미 추구,[40] 법의 체계적 해석[41]

(ix) 기히 확립된 판례[42]

(x) 형벌법규의 전체적 내용, 구조[43]

결국, 위 각 기준에 따라 법률을 합리적으로 해석하여 당해 법규의 의미를 구체화할 수 있으면 명확성원칙에 반하지 않는다는 결론을 내릴 수 있다는 것이 판례의 취지라고 이해된다.

(나) 판례의 확립된 해석

a) 쟁 점 예컨대, 법률의 문언 자체로는 a 해석과 b 해석의 2가지가 가능한데 그 중 a로 해석하는 판례가 확립된 경우 당해 법률규정은 a를 의미하는 법률규정으로서 명확하다고 할 것인가. 이 문제는 a 해석이나 b 해석이 모두 동일한 합리성을 가지고 가능한 해석인데 판례가 그 중 하나를 선택하여 확립된 해석을 하고 있는 경우에 특히 문제된다.

b) 가능한 견해 ① 사법부가 법률해석권이 있는 이상 사법부의 해석으로 법률의 의미가 적법하게 a로 구체화되어 당해 법률규정은 a를 의미하는 규정으로서만 의미를 가지게 되고, 따라서 명확하다고 보는 견해와 ② a를 선택한 것이 아무런 합리적 기준이 없이 단순히 자의에 의한 선택이라면 이는 허용되지 않는 해석이므로 판례가 확립된 후에도 불명확성은 제거되지 않는다는 견해가 있을 수 있다. ②의

고 할 수 없을 것」이라고 판시).

39) 헌재 2000. 2. 24. 99헌가4, 판례집 12-1, 98, 105; 1992. 2. 25. 89헌가104, 판례집 4, 64, 79; 헌재 2000. 4. 27. 98헌바95, 판례집 12-1, 508, 530.

40) 헌재 2003. 1. 30. 2002헌바53, 판례집 15-1, 105, 108.

41) 헌재 2004. 11. 25. 2002헌바85, 판례집 16-2하, 345, 353.

42) 헌재 1992. 2. 25. 89헌가104, 판례집 4, 64, 79.

43) 대법원 2005. 1. 28. 선고 2002도6931 판결(공2005상, 436). 대법원 2000. 11. 16. 선고 98도3665 전원합의체 판결(공2001하, 100); 2003. 4. 11. 선고 2003도451 판결(공2003상, 1224) 등도 같다.

견해를 취할 때에는 기존 판례의 해석은 합리적 해석에 의하여 법규정의 의미를 구체화할 수 있는가를 판단하는 하나의 판단기준 내지 자료, 즉 위에서 열거한 해석기준들 중 하나의 의미만 갖게 된다.

다음과 같은 헌법재판소 결정례는 ①의 입장에 가까운 것으로 보인다.

· 계쟁법률의 불명확성이 설혹 시인될 수 있다 하여도, 장기간에 걸쳐 집적된 동일한 취지의 판례가 가지는 법률보충적 기능으로 인하여 이 불명확성은 이미 치유 내지 제거되었다고 보아야 할 것이다.[44]
· 대법원 판결 등에 의하여 이미 이에 관한 구체적이고 종합적인 해석기준이 제시되고 있는 이상, 법률적용자가 이 사건 법률조항을 자의적으로 확대하여 해석할 염려는 없다고 하겠다.[45]
· 대법원도 일찍부터 … 위와 같은 의미로 일관되게 해석·적용 … 해옴으로써 일반의 법률사건의 범위에 관하여 자의적인 확대해석에 의한 법집행을 방지하고 있다.[46]
· 정당행위로 인정되지 않는 집단적 노무제공 거부행위를 위력업무방해죄로 형사처벌하는 것이 헌법에 위반된다면 결국 법원의 해석에 의하여 구체화된 이 사건 심판대상 규정이 위헌성을 지니고 있는 셈이 된다. 따라서 집단적 노무제공 거부행위를 위력업무방해죄로 형사처벌하는 것이 헌법에 위반되는지 여부는 이 사건 심판대상 규정의 위헌여부에 관한 문제로서 헌법재판소의 판단대상이 된다고 할 것이다(헌재 1995. 5. 25. 91헌바20, 판례집 7-1, 626 참조).[47]

다음의 결정례들은 ②의 입장에 가깝다고 할 수 있다.

· 이미 확립된 판례를 통한 해석방법을 통하여 그 규정의 해석 및 적용에 대한 신뢰성이 있는 원칙을 도출할 수 있어서 법률조항의 취지를 예

44) 헌재 2003. 1. 30. 2002헌바53, 판례집 15-1, 105, 109(다만, 집적된 판례에 의한 해석이 그 자체 합리적임을 아울러 설시하였다).
45) 헌재 2002. 6. 27. 2001헌바70, 판례집 14-1, 601, 610.
46) 헌재 2000. 4. 27. 98헌바95, 판례집 12-1, 508, 534.
47) 헌재 1998. 7. 16. 97헌바23, 판례집 10-2, 243, 252.

측할 수 있는 정도의 내용이라면 그 범위 내에서 명확성의 원칙은 유지되고 있다고 보아야 할 것[48]

· 대법원은 일찍부터 …고 판시함으로써 '상당한 이유'에 대한 합리적인 해석기준을 제시하고 있다.[49]

· 일반적 또는 불확정 개념의 용어가 사용된 경우에도 … 기히 확립된 판례를 근거로 하는 등 정당한 해석방법을 통하여 그 규정의 해서 및 적용에 대한 신뢰성이 있는 원칙을 도출할 수 있어, 그 결과 개개인이 그 형사법규가 보호하려고 하는 가치 및 금지되는 행위의 태양과 이러한 행위에 대한 국가의 대응책을 예견할 수 있고 그 예측에 따라 자신의 행동에 대한 결의를 할 수 있는 정도(의 규정 내용이)라면 그 범위 내에서 명확성의 원칙은 유지되고 있다고 봐야 할 것이다.[50]

위 ①, ②의 견해가 실질적으로 결론에 있어 커다란 차이가 나는 것은 기존에 확립된 판례에 의한 해석이 합리적이지 않은 해석이라고 헌법재판소가 판단할 경우에 있다. 예컨대, 대법원의 확립된 판례로 a 해석을 취하여 왔는데 당해 규정의 위헌심사를 하는 헌법재판소는 b 해석이 타당하고 a 해석은 위헌적 해석이라고 판단하는 경우, ①의 견해를 취한다면 당해 법률은 a로 굳어져 불명확성의 문제는 없으나 a를 의미하므로 위헌이라는 판단을 하여야 하고(이 경우 한정위헌을 선고할 필요는 없다), ②의 견해를 취한다면 헌법재판소는 대법원의 해석이 합리적이지 아니하므로 a 해석을 배제하는 한정위헌 또는 b 해석만을 허용하는 한정합헌의 판단을 하거나 b 해석을 선택할 합리적인 기준을 찾지 못할 경우에는 명확성원칙에 반하여 위헌이라는 판단을 할 여지가 있다.

다만, 위와 같이 헌법재판소의 결정례를 일응 ①, ②의 두 견해로 분류하여 볼 수 있지만 헌법재판소가 위와 같은 차이를 인식하고 명백히 어느 한 쪽의 입장을 취한 것이라고 보기는 어렵다. ①의 결정례들도 모두 그와 같이 확립된 판례에 의한 해석이 타당함을 함께 판단하

48) 헌재 2001. 10. 25. 2001헌바9, 판례집 13-2, 491, 499.
49) 헌재 2001. 6. 28. 99헌바31, 판례집 13-1, 1233, 1241.
50) 헌재 1992. 2. 25. 89헌가104, 판례집 4, 64, 79.

고 있어 과연 명확하게 어느 한 견해를 취하였다고 보기는 어렵기 때문이다.

c) 사 견 앞서 본 바와 같이 예측가능성과 자의집행방지가 모두 담보된다면 당해 법률규정은 명확하다고 할 수 있다. 어떠한 법률규정이 a 또는 b의 어느 해석도 가능한데 확립된 판례가 a로 해석하는 경우에는, 수범자는 당해 법률규정의 의미를 a로 인식할 수 있어 예측가능성이 있고 법을 집행하는 기관들도 a의 해석에 따라 당해 법률규정을 적용할 것이므로 자의적인 집행도 방지될 수 있다.

더구나 사법부는 해석으로써 법률의 의미를 명확히 할 권한이 있으므로 가사 a로 하는 해석이 부당하거나 심지어 위헌이라고 하더라도 당해 규정은 a의 의미를 갖는 것으로 확정되고, 이에 따라 명확성원칙에 반하지 않는다고 보아야 한다.

만일 a 해석이 위헌적인 해석이라면 헌법재판소가 당해 법률규정에 대하여 단순위헌을 선언하는 방법으로 문제를 해결할 수 있다.

5) 예측가능성의 주체

법률이 명확하다고 할 때 누구에게 명확하다는 것을 의미하는가. 예측가능성의 주체 문제, 즉 ① 법률전문가에게 명확하면 되는 것인지, ② 보통의 평균인에게 명확하여야 하는지의 문제가 있다.

이에 관하여 헌법재판소와 대법원은 다음과 같이 판시함으로써 ②의 견해를 확고하게 유지하고 있다.

> · 통상의 해석방법에 의하여 건전한 상식과 통상적인 법감정을 가진 사람이면 당해 처벌법규의 보호법익과 금지된 행위 및 처벌의 종류와 정도를 알 수 있도록 규정하였다면 헌법이 요구하는 처벌법규의 명확성에 배치되는 것이 아니다.[51]
>
> · 보통의 상식을 가진 일반인이라면 이 사건 법률조항들을 통해 금지하고자 하는 행위가 무엇이며 그에 대한 형벌이 어떠할지를 예견할 수 있다고 할 것.[52]

51) 헌재 2004. 11. 25. 2004헌바35, 공보 99, 1295, 1298.
52) 헌재 2004. 11. 25. 2002헌바85, 판례집 16-2하, 345, 353.

· 건전한 상식과 통상적인 법감정을 가진 일반인이라면 정치자금법이 허용하는 정치자금의 수수방법은 능히 인식할 수 있다.[53)]
· 건전한 상식과 통상적인 법감정을 가진 사람으로 하여금 그 적용대상자가 누구이며 구체적으로 어떠한 행위가 금지되고 있는지 충분히 알 수 있도록 규정되어 있다면 죄형법정주의의 명확성의 원칙에 위배되지 않는다고 보아야 한다.[54)]
· 형벌법규의 입법목적이나 그 전체적 내용, 구조 등을 살펴보아 사물의 변별능력을 제대로 갖춘 일반인의 이해와 판단으로서 그의 구성요건 요소에 해당하는 행위 유형을 정형화하거나 한정할 합리적 해석 기준을 찾을 수 있다면 죄형법정주의가 요구하는 형벌법규의 명확성의 원칙에 반하는 것이 아니다.[55)]

다만, 헌법재판소의 다음과 같은 설시는 당해 법률규정과 연관을 맺게 되는 사람(당해 법률의 수범자)을 기준으로 한 것으로 보이는데, 이 결정례는 일반인 기준에 의한 명확성 판단에 부가하여 위 기준을 제시한 것이어서, 일반인에게는 불명확하나 당해 수범자집단에는 명확한 경우 명확성을 인정하는지 여부는 불분명하다.

· 나아가 우리 사회에 있어서 정치자금을 주거나 받는 등 이 사건 법률 조항과 연관을 맺게 되는 사람은 위에서 말한 '건전한 상식과 통상적인 법감정을 가진 일반인'보다는 정치자금의 수수방법에 대해 더 잘 알 수 있는 지위에 있다고 본다면, 정치자금법에 정해진 방법 이외의 것을 포괄적으로 지칭하는 의미로 쓰인 "이 법이 정하지 아니한 방법" 부분이 불명료하다고 할 수 없다.[56)]

---

53) 헌재 2004. 6. 24. 2004헌바16, 판례집 16-1, 766.
54) 헌재 2000. 2. 24. 99헌가4, 판례집 12-1, 98, 102; 2002. 1. 31. 2000헌가8, 판례집 14-1, 1, 8; 2002. 6. 27. 2001헌바70, 판례집 14-1, 601, 607; 2004. 1. 29. 2002헌가20등, 판례집 16-1, 1, 17. 헌재 2000. 6. 29. 98헌바67, 판례집 12-1, 801, 808도 같은 취지이다.
55) 대법원 2005. 1. 28. 선고 2002도6931 판결(공2005상, 436). 대법원 2000. 11. 16. 선고 98도3665 전원합의체 판결(공2001하, 100); 2003. 4. 11. 선고 2003도451 판결(공2003상, 1224) 등도 같다.
56) 헌재 2004. 6. 24. 2004헌바16, 판례집 16-1, 766.

6) 광 범 위

다음의 결정례들은 법률의 문언이 다의성을 가져 애매한 경우뿐만 아니라 그 내용과 적용범위가 과도하게 광범위한 경우에도 명확성원칙에 위반된다고 판시하였다.

· 만약 범죄의 구성요건에 관한 규정이 지나치게 추상적이거나 모호하여 그 내용과 적용범위가 과도하게 광범위하거나 불명확한 경우에는 국가형벌권의 자의적인 행사가 가능하게 되어 개인의 자유와 권리를 보장할 수 없으므로 죄형법정주의의 원칙에 위배된다.[57)]
· 처벌조항의 구성요건이 추상적이거나 모호한 개념을 사용하고 있다거나 지나치게 포괄적이거나 광범위하다면, 법규수범자는 처벌규정을 통해서 어떠한 행위가 금지되는지, 그리고 그에 대한 형벌이 어떠한 것인지를 예견할 수 없을 것이기 때문에, 우리 헌법상의 죄형법정주의 원칙은 죄와 형을 법률로 규정할 것을 요청할 뿐만 아니라, 필연적으로 그 법률규정 자체의 명확성까지 함께 요구하는 것이다.[58)]
· 포괄적 의미를 지닌 용어와 이 용어에 대한 개념정의 규정방식을 사용한 입법은 국내외에서 흔히 그 예를 볼 수 있는 것으로서 문제의 소재는 그러한 규정방식이 있는 것이 아니고 그 내용이 애매하다거나 너무 광범위하여 죄형법정주의에서 요구되고 있는 명확성의 원칙에 저촉되는 것은 아닌지의 여부, 즉 규정내용에 있다고 할 것이다.[59)]

(2) 명확성 판단기준에 관한 학설

우리나라 학계에서 명확성 여부에 관한 구체적인 판단기준을 찾는 노력은 미미하다. 아래에서 그 대강의 내용을 살펴본다.

1) 명확성 요구수준의 다양성

법률의 내용에 따라 명확성을 요구하는 정도가 다름을 인정하는 것은 판례와 다르지 아니하다. 형벌법규가 민사법규보다, 행정범의 경우가 자연범의 경우보다, 사전억제적 규제가 사후처벌적 규제보다 더

57) 헌재 1995. 9. 28. 93헌바50, 판례집 7-2, 297, 307; 2004. 6. 24. 2004헌바16, 판례집 16-1, 759, 764.
58) 헌재 2003. 3. 27. 2001헌바39, 판례집 15-1, 246, 252.
59) 헌재 1992. 2. 25. 89헌가104, 판례집 4, 64, 78.

높은 정도의 명확성이 요구된다고 한다.[60]

당해 법률이 어떠한 권리를 제한하고 있을 때, 제한되는 권리의 내용에 따라 명확성이 요구되는 정도가 달라져서, 헌법상 보호되는 정도가 높은 권리일수록 더 높은 정도의 명확성이 요구된다고 한다.[61]

또 당해 범죄에 부과되는 형벌이 중할수록 구성요건은 보다 명확하게 규정되어야 하고,[62] 당해 구성요건의 보호법익이 클수록 명확성의 요구는 약화된다고 한다.[63]

2) 명확성 판단의 구체적 기준

학설이 들고 있는 구체적 기준은 다음과 같다.

① 공정한 고지(fair notice) 또는 공정한 경고(fair warning)를 하는지 여부

② 자의적 적용이 배제되는지 여부

③ 입법기술적 개선가능성이 있는지 여부

입법기술적으로 보다 명확하게 규정할 수 있음에도 불구하고, 덜 명확한 방법을 취하였다면 명확성원칙에 반한다고 볼 여지가 있다. 명확성을 높이는 입법기술적 방법으로는 (i) 예시의 방법, (ii) 정의규정을 별도로 두는 방법, (iii) 주관적 요소를 추가하는 방법, (iv) 수개의 요건을 중첩하여 요건사실을 보다 명확하게 하는 방법, (v) 일반법에 대한 특별법을 두어 보다 명확하게 하는 방법 등이 들어지고 있다.[64]

3) 합리적 형량모델로서 명확성을 이해하는 견해

헌법재판소가 이해하고 있는 명확성원칙은 언어적 표현이 담을 수

---

60) 홍기태, "명확성의 원칙에 관한 연구," 헌법논총 11집, 헌법재판소(2000), 284-292면(이하 위 글을 '**홍기태, 명확성**'이라고 한다).

61) 홍기태, 명확성, 289면. 이 글을 표현의 자유를 제한하는 법률에 특히 명확성을 요구하는 것도 이와 관련된다고 한다.

62) Albin Eser, Strafrecht I, 3. Aufl., 1980, S. 37[임웅, "형법상 명확성의 원칙," 성균관법학 16권 1호(운로 고상룡 교수 정년기념호), 비교법연구소(2004), 486면에서 재인용].

63) 임웅, 위의 글, 486면; 이재상, 형법총론(제 4 판), 박영사(2000), 22면. 위 글들은 이를 '비례성의 원칙'이라고 한다.

64) 홍기태, 명확성, 299-300면.

있는 의미내용이 확정적이고 고정적이라는 전제에 있는데 사실 언어적 표현이 담을 수 있는 의미내용은 사용자나 사용상황에 따라서 불확정적이고 가변적이기 때문에 헌법재판소가 이해하는 명확성원칙은 그 전제를 상실하는 것이라고 비판하고,[65] 명확성의 판단은 법규범 자체에 의해서 판단될 것이 아니라 구체적으로 충돌하는 기본권이나 헌법적 가치들과의 형량을 통하여 얻은 결과에 따라 판단되어야 한다고 하면서 이와 같은 형량과정은 합리적이어야 한다고 하는 견해가 있다.[66]

위 견해는 언어의 의미내용이 가변적이라는 점을 지적한 점에서 경청할 만하다. 그러나 실제의 적용에 있어 명확성을 판단하면서 충돌하는 기본권(예컨대, 안전보호시설조항에 관하여 '인명의 안전' 대 '노동쟁의권')을 형량한다는 것이 구체적으로 어떠한 의미를 가지는지 분명하지 아니하다. 이러한 형량을 통하여 보다 우월한 가치를 보호하기 위한 규정은 명확성의 정도를 완화할 수 있다는 취지라면, 결국 기존의 논의도구를 그대로 사용하는 것과 실질에 있어 어떠한 차이가 있는지도 의문이다.

헌법재판소나 대법원에서 위 견해에 기초하여 판단한 예는 아직까지 찾아볼 수 없고, 대상결정도 마찬가지이다.

2. 명확성 판단의 기준에 관한 미국의 이론

명확성 판단에 관하여 미국 연방대법원(이하 이 항에서 특별한 언급이 없는 한 법원은 미국의 법원을 가리킨다)이 비교적 구체적인 기준을 제시하고 있으므로, 이하에서는 미국 연방대법원이 세워 온 명확성 판단의 기준을 중심으로 살펴본다.[67][68]

---

65) 이준일, "헌법재판소가 이해하는 명확성원칙의 비판적 재구성," 헌법학연구 7권 1호, 한국헌법학회(2001), 270면.

66) 이준일, 위의 글, 305면.

67) 미국에서는 "불명확성(vagueness)"이라는 용어로 논의하고 있다.

68) 미국 논의의 정리에는 Andrew E. Goldsmith, "The Void-For-Vagueness Doctrine in the Supreme Court, Revised," 30 AJCL 279(2003)를 많이 참고하였다(이하, 'Goldsmith 논문'이라고 한다).

(1) 명확성의 요건

연방대법원에 의하여 명확성을 요구하는 근거로서 제시된 것은 (i) 고지(Notice), (ii) 권력분립(Separation of Powers), (iii) 자의적 법집행의 방지, (iv) 이의기준의 설정 등이다. 이는 다른 각도에서 보면, 명확성을 인정하기 위한 요건 또는 명확성 유무를 판단하는 기준(이론적 기준)이 되기도 한다.

1) **고지(Notice)**

연방대법원이 명확성원칙의 기준으로 제일 먼저 정립한 것은 "법률은 수범자에게 무엇을 금지하는지를 고지하여야 한다"는 원칙이다. (i) 사람은 적법과 불법 사이에서 자신의 행동을 조종할 자유가 있기 때문에 법은 보통의 지식을 가지고 있는 사람(the person of ordinary intelligence)에게 적법하게 행동할 수 있도록 무엇이 금지되어 있는지를 알 합리적인 기회를 제공하여야 한다는 점(불명확한 법은 적절한 경고기능을 하지 못함으로써 결백한 사람을 함정에 빠뜨릴 수 있다), (ii) 법규의 의미가 불명확하면 불법영역으로 가는 사람들이 훨씬 늘어난다는 점 등이 고지요건을 요구하는 주된 이유이다.

2) **권력분립**

연방대법원은 명확성을 요구하는 두 번째 이유를 권력분립에서 찾았다. 즉, 입법부가 모든 가능한 범죄자들을 잡을 수 있는 그물을 설정해 놓고 법원에 범죄성부의 판단을 일임하는 것은 사법부가 입법부를 대체하는 것이 되어 허용되지 않는다고 하였고,[69] 이러한 권력분립은 수십 년 동안 명확성판단의 두 번째 요건으로 자리하여 왔다.

불명확한 법률은 판사, 검사, 경찰로 하여금 무엇이 범죄인지 여부를 결정하도록 허용하는 것인데, 입법부는 형법의 기준을 설정하는 의무를 포기할 수 없다는 것이다.[70]

'권력분립'은 앞서 본 '고지'와 더불어 명확성의 두 요건으로 자리

69) United States v. Reese, 92 U.S. 214, 221(1875).
70) Smith v. Goguen 415 U.S. 566, 575(1974).

잡게 되었다.

3) **자의적 법집행의 방지**

오늘날 명확성의 두 요건 중 권력분립의 논거는 그 내용이 다소 변경되어, 「자의적이고 차별적인 법집행을 할 수 있도록 권한을 부여하거나 조장하는 경우 당해 법률은 불명확하다」는 기준으로 되었다.[71] 그리하여, (i) 고지 요건과 (ii) 자의에 의한 법집행 방지 요건이 명확성 판단의 두 요건으로 되었고, 이 요건을 갖추지 못한 법률은 적법절차(due process)에 위반되는 것으로 평가되기에 이르렀다.[72]

4) **이의기준의 설정**(Creation of Standard for Appeal)

행정청으로 하여금 "신성모독(sacrilegious)"이라고 인정되는 영화를 금지할 수 있도록 한 법률에 대하여 위헌을 선언한 판결의 별개의견은 불명확한 법률이 적법절차를 침해하였다는 논거로서, (i) 고지의 흠결과 함께 (ii) "신성모독"에 대한 행정청의 판단은 필연적으로 주관적 판단을 수반하게 되어 법관이 그 판단의 정당성 여부를 판단할 아무런 기준이 없다는 점을 제시하였다.[73]

이 별개의견은 그 후 연방대법원의 공식의견으로 되었다. 위원회로 하여금 미성년자관람불가 영화를 결정하도록 하는 자치조례가 불명확하여 위헌이라고 선언한 판결에서 연방대법원은 행정청에게 일차적 허가권이 있는 경우 사법부가 명확성 심사를 할 수 없게 된다고 하였다.[74]

요컨대, 행정재량을 허용하는 규정이 불명확한 경우 사법심사의 기준을 제시하지 못하기 때문에 위헌이라는 취지라고 이해된다.

---

71) Hill v. Colorado, 530 U.S. 703, 732(2000).

72) Unite States v. Powell, 423 U.S. 87, 89-90(1975) ; Kolender v. Lawson, 461 U.S. 352, 353-54(1983).

73) Joseph Burstyn, Inc. v. Wilson, 343 U.S. 495, 531-32(1952), (Frankfurter 대법관의 별개의견). 다수의견은 수정헌법 제1조 위반으로 헌법에 위반된다는 의견이었다.

74) Interstate Circuit, Inc. v. City of Dallas, 390 U.S. at 684-85.

(2) 연방대법원이 채택한 구체적 판단기준

연방대법원이 현재 채택하고 있는 명확성 판단기준은 다음의 8가지로 요약될 수 있고, 이들은 다시 크게 두 가지 부류로 분류할 수 있다. 이에 따를 때, ① (i) 사법부의 해석, (ii) 입법연혁, (iii) 해당분야의 용어례, (iv) 용어에 대한 일반적 이해, (v) 금지된 행위의 맥락, (vi) 법집행기관의 해석 등에 의하여 법률의 의미를 명확하게 할 수 있는 경우는 불명확성이 치유(Cure)되어 당해 법률이 불명확하다는 것 자체를 부인할 수 있고, ② (vii) '고의'의 요건을 규정한 경우, (viii) 실제에 있어 법률적용에 문제가 없는 경우 등은 불명확하기는 하지만 허용되는 것(Excuse)이라고 할 수 있다.

1) 사법부의 해석

연방대법원은, 사법부는 해석으로 법률의 의미를 명확히 할 권한이 있고, 나아가 그러한 해석이 상당한 정도로 가능한 경우(fairly possible)에는 해석을 통하여 위헌문제를 해소하여야 할 의무가 있다고 하였다.[75]

이러한 해석권에는 한계가 있다. 왜냐하면, 특정사안에 적용하기 위하여 법률을 해석으로 수정하는 것은 고지(Notice)요건을 해칠 수 있기 때문이다.[76]

고지요건의 성질에 관하여, (i) '법률가에 대한 고지(lawyer's notice)', 또는 법률에 대한 실제인식이 아닌 인식가능성[77]이라고 보는 견해, (ii) 이러한 고지는 불충분하고 정당한 경고(fair warning)가 있었는지 여부는 보통의 사람(ordinary individual), 통상 법을 지키는 사람

---

75) Boos v. Barry, 485 U.S. 312, 330-31(1983). 이 판결은 "대사관, 의회, 영사관으로부터 500피트 내에서 집회하고 경찰의 해산명령을 받고서도 해산하지 아니한 행위"가 위법하다고 규정한 법률이 합헌이라고 판시하였다. 연방항소법원은 위 규정에 관하여, 대사관, 입법부, 영사관을 대상으로 한 집회로서 경찰이 대사관 등의 평온과 안전에 대한 위협이 현존한다고 믿을 합리적 이유가 있는 경우에만 해산명령이 허용되는 것으로 좁게 해석하였는데, 연방대법원이 이러한 해석을 받아들이면서 이렇게 좁게 해석할 경우 불명확하여 위헌이라고 할 수는 없다고 판시하였다.

76) United States v. Lanier, 520 U.S. 259, 266(1997).

77) Alfred Hill, "Vagueness and Police Discretion: The Supreme Court in a Bog," 51 Rutgers L. Rev. 1289, 1304 n. 68(1999).

(ordinarily law-abide individual)이 자신의 행위가 형벌법규에 어긋날 위험이 있는지 판단할 신호를 받았을 것인지 여부에 따라 결정하여야 한다는 견해,[78] (iii) 관련 공동체 내에서 잘 정의되고 일반적으로 통용되는 의미를 가진 용어를 사용하였는지 여부에 따라 결정하여야 한다는 견해[79] 등이 있다.

요컨대, 법률이 사법부의 해석으로 명확해질 수 있다면 불명확하다고 할 수 없되, 사법부의 해석은 법문의 평범한 문언에서 너무 멀어져 경고기능을 행할 수 없게 되는 상황에 이르지 않는 한도 내에서만 허용된다는 취지로 이해된다.

2) **입법연혁**

연방대법원은 입법연혁으로부터 보다 정확한 의미를 추출할 수 있다면 당해 법률이 불명확하다고 할 수 없다고 하였는데,[80] 연방공무원이 "정당활동이나 선거운동에의 적극적 참여"를 금지하는 법률의 위헌성이 문제된 사건에서, 법률안이 제안되고 많은 토론을 거쳐 수정안이 마련되어 최종적으로 입법될 때까지의 입법과정을 살펴보면 위 "정당활동이나 선거운동에의 적극적 참여"의 구체적 의미를 법규화집(restatement)에 규정된 정의에 따르기로 하는 것이 입법자의 의도였음을 인정할 수 있고 위 법규화집이 적절한 정의를 하고 있으므로 명확성원칙에 반하지 않는다고 판시하였다.[81]

다만, 입법연혁(입법자료)은 법문이 불명확한 경우에만 보충적으로

---

78) John Calvin Jeffries, Jr., "Legality, Vagueness, and the Construction of Penal Statutes," 71 Va. L. Rev. 189, 205-12(1985).

79) Colin S. Diver, "The Optimal Precision of Administrative Rules," 93 Yale L.J. 65, 67(1983).

80) United States Civil Service Commission v. Nat'l Ass'n of Letter Carriers, 413 U.S. 548, 570-75. 이 판결은 연방공무원에 대하여 "정당활동과 선거운동에의 적극적 참여"를 금지한 법률이 합헌이라고 한 판결이다. 위 법률은 의회에서 많은 토론을 거쳐 입법화되었는데, 위 법률의 법안이 위 "정당활동과 선거운동에의 적극적 참여"의 개념을 정의할 수 있는 광범한 권한을 민사송달위원회에 위임하는 내용을 담고 있는 데 대하여 이의가 제기되자 제안자가 법률통과 당시의 민사송달법규가 규정하는 바에 따르기로 하는 수정안을 제안하여 이 수정안이 법률로 통과되었다.

81) Id. at 576-580.

사용할 수 있고, 따라서 입법자료(legislative reports)를 근거로 법률문언의 자연적 의미에 반하는 해석을 할 수는 없다고 하였다.[82] 그러나 이러한 연방대법원의 태도에 대하여 비판하는 견해도 있다.[83] 이 견해는 "구두점이 법률의 구조에 결정적인 요소는 아니다. 명백한 입법자의 의사에 반하는 해석을 하기 위하여 문리해석(문장어법)을 적용하여서는 아니 된다"고 한 Costanzo v. Tillinghast[84] 판결을 인용하면서 입법연혁에 비추어 입법자의 의사가 명확하다면 법원은 이를 고려하여야 하고 입법자의 의사가 불명확하다면 이를 고려하지 말아야 한다고 한다.[85]

3) 해당분야의 용어례

연방대법원은 형벌법규의 의미를 확정함에 있어 해당 전문분야에서 사용되는 용어의 의미를 고려하여 왔다.[86] 일요일 영업을 금지하면서 예외적으로 해변상품 등의 판매를 허용한 법률이 불명확하다고 하는 주장을 배척한 McGowan v. Maryland 판결[87]은 보통의 지능을 가진 업계종사자들은 해변상품이 무엇을 포함하는지 알 수 있다는 것을 이유로 하였다. 특정분야를 대상으로 하는 법률이 그 분야에 알려진 용어를 사용하는 경우 법의 공정한 고지가 있다고 할 수 있다는 취지이다.

---

82) United States v. Shreveport Grain & Elevator Co., 287 U.S. 77(1932). 이 판결은 허위상표를 부착한 식약품을 다른 주나 외국으로 선적할 수 없도록 하는 연방법률이 예외로서 규정한 "합리적인 변형은 허용되며, 허용범위와 소형포장에 대한 면제는 규칙이 정하는 바에 따른다"는 문언에 관하여 '합리적인 변형'이 불명확하여 위헌이라는 피고인의 주장을 배척한 판결이다. 이 판결은, 입법연혁을 보면 규칙으로 위임한 사항이 '허용범위와 면제'에만 한정된 것이라고 볼 수도 있으나 '허용범위와 면제'뿐만 아니라 '합리적인 변형'에 대하여도 위임된 것이 법문상 명백하므로, 입법연혁을 살필 필요는 없다고 하였다.

83) Goldsmith 논문, 298면.

84) 287 U.S. 34, 344(1932).

85) Id.

86) Lanzetta v. New Jersey, 306 U.S. 451, 454(1939)(사회학 문헌에 나오는 'gang'의 정의를 인용); Champlin Refining Co. v. Corp. Comm'n of Okla., 286 U.S. 210, 242-43(1932)(석유산업계에서 '합리적인 정도의 확실성(reasonable degree of certainty)'을 가지고 적용할 수 있을 만큼 명확한 개념이 형성되지 않았다고 판시).

87) 366 U.S. 420(1961).

그러나 이에 반대하는 견해도 있다.[88]

4) **용어에 대한 일반적 이해**

연방대법원은 법률이 일반적으로 이해되는 용어로 적용범위를 정한 경우는 불명확하지 않다고 한다.[89] 평화교란에 관련된 사건에서 이러한 취지의 판시를 많이 하였다.[90]

'건강'에는 '정신건강'도 포함된다고 한 판결,[91] 불온단체의 회원 중 '적극적 회원'과 '명목상 회원'은 통상 이해되는 용어례에 따라 구별될 수 있다고 한 판결,[92] '도매'와 '소매'가 잘 알려진 용어라고 한 판결[93] 등도 그 기준을 통상 용어례에서 찾았다.

이 기준은 고지요건과 자의적 법집행 방지요건을 모두 충족시킨다.

5) **금지된 행위의 맥락**

학교수업의 평온과 질서를 방해하거나 방해하는 경향이 있는 소음을 금지하는 규정에 방해의 정도가 특정되어 있지는 아니하지만, 학교라는 맥락에 비추어 볼 때 학교의 통상적인 활동에 미치는 영향에 의하여 금지된 방해인지 여부를 재단할 수 있다고 한 판결,[94] 대사관의 평온이라는 맥락에 비추어 '평온'의 개념이 충분히 명확하다고 한 판결[95] 등은 법률이 어떠한 행위를 금지할 경우 금지된 행위의 맥락(상

---

88) Joseph Burstyn, Inc. v. Wilson, 343 U.S. 495, 520(1952)의 별개의견(Frankfurter, J.)은 'sacrilegious(신성모독)'에 대한 종교적 정의가 법으로 될 수는 없다고 하였다.

89) Boos v. Barry, 485 U.S. 312, 332(1988).

90) Hill v. Colorado, 530 U.S. 703, 732(2000)('구두주장', '교육', '상담' 등 용어가 불명확하지 않다고 판시); Grayned v. City of Rockford, 408 U.S. 104. 112(1974)('평화를 교란하는 경향'이 명확하다고 판시); Cameron v. Johnson, 390 U.S. 611, 616('방해', '합리적 방해'가 명확하다고 판시).

91) United States v. Vuitch, 402 U.S. 62, 72(1971)(모성의 생명과 건강을 지키기 위하여 필요한 경우에 한하여 임신중절이 허용되는데, 이 때 모성의 '건강'에는 '정신건강'도 포함된다고 해석함이 '건강'에 대한 일반적 용례와 현대적 이해와 일치한다고 판시).

92) Scales v. United States, 367 U.S. 203, 223(1961).

93) Ohio ex rel. Lloyd v. Dollison, 194 U.S. 445, 450(1904).

94) Grayned, 408 U.S. at 112.

95) Boos, 485 U.S. at 332.

황)이 법률해석의 기준이 될 수 있다는 취지이다.

이 기준은 고지 요건과 자의적 법집행 방지의 요건을 모두 충족시킨다.

6) **법집행기관의 해석**

연방대법원은 법률의 명확성을 인정하는 2차적 근거로 당해 법률을 집행하는 기관(예: 검찰)의 해석을 고려할 수 있다고 한다.[96]

법원은 법률이 불명확하다는 이유로 무효라고 선언하기 전에 경찰내규 등 행정청의 해석을 고려하여야 한다고 하는 견해도 있다.[97]

그러나 법집행기관의 해석을 고려하는 것은 어디까지나 2차적인 것에 그쳐야 한다.[98] 행정청의 법해석에 완전히 의존한다면, '자의금지' 요건에 반하기 때문이다.

7) **'고의' 요건**

연방대법원은 '고의로(scienter, 알면서)'를 요건으로 하는 것은 불명확성을 완화시키는 것이 된다고 한다.[99] 그러한 요건이 없을 경우, 법원은 선의로 행위하는 사람에게 함정을 설치하는 것과 다르지 아니하다.[100]

이에 관하여 고의의 존재가 독립된 증거가 아니라 추론에 의하여 증명될 수 있는 한 고의요건이 명확성을 제고하는 의미는 없다고 하는

---

96) Grayned, 408 U.S. at 110. United States v. Shreveport Grain & Elevator Co., 287 U.S. 77, 84("당해 법률의 집행을 담당하는 행정부가 실무를 통하여 오랫동안 계속하여 온 해석은 법원의 견해와 일치하여 왔다"고 판시); United States v. Alford, 274 U.S. 264, 267(1927)("법원이 채택한 해석을 법무부가 따라왔다"고 판시).

97) Debra Livingston, "Gang Loitering, the Court, and Some Realism About Police Patrol," 1999 Sup. Ct. Rev. 141, 187-90, 197-98(1999).

98) Goldsmith 논문, 301면.

99) Village of Hoffman Estates v. Flipside, Hoffman Estates Inc., 455 U.S. at 489, 499(1982). 또한 e.g., Hill, 530 U.S. at 732; Posters 'N' Things, Ltd., 511 U.S. at 526; Guest, 383 U.S. at 753-54; Boyce Motor Lines, Inc., 342 U.S. at 342; Dennis, 341 U.S. at 515; Screws v. United States, 325 U.S. 91, 102(「고의(willful 또는 purposeful) 요건을 요구한다고 하더라도 명확성이 보장된다고 할 수는 없다. 그러나 아무런 고지도 없이 피고인이 알지 못하는 범죄로 처벌한다는 비판은 막을 수 있다」고 판시); Omaechevarria v. Idaho, 246 U.S. 343, 348(1918).

100) Colautti v. Franklin, 439 U.S. 379, 395(1979).

견해가 있다.[101)]

고의 요건이 명확성원칙의 '고지'요건을 충족시킬 수 있다는 데에는 별다른 이설이 없는 듯하다.[102)]

그러나 고의 요건이 명확성원칙의 '자의금지'요건을 충족시키는지에 대하여는, (i) 경계에 있는 사례에서 검사나 경찰의 자의적 법집행을 감소시킬 것이라고 하면서 이를 긍정하는 견해[103)]와 (ii) 고의 요건이 있든 없든, 적어도 경찰의 경우에는 객관적 외부행동을 보고 체포여부를 결정하여야 함을 들어 이를 부정하는 견해[104)]가 있다.

8) **적용의 용이성**

연방대법원은 수년간 그 의미에 대하여 별다른 혼동이 없어 왔다는 점을 들어 법규정의 합헌성을 선언한 바 있다.[105)]

이에 대하여 과거에 상반된 견해대립이 없었다는 것은 고지요건을 충족시킨 것이라고 할 수 있지만, 자의금지요건에 관하여는 견해대립이나 혼동이 없었다고 하는 것으로부터 당해 법률이 자의적 해석을 부추기는 법률은 아니었다고 할 수는 있겠으나, 자의적 해석을 못하도록 하는 법률이라고까지는 할 수 없어, 자의금지요건을 전자(즉, 자의적 해석을 부추기는 것을 금지)로 이해할 경우에 한하여 적용의 용이성 기준이 자의금지요건을 충족시키는 것이라고 할 수 있다는 비평이 있다.[106)]

(3) 연방대법원이 채택하지 아니한 기준

1) **관련법규의 내용(관련법규의 내용으로 당해 법규의 의미를 파악할 수 있는가)**

공산당 조직책이 반란선동죄로 기소된 사안에서, 연방대법원은 반

101) Reynolds v. Tennessee, 414 U.S. 1163, 1167(1974)(Douglas 대법관의 반대의견: 「고의요건을 추가한다고 하여 명확성이 제고되는 것은 아니다. 고의는 독립하여 증명되는 것이 아니라 위반행위로부터 추론되는 것이기 때문이다」라고 판시).

102) Flipside, Hoffman Estates Inc., 455 U.S. at 499.

103) Robert Batey, "Vagueness and the Construction of Criminal Statutes — Balancing Acts," 5 Va. J. Soc. Pol'y & L. 1, 7-8(1997).

104) Livingston, supra note 97, at 169.

105) United States v. Ragen, 314 U.S. 513, 524(1942).

106) Goldsmith 논문, 303면.

란선동죄를 규정한 법률이 불명확(vague)하여 위헌이라고 판시하였다.[107) '폭력행사'를 요건으로 규정하고 있는 반란죄와는 달리 이를 요건으로 규정하고 있지 않은 반란선동죄에 대하여, Georgia 주 대법원은 피선동자가 언젠가 폭력행사를 하게 되리라는 점을 선동자가 예견하였다고 보는 것이 합리적이면 반란선동죄가 성립한다고 판시하였으나, 연방대법원은 반란선동죄의 규정은 정부의 변화를 꾀하는 사람은 누구나 대상이 될 수 있는 예인망과도 같은 법률이라면서 위헌이라고 선언하였다.[108)]

이에 대하여 Van Devanter 외 3인의 대법관의 반대의견은 반란선동죄의 규정과 반란죄의 규정이 매우 밀접하기 때문에 각 규정의 의미내용과 적용범위가 서로 관련되어 있어, 반란죄 규정과 사안의 구체적 상황에 비추어 반란선동죄의 구성요건을 밝힐 수 있으므로 위 구성요건은 명확성을 가지고 있다고 하였다.

즉, 다수의견은 관련법규인 반란죄의 내용으로 반란선동죄의 구성요건을 구체화할 수 없다는 입장이고, 반대의견은 그럴 수 있다는 입장이다.

2) **준법시민**(law-abiding citizen) **기준(준법시민이 이해할 수 있는가)**

연방대법원이 불명확성이론을 적용한 초기에는 경고(fair warning) 요건을 정직한 시민(honest citizens)에 대한 고지(notice)로 이해하였다.[109)] 명확성이 있는지 여부는 법을 위반하려는 사람의 관점이 아니라 법을 지키려는 사람의 관점에서 볼 때 적절한 지침이 주어졌는가에 의하여 판단되어야 한다는 이유에서였다.[110)]

연방대법원이 아직 준법시민 기준을 명시적으로 폐지하지는 않았

107) Herndon v. Lowry, 301 U.S. 242(1937).

108) 이에 따라 원심판결은 파기되었다.

109) Musser v. Utah, 333 U.S. 95(1948) 등.

110) 이 이유는 United States v. Five Gambling Devices, 346 U.S. 441(1953) 판결의 Clark 대법관의 반대의견에 이러한 취지가 자세히 나와 있다. 다만, 위 *Five Gambling Devices* 판결의 다수의견은 불명확하다고 하여 위헌이라는 의견이었고, Clark 대법관이 반대의견을 내면서 준법시민 기준에 관하여 판시한 것이었다.

다. 그러나 수십년간 이를 언급하지 않아 왔고, 사실상 평균인(people of ordinary intelligence)의 관점으로 대체한 것으로 보인다.[111)]

3) 다른 법규의 법문(다른 법규로 당해 법규의 의미를 파악할 수 있는가)

20세기 전반기 동안 연방대법원은 문제된 법률규정에서 사용한 용어가 다른 법률에서도 사용되고 있는 경우 다른 법률의 개념으로 문제된 법률규정의 의미내용을 파악할 수 있으면 명확성은 인정된다는 입장이었다.[112)]

이에 대하여 반대의견은 이러한 해석방법은 보통법에 의한 처벌을 가능하게 하는 것으로서[113)] 허용될 수 없다고 하였는데, 현재는 이러한 반대의견이 승리한 것으로 평가될 수 있다. 즉, 1951년 이후 연방대법원은 다른 법률의 문언으로 문제된 법률규정의 의미를 구체화한 예가 없다.

4) 유사한 규정의 광범위한 채택(유사한 규정이 광범위하게 채택되어 있는가)

여러 주에서 유사한 법률규정을 가지고 있다면 그 법률규정의 명확성은 인정할 수 있다는 견해가 있었다.[114)]

그러나 바지 엉덩이 부분을 미국국기로 만든 행위가 국기모독의 구성요건에 해당하는지가 문제된 사건에서 연방대법원은 국기모독죄를 규정한 법률규정[115)]이 불명확하여 무효라고 하였는데, 이는 이 규정이 미국 연방과 주에서 일반적으로 채택되고 있는 규정임에도 불구하고 내려진 것이었다.[116)]

---

111) Hill v. Colorado, 530 U.S. 703, 732.

112) De George, 341 U.S. at 232; Gorin v. United States, 312 U.S. 19, 28(1941); Standard Oil Co. of N.J., 221 U.S. at 59.

113) 죄형법정주의의 문제를 지적하는 것이라 이해된다.

114) Winters, 333 U.S. at 520(Frankfurter 대법관의 반대의견).

115) "미국 국기를 공연히 절단, 손상하거나, 짓밟거나, 또는 모욕적으로 다루는 사람"을 처벌하는 규정.

116) Smith v. Goguen, 415 U.S. 566, 582(1974).

5) **문제 영역의 성질(엄밀하지 않은 용어가 허용되는 영역)**

연방대법원은 문제된 영역의 성질상 입법부가 엄밀한 기준을 세우는 것이 불가능한 경우가 있고 이러한 경우에 모호한 표현도 허용된다고 하였는데,[117] 보통 질서위반행위, 평화교란행위를 규율하는 법률들이 이러한 영역으로 인정되어 왔다. 이 경우에는 질서를 지켜야 하는 현장에서의 즉석 평가가 필요하기 때문이다.[118]

6) **피고인의 실제인식(피고인이 실제로 고지를 받았는가)**

연방대법원은 당해 법률의 적용을 받는 업자들과 충분한 토론 끝에 만들어진 처벌규정은 불명확하지 않다는 취지로 판시한 바 있다.[119]

그러나 연방대법원은 그 후 형벌법규가 적절한 경고기능을 하고 있는지를 판단함에 있어서는 당해 법률규정 및 관련 규정만을 근거로 하여야 하지 특정 피고인이 예상을 하였는지 여부를 근거로 할 수 없다고 판시하였다.[120]

7) **공익의 고려(공익이 명확성이익을 능가하는가)**

연방대법원은 입법목적에 나타난 공익(government interest)이 명확성이익(불명확을 방지할 이익)보다 큰 경우에는 불명확을 이유로 위헌이라고 할 수 없다는 입장을 취한 바 있다.[121]

---

117) Goguen, at 581.

118) Goguen, at 581.

119) Boyce Motor Lines, Inc., 342 U.S. at 343.

120) Bouie v. City of Columbia, 378 U.S. 347, 355 n. 5(1964). 이 판결은 2인의 흑인 학생이 약국에 앉아서 시위를 하자 주인이 퇴거를 요구하였음에도 퇴거에 불응하다가 체포된 사안에 대한 것이다. 이 사건에서 문제된 규정은 "소유자의 경고를 받았음에도 불구하고 타인의 토지에 들어가는 행위"를 처벌하는 규정이었는데, 연방대법원은 이 규정의 문언 자체는 명확하다고 할지라도 일단 적법하게 들어간 다음 퇴거요구를 받고도 퇴거에 불응하는 경우에 위 규정이 적용되는지 여부가 불명확하기 때문에 퇴거불응을 한 피고인들에 적용되는 한 불명확하여 위헌이라고 판시하였다. 이 사건에서 당해 피고인들은 체포될 것을 각오하고 있었고 따라서 자신들의 퇴거불응이 법에 위반된다고 알고 있었을 터인데, 그럼에도 불구하고 법률 규정 자체를 평가하여 불명확하다고 판단한 것이다.

한편 Rehnquist 대법원장은 의도적으로 법의 무지 상태에 남아 있는 사람들, 즉 법을 준수하는 방법을 확인할 가능성 자체를 회피한 사람들을 보호할 헌법적 가치는 존재하지 않는다고 하였다(Hynes, 425 U.S. at 636(Rehnquist의 반대의견).

121) United States v. Alfred, 274 U.S. 264(1927). 이 판결은 "삼림, 목재, 기타 공공

그러나 이러한 비교교량의 입장은 그 후 폐기되어, 연방대법원은 다른 기준에 의하여 불명확하다고 판단되는 법률규정을 공익이 크다는 이유로 정당화할 수는 없다고 하였다.122)

3. 안전보호시설조항에 대한 명확성 판단기준

이상의 논의를 토대로 안전보호시설조항에 관하여 일응 다음과 같은 명확성 판단기준을 세움이 타당하다고 생각된다.

① 안전보호시설조항은 형벌법규이므로 엄격한 명확성이 요구된다. 노노법 제42조 제 2 항은 동시에 중지명령의 요건으로서의 의미도 가지고 있는데 이 점에서는 형벌법규보다는 완화된 명확성이 요구된다고 할 수 있으나, 중지명령은 헌법상의 기본권인 단체행동권을 제한하는 것으로서 이 점에서 요구되는 명확성의 정도도 낮은 것이 아니고, 나아가 위 조항은 형벌법규의 구성요건으로서의 의미도 함께 가지고 있으므로, 결국 형벌법규에 요구되는 정도의 명확성이 요청된다.

② 안전보호시설조항에 관하여 이미 확립된 사법부의 해석이 있으면 그 해석에 따라 불명확성은 치유되어 명확성원칙에 반하지 않는다고 할 가능성이 있으나, 확립되지 아니한 하급심법원의 판결이 산견될 뿐, 대상결정이 선고될 때까지 대법원에 의한 해석이 전혀 없는 상황이었다.123) 따라서 확립된 사법부 해석에 의한 불명확의 치유는 대상결정에서 고려할 수 없었다.

③ 그리하여 합리적이고 객관적인 해석기준에 의하여 안전보호시설조항의 의미내용을 구체적으로 해석할 수 있는지 여부에 따라 명확성원칙의 위반 여부를 판단하여야 한다.

④ 이 때, 법문으로부터 가능한 해석 중 위헌적인 내용으로 해석되

의 영역에 속하는 가연성 물건의 내부나 근처에서 불을 피우는 행위"를 처벌하는 규정이 공유지(公有地) 옆의 사유토지에서 불을 피운 행위에 적용되는지가 문제된 사안에 관한 것인데, 연방대법원은 공익이 크다는 점을 강조하면서 "근처"의 개념이 헌법에 위반될 정도로 불명확하지 않다고 하였다.

122) Kolender, 461 U.S. at 361; Interstate Circuit, Inc., 390 U.S. at 689.

123) 아래 Ⅳ.항 참조.

는 경우는 합헌적 법률해석의 방법에 의하여 제거하고 합헌적인 해석 내용만을 남긴 다음, 그래도 여러 가지 해석이 가능하다면 명확성원칙에 반하게 된다고 하여야 한다. 즉, 법문 자체로는 여러 가지 해석이 가능하나 위헌적 해석을 제거하고 남은 합헌적 해석이 단 한 가지의 해석이라면 당해 법문은 명확성원칙에 반한다고 할 수 없다.

⑤ 법문의 의미내용을 해석함에 있어 다음과 같은 자료들을 고려한다.

(i) 규정의 문언(문리해석): 예시규정, 정의규정 등 당해 규정의 문언의미를 보충하는 규정 참고.

(ii) 입법목적, 입법취지(목적론적 해석): 입법연혁이나 입법자료 등 참고.

(iii) 다른 규범과의 관련성 및 법률체계(체계적 해석): 같은 법률의 다른 관련 규정, 다른 법률의 관련 규정 등 참고. 다만, 다른 규정에 동일한 용어를 사용하였다는 이유만으로 같은 의미를 갖는다고 판단함은 부당.

⑥ 이러한 해석방법에 의한 해석이 자의에 의한 해석이 아니어야 하며 해석을 통하여 확정된 의미내용이 보통의 평균인에게 예측가능한 것이어야 한다. 위 평균인은 반드시 준법정신이 투철한 정직한 시민들만으로 이루어진 집단을 모집단으로 하는 것이 아니라 전체 시민을 모집단으로 한 평균인을 의미한다. 어느 특정한 분야에만 적용되는 법률의 경우 당해 분야에 종사하는 수범자들에게 예측가능하면 평균인에 대한 예측가능성은 확보된 것으로 본다.

확립된 행정해석은 수범자들에게 예측가능성을 준다는 요건을 갖출 수는 있으나, 위 행정해석에 확정력이 없는 이상 이에 대하여 이의를 제기하는 경우가 있으면(사건이 문제되어 다투어진다는 것 자체가 이의제기라고 볼 수 있다) 더 이상 예측가능성의 요건을 충족시켰다고 할 수 없다. 한편 행정해석은 그것이 확립되었다는 이유만으로 자의적 법집행 방지의 요건을 충족시켰다고 할 수 없고, 그러한 해석의 합리성이 사후에라도 검증되어야 하며, 합리성이 검증되지 아니한 행정해석은 오히려 자의적 법집행의 구체적인 한 모습이라고 할 수 있다. 결국 행정해석은 명확성을 판단하는 하나의 자료는 될 수 있으나, 그 해석이 확립되었다는 것 자체로서 명확성을 담보하는 것은 아니다.

⑦ 구체적인 입법이 불가능하거나 부적절한 경우에는 어느 정도 추상적인 규정이 불가피하다.[124] 그러나 구체적인 입법이 가능한 경우에는 그에 따른 입법을 하여야 한다. 다만, 보다 구체적인 입법이 가능하다는 이유만으로 바로 명확성원칙에 반한다고 할 수는 없다.[125] 보다 구체적인 내용이 명시되어 있지 않더라도 입법목적 등으로부터 그 내용을 해석할 수 있을 뿐만 아니라[126] 명확성원칙이 언제나 최상의 명확성을 요구한다고 볼 수는 없기 때문이다.

4. 명확성 판단의 방법

위와 같이 명확성 판단기준을 세울 수 있다고 하더라도, 일반적으로 어떠한 법률규정이 명확성원칙에 반하는지 여부를 구체적으로 판단함에 있어서 헌법재판소의 법률해석권과 법원의 법률해석권 사이에 미묘한 갈등관계가 존재함을 부인할 수 없다.

특히 법률규정이 명확하다고 판단하는 경우 그러한 긴장관계는 표면으로 드러나게 된다. 어떤 법률조항의 명확성 여부가 헌법재판소에서 다투어지는 경우, (i) 헌법재판소가 그 법률조항의 구체적 의미를 해석에 의하여 확정하고 그와 같이 확정된 의미로 이해되는 내용으로서의 법률조항이 명확하다고 판단하는 방법과 (ii) 헌법재판소가 법률조항의

124) 헌재 2004. 11. 25. 2004헌바35, 공보 99, 1295, 1299(「만약 일일이 금지되는 행위유형을 열거하거나 아주 구체적으로 단속되는 어로행위를 명시하게 된다면 해상이라는 특수한 조건으로 인해 발생하는 유동적이고 가변적인 상황에 적절히 대처할 수 없을 것」이라고 판시); 헌재 2004. 6. 24. 2004헌바16, 판례집 16-1, 759, 766(「음성적 정치자금의 수수행위는 그 개별적 구체적 행위를 일일이 나열하는 방법으로는 규제가 불가능한 속성을 가지고 있다」고 판시).

125) 헌재 2000. 2. 24. 99헌가4, 판례집 12-1, 98, 105.

126) 위 99헌가4 결정, 105.

구체적 의미에 대하여 해석하는 것을 자제한 채 합리적 해석에 의하여 법원이 그 법률조항의 의미를 일의적으로 확정할 수 있는 해석기준을 찾을 수 있다는 점만을 판시하여 명확성원칙에 반하지 않는다고 판단하고 그 법률조항의 구체적 의미는 법원으로 하여금 해석하도록 하는 방법의 두 가지를 생각할 수 있다.

(ii)의 방법은 헌법재판소의 해석과 법원의 해석이 서로 모순될 경우 발생할 수 있는 문제점을 예방하는 방법이 될 수 있고, 이러한 방법에 의한 판단이 가능한 경우도 적지 않다.

그러나 안전보호시설조항에서는 구체적인 쟁점들이 대부분 양자택일의 형태로 나타나 (i)의 방법에 의하지 아니하고는 명확성 판단을 하기가 매우 곤란한 특수성이 있다. 대상결정이 불가피하게 안전보호시설조항의 실질적인 해석을 어느 정도 하면서도 합리적 해석기준을 찾을 수 있는지 여부를 판단하기에 필요한 정도에 그치려고 노력한 흔적이 역력한 것은 이 때문인 것으로 보인다.

다만, 어느 경우에든 당해사건의 구체적 사안에 대한 해석은 오로지 법원의 권한에 전속한다. 헌법재판소의 법률해석은 심판대상인 법률규정의 위헌성 여부를 판단하기 위한 필요최소한에 그쳐야 할 것이기 때문이다. 그러므로 대상결정의 당해사건에서 청구들이 정지시킨 보일러가 안전보호시설에 해당하는지 여부는 헌법재판소가 판단할 필요도 없고 또 판단하여서도 아니 된다.

Ⅳ. 안전보호시설조항의 의미내용

1. 서　　언

위와 같은 명확성의 판단기준에 비추어, 과연 안전보호시설조항이 합리적 해석으로 그 의미내용을 파악할 수 있는 규정인가를 살펴본다.

(1) 이 사건 법률조항과 참고 일본법규정

일본 노동관계조정법은 제36조에서 이 사건 법률조항과 매우 유사한 규정을 두고 있다. 나아가 노노법 제42조 제 2 항은 일본 노동관계조정법(이하 '일본 노조법'이라 한다) 제36조를 모방한 것이라고 평가되기까지 한다.[127) 양자를 비교하여 보면 다음과 같다.

> 노동조합및노동관계조정법 제42조 제 2 항
> 사업장의 안전보호시설에 대하여 정상적인 유지・운영을 정지・폐지 또는 방해하는 행위는 쟁의행위로서 이를 행할 수 없다.
> 일본 노동관계조정법 제36조
> 공장사업장에 있어서 안전보지시설의 정상적인 유지 또는 운행을 정폐하거나 이를 방해하는 행위는 쟁의행위라 하더라도 이를 할 수 없다.
> (工場事業場における安全保持の施設の正常な維持又は運行を停廢し, これを妨げる行爲は, 爭議行爲としでもこれをなすことはできない)

다만, 일본법은 우리법과 달리 처벌조항이나 행정제재 조항을 두고 있지 아니하다. 그러나 위와 같이 금지하는 행위에 관한 규정은 양자가 흡사하기 때문에, 일본 노동관계조정법 제36조에 대한 해석론은 이 사건 법률조항을 해석함에 있어 크게 참고할 만하다.[128)

(2) 법원의 해석

1) **대법원판례**

법원의 해석은 법률조항의 의미를 확정하는 데 첫번째 자료가 된다. 그러나 대상결정이 선고될 당시까지 안전보호시설조항의 의미내용을 명확히 한 대법원판결은 발견되지 않았다.

다만, 대상결정이 선고된 후 선고된 대법원 2005. 9. 30. 선고 2002

---

127) 박홍규, 노동법 2: 노동단체법, 삼영사(2000), 362면(이하 위 책을 '**박홍규, 노동단체법**'이라고 한다). 일본 노조법은 1946. 9. 27. 법률 제25호로 제정된 것이고 우리 노노법의 전신인 구 노동쟁의조정법은 1953. 3. 8. 법률 제279호로 제정된 것이므로 위와 같은 분석은 일응 타당한 것으로 보인다.

128) 더구나 일본 노조법에는 우리 노노법 제38조 제 2 항과 같이 물적 시설의 보호에 관한 별도의 규정이 없기 때문에 우리 노노법 제42조 제 2 항은 적어도 일본법에 대한 해석론에 비해 보다 인명・신체의 보호에 초점을 두어 해석하여야 한다.

두7425 판결[129]은 안전보호시설조항의 일부 의미내용을 다음과 같이 명확히 하였다.

> '안전보호시설'이라 함은 사람의 생명이나 신체의 안전을 보호하는 시설을 말하는 것으로, 이에 해당하는지 여부는 당해 사업장의 성질, 당해 시설의 기능 등의 제반 사정을 구체적, 종합적으로 고려하여 판단하여야 할 것이다. …
>
> 원심은 … 위 동력부문이 정상적으로 가동되지 못하였을 경우에는 위 화학물질에서 발생하는 가연성 가스 등이 누출되거나 전량 소각되지 못하여 대규모 폭발사고를 야기할 수 있고, 또한 소방수의 공급 및 재해진압 설비의 작동이 곤란하여 대형화재를 초래할 수도 있어, 사람의 생명과 신체의 안전이 구체적으로 위협받는다고 할 것이므로 위 동력부문은 위 법조항 소정의 안전보호시설이라고 판단하였다.
>
> 관련 규정 및 위에서 본 법리와 기록에 비추어 살펴보면, 원심의 위와 같은 사실인정과 판단은 정당한 것으로 수긍이 가고, 거기에 상고이유의 주장과 같이 채증법칙을 위배하여 사실을 오인하였다거나 법리를 오해하는 등의 위법이 없다.

2) 하급심의 해석

대상판결이 선고되기 전 몇몇 하급심판결들에서 다음과 같이 그 의미를 해석한 바 있다.

㈎ 열병합발전소 관련

a) 당해사건 판결(대구지방법원 2002. 9. 18. 선고 2002노694 판결; 대구지방법원 2002. 9. 18. 선고 2002노698 판결), 병행사건 판결(수원지방법원 2002. 6. 20. 선고 2001노4065 판결, 수원지방법원 2003. 1. 16. 2002노3145 판결) 「사업장 내의 특정시설이 안전보호시설에 해당되는지 여부는 당해 사업장의 제반 사정을 고려하여 구체적·종합적으로 검토하여 인명이나 신체에 위험성이 발생하는지 여부에 따라 판단하여야 할 것인바, 열병합발전소의 발전기 등 전기시설, 보일러 등 스팀시설, 소방수 공급시설 등 용수시설, 플랜트 에어 압축기, 계기용 공기 공급

---

129) 이 판결은 아래 (나) 석유화학제품공장 관련 판결들의 상고심판결이다.

시설 등이 쟁의행위에 의하여 정지·폐지되거나 방해될 경우 인명이나 신체에 위해를 초래할 수 있다고 할 것이어서 이는 노동조합및노동관계조정법 제42조 제2항의 안전보호시설에 해당」한다고 판시하였다.

b) 병행사건 판결(수원지방법원 2002. 10. 2. 선고 2002노1897 판결)

같은 취지로, 「사업장 내의 특정시설이 … 안전보호시설에 해당되는지 여부는 당해 사업장의 제반 사정을 고려하여 구체적·종합적으로 검토하여 인명이나 신체에 위험성이 발생하는지 여부에 따라 판단하여야 할 것인바, … 이 사건 열병합발전소에는 열병합발전소의 발전기 등 열기관 및 전기시설, 보일러 등 스팀시설, 소방수 공급시설 등 용수시설, 플랜트 에어 압축기, 계기용 공기 공급시설 등으로 구성되어 있음이 인정되는바, 그 시설 및 기관 등이 쟁의행위에 의하여 정지·폐지되거나 방해될 경우 인명이나 신체에 위해를 초래할 수 있다고 할 것이어서 이는 노동조합및노동관계조정법 제42조 제2항의 '안전보호시설'에 해당」한다고 판시하였다.

㈏ 석유화학제품공장(여천엔씨씨주식회사) 관련

a) 제1심판결(광주지방법원 2001. 12. 27. 선고 2001구1474 판결)

「먼저 위 동력부문의 시설이 법 제42조 제2항 소정의 '안전보호시설'에 해당하는지에 대하여 살피건대, 가동이 중단되는 경우에 결과적으로 사람의 생명이나 신체의 안전을 위태롭게 할 위험성이 구체적이고 객관적으로 예상되는 시설은 위 법조항 소정의 안전보호시설에 해당한다고 할 것인바, 위에서 본 바와 같이 위 동력부문이 정상적으로 가동되지 못하였을 경우에는 위 화학물질에서 발생하는 가연성 가스 등이 누출되거나 전량 소각되지 못하여 대규모 폭발사고를 야기할 수 있고, 또한 소방수의 공급 및 재해진압 설비의 작동이 곤란하여 대형화재를 초래할 수도 있어, 결과적으로 사람의 생명과 신체의 안전이 구체적으로 위협받는다 할 것이므로 위 동력부문은 위 법조항 소정의 안전보호시설이라고 보아야 할 것이다」라고 판시하였다.

b) 제 2 심판결(광주고등법원 2002. 7. 11. 선고 2002누126 판결)

제 1 심판결을 그대로 인용하였다.

㈐ 병원의 인적조직 관련(광주지방법원 2002. 8. 1. 선고 2001고단 1400, 2172, 3108, 3342, 3837, 4300 판결)[130] 「이 부분 공소사실의 요지는 "피고인들은 사업장의 안전보호시설에 대하여 정상적인 유지·운영을 정지·폐지 또는 방해하는 행위는 쟁의행위로서 이를 행할 수 없음에도 불구하고, 2000. 9. 5. 09:00경 위 병원 1층 현관 로비에서 진행된 파업에 응급실 간호사 10명 중 9명, 중환자실 간호사 15명 중 5명 총 14명을 파업에 참여시킴으로써 구급진료시설로서 안전보호시설에 해당하는 응급실과 중환자실의 정상적인 운영을 방해하는 쟁의행위를 한 것이다"라고 함에 있으므로 먼저 병원의 응급실, 중환자실이 노노법 제42조 제 2 항 소정의 '사업장의 안전보호시설'에 해당하는지 여부에 관하여 보건대, 여기서 말하는 사업장의 안전보호시설이라 함은 사용자의 경영시설의 유지를 위하여 그 상시 운영이 불가결한 시설을 뜻하는 것으로 예컨대 사업장의 동력시설, 통신시설, 통기·배수시설, 폭발방지시설 등이 이에 해당하는 것이고, 이에 반하여 병원의 인적 조직으로서의 간호사나 병원의 물적 시설 자체로서의 응급실, 중환자실은 이에 해당하지 않는 것으로 보아야 한다」고 판시하였다.

3) **법원판결의 의미**

위 하급심판결들은 노노법 제42조 제 2 항의 해석상 문제되는 쟁점 중 일부에 대한 판단을 한 것이다.

위 (가)의 판결들은 모두 당해사건에서 문제된 쟁의행위와 관련된 여러 형사사건에서 있었던 판결들이고, 위 (나)의 판결은 여천엔씨씨주식회사의 동력부문 가동을 중단한 행위에 관련된 사건의 판결이며, 위 (다)의 판결은 병원의 응급실과 중환자실의 간호사가 업무를 중단한

130) 이 판결의 항소심판결인 광주지방법원 2003. 1. 23. 선고 2002노1736 판결은 제 1 심판결을 일부 파기하였고, 상고심판결인 대법원 2003. 12. 26. 2003도1317 판결은 상고를 기각하였다. 그러나 위 판시부분에 대한 항소는 없었고, 이에 따라 이 부분에 대한 상급심의 판단은 없었다.

행위에 관한 판결이다.

(가)의 판결은 당해사건이나 병행사건에서 있었던 판결들로서 아직 확정되지 않은 상태이고, (다)의 판결은 확정되었으나 위 판시부분에 대하여는 항소가 이루어지지 않아 이에 대한 상급심의 판단이 없었기 때문에, 위 판결들이 확립된 법원의 해석이라 하기는 부족하다. 다만, (나)의 판결은 대법원에서 대체로 인용이 되어 확정되었으나 일부 쟁점에 관한 것일 뿐만 아니라 대상결정의 선고 당시에는 확정되지 않은 상태였으므로 대상결정을 한 헌법재판소로서는 이를 확립된 해석으로 평가할 수 없었다.

더구나 (가), (나)의 판결은 '안전보호시설'이라 할 때의 '안전'이 '사람의 생명이나 신체의 안전'을 의미하는 것으로 이해하고 있는 데 반하여, (다)의 판결은 '사용자의 경영시설의 유지'를 의미하는 것으로 이해하는 듯한 설시를 하고 있어, 양자간 서로 모순이 없지 아니하였다.

(3) 해석기준의 필요성

이처럼 대상결정이 선고될 당시 법원의 해석으로 안전보호시설조항의 의미가 확정되지 않은 상태였기 때문에, 명확성 여부를 판단하는 헌법재판소로서는 앞서 본 판단기준 내지 해석기준에 따라 안전보호시설조항의 의미가 확정될 수 있는지 여부를 살펴보지 않으면 안 되었다.

이하에서는 안전보호시설조항이 갖는 일응의 불명료한 쟁점들에 관하여 그에 대한 합리적인 해석을 도출할 수 있는지 여부 및 그 도출된 해석은 무엇인지를 쟁점별로 검토한다.

2. 구성요건해당성의 판단기준

(1) 논의의 내용

안전보호시설에 해당하는지 여부 등 어떠한 행위가 노노법 제42조 제 2 항에 해당하는지 여부는 시설의 종류에 따라서 일률적으로 정하여지는 것이 아니라, 당해 사업장의 성질 및 제반 사정, 당해 시설의 기능, 쟁의행위 당시의 구체적 상황 등 제반 사정을 구체적·종합적으로 검토하여 판단하여야 한다는 데에 행정해석과 학설이 일치하고 있다.

그 설명내용들의 대강은 다음과 같다.

· 안전보호시설의 해당 여부는 당해 기업의 위험성을 구체적·종합적으로 검토하여 직접 인명·신체에 대한 위험성이 객관적으로 예측되는가에 따라 결정되어야 한다.[131)]

· 안전보호시설에 해당되는지 여부는 당해 사업장의 제반 사정을 고려하여 구체적으로 판단되어야 한다.[132)]

· 안전보호시설의 해당 여부는 쟁의행위 당시의 구체적 상황과 정지 또는 폐지로 인하여 발생될 수 있는 영향에 따라 판단되어야 한다.[133)]

· 안전보호시설에 해당되는지 여부는 법의 취지에 따라 당해 사업장의 제반 사정을 고려하여 구체적·종합적으로 검토하여 생명·인체에 위험성이 발생하는가 여부에 따라 판단하여야 한다.[134)]

· 안전보호시설에 해당하는가 여부는 병원의 특수성을 감안하여 구체적으로 판단되어야 한다.[135)]

· 안전보호시설의 범위는 사업장의 성질에 따라 당해 사업장의 위험성을 구체적·종합적으로 검토하여 결정되어야 한다.[136)]

· 안전보호시설의 구체적인 범위는 사업장의 성질에 따라 달라질 수 있다.[137)]

· 안전보호시설의 종류는 사업의 종류 및 시설에 따라 다른 것이므로 당해 기업의 위험성을 구체적·종합적으로 검토하여 판단하여야 한다.[138)]

행정해석이, 아파트 관리업무에 있어서 안전보호시설의 범위는 쟁의기간의 장단과 그 시간적 경과 등 구체적인 사정에 따라 변동될 것이나 난방, 수도, 전기시설 등이 이에 해당할 가능성이 크다고 하

---

131) 행정해석(1988. 3. 3. 노사 32281-3168).

132) 행정해석(1990. 2. 1. 노사 32281-1474).

133) 행정해석(1995. 5. 10. 조정 68140-129).

134) 행정해석(1999. 4. 1. 협력 68140-116; 2001. 1. 26. 협력 68140-41).

135) 행정해석(1989. 6. 7. 노사 32881-8344).

136) 이상윤, 노동법(제5판), 법문사(2003), 749면(이하 위 책을 **'이상윤, 노동법'**이라고 한다).

137) 김수복, 사례해설, 667면.

138) 김헌수, 노동조합및노동관계조정법(개정판), 법원사(2002), 551면(이하 위 책을 **'김헌수, 조정법'**이라고 한다).

고,[139] 아파트 내의 난방가동시설과 고압변전실 가스 내출기가 안전보호시설에 해당한다고 하면서도,[140] 4월 중순 이후의 아파트 난방 및 온수공급용 보일러시설은 안전보호시설이라 하기 어렵다고 한 것[141]은 이러한 측면에서 이해할 수 있다.

앞서 본 법원의 판결들도 대체로 구체적·종합적으로 검토하여 판단하여야 한다는 데에 일치하고 있는 것으로 보이며, 대상결정 선고 후의 대법원판결도 이를 확인하였다.[142]

(2) 당해사건의 경우

그러므로 당해사건에서 구미열병합발전소의 보일러가 그것이 보일러라는 이유만으로 일률적으로 안전보호시설에 해당한다든지 해당하지 않는다든지 하는 결론을 내릴 수는 없고, 구체적 상황을 종합적으로 검토하여 그 맥락하에서 판단하여야 한다.

대상결정이 안전보호시설조항을 구체적 사안에 적용하는 판단은 당해 사업장의 성질, 당해 시설의 기능, 쟁의행위 당시의 구체적 상황 등 제반 사정을 구체적·종합적으로 검토하여 유권적으로 이루어지고 결국 안전보호시설조항의 구체적인 의미는 개별적 사안에 대한 판단을 하는 법원이 확정하게 된다고 판시한 것[143]은 이런 차원에서 이해할 수 있다.

3. 입법목적과 안전보호의 객체

(1) 쟁　　점

'안전보호시설'에 사람의 생명·신체의 안전보호를 위한 시설이 포함된다는 데에 대하여는 이견이 없다. 그러나 물적 설비를 보호하기 위한 시설도 포함되는지에 관하여 견해가 나뉜다.

---

139) 1991. 11. 27. 노사 32281-17015.
140) 1986. 11. 18. 노사 32271-19511.
141) 1995. 5. 10. 조정 68140-129.
142) 위 1. 참조.
143) 위 판례집 17-1, 812, 828.

(2) 우리나라의 논의

[1] 물적 보호 포함설(김수복, 김형배, 이상윤)

'안전보호시설'은 인명·신체의 안전보호뿐만 아니라 물적 설비를 보호하기 위한 시설도 포함한다고 이해하는 견해이다. 이 견해의 내용 요지는 다음과 같다.

- 견해의 내용
- ·인명·신체에 대한 위해 예방 또는 보건상 필요한 시설이나 물적 설비의 보호를 위한 시설을 의미한다.[144)]
- ·안전보호시설이라 함은 인명의 안전보호뿐만 아니라 물적 시설의 보호도 의미한다.[145) 146) 147)]
- ·제42조 제2항의 안전보호시설의 유지는 공장의 시설, 인명 및 건강에 직접 관련된 것.[148)]
- ·노노법 제42조 제2항은 노노법 제38조 제2항의 신설규정에 의하여

---

144) 일부 행정해석(2001. 5. 11. 협력 68107-219)[임종률, 노동법(제4판), 박영사(2004), 194면에서 재인용].

145) 김형배, 노동법(제8판), 박영사(1996), 557면. 이는 구 노동쟁의조정법(1996. 12. 31. 법률 제5244호로 폐지된 것) 제13조 제2항에 대한 해석론으로서 주장된 것이다.

노노법이 제정된 후 출간된 김형배, 노동법(제13판), 박영사(2002), 694-696면은 위와 같은 명시적인 개념정의를 삭제하였고, 이러한 태도는 김형배, 노동법(신판), 박영사(2004), 832-834면(이하 위 책을 **'김형배, 노동법'**이라고 한다)에서도 마찬가지여서, 견해를 바꾼 것이 아닌가 하는 느낌도 있다.

그러나, 위 2004년판 책 833면에서 '공장의 시설'이 안전보호시설의 유지에 직접 관련된 것이라고 기술함으로써, 물적 시설을 보호하기 위한 경우도 포함하는 기존의 견해를 유지하고 있다고 이해된다.

146) 이상윤, 노동법, 법문사(1997), 781면. 다만 이 책은 물적 설비를 보호하기 위한 시설도 포함된다고 하면서, "즉, 작업시설의 손상이나 원료·제품의 변질 또는 부패를 방지하기 위한 작업은 쟁의행위간중에도 정상적으로 수행되어야 한다"고 하여, 노노법 제38조 제2항의 시설까지를 포괄한 개념으로서의 안전보호시설을 전제로 위와 같은 주장을 하는 것으로 보인다.

147) 김수복, 노동조합및노동관계조정법—실무사례해설(개정증보판), 주식회사 중앙경제(2000), 667면(이하 위 책을 **'김수복, 사례해설'**이라고 한다). 그러나 위 책은 동시에 "어떤 시설이 안전보호시설에 해당되는지 여부는 그 시설의 정지 또는 폐지가 인명·신체에 직접적인 위해를 끼칠 수 있는지 여부에 따라 판단되어야 한다"고 하여, 물적 시설은 배제하는 듯한 설명을 하고 있다.

148) 김형배, 노동법, 834면.

보호되지 않는 물적 시설을 안전보호시설로 보호하는 것이라고 해석할 수 있다.[149)]

- 논거

· 쟁의행위중에는 근로계약상의 주된 의무만이 정지될 뿐이고, 사용자의 배려의무 및 근로자의 충실의무와 같은 부수적 주의의무는 여전히 존속하므로, 쟁의행위기간중이라도 사용자의 경영시설의 유지를 위하여 불가결하게 요구되는 작업은 수행되어야 한다. 이러한 작업을 보안작업(Notdienst oder Erhaltungsarbeit)이라고 하며, 여기에는 인명에 대한 유해·위험한 시설의 손상을 방지하거나 작업시설의 손상 및 원료·제품의 변질이나 부패 또는 파손을 예방하는 데 필요한 작업을 포함한다.[150)]

· 원래 쟁의행위는 사용자에게 생산중단 등에 의하여 발생되는 경제적 손실을 주는 데 그쳐야 하며, 인명에 피해를 준다거나 물적 시설 자체에 손해를 가하는 것은 쟁의행위의 정당성의 범위를 넘는 것이다. 또, 보안작업을 거부하는 것은 쟁의행위에 대한 과잉침해금지의 원칙에 반한다는 점에서도 그 제한의 근거를 찾을 수 있다.[151)]

· 쟁의행위는 사용자에 대하여 근로제공의 거부를 통한 경제적 손실을 주는 것이므로 사람의 생명·신체 또는 사용자의 재산에 직접적인 피해를 주는 것은 쟁의행위의 본질에 일탈하는 것.[152)]

· 쟁의행위는 당연히 쟁의행위 종료 후 근로자들이 사업장에 복귀하는 것을 전제로 하는 것인바 이를 불가능하게 하는 기업의 물적 시설의 손상은 허용될 수 없다.[153)]

광주지방법원 2002. 8. 1. 선고 2001고단1400 등 판결[154)]은 「사업장의 안전보호시설이라 함은 사용자의 경영시설의 유지를 위하여 그 상시 운영이 불가결한 시설을 뜻하는 것」이라고 판시하여 물적 보호 포함설을 취한 것으로도 보이는데, 한편 이 판결이 위 판시에 이어서 「예컨대 사업장의 동력시설, 통신시설, 통기·배수시설, 폭발방지시설 등이

149) 현천욱·김원정·김기영·조영길, 실무자를 위한 노동법쟁점해설, 중앙경제사(1998), 325면. 위 책 스스로는 어느 한 견해를 취하는 입장을 밝히지 아니하고 위와 같은 해석의 가능성만을 언급하고 있다.

150) 김형배, 노동법, 832-833면.

151) 김형배, 노동법, 833면.

152) 이상윤, 노동법, 법문사(1997), 781면.

153) 김수복, 사례해설, 667면.

154) 위 1. 참조.

이에 해당하는 것이고, 이에 반하여 병원의 인적 조직으로서의 간호사나 병원의 물적 시설 자체로서의 응급실, 중환자실은 이에 해당하지 않는 것으로 보아야 한다」고 판시하고 있는 점을 보면, 물적 보호 포함설을 의도적으로 염두에 두고 위와 같은 판시를 하였다고 단정하기는 어렵다.

2 인적 보호 한정설(주류 행정해석, 김유성, 박홍규, 이병태, 임종률)

사람의 생명·신체에 대한 위험을 예방하거나 보건상 필요한 시설만이 안전보호시설에 해당한다고 하는 견해이다. '보건상 필요'를 언급하는 경우도 있고 그렇지 않은 경우도 있으나, 이를 언급하지 않는다고 해서 반드시 이를 배제하는 취지로는 보이지 아니한다.

- 견해의 내용
- 인명·신체에 대한 위해 예방 또는 보건상 필요한 시설을 뜻한다.[155)]
- 쟁의기간중에 있는 사업장에 있어서 사람의 생명·신체 등의 위해에 관계되는 안전장치와 이와 관련있는 시설.[156)]
- 안전보호시설의 해당 여부는 당해 사업장의 인명·신체에 대한 위해 예방을 위한 시설로서 그 시설의 정지 또는 폐지가 직접적으로 위해의 발생과 인과성을 갖는 시설이다.[157)]
- 안전보호시설인지 여부는 그 시설의 정지 또는 폐지가 인명·신체에 직접적인 위해를 끼칠 수 있는지 여부에 따라 판단되어야 한다.[158)]
- 직접 인명에 대한 위해예방 또는 위생상 필요불가결한 물적 시설에 한정된다.[159)]
- 인명과 신체에 대한 위험의 예방 또는 위생상 필요한 시설을 말한다.[160)]

155) 행정해석(1988. 3. 3. 노사 32281-3168; 1991. 10. 19. 노사 32281-15050; 1995. 5. 10. 조정 68140-129; 1997. 9. 9. 협력 68140-367; 2003. 11. 4. 노조 68110-572). 물적 설비의 보호를 위한 규정인 노노법 제38조 제2항이 신설되기 전부터도 위와 같이 해석하였다는 점에 주목할 필요가 있다.

156) 행정해석(1964. 1. 31. 노노정 1452.5-328).

157) 행정해석(1996. 4. 18. 협력 68140-140).

158) 노동부, 노동쟁의조정법 실무, 1995.

159) 이병태, 최신 노동법(99신정판), 현암사(1999), 336면(이하 위 책을 **'이병태, 노동법'**이라고 한다).

160) 박홍규, 노동단체법, 362면.

·생명·신체의 안전을 보호하기 위한 시설에 국한된다.[161]

·가동을 중단하면 사람의 생명·안전을 위태롭게 하는 시설.[162]

- 논거

·법문에서 명백히 "안전보호시설"이라고 한정하고 있다.[163]

·관계자의 생명·신체·건강에 대하여 위험을 발생시킬 수 있는 쟁의행위는 헌법상 질서유지나 공공복리의 차원에서 당연히 위법의 평가를 받는 것으로서 위 조항은 이를 확인한 것이다.[164]

·안전보호시설 외의 시설은 노노법 제38조 제2항에서 정한 필수작업수행의무에 의해 보호되거나 시설물 파괴의 경우 노노법 제42조 제1항에서 정한 파괴행위금지에 해당한다.[165]

·노노법 제38조 제2항이 신설되기 전에는 기업의 물적 시설에 대하여는 안전유지의무가 있다고 하는 견해(김치선, 김형배, 박상필, 심태식, 임종률)와 안전보호의무는 생명·신체의 안전을 확보하기 위한 시설에 국한된다는 견해(박홍규, 이병태)가 대립되었으나, 위 조항이 신설되면서 이러한 대립은 상당부분 해소되어, 노노법 제42조 제2항의 안전보호의무는 인적인 범위에 한정되는 것으로 보는 것이 체계에 부합한다.[166]

·'안전'이란 원래 사람을 대상으로 하는 개념이고, 현행법상 이 규정 위반만 유독 중지명령의 대상으로 한 것을 보면 그 보호법익이 폭력·파괴 금지규정의 그것보다 우선하는 사람의 생명·신체라고 보아야 한다.[167]

당해사건 하급심판결들 및 광주지방법원 2001. 12. 27. 선고 2001구1474 판결은 인적 보호 한정설의 입장이라고 이해된다.[168]

대법원 2005. 9. 30. 선고 2002두7425 판결은 「'안전보호시설'은 사람의 생명이나 신체의 안전을 보호하는 시설을 말하는 것」이라고 판시

---

161) 김유성, 노동법 Ⅱ(전정판), 법문사(1997), 253면(이하 위 책을 '김유성, 노동법'이라고 한다).

162) 임종률, 노동법(제4판), 박영사(2004), 194면(이하 위 책을 '임종률, 노동법'이라고 한다).

163) 이병태, 노동법, 336면.

164) 박홍규, 노동단체법, 362면.

165) 이병태, 노동법, 336면.

166) 김유성, 노동법, 252-253면.

167) 임종률, 노동법, 194면.

168) 위 1. 참조.

하고 있는데, 이는 대상결정에서 쟁점으로 지적된 후 선고된 판결이어서 인적 보호 한정설의 입장을 명시적으로 확인한 것으로 평가할 수 있다.

(3) 일본의 논의

일본 노조법 제36조의 '안전보지시설'의 의미에 관하여 일본의 판례, 학설, 행정해석은 일치하여 '인명·신체에 대한 위해예방 또는 위생상 필요한 시설'을 의미한다고 한다.[169] 즉, 위 ②의 견해와 같다고 할 수 있다.

· 안전보지시설이란 인명에 대한 위해예방 또는 위생상의 필요를 위하여 설치된 안전시설 그 자체에 한하고, 공장, 사업장에 있는 기계 등의 생산설비의 보호를 목적으로 하는 시설은 포함하지 않는다.[170]
· '인명·신체에 대한 위해예방 또는 위생상 필요한 시설'을 가리키고, 이를 정지 또는 폐지하는 것이 단순히 '당해 기업의 경제적 기능을 서해하는 데 불과한 시설'은 포함되지 아니한다.[171]
· 선원법 제30조 및 파업규제법(スト規制法) 제 3 조가 물적 시설의 유지·보전을 목적으로 하는 것과 다르다.[172]

(4) 사　　견

1) **명시된 입법목적**

현행 노노법의 전신인 구 노동쟁의조정법(1953. 3. 8. 법률 제279호)이 제정될 당시 공식적으로 밝혀진 입법목적은 다음과 같은 개괄적인 내용만 있을 뿐, 안전보호시설조항의 전신인 위 구 노동쟁의조정법 제

169) 大和田敢太 外 7人, 勞働判例大系 15 勞働爭議(1), 勞働旬報社(1992), 34頁(이하 위 책을 '**노동판례대계**'라고 한다); 本多淳亮 外 3人 編, 判例コンメタール 19: 勞働法 I (增補版), 三省堂(1988), 500頁(이하 위 책을 '**판례 코멘타르**'라고 한다); 淺井淸信敎授還曆記念 勞働爭議法論, 法律文化社(1965), 190頁(이하 위 책을 '**노동쟁의법론**'이라 한다) 참조.

170) 橫浜(よこはま)地裁決定 (昭 42. 4. 6. 判例タイムズ 123号). 同旨: 最高裁第 3 小法廷判決 (昭 39. 8. 4. 民集 18卷 1号).

171) 일본 행정해석(昭 22. 10. 2. 勞發 57号).

172) 주석 노동관계조정법, 636頁.

6조 제1항에 관련된 구체적인 입법목적이나 입법취지가 밝혀진 바는 없다.

· 헌법에 의거하여 근로자의 단체행동자유권을 보장하고, 노동쟁의를 공정히 조정하여 산업의 평화가 유지되도록 하려는 것임.
· 쟁의행위로서 폭력 · 파괴행위 기타 공장 · 직장 등의 정상적인 유지·운영을 저해하는 행위를 금함.

따라서 공식적으로 밝혀진 입법목적이나 입법취지를 가지고 안전보호시설조항의 의미를 명확히 하기는 어렵다.

2) **체계적 해석과 입법목적**

그러나 안전보호시설조항과 노노법의 다른 관련규정들을 종합하여 체계적 해석을 한다면, 안전보호시설조항의 입법목적은 사람의 생명 · 신체의 안전을 보호하려는 것임을 추론할 수 있다.[173]

㈎ 노노법 제38조 제2항[174] 및 제42조 제1항[175]과의 관계를 살펴본다.

사업장은 사람과 물적 시설이 어우러져 재화나 용역을 생산하는 장소라고 할 수 있다. 물적 시설은 ① 안전을 보호하는 시설과 ② 작업시설로 분류할 수 있고, 다시 전자(①)는 (i) 사람의 생명 · 신체의 안전을 보호하는 시설과 (ii) 작업시설의 안전을 보호하는 시설로 세분할 수 있으며, 후자(②)는 (iii) 생산시설과 (iv) 기타 업무시설로 세분할

173) 사람의 생명 · 신체를 위협하는 행위는 쟁의행위로서도 할 수 없다는 것은 특별한 입법이 없더라도 조리상 당연히 인정된다고 하는 일본 판례가 있다(最高裁第3小法廷判決 昭 39. 8. 4. 民集 18卷 1号). 위 판례는 정신병원에서의 파업에 관한 것인데, 위와 같은 논리에서 환자의 病狀에 상당한 악영향을 미치는 행위는 특별한 입법 없이도 조리상 허용되지 않는다고 하였다(判例時報 380号 7頁 참조).

174) 노노법 제38조 제2항: 「작업시설의 손상이나 원료 · 제품의 변질 또는 부패를 방지하기 위한 작업은 쟁의행위 기간중에도 정상적으로 수행되어야 한다」.

175) 노노법 제42조 제1항: 「쟁의행위는 폭력이나 파괴행위 또는 생산 기타 주요업무에 관련되는 시설과 이에 준하는 시설로서 대통령령이 정하는 시설을 점거하는 형태로 이를 행할 수 없다」.

수 있다.

적법한 쟁의행위가 있을 경우 ②의 시설에 대하여는 정상적인 가동을 할 법적인 의무가 없다. 다만, (iii)의 시설과 (iv) 중 주요업무에 관련되는 시설로서 대통령령이 정하는 시설을 점거하는 행위가 금지될 뿐이다. 노노법 제42조 제1항은 이를 규정하고 있는 것이다.

한편, ②의 시설을 정상가동할 필요는 없지만 그것이 손상되는 것은 방지하여야 하고, 노노법 제38조 제2항이 "작업시설의 손상 … 를 방지하기 위한 작업은 … 정상적으로 수행되어야 한다"고 한 것은 바로 이를 가리킨다.

①(ii)의 시설, 즉 작업시설의 안전을 보호하는 시설은 이를 정상적으로 가동하지 아니하면 통상 작업시설의 손상을 초래하게 될 것이므로, 이는 결국 노노법 제38조 제2항에 포섭되고, 노노법 제42조 제2항의 적용대상에서는 제외된다. 그리하여 만일 정상적으로 가동하지 않아도 작업시설의 손상이 생기지 아니하는 작업시설을 위한 안전시설은 이를 가동할 의무가 없다고 하여야 한다.

그러므로 노노법 제42조 제2항은 오로지 ①(i)의 시설, 즉 사람의 생명·신체의 안전을 보호하는 시설만을 대상으로 하는 것이 된다.

㈏ 다른 경우와 달리 노노법 제42조 제2항에 위반되는 경우에는 중지명령까지 발할 수 있는 강력한 보호장치를 두고 있다. 이는 위 조항이 보호하고자 하는 법익이 다른 어느 규정의 보호법익보다도 중대하기 때문이고, 그러한 보호법익이란 바로 '사람의 생명·신체의 안전' 외에 다른 것이 아니다.

㈐ 선원법 제27조는 명문으로 "인명 또는 선박에 위해를 줄 염려가 있는 경우" 쟁의행위를 하지 못하도록 하고 있어 물적 시설의 안전보호도 목적으로 하고 있으나, 이러한 명문이 없는 노노법 제42조 제2항은 물적 시설의 안전보호를 포함할 수 없다.[176]

176) 선원법 제27조(쟁의행위의 제한) 선원은 선박이 항행중이거나 외국의 항구에 있는 경우 그 밖에 인명 또는 선박에 위해를 줄 염려가 있는 경우에는 선원근로관계에 관한 쟁의행위를 하여서는 아니 된다.

3) 문언의 의미

a) 일반적 용어례 '안전보호시설'이라는 용어를 사용할 경우 '사람의 생명·신체에 대한 안전'에 관계되는 것으로 이해하는 것이 통상의 용어례이다.

b) 수식어의 연혁 노노법 제42조 제 2 항은 '사업장의 안전보호시설'이라고 하여, 안전보호시설을 한정하는 수식어로 '사업장의'를 규정하고 있다. 구 노동쟁의조정법에서는 '공장, 사업장 기타 직장에 대한 안전보지시설',[177] '공장, 사업장 기타 직장에 대한 안전보호시설'[178] 이라고 하여, 안전보호의 객체가 '공장, 사업장 기타 직장'인 것으로 읽힐 수 있는 여지가 있었다. 그러나 1997년 노노법이 제정되면서 현행과 같이 '사업장의'로 되었으므로, '사업장'은 안전보호의 객체가 아니라 안전보호시설의 위치 또는 사업장관련성을 의미하는 것으로 확인되었다고 하겠다.

즉, 구법에서의 '공장, 사업장 기타 직장'이나 현행법의 '사업장'은 서로 다른 개념이 아니라 같은 내용을 의미하고, 적어도 현행법의 '사업장'은 안전보호시설이 보호하는 객체가 아니라 안전보호시설이 존재하는 장소 또는 관련성[179]을 의미하는 것으로 이해하는 것이 조문의 연혁에 따른 합리적인 문리해석이다.

대상결정의 다수의견도 이와 같은 이해에 터잡고 있는 것으로 이해된다.[180] 이에 대하여 대상결정의 반대의견은 위와 같은 변경에 커다란 의미를 두고 있지 않는 것으로 보인다.[181]

4) 일본의 해석론

노노법 제38조 제 2 항과 같은 규정이 없는 일본에서도 일본 노조법 제36조의 안전보호시설을 인적 안전을 보호하는 시설로 이해하고

177) 구 노동쟁의조정법(1953. 3. 8. 법률 제279호) 제 6 조 제 1 항.
178) 구 노동쟁의조정법(1963. 4. 17. 법률 제1327호) 제13조 제 2 항.
179) 사업장에서 발생하는 위험을 방지하기 위한 시설과 같은 사업장관련성을 말한다.
180) 위 판례집 17-1, 812, 825-826.
181) 위 판례집 17-1, 812, 832.

있는바, 이러한 이해는 안전보호시설의 의미에 대한 불명확성을 제거하는 역할을 하여 왔다.

따라서, 위 일본법 조항을 크게 참고하여 입법된 노노법 제42조 제2항의 해석에서도 같은 취지로 이해하는 것이 자연스럽다.

5) 반대해석의 여지가 있는 물적 보호 포함설

앞서 본 바와 같이 물적 보호 포함설로 분류되는 학자들의 주장 자체가 분명하지 아니한 점이 많다. 즉, 이들 스스로 물적 보호 포함설과 모순되는 기술을 하고 있는 부분이 발견된다(물적 보호 포함설의 설명부분, 특히 각주 부분 참조).

6) 소　　결

(가) 입법목적과 안전보호의 객체　　이상을 토대로 할 때, 안전보호시설조항의 입법목적은 '사람의 생명 · 신체의 안전보호'에 있고, 노노법 제42조 제2항의 안전보호시설은 '사람의 생명 · 신체이 안전을 보호하는 시설'만을 의미한다고 판단된다.

나아가 안전보호시설의 개념에 '보건(또는 위생)상 필요한 시설'을 추가할 것인가에 관하여 보건대, (i) 보건[182] 또는 위생[183]도 결국 사람의 생명 · 신체의 안전에 관련되는 것이라고 할 수 있고, (ii) 보건 또는 위생상 필요한 시설이란 '장기간에 걸쳐 사람의 생명이나 신체에 영향을 주어 건강을 해치는 것을 방지하는 시설'이라고 할 것인데 위와 같은 '장기간 건강'의 보호시설도 안전보호시설에 포함함이 타당하다고 여겨지며, (iii) 보건상의 필요를 포함하여 안전보호시설을 이해하는 것이 우리나라나 일본의 일반적 경향이므로, 보건이나 위생상 필요한 시설도 안전보호시설에 포함된다고 함이 타당하다.

요컨대, 안전보호시설조항의 안전보호시설은 '사람의 생명 · 신체의 안전을 보호하는 시설', 즉 '사람의 생명 · 신체에 대한 위험을 예방하거나 보건 · 위생상 필요한 시설'을 의미하는 것이라 할 수 있다.

---

182) 보건(保健)의 사전적 의미는 "건강을 잘 지켜 온전하게 하는 일"이다.

183) 위생(衛生)의 사전적 의미는 "몸을 건강하게 하고 질병을 없애며 사회 환경을 깨끗이 하는 일"이다.

㈏ 입법목적과 해석기준 　　위와 같은 입법목적은 안전보호시설조항을 해석하는 함에 있어 그 방향을 제시하는 해석기준으로서 역할을 한다. 위 입법목적만을 고려한다면 가급적 안전보호시설의 범위를 넓게 해석하여 그 적용범위를 확대하는 것이 요청된다.

그러나 한편 안전보호시설조항은 동시에 쟁의행위의 금지범위를 규정하는 조항으로서 단체행동권을 제한하는 규정이기도 하기 때문에 기본권 제한의 측면에서 본다면 가급적 그 적용범위를 최소화하여야 한다는 요청이 있다.

위 두 요청은 서로 대립되는 긴장관계에 있는 것이어서 안전보호시설조항을 해석함에 있어서는 이러한 긴장관계를 조화롭게 승화시키는 것이 요구된다. 대상결정이 말하는 '조화로운 해석기준'은 이러한 맥락에서 요청되는 해석기준으로 이해된다.[184]

4. 안전의 주체

(1) 쟁 　점

안전보호시설이 사람의 생명·신체의 안전을 보호하는 시설이라고 할 때, 위 사람에는 사업장의 구성원만이 포함되는지, 아니면 제 3 자도 포함되는지에 관하여 견해가 나뉠 수 있다.

(2) 견 해 들

1 사업장 구성원에 한한다는 견해

·대학 내의 용수시설, 난방 및 전기시설 등이 쟁의행위로 인하여 정상한 운영에 지장을 초래하여 그 결과 근로자, 학생 등 대학 내 구성원의 인명·신체 등에 위해가 되었는지 여부는 위 시설의 특성 등 구체적인 사실관계에 따라 판단하여야 할 것이며, 단지 대학 내 구성원의 일상생활에 불편을 초래하는 정도인 경우에는 안전보호시설에 해당하는 것으로 볼 수 없다.[185]

184) 위 판례집 17-1, 812, 826-827.

185) 행정해석(1996. 4. 18. 협력 68140-140). 다만, 이 행정해석은 안전주체를 한정한 취지가 아니라 구체적 위험의 발생이 필요하다는 취지를 나타낸 것이라고 볼 여지

[2] 당해 사업장을 이용하는 사람을 포함하는 견해

· 병원은 상해나 질병을 방치하면 생명 또는 신체에 영향이 있을 수 있는 환자에 대하여 진료를 행하여 그 생명·신체를 보전함을 주된 사업으로 하므로, 공기조정시설, 열기공급시설, 급·배수시설은 안전보호시설에 해당된다.[186]

[3] 사업장의 내외를 불문하고 일반적인 제3자도 포함하는 견해

· 노동관계조정법 제36조에 있어서 보안업무의 쟁의행위 금지의 주목적은, 제3자의 안전도 포함되지만, 직접적으로는 당해 공장·사업장에서 업무에 종사하는 사람의 안전을 확보함에 있다.[187]

· 당해 사업장에 현존하는 사람만을 대상으로 하는 시설에 국한되지 않으며 부근에 거주하는 일반인을 대상으로 설치되어 있는 시설도 포함한다.

(3) 사　　견

1) 논의실익

아래에서 보는 바와 같이 위해가 발생할 위험이 전혀 존재하지 않는 경우에는 노노법 제42조 제2항에 위반되지 않는다고 이해하는 입장을 취한다면, 가령 당해 사업장에는 아무도 없는 상황에서 안전보호시설을 가동하지 않은 경우 사업장 종사자 및 현존자에 대한 위험은 존재하지 않고 오직 사업장과 무관한 제3자에 대한 위험만이 존재할 수 있는데, 이러한 경우 [1], [2]의 견해에 의하면 노노법 제42조 제2항 위반이 성립하지 아니하고 [3]의 견해에 의하면 노노법 제42조 제2항 위반이 성립한다는 결론이 된다.

또 사업장의 시설을 중단할 경우 사업장 밖에 있는 제3자의 생명·신체의 안전이 위협을 받는 경우에도 위 어느 견해를 따르는가에 따라 결론이 달라진다.

도 있다.

186) 행정해석(1997. 5. 6. 협력 68140-179).

187) 판례 코멘타르, 499頁.

2) **문언의 입법연혁**

구법이 '공장, 사업장 기타 직장에 대한 안전보호시설'로 규정하던 것을 현행법이 '사업장의 안전보호시설'로 규정한 것에 일정한 의미를 둔다면, [3]의 견해가 현행법의 해석으로 타당하다고 할 수 있다.

즉, 구법은 당해 사업장에 대한 안전보호시설로 규정하여 당해 사업장에 종사하거나 적어도 당해 사업장에 현존하는 사람을 대상으로 하는 안전보호시설이라고 이해할 여지가 있었으나, 현행법은 사업장의 안전보호시설로 규정하여 사업장은 안전보호의 대상을 의미하는 것이 아니라는 점이 명백하여졌다. 여기서 사업장은 안전보호시설의 설치장소 또는 사업장과의 관련성(= 당해 안전보호시설이 방지하고자 하는 위험이 사업장으로부터 발생하는 위험이라는 관련성)을 의미하는 것으로 이해하는 것이 보다 타당하다. 따라서 안전의 주체에는 일반적인 제 3 자도 포함한다고 봄이 타당하다.

3) **입법취지**

안전보호시설로써 보호하려는 안전은 직접적으로는 물론 사업장 종사자의 그것임이 명백하다. 그러나 사람의 인명을 보호한다는 입법취지는 반드시 이에 한정되지 아니하고, 당해 사업장에서 발생하는 위험으로부터 안전을 위협받는 사람이라면 누구든지 그 보호범위에 포함한다고 이해함이 타당하다.

4) **소　결**

[3]의 견해가 타당하다. 대상결정의 다수의견도 같은 입장으로 이해된다.[188]

5. 안전보호의 목적 요부

(1) 쟁　점

안전보호시설이 '사람의 생명·신체의 안전을 보호하는 시설'이라고 하더라도, 그러한 안전보호를 '목적'으로 하는 시설만을 의미하는지,

188) 위 판례집 17-1, 812, 825-826.

아니면 결과적으로 사람의 생명·신체의 안전에 영향을 미치는 시설까지 포함하는지에 관하여 견해가 나뉠 수 있다.

당해사건에서 가동을 중단한 보일러는 열병합발전소의 생산물인 전기와 증기를 생산하는 것이 그 본래의 목적과 기능인 시설이다. 인명이나 신체의 안전보호를 '목적'으로 하는 시설만이 안전보호시설이라고 한다면, 이 점에서 벌써 안전보호시설이 아니라는 의문이 설득력을 가질 수 있다.

(2) 우리나라의 논의

1) **행정해석 및 학설**

우리나라에서 이 문제를 정면으로 다룬 예는 발견되지 않는다. 앞서 인적 보호 한정설의 견해에서 소개한 주장내용들도 이를 의식적으로 염두에 두고 그와 같은 표현을 하였다고 보기는 어렵다. 그러나 이들이 은연중 전제하고 있는 바로부터 추론하여 보면, 다음과 같이 견해가 나뉘다고 분석할 수 있다.

1 목적 필요설(주류 행정해석, 김유성, 박홍규, 이병태)

사람의 생명·신체에 대한 위해를 예방하기 위한 시설이 안전보호시설이라는 견해이다.

· 인명·신체에 대한 위해 예방 또는 보건상 필요한 시설을 뜻한다.[189)]

· 안전보호시설의 해당 여부는 당해 사업장의 인명·신체에 대한 위해 예방을 위한 시설로서 그 시설의 정지 또는 폐지가 직접적으로 위해의 발생과 인과성을 갖는 시설이다.[190)]

· 직접 인명에 대한 위해예방 또는 위생상 필요불가결한 물적 시설에 한정된다.[191)]

· 인명과 신체에 대한 위험의 예방 또는 위생상 필요한 시설을 말한

189) 행정해석(1988. 3. 3. 노사 32281-3168; 1991. 10. 19. 노사 32281-15050; 1995. 5. 10. 조정 68140-129; 1997. 9. 9. 협력 68140-367; 2003. 11. 4. 노조68110-572). 물적 설비의 보호를 위한 규정인 노노법 제38조 제2항이 신설되기 전부터도 위와 같이 해석하였다는 점에 주목할 필요가 있다.

190) 행정해석(1996. 4. 18. 협력 68140-140).

191) 이병태, 노동법, 336면.

다.[192)]

· 생명 · 신체의 안전을 보호하기 위한 시설에 국한된다.[193)]

② 목적 불요설(임종률)

안전보호시설은 가동을 중단하면 결과적으로 사람의 생명 · 신체에 위해가 발생하게 되는 시설도 포함한다고 보는 견해이다. '가동을 중단하면 결과적으로 사람의 생명 · 신체의 안전을 위태롭게 할 위험성이 구체적이고 객관적으로 예상되는 시설'은 안전보호시설이라고 하는 것도 같은 취지이다.

· 쟁의기간중에 있는 사업장에 있어서 사람의 생명 · 신체 등의 위해에 관계되는 안전장치와 이와 관련 있는 시설.[194)]

· 안전보호시설인지 여부는 그 시설의 정지 또는 폐지가 인명 · 신체에 직접적인 위해를 끼칠 수 있는지 여부에 따라 판단되어야 한다.[195)]

· 가동을 중단하면 사람의 생명 · 안전을 위태롭게 하는 시설.[196)]

2) 판 례

여천엔씨씨주식회사 사건에 관한 광주지방법원 2001. 12. 27. 선고 2001구1474 판결은 「가동이 중단되는 경우에 결과적으로 사람의 생명이나 신체의 안전을 위태롭게 할 위험성이 구체적이고 객관적으로 예상되는 시설은 위 법조항 소정의 안전보호시설에 해당한다」고 판시하여 ②의 견해를 취한 듯이 보인다.

그러나 위 사건의 상고심판결인 대법원 2005. 9. 30. 선고 2002두7425 판결은 원심판결의 판단을 지지하면서도 '결과적으로'라는 표현을 삭제하고 있어, 적어도 ②의 견해를 취하지는 않고 있음을 추인하게 한다.

---

192) 박홍규, 노동단체법, 362면.

193) 김유성, 노동법, 253면.

194) 행정해석(1964. 1. 31. 노노정 1452.5-328).

195) 노동부, 노동쟁의조정법 실무, 1995.

196) 임종률, 노동법, 194면.

(3) 일본의 논의

일본에서는 위해를 예방하기 위한 시설로 이해하는데 학설상 이론이 없는 듯하다. 즉, [1] 목적 필요설의 입장이라고 할 수 있다.

> · 안전보지시설이란 인명에 대한 위해예방 또는 위생상의 필요를 위하여 설치된 안전시설 그 자체에 한하고, 공장, 사업장에 있는 기계 등의 생산설비이 보호를 목적으로 하는 시설은 포함하지 않는다고 해석하여야 하며, 여기서 인명에 대한 위해예방을 위한 안전시설이란, 화가·고온재료 등을 사용하는 공장, 사업장에 있어서는 당해 화기에 의한 직접적인 인명위해를 방지히는 시실, 상치를 가리키고 …[197]
> · 인명에 대한 위해방지 또는 위생보지를 위하여 필요한 시설이란 … 인명의 보호를 목적으로 한 시설이다.[198]

그러나 반드시 목적 필요설을 확고하게 견지하고 있다고 단언하기는 어렵다. 기차선로공사를 하는 건설회사의 노동조합이 포장용 쇄석(碎石)을 철로에 덮은 후 작업을 중지함으로써 열차가 수대 연착(30초 내지 2분)된 사건에서 일본의 한 지방재판소는 일본 노조법 제36조에 규정된 보안시설의 안전확보의무를 위반하였다고 판시한 바 있는데, 이는 안전보호만을 목적으로 한 시설이라 할 수 없는 철로를 안전보호시설로 인정한 사례이다.[199]

(4) 사 견

1) **안전보호 목적의 시설**

'안전보호시설'이라는 용어는 '안전을 보호하기 위한 시설'을 의미한다고 이해할 때 가장 문언에 자연스럽게 어울리는 해석이 된다. 즉, 본래 안전보호를 목적으로 한 시설이 아닌데 우연히 안전보호에 관련되는 시설을 여기에 포함시키는 것은 문언상 자연스럽지 않다. 그러므

197) 橫浜(よこはま)地裁決定 (昭 42. 4. 6. 判例タイムズ 123号). 同旨: 最高裁第3小法廷判決 昭 39. 8. 4. 民集 18巻 1号.

198) 中山和久 외 6인, 注釋 勞働組合法·勞働關係調整法, 有斐閣(1989), 636頁(이하 위 책을 '**주석 노동관계조정법**'이라 한다).

199) 日本 新瀉地判 昭 51. 10. 30. 勞働判例 265號: 第1建設工業事件.

로 안전보호시설은 원칙적으로 그 목적이 안전보호인 시설을 의미한다고 생각한다.

또한 노노법 제42조 제 2 항은 형벌의 구성요건이 될 뿐만 아니라 단체행동권을 제한하는 요건규정이 되기 때문에 가급적 제한적으로 해석하여야 한다는 점에서도 목적필요설이 타당하다.

목적불요설의 입장에서 다음과 같은 논리를 주장할 수 있고, 이에 따른다면 생산시설이라도 결과적으로 사람의 생명·신체의 안전에 위해를 가할 우려가 있는 시설은 노노법 제42조 제 2 항의 안전보호시설에 해당하게 된다.

> 사업장에 설치된 시설 중에는 그 시설의 존재 자체로써, 또는 그 시설을 가동함에 의하여 생명·신체에 대한 위해가 발생할 우려가 있는 시설이 있을 수 있다. 산업안전보건법 제23조 및 제24조는 사업을 시행함에 있어서 발생하는 위험 및 건강장해를 예방하기 위하여 필요한 조치를 취할 의무를 사업주에게 부과하고 이에 위반하는 경우 제67조에 의하여 처벌하도록 하고 있다. 그러므로 그 존재나 가동으로 인하여 생명·신체에 위해가 발생할 우려가 있는 사업장의 시설에 대하여, 사업주는 그 위해발생을 예방할 조치를 취하여 당해 시설이 정상적으로 안전하게 유지·운영되도록 할 의무가 있다. 한편 당해 시설의 유지·운영에 관하여 근로제공의무를 지는 근로자에게도 당해 시설을 정상적으로 유지·운영함으로써 위해가 발생하지 않도록 할 의무가 있는데, 이러한 의무는 법령에 명문이 없더라도 공서양속에 비추어 사회통념상 당연히 인정된다. 따라서 본래 안전보호를 목적으로 하는 시설이 아니라도 그 존재나 가동이 위해를 발생할 위험이 있는 시설은 노노법 제42조 제 2 항의 안전보호시설에 해당한다.

그러나 위와 같은 주장은 다음에서 보는 바와 같이 타당하지 아니하고, 생산시설은 그 자체가 안전보호의 목적을 동시에 가지고 있지 않는 한 노노법 제42조 제 2 항의 안전보호시설에 포함된다고 할 수 없다.

> 노노법 제42조 제 2 항은 형벌규정의 구성요건을 기술한 규정이어서 공서

양속이나 사회통념을 행위의무의 근거로 삼을 수 없고, 산업안전보건법의 위 규정들은 사업주(사용자)에 대한 의무규정이지 근로자에 대한 의무규정이 아니므로, 위 논리는 죄형법정주의에 반하는 면이 있다.

이에 대하여, 노노법 제42조 제2항은 (i) 단순의무부과, (ii) 민사책임의 근거, (iii) 중지명령의 요건 (iv) 형벌의 구성요건 등 4가지의 의미를 동시에 가지고 있는 조항인데, (iv)를 제외한 나머지에 관하여는 공서양속이나 사회통념을 근거로 삼을 수 있다고 하는 옹호논리가 있을 수 있다. 이에 따르면 형벌의 구성요건으로서의 안전보호시설에는 생산시설이 포함되지 않지만, 그 밖의 경우의 안전보호시설에는 포함될 수 있다는 결론이 된다.

그러나 이처럼 동일한 조항의 동일한 용어가 그 기능에 따라서 의미를 달리하는 것으로 해석하는 것은 허용될 수 없는 일이다.

2) 부수적 목적 포함

(가) 부수적 목적　　노노법 제42조 제2항의 보호법익이 중대하다는 점, 안전보호를 포함한 여러 가지 목적으로 제작된 다기능설비가 적지 않다는 점 등을 고려할 때, 당해 시설의 주된 목적은 안전보호가 아닌 다른 것(예컨대, 제품생산)에 있더라도 주된 목적과 함께 안전보호도 목적으로 하고 있는 시설도 안전보호시설에 포함된다고 생각한다. 다만, 부수적 목적은 어느 정도 중요한 목적이어야 하며 당해 시설 전체에서 차지하는 의미가 미미한 경우에는 제외된다.

그러므로 우연히 당해 시설의 가동중단으로 인명에 위해가 생기는 결과가 발생하였더라도 안전보호시설에 해당한다고 할 수 없다.

(나) 객관적 목적　　당해 시설의 가동중단과 위해발생 사이에 상당인과관계가 인정되는 경우, 당해 시설은 안전보호를 적어도 부수적 목적으로 하고 있는 시설이라고 평가할 수 있다.

이론적으로만 따지면 본래 목적은 주관적인 것으로서 시설설치자의 주관적 의도에 관련되는 것이기 때문에 상당인과관계의 존부와 무관하다고도 할 수 있으나, 위 목적의 존재를 객관적으로 당해 시설의 기능으로부터 인식하게 되면 목적의 존부가 상당인과관계의 존부와 매우 밀접한 관련이 있다고 할 수 있다. 예컨대, 생산시설의 가동을 중단하게 되면 바로 인명에 대한 위해가 발생할 것이 객관적으로 명백한 경우에는 그 시설을 가동하는 것은 생산을 위한 것이기도 하지만 동시에 인명을 보호하기 위한 것이기도 하다.

이처럼 이해하게 될 경우 목적 필요설과 목적 불요설은 서로 융화가 가능한 합일점을 찾을 수 있다. 「가동이 중단되는 경우에 결과적으로 사람의 생명이나 신체의 안전을 위태롭게 할 위험성이 구체적이고 객관적으로 예상되는 시설은 위 법조항 소정의 안전보호시설에 해당한다」고 판시한 광주지방법원 2001. 12. 27. 선고 2001구1474 판결을 위 '결과적'이라는 판시에만 초점을 두고 보면, 목적 불요설의 입장인 것으로 이해할 수 있다. 그러나 사람의 생명이나 신체의 안전을 위태롭게 할 위험성이 객관적으로 예상되는 경우에는 시설가동중단(가정적 중단 포함)과 위해발생(가정적 발생 포함) 사이에 상당인과관계가 있다고 할 수 있고, 이러한 경우에는 안전보호의 목적을 인정할 수 있다고 이해할 수 있으므로, 결국 위 판결은 목적 필요설과도 연결된다고 할 수 있다. 이 논리는 다음과 같이 도식화할 수 있다.

위험성의 객관적 예상 ⇒ 상당인과관계 존재 ⇒ 안전보호 목적의 존재

㈐ 분리가능성 이처럼 생산시설이라도 부수적으로 인명보호를 목적으로 하는 경우에는 안전보호시설에 해당한다고 할 수 있지만, 이에 대한 판단을 함에는 보다 분석적일 필요가 있다. 생산시설을 가동함에 따라 인명의 위험이 발생할 수 있다고 하더라도 생산시설을 영원히 가동하는 경우는 없으므로 생산시설의 가동을 중지함에 따른 안전장치를 두는 것이 통상이다. 이 경우 생산시설의 가동중지가 노노법 제42조 제2항에 위반되는 것이 아니라 생산시설의 가동을 중단함에 있어 안전장치를 가동하지 아니하고 중단한 행위가 위 조항에 위반되는

것이며 생산시설이 아닌 안전장치가 안전보호시설이 되는 것이다.

3) 소 결

안전보호시설은 안전보호를 목적으로 하는 시설만을 의미하고 결과적으로 안전에 관련되더라도 안전보호를 목적으로 하지 아니하는 시설은 포함하지 아니한다. 다만, 안전보호를 상당한 정도 의미 있는 부수적 목적으로 하고 있는 시설은 주된 목적이 다른 곳에 있더라도 안전보호시설에 해당한다.

6. 인적 시설도 포함하는지 여부

(1) 쟁 점

안전보호시설은 물적 시설만을 의미하는가, 아니면 인적 시설(인적 조직)도 포함하는가?

(2) 우리나라의 논의

1 인적 시설 포함설

물적 시설뿐만 아니라 사람들의 조직도 하나의 인적 시설로서 안전보호시설이 될 수 있다는 견해이다. 우리나라에서 이를 주장하는 견해는 발견되지 않는다.

2 물적 시설 한정설(김수복, 이상윤)

물적 시설만이 안전보호시설에 해당한다는 견해이다.

- 견해의 내용
· 물적 시설만이 해당되며 인적 조직은 포함되지 않는다.[200]
· 병원에 종사하는 약제사 및 간호사 등 인적 조직은 포함되지 않는다.[201]
- 논거
· 제42조 제 2 항의 법문상 인적 조직을 포함시킬 수 없다.[202]

200) 김수복, 사례해설, 667면.
201) 이상윤, 노동법, 750면.
202) 이상윤, 노동법, 750면.

(3) 일본의 논의

1 인적 시설 포함설(일본 행정해석)

· 노조법 제36조의 '시설'에는 물적 시설만이 아니라 그것을 움직이는 사람도 포함하여 이에 의해 형성된 일정한 목적기능을 갖는 객관적인 조직제도 포함된다. … 구급진료 · 입원진료 · 외래진료 · 수술 · 반사선진료 등뿐만 아니라 소독 · 조제 · 급식 등의 제반 시설도 위의 '시설'에 포함되는 경우가 있다.[203)]

2 물적 시설 한정설(일본 판례, 학설)

· 안전보지시설이란, 예컨대 탄광에 있어서의 가스폭발방지시설, 낙반방지시설, 통신시설 같이, 직접 인명에 대한 위해예방을 위하거나 위생상 없어서는 안 되는 물적 시설에 한하고, 병원의 종업원은 이에 포함되지 아니한다고 해석하는 것이 상당하다.[204)]

· 학설은 인적 시설을 포함하는 위 행정해석에 대하여 혹독한 비판을 가하였다.[205)]

· 시설의 범위도 물적 시설에 한정된다고 해석하여야 한다.[206)]

(4) 사　　견

물적 시설에 한정하는 것이 안전보호시설조항의 취지와 문언에 합당하다(2의 견해).

7. 구체적 위험 발생의 요부

(1) 쟁　　점

1) 위 험 범

보호법익의 침해정도에 따라 범죄를 침해범과 위태범(위험범)으로 나뉘고 위험범은 다시 구체적 위험범과 추상적 위험범으로 분류된다.

---

203) 일본 행정해석 昭 37. 5. 18. 勞發 71号, 医發 450号.

204) 일본 最高裁判決 昭 39. 8. 4. 民集 18卷 7号 1263頁. 위 판결의 제1심판결인 東京地裁判決 昭 34. 10. 22. 勞民集 10卷 5号도 같은 취지였다.

205) 판례 코멘타르, 500頁.

206) 노동쟁의법론, 190頁.

안전보호시설조항의 구성요건은 「사업장의 안전보호시설에 대하여 정상적인 유지·운영을 정지·폐지 또는 방해하는 행위는 쟁의행위로서 이를 행할 수 없다는 규정에 위반한 행위」이고, 이를 보다 간략히 말하면, 「사업장의 안전보호시설에 대하여 정상적인 유지·운영을 정지·폐지 또는 방해하는 행위」라고 할 수 있다.

안전보호시설조항에 의한 범죄(이하 '안전보호시설방해죄'라고 한다)의 보호법익이 사람의 생명·신체의 안전이라면, 이러한 안전이 현실적으로 침해되는 것, 즉 사상의 결과가 발생하는 것이 보호법익의 침해가 될 것인데, 위 구성요건의 내용을 살펴보면 이러한 보호법익의 침해를 요건으로 하고 있지는 않음이 명백하다.

따라서 안전보호시설방해죄는 침해범이 아닌 위험범이라고 판단된다.

2) **구체적 위험범과 추상적 위험범**

구체적 위험범과 추상적 위험범에 대한 정의는 학자마다 커나란 차이는 없으나 미세한 부분에서 약간씩의 차이가 없지 않다. 학자들이 정의하는 내용은 아래와 같다.

	구체적 위험범	추상적 위험범
이재상[207)]	법익침해의 구체적 위험, 즉 현실적 위험의 발생을 요건으로 하는 범죄	법익침해의 일반적 위험이 있으면 구성요건이 충족되는 범죄
김일수·서보학[208)]	구체적 위험이 행위결과로서 구성요건에 포함되어 있고 구체적인 경우 그에 대한 위험이 야기될 것이 구성요건상 명시되어 있는 범죄	위험의 발생은 구성요건요소가 아님 행위 자체가 현실적 위험결과를 발생시킬 필요없이 일반적인 위험성만 노출시켰으면 가벌성이 인정되는 범죄 위험의 발생은 구성요건요소가 아님
배종대[209)]	구성요건의 보호객체에 대한 구체적 위험발생을 성립요건으로 하는 범죄	보호객체에 대한 일반적 위험이 발생하는 것만으로 범죄가 성립하는 경우 위험발생은 구성요건표지가 아님
오영근[210)]	보호법익이 침해될 구체적·현실적 위험을 발생시켜야 기수가 되는 범죄	구성요건적 행위나 결과가 있으면 성립하고 보호법익에 대한 구체적·현실적 위험발생을 필요로 하지 않는 범죄

요컨대, 구체적 위험범은 위험발생이 구성요건요소이고, 추상적 위험범은 위험발생이 구성요건요소가 아니어서, 행위 자체만으로 처벌하는 거동범[211]의 성격을 갖는다는 것이다.

3) 구체적 위험범과 '위험'의 명시

(가) 쟁 점 통상 구체적 위험범의 예로 들어지는 중상해죄(형법 제258조 제1항), 중유기죄(형법 제271조 제3항·제4항), 자기소유건조물방화죄(형법 제166조 제2항) 등에는 모두 "생명에 대한 위험을 발생"이나 "공공의 위험을 발생"과 같은 요건을 명시하고 있는데, 이와 같은 명시가 있어야만 구체적 위험범이 되는지는 분명하지 아니하다.

(나) 학 설

[1] 법문에 '위험'을 구성요건요소로서 명시하여야만 구체적 위험범이라고 하는 견해가 있다.[212]

[2] 그러나 그러한 법문의 명시가 없음에도 구체적 위험범이 될 수 있다는 견해가 있다.

이 견해는 「공무원이 정당한 이유 없이 그 직무수행을 거부하거나 그 직무를 유기한 때」를 처벌하는 형법 제122조의 직무유기죄가 '위험'을 구성요건요소로 명시하고 있지 않음에도 불구하고, 직무유기죄를 구체적 위험범으로 본다.[213] 이 견해가 학계의 다수설이다.[214]

---

207) 이재상, 형법총론(제4판), 박영사(2000), 70면.

208) 김일수·서보학, 새로쓴 형법총론(제10판), 박영사(2004), 144면.

209) 배종대, 형법총론(제7판), 홍문사(2004), 156면.

210) 오영근, 형법총론, 대명출판사(2004), 98-99면.

211) 김일수·서보학, 위 책, 144면.
그러나 이에 대하여는 결과범·거동범의 구별과 침해범·위험범의 구별은 서로 연관관계가 없다고 보는 견해가 있을 수 있다. 이에 의하면, 예컨대 불을 놓아 주거 등을 소훼하는 행위를 처벌하는 현주건조물방화죄(현법 제164조 제1항)는 추상적 위험범이지만 소훼의 결과가 필요하다는 점에서 거동범이 아니라 결과범이라고 하게 된다.

212) 김일수·서보학, 위 책, 144면. 다만, 김일수·서보학 교수는 형법각론 책에서 '위험'이 구성요건상 명시되지 않은 직무유기죄를 구체적 위험범으로 보고 있어 총론에서의 설명과 모순되고 있다(김일수·서보학, 새로쓴 형법각론(제6판), 박영사(2004), 792면).

213) 이재상, 형법각론(제5판), 박영사(2004), 698면.

214) 이재상, 배종대, 백형구, 유기천, 정성근·박광민, 정영일, 진계호 등이 직무유기

㈐ 판　　례

a) 일찍이 대법원은 직무유기죄에 관하여 다음과 같이 판시하였다.

> 형법 제122조 소정의 직무유기죄는 이른바 부진정부작위범으로서 구체적으로 그 직무를 수행하여야 할 작위의무가 있는데도 불구하고 이러한 직무를 버린다는 인식하에 그 작위의무를 수행하지 아니한 사실이 있어야 하고(당원 1975. 11. 25. 선고 75도306 판결 참조) 또 그 직무를 유기한 때라 함은 공무원이 법령내규 또는 지시 및 통첩에 의한 추상적인 충근의 의무를 태만하는 일체의 경우를 이르는 것이 아니고 직장의 무단이탈, 직무의 의식적인 포기 등과 같이 그것이 국가의 기능을 저해하며 국민에게 피해를 야기시킬 가능성이 있는 경우를 말하는 것으로 해석할 것인바(당원 1970. 9. 29. 선고 70도1790 판결; 1966. 3. 15. 선고 65도984 판결 참조) ….[215]

[1] 위 판례는 직무유기죄가 구체적 위험범이라고 판시한 것이라고 보는 견해가 있다.[216]

[2] 물론 그와 같은 이해도 가능하지만, 위 판시는 직무유기죄가 구체적 위험범이라는 취지가 아니라, 국가기능이 저해될 가능성이 있는 정도의 태만이 직무유기에 이른다는 취지, 즉 '직무를 유기한 때'의 개념정의에 '국가기능 저해의 위험성'을 포함시켜서 이해하는 취지로 판시한 것이고 국가기능의 저해를 독립된 구성요건요소로 본 것은 아니라는 해석도 가능하다.

b) 위 판결들 후 선고된 다음과 같은 대법원판결은 [1]의 해석에 보다 무게를 실어준다.

> ·직무유기죄는 구체적으로 그 직무를 수행하여야 할 작위의무가 있

죄를 구체적 위험범으로 보고 있고, 이에 대해 오영근, 이정원, 임웅 등이 추상적 위험범으로 보고 있다(이재상, 위 책, 698면 참조).

유기죄에 대하여도 구체적 위험범(유기천)인지, 추상적 위험범(통설)인지에 관하여 견해대립이 있다.

215) 대법원 1983. 3. 22. 선고 82도3065 판결(공1983, 775). 대법원 1982. 9. 28. 82도1633(공1982, 1050); 대법원 1983. 1. 18. 82도2624(공1983, 465)도 같은 취지이다.

216) 이재상, 위 형법각론, 698면.

> 는데도 불구하고 이러한 직무를 버린다는 인식하에 그 작위의무를 수행하지 아니함으로써 성립하고, 또 그 직무를 유기한 때라 함은 공무원이 법령, 내규 등에 의한 추상적인 충근의무를 태만히 하는 일체의 경우를 이르는 것이 아니고, 직장의 무단이탈, 직무의 의식적인 포기 등과 같이 그것이 국가의 기능을 저해하며 국민에게 피해를 야기시킬 가능성이 있는 경우를 말하는 것이므로(당원 1983. 3. 22. 선고 82도3065 판결 참조), 병가중인 자의 경우 구체적인 작위의무 내지 국가기능의 저해에 대한 구체적인 위험성이 있다고 할 수 없어 본죄의 주체로 될 수는 없다고 할 것이니, 이 점에 관한 원심의 판단은 채증법칙에 위배하고 직무유기죄에 관한 법리를 오해한 위법이 있다고 할 것이다.[217)]

c) 그러나 대법원은 그 후에도 다음과 같은 판시를 함으로써 위 판결에서 '구체적 위험성'을 구체적 위험범의 의미로 사용하였다고 단언할 수는 없다.

> · 직무유기죄에 있어서 직무를 유기한 때라 함은 공무원이 법령, 내규 등에 의한 추상적 충근의무를 태만히 하는 일체의 경우를 이르는 것이 아니고, 직장의, 직무의 의식적인 포기 등과 같이 그것이 국가의 기능을 저해하며 국민에게 피해를 야기시킬 가능성이 있는 경우를 말하는 것으로서(대법원 1997. 4. 22. 선고 95도748 판결 참조), 공무원이 태만, 분망, 착각 등으로 인하여 직무를 성실히 수행하지 아니한 경우나 형식적으로 또는 소홀히 직무를 수행하였기 때문에 성실한 직무수행을 못한 것에 불과한 경우에는 직무유기죄는 성립하지 아니하며(대법원 1997. 4. 11. 선고 96도2753 판결; 1997. 8. 29. 선고 97도675 판결 등 참조), 국가보안법 제11조 소정의 특수직무유기죄의 경우에도 마찬가지라고 할 것이다.[218)]

d) 대법원판례의 의미를 ①의 견해처럼 국가기능의 저해 가능성이라는 구체적 위험의 발생을 구성요건요소로 한다고 이해하든, ②의 견해처럼 구성요건요소가 아니라 직무유기의 내용으로서 국가기능의 저해가능성이라는 구체적 위험이 발생할 정도에 이른 것만이 직무유기

---

217) 대법원 1997. 4. 22. 선고 95도748 판결(공1997상, 1675).

218) 대법원 2003. 9. 26. 선고 2001도2209 판결(공보불게재).

에 해당한다고 이해하든, 실질적으로 구체적 위험이 발생하지 않는 경우에 직무태만이 있어도 직무유기죄가 성립하지 않는다는 결론에서는 다르지 아니하다.

4) **안전보호시설조항과 구체적 위험**

안전보호시설방해죄의 성질을 검토하는 실익은, 예컨대, (i) 안전보호시설의 가동을 중단하였다 하더라도 사람의 생명·신체의 안전에 위해가 발생하지 않도록 다른 안전조치를 하고 중단시킨 경우, (ii) 별도의 안전조치를 취하지는 않았으나 현장에 아무도 없었기 때문에 사람의 생명·신체의 안전이 위험해질 염려가 없는 경우 등에 있어서, a. 안전보호시설방해죄가 구체적 위험범인데 위와 같은 경우는 구체적 위험성이 없으므로 범죄가 성립하지 않는다고 할 것인지, b. 안전보호시설방해죄는 추상적 위험범이고 위와 같은 경우에 추상적 위험성은 존재하므로 범죄가 성립한다고 할 것인지, c. 안전보호시설방해죄는 추상적 위험범이지만 위와 같은 경우에는 추상적 위험성도 존재하지 않으므로 범죄가 성립하지 않는다고 할 것인지, d. 안전보호시설방해죄는 추상적 위험범이지만 위와 같은 경우에는 "정상적인 유지·운영을 정지·폐지 또는 방해하는 행위"에 해당하지 아니하여 범죄가 성립하지 않는다고 할 것인지에 대한 판단을 하기 위함에 있다.

그리하여 이 부분 쟁점은 다음과 같이 정리할 수 있다.

① 안전보호시설방해죄가 구체적 위험범인지, 추상적 위험범인지

· 구성요건에 '위험의 발생'이 명시되었는가 여부가 구체적 위험범, 추상적 위험범을 구별하는 기준이 되는지 여부

② 추상적 위험범이라면 사람의 생명·신체의 안전에 위해가 발생할 염려가 없는 경우에도 범죄가 성립하는 것인지 여부

(2) 우리나라의 논의

우리나라에서 이에 관하여 심도 있게 논의된 것은 아니어서 견해가 의미 있게 대립하고 있다고 보기 어려운 면이 있다. 다만, 그 설명의 내용에 따라 일응 다음과 같이 구별하여 볼 수 있다.

□1 추상적 위험설(이병태)

·"정상적인 유지·운영"은 당해 시설의 본래적 기능이 정상적인 상태에서 유지·운영되는 것을 말하고, "정지·폐지 또는 방해하는 행위"는 위 기능의 정상적인 운영에 지장을 가져오게 하거나 또는 가져오기에 충분한 행위로, 이 경우 현실적으로 이와 같은 결과가 발생할 것을 요하지 않는다.[219]

□2 구체적 위험설(행정해석, 박홍규)

·안전보호시설의 해당여부는 당해 기업의 위험성을 구체적·종합적으로 검토하여 직접 인명·신체에 대한 위험성이 객관적으로 예측되는가에 따라 결정되어야 한다.[220]

·쟁의행위로 사람의 생명 또는 신체에 위해가 일어나거나 구체적인 위험이 생기게 하는 행위는 위법이다.[221]

·근로자가 노무제공을 거부할 경우 사람의 생명 또는 신체에 위해를 줄 것이 객관적으로 인정된다면 그러한 결과의 방지상 필요한 시설의 정상적인 유지·운영을 위한 노무제공을 정지 또는 폐지할 수 없다.[222]

·안전보호시설의 해당 여부는 당해 사업장의 인명·신체에 대한 위해예방을 위한 시설로서 그 시설의 정지 또는 폐지가 직접적을 위해의 발생과 인과성을 갖는 시설인바, 대학 내의 용수시설, 난방 및 전기시설 등이 쟁의행위로 인하여 정상한 운영에 지장을 초래하여 그 결과 근로자, 학생 등 대학 내 구성원의 인명·신체 등에 위해가 되었는지 여부는 위 시설의 특성 등 구체적인 사실관계에 따라 판단하여야 할 것이며, 단지 대학 내 구성원의 일상생활에 불편을 초래하는 정도인 경우에는 안전보호시설에 해당하는 것으로 볼 수 없다.[223]

·당해 시설의 정지 또는 폐지가 인명이나 신체에 직접적인 위해를 초래하거나 그 위해가 객관적으로 예측되는 시설을 말한다.[224]

·안전보호시설에 해당되는지 여부는 법의 취지에 따라 당해 사업장의

219) 이병태, 노동법, 336면. 이 견해에서 발생할 것을 요하지 않는다는 '결과'는 '안전보호시설의 운영에 대한 지장'을 의미하고, 보호법익인 '인명의 안전에 대한 위험'을 가리키는 것은 아니므로, 이 견해가 반드시 추상적 위험설을 취하였다고 하기 어려운 면이 있다.

220) 행정해석(1988. 3. 3. 노사 32281-3168).

221) 행정해석(1989. 6. 7. 노사 32281-8344).

222) 행정해석(1990. 2. 1. 노사 32281-1474). 1999. 4. 1. 협력 68140-116도 같은 취지이다.

223) 행정해석(1996. 4. 18. 협력 68140-140).

224) 행정해석(1997. 9. 9. 협력 68140-367).

제반 사정을 고려하여 구체적·종합적으로 검토하여 생명·인체에 위험성이 발생하는가 여부에 따라 판단하여야 할 것인바, 정지·폐지되거나 방해될 경우 직접 인명·신체에 위해를 줄 것이 객관적으로 인정된다면 그러한 결과를 방지하기 위하여 필요한 시설은 안전보호시설에 해당한다.[225]

·안전보호시설의 정폐가 인명 등에 '구체적인' 위험을 초래하는 경우에 비로소 제42조 위반이 성립하고 '추상적인' 위험만으로는 충분하지 아니하다.[226]

·인명에 대한 구체적인 위험성의 발생을 객관적으로 예측할 수 있는 정도의 것이면 정당성을 상실한다.[227]

(3) 일본의 논의

㈎ 일본 노조법 제36조 위반에 관하여 일본에서도 같은 논의가 있다. 위 법조 위반이 성립하기 위하여, (i) 인명 등에 대한 추상적 위험이 발생하면 족하다고 할 것인지, (ii) 이것만으로는 부족하고 구체저 위험이 발생하여야 하는지에 내하여 학설상으로는 (ii)의 견해가 유력하다고 한다.[228]

그러나 이 문제를 논하는 학자들은 자신의 입장을 분명히 밝히고 있지 아니하다. 오히려 다음과 같이 추상적 위험설적인 입장을 명백히 한 문헌이 발견된다.[229]

·본조의 조문형식 및 본조가 노조법의 규정으로서 쟁의행위의 룰을 설정한 것일 뿐이라는 점에 비추어 보면, 본조위반은 안전보지시설의 정폐 또는 방해 그 자체로서 성립하고 … 인명·건강 등에의 구체적 위험의

225) 행정해석(1999. 4. 1. 협력 68140-116; 2001. 1. 26. 협력 68140-41).
1999. 4. 1. 협력 68140-116은 위 기준에 따라 「원자력발전소내 방사선관리구역에서 방사능오염도 측정 및 제염작업, 방사성폐기물의 처리 및 수거작업 등의 업무가 정지·폐지 또는 방해될 경우 사람의 생명 또는 신체에 위해를 줄 것이 객관적으로 인정된다면 그러한 결과의 방지를 위해 필요한 시설은 안전보호시설에 해당된다」고 하였다.

226) 박홍규, 노동단체법, 362면.

227) 박홍규, 노동단체법, 363면.

228) 노동판례대계, 37頁.

229) 日本勞働法學會 編, 現代勞働法講座 5 勞働爭議, 總合勞働硏究所(1980), 404頁.

발생은 필요하지 않다고 해석하여야 한다. … 광산의 보안요원이 파업하더라도 갱내에 아무도 없는 경우처럼 인명에 대한 추상적 위험조차 발생하지 않는 경우에는 본조위반이 성립하지 않음은 당연하다.

(나) 이 문제를 정면으로 다룬 일본판례가 많지는 않는데, 이른바 東亞石油事件에서 이 문제가 정면으로 다루어졌다. 위 사건의 사안은 노동조합이 파업을 하면서 보안요원을 전부 철수시키자 회사측이 관리직, 비조합원, 하청업체 종업원 등의 인원으로 보안업무를 하도록 한 것이었다.

[1] 구체적 위험의 발생이 필요하다고 한 판례

東亞石油事件의 제1심판결인 東京地裁判決[230]이 취한 입장이다. 이 판결은 당해 사업장의 성격 및 위치 등에 비추어 위험성이 매우 높다는 사실을 인정하면서도 당해 사안의 구체적 상황에 비추어 보아 인명 등에 대한 구체적 위험성이 존재하지 않았다고 하여 일본 노조법 제36조 위반이 아니라고 하였다. 이 판결의 관련 요지는 다음과 같다.

· 근대에 이르러 각 기업은 각 기업특유의 위험성이 내재하여 있어서 각 기업은 이에 대응하여 많은 안전보지시설을 가지고 있고 그 유지운행을 위하여 보안요원이 종사하고 있는데, 이러한 보안요원이 직장을 이탈한다면 안전보지시설의 정상적인 유지·운영은 停廢되는 것이 통상이다. 그러나 이 경우에도 언제나 인명에 위해를 끼치는 것은 아니어서, 위해에 이르는가 여부는 파업의 시점에서 당해 기업의 위험성을 구체적·종합적으로 관찰하여 보안요원의 철수에 의하여 직접 인명에 대한 위험성이 구체적·객관적인 인과법칙으로부터 예측되는 경우에 비로소 본조항에 정한 '안전보지시설'의 '정상적인 유지 또는 운행을 정폐'하는 쟁의행위로서 그것이 위법성을 띠게 된다. 대체로 위 조항의 입법목적은 소극적 노무의 부제공인 파업에 의하여 인적 위해 내지 기업전체의 물적 시설을 파괴하는 것[231]과 같은 결과의 발생을 방지하는 것에 있기 때문에 그러한 구체적 위험성이 없는 경우에 위 조항을 발동할 여지는 없기

230) 東京地裁判決 昭 44. 6. 28. 勞民集 20卷 3号.

231) 이 설시가 안전보호의 객체에 관한 '물적 보호 포함설'을 취하였다고 할 수 있는지는 불분명하다. 일본에서 인적 보호 한정설은 워낙 강력한 지배설이기 때문이다.

때문이다.

· 본건 쟁의중 노동조합은 소화시설, 안전시설의 유지운행에 종사하는 조합원인 보안요원을 전원 철수시켰고, 이후 정유소의 조업은 완전 정지되었다(보일러는 그 전에 이미 회사의 지시에 의하여 가동이 중단되었다). 위 소화시설, 안전시설은 위 보안요원을 대신하여 종전부터 이를 담당하여 오던 部課長, 기타 비조합원, 위 시설 담당자가 아닌 일반 경비, 보안요원 등이 그 유지운행을 계속하였고, 하청업체 직원들도 일정한 안전작업을 하였다.

· 이러한 상황에서 과연 구체적 위험성이 있다고 할 수 있을까. 인명에 위해를 끼치고 정유소 시설 전체를 파괴하는 것과 같은 대재해의 원인이 되는 것은 화재의 발생이다. 조업이 전면적으로 중단된 상황에서, 화재가 발생하려면 기름 유출사고가 발생하는 한편 가까운 곳에 火源이 있어야만 하는 것이고 자연적으로 화재가 발생하는 경우란 통상 일어나기 어렵다. 그런데 조업이 중단된 상태이기 때문에 평소보다 배관 기타 장치 내부의 유압이 낮고 탱크에는 밸브가 잠겨 있었다는 점 등을 고려하면 누출사고가 발생할 확률이 낮고 발생하더라도 그 양이 매우 적으며, 한편 보이러 가열로 등이 꺼져 있었던 전, 보일러실 등의 펌프가 정지되어 있었던 전, 뜨거운 기름이 없었던 점 등을 고려하면 火源의 존재 가능성은 0에 가깝다. …

· 그렇다면 보안요원을 철수시켰다고 하더라도 勞調法 36조를 발동할 전제요건인 구체적 위험성은 발생하지 않았기 때문에 위 철수를 동조위반이라고 할 수 없다.

② 추상적 위험의 발생으로 족하다고 한 판례

위 東亞石油事件의 제 2 심판결인 東京高裁判決[232]이 취한 입장이다.[233] 이 판결은 조업이 중단된 상태에서도 ① 석유 · LPG가스가 대기중에 누설되는 등 재해의 발생원인이 있고, 정전기, 황화철 등의 發火源도 많이 있어 화재사고발생의 가능성이 있다는 점, ② 이러한 사고방지를 위한 안전보지시설은 노조가 보안요원을 철수시킴으로써 기능이 저하되어 화재 · 폭발 등이 발생할 위험이 현저히 증대되어 다수의 인명에 위해를 줄 우려가 있는 사태가 발생하였다는 이유로 제 1 심판결

232) 東京高裁判決 昭 51. 7. 19. 勞民集 27巻 34号.

233) 노동판례대계 39-40頁의 평가.

을 취소하였는데, 위 판결이 말한 위험이란 인명에 대한 추상적 위험을 말하는 것이라고 평가되고 있다.[234] 이 판결의 관련 요지는 다음과 같다.

· 당해 정유소에는 조업이 일시 정지된 상태에서도 다음과 같은 많은 발화원인이 존재한다.
(1) ~ (4) (생략)
(5) 충격: 지진 · 낙뢰 · 충돌 · 낙하 등에 의한 충격은, 누출과 동시에 발화의 원인이 된다.
(6) 기타: 인접공장 · 도로 등의 근처에 설치된 탱크, 배관에서 누출사고가 있으면 인접공장 등에 있는 발화원에 의하여 화재가 발생할 수 있다.
· 정유소에 설치된 안전보호시설은 모두 보안요원이 관리하여 왔는데 보안요원이 철수하면 다음과 같은 영향을 받는다.
(1) ~ (5) (생략)
(6) 보일러, 보안전력설비
(가) (생략)
(나) 보안전력설비: 보안요원이 철수하면 자가발전시설도 돌릴 수 없어 재해사고에 무방비상태가 된다.
· 이상의 인정사실에 의하면, 조합의 쟁의행위로서 보안요원 전원을 철수시킨 것은 당해 정유소에 있어서 인명의 안전보지시설의 유지 · 운영을 정폐·방해하는 행위이고, 그 결과 화재 · 폭발 등이 발생할 위험을 현저하게 증대시켜 정유소뿐만 아니라 부근공장에 출입하는 다수의 인명에 위해를 줄 우려가 있는 사태를 발생시켰기 때문에 노동관계조정법 제36조에 위반하는 것이 명백하다.

추상적 위험설은 '井華鑛業江奔別鑛業所事件'에서 札幌高裁判決[235]에 의하여도 지지되고 있다고 한다.[236] 철로에 碎石을 덮은 후 작업을 중단함으로써 열차가 지연되게 한 행위가 위법하다는 앞서 본 第1建設工業事件의 판결도 추상적 위험설의 입장으로 이해할 수 있다.[237]

234) 노동판례대계 39頁.
235) 札幌高裁判決 昭 24. 9. 29. 刑事裁判資料 48号.
236) 노동판례대계 40頁.
237) 주석 노동관계조정법 637頁 참조.

(4) 견해들에 대한 평가

앞서 우리나라의 논의에서 추상적 위험설로 분류된 견해(이병태)가 반드시 아무런 위험발생도 요구하지 않는 견해인지는 분명하지 아니하다. 또한 추상적 위험설을 취한 일본의 판례들도 추상적 위험이라는 위험의 발생은 요구하는 것으로 보여, 전혀 위험발생의 가능성이 없는 경우에까지 범죄가 성립한다고는 보지 않는 것으로 이해된다.

결국 일본이나 우리나라의 논의는 위험발생이 구성요건으로서 요구되는가 아닌가 하는 차원이 아니라, 위험발생은 구성요건요소인데 이때 요구되는 위험이 추상적 위험인지 구체적 위험인지 하는 것이 논의의 초점인 것으로 보인다.

논의상황이 이러하므로, 여기서 말하는 구체적 위험과 추상적 위험은 서로 질적인 차이가 있는 것이 아니라 양적인 차이가 있는 정도에 불과한 것이라고 이해된다.

(5) 사　　견

1) **안전보호시설방해죄가 구체적 위험범인지 여부**

전통적 견해에 따를 때 구체적 위험범과 추상적 위험범의 결정적 차이는 당해 범죄구성요건이 예정하고 있는 보호법익에 대한 위험이 현실적으로 발생하는 것이 범죄성립요건인가 여부이다. 그리고 범죄성립요건은 원칙적으로 법문에 의하여 결정하여야 할 것이므로, 법률에 규정된 당해 구성요건의 문언에 '위험'이라는 명문이 없는 한 구체적 위험범이 아니라고 보아야 한다.

안전보호시설방해죄는 「사업장의 안전보호시설에 대하여 정상적인 유지·운영을 정지·폐지 또는 방해하는 행위」를 구성요건으로 규정하고 있을 뿐 '위험'이 발생할 것을 요건으로 하고 있지 않으므로, 추상적 위험범이라고 보아야 한다.

2) **안전에 대한 위험 발생은 전혀 고려되지 않는지 여부**

㈎ 전통적 해석　　　전통적으로 추상적 위험범에서 행위의 위험성은 입법자가 규범을 제정하는 동기에 불과하고 경험상 전형적으로

위험한 행위이기 때문에 금지되는 것일 뿐 구체적으로 그러한 위험이 발생하지 않더라도 범죄가 성립된다고 보아 왔다(동기설).[238]

이에 따르면, 안전보호시설방해죄가 추상적 위험범이기 때문에 안전보호시설을 정지·폐지·방해하는 행위만 있으면 바로 범죄가 성립하고 구체적 상황에서 전혀 위험발생의 가능성이 없는 경우에도 그 성립이 방해되지 아니한다고 보게 된다.

(나) 추상적 위험범의 제한적 해석 추상적 위험범은 법익침해가 현실적으로 침해되거나 구체적으로 위태화되지도 않은 단계에서 처벌하는 것으로 필연적으로 개인의 자유를 과도하게 제약할 위험을 안고 있다. 더구나 현대위험사회에서 추상적 위험범이 확대되는 경향마저 발견할 수 있는데, 이는 형벌의 보충성, 겸억성에 반하고 책임주의에도 반할 위험을 안고 있다. 이에 추상적 위험범을 제한적으로 해석하려는 움직임이 있어 왔다.[239]

a) 위험의 의제 또는 추정 동기설과 달리 '위험'을 구성요건요소로 고려하되, 다만 위험을 의제하거나 추정하는 방법으로 위험을 증명하지 아니하고도 범죄의 성립을 인정하는 견해이다.

이에는 (i) 반증을 허용하지 아니하는 의제설[240]과 (ii) 반증을 허용하는 추정설[241]이 있다. 추정설에 의할 때, 행위의 무위험성이 증명되면 추상적 위험범의 성립이 배제되게 된다.[242]

238) 독일과 우리나라의 다수설(박강우, "추상적 위험범 비판," 법학연구 11권, 충북대학교(2000), 6-7면 참조)(이하 위 글을 **'박강우, 추상적 위험범'**이라 한다).

239) 이하의 논의는 박강우, 추상적 위험범, 7-21면을 참고하였다(문헌 포함). 또 이에 관련된 문헌으로 보다 최신의 것은 유부곤, "추상적 위험범에 관한 연구: 위험 개념과 제한적 해석을 중심으로," 서울대학교 석사학위논문(2003)이 있다.

240) 1958년 프로이센 최고법원에서 처음 등장하였고, Siebenhauer(1884), Finger(1889), Frank(1897), Berner(1898), Umhauer(1904), M. E. Mayer(1923), Henckel(1930) 등이 지지하였다.

241) 1933 Rabl이 처음 주장한 이후 Pütz(1936), Michels(1963), Arthur Kaufmann(1963), Schröder(1967/1969), Schroeder(1981), Ostendorf(1982), Maurach/Zipf(1983), Aipf(1987), Baumann/Weber(1985), Stree(1988), Wessels(1990) 등이 주장하였다.

242) 유부곤, 위 석사학위논문, 98면은 결론적으로, 반증허용론을 통하여 추상적 위험범을 제한하려고 하는 의견을 제시하고 있다.

b) 추상적 위험범의 재구성

(ㄱ) 구체적 위험의 개연성 법익에 대한 공격강도에 따라 침해범, 구체적 위험범, 추상적 위험범 3단계로 구분하여, 침해는 피해의 발생, 구체적 위험은 침해의 개연성, 추상적 위험은 구체적 위험의 개연성이라고 하면서, 구체적 위험의 개연성이 없으면 추상적 위험범이 성립하지 않는다고 하는 견해이다.[243)]

(ㄴ) 위험감행의 원칙 추상적 위험범의 불법은 일반적으로 행위자가 위험한 행위인 줄 알면서도 이를 감행하여 행하면 성립하고 이를 감행하지 아니하고 중지시키면 성립하지 않는다는 견해이다.[244)] 여기서 법익에 대한 위험을 감행하지 아니하였다는 것은 행위자가 자신의 행위에 내재된 일반적 위험에 대하여 대응조치를 취하여 위험을 배제하는 것을 말하는 취지로 이해된다.

(ㄷ) 객관적 주의의무 위반 추상저 위험범에 있이시 범죄가 성립하기 위하여 법적 구성요건상의 행위만으로는 부족한 경우가 있음을 인정하고 추가적으로 법익침해 내지 위태화에 대한 객관적 주의의무위반, 즉 객관적 과실을 추가적 범죄성립요건으로 보는 견해이다. 객관적 과실은 결과발생을 회피하기 위한 주의조치를 하지 않은 경우에만 인정되지만 그 결과의 발생 자체는 구성요건이 아니므로, 결국 추상적 위험범은 결과 없는 과실범의 구조가 된다고 한다.[245)]

추상적 위험범을 특별히 수정된 과실범이라고 보는 견해도 이와 유사하다.[246)]

(ㄹ) 주관적 주의의무 위반 추상적 위험범을 (i) 정신화된 중간적 법익(vergeistes Zwischenrechtsgut)의 유형(증수뢰죄, 위증죄, 문서범죄), (ii) 대량행위(Massenhandlungen)의 유형(도로교통사범), (iii) 정통

243) Cramer, Vollrauschtatbestand als abstraktes Gefährdungsdelikt, 1962, S. 71.

244) Volz, Unrecht und Schuld abstraker Gefährdungsdelikt, Diss. Göttingen, 1968, S. 163ff.
Rudolphi도 이 견해를 취하였다.

245) Brehm, Zur dogmatik des abstrakten Gefährdungsdelikt, 1973, S. 90f.

246) Horn, Konkrete Gefährdungsdelikt, 1973, S. 94.

적인 추상적 위험범(StGB §306의 중방화죄[247])으로 구분한 다음, (i), (ii)의 유형에 대하여는 제한을 두지 아니하고, (iii)의 유형에 대하여 제한적 해석을 하여 보호객체(사람의 생명)에 대한 과실(주관적 주의의무 위반)을 요구하는 견해이다.[248]

(ㅁ) 법익에 대한 안전한 처분가능성의 보호 추상적 위험범은 법익에 대한 안전한 처분가능성(=안전, Sicherheit)을 보호하려는 것이므로, 예컨대 대상 건물을 아무도 더 이상 주거로 이용하지 않을 때에는 독일형법 제306조의 중방화죄의 보호이익이 탈락하여 범죄가 성립하지 않는다는 견해이다.[249]

c) 추상적 위험범 부인론 추상적 위험범을 확대하는 위험형법은 위험에 자율적으로 대처할 수 있는 사회의 자율능력을 파괴하여 더 많은 위험을 산출하고 이에 또다시 더 많은 위험형법을 투입하게 되는 구조적 악순환의 고리를 만들게 된다는 견지에서, 추상적 위험범을 거부하는 견해이다.[250]

d) 안전보호시설방해죄의 해석 추상적 위험범을 제한적으로 해석하려는 이상의 논의는, 안전보호시설방해죄를 추상적 위험범으로 분류한다고 하더라도, 안전보호시설의 유지·운영을 정지·폐지·방해하는 행위가 있다는 것만으로 범죄가 성립한다고 보지 아니하고, 그 밖에 추가적인 요건이 있어야 비로소 범죄가 성립한다고 하는 결론에 이르게 된다.

이에 따라, 안전보호시설의 유지·운영을 정지·폐지·방해하는 행

247) 우리 형법상 현주건조물방화죄가 이에 해당한다.

248) Schünemann, "Moderne Trendenzen in der Dogmatik der Fahrlässigkeits- und Gefährdungsdelikte," JA 1975, 798.

249) Kindhäuser, Gefährdung als Straftat, 1989, S. 14f. 다만, 이 견해에 따를 때, 방화 이전에 건조물 내에 아무도 없음을 확인하였다면 건물 내의 모든 사람이 안전에 대한 염려 없이 살 수 있다는 피해자측의 안전에 대한 염려는 객관적으로 근거지워질 수 없는데, Kindhäuser가 이 경우 추상적 위험이 없다고 할 것인지 여부는 불분명하다고 한다(박강우, 추상적 위험범, 18면).

250) Herzog, Gesellschaftliche Unsicherheit und strafrechtliche Daseinsvorsorge, 1991, S. 34.

위가 있더라도 (i) 다른 안전조치를 취하고 그와 같은 행위를 한 경우나 (ii) 현장에 아무도 없었기 때문에 사람의 생명 · 신체에 위해가 발생할 위험이 전혀 없는 경우에는 추상적 위험범을 제한적으로 해석하려는 위 어느 입장을 취하더라도 추상적 위험범으로서도 범죄가 성립하지 않는다고 볼 것으로 판단된다(다만, 위 b)(ㅁ)의 견해는 불명).

그러나 위와 같은 추상적 위험범의 제한적 해석은 우리나라에서 판례나 학설로 아직 확립되었다고 할 수 없고, 이제 겨우 소개단계에 머물러 있는 실정이다. 사정이 이러하므로, 위와 같은 논리로써 노노법 제42조 제 2 항을 해석하는 것은 주저된다.

㈐ 명시된 구성요건에 위험이 포함되었다고 해석하는 방법

안전보호시설방해죄의 구성요건은 「사업장의 안전보호시설에 대하여 정상적인 유지 · 운영을 정지 · 폐지 또는 방해하는 행위」이다. 만일 형식적으로는 정지 · 폐지 · 방해행위가 있었지만 행위자가 위험발생을 방지하는 안전조치를 모두 취한 뒤 위와 같은 행위를 하였다면, 이러한 안전조치로써 당해 안전보호시설을 유지 · 운영하는 목적은 달성되어, 대체(代替)안전보호시설이 유지·운영되고 있는 것과 실질적으로 다르지 아니하고, 결국 안전보호시설의 정상적인 유지 · 운영을 정지 · 폐지 · 방해하였다고 할 수 없다는 결론에 이를 수 있다.

이를 보다 일반화하여 형식적인 정지 · 폐지 · 방해행위가 있었다고 하더라도 사람의 생명 · 신체의 안전에 위험이 발생할 구체적인 가능성(=구체적 위험성)이 전혀 없는 경우에는 「정상적인 유지 · 운영을 정지 · 폐지 또는 방해」하지 않았다고 평가되어 구성요건해당성이 배제되는 것으로 해석할 수 있다. 이러한 해석은 직무유기죄에 관한 앞서의 대법원판례(=국가기능의 저해에 대한 구체적인 위험성이 없는 경우에는 직무를 유기한 때에 해당하지 않는다는 취지)와도 일맥상통하는 해석이 된다.

3) 소　　결

이상의 논의를 바탕으로 하면, 안전보호시설방해죄는 추상적 위험

범이지만, 구체적 위험이 발생하여야 구성요건해당행위인 정지·폐지·방해행위가 있다고 해석함이 타당하다.

이와 관련한 견해들도 실질적으로는 위험발생이 필요하다는 점 자체에 대하여 대체로 의견이 일치한다고 할 수 있고, 다만, 그에 대한 평가와 이론 구성에 차이가 있을 뿐이라고 할 수 있다.

대상결정도 위험이 전혀 발생하지 아니한 경우에는 안전보호시설방해죄가 성립하지 아니한다는 취지로 판시하여 구체적 위험의 발생을 요건으로 한다는 입장에 우호적인 것으로 이해된다.[251)]

여천엔씨씨주식회사 사건의 대법원 2005. 9. 30. 선고 2002두7425 판결이 「사람의 생명과 신체의 안전이 구체적으로 위협받는다고 할 것이므로 위 동력부문은 위 법조항 소정의 안전보호시설」이라는 취지의 원심판결을 정당하다고 판단한 것은 안전보호시설방해죄가 구체적 위험의 발생을 그 구성요건으로 한다는 점을 명시한 것으로 이해할 수 있다. 다만, 어떠한 이론구성을 취하였는지는 분명하지 아니하다.

8. 안전보호시설 담당자

(1) 쟁 점

안전보호시설의 유지·운영을 중단하지 못하도록 요구하고 있는 노노법 제42조 제2항은 안전보호시설의 유지업무에 종사하는 근로자(안전보호시설 담당자, 안전요원)는 쟁의행위를 할 수 없도록 하는 취지인가?

(2) 우리나라의 논의

① 금 지 설

안전보호시설 담당자는 쟁의행위가 금지된다는 견해이다. 다만, 이 견해도 전면적 금지를 주장하는 것으로는 보여지지 아니하여 결국에는 아래 ②의 견해와 크게 다르지 아니하다고 여겨진다.

---

251) 위 판례집 17-1, 812, 827.

·'시설'이라 함은 물적인 것(설비)뿐만 아니라 그것을 움직이는 사람까지 포함하는 것이므로 인명·인체에 대한 위험을 초래할 수 있는 시설의 담당자로 판단되는 경우에는 쟁의행위가 제한된다.[252]

·안전보호시설 작업부서에 근무하는 근로자는 쟁의행위중이라도 작업을 거부하거나 태만히 할 수 없다.[253]

② 허 용 설

안전보호시설을 담당하는 사람이라도 쟁의행위를 할 수 있다는 견해이다.

- 견해의 내용

·안전보호시설에 종사하는 근로자중 평소의 시설운영에 비추어 정상적인 유지·운영에 필요한 인원이 쟁의행위에 참여하지 않아야 함을 의미한다.[254]

·안전보호시설의 유지업무에 종사하는 근로자라고 하더라도 노동조합의 주도하에서 교대제(交代制) 등의 방법을 통하여 당해 시설의 유지가 확보되는 한 나머지 근로자는 쟁의행위에 참가할 수 있다.[255]

- 논거

·노조법 제42조 제2항의 취지는 안전보호시설의 유지를 확보함으로써 생명·신체의 안전과 물적 안전을 보호하려는 데 있는 것이지, 근로자의 쟁의행위를 금지하는 데 있는 것이 아니다.[256]

·그렇지 않으면 안전보호시설의 유지업무에 종사하는 근로자의 쟁의행위가 전면금지되는 결과가 될 우려가 있다.[257]

(3) 일본의 논의

1) 일본에서는 보안요원(안전보호시설의 유지업무에 종사하는 근로자에 해당)은 쟁의행위를 할 수 있는가 하는 관점보다는 필수적으로 남겨

252) 행정해석(1991. 10. 10. 노사 32281-15050).

253) 김수복, 사례해설, 667면. 다만, 반드시 금지설을 취한 것인지는 분명하지 아니하다.

254) 행정해석(2003. 11. 4. 노조 68110-572).

255) 김유성, 노동법, 253-254면.

256) 김유성, 노동법, 254면.

257) 김유성, 노동법, 254면.

야 하는 보안요원의 범위가 어디까지인가 하는 쟁점으로 논의가 되고 있다. 즉, 보안요원이라는 이유만으로 쟁의행위가 금지되는 것은 아니라는 것을 전제로 하고 있다.

2) 일반적으로 객관적으로 보아 당해 시설의 정상적인 유지운행에 필요한 최소한도의 인원을 제공하면 위법하지 않다고 한다.[258)]

'松浦炭鑛事件'에서 長岐地裁佐世保支部判決[259)]은 위 점을 명백히 한 판결로서, 회사가 요구한 보안요원 129명 중 불필요한 17명을 뺀 112명의 요원을 제공한 것은 필요한 최소한도의 보안요원의 차출을 거부한 것이 아니어 노조법 제36조에 위반되지 않는다고 판시하였다.

3) 이와 관련하여 보안요원을 다른 근로자로 대체하고 파업에 돌입한 경우 위 조항에 위반되는지의 문제가 있다.

일반적으로 보안요원은 전문적 기능·지식을 가지고 있고 일정한 자격이 요구되는 경우도 있다. 만일 위와 같은 기능·지식이나 자격을 가지지 않은 일반 근로자에게 보안업무를 인계시키고 보안요원이 파업에 참여한 경우에는 노조법 제36조에 위반될 가능성이 높다고 한다.[260)]

그러나 구체적 위험설의 입장에서는 위와 같은 경우라도 제반 사정을 '구체적·종합적으로 관찰하여' 위험이 구체적으로 존재하는가 여부에 따라 결론을 달리한다. 앞서 본 東亞石油事件의 東京地裁判決은 조업이 전면적으로 중단된 상태이기 때문에 보안요원에 의하지 않으면 사고가 발생할 가능성은 대폭 감소되었다는 등의 이유로 비조합원, 하청업체 직원이 보안업무를 인수하더라도 위험하지 않다고 판시하였다.[261)]

이에 반하여 앞서 본 井華鑛業江奔別鑛業所事件의 札幌高裁判決은 다른 조합에서 보안을 확보하리라고 믿었으나 실제로 보안업무를 인계하지는 않은 채 배수펌프담당 보안요원을 파업에 참가하도록 한 행위는 노조법 제36조의 취지에 명백히 저촉된다고 판시하였다. 인명에 대

258) 노동판례대계 40頁; 주석 노동조합법, 637頁.

259) 長岐地裁佐世保支部判決 昭 25. 11. 20. 勞民集 1卷 6号.

260) 노동판례대계 41頁.

261) 노동판례대계 42頁 참조.

한 구체적 위험의 발생을 요하지 않는다는 입장에 서면 이러한 결론에 이르게 된다.[262)]

4) 나아가 일본 노조법 제36조는 인명의 안전보지를 목적으로 하기 때문에 광산파업에 있어 갱내에 아무도 없는 경우에는 보안요원을 전원 철수시켜도 위 조항에 위반되지 않는다고 하는 판결이 있다.[263)]

(4) 사 견

이 쟁점은 안전보호시설의 유지·운영이 정상적으로 이루어지는가를 기준으로 판단히여야 한다. 즉, 안선시설 담당자의 일부가 쟁의행위에 참석하더라도 남은 인원으로 충분히 안전보호시설의 정상적인 유지·운영이 이루어진다면, 위 쟁의행위를 금지할 수 없다고 보아야 한다. 대체인원의 투입도 같은 기준에서 판단할 수 있다.

앞서 본 일본판례들도 이러한 관점에서 이해할 수 있다.

9. 범죄의 주체

(1) 안전보호시설 담당자만인가

1 안전보호시설방해죄는 안전보호시설 담당자만이 범죄의 주체로 되는 신분범이라는 견해가 있을 수 있다(대상결정의 사안에서 청구인들의 주장임).

2 그러나 안전보호시설방해죄는 안전보호시설의 정지·폐지·방해행위에 초점이 있는 것으로서 그 행위자가 누구인가는 문제로 되지 않는다.[264)] 따라서 안전보호시설방해죄는 신분범이 아니고 누구든 위와 같은 행위를 하게 되면 범죄가 성립한다고 보아야 한다.

다만, 위와 같은 행위가 부작위의 형태로 이루어질 경우에는 작위의무가 있는 안전보호시설 담당자만이 범죄의 주체로 될 수 있고, 이 한에서 안전보호시설방해죄는 신분범이 된다. 그러나 이는 안전보호시설방해죄의 특성에 따른 것이 아니라 부작위범이라는 특성에 따른 것일 뿐이다.

---

262) 노동판례대계 42頁 참조.

263) 樋口鑛業事件, 福岡地裁飯塚支部判決 昭 29. 1. 19. 勞民集 5卷 1号.

264) 대상결정의 사안에서 전라남도지사의 의견도 같다.

(2) 근로자에 한하는가

노노법 제42조 제 2 항이 「… 행위는 쟁의행위로서 이를 행할 수 없다」라고 하고 있는데, 이는 근로자만이 안전보호시설방해죄의 주체가 된다는 취지를 규정한 것은 아니다. 근로자이든 아니든 안전보호시설의 유지 · 운영을 정지 · 폐지 · 방해하는 행위를 할 수 없으며, 이에 위반되면 노노법 제91조 제 1 호에 의하여 처벌된다는 것이 안전보호시설조항의 취지이다. 위 조항에서 '쟁의행위'를 언급한 것은 위와 같은 행위는 쟁의행위라는 이유로도 적법화되지 않는다는 것을 선언한 취지에서이다.

10. 결 어

(1) 논의의 요약

이상의 논의를 요약하면 다음 표와 같다.

쟁 점	견 해	사 견
안전보호객체	1 물적 보호 포함	
	2 인적 보호 한정	○
안전의 주체	1 사업장 구성원	
	2 사업장 이용자	
	3 일반적 제 3 자 포함	○
안전보호 목적 요부	1 목적 필요	○
	2 목적 불요	
인적 시설 포함 여부	1 포함	
	2 불포함	○
구체적 위험 발생의 요부	1 위험 발생 불요	
	2 추상적 위험 발생 필요	
	3 구체적 위험 발생 필요	○
안전보호시설 담당자	1 쟁의금지	
	2 쟁의허용(제한적 허용)	○
범죄주체	1 신분범 (시설담당자, 근로자만)	
	2 비신분범 (누구든)	○

(2) 안전보호시설조항의 해석

이상의 논의를 바탕으로 노노법 제42조 제2항을 해석하면 다음과 같다.

> 사업장에 설치되어 있거나 사업장과 관련된 시설로서,[265] 사업장의 내외를 불문하고 사람의 생명·신체에 대한 안전을 보호하기 위한 물적 시설[266]에 대하여, 위 안전에 구체적 위험[267]이 발생하도록 정상적인 유지·운영을 정지·폐지 또는 방해하는 행위[268]는 쟁의행위로서 이를 행할 수 없다.

V. 결 론

이상의 논의에서 본 바와 같이 안전보호시설조항에 관하여는 견해의 대립이 있을 수 있는 여러 가지 쟁점이 존재한다. 대상결정의 반대의견은 이를 중시하여 안전보호시설조항이 명확하지 않다고 판단한 것으로 보인다.

그러나 안전보호시설조항의 법률문언, 입법목적, 입법연혁 및 법규범의 체계적 구조 등으로부터 그 의미내용을 확정하는 합리적인 해석기준을 찾을 수 있고 이러한 기준에 따라 위 각 쟁점에 대한 판단을 충분히 내릴 수 있다고 볼 수 있으며, 그 구체적 해석결과는 앞서 본 바와 같다. 대상결정의 다수의견은 이러한 토대 위에서 이해될 수 있다.

대상결정에 의하여 헌법에 위반되지 아니하는 것으로 확인된 안전보호시설조항에 따라, 당해사건을 담당하는 법원으로서는 구체적인 사실 인정을 통하여 유죄 여부를 판단할 수 있을 것이다.

대상결정은 명확성 판단에 하나의 기준을 제시한 것으로 평가될

265) '사업장의'에 대한 해석.

266) '안전보호시설'에 대한 해석.

267) 구체적 위험범을 전제로 하는 것이 아니라, 정지·폐지·방해의 개념해석의 결과이다.

268) '정상적인 유지·운영을 정지·폐지 또는 방해하는 행위'에 대한 해석.

수 있다. 그러나 그 판단기준이 구체적으로 완성되었다고 할 수는 없다. 대상결정에 반대의견이 존재한다는 사실 자체가 대상결정의 다수의견이 제시한 기준에 의하더라도 명확성 여부가 반드시 명백한 것은 아니라는 점을 나타내고 있기 때문이다. 그럼에도 불구하고 적어도 대상결정이 명확성의 판단기준을 보다 구체화한 의미가 있음은 부인할 수 없다.

무면허 의료행위에 있어서의 의료행위의 개념

황 만 성*

[대상판결 1] 헌법재판소 2005. 5. 26. 선고 2003헌바86 판결 (전원재판부)

[사건의 개요]

(1) 청구인은 1993년부터 1995년까지 중국 요녕성의 중의연구원 침술반에서 공부하여 1995년에 중국 침술자격증을 취득하고, 2000. 1. 17. 한국대체의학자격검정관리총연합에서 실시하는 침구(鍼灸)전문인 자격검정시험에 합격한 후 서울 강동구 ○○동 339의 22 지하 1층에서 '○○침술원'을 운영하여 왔다.

(2) 청구인은 보건복지부장관으로부터 면허를 취득한 의료인이 아니면 의료행위를 할 수 없음에도 불구하고, 2000. 4. 22.경부터 2001. 11. 12.경까지 사이에 위 침술원에서 침구류(鍼灸類) 등 각종 의료기구를 설치해 놓고 환자들에게 침시술 등 의료행위를 하였다는 범죄사실로 기소되어 서울지방법원 동부지원(2002고단4328)에서 벌금 100만 원을 선고받고, 서울지방법원(2003노3326)에 항소하였으나 기각되었다.

(3) 이에 청구인은 대법원에 상고(2003도3916)하는 한편, 그 재판계속중 의료법 제2조 제1항, 제2조 제2항 제3호, 제25조 제1항 본문의 전단부분, 제60조 제1항, 제66조 제3호 중 제25조 제1항 본문의 전단에 관한 부분에 대하여 위헌심판제청신청(2003초기304)을 하였으나, 2003. 9. 26. 대법원이 위 신청 및 상고를 모두 기각하자, 같은 해 10. 17. 이 사건 헌법소원심판을 청구하였다.

---

* 한국형사정책연구원 부연구위원, 법학박사.

[결정요지]

1. 의료인이 아닌 자의 의료행위를 금지 · 처벌하는 구 의료법(2002. 3. 30. 법률 제6686호로 개정되기 전의 것, 이하 '법'이라 한다) 제25조 제1항 본문의 전단부분 및 제66조 제3호 중 제25조 제1항 본문의 전단에 관한 부분(이하 위 조항들은 '이 사건 법률조항'이라 한다)이 의료인이 아닌 자의 의료행위를 전면적으로 금지한 것은 매우 중대한 헌법적 법익인 국민의 생명권과 건강권을 보호하고 국민의 보건에 관한 국가의 보호의무(헌법 제36조 제3항)를 이행하기 위하여 적합한 조치로서, 위와 같은 중대한 공익이 국민의 기본권을 보다 적게 침해하는 다른 방법으로는 효율적으로 실현될 수 없으므로, 직업선택의 자유 등 기본권의 제한은 비례의 원칙에 부합하는 것으로서 헌법적으로 정당화된다.

2. 청구인은 이 사건 법률조항 또는 법 어디에도 의료행위(한방의료행위 포함)의 정의를 규정하지 않은 채로 이 사건 법률조항에서 의료인이 아닌 자에게 의료행위를 금지함으로써 침구시술행위가 의료행위에 포함되는 것으로 해석되어 금지되고 처벌되는 결과를 초래하였다 하여 이 사건 법률조항 중 "의료행위" 부분이 죄형법정주의의 명확성원칙에 위반된다고 주장하나, 법의 관련규정, 의료행위의 개념에 관한 대법원판례 및 한방의료행위의 개념에 관한 헌법재판소의 결정 등을 종합하여 보면, 침구시술행위는 의료행위 특히 한방의료행위에 포함되고, 의료행위 또는 한방의료행위의 개념은 건전한 일반상식을 가진 자에 의하여 일의적으로 파악되기 어렵다거나 법관에 의한 적용단계에서 다의적으로 해석될 우려가 있다고 보기도 어려우므로, 결국 이 사건 법률조항 중 "의료행위" 부분이 죄형법정주의의 명확성원칙에 위반된다고 볼 수 없다.

3. 청구인은 이 사건 법률조항은 법 제60조 제1항에 의한 기존의 의료유사업자가 아닌 이상 의료인이 아닌 자의 의료행위를 금지 · 처벌

하고 있는바, 이는 기존의 의료유사업자 이외의 자를 기존의 의료유사업자에 비하여 불합리하게 차별하는 규정으로서 평등의 원칙에 위반된다는 취지로 주장하나, 법 제60조 제1항에서 기존의 침구사 등 의료유사업자에게 시술행위를 허용한 것은 침구사제도를 폐지하여 한의사가 의료행위로서 침구시술행위를 하도록 하는 과정에서 기존의 침구사 등 의료유사업자의 기득권을 보호하기 위하여 이들 역시 침구시술 등을 할 수 있도록 허용한 데 지나지 아니한 것이므로, 이 사건 법률조항이 기존의 의료유사업자 이외의 자에게는 위와 같은 시술행위를 금한다고 하더라도 이는 합리적인 이유가 있는 차별로서 평등원칙에 위반되지 아니한다.

[대상판결 2] 대법원 2004. 10. 28. 선고 2004도3405 판결

[사실관계]

피고인이 찜질방 내에 침대, 부항기 및 부항침 등을 갖추어 놓고 찾아오는 사람들에게 아픈 부위와 증상을 물어 본 다음 양손으로 아픈 부위의 혈을 주물러 근육을 풀어주는 한편, 그 부위에 부항을 뜬 후 그 곳을 부항침으로 10회 정도 찌르고 다시 부항을 뜨는 방법으로 치료를 하여 주고 치료비 명목으로 15,000원 또는 25,000원을 받은 행위에 대하여, 의료법 제25조 제1항, 보건범죄단속에관한특별조치법 제5조 위반으로 기소되었다.

[대법원 판결의 요지]

[1] 의료행위라 함은 의학적 전문지식을 기초로 하는 경험과 기능으로 진료, 검안, 처방, 투약 또는 외과적 시술을 시행하여 하는 질병의 예방 또는 치료행위 및 그 밖에 의료인이 행하지 아니하면 보건위생상 위해가 생길 우려가 있는 행위를 의미한다.

[2] 부항 시술행위가 광범위하고 보편화된 민간요법이고, 그 시술로 인한 위험성이 적다는 사정만으로 그것이 바로 사회상규에 위배되지 아니하는 행위에 해당한다고 보기는 어렵고, 다만 개별적인 경우에

그 부항 시술행위의 위험성의 정도, 일반인들의 시각, 시술자의 시술의 동기, 목적, 방법, 횟수, 시술에 대한 지식수준, 시술경력, 피시술자의 나이, 체질, 건강상태, 시술행위로 인한 부작용 내지 위험발생 가능성 등을 종합적으로 고려하여 법질서 전체의 정신이나 그 배후에 놓여 있는 사회윤리 내지 사회통념에 비추어 용인될 수 있는 행위에 해당한다고 인정되는 경우에만 사회상규에 위배되지 아니하는 행위로서 위법성이 조각된다.

[3] 부항 시술행위가 정당행위에 해당하지 아니한다고 한 사례.

〔연　　구〕

Ⅰ. 문제 제기

의료법 제25조 제1항 본문에 의하면 「의료인이 아니면 누구든지 의료행위를 할 수 없으며, 의료인도 면허된 이외의 의료행위를 할 수 없다」라고 규정되어 있고, 같은 법 제66조에는 위 규정에 위반한 자는 5년 이하의 징역 또는 2,000만원 이하의 벌금에 처하도록 규정되어 있다. 다시 위 규정에 대한 특별법으로서 보건범죄단속에관한특별조치법 제5조에 의하면 「의료법 제25조의 규정을 위반하여 영리를 목적으로 의사가 아닌 자가 의료행위를, 치과의사가 아닌 자가 치과의료행위를, 한의사가 아닌 자가 한방의료행위를 업으로 한 자는 무기 또는 2년 이상의 징역에 처한다. 이 경우에는 100만원 이상 1,000만원 이하의 벌금을 병과한다」라고 규정되어 있다.

이와 같은 규정들의 입법취지는, 의료인자격이 없는 자가 함부로 의료행위를 함으로써 국민의 건강과 보건에 위해를 가져오는 일이 없도록 하기 위한 것이다. 그러나 위 규정들에서 말하는 「의료행위」란 무엇을 의미하며, 그 범위는 어디까지인가에 관하여는 실정법상 아무런 정의가 내려져 있지 아니하며, 의학상으로도 그 확정된 개념의 정립은 되어 있지 아니하다. 그리하여 구체적인 사건에서 그 행위가 과연 위

법규정들에서 말하는 「의료행위」에 해당하는가의 여부는 자주 다투어지는 문제이다.

뿐만 아니라 의료인이라 하더라도 의료인별로 그에게 면허된 범위 이외의 의료행위를 한 경우에는 역시 무면허의료행위로 보아 위와 같은 처벌을 하고 있는 바(의료법 제25조 제1항 본문 후단), 여기서 각 의료인별로 면허된 의료행위의 범위에 관하여도 명확한 규정은 없다. 의료법 제2조 제1항에서 의료인으로 의사, 치과의사, 한의사, 조산사, 간호사의 5종을 두고, 제2항에서 각 의료인별 임무로 「의사는 의료와 보건지도에」, 「치과의사는 치과의료 및 구강보건지도에」, 「한의사는 한방의료에」, 「조산사는 조산과 임부·해산부·산욕부 및 신생아에 대한 보건과 양호지도에」, 「간호사는 상병자 또는 해산부의 요양상의 간호 또는 진료의 보조 및 대통령령이 정하는 보건활동에」 각 종사함을 임무로 한다고 규정하고 있으나, 그 구체적인 내용과 범위에 관하여는 법률상 규정한 바가 없으므로 이 점에 관하여도 애매한 문제점들이 많다.

의료행위의 개념의 확정은 의료법 및 보건범죄단속에관한특별조치법에서 무겁게 처벌하고 있는 무면허의료행위의 핵심적 구성요건요소로서 매우 중요한 의미를 가지고 있으며, 공인된 醫業類似行爲와 금지된 醫業類似行爲와의 한계를 설정하는 기준이 될 수 있다.[1)]

이하에서는 의료행위의 개념에 관한 판례의 변천과 더불어 구체적 사례에서의 판례의 입장을 살펴보고, 무면허 의료행위에 있어서의 의료행위의 개념을 검토하기로 한다.

Ⅱ. 의료행위의 개념에 관한 판례의 변천

1. 의료행위의 개념의 개방성

의료법 제12조는 "의료인이 행하는 의료·조산·간호 등 의료기술의 시행"이라고 하고 있을 뿐이어서 실질적으로 의료행위의 개념에 관

1) 형법과 관련하여 의료행위의 개념이 주로 논의되는 것은 정당한 의료행위로서 형법상 허용되기 위한 일반적 요건 내지 기준의 확정에 관한 것이라고 할 수 있지만, 여기에서는 논외로 하기로 한다.

하여는 그 해석을 법원에 일임하고 있다. 이와 같이 의료법 등에서 의료행위에 대하여 어떠한 실질적인 정의규정을 두고 있지 않은 것은 "의학·의술의 진보에 따른 유동적이고 다의적인 일반적 추상적인 정의를 법문상 명시하는 것은 곤란하다는 점 등을 고려한 것으로서, 국가가 획일적·법칙적인 기준을 설정해서 의료행위의 내용에 간섭하는 것은 원하지 않는다"는 것을 고려한 것이라고 볼 수 있다.[2] 이 개념은 의학의 발달과 사회의 발전 등에 수반하여 변화될 수 있는 것이어서 의료법의 목적, 즉 의학상 전문지식이 있는 의사가 아닌 일반사람에게 어떤 시술행위를 하게 함으로써 사람의 생명, 신체상의 위험이나 일반 공중위생상의 위험이 발생할 수 있는 여부 등을 감안한 사회통념에 비추어 의료행위 내용을 판단하여야 한다는 것이다.[3]

이와 같이 개방적 구성요건요소로서의 의료행위의 개념은 해석을 통하여 확정될 수 있을 것이다. 그러나 현재 의료행위의 의의에 관한 학설의 내용은 주로 의료행위 자체의 형법적 취급에 관련된 것이 대부분이다.[4] 즉, 의료행위가 신체침습행위로서 범죄를 구성하는가의 여부에 관한 논의과정에 초점이 모아져 있는 실정이므로 이를 무면허 의료행위에 있어서의 개념 정의에 그대로 적용하기에는 다소 무리가 있어 보인다.[5]

따라서 무면허 의료행위에 있어서의 의료행위의 개념은 구체적인 판례를 통하여 정립될 수밖에 없는 것이므로 판례의 입장은 매우 중요

2) 이재석, "의료행위의 형법적 평가," 대구법학 제 4 호, 68면.

3) 박종문, "의료법 제25조 제 1 항 소정의 의료행위의 의미 및 암 등 난치성 질환을 앓는 환자에게 찜질기구를 주어 그 환자로 하여금 직접 환부에 대고 찜질을 하게 한 행위가 의료법 제25조 제 1 항 소정의 의료행위에 해당하는지 여부," 대법원 판례해설 제35호, 2000. 9, 1039면.

4) 의료행위의 개념과 관련하여 "치료의 목적으로 의술의 법칙에 따라 행하여지는 신체침습행위를 말한다"고 정의를 내리고 있는 입장(이재상, 형법각론, 박영사, 2000, 48면) 등이 이에 해당한다.

5) "무자격자의 의료행위에 대해서는 무면허의료행위죄인 점에서 관련법규의 위반(의료법 제25조)으로 처벌하고 있지만 진료행위 그 자체는 형법상 적법으로 되어 상해죄 등의 범죄성립이 부정"된다는 입장(이재석, 앞의 논문, 68면)도 의료행위의 개념이 논의대상에 따라 다를 수 있다는 입장인 것으로 생각된다.

하다고 할 것이다. 의료행위의 개념에 관하여 판례는 몇 차례의 변천을 거쳐 왔는데, 이에 관하여는 항을 바꾸어서 살펴보기로 한다.

2. 의료행위의 개념에 관한 판례의 변천

(1) 협의의 「질병의 예방과 치료행위」라고 보는 입장

먼저, 행위의 실질에 착안하여, 의료행위란 「질병의 예방과 치료행위」라고 정의하는 입장이다. 즉 대법원 1972. 3. 28. 선고 72도342 판결은 치과의사인 피고인이 (일반)의사면허 없이 곰보수술, 눈쌍꺼풀수술, 콧날세우기 등의 미용성형수술을 한 사건에서, 「미용성형수술은 의료의 기초적이고 초보적인 행위이기 때문에 일반의사든지 치과의사든지 간에 메스를 넣고 치료를 할 수 있는 기술을 가진 사람이면 누구나 할 수 있는 행위이기는 하지만(이러한 의미에서 의료행위에 준하는 행위라고 하겠다) 질병의 예방 또는 치료행위가 아니므로 의학상 의료행위에 속하는 것이라 할 수 없으므로 따라서 치과의사는 물론 일반의사도 위와 같은 미용성형수술을 그들의 본래의 의료행위로서 실시하는 것이 아님이 명백하다 할 것인즉, 이와 같이 의료행위에 속하지 않는 미용성형수술을 행한 자에 대하여는 의료법 제19조 제 2 항의 품위손상행위로서 치과의사나 일반의사의 업무의 정지 등 행정조치를 함은 별론이거니와 이 사건 미용성형수술이 오직 일반의사에게만 허용되는 의료법 제25조 소정의 의료행위에 속하는 것이라고 단정할 수 없다는 취지에서 피고인이 일반의사의 면허 없이 위와 같은 성형수술을 하였다고 하더라도 의사가 아니면서 의료행위를 한 것이라고 할 수 없으니 이는 의료법 제25조 위반의 죄가 될 수 없다」고 판단한 원심의 조치에 잘못이 없다고 판시함으로써, 의료행위를 행위의 실질에 착안하여 「질병의 예방 또는 치료행위」라고 정의하고, 미용성형수술은 이에 해당하지 않으므로 의료행위가 아니고 따라서 (일반)의사의 면허 없이 그 수술을 하더라도 무면허의료행위로 처벌할 수 없다고 한 것이다. 의료행위의 정의에 관한 위와 같은 해석은 그 후 대법원 1978. 9. 26. 선고 77도3156 판결과

1981. 11. 22. 선고 80도2974 판결에서도 그대로 답습되고 있다.

(2) 광의의 「질병의 예방과 치료행위」라고 보는 입장

다음으로, 의료행위의 의의는 앞의 판례와 같이 질병의 예방과 치료행위라고 하면서도, 의료행위의 내용에 관하여는 의료법의 목적을 감안한 사회통념에 비추어 판단하여야 한다는 입장이 있다.

즉 대법원 1974. 2. 26. 선고 74도1114 판결(전원부)은 의사가 아닌 자가 코높이기 성형수술을 한 사건에서 「살피건대, 구 의료법 제25조의 규정에 의하면 의사가 아니면 의료행위를 하지 못하게 되어 있고 의료행위라고 함은 질병의 예방이나 치료행위를 하는 것을 말하는 것으로서 풀이하여 보면 의학의 전문적지식을 기초로 하는 경험과 기능으로서 진찰, 검안, 처방, 투약 또는 외과수술 등의 행위를 말하는 것이라고 할 것인바, 이는 의사의 의료행위가 고도의 전문적지식과 경험을 필요로 함과 동시에 사람의 생명, 신체 또는 일반공중위생에 밀접하고 중대한 관계가 있기 때문에 의료법은 의사가 되는 자격에 대한 엄격한 요건을 규정하는 한편 구 의료법 제25조에서 의료행위를 의사에게만 독점허용하고 일반인이 이를 하지 못하게 금지하여 의사 아닌 사람이 의료행위를 함으로써 생길 수 있는 사람의 생명, 신체나 일반공중위생상의 위험을 방지하고자 함에 그 목적이 있는 것이라 할 것이다. 그러나 의료행위의 내용에 관하여는 이에 관한 정의를 내리고 있는 법조문이 없으므로 결국은 구체적 사안에 따라 이를 정할 수밖에 없는 것인바, 위의 개념은 의학의 발달과 사회의 발전 등에 수반하여 변화될 수 있는 것이어서 앞에서 말한 의료법의 목적 즉 의학상의 전문지식이 있는 의사가 아닌 일반사람에게 어떤 수술행위를 하게 함으로써 사람의 생명, 신체상의 위험이나 일반공중위생상의 위험이 발생할 수 있는 여부 등을 감안한 사회통념에 비추어 의료행위의 내용을 판단하여야 할 것이다」라고 판시한 다음, 피고인의 시술 당시 이미 의사들이 성형수술을 시행하고 있었고 성형외과협회까지 생기고 있었던 의학계의 실정과 시술방법이 의료기술에 의하여 행하여지고 또 그 과정에 인체에의 위험

을 내포하고 있는 점 등을 감안하여, 이미 발생한 상처의 치료 이외에 성형수술도 치료행위의 범주에 넣어 의료행위가 되는 것으로 판단함으로써, 위 대법원 1972. 3. 28. 선고 72도342 판결을 폐기하고 성형수술의 의료행위성을 인정한 것이다.

이 판례는 의료행위의 의의에 대하여는 앞의 판례와 같이 「질병의 예방과 치료행위」라고 하면서도, 의료행위의 내용에 있어서는 「의료법의 입법목적을 감안한 사회통념에 의하여 판단」하여야 한다고 보아, 앞에서 본 판례의 입장보다는 의료행위의 범위를 넓혀 간 것이나, 뒤에 소개하는 판례로 넘어가는 과도기적인 판례라 평가될 수 있다.

(3) 의료법의 입법목적에 충실한 입장

의료행위의 의의를 의료법 제25조의 입법목적에 비추어 해석하여, 「의료인이 행하지 아니하면 보건위생상 위해가 생길 우려가 있는 행위」라고 정의하는 입장이 있다. 즉 대법원 1978. 5. 9. 선고 77도2191 판결은 지압방법에 의한 치료행위에 대하여, 「의료법 제25조에서 말하는 의료행위라 함은 의료인이 행하지 아니하면 보건위생상 위해를 생할 우려가 있는 행위를 말한다 할것인바, 의료인으로서 갖추어야 할 의학상 지식과 기능을 갖지 않는 피고인이 지두(指頭)로서 환부를 눌러 교감신경을 자극하여 그 흥분상태를 조정하는 소위 지압의 방법으로 원판시와 같이 소아마비, 신경성위장병 환자 등에 대하여 치료행위를 한 것은 생리상 또는 보건위생상 위험이 있다고 보아야 하고, 이와 같은 경우에는 피고인의 위소위를 위 법 소정의 의료행위로 봄이 상당하다」고 판시한 것이 그것이다. 이러한 해석은 언어장애자에 대한 교정시술에 관한 대법원 1979. 5. 22. 선고 79도612 판결과 같은 사례에 관한 대법원 1981. 7. 28. 선고 81도835 판결에서 그 취지가 반영되고 있다.

(4) 질병의 예방·치료 및 보건위해상 우려가 있는 행위로 보는 입장

대법원 1999. 3. 26. 선고 98도2481 판결 이후 검토대상 판례인 2004도3405 판결에 이르기까지, 의료행위라 함은 「의학적 전문지식을 기초로 하는 경험과 기능으로 진료, 검안, 처방, 투약 또는 외과적 시술을 시행하여 하는 질병의 예방 또는 치료행위 및 그 밖에 의료인이 행하지 아니하면 보건위생상 위해가 생길 우려가 있는 행위를 의미한다」라고 판시하고 있다. 이러한 판례의 태도는 종전의 판례가 취하였던 '질병의 예방 또는 치료행위'의 내용으로 파악하였든지 또는 의료행위 그 자체로 파악하였든지 간에 '의료인이 행하지 아니하면 보건위생상 위해가 생길 우려가 있는 행위'를 포함하고 있다는 점에서 그 내용에 관하여는 큰 차이를 보이고 있지는 않다. 다만, 의료행위의 개념을 정하는 데 있어 '질병의 예방 또는 치료행위'와 병렬적으로 '의료인이 행하지 아니하면 보건위생상 위해가 생길 우려가 있는 행위'를 의료행위의 개념에 포함시키고 있다는 점에서 종래의 판례와 차이를 보이고 있다.

대법원 1999. 6. 25. 선고 98도4716 판결 대법원 2000. 2. 22. 선고 99도4541 판결, 대법원 2000. 4. 25. 선고 98도2389 판결, 대법원 2001. 12. 28. 선고 2001도6130 판결, 대법원 2002. 6. 20. 선고 2002도807 전원합의체 판결, 대법원 2003. 5. 13. 선고 2003도939 판결 및 대법원 2003. 9. 5. 선고 2003도2903 판결 등이 이러한 유형에 해당한다.

3. 검　토

의료행위의 개념에 관한 판례의 입장은 기본적으로 '질병의 예방 또는 치료행위'와 '의료인이 행하지 아니하면 보건위생상 위해가 생길 우려가 있는 행위'를 의료면허가 필요한 의료행위에 포함시킬 것인지의 여부에 관한 것이라고 볼 수 있다. 협의의 「질병의 예방과 치료행위」라고 본 72도342 판결을 제외하고는 이후의 판결은 모두 '의료인이 행하지 아니하면 보건위생상 위해가 생길 우려가 있는 행위'를 의료행위의 개념에 포함시키고 있다. 이러한 판례의 입장들은 의료면허제도를 두고 있는 의료법의 입법취지를 고려한 입장이라고 할 수 있다.

"의료인이 행하지 아니하면 보건위생상 위해가 생길 우려가 있는 행위(이하에서는 '보건위생상 위해행위'라고 한다)"를 의료행위의 개념에 포함시키고 있는 입장에서도 "질병의 예방 또는 치료행위(이하에서는 '예방치료행위'라고 한다)"와의 관계에 관하여는 다른 접근을 하고 있는데, '질병의 예방 또는 치료행위'의 내용으로 포함시키고 있거나('(2)' 유형의 판결), '질병의 예방 또는 치료행위'와는 별개의 유형으로 파악하여 병립적인 관계로 이해하는 입장('(4)' 유형의 판결)이 있다.

의료행위의 구체적인 내용으로서 '치료행위'는 환자의 용태를 진찰하여 병상과 병명을 규명, 판단한 후, 이에 적합한 약품을 조제, 공여, 시술하는 것으로서, 그 진찰방법은 문진(용태, 증상을 질문하여 진단하는 것), 시진(환자와 환부를 눈으로 관찰하여 진단하는 것), 청진(환부에 청진기를 대고 들어서 진단하는 것), 타진(환부를 두드려 보고 진단하는 것), 촉진(환부를 손으로 만져보고 진단하는 것) 및 각종 검사를 의미한다고 할 것이다. 한편, '보건위생상 위해행위'는 사람의 생명, 신체나 공중위생에 대하여 위해를 발생케 할 우려가 있는 행위로서 그 자체가 질병의 예방 또는 치료행위에 한정될 필요는 없는 것이라 할 것이다.

이러한 점에서 '예방치료행위'와 '보건위생상 위해행위'는 독자의 개념으로서 파악하는 것이 타당할 것이다. 이러한 해석에 의할 때, 최근의 판례에서 의료행위의 개념에 양자를 모두 포함시키는 것으로 보는 것은 의료행위의 개념을 가장 넓게 해석하는 것이 될 것이다.[6]

Ⅲ. 판례를 통하여 본 구체적 사례

1. 의료행위로 인정한 사례

(1) 주사기에 의한 약물투여 등의 주사

허리통증을 치료해 주기 위하여 두 차례에 걸쳐 약품인 누바인을 1회용 주사기에 넣어 우측 팔꿈치 정맥에 주사한 사례에서, 주사는 그 약물의 성분, 그 주사기의 소독상태, 주사방법 및 주사량 등에 따라 인

6) 대법원이 의료행위를 "보건위생상 위해가 생길 우려가 있는 행위"까지 포함되는 것으로 정의하면, 의학의 사회적 적용 또는 의술과 관련이 없는 분야에까지 그 범위가 무한히 확대될 수 있으므로 부당하다고 비판하는 입장(추호경, 의료과오론, 1992, 23면)도 같은 전제를 하고 있는 것으로 이해할 수 있다.

체에 위해를 발생시킬 우려가 높고 따라서 이는 의학상의 전문지식이 있는 의료인이 행하지 아니하면 보건위생상 위해가 생길 우려가 있는 행위임이 명백하므로 의료행위에 포함된다고 보고 있다(대법원 1999. 6. 25. 선고 98도4716 판결).

(2) 침술행위

침술행위는 경우에 따라서 생리상 또는 보건위생상 위험이 있을 수 있는 행위임이 분명하므로 현행 의료법상 한의사의 의료행위(한방의료행위)에 포함되는 것으로 보는 것이 법원의 일관된 입장이다(대법원 1999. 3. 26. 선고 98도2481 판결).

침술행위에 대하여는 같은 취지의 대법원 1997. 5. 23. 선고 97도354 판결, 1994. 12. 27. 선고 94도78 판결, 1996. 7. 30. 선고 94도1297 판결 등이 있다. 또한, 시각장애자 및 안마사가 안마, 마사지 등을 넘어서 침술행위를 한 경우 의료행위에 해당한다고 한다(대법원 1992. 9. 8. 선고 92도1221 판결).

한편, 침술행위와 관련하여서는 외국에서 침구사자격을 취득하였지만 국내의 면허자격을 갖지 못한 자가 행한 침술행위도 의료법상 무면허 의료행위에 해당한다고 한 사례도 있다(대법원 2002. 12. 26. 선고 2002도5077 판결). 또한, 자격기본법에 의한 민간자격관리자로부터 대체의학자격증을 수여받은 자가 사업자등록을 한 후 침술원을 개설하였다고 하더라도 국가의 공인을 받지 못한 민간자격을 취득하였다는 사실만으로는 자신의 행위가 무면허 의료행위에 해당되지 아니하여 죄가 되지 않는다고 믿는 데에 정당한 사유가 있었다고 할 수 없다(대법원 2003. 5. 13. 선고 2003도939 판결)고 보고 있다.

(3) 의약품인 프로페셔널 필링 포뮬러를 사용한 얼굴표피 박피술

피부미용을 위하여 화장품으로 분류되는 필링크림 등을 사용하여 얼굴맛사지를 하는 행위는 그로 인하여 피부의 상태에 따라 피부가 다소 벗겨지는 증상이 나타난다 하더라도 이를 들어 의료행위라고 할 수 없을 것이지만, 프로페셔널 필링 포뮬러는 뉴욕의 피부과전문의가 피부

의 얕은 주름, 햇볕에 그을은 피부 등을 치료하기 위한 피부박피술을 시행함에 있어 사용하는 치료약물로서 전문가를 위한 제품임을 명시하고 있고, 만일 사용으로 인하여 중독 등의 부작용이 생기면 의사에게 진찰을 받을 것을 경고하고 있는 점에 비추어 보면, 위 프로페셔널 필링 포뮬러는 의약품이라고 보는 것이 타당하다는 입장이다. 이러한 전제에서 의약품인 위 프로페셔널 필링 포뮬러를 사용하여 얼굴의 표피 전부를 벗겨내는 박피술을 시행하는 것은, 인체의 생리구조에 대한 전문지식이 없는 피고인이 그와 같은 행위를 하는 것은 사람의 생명, 신체나 공중위생상 위해를 발생시킬 우려가 있는 것이므로, 이는 단순한 미용술이 아니라 의료행위에 해당한다(대법원 1994. 5. 10. 선고 93도2544 판결).

한편, 피부과 의원에 소속된 소위 피부관리사가 피부미용에 관하여는 상당한 지식을 가지고 있고 피부과 의사들이 크리스탈 필링 박피술의 시술과정 자체는 피부관리사에게만 맡겨둔 채 별반 관여를 하지 않은 경우에도, 소위 피부관리사가 의료 전반에 관한 체계적인 지식을 가지고 있지는 못하며, 간호사, 간호조무사, 의료기사등에관한법률에 의한 임상병리사 등을 제외한 자는 의사, 치과의사의 지도하에서도 의료행위를 할 수 없는 것이고, 나아가 의사의 전체 시술과정 중 일부의 행위라 하더라도 그 행위만으로도 의료행위에 해당하는 한 비의료인은 이를 할 수 없으며, 의료행위를 할 면허 또는 자격이 없는 한 그 행위자가 실제로 그 행위에 관하여 의료인과 같은 수준의 전문지식이나 시술능력을 갖추었다고 하더라도 마찬가지이다(대법원 2003. 9. 5. 선고 2003도2903 판결).

(4) 관절염 질병치료를 위한 벌침 시술행위

관절염 등의 질병을 가지고 있는 환자에 대하여 그 질병의 치료를 위하여 신체에 벌침의 시술행위를 하였다면, 이는 의료행위를 한 것이다(대법원 1994. 4. 29. 선고 94도89 판결).

또한 질병치료를 위하여 인체에 벌침, 쑥뜸 등의 시술행위를 하였다면 그것이 의료기구 또는 의약품에 해당하는지 여부나 실제로 효험이 있는지 여부에 관계없이 이는 금지된 의료행위를 한 것과 다름없다(대법원 1992. 10. 13. 선고 92도1892 판결).

(5) 미용업자의 기미, 주근깨, 여드름 등의 제거시술

미용업자가 살구씨, 율무 등의 가루와 달걀흰자 등을 혼합하여 얼굴에 바르고 마사지하는 등의 방법으로 기미, 주근깨, 여드름 등의 제거시술을 하는 행위가 의료법 제25조 제1항 소정의 의료행위에 해당한다(광주고법 1991. 11. 22. 선고 90노867 판결).

(6) 만성두통, 불면증, 변비환자 등에 대한 마사지

태극의 집이란 상호로 피부, 비만, 체형관리를 업종으로 하는 사업자등록을 한 후 약 15평의 면적에 황토침대 4개를 갖추어 놓고 피고인을 찾아오는 사람들에게 아픈 부위와 증상을 물어본 다음 전신에 오일을 바르고 지압과 같이 손을 이용하여 누르거나 문지르고, 또는 주무르거나 두드리는 방법으로 마사지를 하고는 기를 불어넣는다며 일정한 부위에 손을 대어 두는 방법으로 기미, 여드름 등의 피부관리는 물론 만성두통, 불면증, 변비 등 각종 질병을 호소하는 사람들에게 마사지를 행한 것은 의료행위에 해당한다(대법원 2000. 2. 25. 선고 99도4542 판결).

(7) 척추 지압행위

척추병환자들에게 척추디스크를 치료한다는 명목으로 손으로 허리와 척추 등을 누르고 주무르며 다리를 잡아 비트는가 하면 가슴부분을 치켜드는 등의 행위는 의료행위에 해당한다(대법원 1985. 7. 9. 선고 85도906 판결).

또한, 한국활기도 교정협회 중앙도장의 간판 아래 약 30평에 활기도 수련장을 만들어 척추 및 골반교정에 필요한 기구를 설치하고 척추디스크 등 환자에 대하여 활기도운동이라는 명목으로 약 1개월간에 걸쳐 손으로 환자의 통증이 있는 척추와 골반 등을 누르고 만지는 등 교정하는 시술을 한 경우(대법원 1987. 11. 24. 선고 87도1942 판결)도 의료행위에 해당한다고 판시하고 있다.

한편, 기를 강화 내지 조절하여 사람의 질병을 치료할 수 있다고 하면서 환자들에게 대략 21일간의 기간을 정하여 기를 넣어준다는 소위 기공술을 시행하는 외에 척추 등에 질병이 있는 환자의 환부를 한 차례에 1시간 가량 손으로 두드리는 방법으로 치료행위를 하여 오면서 생활기공협회 가입비 명목으로 치료비를 받은 경우(대법원 1993. 7. 27. 선고 93도1352 판결)에도 의료행위에 해당하는 것으로 보고 있다.

또한, 사무실에 인체의 해부도, 질병 및 증상에 따른 인체의 시술 위치를 정리한 게시판, 신체 모형, 인간 골격 모형 등이 비치되어 있고, 피고인은 두통, 생리통, 척추디스크 등을 호소하며 찾아온 사람들을 상대로 증상과 통증 부위, 치료경력 등을 확인한 다음 회원카드에 이를 기재하여 관리하여 왔으며, 피고인은 손님의 질병 종류에 따라 손을 이용하거나 누워 있는 손님 위에 올라가 발로 특정 환부를 집중적으로 누르거나 주무르거나 누드리는 방법으로 길게는 1개월 이상 시술을 하고 그 대가로 일정한 금액을 받은 경우, 이러한 행위는 단순한 피로회복을 위한 시술을 넘어 질병의 치료행위에까지 이른 것으로 그 부작용을 우려하지 않을 수 없어 의료인이 행하지 아니하면 보건위생상의 위해가 생길 우려가 있는 의료행위에 해당할 뿐만 아니라 영리를 목적으로 한 행위로 보아야 한다(대법원 2004. 1. 15. 선고 2001도298 판결)고 판시하고 있다.

(8) 한약업사의 비염진단 및 한약조제행위

한약업사가 환자의 콧속을 전등으로 비추어 들여다 보고 비염이라 단정하여 한약을 조제하여 준 소위는 의료법 제25조의 무면허 의료행위에 해당한다(대법원 1978. 9. 26. 선고 77도3156 판결).

(9) 정신신경질환자 등에 대한 정신요법

정신신경질환자나 언어장애자에 대한 최면, 호흡, 정신안정 및 약물투여 등의 행위도 의료행위에 해당한다(대법원 1981. 7. 28. 선고 81도835 판결).

또한, 의학상 지식이나 기능을 가진 바도 없이 막연히 강박관념,

공포증 및 언어장애 등의 병적 환자들을 모아놓고 정신안정법, 암시법, 발성법, 호흡 등의 정신요법을 시술한 것은 보건위생상 위험이 있으므로 의료행위에 해당한다(대법원 1979. 5. 22. 선고 79도612 판결).

(10) 눈썹 또는 속눈썹 모양의 문신

고객들의 눈썹 또는 속눈썹 부위의 피부에 자동문신용 기계로 색소를 주입하는 방법으로 눈썹 또는 속눈썹 모양의 문신을 하여 준 행위는 그 시술 방법이 표피에 색소를 주입함으로써 통증도 없고 출혈이나 그 부작용도 생기지 않으므로 의료인이 행하지 아니하면 사람의 생명, 신체 또는 일반 공중위생에 밀접하고 중대한 위험이 발생할 염려가 있는 행위라고 볼 수 없다는 원심판결을 파기환송하였다. 즉, 대법원은 비록 표피에 색소를 주입할 의도로 문신작업을 하더라도 작업자의 실수나 기타의 사정으로 진피를 건드리거나 진피에 색소가 주입될 가능성이 없다고는 할 수 없을 뿐만 아니라 또 한 사람에게 사용한 문신용 침을 다른 사람에게도 사용하면 이로 인하여 각종 질병이 전염될 우려가 있기 때문에 의료행위에 해당하지 않는다고 한 원심판결을 파기 환송하였다(대법원 1992. 5. 22. 선고 91도3219 판결).

2. 의료행위라고 보지 않은 사례

(1) 근육통에 대한 지압행위

서비스업소에서 근육통을 호소하는 손님들에게 엄지손가락과 팔꿈치 등을 사용하여 근육이 뭉쳐진 허리와 어깨 등의 부위를 누르는 방법으로 근육통을 완화시켜 준 행위가 의료행위에 해당하지 않는다(대법원 2000. 2. 22. 선고 99도4541 판결).

(2) 환부나 다른 신체부위를 손으로 쓰다듬거나 만져 주는 행위

환자들에게 질병을 낫게 해 달라고 기도를 하게 한 다음, 환부나 다른 신체부위를 손으로 쓰다듬거나 만져 주는 방법으로 시술을 하였다면 이러한 행위는 사람의 생명, 신체나 공중보건위생에 무슨 위험을 초래할 개연성은 없는 것이므로, 이를 의료행위에 속하는 것으로 볼 수

없다(대법원 1992. 3. 10. 선고 91도3340 판결).

(3) 건강식품 복용 권유행위

피고인이 평소 건강식품과 식음료법에 관한 연구를 하여 오던 중 그에 관심을 가지고 찾아온 환자들에게 그간의 치료경위와 상태들에 관하여 상담을 한 다음 시중에서 판매되고 있는 소위 건강식품의 복용을 권유하였다면, 위 환자들은 이미 자신의 병명을 알고 있던 사람들로서 위 상담으로 새로운 병상이나 병명이 규명, 판단되었다고 보기 어렵고 시중 식품점에서 유통되고 있는 건강식품의 복용을 권유한 것이 질병의 치료를 위한 처방이나 투약행위라고 볼 수 없으므로 이는 보건범죄단속에관한특별조치법 제5조 소정의 의료행위에 해당하지 아니한다(서울고법 1989. 3. 24. 선고 87노3625 판결).

(4) 반복된 언어훈련

웅변학원 설립인가를 받아 웅변강습과 함께 열등삼, 말더듬 등의 증세를 나타내는 수강생들에게 반복된 언어훈련을 통해 그 능력을 개발하려는 행위는 웅변이나 연설에 관한 강습에 포함되는 것으로 의료행위라고 볼 수 없다(대법원 1980. 1. 15. 선고 79도1003 판결).

3. 의료행위에는 해당하지만 위법성이 조각된다고 본 사례

일반적으로 면허 또는 자격 없이 침술행위를 하는 것은 의료법 제25조의 무면허 의료행위(한방의료행위)에 해당되어 같은 법 제66조에 의하여 처벌되어야 하고, 수지침 시술행위도 위와 같은 침술행위의 일종으로서 의료법에서 금지하고 있는 의료행위에 해당하며, 이러한 수지침 시술행위가 광범위하고 보편화된 민간요법이고, 그 시술로 인한 위험성이 적다는 사정만으로 그것이 바로 사회상규에 위배되지 아니하는 행위에 해당한다고 보기는 어렵다고 할 것이나, 수지침은 시술부위나 시술방법 등에 있어서 예로부터 동양의학으로 전래되어 내려오는 체침의 경우와 현저한 차이가 있고, 일반인들의 인식도 이에 대한 관용의 입장에 기울어져 있으므로, 이러한 사정과 함께 시술자의 시술의 동기,

목적, 방법, 횟수, 시술에 대한 지식수준, 시술경력, 피시술자의 나이, 체질, 건강상태, 시술행위로 인한 부작용 내지 위험발생 가능성 등을 종합적으로 고려하여 구체적인 경우에 있어서 개별적으로 보아 법질서 전체의 정신이나 그 배후에 놓여 있는 사회윤리 내지 사회통념에 비추어 용인될 수 있는 행위에 해당한다고 인정되는 경우에는 형법 제20조 소정의 사회상규에 위배되지 아니하는 행위로서 위법성이 조각된다고 할 것이다(대법원 2000. 4. 25. 선고 98도2389 판결).

Ⅳ. 의료행위의 내용

1. 의학과 의료행위의 관계

일반적으로 의학은 연구·학문에 한정하고, 의료는 의학의 응용으로 보아 양자를 이론과 응용의 관계로서 파악하고 있다. 즉 의학이란 「의료라는 실천경험으로 부터 얻어진 것을 분석하고 정리해, 이것을 다른 자연과학이나 사회과학 분야로부터 얻어진 지식을 사용해 체계화한 것」이며, 이에 대해 의료란 「인간의 경험을 통해서 스스로의 지혜에 의해 경험을 정리해서 동일한 병상(病狀)을 나타내는 것에는 동일한 원인이 있다고 보아, 동일한 치료를 행하면 좋은 결과를 얻을 확률이 높다는 것을 알고 그 경험이 정리되어 의료기술로서 축적되어진 것」으로, 「확립되어진 의학 위에 그 행위의 기초와 근거가 있다」고 생각되므로, 양자는 상호 존재근거로 된다고 할 수 있다.

그러므로 의학의 내용은 (i) 질병을 치료하는 치료의학 (ii) 질병을 예방하는 예방의학 (iii) 건강증진을 목적으로 하는 건강의학 등으로 나눌 수 있으며, 의료의 내용도 이에 상응하게 고려함으로써 환자나 일반인의 건강의 확립에 기여하지 않으면 안 되는 것이라 할 것이다. 또한, 의료행위는 위와 같은 내용을 가진 의료과정중에 행해진 행위이므로 그 이면에는 의학에 의해 그 성격이 함께 규명되어야 한다고 할 수 있다.

그러나, 이론적 학문적인 영역의 의학과는 달리 의료행위는 구체적으로 임상에서 환자를 직접 다루는 과정을 포함하고 있는 것이므로 양자의 개념 정립에는 본질적으로 차이가 있을 수밖에 없다고 할 것이다. 의학과 의료행위의 본질적 차이를 가져오는 가장 큰 원인은 의료행위가 가지는 행위의 특성에서 비롯된다고 할 수 있다. 즉, 신체에 대한 침습을 전제로 하는 의료행위는 본질적으로 위험성을 내포하고 있다는 점이다. 「의료행위는 원래 많든 적든 간에 진행성을 지닌 일정한 병변의 존재를 전제로 해, 병적 과정과 의료행위는 대립·길항관계에 있다고 할 수 있고, 수진시기나 오늘날 의학수준에 비추어서 기대할 수 있는 완벽한 의료가 실시되었다고 하더라도 실패로 끝날 가능성은 항시 존재한다」[7]고 하는 의료가 지닌 생래적 위험성을 들 수 있고, 또한 의료행위란 생체에 대한 침습을 수반하는 것이 일반적이며, 외과수술이나 극약투여와 같은 전형적인 경우에 육체의 일부에 대한 침습이나 생리적 기능의 변화는 필연적이며 때로는 위험이 예견되어진다고 해도 행하지 않을 수 없는 실험적 또는 감행적 요소등을 지니고 있다는 점을 고려해 볼 때, 의료행위는 그 목적달성을 위해 환자의 생명·신체를 침해할 위험성을 본질적으로 지녔다는 점이다.[8]

이러한 의료행위의 본질적 위험성을 고려할 때, 의료행위의 개념을 확정함에 있어서 개별적 의료행위의 문제를 초월해 현대의료의 구조적 측면도 고려하여야 할 것이다. 즉 의료행위의 성격은 국가의 의료정책, 의료경제, 의료기술 등에 의해 크게 좌우되므로, 그것이 의료행위의 대상인 환자의 생명·신체에 대한 침해의 위험성에 직·간접적으로 반영되고 있기 때문이다.

또한, 의료의 내용이 일반적으로 의학의 진보와 의료기술의 발전, 의료에 대한 개인 내지 사회의 변화에 적응하여 다양한 변천을 거듭하는 것이므로 의료행위의 개념의 정립에도 "사회문제로서의 배경"에 항상 상응하는 고려가 있어야 할 것이다.

---

7) 本井撰, "醫療過誤訴訟における鑑定の評價," 判例タイムズ 415호, 1980, 49면.
8) 김신규, 앞의 논문, 79-80면.

2. 행정법상의 면허제도와 형사처벌

국가가 의료인이 아닌 자의 의료행위를 금지하는 것은 의료행위가 가장 존귀한 사람의 생명이나 신체를 다루는 일로서 이를 조금이라도 그르치면 그 피해는 영원히 회복할 수 없거나 회복하기 어려운 것이므로, 의과대학에서 기초의학부터 시작하여 체계적으로 의학을 공부하고 상당기간 임상실습을 한 후 국가의 검증(국가시험)을 거친 사람에 한하여 의료행위를 하게 하고 그러한 과정을 거치지 아니한 사람은 이를 하지 못하게 하여 사람의 생명, 신체나 공중위생에 대하여 위해를 발생케 할 우려가 있는 의료행위 그 자체를 미리 막자는 취지라고 할 수 있다. 만약 의사가 아닌 사람도 함부로 의료행위를 할 수 있다고 한다면 감언이설을 동원한 사이비(似而非) 의료인이 창궐할 것이고 중병이나 불치병을 앓는 사람들은 이에 현혹되어 올바른 판단이나 선택을 하지 못하고 이들에게 자기의 생명이나 신체를 맡기는 일도 흔히 있을 것이므로, 이러한 경우에는 국민의 생명, 신체나 공중위생에 대한 위해 발생의 가능성을 예견하면서도 국가가 이를 방치하는 것이 되고, 이는 국민건강의 보호증진을 도모하려 하는 국가의료제도의 목적에 반하고 전체국민의 건강은 심각한 위협을 받게 될 수 있다는 것이다.

이처럼 의료행위를 함에 있어서는 일정한 교육과정을 거치고 국가의 공인을 받은 면허소지자에 대하여만 그 정당성을 인정하고 있는 것이다. 즉, 무면허 의료행위에 관하여는 행정법상의 면허제도의 존재유무 또는 면허의 소지 유무에 따라 무면허 의료행위라는 불법적 구성요건의 주체가 결정될 뿐만 아니라 그 불법의 실질까지 결정지우는 결과를 초래하고 있다. 달리 말하면, 행정법상 면허의 존재 유무가 바로 범죄의 구성요건 해당성을 결정지우고 있는 것이다.

이러한 양태는 과거 인정되었던 침구사의 자격의 폐지와 관련한 사례에서 그대로 나타난다고 할 수 있다. 일제시대에는 안마술, 침술, 구술영업취체규칙(按摩術, 鍼術, 灸術營業取締規則)(大正 3年 10月 警令 第10號, 改正 大正 12년 10월 조선총독부령 제117호)이 있어서 위 각 시술을 하고자 하는 자는 그 기술을 취득한 것을 증명하는 서면을 경무부장에게 제출하여 경무부장으로부터 적당하다고 인정받으면 그로부터 면허를 받아 그 시술을 업으로 할 수 있게 하였다. 우리 정부가 수립된 후 국민의료법(1951. 9. 25. 법률 제221호)이 시행되자 그 제59조에서 「종래에 규정된 접골, 침술, 구술, 안마술입자 등 의료유사업자제도는 주무부령으로써 정한다」로 규정하고, 이에 따른 주무부령으로서, 의료유사업자령(1960. 11. 28. 보건사회부령 제55호)이 제정되어 (가) 의료유사업자로서 접골사, 침사, 구사 및 안마사를 두고(동 제2조) (나) 그 자격의 취득은 서울특별시장 또는 도지사가 시행하는 자격시험에 합격하여야 하도록 하되(동 제3조), 다만 종전 법령에 의하여 이미 취득한 자격은 그대로 인정하기로 하였으며(동령 부칙 제2조), (다) 각 시술행위를 함에 있어서는 접골사는 의사의, 침·구사는 한의사의 지시를 받아야 하고(동 제13조), 시술자는 외과수술을 하거나, 진찰기구, 주사기구 전기기구 등을 사용하거나 약품의 투여 또는 사용지시를 하지 못하게 하였다(동 제22조).

그 후 1962. 7. 21. 보사부령 제85호로서 위 의료유사업자령이 개정되어 동령 제3조의 의료유사업자자격부여조항이 삭제되고, 그 대신 그 때까지 얻은 자격자에 대하여는 자격증대장을 만들어 관리하도록 함으로써, 그 때부터 새로운 자격부여의 길은 없어져 버렸다.

침술, 구술 등의 의료유사업종에 대하여 단순히 행정법규인 보사부령에 의하여 그 자격부여조항이 없어진 이후, 무자격자에 의한 침술행위에 대하여 판례는 일관되게 무면허 의료행위로 처단하고 있는 것이다.

이와 같이 형법 독자적인 판단에 따라 범죄의 주체 및 구성요건요소에 관한 검토를 진지하게 거치지 않고 행정법상의 면허자격의 유무에 따라 판단하는 문제가 있다고 할 것이다. 행정법이 추구하는 면허제도의 목적과 최후의 수단으로서 강구되어야 하는 형사법적 제재수단의 발동여부가 동일한 단계에서 이루어져서는 안 될 것이기 때문이다.

3. '보건위생상의 위험'의 판단기준

앞서 살펴본 바와 같이 판례는 '의료인이 행하지 아니하면 보건위생상 위해가 생길 우려가 있는 행위'를 의료행위의 내용 중의 하나로 이해하고 있다. 그러나 구체적으로 보건위생상의 위험이 어떠한 것인지를 설명하고 있지는 않고 있기 때문에, 의료행위의 개념을 해석에 맡기고 있는 입법자의 의도에 대하여 법원은 다시 추상적이고 일반적인 내용으로 답하고 있는 결과라는 것이 문제로 지적될 수 있다.

한편, 판례에서 무면허 의료행위에 해당될지라도 그 행위가 일반인들의 인식과 함께 시술자의 시술의 동기, 목적, 방법, 횟수, 시술에 대한 지식수준, 시술경력, 피시술자의 나이, 체질, 건강상태, 시술행위로 인한 부작용 내지 위험발생 가능성 등을 종합적으로 고려하여 구체적인 경우에 있어서 개별적으로 보아 법질서 전체의 정신이나 그 배후에 놓여 있는 사회윤리 내지 사회통념에 비추어 용인될 수 있는 행위에 해당한다고 인정되는 경우에는 형법 제20조의 정당행위에 해당되어 위법성이 조각될 수 있다고 보고 있다.

그러나, 판례가 무면허 의료행위에 대한 위법성 조각사유로서 고려하고 있는 '일반인의 인식, 시술자의 시술의 동기, 목적, 방법, 횟수, 시술에 대한 지식수준, 시술경력, 피시술자의 나이, 체질, 건강상태, 시술행위로 인한 부작용 내지 위험발생 가능성' 등은 의료행위의 개념 중 '보건위생상의 위험'의 판단에서 고려되어야 하는 내용인 것으로 생각된다. 따라서, 위법성 조각사유로 논의하기에 앞서, 구성요건단계에서 이러한 고려사항을 충분히 고려하여 의료행위의 해당여부를 먼저 판단하는 것이 바람직한 것으로 생각된다.

4. 형벌의 적정성의 문제

무면허 의료행위는 의료법 제25조 위반으로서 동법 제66조에 의하여 '5년 이하의 징역 또는 2,000만원 이하의 벌금'에 처하도록 규정되어 있다. 다시 위 규정에 대한 특별법으로서 보건범죄단속에관한특별조치법 제5조에 의하면「의료법 제25조의 규정을 위반하여 영리를 목적으로 의사가 아닌 자가 의료행위를, 치과의사가 아닌 자가 치과의료행위를, 한의사가 아닌 자가 한방의료행위를 업으로 한 자는 무기 또는 2년 이상의 징역에 처한다. 이 경우에는 100만원 이상 1,000만원 이하의 벌금을 병과한다」라고 규정되어 있다.

이처럼 무면허 의료행위에 대하여 매우 무거운 형벌이 규정되어 있는 것은 형벌의 적정성의 관점에서 문제의 소지가 있다고 생각된다. 현재 법원의 입장과 같이 의료행위의 개념을 넓게 인정하면서 영리를 목적으로 무면허 의료행위를 업으로 한 경우에는 2년 이상의 징역, 무기형에까지 처할 수 있도록 규정하고 있는 것은 과도한 형벌이라고 할 것이다.[9]

5. 소　　결

무면허 의료행위에 관한 대법원 판례의 기본적인 태도는 의료행위의 개념을 '질병예방치료행위' 및 '보건위생상 위험한 행위'로 폭넓게 해석하여 그 적용범위를 확대하고 있다고 할 수 있을 것이다. 또한, 의료행위의 해당여부를 판단함에 있어서 행정법상의 면허자격의 소지여부를 매우 중요하게 고려하고 있음으로 인하여 형법의 독자적인 판단을 포기하고 있는 듯한 인상마저 주고 있다는 점은 문제라고 할 것이다.

또한 의료행위의 구체적인 내용으로서 '보건위생상의 위험'에 관한

9) 판례는, 무면허 운전행위에 대하여는 "어느 날에 운전을 시작하여 다음날까지 동일한 기회에 일련의 과정에서 계속 운전을 한 경우 등 특별한 경우를 제외하고는 사회통념상 운전한 날을 기준으로 운전한 날마다 1개의 운전행위가 있다고 보는 것이 상당하므로 운전한 날마다 무면허운전으로 인한 도로교통법위반의 1죄가 성립한다고 보아야 할 것이고, 비록 계속적으로 무면허운전을 할 의사를 가지고 여러 날에 걸쳐 무면허운전행위를 반복하였다 하더라도 이를 포괄하여 일죄로 볼 수는 없다"는 입장이지만, 무면허 의료행위에 관하여는 "무면허의료행위는 그 범죄의 구성요건의 성질상 동종행위의 반복이 예상되는 것이므로 반복된 수개의 행위는 포괄적으로 1개의 범죄를 구성"(대법원 1983. 6. 14. 선고 83도939 판결)한다고 보고 있다. 이처럼 무면허 행위에 대하여 죄수결정에 차이를 보이는 것은 보건범죄단속에관한특별조치법상의 형벌이 너무 무거워 이를 경합범으로 파악하는 경우, 적정한 형의 양정이 어려워지는 것을 피하기 위한 것이 아닐까 추측할 수 있을 것이다.

충분한 판단과 설명이 이루어지지 않고 있다는 점도 문제점으로 지적할 수 있을 것이다.

무면허 의료행위의 개념의 정립을 일의적으로 정의하기가 어렵다고 할지라도, 일반인으로 하여금 행동의 예측가능성을 보장하여 법적 안정성을 확보하도록 가능한 한 개별적 사안에서 관련된 의료행위의 개념을 구체적이고 명확하게 설시하는 것이 필요하다고 할 것이다. 또한 형법의 최후수단성, 보충성의 원칙을 고려하여 볼 때, 의료행위의 판단에 관한 형법 독자적인 입장의 견지와 아울러 형벌의 적정한 양형 방안도 함께 고려하여야 할 것으로 생각된다.

Ⅴ. 대상판결의 평석

[대상판결 1]은 국내 침술사 자격이 없는 자가 행한 침술행위를 무면허 의료행위로 보는 법원의 일관된 입장에 대하여 다소 우회적인 방법으로 헌법재판소에 헌법소원을 제기한 것으로 보인다. 헌법재판소의 이 판결에서도 의료행위의 개념은 대법원의 판단을 그대로 받아들이고 있으며, 다만 이러한 의료행위를 면허제도에 의한 경우에만 정당화 될 수 있는 이유를 설명하고 있다고 할 수 있다. 심판대상으로 의료행위의 개념이 불확정적이라는 이유로 죄형법정주의의 명확성의 원칙에 반하는지의 여부가 논의되었으나, 의료행위의 개념이 구체적이고 실질적으로 확정하는 것은 입법기술상 곤란하다고 보여지므로 이에 관한 헌법재판소의 판단은 일응 타당한 것으로 생각된다. 그러나 이 판결에서 깊이 다루지는 않았지만, 논의의 핵심은 오히려 의료행위의 개념의 해석의 문제라 할 것이므로, 이 문제는 대상판결 2와 마찬가지로 의료행위의 개념의 확정에 관한 문제로서 다루고자 한다.

[대상판결 2]는 의료행위의 개념에 관한 종래의 입장을 유지하고 있는 판결이다. 본 건 대상이 되는 부항시술행위는 "의학적 전문지식이 있는 의료인이 행하지 아니하면 사람의 생명, 신체나 공중위생에 위해를 발생시킬 우려가 있는 것이므로 의료행위에 해당한다고 할 것이다"

라고 판시하고 있다. 부항침과 부항을 이용하여 체내의 혈액을 밖으로 배출되도록 한 본 건 행위에 관하여 보건위생상 위해가 발생할 우려가 전혀 없다고 볼 수 없는 데다가, 피고인이 한의사 자격이나 이에 관한 어떠한 면허도 없이 영리를 목적으로 위와 같은 치료행위를 한 것이라고 하고 있다. 즉, 대법원은 이 사건에서 부항시술행위가 치료행위에도 해당하고 보건위생상 위해가 발생할 우려가 있는 행위에도 해당한다는 입장을 보이고 있다.

일반인의 인식, 시술자의 시술의 동기, 목적, 방법, 횟수, 시술에 대한 지식수준, 시술경력, 피시술자의 나이, 체질, 건강상태 등을 고려해 볼 때, 본 건에서의 부항시술행위는 질병예방치료행위로서 의료행위에 해당된다고 보인다. 따라서 보건위생상 위해가 있는 행위인가의 여부에 상관없이 무자격자의 의료행위에 해당된다고 보는 것이 논리적인 결론이라고 할 것이다.

2005년도 형법판례 회고

吳　英　根*

Ⅰ. 서　론

2005년도의 대법원 형법판례 중 전원합의체판결은 허무인 또는 사자 명의의 사문서위조 및 동 행사죄를 인정한 대법원 2005. 2. 24. 선고 2002도18 판결 하나뿐이었다. 2005년의 대법원 형법판례 중, 소송비용을 편취할 의사로 소송비용의 지급을 구하는 손해배상청구의 소를 제기한 경우 사기죄의 불능범이라고 한 판결(대법원 2005. 12. 8. 선고 2005도8105 판결), 사취한 현금카드로 현금자동지급기에서 현금을 인출한 경우 별도의 절도죄가 성립하지 않는다고 한 판결(대법원 2005. 9. 30. 선고 2005도5869 판결), 컴퓨터로 음란 동영상을 제공한 제 1 범죄행위로 서버컴퓨터가 압수된 이후 다시 장비를 갖추어 동종의 제 2 범죄행위를 하고 제 2 범죄행위로 인하여 약식명령을 받은 경우 제 1 범죄행위와 제 2 범죄행위가 실체적 경합범관계에 있다고 한 판결(대법원 2005. 9. 30. 선고 2005도4051 판결), 금원을 사취하기 위하여 인터넷에 자살용 독극물을 광고한 행위가 자살방조죄에 해당되지 않는다고 한 판결(대법원 2005. 6. 10. 선고 2005도1373 판결), 강간죄의 폭행·협박의 판단기준에 관한 판결(대법원 2005. 7. 28. 선고 2005도3071 판결), 공정이전업무를 방해한 경우 업무방해죄를 인정한 판결(대법원 2005. 4. 15. 선고 2004도8701 판결), 자신의 명의로 된 학원의 폐원신고를 한 경우 위력에 의한 업무방해죄를 인정한 판결(대법원 2005. 3. 25. 선고 2003도5004 판결), 독촉전화를 한 경우 위력에 의한 업무방해죄를 인정한 판결(대법원 2005.

* 한양대학교 법과대학 교수.

5. 27. 선고 2004도8447 판결), 자기명의의 신용카드의 부정사용에 대해 사기죄를 인정한 판결(대법원 2005. 8. 19. 선고 2004도6859 판결), 무허가 부동산의 이중양도의 경우에도 배임죄를 인정한 판결(대법원 2005. 10. 28. 선고 2005도5713 판결), 하나의 부동산을 두 번에 걸쳐 이중담보를 설정한 경우 배임죄의 경합범을 인정한 판결(대법원 2005. 10. 28. 선고 2005도4915 판결), 처에게 명의신탁된 부동산에 대한 권리행사방해죄를 인정하지 않은 판결(대법원 2005. 9. 9. 선고 2005도626 판결), 권한 있는 자가 허위입력을 한 경우 공전자기록위작·변작죄를 인정한 판결(대법원 2005. 6. 9. 선고 2004도6132 판결), 미술교사가 자신의 인터넷홈페이지에 자신과 만삭이 된 부인의 나체사진을 게시한 경우 음란성을 인정한 판결(대법원 2005. 7. 22. 선고 2003도2911 판결) 등이 특히 눈에 띈다. 이들 판례들은 전원합의체판결은 아니지만 종래에 분명하지 않았던 쟁점들에 대한 판례의 입장을 좀더 명확하게 보여 주고 있다.

2005년의 대법원 형법판례를 전반적으로 평가해 본다면, 10년 전과 마찬가지로[1] 법적 안정성이나 논리의 일관성보다는 구체적 타당성을 중시하고 있다고 할 수 있다. 그러나 이와 같은 태도는 대법원의 위상이나 역할에 비추어 볼 때 결코 바람직하다고 할 수 없다.

이하에서는 위에 언급한 판례들 중 필자 임의로 선정하여 그 타당성을 검토하여 보기로 한다.

Ⅱ. 대법원 2005. 2. 24. 선고 2002도18 전원합의체 판결

1. 사실관계 및 재판의 경과

피고인은 중국 중의사 및 침구사 시험에 응시할 사람을 모집한 후 그들을 중국에 데려가 응시원서의 제출을 대행해 주었다. 피고인은 응시생의 임상경력증명서가 필요하게 되자, 임상경력증명서 양식에 응시

1) 10년 전 이재상 교수는 1996년의 형사판례를 회고하면서 "대법원은 형사판결에 있어서 형사법적 논리의 정당성보다 구체적 타당성을 갖는 데 중요성을 두었다는 인상을 갖지 않을 수 없었다"고 하였다. 이재상, "1996년의 형사판례회고," 형사판례연구, 제 5 권, 516면.

생의 이름과 생년월일 및 학습기간 등을 기재한 다음 의원직인란에 강남한의원이라고 기재하고 그 옆에 임의로 새긴 강남한의원의 직인을 날인하여 강남한의원 명의의 임상경력증명서를 위조하였다. 피고인은 동일한의원과 일심한의원 명의의 임상경력증명서를 같은 방법으로 위조하였고, 위조한 문서들을 행사하였다. 그런데 강남한의원, 동일한의원 및 일심한의원은 실재하지 않는 한의원이었다.

피고인은 사문서위조 및 동 행사죄로 기소되었다. 항소심은 피고인에게 사문서위조 및 동 행사죄의 유죄를 인정하였다(서울지법 2001. 12. 12. 선고 2001노9963 판결). 피고인이 상고하였으나, 대법원은 전원합의체에서 종래의 입장을 변경하고 피고인의 상고를 기각하였다.

2. 판결요지

문서위조죄는 문서의 진정에 대한 공공의 신용을 그 보호법익으로 하는 것이므로 행사할 목적으로 작성된 문서가 일반인으로 하여금 당해 명의인의 권한 내에서 작성된 문서라고 믿게 할 수 있는 정도의 형식과 외관을 갖추고 있으면 문서위조죄가 성립하는 것이고, 위와 같은 요건을 구비한 이상 그 명의인이 실재하지 않는 허무인이거나 또는 문서의 작성일자 전에 이미 사망하였다고 하더라도 그러한 문서 역시 공공의 신용을 해할 위험성이 있으므로 문서위조죄가 성립한다고 봄이 상당하며, 이는 공문서뿐만 아니라 사문서의 경우에도 마찬가지라고 보아야 한다.

3. 평 석

(1) 대상판결의 의의

대상판결은 사자나 허무인명의의 사문서위조죄의 성립을 부정한 종래의 판결을 변경하고, 사자 또는 허무인명의의 사문서위조 및 동 행사죄를 인정하였다는 점에 의의가 있다. 대상판결은 관여법관 전원의 의견이 일치하여 소수의견이 없다는 점에서 특징이 있다.

대상판결이 언급하지는 않았지만, 대상판결과 관련하여서는 다음의 두 가지 문제도 발생할 수 있다.

첫째, 종전의 판례를 피고인에게 불리하게 소급적용하는 것이 허용될 것인가의 문제이다.

둘째, 피고인이 자신의 행위가 종전의 판례에 의해서는 죄가 되지 않을 것이라고 생각하였다면 법률의 착오에 해당되는가, 해당된다면 정당한 이유가 있는가의 문제이다.

(2) 허무인명의의 사문서위조 및 동 행사죄의 문제

"공무소 또는 공무원이 실존하지 아니하여도 그 공무소가 실존하고 그 산하 공무원이 실존하는 것으로 일반인이 오인할 우려가 있으며 그 이름의 문서가 실존하는 공무원이 작성한 문서로 볼 수 있는 정도의 형식과 외관을 갖춘 이상 공문서위조죄가 성립된다"고 하면서도(대법원 1968. 9. 17. 선고 68도981 판결) 사자나 허무인명의의 사문서위조 및 동 행사죄는 인정하지 않는 종래 판례의 입장(대법원 1970. 11. 30. 선고 70도2231 판결; 대법원 1997. 7. 25. 선고 97도605 판결 등)에 대해서는 많은 비판이 있었다.

통설은 문서에 관한 죄의 보호법익이 명의를 도용당하는 사람의 개인적 법익만을 보호하기 위한 것이라면 사자나 허무인 명의의 문서위조죄가 성립할 수 없다고 할 수 있지만, 문서에 관한 죄의 주된 보호법익은 문서에 대한 공공의 신용과 거래의 안전이라는 사회적 법익이고 사자나 허무인 명의의 문서로부터도 일반인들을 보호해야 하므로 사자나 허무인 명의의 사문서위조 및 동 행사죄도 인정해야 한다고 하였다.

대상판결에 앞서 대법원은 위와 같은 통설의 입장을 받아들이기 시작하였다. "자연인 아닌 법인 또는 단체명의의 문서에 있어서는 요건이 구비된 이상 그 문서작성자로 표시된 사람의 실존 여부는 위조죄의 성립에 아무런 지장이 없으며"(대법원 2003. 9. 26. 선고 2003도3729 판결)라고 한 것에서 이러한 입장변화의 조짐을 파악할 수 있다. 항소심이 허무인명의의 사문서위조죄를 인정하지 않는 종전의 대법원의 입장에도 불구하고 피고인에게 유죄를 선고한 것은 이러한 경향을 감안한 것으로 보인다.

대상판결은 통설의 입장을 분명하게 받아들인 것으로서 매우 타당하다고 할 수 있다.

(3) 피고인에게 불리한 판례의 소급효인정 문제

피고인의 행위는 허무인명의의 사문서위조죄를 인정하지 않는 판례가 적용되던 시기에 이루졌는데, 대상판결이 피고인을 사문서위조 및 동 행사죄로 처벌하였으므로 피고인에게 불리하게 변경된 판례의 소급효를 인정하는 것이 된다.

이와 관련하여 판례도 법률과 같이 국민에게 규범의 형태로 인식되며 이러한 국민의 신뢰 및 법적 안정성을 보호할 필요성이 있으므로 판례가 피고인에게 불리하게 변경된 경우 소급효금지원칙이 적용되어야 한다는 견해가 있다. 그러나 법관은 법해석을 본질적인 임무로 하기 때문에 입법과 관련되는 소급효금지원칙은 판례의 변경에는 적용되지 않는다고 해야 한다. 대상판결도 판례의 소급효를 긍정하는 종전의 입장(대법원 1999. 9. 17. 선고 97도3349 판결)을 그대로 유지한 것으로서 타당하다고 생각된다.

(4) 법률의 착오의 문제

피고인에게 불리하게 변경된 판례의 소급효긍정설에서도 행위자가 과거 판례를 신뢰하여 자신의 행위가 허용되는 것으로 착오한 경우에는 그 착오에 정당한 이유가 있는 때에 해당하는 것으로 볼 수 있다고 한다. 대상판결이 이 점을 언급하지 않은 것은 피고인의 상고이유에서 이 점을 주장하지 않았기 때문일 수도 있다. 또는 사회정의와 조리에 반한다는 인식이 있으면 위법성이 인식이 있다는 종전의 입장(대법원 1987. 3. 24. 선고 86도2673 판결)을 따르면서, 피고인에게 자신의 행위가 사회정의와 조리에 반한다는 인식이 있는 것으로 보았기 때문일 수도 있다. 만약 후자라고 한다면 이는 위법성의 인식을 너무 넓게 파악한 것으로서 타당하다고 보기 어렵다. 이 점에 대한 좀더 자세한 공방이 있었으면 하는 아쉬움이 남는다.

Ⅲ. 총칙에 관한 판례

1. 불능미수의 성립요건(대법원 2005. 12. 8. 선고 2005도 8105 판결)

(1) 사실관계 및 재판의 경과

피고인은 A와 소송을 하여 승소하였다. 피고인은 소송비용 명목으로 B를 통하여 A로부터 100만원을 송금받았다. 그럼에도 불구하고 피고인은 A를 피고로 하여 종전에 피고인이 A를 상대로 제기하였던 여러 소와 관련한 소송비용 상당액의 지급을 구하는 손해배상금 청구의 소를 제기하였다. 담당 판사는 피고인에게 소송비용의 확정은 소송비용액 확정절차를 통하여 하라는 권유를 하였고, 이에 피고인은 소를 취하하였다.

피고인은 사기미수죄로 기소되었으나 항소심은 피고인에게 무죄를 선고하였다(전주지방법원 2005. 10. 7. 선고 2005노1035 판결). 검사가 상고하였으나 대법원은 상고를 기각하였다.

(2) 판결요지

불능범의 판단기준으로서 위험성 판단은 피고인이 행위 당시에 인식한 사정을 놓고 이것이 객관적으로 일반인의 판단으로 보아 결과 발생의 가능성이 있느냐를 따져야 하고, 한편 민사소송법상 소송비용의 청구는 소송비용액 확정절차에 의하도록 규정하고 있으므로, 위 절차에 의하지 아니하고 손해배상금 청구의 소 등으로 소송비용의 지급을 구하는 것은 소의 이익이 없는 부적법한 소로서 허용될 수 없다고 할 것이다. 따라서 소송비용을 편취할 의사로 소송비용의 지급을 구하는 손해배상청구의 소를 제기하였다고 하더라도 이는 객관적으로 소송비용의 청구방법에 관한 법률적 지식을 가진 일반인의 판단으로 보아 결과 발생의 가능성이 없어 위험성이 인정되지 않는다고 할 것이다.

(3) 평　　석

1) **대상판결의 의의**

대상판결은 불능미수와 불능범의 구별기준인 위험성의 유무를 추상적 위험설에 따라 결정해야 한다는 것을 분명하게 한 데에 있다. 종래의 대법원 1978. 3. 28. 선고 77도4049 판결은 명백히 추상적 위험설을 따르고 있었다. 그러나 이 판결 전후로 절대적 불능·상대적 불능 구별설을 따른 듯한 판례가 있었다. 즉, 대법원 1973. 4. 30. 선고 73도354 판결은 "혼입한 농약의 분량으로 보아 사람을 치사에 이르게 할 정도는 아니라고 하더라도 위 농약의 혼입으로 살인의 결과가 발생할 위험성이 절대로 없다고 단정할 수는 없는 바이므로"라고 하였고, 대법원 1985. 3. 26. 선고 85도206 판결은 "불능범은 범죄행위의 성질상 결과 발생의 위험이 절대로 불능한 경우를 말하는 것인 바"라고 하였다.

이 판결들은 불능미수를 인정한 판결이라기보다는 결과발생의 가능성이 있어서 장애미수를 인정한 판결들이라고 할 수 있다. 그러나 이 판결들에 대해서는 불능미수를 인정한 것이라는 견해도 있으므로 판례가 불능미수의 위험성판단에 대해 어떤 입장을 취하는가에 대해 의문이 있을 수 있었다. 이런 사정하에서 대상판결은 대법원이 추상적 위험설을 취하고 있음을 분명히 보여 준 것이다.

2) **대상판결의 문제점**

먼저 대상판결은 결과발생(소송비용을 지급받을) 가능성이 없음을 인정하고 있다. 그런데 손해배상금청구의 소를 제기해서 소송비용을 받아내는 것이 법률상으로는 불가능하지만, 사실상으로는 가능할 수도 있기 때문에 이 경우에 결과발생이 불가능하다고 판단한 것이 옳은가 하는 의문을 제기할 수 있다. 그러나 이 점에 대해서는 여기에서 자세한 언급을 하지 않기로 한다.

대상판결은 추상적 위험설을 따르고 있는데 이것이 과연 제27조의 해석으로 맞는가 하는 문제점이 있다. 1978년의 판결 당시 학계의 다수설은 추상적 위험설을 따르고 있었다. 그러나 현재에서는 구체적 위험설이 다수설의 위치를 차지하고 있다. 대상판결이 이러한 학계의 태도 변화를 충분하게 고려하지 않은 것은 문제라고 할 수 있다.

3) 제27조의 위험성의 판단

제27조의 위험성은 결과발생의 사실상의 위험성이라고 볼 수는 없다. 불능미수에서는 결과발생의 '가능성'이 없기 때문에 결과발생의 사실상의 '위험성'도 없다고 할 수 있다. 따라서 제27조의 위험성은 결과발생의 사실상 위험성이 아닌 규범적 의미의 위험성으로서, 행위자의 위험성이나 행위 당시 일반인들이 느끼는 위험성이라고 할 수 있다.

그런데 우리 형법의 미수범체계는 객관주의를 기본으로 하고 주관주의를 가미하는 형식으로 되어 있다고 보아야 할 것이므로 불능미수의 위험성은 행위자가 지닌 위험성이라기보다는 일반인들이 느끼는 위험성이라고 해야 할 것이다. 즉, 추상적 위험설(행위자위험설)보다는 구체적 위험설(일반인이 느끼는 위험성설)이 좀더 타당하다고 할 수 있다.

불능미수가 문제되는 현실의 범죄행위에서는 객관적인 위험성판단이 먼저 이루어지고 이러한 위험성이 인정되어야 비로소 행위자의 고의의 존재여부 및 결과발생 가능성 여부를 따지게 된다. 일반인이 위험성을 느끼지 않을 때에는 설사 행위자에게 범죄의사가 있다 하더라도 범죄행위로 문제되지 않을 것이다. 예를 들어 행위자의 재물이고 일반인들도 행위자의 재물이라고 인식하고 있는 재물을 행위자가 절취의 의사로 가져간 경우 일반인들이 절도의 위험성을 느끼지 않기 때문에 범죄행위로 문제되지 않을 것이다. 행위자의 재물이지만 일반인들은 타인 소유라고 인식하고 있는 재물을 행위자가 절취의 의사로 가져간 경우 절도죄의 위험성을 느끼게 된다. 이 때에야 비로소 행위자가 어떤 고의를 가졌는가, 절도의 결과발생가능성이 있었는가가 문제된다. 이어 결과발생의 가능성이 없다고 판단되는 경우 불능미수를 인정할 수 있게 된다.

일반인도 위험성판단은 할 수 있지만, 결과발생가능성의 판단은 일반인의 판단보다는 전문가판단이 우선한다. 따라서 상식적인 위험성 판단이 전문적인 결과발생가능성 판단보다 선행되게 된다. 예를 들어 일반인들은 쥐약을 먹으면 사람이 죽을 것이라고 생각하지만 과학적으로는 쥐약을 먹고 사람이 죽을 가능성이 없다고 할 경우 일반인들은 살인의 위험성을 느끼지만, 살인의 결과발생은 불가능한 것이다.

이와 같이 불능미수는 일반인들이 위험성을 느낄 때에 비로소 문제된다고 할 수 있으므로 불능미수의 위험성은 행위 당시 일반인이 알 수 있었던 사정을 기초로 해서 일반경험칙에 의거하여 결과발생의 가능성을 판단해야 한다. 불능미수의 위험성은 행위자위험성이나 추상적 위험으로는 부족하고 일반인들이 느낄 수 있는 구체적 위험에까지 이르러야 한다.

이러한 의미에서 추상적 위험설을 따른 대상판결의 입장은 타당하지 않다고 생각된다.

2. 편취한 현금카드로 현금을 인출한 경우의 죄책(대법원 2005. 9. 30. 선고 2005도5869 판결)

(1) 사실관계

피고인은 혼인의사가 전혀 없음에도 A와 혼인의사가 있는 것처럼 가장하여 "앞으로 함께 살아야 되는데 나에게 현금카드를 달라"고 거짓말을 하여 A로부터 현금카드를 넘겨받았다. 피고인은 이 현금카드로 2005. 2. 11. 충북 옥천읍 소재 농협중앙회의 B지점에 설치되어 있던 현금인출기에서 현금 350만원을, 같은 일시경 충북 ○○군 ○○면 소재 C농협에서 같은 방법으로 현금 140만원을 인출하였다.

(2) 판결요지

피고인이 현금카드의 소유자로부터 현금카드를 편취하여 예금인출의 승낙을 받고 현금카드를 교부받아 이를 이용하여 현금을 인출한 경우, 피고인의 현금 인출행위가 현금지급기 관리자의 의사에 반하여 그가 점유하고 있는 현금을 절취한 것에 해당한다거나 피고인이 인출된 현금의 보관자의 지위에 있는 것은 아니므로 절도죄나 횡령죄가 성립할 수 없다.

(3) 평　　석

1) **대상판결의 의의**

대상판결은 편취한 현금카드나 신용카드로 현금자동지급기에서 현금을 인출한 경우 별도로 절도죄가 성립할 수 없다는 종래의 입장을 확인한 것이라고 할 수 있다. 대상판결 이전의 판결로서 대법원 1996. 4. 9. 선고 95도2466 판결은 대금결제의 의사와 능력 없이 '자기명의'의 신용카드를 발급받아 사용한 경우에 관한 것이고, 대법원 1996. 9. 20. 선고 95도1728 판결은 타인명의의 신용카드를 '갈취'하여 현금을 인출한 경우에 관한 것이다. 대상판결은 '타인명의'의 현금카드를 '사취'하여 현금을 인출한 경우에 관한 것이라는 점에서 차이가 있다.

2) **대상판결의 평가**

피고인에게 사기죄만을 인정하고 절도죄 또는 횡령죄를 별도로 인정하지 않은 대상판결의 입장이 타당함은 물론이다.

다만 대상판결과 관련하여, 절취하거나 강취한 현금카드로 현금자동지급기에서 현금을 인출한 경우 컴퓨터사용사기죄가 성립하지 않고(대법원 2003. 5. 13. 선고 2003도1178 판결) 절도죄가 성립한다고 하는 종래의 판례의 입장(대법원 1998. 5. 21. 선고 98도321 판결)과 대상판결이 어떻게 조화될 수 있는가가 문제된다.

대상판결은 "현금지급기는 금융기관과 예금자간의 약정에 따라 예금자가 금융기관이 지정해 준 비밀번호 등 정보를 입력하면 일정한 컴퓨터프로그램에 따라 그 정보를 자동처리하는 것이고, 현금지급기에 삽입된 현금카드와 입력된 비밀번호 등 정보가 정확하기만 하면 현금카드의 사용자가 누구이든 간에 인출 가능한 한도 내에서 예금이 인출되는 특성을 지니고 있으므로"라고 한 항소심의 입장을 그대로 인용하고 있다. 사용자가 누구이든 간에 인출 가능한 한도 내에서 자동적으로 예금이 인출되는 것이 현금자동지급기의 특징이라면, 절취하거나 강취한 카드로 현금을 인출한 경우에도 현금카드와 비밀번호가 정확하기만 하면 현금의 관리자인 은행 등의 의사에 반하는 '절취'행위라고 보기 어렵기 때문이다.

또한 현금카드 소유자의 예금을 편취하고자 하는 피고인의 단일하고 계속된 범의 아래에서 이루어진 일련의 행위로서 포괄하여 하나의 사기죄를 구성한다고 한 대상판결의 입장과 관련하여, 현금을 인출하기 위해 현금카드를 절취하거나 강취하고 이를 이용해 현금자동지급기에서 현금을 인출한 경우에도 피고인의 단일하고 계속된 범의 아래서 이루어진 일련의 행위라고 볼 수 있고, 따라서 현금인출행위도 별개의 절도죄가 된다고 할 수 없지 않을까 하는 의문도 있다.

대상판결은 절취하거나 강취한 현금카드로 현금자동지급기에서 현금을 인출한 행위의 죄책에 대한 종래 판례의 입장을 재검토해야 할 필요성이 있음을 보여 주고 있다.

3. 포괄일죄와 실체적 경합범(대법원 2005. 9. 30. 선고 2005도4051 판결)

(1) 사실관계

피고인은 2003. 12. 중순경부터 2004. 6. 7.경까지 사이에 울산 소재 '24시 라이브클럽 성인PC방'에서, 음란물이 저장된 서버 컴퓨터 2대 등 컴퓨터 18대, 위 컴퓨터를 서로 연결하여 놓은 통신망 등을 설치하였다. 피고인은 위 서버 컴퓨터에 인터넷 음란사이트로부터 내려 받은 남녀간의 성관계가 노골적으로 표현된 음란동영상파일 32,739개를 저장하여 놓고, 손님들에게 시간당 6,000원을 받고 컴퓨터의 바탕화면에 있는 '즐겨찾기'라는 아이콘을 통하여 음란동영상을 볼 수 있도록 하였다. 피고인은 단속되어 서버컴퓨터 2대를 압수당하고 청소년의 성보호에 관한 법률(이하 '청소년성보호법률'이라 한다) 위반 및 정보통신망 이용촉진 및 정보보호 등에 관한 법률(이하 '정보통신망보호법률'이라 한다) 위반으로 기소되었다.

그런데 이 사건에 대한 판결선고 이전인 2004. 9. 22. 피고인은 정보통신망보호법률 위반의 범죄사실로 벌금 200만원의 약식명령을 발령받아 확정된 사실이 있었다.

(2) 판결요지

컴퓨터로 음란 동영상을 제공한 제1범죄행위로 서버컴퓨터가 압수된 이후 다시 장비를 갖추어 동종의 제2범죄행위를 하고 제2범죄행위로 인하여 약식명령을 받아 확정된 사안에서, 피고인에게 범의의 갱신이 있어 제1범죄행위는 약식명령이 확정된 제2범죄행위와 포괄일죄가 아닌 실체적 경합관계에 있다고 보아야 한다.

(3) 평　　석

만약 공소제기된 제1의 행위들에 대해 공소가 제기되지 않았다면 약식명령을 받은 제2의 행위들과 공소제기된 제1의 행위들은 포괄일죄의 관계에 있다고 할 수 있다.

대상판결은 "범의의 단일성과 계속성이 인정되지 아니하거나 범행방법이 동일하지 않은 경우에는 각 범행은 실체적 경합범에 해당한다"고 하는데, 공소제기된 사실과 약식명령이 확정된 사실은 범행방법이 동일하다고 할 수 있다. 따라서 대상판결은 두 사실 사이에 범의의 갱신이 있기 때문에 실체적 경합관계에 있다고 한 것으로 볼 수 있다. 대상판결은 포괄일죄의 범행에서 범행의 도구가 달라진 경우에는 범의의 갱신이 있는 것으로 볼 수 있다는 취지라고 해석할 수도 있다.

항소심판결은 범의의 갱신이 없다고 하는 데에 비해 대상판결은 범의의 갱신이 있다고 한다. 따라서 대상판결의 타당여부는 범의의 갱신을 인정한 것의 타당여부에 달려 있다고 할 수 있다.

항소심판결은 범행의 도구가 달라졌어도 범행수법, 범행장소, 피해법익, 영업의 태양이 동일하면 범의도 동일하다고 보았다.

이에 대해 대상판결은 약식명령이 확정된 범죄사실은 피고인의 범행에 가장 필요한 서버 컴퓨터를 압수당한 이후 새로운 장비와 프로그램을 갖추어 다시 범행한 것이고, 대상판결에서 문제가 되고 있는 범죄사실은 압수당한 서버컴퓨터를 사용하여 행한 범죄이므로 범의가 갱신되었다고 보았다. 다시 말해 대상판결은 범행의 가중 중요한 도구인 서버 컴퓨터 2대가 변경되었기 때문에 피고인의 범의도 갱신된 것으로 본 것이다.

그러나 범행의 도구가 바뀌었다고 하여 범의가 갱신되었다고 하는 것은 약간의 무리가 있다고 할 수 있다. 범행의 도구가 바뀌었지만, 범행수법, 영업의 태양, 범행장소, 피해법익 등에서는 동일하다고 할 수 있기 때문이다. 범의는 객관적으로 추단할 수 있는 것이므로, 범행도구가 구성요건요소인 경우 범행도구가 바뀌었다면 범의도 갱신되었다고 할 수 있을지 모른다. 그러나 대상판결의 사건에서는 범행도구가 구성요건요소도 아니다.

이런 의미에서 실체적 경합범을 인정한 대상판결보다는 포괄일죄를 인정한 항소심판결의 입장이 더 타당하다고 생각된다.

Ⅳ. 각칙에 관한 판례

1. 자살방조죄의 성립요건(대법원 2005. 6. 10. 선고 2005도1373 판결)

(1) 사실관계

A, B, C 등은 동반자살하기 위해 '자살에 관하여' 등 인터넷 사이트 내 자살 관련 카페(동호회) 등지에서 자살에 사용할 청산염 등 유독물의 구입처와 동반 자살자를 물색하여 왔다. A, B, C 등은 2004. 2. 18.경부터 같은 해 2. 25.경까지 위 카페 게시판에 청산염 등 자살용 유독물의 일반적 효능 소개를 곁들인 판매 광고용 글을 올린 피고인 甲 등과 사이에 위 청산염 구입을 위한 상담용 이메일을 주고받고 서로 통화까지 하였다. 그러나 피고인 甲 등은 실제로는 위 청산염을 소지한 바도 없이 단지 금원을 편취할 의도로 위 판매광고 등을 하였고, 2004. 2. 25.경 A는 이 사실을 알아채고서 그 후 피고인들과의 접촉을 중단하였다. 이후 A는 다른 알 수 없는 경로를 통해 청산염을 입수한 다음 B, C 등 나머지 사람들을 그의 소재지로 불러모았고, 2004. 3. 9.경 동

반 자살하였다.

(2) 판결요지

형법 제252조 제 2 항의 자살방조죄는 자살하려는 사람의 자살행위를 도와 주어 용이하게 실행하도록 함으로써 성립되는 것으로서, 그 방법에는 자살도구인 총, 칼 등을 빌려 주거나 독약을 만들어 주거나 조언 또는 격려를 한다거나 기타 적극적 · 소극적 · 물질적 · 정신적 방법이 모두 포함된다 할 것이나, 이러한 자살방조죄가 성립하기 위해서는 그 방조 상대방의 구체적인 자살의 실행을 원조하여 이를 용이하게 하는 행위의 존재 및 그 점에 대한 행위자의 인식이 요구된다.

(3) 평　　석

1) 대상판결의 의의

대상판결은 위와 같은 피고인들의 행위가 자살방조죄에 해당되지 않는다고 하여 자살방조죄의 성립범위를 제한하였다는 점에 그 의의가 있지만, 나아가 피고인들의 행위가 "변사자들의 자살행위에 어떠한 물질적 혹은 유형적 기여도 하지 못한 점"이라고 하여 방조행위와 실행행위를 용이하게 한 것 사이에 인과관계가 있어야 방조죄가 성립한다는 것을 암시하고 있다는 점에도 의의가 있다. 이 글에서는 이 점만을 검토하기로 한다.

2) 대상판결의 평가

방조범의 방조행위와 정범의 실행행위(를 용이하게 한 것) 사이에 인과관계가 인정되어야 방조범이 성립하는가에 대해서는 견해의 대립이 있다.

적극설은 만약 방조행위가 있었지만 실행행위를 용이하게 하지 못한 경우에는 종범이 성립할 수 없다고 하여 이른바 효과 없는 방조, 실패한 방조는 방조범이 될 수 없다고 한다. 이 견해는 i) 공범의 처벌근거는 타인의 불법을 야기 · 촉진하는 데에 있으므로 공범이 정범의 구성요건실현에 아무런 영향을 미치지 못한 경우에는 공범의 처벌근거가 없어지고, ii) 소극설은 공범의 종속성에 반하고, iii) 구성요건실현에 아무런 영향을 미치지 못한 방조를 벌하는 경우 방조의 기수와 효과 없는 방조·실패한 방조와의 구별이 무의미해진다는 것을 근거로 든다.

소극설은 방조행위만 있으면 그것이 실행행위를 용이하게 하였느냐의 여부와 관계없이 종범이 성립한다고 하는 견해이다. i) 형법이 정범을 방조한 자라고만 규정하고 있고 인과관계를 요한다는 규정을 두고 있지 않고, ii) 정범이 야기한 결과를 방조범의 작품으로 귀속시킬 수 없고, 정범의 작품이라고 해야 한다는 것을 근거로 든다.

방조행위는 그 범위가 매우 넓을 수 있기 때문에 이를 제한적으로 인정해야 할 필요가 있고, 종범에 관해서는 종속성을 강하게 인정하고 있는 형법의 취지를 고려한다면 적극설이 타당하다고 할 수 있다. 이런 의미에서 적극설을 따른 듯한 대상판결의 입장은 타당하다고 할 수 있다.

2. 업무방해죄의 성립여부

(1) 업무의 개념(대법원 2005. 4. 15. 선고 2004도8701 판결)

1) **사실관계**

A회사는 회사 정상화를 위한 기업구조개선작업의 일환으로 서울공장의 매각대금으로 1,773억원의 부채를 변제하는 한편 안산공장을 신축, 이전하여 그 사업을 계속하고자 하였다. 2000. 11.경 당시 노조집행부의 동의하에 안산공장 부지를 확정하고, 2001. 7.경까지 서울공장의 장비이전과 안산공장의 완공 및 생산가동을 목표로, 서울공장 내의 종합사무실에서 관리직사원 30여 명이 서울공장의 시설물보호 및 재고파악, 안산공장 이전에 따른 생산 및 인원수급 계획수립 등의 업무를 추진하면서 그 업무의 일환으로 다른 회사에 처분한 일부 노후 장비와 안산공장에 옮겨 설치할 그 밖의 장비의 반출 및 이전사무를 실시하고 있었다. 이 때 피고인을 비롯한 A회사 노조원들의 실력행사로 말미암아 위 관리직사원들은 장비의 반출에 실패함은 물론 종합사무실에서마

저 쫓겨 나오게 되었다. 이로 인해 위 장비의 이전설치와 병행하여 추진되던 안산공장의 완공 및 정상가동 등 위 공장이전과 관련한 회사의 제반 업무가 약 1개월 내지 1개월 보름 가량 지연되어 그로 말미암아 적지 않은 영업상 손실을 입게 되었다.

2) 판결요지

업무방해죄의 업무방해는 널리 그 경영을 저해하는 경우에도 성립하는데, 업무로서 행해져 온 회사의 경영행위에는 그 목적 사업의 직접적인 수행뿐만 아니라 그 확장, 축소, 전환, 폐지 등의 행위도 정당한 경영권 행사의 일환으로서 이에 포함된다 할 것인바, 회사가 사업장의 이전을 계획하고 그 이전을 전후하여 사업을 중단 없이 영위할 목적으로 이전에 따른 사업의 지속적인 수행방안, 새 사업장의 신축 및 가동개시와 구 사업장의 폐쇄 및 가동중단 등에 관한 일련의 경영상 계획의 일환으로서 시간적·절차적으로 일정기간의 소요가 예상되는 사업장 이전을 추진, 실시하는 행위는 그 자체로서 일정기간 계속성을 지닌 업무의 성격을 지니고 있을 뿐만 아니라 회사의 본래 업무인 목적 사업의 경영과 밀접불가분의 관계에서 그에 수반하여 이루어지는 것으로 볼 수 있으므로 이 점에서도 업무방해죄에 의한 보호의 대상이 되는 업무에 해당한다.

3) 평　　석

㈎ 대상판결의 의의　　　종래의 판례 중에는 공장이전은 계속적인 사무라고 할 수 없어서 업무방해죄의 업무에 해당된다고 할 수 없다고 한 것들이 있다(대법원 1989. 9. 12. 선고 88도1752 판결. 공장의 이전사무는 성질상 새로운 전자부품 제조업무를 준비하기 위한 일시적인 사무는 될지언정 전자부품 제조업무에 부수되는 계속성을 지닌 업무라고는 볼 수 없다; 대법원 1985. 4. 9. 선고 84도300 판결. 비닐가공공장을 경영하는 자가 공장을 이전하는 업무는 성질상 새로운 비닐가공업무를 준비하기 위한 일시적인 사무는 될지언정 이를 비닐가공업무에 부수한 계속성을 지닌 업무라고는 할 수 없다).

그러나 이후 공장이전도 업무방해죄의 업무에 해당되는 취지의 판결이 있었다(대법원 2003. 11. 13. 선고 2003도687 판결. 쟁의행위의 목적이 경영권의 본질에 속하는 공장이전 자체의 반대를 위한 것이므로 그 목적에 있어 정당성을 상실하였다). 대상판결은 좀더 분명하게 공장이전 업무도 업무방해죄의 대상이 될 수 있다고 한다. 그러나 대상판결이 전원합의체판결이 아니므로 종래의 입장을 바꾼 것은 아니라고 할 수 있다. 대상판결은 일련의 경영상 계획의 일환으로서 시간적·절차적으로 일정기간의 소요가 예상되는 사업장 이전을 추진, 실시하는 행위는 그 자체로서 일정기간 계속성을 지닌 업무의 성격을 지닌다고 한다.

(나) 대상판결의 평가 　　종래의 판결과 대상판결을 종합하여 보면 공장이전 업무는 원칙적으로 업무방해죄의 업무에 해당되지 않지만, 예외적으로 경영상 계획의 일환으로서 시간적·절차적으로 일정기간의 소요가 예상되는 경우에는 업무방해죄의 업무에 해당된다고 입장으로 보인다.

그러나 일반적으로 공장이전 업무란 경영상 계획의 일환으로 행해지는 것이 보통이고, 앞의 88도1752 판결과 84도300 판결도 마찬가지라고 할 수 있다. 대상판결이 밝히고 있듯이 "그 업무가 주된 것이든 부수적인 것이든 가리지 아니하며, 일회적인 사무라 하더라도 그 자체가 어느 정도 계속하여 행해지는 것이거나 혹은 그것이 직업 또는 사회생활상의 지위에서 계속적으로 행하여 온 본래의 업무수행과 밀접불가분의 관계에서 이루어진 경우"에도 업무방해죄의 업무라고 한다면, 공장이전 업무는 특별한 사유가 없는 한 업무방해죄의 업무라고 해야 할 것이다.

대상판결에 찬성하지만, 이왕이면 종래의 판결을 변경하여 전원합의체판결로 공장이전업무가 업무방해죄의 업무에 속한다고 하였다면 더 좋았을 것이다.

(2) 폐업신고와 위력에 의한 업무방해(대법원 2005. 3. 25. 선고 2003도5004 판결)

1) 사실관계

피고인은 2001. 1.경 인천광역시로부터 건물을 임차하였다. 피고인은 그 건물의 2층에서 음악학원을 운영하고, 피해자는 1층에서 미술학원을 운영하기로 하였다. 그런데 그 건물의 전대가 금지되어 있었기 때문에 피고인과 피해자는 피해자가 운영하는 미술학원의 등록명의도 피고인으로 하였다. 각자 학원을 운영하여 오던 중 피고인과 피해자 사이에 지하실의 사용 문제와 관련하여 분쟁이 발생하였다. 피고인은 피해자에게 일방적으로 자신의 요구사항을 주장하다가 2001. 9. 26. 피해자가 자신의 통제를 받지 않는다면서 피해자에게 인천시 교육청에 미술학원에 대한 폐원신고를 하겠다는 취지를 내용증명우편으로 보냈다. 이후 피고인은 2001. 9. 29.경 피해자의 승낙을 받지 아니하고 인천농부교육청에 피해자 운영의 미술학원에 대한 폐원신고를 하였고 이로 인해 피해자는 미술학원 영업을 할 수 없게 되었다.

2) 판결요지

형법 제314조 제 1 항의 업무방해죄는 위계 또는 위력으로서 사람의 업무를 방해한 경우에 성립하는 것이고, 여기서의 '위계'라 함은 행위자의 행위목적을 달성하기 위하여 상대방에게 오인·착각 또는 부지를 일으키게 하여 이를 이용하는 것을 말하고, '위력'이라 함은 사람의 자유의사를 제압·혼란케 할 만한 일체의 세력으로, 유형적이든 무형적이든 묻지 아니하므로 폭행·협박은 물론, 사회적·경제적·정치적 지위와 권세에 의한 압박 등도 이에 포함된다. … 피고인이 자신의 명의로 등록되어 있는 피해자 운영의 학원에 대하여 피해자의 승낙을 받지 아니하고 폐원신고를 하였다고 하더라도 피해자에게 사전에 통고를 한 뒤 폐원신고를 하였다면 피해자에게 오인·착각 또는 부지를 일으켜 이를 이용하여 피해자의 업무를 방해한 것으로 보기는 어렵고, 오히려 피해자가 운영하고 있는 학원이 자신의 명의로 등록되어 있는 지위를 이용하여 임의로 폐원신고를 함으로써 피해자의 업무를 위력으로써 방해한 것이다.

3) 평 석

㈎ 대상판결의 의의 및 문제점 대상판결은 업무방해죄에서의 위계와 위력의 의미를 좀더 분명하게 하였다는 점에 의의가 있다. 대상판결은 "피고인이 피해자의 승낙을 받지 아니하고 미술학원에 대한 폐원신고를 하였다고 하더라도 피해자에게 사전에 통고를 한 뒤 폐원신고를 한 이상 피해자에게 오인·착각 또는 부지를 일으켜 이를 이용하여 피해자의 업무를 방해한 것으로 보기는 어렵고"라고 하여 위계의 행사 대상이 피해자임을 분명히 하고 있다.

위계의 행사에 대한 대상판결의 입장을 위력의 행사에도 적용한다면, 위력도 제 3 자가 아닌 피해자에게 행사되어야 한다. 대상판결은 피고인이 피해자에게 위력을 행사한 것으로 보았다고 할 수 있다. 그런데 인천교육청에 학원의 폐원신고를 한 피고인의 행위를 피해자에게 위력을 행사한 것으로 보는 것이 과연 타당한가 하는 점에는 의문이 있다. 만약 대상판결의 입장이 피고인의 행위가 제 3 자인 인천교육청을 통해 피해자에게 위력을 행사한 것으로 볼 수 있고 이러한 간접적 위력의 행사만으로도 업무방해죄가 성립할 수 있다는 입장이라면, 이 사례에서 인천교육청이 피해자에게 어떤 위력을 행사하였는지를 밝힐 필요가 있다.

㈏ 대상판결의 평가 종래의 대법원판결들은 "업무방해죄에 있어서의 '위력'이란 사람의 자유의사를 제압·혼란케 할 만한 일체의 세력을 말하고, 유형적이든 무형적이든 묻지 아니하며, 폭행·협박은 물론 사회적·경제적·정치적 지위와 권세에 의한 압박 등을 포함한다고 할 것이고, 위력에 의해 현실적으로 피해자의 자유의사가 제압되는 것을 요하는 것은 아니다"라고 한다(대법원 1995. 10. 12. 선고 95도1589 판결). 이에 비해 대상판결은 "위력에 의해 현실적으로 피해자의 자유의사가 제압되는 것을 요하는 것은 아니다"라는 구절은 인용하고 있지

않다. 그러나 이 귀절은 피해자에게 직접 위력이 행사되어야 함을 암시하고 있고, 대상판결이 이 부분에 유념을 하였다면 위력에 의한 업무방해죄를 인정하기는 곤란하였을 것이다.

업무방해죄는 허위의 사실을 유포하거나 위계 또는 위력으로써 업무를 방해하는 죄이다. 허위사실의 유포는 그 개념상 피해자 이외의 사람에게 행해지는 것이 일반적일 것이다. 그러나 위계나 위력은 피해자에게 직접 행사되어야 한다고 해야 한나. 현실적으로 의사를 제압할 필요는 없지만 의사를 제압할 만한 힘은 피해자에게 직접 행사해야 한다. 타인에게 위계나 위력을 행사하여 다른 타인의 업무를 방해하게 한 때에는 업무방해죄의 간접정범 혹은 교사범이 될 수 있을 뿐이다. 대상판결이 업무방해죄의 간접정범을 취지는 아닐 것이다. 업무방해죄의 간접정범을 인정하려면 인천교육청이 피해자에게 위력을 행사했다고 해야 하는데, 인천교육청이 피고인의 폐업신고를 수리한 행위를 위력의 행사라고 보기는 어렵기 때문이다.

결국 대상판결이 제시하고 있듯이 이 사건에서 피고인이 직접 피해자에게 위계를 행사하지 않았음은 물론이고, 피해자에게 위력을 행사하였다고 볼 수도 없을 것이다. 이 사건은 업무방해죄가 아니라 피해자와 피고인 사이의 민사상 손해배상의 문제로 해결했어야 할 사안이라고 생각된다. 그럼에도 불구하고 대상판결이 피고인에게 위력에 의한 업무방해죄를 인정한 것은 형법해석은 엄격해야 한다는 원칙에 반한 것이라고 할 수 있다.

(3) 위력에 의한 업무방해(대법원 2005. 5. 27. 선고 2004도 8447 판결)

1) 사실관계

간판업을 하는 피해자는 2002. 9. 6. 그의 처인 A를 연대보증인으로 하여 P머니 주식회사로부터 200만 원을 대출받았다. 2003. 2. 12. 피해자는 당초의 계약을 갱신하면서 이율 연 65.7%, 변제기 2008. 2. 12. 약정이자지급일 매월 2일로 정하였다. 그런데 피해자가 2003. 9. 2.에 지급하여야 할 약정이자 10여 만원을 지급하지 못하자 담당자인 피고인은 피해자에게 그 이자의 지급을 독촉하는 전화를 하였다. 피해자가 같은 달 5일 57,991원이 부족한 50,000원을 입금하고 나머지 돈을 입금하지 아니하자 피고인을 비롯한 P머니 주식회사 부산지점 직원들이 같은 달 8일 및 9일 피해자에게 다시 독촉전화를 하였다.

피해자는 같은 달 9일 42,447원이 부족한 합계 30,000원을 입금하였는데, 피고인이 먼저 고문변호사를 통해서 법적으로 하겠다는 말을 하자, 알아서 하라고 하면서 피고인 등의 전화를 받지 않았다. 피고인을 비롯한 P머니 주식회사 부산지점 직원들은 2003. 9. 8.부터 같은 해 10. 25.까지 460여 회에 걸쳐 피해자에게 전화를 하였고, 이 중 실제 통화가 된 것은 19여 회였고(9. 8. 및 9. 9.이 14번 정도 된다), 나머지는 통화가 되지 않거나 피고인이 발신번호를 확인하고 바로 끊어 버렸다.

2) **판결요지**

대부업체 직원이 대출금을 회수하기 위하여 소액의 지연이자를 문제삼아 법적 조치를 거론하면서 소규모 간판업자인 채무자의 휴대전화로 수백 회에 이르는 전화공세를 한 것은 사회통념상 허용한도를 벗어난 채권추심행위로서 채무자의 간판업 업무가 방해되는 결과를 초래할 위험이 있어 업무방해죄를 구성한다.

3) **평　　석**

㈎ 대상판결의 의의　　대상판결은 대부회사가 채무자에게 소액의 지연이자를 문제삼아 법적조치를 거론하면서 무차별적인 전화공세를 하는 식의 채권추심행위가 사회통념상의 허용한도를 벗어나 경제적 약자인 피해자의 자유의사를 제압하기에 족한 업무방해죄의 위력에 해당한다고 하는 것을 최초로 확인하였다는 데에 그 의의가 있다. 이는 대상판결이 밝히고 있듯이, 대부업을 이용하는 사람들이 주로 은행이나 카드사와 같은 제도권 금융회사에서 소외된 저신용자들로서 사회·경제적으로 곤궁한 약자들이라는 점을 감안한 것이라고 할 수 있다.

㈏ 항소심의 입장　　항소심은 i) P회사 직원들이 2003. 9. 8.부

터 같은 해 10. 25.까지 460여 회에 걸쳐 피해자에게 전화를 하였는데, 이 중 실제 통화가 된 것은 19여 회에 불과하고 나머지는 통화가 되지 않거나 피고인이 발신번호를 확인하고 바로 끊어 버렸고, ii) 피해자가 계속하여 전화를 받지 않아 전화횟수가 많아진 것으로 보이고, iii) 피고인 등은 오전 8시 이전이나 오후 8시 이후에는 피해자에게 전화를 하지 아니하였고, iv) 대부분의 전화를 피해자의 휴대폰에 걸었고 피해자가 운영하는 회사에 전화한 것은 10회에 불과한데, 회사의 여직원이 아닌 피해자와 통화된 것은 단 한 번이라는 것 등을 이유로 피고인의 행위가 피해자의 자유의사를 제압하기에 족한 세력, 즉 업무방해죄의 위력에 해당한다고 보기는 어려울 뿐만 아니라, 그로 인하여 피해자의 간판업 업무가 방해당했다고 보기도 어렵다고 하였다.

(나) 대상판결의 평가 　　대상판결은 i) 비록 피해자가 2003. 9.부터 대출이자를 연체하고 있었다고는 하나 그 금액이 소액일 뿐만 아니라, 일부씩 변제를 하고 있었음에도 피고인의 주도로 한 달여에 걸쳐 매일 평균 10통 가량 어떤 날은 심지어 90여 통에 이르는 전화 공세를 하였고, ii) 비록 실제 통화연결된 횟수가 19회에 불과하다고 추정하더라도 비정상적인 전화 공세에 압박감을 느낀 나머지 통화를 피할 수밖에 없었던 것으로 봄이 상당하며, iii) 심한 채무독촉을 당한 후에는 계속해서 걸려오는 전화 그 자체만으로도 심리적 압박감과 두려움을 느낄 수밖에 없고, iv) 피고인이 먼저 고문변호사를 통해서 법적으로 하겠다는 말을 하였고, v) 피해자는 소규모 간판업을 경영하는 자로서 업무상 휴대폰의 사용이 긴요하다고 할 수 있는데 대부분의 전화가 그 휴대폰에 집중되었다는 것 등을 근거로 위력에 의한 업무방해죄를 인정한다.

고리대금업을 하는 대부업자들로부터 채무자들을 보호하는 데에 이의를 제기할 사람은 없을 것이다. 그러나 대상판결에는 다음과 같은 의문이 있다.

첫째, 독촉전화를 많이 거는 행위를 위력의 행사에 해당된다고 보는 것은 위력을 지나치게 넓게 해석하는 것이라고 할 수 있다. 위력은 폭행에는 미치지 않더라도 어느 정도의 유형력행사의 가능성을 전제하는 개념이라고 해야 한다. 즉, 폭행이 현실적 유형력의 행사라면, 위력은 잠재적 유형력의 행사 혹은 유형력행사의 가능성을 가지고 사람의 의사를 제압하는 힘이라고 보아야 할 것이다.

둘째, 피고인이 위력을 행사하였다고 하더라도 피고인이 피해자의 간판업 업무를 방해한다는 확정적 고의는 물론 미필적 고의도 인정하기 어려울 것이다. 피고인은 독촉에 관심이 있었지, 피해자가 무엇을 하는지에 대해서는 관심이 없었기 때문이다.

셋째, 만약 피해자가 실업자이거나 가정주부의 경우라면 업무방해죄가 성립할 수 없을 것이다.

넷째, 피고인뿐만 아니라 피해자에게 전화를 건 P주식회사 직원 전부에 대해 위력에 의한 업무방해죄를 인정해야 한다. 왜냐하면 이들은 독촉전화를 거는 행위를 기능적으로 분담하였다고 할 수 있고, 전원이 공동정범이라고 할 수 있기 때문이다. 그런데 유독 피고인만을 기소하고 처벌하는 것은 형평성을 잃은 것이라고 할 수 있다.

검사도 대상판결의 사건에서 위력에 의한 업무방해죄보다는 '대부업의 등록 및 금융이용자보호에 관한 법률' 제19조 제 2 항 및 제10조 제 1 항 제 4 호 가목의 "말이나 글, 음향 또는 영상, 물건을 채무자 또는 그의 관계인에게 도달하게 하는 행위로 채무자 또는 그의 관계인에게 공포심과 불안감을 유발하여 사생활 또는 업무의 평온을 심히 해치는 방법으로 채권추심을 하는 행위"로 기소하는 것이 더 나았을 것이라고 보인다.

3. 자기명의 신용카드의 부정사용과 사기죄(대법원 2005. 8. 19. 선고 2004도6859 판결)

(1) 사실관계 및 재판의 경과

피고인은 2000. 8. 초순경 S카드사의 신용카드를 발급받아 같은 해

11. 16.경 대전 소재 A 식당에서 40,000원 상당의 음식을 주문하여 먹고 그 대금을 위 신용카드로 결제한 것을 비롯하여 그 무렵부터 2002. 12. 26.경까지 사이에 109회에 걸쳐 합계 79,303,700원 상당의 물품을 구입하거나 현금서비스를 받는 데 위 신용카드를 사용하였다. 피고인은 위 금액 중 53,510,909원만을 변제하고 나머지 25,792,791원을 변제하지 아니하였다.

(2) 판결요지

신용카드의 거래는 신용카드업자로부터 카드를 발급받은 사람(카드회원)이 신용카드를 사용하여 가맹점으로부터 물품을 구입하면 신용카드업자는 그 카드를 소지하여 사용한 사람이 신용카드업자로부터 신용카드를 발급받은 정당한 카드회원인 한 그 물품구입대금을 가맹점에 결제하는 한편, 카드회원에 대하여 물품구입대금을 대출해 준 금전채권을 가지는 것이고, 또 카드회원이 현금자동지급기를 통해서 현금서비스를 받아 가면 현금대출관계가 성립되어 신용카드업자는 카드회원에게 대출금채권을 가지는 것이므로, 궁극적으로는 카드회원이 신용카드업자에게 신용카드 거래에서 발생한 대출금채무를 변제할 의무를 부담하게 되고, 그렇다면 이와 같이 신용카드 사용으로 인한 신용카드업자의 금전채권을 발생케 하는 행위는 카드회원이 신용카드업자에 대하여 대금을 성실히 변제할 것을 전제로 하는 것이므로, 카드회원이 일시적인 자금궁색 등의 이유로 그 채무를 일시적으로 이행하지 못하게 되는 상황이 아니라 이미 과다한 부채의 누적 등으로 신용카드 사용으로 인한 대출금채무를 변제할 의사나 능력이 없는 상황에 처하였음에도 불구하고 신용카드를 사용하였다면 사기죄에 있어서 기망행위 내지 편취의 범의를 인정할 수 있다.

(3) 평　　석

1) 대상판결의 의의 및 문제점

대상판결은 대금을 지급할 의사와 능력 없이 신용카드를 발급받아 이를 사용하여 물품을 구입하거나 현금서비스를 받는 경우 사기죄가 성립한다고 한 대법원 1996. 4. 9. 선고 95도2466 판결의 입장을 다시 한번 확인한 것이라고 할 수 있다. 그러나 동 판결은 처음부터 대금결제의 의사와 능력 없이 자기명의의 신용카드를 발급받은 경우에 관한 것이다. 이에 비해 대상판결은 "이미 과다한 부채의 누적 등으로 신용카드 사용으로 인한 대출금채무를 변제할 의사나 능력이 없는 상황에 처하였음에도 불구하고 신용카드를 사용하였다면 사기죄에 있어서 기망행위 내지 편취의 범의를 인정할 수 있다"고 하고 하여, 정상적으로 자기명의의 신용카드를 발급받았다 하더라도 이후 대금결제의 의사와 능력 없이 신용카드를 사용하였다면 사기죄가 성립한다는 취지로 판시하고 있다. 이 점에서 대법원 1996. 4. 9. 선고 95도2466 판결과 대상판결은 뉘앙스의 차이뿐만 아니라 실질적인 차이도 있다고 할 수 있다.

2) 제1심과 항소심의 입장

제1심과 항소심은 피고인이 2000. 8. 초순경 피해자 회사의 직원을 기망하여 피해자 회사로부터 신용카드를 발급받음으로써 신용을 공여받았다고 보기 어렵고, 나아가 피고인이 이 사건 신용카드 대금을 연체하기 시작한 2001. 12.경 별다른 재산이 없어 이를 결제할 능력이 없었다 하더라도, 피해자 회사는 피고인에게 신용카드를 발급할 당시(이 사건의 경우 최초 카드 발급 시기인 1993년경 내지 적어도 갱신카드를 발급하여 준 1998년경) 일정한 한도의 신용을 공여하였다고 할 것인바, 피고인이 신용카드를 가맹점에 제시하는 행위 그 자체는 표시중립적 행위로서 위와 같은 신용공여의 범위 내에서 자기 명의의 신용카드를 사용한 것에 불과하고, 가맹점에 대한 관계에서도 가맹점측은 신용카드의 소지인과 명의인이 동일성을 갖는 한 그 지급능력의 유무에 대하여는 아무런 이해관계를 갖고 있지 않으므로, 피고인이 대금 결제능력 없이 신용카드를 사용하였다 하더라도 기망행위가 있었다고 볼 수 없으며, 달리 피고인에게 편취의 범의를 인정할 증거가 없다는 이유로 피고인이 사기죄의 죄책을 지지 않는다고 하였다.

3) 평 가

정상적으로 신용카드를 발급받은 경우 이후 설사 대금결제의 의사와 능력 없이 신용카드를 사용하였더라도 카드회사에 대한 기망행위는 인정할 수 없다. 이 경우 사기죄를 인정하기 위해서는 가맹점에 대한 기망행위가 있다고 해야 한다. 그런데 가맹점의 경우 신용카드 명의자와 사용자가 일치하는지에 대해서만 관심이 있고, 사용자가 대금결제의 의사와 능력이 있는가에 대해서는 관심을 가질 필요도 없고, 관심을 갖지도 않으므로 가맹점에 대한 기망행위를 인정할 수 없다. 이 때문에 피고인을 처벌하고 싶은 대법원이 피고인이 처음부터 대금결제의 의사와 능력 없이 신용카드를 발급받았다고 한 것으로 보인다.

그러나 이러한 대상판결의 입장은 다음과 같은 이유에서 타당하다고 할 수 없다.

첫째, 대상판결은 위와 같이 사실관계를 왜곡하고 있다. 카드발급시기에 대해 항소심은 1993년 혹은 1998년이라고 하고 있는데, 대상판결은 2000년 8월이라고 하고 있다, 대상판결이 카드발급시기를 2000년 8월이라고 늦춰 잡은 것은 피고인이 신용카드발급 당시에서부터 대금결제의 의사와 능력이 없었다고 하기 위해서인 것으로 보인다.

둘째, 피고인이 1년 반 동안 약 8,000만원을 사용하고 5,500만원을 결제하여 연체금액은 2,500만원 정도인데, 5,500만원을 결제한 피고인에게 카드발급시부터 대금결제의 의사와 능력이 없었다고 하는 것은 무리가 있다.

셋째, 설사 피고인이 2000년 8월에 신용카드를 발급받았다 하더라도 당시는 모든 카드회사들이 경쟁적으로 신용카드를 남발하던 시기였다. 신용카드회사들은 카드신청자에게 대금결제의 의사와 능력이 있는가에 관심이 없었고, 나아가 대금결제의 의사와 능력이 없더라도 신용카드를 발급해 주었다고 할 수 있었던 시기였다. 따라서 대금결제의 의사와 능력 없이 신용카드를 발급받았더라도 카드회사에 대한 기망행위를 인정하기 어렵다.

넷째, 과거 신용카드회사가 카드를 남발하더라도 형사사법기관들이 대금연체자들을 사기죄로 처벌함으로써, 국민의 혈세로 운영되는 형사사법기관이 신용카드회사의 수금원으로 전락했던 시절이 있었다. 대상판결은 정상적으로 카드를 발급받은 후 대금결제의 의사와 능력 없이 사용하였다면 사기죄가 인정된다는 취지로도 해석된다. 만약 이러한 입장이라면 대상판결은 위와 같은 병폐가 사라져 가는 것에 제동을 걸거나 나아가 그 병폐를 되살릴 위험성을 지닌 것으로서 매우 부당하다고 할 수 있다.

4. 배 임 죄

(1) 무허가부동산의 이중양도와 배임죄(대법원 2005. 10. 28. 선고 2005도5713 판결)

1) 사실관계

피고인은 자신의 처인 A가 피해자 B로부터 차용한 금 6,000,000원에 대한 채무변제 명목으로 피고인 소유의 부산(상세 주소 생략)에 있는 미등기 건물 1동을 B에게 양도한다는 내용의 대지권리증계약서(가옥증여증)를 작성하여 주었으므로 B가 이 사건 건물에 대하여 소유권 행사를 할 수 있도록 해 줄 임무가 있음에도 불구하고 그 임무에 위배하여 2003. 11. 5. 부산 ○○구 ○○동소재 상호 불상의 공인중개사 사무실에서 이 사건 건물을 C에게 매매 형식을 빌어 양도하였다.

2) 판결요지

무허가건물대장은 무허가건물의 정비에 관한 행정상의 사무처리의 편의를 위하여 작성 비치되는 것으로써 그 대장에의 기재에 의하여 무허가건물에 관한 권리의 변동이 초래되거나 공시되는 효과가 생기는 것이 아니므로 무허가건물대장에 소유자로 등재되었다는 사정만으로는 그 무허가건물에 대한 소유권 기타의 권리를 취득하거나 권리자로 추정되는 효력은 없다 할 것이나, 무허가건물의 양도인은 특별한 사정이 없는 한 대금수령과 동시에 양수인에게 그 건물을 인도할 의무가 있다

할 것이고, 무허가건물의 양수인은 양도인으로부터 무허가건물을 인도받아 점유함으로써 소유권에 준하는 사용·수익 처분의 포괄적인 권능을 가지게 되므로, 이와 같이 양수인에게 무허가건물을 인도할 의무를 부담하는 양도인이 중도금 또는 잔금까지 수령한 상태에서 양수인의 의사에 반하여 제 3 자에게 그 무허가건물을 이중으로 양도하고 중도금까지 수령하였다면 이는 양수인에 대한 관계에서 임무위배행위로서 배임죄의 실행의 착수가 있었다고 할 것이고, 더 나아가 제 3 자로부터 잔금을 수령하고 무허가건물을 인도하였다면 이는 배임죄의 기수에 해당한다.

3) 평　　석

㈎ 대상판결의 의의　　대상판결은 무허가부동산의 이중양도의 경우 배임죄의 실행의 착수시기를 최초로 언급한 것이라는 점에 의의가 있다. 종래 대법원은 등기가 되어 있는 부동산에 대한 이중양도의 실행의 착수시기에 대해 명확하게 언급하지 않다가, "피고인이 제 1 차 매수인으로부터 계약금 및 중도금 명목의 금원을 교부받은 후 제 2 차 매수인에게 부동산을 매도하기로 하고 계약금만을 지급받은 뒤 더 이상의 계약 이행에 나아가지 않았다면 배임죄의 실행의 착수가 있었다고 볼 수 없다"(대법원 2003. 3. 25. 선고 2002도7134 판결)고 하여 이중양도에 의한 계약금만을 받은 시점에서는 배임죄의 실행의 착수가 인정되지 않고 중도금까지 받은 경우 배임죄의 실행의 착수가 인정된다고 하였다. 이는 이중양도인으로부터 중도금을 받은 경우에는 제 1 차 양수인이나 제 2 차 양수인의 등기이전에 협력해야 할 임무를 지니게 되고 어느 하나는 이행할 수 없게 되기 때문인 것으로 보인다.

㈏ 원심판결의 이유　　항소심판결은 "건축물관리대장(무허가건물대장을 지칭하는 것으로 보임)은 건물의 소재, 종류, 구조, 소유자 등을 등록하여 가옥의 현상을 명확하게 하여 행정관청에 그 사무 편의상 비치된 문서로서 위 대장에 기재하는 것은 그 건물에 대한 사실관계를 나타내기 위한 것일 뿐 등기부처럼 가옥에 대한 권리관계를 공시하기

위한 것이 아니라 할 것인즉, 위 대장에 다른 사람 소유 명의로 등재하였다는 사실만으로 그 다른 사람이 그 소유권을 취득한다거나 소유권자로 추정되는 것이 아님은 물론이요 그 사람에게 다른 어떠한 권리가 부여되는 것도 아니어서 진정한 가옥 소유자의 권리에 침해를 주는 것이라고는 할 수 없으므로, 피고인의 위와 같은 행위만으로는 C에게 재산상 이익을 주었다 할 수 없고 피해자에게 재산상 손해를 가하였다고 할 수 없어 배임죄를 구성할 수 없다 할 것이고, 또한 피고인의 건축물관리대장 명의를 다른 사람 명의로 고친 행위만으로는 아직 배임죄의 구성요건에 해당되는 행위에 착수하였다고 볼 수도 없다"고 하였다.

(다) 대상판결의 평가 대상판결은 법리오해를 이유로 원심판결을 파기하였지만, 사실은 원심판결의 심리미진을 이유로 원심판결을 파기한 것으로 보인다. 왜냐하면 원심판결은 피고인이 건축물관리대장의 명의를 C로 바꾼 행위까지만을 문제삼은 데에 비해 대상판결은 피고인이 C에게 무허가건축물을 인도까지 한 것을 전제로 판단하기 때문이다. 이는 "원심으로서는 피고인이 위 C에게 이 사건 건물을 양도한 것이 위 A의 위 C에 대한 채무금의 대물변제조로 이루어진 것인지, 피고인이 위 C에게 이 사건 건물을 인도하여 주었는지를 심리하여 본 다음, 피고인의 행위가 배임미수죄 또는 배임죄의 기수에 해당하는지 여부에 대하여 판단하였어야 할 것"이라고 한 대상판결의 표현에도 잘 나타나 있다.

부동산의 이중양도에서 배임죄를 인정하는 것 자체는 문제가 있지만, 이를 긍정한다면 배임죄의 실행의 착수시기를 이중양수인으로부터 중도금을 받은 시점이고, 기수시기를 등기를 이전한 시점으로 파악하는 판례의 입장은 타당하다고 할 수 있다.

부동산의 소유관계는 등기에 의해 결정되지만, 부동산에 대한 사용·수익은 현실적인 인도나 점유에 의해 결정되게 된다. 그리고 경제적 재산설을 따를 경우 부동산을 현실적으로 사용·수익하는 것은 재산상의 이익을 취득하는 것이라고 할 수 있다.

따라서 항소심판결보다는 대상판결의 입장이 타당하고 생각된다.

(2) 이중담보에서 배임죄의 죄수와 방조범(대법원 2005. 10. 28. 선고 2005도4915 판결)

1) 사실관계

피고인 甲은 K주식회사의 1인 주주이자 실질적인 대표이사이다. 피고인 甲은 A와 상속세 납부자금을 마련하기 위하여 피고인 乙 등에게 K주식회사의 주식 전부를 매매대금 150억원에 매도하기로 하는 주식매매계약을 체결하였다. 甲과 A는 위 주식매매계약이 해제될 경우 자신들이 부담하게 될 매매대금반환채무를 담보하기 위하여 K주식회사의 유일한 재산인 부산 소재 대지 1,391.6㎡, 및 101.6㎡와 그 지상 5층 건물에 관하여 피고인 乙 등의 명의로 소유권이전청구권 가등기를 경료해 주었다. 한편 피고인 甲과 A는 피고인 乙 등에게 가등기를 해주기에 앞서 자신들의 상속세납세의무를 담보하기 위해 위 부동산에 대하여 국가명의로 근저당권설정등기를 마쳐 주었다.

2) 판결요지

㈎ 배임죄는 재산상 이익을 객체로 하는 범죄이므로, 1인 회사의 주주가 자신의 개인채무를 담보하기 위하여 회사 소유의 부동산에 대하여 근저당권설정등기를 마쳐 주어 배임죄가 성립한 이후에 그 부동산에 대하여 새로운 담보권을 설정해 주는 행위는 선순위 근저당권의 담보가치를 공제한 나머지 담보가치 상당의 재산상 이익을 침해하는 행위로서 별도의 배임죄가 성립한다.

㈏ 1인 회사의 주주가 개인적 거래에 수반하여 법인 소유의 부동산을 담보로 제공한다는 사정을 거래상대방이 알면서 가등기의 설정을 요구하고 그 가등기를 경료받았어도 거래상대방이 배임행위의 방조범에 해당한다고 할 수 없다.

3) 평　석

㈎ 대상판결의 의의　　대상판결의 입장 중 1인 회사의 대표이사가 이사회 또는 주주총회의 결의를 얻어 배임행위를 한 경우 배임죄

가 성립한다고 한 것은 종래의 입장을 다시 한번 확인한 것이다. 그러나 대상판결은 같은 부동산에 대해 임의로 근저당권을 설정해 준 행위와 임의로 소유권이전의 가등기를 해 준 행위가 배임죄의 실체적 경합범관계에 있다는 것과, 피고인 乙이 배임죄의 방조범이 될 수 없다고 하는 것을 명백히 설시한 최초의 판결이라는 점에 의의가 있다. 이 글에서는 대상판결이 종래의 입장을 확인한 것에 대해서는 언급하지 않고 새로운 입장을 표시한 것에 대해서만 언급하기로 한다.

(나) 배임죄의 죄수문제 　판례는 타인의 부동산을 보관하고 있는 자가 임의로 그 부동산에 근저당권을 설정하여 횡령죄가 성립한 후 다시 근저당권을 설정하거나 처분행위를 하더라도 이는 횡령죄의 불가벌적 사후행위가 된다는 입장을 취하고 있다(대법원 2000. 3. 24. 선고 2000도310 판결; 대법원 1993. 3. 9. 선고 92도2999 판결 외 다수 판결).

그런데 대상판결에 의하면 부동산에 대해 배임죄가 성립하는 경우에는 유사한 행위가 실체적 경합범관계에 있게 된다. 판례가 특경법상의 이득액은 단순일죄, 포괄일죄가 성립하는 경우의 이득액만을 의미한다고 하기 때문에(대법원 2001. 7. 24. 선고 2001도2196 판결등), 대상판결의 사건과 같이 특경법상의 배임죄가 성립하는 경우에는 일죄라고 하는 것보다 실체적 경합범이라고 하는 것이 피고인에게 유리한 측면이 있는 것은 사실이다(대상판결이 이를 고려한 것 같지는 않다).

그러나 그 성격이 유사하여 같은 조문에 규정되고 있는 횡령죄와 배임죄의 죄수를 이렇게 달리 파악하는 것은 바람직하다고 할 수 없다. 따라서 이 경우에도 배임죄의 포괄일죄가 된다고 하거나 뒤의 배임행위는 불가벌적 사후행위가 된다고 하는 것이 바람직하다고 생각된다.

(다) 배임죄 방조범의 문제 　항소심판결은 피고인 甲이 배임행위를 한다는 사정을 알면서 가등기를 경료받은 피고인 乙의 행위는 피고인 甲의 배임행위를 용이하게 하였으므로 그 방조범에 해당된다고 하였다. 그러나 대상판결은 피고인 乙의 행위가 외견상 방조행위로 평가될 수 있다 할지라도 범죄를 구성할 정도의 위법성은 없다고 봄이

상당하다고 한다.

대상판결의 입장이 피고인 乙의 행위가 배임방조죄의 구성요건해당성이 없다는 의미인지 아니면 배임방조죄의 구성요건해당성은 있지만 위법성이 없다는 의미인지 분명하지 않지만, 후자의 의미라고 보인다. 구성요건에 해당하는 행위는 예외적으로 위법성이 조각되는데, 이러한 예외를 인정하려면 충분한 근거가 있어야 한다. "법질서 전체적인 관점에서 살펴볼 때 사회적 상당성을 갖추었다"는 모호한 근거보다는 좀더 명확하게 위법성이 조각되는 근거를 밝혀 주는 것이 바람직하다고 생각된다.

5. 권리행사방해죄(대법원 2005. 9. 9. 선고 2005도626 판결)

(1) 사실관계

피고인 甲은 부산 소재 K 빌딩의 실소유자로서 실내건축 및 전문임대업체인 주식회사 Y를 운영하는 자이고, 피고인 乙은 위 K 빌딩의 관리인이다. K 빌딩은 이를 甲이 D로부터 매수하면서 그의 처인 C에게 등기명의를 신탁(중간생략등기형 명의신탁 또는 계약명의신탁)해 놓은 것이었다. 따라서 등기명의상 위 빌딩의 소유자는 甲의 처인 C로 되어 있지만 실제로는 甲이 C의 명의로 이를 임대하고 관리하는 등 실질적인 소유권을 행사해 왔다.

2002. 9. 20.경 피고인 甲은 피해자 A에게 위 빌딩 1층 103호를 임대보증금 3,000만원에 임대하면서 위 103호의 실내장식공사를 1,500만원에 하여 주기로 약정하고 그 공사를 진행하였다. 그러던 중 위 K 빌딩 1층 103호에서 피고인 甲은 피해자 A의 동생인 B와 위 실내장식공사 대금 문제로 다투게 되었다. 이 일로 화가 난 甲은 2002. 10. 24.경 빌딩관리인인 피고인 乙에게 위 103호의 문에 자물쇠를 채우라고 지시하였고, 피고인 乙은 위 103호에 자물쇠를 채워 피해자로 하여금 위 점포에 출입을 못하게 하였다.

(2) 판결요지

1) 부동산 실권리자명의 등기에 관한 법률 제 8 조는 배우자 명의로 부동산에 관한 물권을 등기한 경우에 조세포탈, 강제집행의 면탈 또는 법령상 제한의 회피를 목적으로 하지 아니한 때에는 제 4 조 내지 제 7 조 및 제12조 제 1 항·제 2 항의 규정을 적용하지 아니한다고 규정하고 있는바, 만일 명의신탁자가 그러한 목적으로 명의신탁을 함으로써 명의신탁이 무효로 되는 경우에는 말할 것도 없고, 그러한 목적이 없어서 유효한 명의신탁이 되는 경우에도 제 3 자인 부동산의 임차인에 대한 관계에서는 명의신탁자는 소유자가 될 수 없으므로, 어느 모로 보나 신탁한 부동산이 권리행사방해죄에서 말하는 '자기의 물건'이라 할 수 없다.

2) 피고인이 이른바 중간생략등기형 명의신탁 또는 계약명의신탁의 방식으로 자신의 처에게 등기명의를 신탁하여 놓은 점포에 자물쇠를 채워 점포의 임차인을 출입하지 못하게 한 경우, 그 점포는 권리행사방해죄의 객체인 자기의 물건에 해당하지 않는다.

(3) 평　　석

1) **대상판결의 의의**

대상판결은 명의신탁된 부동산의 소유관계를 권리행사방해죄에 적용하여 권리행사방해죄의 성립여부를 언급한 최초의 판례라는 점에 그 의의가 있다.

권리행사방해죄는 "타인의 점유 또는 권리의 목적이 된 자기의 물건 또는 전자 기록등 특수매체기록을 취거, 은닉 또는 손괴하여 타인의 권리행사를 방해하는 죄"이다. 여기에서 '자기의' 물건이란 '자기 소유의' 물건을 의미한다. 형법에서 소유개념이 문제될 경우 이를 민법상의 소유개념으로 파악할 것인가 아니면 민법상의 소유개념과 다른 형법상의 고유한 소유개념을 인정할 것인가가 문제된다. 법적 안정성을 중시한다면 전자의 입장을 따라야 할 것이고, 사례에 합당한 해결을 중시한다면 후자의 입장을 취하게 된다. 만약 형법상의 고유한 소유개념을 인정한다면, 어느 범위에서 민법상 소유개념을 따르고 어느 범위에서 형법상 고유한 소유개념을 인정할 것인가가 난제로 등장한다.

대상판결은 형법상 고유한 소유개념을 인정하지 않고 민법상의 소유권 개념에 따라 사건을 해결한 것이라고 할 수 있다.

2) 원심판결의 입장

원심판결이 피고인들에게 권리행사방해죄를 인정한 이유는 "이 사건 당시 K 빌딩의 등기상 소유자는 甲의 처인 C로 되어 있으나 실제로는 甲이 C의 명의로 점포를 임대하고 위 빌딩을 관리하는 등 위 빌딩의 실질적인 소유권을 행사하여 온 사실이 인정되므로 비록 甲이 위 K빌딩의 등기상의 소유자는 아니라 할지라도 실소유자에 해당한다는 것"이었다.

이와 같은 원심판결은 형법상 고유한 소유개념을 인정한 것이라고 할 수 있나. 권리행사방해죄의 소유개념을 정함에 있어 등기명의가 아닌 실제의 사실관계를 중시여기고 있기 때문이다.

3) 대상판결의 평가

대상판결은 피고인 甲이 D로부터 K 빌딩을 매수하면서 그의 처인 C에게 등기명의를 신탁(중간생략등기형 명의신탁 또는 계약명의신탁)해 놓은 것이라고 보고, 이 경우의 민법상의 소유관계에 따라 권리행사방해죄의 소유관계 문제를 해결하고 있다. 이는 형법상 고유한 소유개념을 인정하지 않고, 민법상의 소유개념을 그대로 형법에도 적용하는 입장이라고 할 수 있다. 명의신탁에서의 권리관계에 대한 대상판결의 입장은 민법상의 원리를 그대로 받아들인 것이기 때문이다.

이 사건에서는 원심판결의 입장보다는 대상판결의 입장이 더 타당하다고 생각된다. 우선 원심판결처럼 K 빌딩을 피고인의 소유로 인정하는 것이 피고인에게 불리하고, 피고인의 행위가 설사 권리행사방해죄에 해당된다 하더라도 이는 위력에 의한 업무방해죄의 한 내용에 불과하기 때문에 원심판결처럼 양죄의 실체적 경합범을 인정할 것이 아니라 업무방해죄만을 인정하면 족하기 때문이다.

특히 대상판결이 적절히 지적하고 있는 것과 같이—혹시 C와 甲

사이의 형법적 문제라면 甲의 소유를 인정하여 해결할 수도 있겠지만― 피고인가 제3자인 피해자와의 관계에서는 피고인 甲이 아니라 C의 소유를 인정하여 형법상의 문제를 해결하는 것이 바람직하다고 생각된다. 형법상 고유한 소유개념을 인정한다 하더라도 그 범위가 무한정한 것은 아니기 때문이다.

6. 음란의 의미 및 판단기준(대법원 2005. 7. 22. 선고 2003도2911 판결)

(1) 사실관계

충청남도 소재 중학교 미술교사인 피고인은 자신의 홈페이지를 개설하면서 교사생활 중 틈틈이 제작하였던 그림과 동영상을 올려놓고 학생들로 하여금 홈페이지를 방문하여 감상하도록 하였다. 이를 알게 된 학부모들이 문제를 삼자 매스콤이 관심을 보였고 이에 따라 검찰은 피고인을 구 전기통신기본법 제48조의2(현행 정보통신망이용촉진및정보보호등에관한법률 제65조 제1항 제2호에 해당한다. 동 규정은 "정보통신망을 통하여 음란한 부호·문언·음향·화상 또는 영상을 배포·판매·임대하거나 공연히 전시한 자"를 1년 이하의 징역 또는 1천만원 이하의 벌금에 처하고 있다)위반죄로 기소하였다. 피고인이 홈페이지에 게시한 동영상과 사진 200여 장 중에서 음란정보로 문제된 것은 i) 여자가 양 다리를 크게 벌리고 누워서 그 성기를 노골적으로 드러낸 모습을 그 성기의 정면에 바짝 근접하여 묘사한 '그대 행복한가', ii) 진한 남색의 플라스틱제 환자용 변기 바닥의 한 가운데에 남자의 성기가 자리잡은 모습(발기되지 않은 모습)을 그린 '무제', iii) 임신하여 만삭인 피고인의 처와 피고인이 벌거벗은 몸으로 나란히 서 있는 모습을 정면 가까이에서 촬영한 '우리 부부', iv) 소년으로 보이는 근육질의 남자 주인공이 자신의 힘을 자랑하는 듯이 서 있고, 그 소년의 성기가 바지 바깥쪽으로 발기된 채 노출되어 다소 크게 그려져 있는 만화인 '남자라면', v) 발기되어 있는 남성의 성기 및 분출되는 정액을 매우 세밀하게 묘사하고 있는

'남근주의'라는 제목의 5장의 사진과 vi) 여자의 음부 주변의 일부분, 둔부, 성적 감정에 도취된 듯한 얼굴 일부, 신체의 일부분 등을 찍은 사진 일곱 장과 하얀 여백을 매우 빨리 움직이게 한 '포르노나 볼까'라는 제목의 동영상 등이었다.

(2) 판결요지

㈎ 구 전기통신기본법 제48조의2(2001. 1. 16. 법률 제6360호 부칙 제5조 제1항에 의하여 삭제, 현행 정보통신망이용촉진및정보보호등에관한법률 제65조 제1항 제2호 참조)에서 규정하고 있는 '음란'이라 함은, 일반 보통인의 성욕을 자극하여 성적 흥분을 유발하고 정상적인 성적 수치심을 해하여 성적 도의 관념에 반하는 것을 말하고, 표현물의 음란여부를 판단함에 있어서는 당해 표현물의 성에 관한 노골적이고 상세한 묘사·서술의 정도와 그 수법, 묘사·서술이 그 표현물 전체에서 차지하는 비중, 거기에 표현된 사상 등과 묘사·서술의 관련성, 표현물의 구성이나 전개 또는 예술성·사상성 등에 의한 성적 자극의 완화 정도, 이들의 관점으로부터 당해 표현물을 전체로서 보았을 때 주로 그 표현물을 보는 사람들의 호색적 흥미를 돋우느냐의 여부 등 여러 점을 고려하여야 하며, 표현물 제작자의 주관적 의도가 아니라 그 사회의 평균인의 입장에서 그 시대의 건전한 사회 통념에 따라 객관적이고 규범적으로 평가하여야 한다.

㈏ 예술성과 음란성은 차원을 달리하는 관념이고 어느 예술작품에 예술성이 있다고 하여 그 작품의 음란성이 당연히 부정되는 것은 아니라 할 것이며, 다만 그 작품의 예술적 가치, 주제와 성적 표현의 관련성 정도 등에 따라서는 그 음란성이 완화되어 결국은 처벌대상으로 삼을 수 없게 되는 경우가 있을 뿐이다.

(3) 평 석

1) 대상판결의 의의 및 문제점

대상판결은 음란의 개념 및 판단방법에 대한 종래의 입장을 재확인한 것이고, 이러한 원리를 사회적으로 문제되었던 사례에 적용하였다는 점에 의미가 있다면 있다고 할 수 있다. 그러나 제1심과 항소심에서 부정했던 음란성을 인정한 대상판결에 대해서는 지나치게 보수적 혹은 시대착오적이라는 비판이 제기되는데, 이 비판이 타당하다고 생각된다. 대상판결이 제시하고 있는 음란의 개념과 판단기준 그 자체는 그리 큰 문제가 있다고 보이지 않는다. 그러나 대상판결이 세 개의 사진에 대해 음란성을 인정한 것이 대상판결의 음란개념과 판단기준에 맞는가를 검토해 보기로 한다. '일반 보통인의 성욕을 자극하여 성적 흥분을 유발하고 정상적인 성적 수치심을 해하여 성적 도의 관념에 반하는 것'이라는 음란의 개념과 판단기준에 따라 음란성을 인정한 위 i), iii), v) 등 세 개의 영상에 대한 대상판결의 문제점을 검토하면 다음과 같다.

2) **성욕의 자극여부**

대상판결은 임신하여 만삭인 피고인의 처와 피고인이 벌거벗은 몸으로 나란히 서있는 모습을 정면 가까이에서 촬영한 '우리 부부'라는 사진의 음란성을 인정하였는데, 과연 이 사진이 일반인의 성욕을 자극하는지 의문이 있다. 오히려 일반보통인이라면 이 사진을 보고 성욕의 자극을 받기보다는 성욕이 감퇴되는 것을 느낄 것이고, 만약 이 사진을 보고 성욕의 자극을 받는 사람이 있다면 오히려 특수하게 변태적인 사람이라고 평가할 수 있을 정도이다. 대상판결의 이유를 읽어보면 대상판결이 음란성을 인정한 진정한 이유는 첫째, "두 나신의 사진이 바로 현직교사요 홈페이지 개설자인 피고인과 그 처 본인의 것"이라는 것과 둘째, "개설자 본인 부부의 나신을 그렇게 적나라하게(얼굴이나 성기 부분 등을 적당히 가리지도 않은 채) 드러내 보여야 할 논리적 필요나 제작기법상의 필연성이 있다고 보기 어렵다"는 것이라고 보인다. 그러나 미술교사 부부의 사진이라는 것은 사진에 대한 흥미를 일으키기보다는 사진에 대해 별 관심을 갖지 못하게 하는 것이라고 할 수 있다. 대상판결은 미술교사가 학생들에게 나체사진까지 보여 주었어야 하는가 하는 교사윤리의 문제와 음란의 문제를 혼동하였다고 할 수 있다. 또 대상판결은 성기를 노출시킬 논리적 필요나 제작기법상의 필연성이 없다고 하지만, 성기를 노출시키지 않아야 할 논리적 필요나 제작기법상의 필연성도 없다고 할 수 있다.

3) 전체적 고찰의 문제

음란성은 작품의 일부가 아니라 작품의 전체를 기준으로 평가해야 한다. 피고인의 홈페이지에 게재되어 있는 240여 장의 사진과 동영상 중 음란성이 문제된 것은 여섯 개이고 대상판결은 이 중 3개의 사진에 대해 음란성을 인정하였다. 3개의 사진이 독립적으로 게시되어 있다면 혹시 음란성을 인정할 수도 있을 것이다. 그러나 문제된 사진은 피고인의 홈페이지에서 일체를 이루고 있는 것이다. 대상판결은 성기의 묘사가 자세하다는 점을 지적하고 있는데, 그렇다면 성기를 자세히 묘사하고 있는 의학서적들은 모두 음란물에 해당된다고 해야 할 것이다.

刑事判例硏究 總目次
(1권~14권)

[刑事判例硏究(1)]

[刑事判例硏究(2)]

[刑事判例研究(3)]

[刑事判例研究(4)]

[刑事判例研究(6)]

[刑事判例硏究(7)]

[刑事判例硏究(8)]

[刑事判例研究(10)]

[刑事判例硏究(12)]

[刑事判例研究(13)]

[刑事判例硏究(14)]

형사판례연구회 2005년도 발표회

○ 第154회 (2005. 1. 29~1. 30)

이인영 교수: 사회상규의 의미와 정당방위의 포섭범위

이규훈 판사: 업무상 배임죄와 경영판단

○ 第155회 (2005. 2. 14)

허일태 교수: 형법상 해석원칙과 그 한계

조　국 교수: 신체구속되지 않은 피의자 신문시 변호인참여권의 인정

○ 第156회 (2005. 3. 7)

손동권 교수: 정범과 공범, 작위범과 부작위범의 구별

박광민 교수: 상습범의 죄수와 기판력이 미치는 범위

○ 第157회 (2005. 4. 11)

정현미 교수: 착수미수와 실행미수의 구별

김태명 교수: 횡령죄의 기수시기와 장물죄의 성립

○ 第158회 (2005. 5. 2)

이완규 검사: 조서의 증거능력과 진정성립의 개념

김성룡 교수: 사기죄에 관한 대법원판례의 소극적 기망행위와 관련한 몇 가지 문제점

○ 第159회 (2005. 6. 13)

하태훈 교수: 검사작성의 피의자신문조서와 참고인진술조서의 증거능력

이상철 부장판사: 형의 양정이 심히 부당하다고 인정할 현저한 사유가 있는 때에 관한 연구

○ 제160회 (2005. 7. 4)

이경재 교수: 영국과 일본형법상 인과관계론

원혜욱 교수: 횡령죄에 있어서의 위탁관계

○ 제161회 (2005. 8. 1)

류전철 교수: 약속에 의한 자백의 증거능력

이천현 박사: 준강도죄의 기수 및 미수의 판단기준

○ 제162회 (2005. 9. 5)

안경옥 교수: 회사 경영자에 대한 배임자 처벌의 한계

여훈구 판사: 유아(幼兒)의 증언능력 유무의 판단기준

○ 제163회 (2005. 10. 10)

김혜정 교수: 성폭력범죄에 있어서 '항거불능인 상태'의 의미

심우정 검사: 공연음란죄의 음란성 검토

○ 제164회 (2005. 11. 7)

전지연 교수: 낙태와 살인
— 대법원 2005. 4. 15. 선고 2003도2780 판결 —

최동렬 판사: 인터넷 홈페이지의 상담게시판을 이용한 낙태 관련 상담과 구 의료법 제25조 제3항의 '유인' 해당 여부

○ 제165회 (2005. 12. 5)

백원기 교수: 소송계속 이후에 검사가 법원에 제출하지 않은 서류나 증거물에 대하여도 열람·등사권을 인정할 수 있는가

이상원 판사: 노동조합및노동관계조정법상 안전보호시설과 명확성 원칙

○ 제166회 (2006. 1. 16)

황만성 박사: 무면허 의료행위에 있어서의 의료행위의 개념

○ 제167회 (2006. 2. 11~2. 12)

윤승은 판사: 강간죄의 구성요건으로서의 폭행·협박의 정도

김혜정 교수: 음주측정불응죄의 처벌적정성에 관한 검토

刑事判例研究會 會則

1997. 11. 3. 제정

第1章 總　　則

第1條〔名稱〕 이 會는 刑事判例研究會라 한다.

第2條〔住所地〕 이 會는 서울特別市에 住所地를 둔다.

第3條〔目的〕 이 會는 刑事判例를 研究하고 회원 상호간의 의견교환을 장려, 촉진, 지원함으로써 刑事法學 및 刑事判例의 발전을 도모함을 목적으로 한다.

第4條〔事業〕 이 會는 前條의 목적을 달성하기 위하여 다음의 事業을 한다.

1. 刑事判例研究
2. 月例研究發表會 및 討論會
3. 學術誌 '刑事判例研究' 및 其他 刊行物의 發刊
4. 國內外 關聯人士 및 關聯團體와의 交流

第2章 會　　員

第5條〔會員〕 ① 이 會의 會員은 이 會의 目的에 贊同하는 者로서, 다음 各號의 資格을 갖춘 者로 한다.

1. 判事, 檢事, 辯護士
2. 大學의 專任講師 以上의 者
3. 博士學位 所持者
4. 其他 이와 同等한 資格을 갖추었다고 인정되는 者

② 會員이 되고자 하는 者는 會員 3人 이상의 추천을 받아 理事會

의 承認을 얻어야 한다.

第 6 條〔權利義務〕 會員은 學會의 각종 사업에 참여할 수 있는 權利를 가지고 會則遵守, 總會 및 理事會 議決事項의 履行 및 會費納付의 義務를 진다.

第 7 條〔資格喪失〕 會員 中 이 會의 目的에 違背되거나 品位를 損傷시키는 行爲를 한 者는 理事會의 決議에 의하여 除名할 수 있다.

第 3 章 總 會

第 8 條〔種類 및 召集〕 ① 이 總會는 定期總會와 臨時總會로 하고, 會長이 이를 召集한다.

② 定期總會는 每年 上半期 中에 召集함을 원칙으로 한다.

③ 臨時總會는 理事會의 議決이 있거나 會員 2/5 이상의 요구가 있을 때에 會長이 召集한다.

④ 總會의 召集은 적어도 會議 7日 前에 會議의 目的을 명시하여 會員들에게 通知하여야 한다. 다만 緊急하다고 인정되는 사유가 있는 때에는 예외로 한다.

第 9 條〔權限〕 總會의 議決事項은 다음과 같다.

1. 會則의 制定 및 改正에 관한 事項
2. 會長·副會長 및 監事의 選任에 관한 事項
3. 豫算 및 決算의 承認에 관한 事項
4. 其他 會長이 理事會의 議決을 거쳐 回附한 事項

第10條〔議決〕 總會의 議決은 出席會員 過半數의 贊成으로 한다.

第 4 章 理 事 會

第11條〔構成 및 召集〕 ① 理事會는 會長, 副會長 및 理事로 構成한다.

② 會長, 副會長은 當然職 理事로서, 각각 理事會의 議長, 副議長이 된다.

③ 理事會는 會長이 필요하다고 인정하거나 理事 3人 以上의 要求가 있을 때에 會長이 召集한다.

第12條〔權限〕 理事會는 다음 事項을 審議·議決한다.

1. 事業計劃에 관한 事項
2. 財産의 取得·管理·處分에 관한 事項
3. 總會의 召集과 總會에 回附할 議案에 관한 事項
4. 總會가 委任한 事項
5. 其他 會長이 回附한 會運營에 관한 重要事項

第13條〔議決〕 理事會의 議決은 在籍理事 過半數의 出席과 出席理事 過半數의 贊成으로 한다.

第5章 任　　員

第14條〔種類〕 이 會에 다음의 任員을 둔다.

1. 會長 1人
2. 副會長 2人
3. 理事 5人 以上 40人 以內
4. 監事 2人

第15條〔會長 및 副會長〕 ① 會長은 이 會를 代表하고 會務全般을 管掌한다.

② 副會長은 會長을 補佐하고, 會長 有故時에 그 職務를 代行한다.

第16條〔理事〕 理事는 會長이 指名하여 總會의 認准을 얻어야 한다.

第17條〔監事〕 監事는 이 會의 事業과 會計를 監査하여 定期總會에 報告하여야 한다.

第18條〔任期〕 ① 任員의 任期는 2年으로 하되 重任할 수 있다.

② 任員이 闕位된 때의 後任者의 任期는 前任者의 殘任期間으로 한다.

第19條〔顧問〕 ① 이 會의 發展을 위하여 若干名의 顧問을 둘 수 있다.

② 顧問은 理事會의 議決을 거쳐 會長이 委囑한다.

第20條〔委員會〕 이 會 事業의 효율적인 추진을 위하여 理事會의 議決을 거쳐 필요한 分科委員會를 둘 수 있다.

第21條〔幹事〕 ① 會長의 命을 받아 會務를 처리하기 위하여 幹事 약간명을 둘 수 있다. 幹事는 會長이 任命한다.

第6章 財　　務

第22條〔財政〕 ① 이 會의 財政은 會員의 會費, 寄附金, 補助金 및 其他收入으로 한다.

② 會費의 額數는 理事會가 정한다.

第23條〔豫算과 決算〕 財政에 관한 收入과 支出은 每年度마다 豫算으로 편성하여 總會의 決議를 얻어야 하고 決算은 다음 年度 總會에 報告하여야 한다.

附　　則

第1條 發起人 및 發起人 3人 以上의 推薦을 받아 이 會의 會員이 되기를 承諾한 자는 第5條 第2項의 規定에 불구하고 會員이 된다.

刑事判例硏究會 編輯委員會 規程

1997. 11. 3. 제정

제 1 조〔**目的**〕 이 規程은 刑事判例硏究會(이하 '本會'라 칭함) 會則 제 4 조 제 3 호에 규정된 學術誌의 發刊을 위한 編輯委員會의 構成과 運營에 관한 사항을 정함을 목적으로 한다.

제 2 조〔**構成**〕 이 委員會는 編輯委員長을 포함한 10인 이내의 編輯委員으로 구성한다.

제 3 조〔**編輯委員의 選任 및 任期**〕 ① 編輯委員長은 本會의 出版擔當 常任理事로 한다.

② 編輯委員은 本會의 會員 중에서 理事會가 選任한다.

③ 編輯委員의 任期는 1年으로 하되 連任할 수 있다.

제 4 조〔**業務**〕 이 委員會의 主要業務는 다음 각 호와 같다.

1. 本會의 學術誌 '刑事判例硏究'의 編輯 및 出版
2. '刑事判例硏究' 原稿의 接受 및 揭載與否 審査
3. 기타 刊行物의 編輯 및 出版

제 5 조〔**運營**〕 ① 이 委員會는 委員長 또는 編輯委員 過半數의 요구가 있는 경우에 委員長이 소집한다.

② 이 委員會의 議決은 編輯委員 過半數의 出席과 出席委員 過半數의 贊成에 의한다.

③ 原稿 揭載與否에 관한 審査를 위하여 필요한 때에는 編輯委員長은 編輯委員會의 의결을 거쳐 3 인의 위원으로 구성되는 審査委員會를 구성하여 심사를 의뢰할 수 있다. 편집위원 이외의 理事도 심사위원으로 위촉할 수 있다.

④ 原稿 揭載與否에 관한 議決은 '可', '否', '原稿修正後 再審議'로

한다.

⑤ '原稿修正後 再審議'로 議決된 原稿가 修正·投稿된 때에는 編輯委員會는 그 再審議를 委員長 또는 약간명의 委員에게 委任할 수 있고, 再審議의 決定은 '可' 또는 '否'로 한다.

⑥ 編輯委員長은 委員會의 업무를 효율적으로 수행하기 위하여 編輯幹事를 둘 수 있다.

제 6 조〔改正〕 이 規程의 改正은 理事會의 承認을 받아야 한다.

附 則

제 1 조〔施行日〕 이 規程은 理事會의 承認이 있은 날부터 施行한다.

형사판례연구회 임원명단

2006년 8월 현재

고 문: 이재상, 김동건, 권광중, 김진환

회 장: 바상기

부회장: 김대휘, 권태호

이 사: 강동범, 강용현, 권태호, 김영환,
김인선, 김희옥, 박광민, 백원기,
석동현, 선우영, 소병철, 손기식,
손동권, 신양균, 심희기, 오영근,
이기헌, 이승호, 이용식, 이은모,
이재홍, 이정원, 임동규, 장영민,
정동욱, 정영일, 조상제, 조준현,
천진호, 추호경, 하태훈, 허일태

상임이사: 총무 장영민
연구 오영근
출판 하태훈
섭외 김영환
재무 손동권
법제 임동규
홍보 심희기

감 사: 정현미, 이상철

간 사: 총무 김태명
편집 황태정

형사판례연구회 회원명부〈2006. 8. 현재〉

〈학 계〉

성 명	직 위	근 무 처	우편번호 / 주 소	직장 / 자택 전화번호
강 기 정	교수	창원대 법학과	641-241	055-279-7305
			경남 창원시 사림동 9	
강 동 범	교수	이화여대 법학과	120-750	02-3277-4480
			서울 서대문구 대현동 11-1	
강 석 구	부연구위원	형사정책연구원	137-715	02-3460-5128
			서울 서초구 우면동 142	
권 오 걸	교수	경북대 법학과	702-701	053-950-5473
			대구 북구 산격동 1370	
김 선 복	교수	부경대 법학과	608-737	051-620-6673
			부산 남구 대연3동 599-1	
김 성 돈	교수	성균관대 법학과	110-745	02-760-0343
			서울 종로구 명륜동3가 53	
김 성 룡	교수	경북대 법학과	702-701	053-950-5459
			대구 북구 산격동 1370	
김 성 천	교수	중앙대 법학과	156-756	02-820-5447
			서울 동작구 흑석동 221	
김 영 철	교수	건국대 법학과	143-701	02-2049-6047
			서울 광진구 화양동 1	
김 영 환	교수	한양대 법학과	133-791	02-2290-0995
			서울 성동구 행당동 17	
김 인 선	교수	순천대 법학과	540-742	061-750-3437
			전남 순천시 매곡동 315	

성 명	직 위	근 무 처	우편번호 / 주 소	직장 / 자택 전화번호
김 재 봉	교수	한양대 법학과	137-791 서울 성동구 행당동 17	02-2290-1303
김 종 원	명예교수	성균관대 법학과	110 745 서울 종로구 명륜동3가 53	02-762-0721
김 대 명	교수	동국대 법학과	100-715 서울 중구 필동3가 26	02-2260-3267
김 택 수	교수	경찰대학 경찰학과	446-703 경기 용인시 기흥구 언남동 88	031-284-5256
김 한 균	전문 연구원	형사정책 연구원	137-715 서울 서초구 우면동 142	02-3460-5163
김 형 준	교수	중앙대 법학과	156-756 서울 동작구 흑석동 221	02-820-5452
김 혜 경	부연구 위원	형사정책 연구원	137-715 서울 서초구 우면동 142	02-3460-5169
김 혜 정	교수	영남대 법학과	712-749 경북 경산시 대동 214-1	053-810-2616
노 태 식	교수	경찰종합 학교	403-705 인천 부평구 동수로 137 (부평6동 663)	032-519-0341
도 중 진	연구위원	형사정책 연구원	137-715 서울 서초구 우면동 142	02-3460-5164
류 석 준	연구교수	부산대 법학과	609-735 부산 금정구 산30	
류 인 모	교수	인천대 법학과	402-749 인천 남구 도화2동 177	032-770-8324
류 전 철	교수	조선대 법학과	501-759 광주 동구 서석동 375	062-230-6756

성 명	직 위	근 무 처	우편번호 / 주 소	직장 / 자택 전화번호
문 성 도	교수	경찰대학 법학과	446-703 / 경기 용인시 기흥구 언남동 88	031-283-9173
박 강 우	교수	충북대 법학과	361-763 / 충북 청주시 흥덕구 개신동 산48	043-261-2622
박 광 민	교수	성균관대 법학과	110-745 / 서울 종로구 명륜동3가 53	02-760-0359
박 기 석	교수	대구대 경찰 행정학과	713-714 / 경북 경산시 진량면 내리 15	053-850-6182
박 미 숙	연구위원	형사정책 연구원	137-715 / 서울 서초구 우면동 142	02-3460-5166
박 상 기	교수	연세대 법학과	120-749 / 서울 서대문구 신촌동 134	02-2123-3005
박 상 진	교수	건국대 법학과	380-701 / 충북 충주시 단월동 322	043-840-3429
박 수 희	교수	관동대 경찰 행정학과	210-701 / 강원 강릉시 내곡동 522	033-649-7336
백 원 기	교수	인천대 법학과	402-749 / 인천 남구 도화2동 177	032-770-8328
변 종 필	교수	동국대 법학과	100-715 / 서울 중구 필동3가 26	02-2260-3238
서 거 석	교수	전북대 법학과	561-756 전북 전주시 덕진구 덕진동1가 664-14	063-270-2663
서 보 학	교수	경희대 법학과	130-701 / 서울 동대문구 회기동 1	02-961-0614
성 낙 현	교수	영남대 법학과	712-749 / 경북 경산시 대동 214-1	053-810-2623

성 명	직 위	근 무 처	우편번호 / 주 소	직장 / 자택 전화번호
손 동 권	교수	건국대 법학과	143-701	02-450-3599
			서울 광진구 화양동 1	
송 광 섭	교수	원광대 법학과	570-749	063-850-6373
			전북 익산시 신용동 344-2	
신 동 운	교수	서울대 법학과	151-742	02-880-7563
			서울 관악구 신림9동 산56-1	
신 양 균	교수	전북대 법학과	561-756 전북 전주시 덕진구	063-270-2666
			덕진동1가 664-14	
심 재 무	교수	경성대 법학과	608-736	051-620-4518
			부산 남구 대연동 110-1	
심 희 기	교수	연세대 법학부	220-710	033-760-2344
			강원 원주시 흥업면 매지리 234	
안 경 옥	교수	경희대 법학과	130-701	02-961-0517
			서울 동대문구 회기동 1	
안 원 하	교수	부산대 법학과	609-735	051-510-2502
			부산 금정구 산30	
오 경 식	교수	강릉대 법학과	210-702	033-640-2211
			강원 강릉시 지변동 산1	
오 영 근	교수	한양대 법학과	130-791	02-2220-0994
			서울 성동구 행당동 17	
원 재 천	교수	한동대 법학과	791-708	054-260-1268
			경북 포항시 북구 흥해읍 남송리 3	
원 혜 욱	교수	인하대 법학과	402-751	032-860-7937
			인천 남구 용현3동 253	
유 용 봉	교수	한세대 경찰행정학과	435-742	031-450-5272
			경기 군포시 당정동 604-5	

성 명	직 위	근 무 처	우편번호 주 소	직장 자택 전화번호
윤 동 호	부연구 위원	형사정책 연구원	137-715 서울 서초구 우면동 142	02-3460-5176
윤 용 규	교수	강원대 법학과	200-701 강원 춘천시 효자2동 192-1	033-250-6517
은 승 표	교수	신라대 법정학부	617-060 부산 사상구 괘법동 산1-1	051-999-5690
이 경 렬	교수	숙명여대 법학부	140-742 서울 용산구 청파동2가 53-12	02-710-9806
이 경 재	교수	충북대 법학과	361-763 충북 청주시 흥덕구 개신동 산48	043-261-2612
이 경 호	교수	한국해양대 법학과	606-791 부산 영도구 동삼동 1	051-410-4393
이 기 헌	교수	명지대 법학과	120-728 서울 서대문구 남가좌동 50-3	02-300-1534
이 기 호	교수	경찰대학 법학과	446-703 경기 용인군 기흥구 언남동 88	031-283-0232
이 동 희	교수	경찰대학 경찰학과	446-703 경기 용인군 기흥구 언남동 88	031-284-5256
이 상 용	교수	명지대 법학과	120-728 서울 서대문구 남가좌동 50-3	02-300-1460
이 승 호	교수	건국대 법학과	143-701 서울 광진구 화양동 1	02-450-3597
이 영 란	교수	숙명여대 법학과	140-742 서울 용산구 청파동2가 53-12	02-710-9490
이 용 식	교수	서울대 법학과	151-742 서울 관악구 신림9동 산56-1	02-880-7557

성 명	직 위	근 무 처	우편번호 / 주 소	직장 / 자택 전화번호
이 은 모	교수	한양대 법학과	137-791 서울 성동구 행당동 17	02-2220-2573
이 인 영	교수	백석대 법학부	330-704 충남 천안시 안서동 115	041-620-9529
이 재 상	교수	이화여대 법학과	120-750 서울 서대문구 대현동 11-1	02-3277-3547
이 정 원	교수	경남대 법학과	631-701 경남 마산시 합포구 월영동 산449	055-249-2515
이 정 훈	교수	중앙대 법학과	156-756 서울 동작구 흑석동 221	02-820-5456
이 진 국	연구위원	형사정책 연구원	137-715 서울 서초구 우면동 142	02-3460-5173
이 천 현	연구위원	형사정책 연구원	137-715 서울 서초구 우면동 142	02-3460-5125
이 태 언	교수	부산외대 법학과	608-738 부산 남구 우암동 55-1	051-640-3139
이 호 중	교수	한국외대 법학과	131-791 서울 동대문구 이문동 270-1	02-961-4814
장 규 원	교수	원광대 경찰 행정학과	570-749 전북 익산시 신용동 344-2	063-850-6905
장 영 민	교수	이화여대 법학과	120-750 서울 서대문구 대현동 11-1	02-3277-3502
전 지 연	교수	연세대 법학과	120-749 서울 서대문구 신촌동 134	02-2123-5996
정 영 일	교수	경희대 법학과	130-701 서울 동대문구 회기동 1	02-961-9142

성 명	직 위	근 무 처	우편번호 / 주 소	직장 / 자택 전화번호
정 진 수	연구위원	형사정책 연구원	137-715 서울 서초구 우면동 142	02-3460-5136
정 행 철	교수	동의대 법학과	614-714 부산 부산진구 가야동 산24	051-890-1363
정 현 미	교수	이화여대 법학과	120-750 서울 서대문구 대현동 11-1	02-3277-3555
조 국	교수	서울대 법학과	151-742 서울 관악구 신림9동 산56-1	02-880-5794
조 병 선	교수	청주대 법학과	360-764 충북 청주시 상당구 내덕2동 36	043-229-8171
조 상 제	교수	아주대 법학과	443-749 경기 수원시 팔달구 원천동 산5	031-219-2759
조 준 현	교수	성신여대 법학과	136-742 서울 성북구 동선동 3가 249-1	02-920-7124
주 승 희	부연구 위원	형사정책 연구원	137-715 서울 서초구 우면동 142	02-3460-5912
천 진 호	교수	경북대 법학과	702-701 대구 북구 산격동 1370	053-950-5463
최 병 각	교수	동아대 법학과	602-072 부산 서구 부민동2가 1	051-240-8528
최 병 문	교수	상지대 법학과	220-702 강원 원주시 우산동 660	033-730-0242
최 상 욱	교수	강원대 법학과	200-701 강원 춘천시 효자2동 192-1	033-250-6516
최 석 윤	교수	한국해양대 해양경찰학과	606-791 부산 영도구 동삼동 1	051-410-4238

성 명	직 위	근 무 처	우편번호 / 주 소	직장 / 자택 전화번호
최 우 찬	교수	서강대 법학과	121-742 서울 마포구 신수동 1	02-705-8404
최 호 진	교수	단국대 법정학부	330-714 충남 천안시 안서동 산29	041-550-3272
탁 희 성	연구위원	형사정책 연구원	137-715 서울 서초구 우면동 142	02-3460-5161
하 태 영	교수	동아대 법학과	604-714 부산 서구 부민동2가 1	051-200-8502
하 태 훈	교수	고려대 법학과	136-701 서울 성북구 안암동5가 1	02-3290-1897
한 성 든	교수	延邊科學 技術大學	133000 中國 吉林省 延吉市 北山街	0433-291-2744
한 상 훈	교수	연세대 법학과	120-749 서울 서대문구 신촌동 134	02-2123-5998
한 영 수	교수	경원대 법학과	461-701 경기 성남시 수정구 복정동 산65번지	031-750-5517
한 인 섭	교수	서울대 법학과	151-742 서울 관악구 신림9동 산56-1	02-880-7577
허 일 태	교수	동아대 법학과	604-714 부산 서구 부민동2가 1	051-240-8516
황 만 성	부연구 위원	형사정책 연구원	137-715 서울 서초구 우면동 142	02-3460-5170
황 태 정	전문연구 원	형사정책 연구원	137-715 서울 서초구 우면동 142	02-3460-5175
황 호 원	교수	한국항공대 법학과	412-791 경기 고양시 덕양구 화전동 200-1	02-300-0114

〈변 호 사〉

성 명	직 위	근 무 처	우편번호 / 주 소	직장 / 자택 전화번호
강 민 구	변호사	강민구 법률사무소	425-021 경기 안산 단원구 고잔1동 710 중앙법조빌딩 401호	031-487-3322
강 수 진	변호사	강수진 법률사무소	137-070 서울 서초구 서초동 1573-1 서초프라자 601호	02-3472-9944
강 용 현	변호사	법무법인 태평양	135-723 서울 강남구 역삼동 647-15 한국타이어빌딩 11층	02-3404-0184
곽 무 근	변호사	법무법인 로고스	135-973 서울 강남구 삼성1동 공항타워 14층	02-2188-1000
권 광 중	대 표 변호사	법무법인 광장	135-777 서울 강남구 대치4동 포스코센터 서관 15-16층	02-2191-3031
김 동 건	대 표 변호사	법무법인 바른	137-044 서울 서초구 반포4동 51-5 대동빌딩 6층	02-3476-5599
김 동 호	변호사	변호사	611-800 부산 연제구 거제1동 1-24 새마을금고 2층	051-866-6200
김 상 헌	변호사	김상헌 법률사무소	150-721 서울 영등포구 여의도동 20 LG트윈타워 동관 28층	02-3773-0514
김 상 희	변호사	김상희 법률사무소	137-884 서울 서초구 서초동 1702-9 상림빌딩 301호	02-536-7373
김 성 준	변호사	김성준 법률사무소	137-913 서울 서초구 서초3동 서초프라자 602호	02-543-2736
김 주 덕	변호사	법무법인 태일	137-070 서울 서초구 서초동 1709-3 태흥빌딩 4층	02-3481-4200
김 진 환	대 표 변호사	법무법인 충정	137-040 서울 서초구 반포동 44-1 장학재단빌딩 4층	02-3478-5140
서 우 정	부사장 (변호사)	삼성전자	100-742 서울 중구 태평로2가 삼성본관빌딩 11층 법무실	02-751-3490
신 남 규	변호사	법무법인 에이스	135-769 서울 강남구 역삼1동 826-14 KTB네트워크 12층	02-3478-5000

성 명	직 위	근 무 처	우편번호 / 주 소	직장 / 자택 전화번호
유 혁	변호사	삼성전자	100-742 서울 중구 태평로2가 삼성본관빌딩 21층 법무팀	02-721-7170
유 병 규	상무이사 (변호사)	삼성SDS	135-918 서울 강남구 역삼2동 707-19	02-3429-2083
이 광 재	변호사	이광재 법률사무소	143-825 서울 광진구 구의1동 크레신타워 507호	02-457-5522
이 명 규	변호사	이명규 법률사무소	135-980 서울 강남구 역삼1동 지식재산센터 11층	02-3458-6060
이 용 우	변호사	이용우 법률사무소	135-973 서울 강남구 삼성1동 공항타워 14층	02-2188-1003
이 종 상	상무이사 (변호사)	LG그룹	150-721 서울 영등포구 여의도동 20 LG트윈타워 동관 29층	02-3773-2091
정 진 규	대 표 변호사	법무법인 대륙	110-700 서울 종로구 신문로1가 세안빌딩 5-6층	02-737-2800
최 근 서	변호사	최근서 법률사무소	137-070 서울 서초구 서초동 1713-4 길도빌딩 504호	02-532-1700
최 정 수	변호사	김&장 법률사무소	110-720 서울 종로구 내자동 223 세양빌딩	02-3703-1114
추 호 경	변호사	추호경 법률사무소	137-885 서울 서초구 서초동 1709-4 영포빌딩 504호	02-591-8008
한 영 석	변호사	법무법인 우일아이비씨	100-714 중구 남대문로5가 541 대우센터빌딩 1101호	02-752-3101
홍 석 조	변호사	홍석조 법률사무소	135-995 서울 강남구 논현2동 75-19 삼익빌라 B동	02-511-7475

〈법 원〉

성 명	직 위	근 무 처	우편번호 / 주 소	직장 / 자택 전화번호
권 오 봉	지원장	부산지법 가정지원	611-742 부산 연제구 거제1동 1500	051-590-1114
김 광 태	부장판사	서울 중앙지법	137-737 서울 서초구 서초동 1701-1	02-530-1114
김 기 영	판사	특허법원	302-831 대전시 서구 둔산동 1400	042-480-1428
김 대 웅	부장판사	광주지법	501-703 광주 동구 지산2동 342-1	062-239-1114
김 대 휘	부장판사	서울고법	137-735 서울 서초구 서초동 1701-1	02-530-1021
김 용 헌	부장판사	서울고법	137-735 서울 서초구 서초동 1701-1	02-530-1114
김 우 진	재판 연구관	대법원	137-750 서울 서초구 서초로 219 (서초3동 967)	02-3480-1100
김 정 원	부장판사	춘천지법	200-715 강원도 춘천시 효자2동 356	033-259-9317
김 희 철	판사	서울 북부지법	139-705 서울 노원구 공릉동 622	02-3399-7052
남 성 민	판사	서울 중앙지법	137-737 서울 서초구 서초3동 1701-1	02-530-1114
손 기 식	원장	사법연수원	411-777 경기 고양시 일산구 호수로 382	031-920-3114
신 용 석	지원장	청주지법 제천지원	390-012 충북 제천시 중앙로2가 16-2	043-643-2002
여 훈 구	부장판사	수원지법	443-704 경기 수원시 영통구 원천동 80 (법원1길 69)	031-210-1114
윤 병 철	재판 연구관	대법원	137-750 서울 서초구 서초로 219 (서초3동 967)	02-3480-1100

성 명	직 위	근 무 처	우편번호 / 주 소	직장 / 자택 전화번호
윤 승 은	사법정책 심의관	법원행정처	137-750 서울 서초구 서초로 219 (서초3동 967)	02-3480-1679
윤 재 윤	부장판사	서울고법	137-735 서울 서초구 서초동 1701-1	02-530-1114
이 민 걸	부장판사	서울 남부지법	158-736 서울 양천구 신월로 11 (신정1동 313-0)	02-2192-1114
이 상 원	재판 연구관	대법원	137-750 서울 서초구 서초로 219 (서초3동 967)	02-3480-1100
이 상 철	부장판사	서울 중앙지법	137-737 서울 서초구 서초3동 1701-1	02-530-1114
이 승 련	부장판사	전주지법	561-758 전북 전주시 덕진구 덕진동1가 1416-1	063-259-5400
이 재 홍	부장판사	서울고법	137-735 서울 서초구 서초동 1701-1	02-530-1020
이 정 환	판사	인천지법 부천지원	420-704 경기 부천시 원미구 구지길 99 (상동 445-1)	032-320-1114
임 동 규	판사	서울 동부지법	143-705 서울 광진구 구의로 406 (자양2동 680-22)	02-2204-2114
전 주 혜	판사	서울 가정법원	137-738 서울 서초구 서초3동 1701-1	02-530-1114
최 동 렬	재판 연구관	대법원	137-750 서울 서초구 서초로 219 (서초3동 967)	02-3480-1100
최 철 환	재판 연구관	대법원	137-750 서울 서초구 서초로 219 (서초3동 967)	02-3480-1100

〈검 찰〉

성 명	직 위	근 무 처	우편번호 / 주 소	직장 / 자택 전화번호
고 흥	검사	의정부지검	480-706 경기 의정부시 법원길 (가능1동 364)	031-820-4200
권 순 철	검찰 연구관	대검찰청	137-730 서울 서초구 반포로 706 (서초3동 1730-1)	02-3480-2000
권 익 환	부부장 검사	수원지검 성남지청	461-705 경기도 성남시 수정구 중앙로 777 (단대동 75번지)	031-739-4200
권 태 호	기획부장 (검사장)	법무연수원	446-776 경기 용인시 기흥구 언남동 39	031-286-3500
김 광 준	형사 5부장	의정부지검	480-706 경기 의정부시 법원길 (가능1동 364)	031-876-1003
김 기 준	부부장 검사	서울 남부지검	158-737 서울 양천구 신정1동 313-1	02-3219-4200
김 동 철	부장검사	대전지검 서산지청	356-010 충남 서산시 고운로 49 (동문동 804-8)	041-665-5201
김 영 규	검사	부산지검	611-744 부산 연제구 미남로 11 (거제동 1501)	051-606-3300
김 종 형	검사	창원지검	641-704 경남 창원시 사파동 대방로 101	055-264-3311
김 희 옥	차관	법무부	427-720 경기 과천시 관문로 88	02-503-7003
문 성 우	검찰국장 (검사장)	법무부	427-720 경기 과천시 관문로 88	02-503-7007
문 영 호	검사장	수원지검	443-703 경기 수원시 영통구 원천동 80	031-210-4301
박 민 식	검사	서울 중앙지검	137-741 서울 서초구 반포로 707 (서초동 1724)	02-530-3114
박 민 표	법무 심의관	법무부	427-720 경기 과천시 관문로 88	02-503-7034

성 명	직 위	근 무 처	우편번호 / 주 소	직장 / 자택 전화번호
박 영 관	차장검사	부산고검	611-743 부산 연제구 미남로 11	051-606-3202
백 재 명	검사	서울 동부지검	143-704 서울 광진구 자양2동 680-22	02-2204-4000
백 창 수	전문 부장검사	서울 중앙지검	137-741 서울 서초구 반포로 707 (서초동 1724)	02-530-3114
변 창 훈	부부장 검사	광주지검	501-707 광주 동구 지산동 342-1	062-231-3114
봉 욱	첨단범죄 수사과장	대검찰청	137-730 서울 서초구 반포로 706 (서초3동 1730-1)	02-3480-2000
석 동 현	지청장	대전지검 천안지청	769-803 충남 천안시 신부동 72-16	041-551-2211
선우 영	검사장	서울 동부지검	143-704 서울 광진구 자양2동 680-22	02-2204-4000
소 병 철	범죄정보 기획관	대검찰청	137-730 서울 서초구 반포로 706 (서초3동 1730-1)	02-3480-2000
손 기 호	검사	대구고검	706-902 대구 수성구 범어2동 458-2	053-740-3300
심 우 정	검찰 연구관	대검찰청	137-730 서울 서초구 반포로 706 (서초3동 1730-1)	02-3480-2000
안 미 영	여성정책 담당관	법무부	427-720 경기 과천시 관문로 88	02-503-7023
안 성 수	검사	인천지검	402-040 인천 남구 학익동 278-1	032-860-4000
오 세 인	범죄정보 1담당관	대검찰청	137-730 서울 서초구 반포로 706 (서초3동 1730-1)	02-3480-2000
원 범 연	교수	사법연수원	411-777 경기 고양시 일산구 호수로 382	031-920-3114

성 명	직 위	근 무 처	우편번호 / 주 소	직장 / 자택 전화번호
이 건 종	차장검사	전주지검	561-705 전북 전주시 덕진구 가인길 98 (덕진동1가 1416-1)	063-259-4302
이 기 배	검사장	수원지검	443-703 경기 수원시 영통구 원천동 80	031-210-4200
이 선 훈	부장검사	광주지검 순천지청	540-705 전남 순천시 왕지동 777-1	061-725-8703
이 완 규	부부장 검사	광주지검	501-707 광주 동구 지산동 342-1	062-231-3114
이 용 주	검사	서울 중앙지검	137-741 서울 서초구 서초동 1724	02-530-3114
이 훈 규	검사장	대전지검	302-719 대전 서구 둔산동 1390	042-472-9001
정 구 환	검사	서울고검	137-741 서울 서초구 반포로 707 (서초동 1724)	02-530-3114
정 동 기	검사장	대구고검	706-902 대구 수성구 범어2동 458-2	053-740-3300
정 석 우	공안부장	부산지검	611-744 부산 연제구 미남로 11 (거제동 1501)	051-606-4306
정 점 식	지청장	춘천지검 속초지청	217-809 강원 속초시 동명동 산300	033-632-6614
정 진 기	검사	서울 중앙지검	137-741 서울시 서초구 반포로 707 (서초동 1724)	02-530-3114
조 균 석	검사	대전고검	302-719 대전 서구 둔산동 1390	042-470-3000
조 영 수	검사	서울고검	137-741 서울 서초구 반포로 707 (서초동 1724)	02-530-3114
조 은 석	범죄정보 2담당관	대검찰청	137-730 서울 서초구 반포로 706 (서초3동 1730-1)	02-3480-2000

성 명	직 위	근 무 처	우편번호 / 주 소	직장 / 자택 전화번호
조 희 진	교수	사법연수원	411-777 경기 고양시 일산구 호수로 382	031-920-3114
차 맹 기	검사	서울 중앙지검	137-741 서울 서초구 서초동 1724	02-530-3114
최 교 일	검사	서울고검	137-741 서울 서초구 반포로 707 (서초동 1724)	02-530-3114
최 기 식	검사	서울 중앙지검	137-741 서울시 서초구 반포로 707 (서초동 1724)	02-530-3114
최 성 진	검사	수원지검	443-703 경기 수원시 영통구 원천동 80	031-210-4200
최 운 식	부장검사	수원지검 평택지청	450-718 경기 평택시 동삭동 245-1	031-657-9401
최 인 호	검사	서울 중앙지검	137-741 서울시 서초구 반포로 707 (서초동 1724)	02-530-3114
최 재 경	중수 1과장	대검찰청	137-730 서울 서초구 반포로 706 (서초3동 1730-1)	02-3480-2000
홍 연 숙	검사	대구지검	706-902 대구 수성구 동대구로 345 (범어2동 458-2)	053-740-3300
황 철 규	국제 형사과장	법무부	427-720 경기 과천시 관문로 88	02-503-7023

刑事判例硏究〔14〕

2006年　9月　1日　初版印刷
2006年　9月　5日　初版發行

編　者　韓國刑事政策硏究院
發行人　安　鍾　萬
發行處　博　英　社
서울特別市 鍾路區 平洞 13-31番地
電話 (733) 6771　FAX (736) 4818
登錄 1952. 11. 18. 제1-171호(倫)

www.pakyoungsa.co.kr　e-mail: pys@pakyoungsa.co.kr

ISBN 89-10-51224-5
89-10-51221-0(세트)

定　價　40,000원　　ISSN 1225-6005　14